John F. Love

McDONALD'S
La empresa que cambió la forma de hacer negocios en el mundo

Traducción
Jorge Cárdenas Nannetti

Barcelona, Buenos Aires, Caracas,
Guatemala, México, Miami, Panamá, Quito, San José,
San Juan, Santafé de Bogotá, Santiago de Chile, Sao Paulo.

Edición oroginal en inglés:
MC DONALD'S: BEHIND THE ARCHES,
de John F. Love
Copyringht © 1986 por John F. Love.
Una publicación de
Bantam Books, Inc., New York. N. Y.

Copyright © 1987 para América Latina y España
por Editorial Norma S.A.
Reservados todos los derechos.
Prohibida la reproducción total o parcial de este libro,
por cualquier medio, sin permiso escrito de la Editorial.

Segunda Edición de Bolsillo, 1998
Impreso por Impresión Digital, CARGRAPHICS.
Impreso en Colombia – Printed in Colombia

Directora editorial, María del Mar Ravassa G.
Editor, Armando Bernal M.
Jefe de edición, Nancy Z. De Ujfalussy
Arte de cubierta, Carlos Cock C.

ISBN 958-04-4537-0

1 2 3 4 5   21098

Contenido

Prólogo	LA MCDONALD'S DESCONOCIDA	VII
Capítulo 1	SÍ HAY UN MCDONALD	1
Capítulo 2	EL VENDEDOR	23
Capítulo 3	LA CARRERA DE LAS CONCESIONES	43
Capítulo 4	EL PROPIETARIO-ADMINISTRADOR	63
Capítulo 5	UN CRISOL DE FUNDICIÓN	83
Capítulo 6	HACIENDO HAMBURGUESAS	111
Capítulo 7	CÓMO HACER DINERO	153
Capítulo 8	UNA COMPRA DIFÍCIL	193
Capítulo 9	SOCIOS	209
Capítulo 10	EL PÚBLICO SE HACE ACCIONISTA	241
Capítulo 11	MCDONALD'S DEL ESTE, MCDONALD'S DEL OESTE	261
Capítulo 12	A TODA MARCHA	285
Capítulo 13	LA MAGIA DE LOS MEDIOS PUBLICITARIOS	319
Capítulo 14	LA "MCDONALIZACIÓN" DE LOS PROVEEDORES	341
Capítulo 15	EL DESAFÍO PÚBLICO	379
Capítulo 16	FRENOS Y CORTAPISAS	409
Capítulo 17	MCDONALD'S INTERNACIONAL	443
Indice		491

Reconocimientos

Este no es un libro institucional. Ello quiere decir que no es uno de ésos que las compañías mandan escribir para conmemorar algún aniversario. Yo soy un periodista independiente, y McDonald's no ha tenido control editorial sobre este trabajo.

Con todo, yo jamás habría podido revelar los secretos del éxito de una de las sociedades más visibles y menos comprendidas de los Estados Unidos, si no hubiera contado con su colaboración para realizarlo.

Rara vez le ha revelado una compañía tanto acerca de sí misma a una persona de fuera; y esto es doblemente sorprendente tratándose de McDonald's Corporation, que tradicionalmente ha sido una de las más reservadas del país. Ello es que para la elaboración de este libro no quedó pregunta alguna sin respuesta ni hubo ninguna fuente inaccesible. Se necesitaron cuatro años y medio y más de trescientas entrevistas con personas dentro y fuera de la empresa para obtener esta radiografía, que sólo fue posible porque la compañía quiso prestarse a tan minucioso escrutinio. Esto tengo que agradecérselo a Fred Turner, el presidente de su junta directiva.

También debo presentarles mis agradecimientos a las muchas personas que accedieron a concederme entrevistas y compartir sus experiencias personales. El sistema McDonald's — sus altos ejecutivos, sus concesionarios, sus proveedores — es demasiado vasto y diversificado para que se pueda explicar entrevistando únicamente a sus altos administradores. Por eso en este libro se narra la experiencia personal de docenas de personas íntimamente vinculadas con la empresa, que nos dan a conocer su punto de vista particular.

Dada la necesidad de tan detallados reportajes, yo no habría podido realizar un proyecto de esta magnitud sin ayuda especial de diversas personas dentro de McDonald's. Muchísimo aproveché las investigaciones de Ken Props, hombre de 83 años, director de licencias, que es una verdadera enciclopedia ambulante y que, para fortuna mía, me mandaba todas las semanas nuevos datos históricos sobre la compañía. Gracias también a Helen Farrell y Gloria Nelson, quienes recopilaron y verificaron centenares de datos para que esta obra fuera más completa y estuviera al día. Entrevistar a tantas personas habría sido tarea muy dificultosa si no hubiera sido por la ayuda de Merne Bremner y Jan Woody, quienes localizaron las fuentes, concertaron entrevistas y abrieron puertas para hacer contacto con personas que de otra manera no habrían sido tan receptivas.

Esta versión final de la historia de McDonald's ha tenido la benéfica influencia de Ann Poe, que leyó el manuscrito original y recomendó revisiones. Su entusiasmo me infundió ánimos en un momento crítico — cuando el borrador está terminado y el autor se siente agotado. Ann me hizo ver cuánto mejoraría la narración si se recortaba considerablemente ese primer borrador. Acepté sus consejos porque comprendí que tenía gran interés en la calidad del libro.

Pero mi mayor gratitud es para con mi esposa, JoAnn, a quien se le informó hace cinco años que el proyecto duraría un año. Como yo hube de desempeñar dos oficios simultáneamente durante casi todos esos cinco años, ella crió a nuestros hijos con muy poca ayuda de mi parte. Me prestó apoyo cuando el proyecto se complicaba y yo me sentía más frustrado; y lo más importante fue que me obligó a hacer lo que todo periodista tiene que hacer, aunque le pese, con un gran reportaje: ponerle fin.

JOHN LOVE

Prólogo
LA McDONALD'S DESCONOCIDA

A la salida de la oficina de Fred Turner, presidente de la junta directiva de McDonald's, en el octavo piso del edificio donde la compañía tiene su sede, en Oak Brook, suburbio de Chicago, hay un pequeño salón circular para conferencias, que llaman la "sala de guerra". Allí es donde se celebran las reuniones de la alta administración, y si el nombre parece presuntuoso, lo cierto es que describe con gran exactitud cuán en serio toma esta empresa el juego de las hamburguesas.

Pero no hay en ella ninguna otra cosa para presumir. Como todo lo de McDonald's, la sala de guerra es estrictamente funcional, y hasta igualitaria. Casi no contiene más que una mesa redonda, grande, en torno a la cual se sientan como iguales los gerentes de la corporación a discutir libremente las políticas. No hay muebles de caoba, ni sillones de cuero de alto respaldo, ni costoso enchapado de madera en las paredes. La sala no contiene nada de lo que podría esperarse en el sanctasanctórum de una organización que realiza anualmente ventas por valor de US$11 000 millones.

Hasta el teléfono es un desacierto de la compañía telefónica, pues tiene un número que recibe más llamadas equivocadas de lo normal. A veces el mismo Turner interrumpe una reunión para contestar. "Aló, McDonald's", dice. El que llama parece confundido y Turner le aclara: "No señor, ésta es la Compañía McDonald's". Y como parece que esto no basta para sacar al individuo de su error, le aclara más aún: "Nosotros somos los de las hamburguesas".

Lo que sorprende no es que por una equivocación la persona que llama se haya comunicado con el presidente de la junta directiva de la mayor compañía de servicio de comidas del mundo; lo sorprendente es que necesite que se le diga qué cosa es McDonald's. Este es el sistema que gasta más de US $600 millones al año para promover la marca más anunciada del mundo. A su vocero de publicidad — un payaso llamado Ronald — lo reconocen los jóvenes norteamericanos tan fácilmente como reconocen a Papá Noel. Tiene más puntos de venta que cualquier otra empresa comercial en los Estados Unidos. ¿Cómo es posible que haya alguien que no pueda identificar a McDonald's como "los de las hamburguesas"?

McDonald's puede ser la marca mejor conocida, pero la organización que está detrás de ella es una de las menos comprendidas de los Estados Unidos. La imagen de mercadeo se ha hecho fábula; la realidad social es desconocida.

Para ello existen buenas razones, siendo una de ellas la manera en que la prensa informa sobre la compañía. Esta ocupa hoy el cuarto lugar entre las más grandes empresas minoristas del país, pero a los periódicos los deslumbra más su brillante exterior. Cuando McDonald's abrió su ochomilésimo restaurante y completó sus cincuenta mil millones de hamburguesas vendidas (ambas cosas en 1984), fueron grandes noticias. Pero nunca reciben tanta atención las estrategias que pone en práctica la compañía para dominar la industria de servicio de comidas que vale US $130 000 millones en los Estados Unidos y representa un mercado que es casi el doble de la industria nacional de computadores.

La publicidad de estas trivialidades no puede atribuirse enteramente al cuarto poder. La misma compañía ha contribuido a difundir los aspectos más ligeros de sus negocios. Desde el principio estimuló a los periodistas a destacar los volúmenes de ventas de hamburguesas. Así empezaron los hermanos McDonalds en 1950, cuando en su establecimiento de California pusieron un letrero de neón que decía: "Más de un millón vendidas". De entonces acá McDonald's ha publicado cifras que revelan cuántas veces llegarían hasta la luna las que ha vendido, y cuántas veces se podría llenar el lecho del río Misisipí con la salsa de tomate que ha despachado.

Cuando no estaba distribuyendo tales estadísticas, la compañía se ocupaba en presentarse con historias románticas, aunque a veces superficiales, de su pintoresco y famoso fundador, Ray A. Kroc. Así, la historia de McDonald's se confundió con la de su fundador, que fue para muchos la encarnación del éxito de la compañía, y la identidad de ésta se esfumó. En efecto, McDonald's como sociedad prefiere el anonimato y, aunque se esfuerza por promover su imagen de mercadeo, guarda el secreto cuando se trata de su funcionamiento interno. Sus ejecutivos no participan en las ferias de la industria, ni la compañía pertenece a ninguna de las asociaciones del gremio. De igual modo, a lo largo de los años sus altos administradores se han mostrado renuentes a concederle entrevistas a la prensa de negocios.

Existe otra razón para que el interior de McDonald's siga siendo un misterio. Es, sencillamente, que el exterior de la cadena es ya un distintivo tan corriente del estilo de vida norteamericano, que la organización en sí se da por supuesta. No menos del 96 por ciento de los consumidores del país han comido en alguno de sus restaurantes en el último año, y un poco más de la mitad de la población de los Estados Unidos vive a menos de tres minutos en automóvil de una unidad McDonald's. Su marca se promueve en treinta anuncios breves de radio y televisión al día. Su presencia en el mercado minorista es tan esperada, que su identidad institucional y su poderío no se notan. McDonald's es lo que más se acerca en los Estados Unidos a un servicio público al por menor.

Es parte tan integrante de la civilización norteamericana, que el significado competitivo y económico de sus 9 300 restaurantes rara vez se mide en forma significativa. Todo el mundo sabe que es una compañía grande, pero muy pocos saben con exactitud cuál es realmente su impacto en la vida de los negocios del país. Un observador casual se entera, por el letrero que aparece bajo los arcos dorados, de que McDonald's ha servido más de 55 000 millones de hamburguesas; pero en una industria que cuenta casi con 200 000 compañías de restaurantes, ¿quién se va a imaginar que McDonald's captura el 17 por ciento de todas las visitas a restaurantes en los Estados Unidos (una de cada seis) y recibe el 7.3 por ciento de la suma total que gastan los norteamericanos por comer fuera de casa? ¿Cuántas personas saben que controla el 19.5 por ciento del mercado de comidas rápidas, que vale US$45 000 millones — más que las tres siguientes cadenas juntas? ¿Quién creería que vende el 32 por ciento de todas las hamburguesas vendidas por los restaurantes comerciales y el 26 por ciento de todas las papas fritas? Estas son cifras que asombran hasta a George Rice, cuya compañía, GDR/Crest Enterprises, recopila estas informaciones sobre participación en el mercado. Dice Rice: "Nuestra primera reacción ante tales cifras es: ¡No puede ser!"

El control de semejante participación en el mercado le ha dado a McDonald's una influencia en el sistema de elaboración de comidas de los Estados Unidos que ni los mismos profesionales del ramo entienden cabalmente. Con un consumo anual de más de 600 millones de toneladas de hamburguesas en sus restaurantes, McDonald's es el mayor comprador de carne de vaca en el país. La cadena sirve tantas papas fritas que cada año compra el 7.5 por ciento de la cosecha total de papas para alimentación humana del país. Por esos volúmenes y por su insistencia en la calidad y uniformidad del producto, McDonald's ha operado cambios revolucionarios en el procesamiento de la carne y las papas.

Posee un poder de compra tan grande que la introducción de un nuevo producto en su sistema cambia los hábitos alimentarios de la mayoría de los norteamericanos, a la vez que les crea fortunas a ciertos cultivadores y procesadores de alimentos. Cuando la cadena presentó como primer renglón de su carta de desayunos el "Egg McMuffin", a principios del decenio de los 70, los llamados panecillos ingleses (*English muffins*) se estaban vendiendo bien en algunas regiones; pero al popularizarlos en todo el país McDonald's, creó un segmento de mercado que de entonces acá ha crecido el doble de la industria panadera en general. Sus novedosos "Chicken McNuggets" [trozos de pollo] tuvieron más o menos el mismo impacto cuando se introdujeron en 1982. Hoy esta especialidad se ha imitado muchísimo, y McDonald's, rey de las hamburguesas, ha venido a ser el mayor distribuidor de pollo después de Kentucky Fried Chicken.

También es evidente su impacto en la posición competitiva de las principales empresas elaboradoras de bebidas gaseosas. Basta un solo dato: en los establecimientos McDonald's se despacha el 5 por ciento de toda la Coca-Cola que se vende en los Estados Unidos. Si en lugar de Coca-Cola resolviera servir Pepsi-Cola, la ventaja del 8 por ciento que la marca Coke le lleva hoy a la marca Pepsi se reduciría casi a la mitad, y la ventaja de Coke de casi dos a uno en jarabe para fuentes de soda quedaría casi eliminada.

Menos comprendido aún es su poder económico fuera del campo de las industrias alimentarias. Es posible que ni los expertos del ramo de propiedad raíz se dieran cuenta de que en 1982 McDonald's dejó atrás a Sears como la mayor propietaria de fincas para el comercio al por menor. En efecto, es este control de propiedad raíz lo que explica que haya podido usufructuar tan cumplidamente su posición dominante en la industria de ventas de comida; y si no hubiera sido por esa circunstancia, jamás se habría convertido en esa potencia financiera que ha podido disfrutar de un rendimiento del 21.2 por ciento sobre patrimonio y un crecimiento anual de utilidades del 27.4 por ciento desde que se organizó como sociedad abierta en 1965. Pero su comportamiento financiero es ya tan esperado y previsible, que su crecimiento ya no sorprende a los analistas industriales. Tal vez sólo los que conservan las acciones que compraron cuando éstas se ofrecieron por primera vez al público hace veinte años, aprecian realmente el desarrollo de la compañía. Su inversión inicial de US $2 250 por 100 acciones se ha convertido, en virtud de divisiones y dividendos, en 6 197 acciones que valen más de US $400 000.

Pero tal vez el área en que menos se conoce el impacto de la empresa en la economía nacional es la de recursos humanos. Con más de 500 000 empleados en su nómina en cualquier momento dado, el sistema McDonald's es sin disputa uno de los mayores empleadores de los Estados Unidos. Como adiestra a tantos estudiantes de escuela secundaria para su primer empleo, la mayor parte de sus trabajadores ascienden rápidamente a puestos mejor remunerados, lo cual explica por qué la tasa de rotación de personal en sus restaurantes siempre ha pasado del ciento por ciento al año. También se explica así que durante sus primeros treinta años les haya dado empleo a unos 8 millones de trabajadores que hoy están en otros oficios, o sea el 7 por ciento del total de la fuerza laboral de los Estados Unidos. De cada quince trabajadores norteamericanos, uno obtuvo su primer empleo en McDonald's; y aunque la mayoría de ellos trabajan hoy en otras partes, fue allí donde aprendieron las rutinas del trabajo, la disciplina en el oficio y el trabajo organizacional en equipo. McDonald's ha reemplazado al Ejército de los Estados Unidos como la mayor organización de adiestramiento para el trabajo.

Sin embargo, la explicación de su impacto económico no basta por sí sola para revelar todo lo que es esta empresa. Su incógnita más intrigante es su carácter — las personas que la manejan y la manera como operan. Aquí es donde aparece más claro el conflicto entre la realidad y la imagen que el público se ha formado de ella. Esta es la compañía de servicio que ha tenido más éxito en un país que cada vez depende más de las industrias de servicios; y, sin embargo, no sabemos realmente cuáles son los secretos de ese éxito.

Estos secretos se esconden bajo un ropaje de imágenes, en su mayor parte engañosas, que los atribuyen casi en su totalidad al espíritu empresarial de Ray Kroc. Pero cuando se trata de aislar las razones del éxito de McDonald's, esto no es suficiente. Kroc fue un soñador, pero no fue el inventor de las comidas rápidas ni fue el descubridor de los hermanos McDonalds, que sí las inventaron. Tampoco fue un experto en mercadeo. Todos los productos alimenticios que quiso introducir — y no fueron pocos — fracasaron en el mercado. Y aunque tenía fama de reñirles a los concesionarios que toleraban basura en los patios de estacionamiento o conservaban hamburguesas demasiado tiempo en los anaqueles de servicio, su creatividad no era cuestión de disciplinar a los concesionarios.

Fuera de la compañía, pocas personas saben que la brillantez de Ray Kroc se encuentra en su manera de escoger y de motivar a los gerentes, a los concesionarios y a los proveedores. Poseía el raro talento de hacer salir a la superficie lo mejor que cada uno podía dar de sí. Ciertamente, su éxito con McDonald's es la historia de su propia capacidad empresarial; pero es más: Triunfó por todo lo alto porque tuvo la sabiduría y el valor de confiar en otros centenares de empresarios.

Kroc iba años luz adelante de otros otorgadores de privilegios industriales de su tiempo, pero no porque disciplinara a los concesionarios, sino más bien porque utilizaba ese sistema para desencadenar el poder de empresarios con derechos de propiedad en el negocio. Al mismo tiempo que exigía el estricto cumplimiento de determinadas normas operativas, dejaba a los concesionarios en libertad para que comercializaran su servicio como mejor les pareciera, y los estimulaba dándoles la oportunidad —inusitada en ese negocio— de que se enriquecieran antes de enriquecerse él. Los hizo fieramente competitivos creando el más eficaz servicio de abastecimiento de la industria alimentaria, lo que atestigua su habilidad para perfeccionar los detalles operativos. Y como el sistema de abastecimiento se organizó confiando exclusivamente en nuevos vendedores de víveres y equipos, vino a ser tan empresarial y tan fiel a McDonald's como lo eran los concesionarios de Kroc. En conjunto, los tres elementos del sistema McDonald's —concesionarios, gerentes corporativos y proveedores— representan más de 2 500 compañías independientes, y Kroc las integró hábilmente en una sola familia con un propósito común.

Pero sus talentos administrativos se destacan mejor en el tipo de organización que estructuró para reunir todos los elementos de su sistema. Algunos lo consideraban el arquetipo del fundador corporativo que domina a sus subalternos; en realidad, construyó una corporación de personalidades en extremo diferentes, naturalmente inteligentes y fanáticamente emprendedoras. La notable uniformidad de los 9 300 restaurantes McDonald's produce la impresión de una corporación que tiene una burocracia centralizada; y vista desde afuera, es fácil suponer que la empresa es manejada por duplicados de Ray Kroc.

Pero los que están dentro saben que no es así. Kroc construyó la más hábil organización de servicio, no imponiéndose dictatorialmente a sus gerentes sino confiriéndoles una enorme autoridad para tomar decisiones. Desde el principio formaron su equipo administrativo individuos muy diversos, no del tipo de los gerentes que normalmente sobreviven en las burocracias corporativas. No eran hombres de la organización; eran lo que Kroc entendía por empresarios dentro de la compañía.

En McDonald's las decisiones siempre han sido producto de la iniciativa individual. Las ideas nunca son homogeneizadas por comités. Las nuevas directrices son el resultado de un proceso continuo de ensayos, en el que se aprende de los mismos errores, y las ideas nuevas saltan de todos los rincones del sistema. El ingrediente clave en la fórmula administrativa de Kroc es la voluntad de arriesgarse a fracasar y de reconocer los errores. James Kuhn, vicepresidente y veterano de 20 años con la compañía, describe gráficamente la disparidad entre la imagen de ella y la realidad de su administración: "Tenemos la reputación de ser comercializadores hábiles, profesionales y entendidos, al mismo tiempo que flexibles y superficiales. La realidad es que somos un grupo de personas motivadas que disparan muchos cañones, y no todos los tiros dan en el blanco. Hemos cometido muchos errores, pero son éstos los que nos llevan al éxito porque aprendemos de ellos. Somos impulsivos, tratamos de movernos más rápidamente de lo que podemos, pero también somos unos maestros para enderezar lo que estropeamos".

El secreto fundamental del éxito de McDonald's es la manera en que logra la uniformidad y la lealtad a un régimen operativo sin sacrificar las ventajas del individualismo norteamericano y su diversidad. Se da sus trazas para combinar la conformidad con la creatividad.

La dicotomía es evidente en la manera de relacionarse entre sí los tres elementos del sistema: los concesionarios, los gerentes y los proveedores. Todos son por derecho propio empresarios, pero ninguno domina a los demás. La mayor realización de Ray Kroc es haber encontrado la manera de hacerlos encajar unos con otros en una forma sumamente productiva. Es lástima que la misma glorificación de que ha sido objeto Kroc como fundador de McDonald's lo pinte, erróneamente, como la fuente de todos sus atributos. La McDonald's desconocida no es la expresión de un solo hombre. No es ni siquiera una sola compañía sino más bien una federación de centenares de entidades independientes conectadas por una complicada red de asociaciones.

Los que participan en el sistema tienen incentivos comunes económicos y una común norma de calidad, servicio y aseo; pero fuera de esto, nada más es igual entre ellos. Tampoco hay una estructura en sus relaciones. "Uno nunca sabe quién está realmente encargado de una actividad. No existe un diagrama organizacional", observa Ted Perlman, que desde hace largo tiempo es uno de los proveedores. Esta falta de estructura puede atribuirse a Kroc, quien tenía la costumbre de tomar ideas de cualquiera que las ofreciera. Lo que importaba no era la procedencia de la idea sino que fuera práctica. Y como se le concede tanta importancia al desempeño individual, el sistema sigue siendo sorprendentemente empresarial a pesar de su enorme tamaño.

Aun cuando a los individuos que están dentro del sistema los mueve su propio interés empresarial, éste no prevalece nunca. Las entidades de McDonald's son tan diversas y el poder se encuentra tan fragmentado que el sistema no tiene un amo. Gran parte de su fuerza puede atribuirse al hecho de que las relaciones que hay entre los gerentes corporativos, sus 2 100 concesionarios y sus 250 proveedores, se basan en un concepto de frenos y cortapisas. Son bien conocidas las meticulosas inspecciones que realiza la compañía en los diversos establecimientos para verificar el cumplimiento de las disciplinas operativas. Lo que no se conoce es el poder de que gozan los concesionarios para coartar los excesos de los gerentes corporativos. Las relaciones de los proveedores descansan en principios análogos: los vendedores no son extraños sino que forman parte de la familia, y se les considera tan responsables de la preservación de la calidad McDonald's como a los concesionarios y a los gerentes.

La historia del sistema McDonald's es la historia de una organización que supo poner a su servicio el poder de los empresarios — no de unos pocos sino de centenares. Se maneja por decisiones y políticas que se considera que son para el bien común; pero la definición de *bien común* no la formula un jefe ejecutivo ni un comité administrativo, sino que es el producto de la interacción de todos los jugadores. El genio de Ray Kroc consistió en haber organizado un sistema que les exige a todos sus miembros cumplir reglas como las de las corporaciones, pero que al mismo tiempo los recompensa por expresar su creatividad individual. En esencia, la historia de McDonald's es un caso de estudio sobre manejar empresarios dentro de un ambiente corporativo.

En una época en que las corporaciones norteamericanas buscan emular con sus rivales extranjeras, esa historia nos recuerda que los negocios sí pueden alcanzar el éxito, aun más allá de los más locos sueños de sus creadores, confiando en típicas características norteamericanas. Esta es la historia de la compañía que cambió los hábitos alimentarios de todo un país y revolucionó las industrias de servicio y procesamiento de comidas en los Estados Unidos al mismo tiempo que legitimó la práctica, hoy ya muy difundida, de conceder licencias industriales. Es la historia de la McDonald's desconocida el primer éxito empresarial moderno de los Estados Unidos — un sistema que llena el vacío entre empresarios y sociedades anónimas.

Capítulo 1
SÍ HAY UN McDONALD

"En los últimos años he recibido cartas y llamadas telefónicas de estaciones de televisión y de radio, de autores, periodistas, etcétera, y en todas me cuentan lo mismo: que llaman a su compañía en Oak Brook para preguntar por mi dirección y les dicen que en la compañía no tienen idea de dónde vivo ni de si todavía estoy vivo. En varias ocasiones les han contestado que, en realidad, nunca existió un McDonald, y que éste no es más que un nombre ficticio que escogieron porque era fácil de recordar". Esto es un extracto de una carta que le envió Richard J. McDonald a Fred Turner, fechada el 6 de enero de 1983.

Pocos días antes, la compañía había anunciado que se proponía cerrar la unidad McDonald's construida por Ray Kroc en 1955 en Des Plaines, suburbio de Chicago. Este anuncio provocó la protesta de los historiadores locales que deseaban convertir aquel pequeño restaurante en un museo (cosa que hizo McDonald's) y los periódicos de todo el país publicaron la noticia del cierre del McDonald's "original". Si en esas noticias se mencionaba a los hermanos McDonald, sólo era para explicar la idea corriente de que Kroc no había obtenido de ellos otra cosa que el nombre. Todo el mundo estaba convencido de que Kroc había construido el primer McDonald's.

Los hermanos cuyo nombre adorna los 9 300 restaurantes de la empresa han sido virtualmente borrados de la leyenda. En esta era de los medios de comunicación masiva, al primero que lleve un producto nuevo al mercado de masas se le reputa por inventor, de manera que no ha de sorprender que habiendo sido Kroc el que fundó la compañía y llevó a las masas el concepto de la comida rápida, se le tenga por creador del restaurante de autoservicio rápido. No sorprende, pero no es exacto.

Ray Kroc no inventó la comida rápida. No inventó el restaurante de autoservicio. Y su restaurante McDonald's no fue el primer McDonald's. El mérito de estas tres cosas pertenece legítimamente a los hermanos McDonalds, Richard y Maurice, éste el mayor de los dos, conocidos en la intimidad como Dick y Mac. Ellos fueron los inventores que tuvieron la visión, pero les faltó el empuje y el don de organización necesarios para explotar su invento. En qué forma descubrieron el concepto de las comidas rápidas muestra cómo es el proceso de la invención; y por qué no lo desarrollaron es la clave para entender lo que aportó Ray Kroc.

Los hermanos McDonalds no eran empresarios de restaurantes ni por su preparación ni por sus antecedentes, y en el negocio de servicio de comidas, que es tan apegado a las tradiciones, esa circunstancia puede haber sido indispensable para encender una revolución. Por lo general, los restaurantes son negocios de familia, y las tradiciones industriales van pasando de padres a hijos por generaciones.

A los hermanos McDonalds no los ataban tales tradiciones. Poco después de salir de la escuela secundaria abandonaron a New Hampshire, su tierra natal, y se fueron a California en 1930 en busca de nuevas oportunidades — cualquier cosa que ofreciera algo mejor que la suerte de su padre. Este había sido capataz en una fábrica de zapatos, pero la Depresión lo dejó sin empleo. Las fábricas de calzado y las hilanderías de New Hampshire se estaban cerrando, mientras que California ofrecía nuevos campos de trabajo.

Los McDonalds aprovecharon las primeras oportunidades que se les ofrecieron — en Hollywood —. Encontraron empleo como metemuertos arreglando los escenarios para películas de corto metraje del bufonesco Ben Turpin. Estimulados por el potencial que veían en una industria completamente nueva, abrieron un cinematógrafo en Glendale, pero a la vuelta de cuatro años no ganaban lo suficiente para pagar el arriendo de US$100 mensuales, y sólo las concesiones constantes del casero los mantuvieron a flote. Pero nunca dejaron de buscar mejores oportunidades, y al fin encontraron una en un nuevo servicio que estaba haciendo furor en California: el restaurante de servicio al automóvil, el *drive-in*.

Corría el año de 1937 y ya el automóvil empezaba a ser indispensable en la vida californiana. Algunos operadores independientes en el sur del Estado comenzaron a aprovechar esa circunstancia estableciendo restaurantes para atender a los parroquianos que llegaban en automóvil. La idea era enteramente nueva. Ya desde el decenio de los 20, algunos restaurantes habían desarrollado lo que llamaban servicio a la acera, en que las camareras les llevaban emparedados y bebidas a los clientes que estacionaban en la calle frente al restaurante. Pero en los años 30 los operadores de California llevaron la idea un paso más adelante, y en vez de considerar este servicio como algo secundario, hicieron de él la base de su negocio. Amplios patios de estacionamiento, de fácil servicio, reemplazaron la diminuta área de la acera de la calle, y se contrataron muchachas de tiempo completo para servir a los clientes en sus automóviles.

En unos pocos años California se volvió una tierra de drive-ins, y los nuevos hosteleros que los manejaban pasaron a ser los operadores más innovadores de la industria. Ensayaban todo lo imaginable. En su afán por prestar un servicio veloz, no se paraban en pelillos, y hasta les pusieron patines a las chicas que les llevaban la comida a los parroquianos. Al poco tiempo, éstos, para hacer los pedidos, se servían de novedosos teléfonos de altoparlante colocados en cada lugar de estacionamiento.

Se experimentaba también con productos alimenticios nuevos y diferentes, apropiados para llevarlos fuera del establecimiento. Así que cuando los hermanos McDonalds abrieron su diminuto drive-in en Pasadena en 1937, se encontraron a la vanguardia del negocio de servicio de comidas y en compañía de operadores encantados con la velocidad del servicio y con la venta de comidas para llevar, y a quienes sólo faltaban pocos años para comenzar a vender concesiones. Con todo, este primer McDonald's era un esfuerzo modesto. Mientras Dick y Mac cocinaban las salchichas (no eran hamburguesas), mezclaban los batidos, y les servían a los parroquianos que se hallaban sentados en una docena de taburetes bajo un toldo, tres chicas atendían a los clientes estacionados en el patio.

Esto llevó a un drive-in mucho más grande, que los McDonalds abrieron en 1940 en San Bernardino, a unos 80 kilómetros al este de Los Angeles. San Bernardino había sido en otro tiempo la capital de las naranjas, y hasta del Adventismo del Séptimo Día, por allá en los años 40, y ahora se estaba convirtiendo en una floreciente ciudad de clase obrera, y uno de los principales beneficiarios fue el drive-in de los McDonalds.

Nadie habría sospechado que ésta iba a ser la cuna de una nueva generación de restaurantes. Con sólo 56 metros cuadrados de espacio, era apenas una fracción de lo que eran los drive-ins más elegantes de Los Angeles. Tenía una forma curiosa — octogonal — y ventanas ligeramente oblicuas desde el techo hasta el mostrador alrededor de la mitad delantera del edificio, con lo cual se violaba una regla básica del diseño de restaurantes porque se exponía toda la cocina a la vista del público. En el interior no había asientos ni mesas, pero por fuera se colocaron bancos a lo largo del mostrador. Las paredes exteriores debajo del mostrador eran de acero inoxidable.

Pero, de todos modos, sí era muy llamativo, y para mediados de los años 40 era el sitio predilecto de reunión de los adolescentes. Una cuadrilla de veinte chicas atendía a los 125 automóviles estacionados en el patio al anochecer durante los fines de semana. En la carta se ofrecían 25 platos, entre ellos emparedados de carne de vaca y de cerdo y costillas asadas a la brasa sobre astillas de nogal americano que los McDonalds hacían traer de Arkansas. Si este drive-in parecía extraño a la luz de las normas del servicio de comidas, su registradora hablaba un lenguaje que todos los hosteleros entendían: Las ventas anuales pasaban de US$200 000.

El pequeño drive-in plantó a los McDonalds entre las filas de los nuevos ricos de San Bernardino. Cada año se repartían entre los dos US$50 000 de utilidades, y súbitamente se vieron alternando en lo social con lo más granado del establecimiento local — la familia Guthrie, editora del *Daily Sun*, los hermanos Stater, dueños de la cadena más grande de supermercados, y los Harrises, propietarios de la gran tienda de departamentos. Se pasaron a vivir a una de las mejores casas de la ciudad, mansión de US$90 000, de 25 habitaciones, construida en una colina de las afueras.

A pesar de su nueva riqueza, los hermanos siguieron siendo hombres llanos, de gustos sencillos. Sus actividades de recreación no iban más allá de salir a comer o ver los encuentros locales de boxeo. Como ambos se negaban a volar, rara vez viajaban lejos de la población.

Se enorgullecían, eso sí, de ser los primeros en comprar los Cadillacs de nuevo modelo, y todos los años el agente local esperaba ansiosamente su visita para cambiar los coches viejos. Vender un Cadillac de segunda mano con 8 000 kilómetros de recorrido era en el negocio de automóviles casi como acuñar moneda.

En 1948 los McDonalds habían acumulado riquezas no soñadas 10 años atrás cuando construyeron su puestecito de hamburguesas con madera prestada. Solamente tenían un problema, que lo explica Dick en estos términos: "Sencillamente nos aburríamos. El dinero entraba, pero nosotros no teníamos casi nada que hacer".

Sin embargo, empezaban a sentir un poco la presión de la competencia. Cuando abrieron su restaurante en San Bernardino era el único drive-in del pueblo, pero en 1948 ya había varios imitadores. Esto de por sí no habría tenido importancia si el mercado se hubiera seguido ampliando más allá de los muchachos de escuela secundaria, pero por desgracia no ocurrió así. Cuando los drive-ins atendidos por muchachas se convirtieron en el lugar de reunión de adolescentes, ahuyentaron a las familias, que constituían un mercado mucho más amplio. La competencia por una clientela tan limitada vino a ser destructiva, y a pesar de que la operación McDonald's continuaba a la cabeza, el negocio se resintió.

Para colmo de males, Dick y Mac descubrieron que el concepto del cual habían sido precursores adolecía de graves fallas económicas porque los drive-ins, que se identificaban como fuentes de comidas baratas, tenían costos muy altos y requerían uso intensivo de mano de obra. Los afectaba también una elevada tasa de rotación de personal, y se vieron en el caso de estar disputándoles a sus nuevos competidores las empleadas, casi tanto como los clientes. Y si los competidores no se llevaban a las chicas, se las llevaba el halago de oficios mejor pagados en otras industrias que alimentaban la floreciente economía de California. Debido en gran parte a que los parroquianos eran muchachos, el desgaste de cubiertos y vajilla era casi tan serio como la rotación de la fuerza laboral. Molestos con estas cosas, los hermanos estuvieron a punto de vender su drive-in y abrir en cambio un nuevo restaurante de hamburguesas en uno de los grandes centros comerciales que empezaban a aparecer en todas partes en los suburbios del país. Allí no tendrían tantos problemas ni quebraderos de cabeza. Lo llamarían The Dimer porque todo lo que apareciera en su limitada carta (principalmente bebidas gaseosas, papas fritas y hamburguesas) se vendería por uno o dos *dimes* [monedas de diez centavos]. Hasta se proponían bruñir estas monedítas todas las mañanas y darlas de vuelta. "Pensábamos que cada vez que alguien sacara del bolsillo una monedita brillante se acordaría de The Dimer", dice McDonald.

Pero, ya casi resueltos a ejecutar su plan, reaccionaron ante los peligros de una aventura que los llevaría más allá de su limitada experiencia. La única experiencia que habían tenido en materia de servicio de comidas era en drive-ins, y con éstos se quedarían. Con todo, hicieron algo que pocos propietarios de negocios pequeños se atreven a hacer una vez establecidos: resolvieron reformar totalmente la operación existente. Estudiando los recibos de ventas correspondientes a los tres últimos años vieron que el 80 por ciento del negocio lo generaban las hamburguesas, de modo que no se justificaba prestarles tanta atención a los asados a la parrilla ni gastar las fuertes sumas que dedicaban a anunciar éstos en los periódicos y la radio. "Cuanto más recortábamos al negocio de parrilla, más hamburguesas vendíamos", recuerda Dick.

Este descubrimiento llevó a una reforma completa del drive-in McDonald's — y al comienzo de una revolución en el servicio de comidas. Lo mismo que sus competidores, los McDonalds se habían preocupado por encontrar la manera de aumentar el volumen aumentando la rapidez. Decidieron entonces hacer de la rapidez la esencia de su negocio. "Todo nuestro concepto se basaba en rapidez, precios bajos y volumen", dice McDonald. "Buscábamos volúmenes verdaderamente grandes rebajando los precios y haciendo que el cliente mismo se sirviera. ¡Qué lentas eran las muchachas! Pensábamos que tenía que haber métodos más rápidos. Los automóviles se acumulaban en el estacionamiento. Aun cuando los clientes no la exigían, nuestra intuición nos decía que les gustaría mayor rapidez. Todo se movía más rápido. Los supermercados y las tiendas de baratillo ya habían adoptado el autoservicio, y era obvio que el porvenir de los drive-ins estaba también en este sistema".

Los hermanos respondieron a su "intuición" cerrando su lucrativo negocio durante tres meses en el otoño de 1948. Despidieron a las

20 muchachas del servicio, y las dos ventanillas donde éstas entregaban los pedidos se cambiaron por ventanillas de servicio directo a los clientes. La cocina se dispuso de otra manera para facilitar la velocidad y la producción de gran volumen. La parrilla única, de 90 cm, se reemplazó por dos de 1.80 m, que los hermanos habían hecho diseñar para el caso en Los Angeles. Bolsas, envolturas y vasitos de papel sustituyeron las vajillas de loza, con lo cual se eliminó la necesidad de lavadora de platos. La carta se redujo de 25 artículos a sólo nueve: una hamburguesa, una hamburguesa con queso, bebidas gaseosas de tres sabores distintos pero en un solo tamaño de 12 onzas, leche, café, papas fritas, y una tajada de pastel. El tamaño de las hamburguesas se redujo de ocho por libra a diez por libra, pero el precio se redujo mucho más: de 30 centavos, que era un precio de competencia, a 15 centavos, cosa inusitada. Ni siquiera permitieron que la elección de condimentos perjudicara la rapidez del servicio. Todas las hamburguesas se preparaban con salsa de tomate, mostaza, cebolla y dos pepinillos. Si alguien pedía otra cosa, tenía que esperar. Con esto no sólo se perfeccionó la técnica de la producción sino que además se abrió el camino para tener comida lista antes de recibir los pedidos. Esto se separaba mucho de las prácticas corrientes del servicio de comidas, pero los hermanos creían que era vital para su concepto de volumen mediante velocidad. "Si le permitíamos a la clientela escoger, aquello sería el caos", explica McDonald.

Cuando volvieron a abrir, en diciembre, instalaron un letrero con un dibujo animado de un cocinero llamado Veloz, pero su nuevo "sistema de servicio veloz" no les produjo el aumento de volumen que esperaban; por el contrario, el negocio cayó a una quinta parte de lo que había sido antes de la reorganización. "Las chicas a quienes habíamos despedido —recuerda McDonald— venían a fastidiarnos diciéndonos que les fuéramos alistando sus uniformes. Hasta los viejos clientes nos preguntaban cuándo íbamos a volver al sistema antiguo".

Los hermanos resolvieron aguantar, y su paciencia se vio ampliamente recompensada. A la vuelta de seis meses el negocio empezó a recuperarse, en parte gracias a la adición de leches malteadas y papas fritas a la francesa, pero principalmente por el nuevo tipo de clientela que empezó a atraer el drive-in. Ya sin las muchachas que atendían a los clientes en los automóviles, McDonald's perdió buena parte de su atractivo para la gente joven, pero al mismo tiempo se despojó de su imagen como lugar de reunión de la muchachada, y esto le dio atractivo para un segmento mucho más grande, que era el de las familias. Por fin las familias de la clase trabajadora podían darles a sus niños comida de restaurante. Como el edificio octagonal era todo ventanas desde el techo hasta el mostrador, el sistema de preparación de los alimentos se convirtió en una atracción por sí mismo. Los niños quedaban encantados viendo por primera vez una cocina comercial. El diseño de la "pecera", como lo denominó más tarde McDonald, era también un instrumento vendedor para convencer al escéptico mercado de los adultos de que los precios bajos no significaban calidad inferior. "Vendíamos una hamburguesa por quince centavos, y al principio los clientes pensaban, por supuesto, que eso era barato en más de un sentido", explica McDonald. "Pero cuando veían nuestra cocina se les abrían los ojos: una parrilla inmaculada, por todas partes brillante acero inoxidable; bien podían ver que nuestra hamburguesa era la mejor carne que era posible encontrar".

Desde el principio se hizo claro que el nuevo restaurante les ofrecía a los niños un atractivo muy especial. Art Bender, el primer dependiente del restaurante refaccionado, recuerda que la primera parroquiana fue una niña de nueve años que compró una bolsa de hamburguesas para llevar a casa. Esa primera compra fue profética, y en adelante los niños acudían en bandadas al restaurante en que podían ellos mismos hacer sus pedidos. "A los niños les encantaba acercarse al mostrador", observa Bender. "Llegaban con sus monedas en el puño, pedían una hamburguesa y una coke. Alcanzaban a ver a la mamá que los esperaba en el automóvil, pero también se sentían independientes. Pronto uno se da cuenta de que esto es muy bueno para el negocio; es importante".

La importancia estaba en el poder de atraer a los adultos atrayendo a los niños. Esto no se les pasó por alto a los McDonalds, quienes inmediatamente adaptaron su mercadeo al nuevo mercado. En los anuncios destacaron el atractivo de su restaurante para las familias, y en sus promociones incluyeron regalos para los niños. Al mismo tiempo, les dieron instrucciones a sus dependientes para que se mostraran especialmente atentos con la gente menuda.

En poco más de un año, el drive-in McDonald's recuperó todo el negocio que había perdido a raíz de la reorganización, pero los volúmenes extraordinarios que los hermanos deseaban no llegaron hasta que Dick y Mac empezaron a hacer en la anticuada industria de restaurantes lo que Henry Ford había hecho en el montaje de máquinas. En una industria que se enorgullecía de sus procedimientos altamente personalizados, los hermanos empezaron a reemplazar las viejas técnicas de preparación de comidas con procedimientos de línea de montaje. Tal vez sin darse cuenta de ello, estaban introduciendo una nueva era de automatización en el servicio de comidas. En realidad se habían enamorado de toda mejora técnica capaz de acelerar el trabajo y de mantener a su equipo de doce hombres, apiñados en una cocina de cuatro por cinco metros, trabajando con absoluta precisión militar.

Habían definido un concepto totalmente nuevo de servicio de comidas; pero para que funcionara, se daban cuenta de que necesitaban instrumentos nuevos de cocina. Puesto que el equipo de cocina de aquellos tiempos no se había diseñado para su producción en línea de montaje, empezaron a inventar los primeros implementos de la industria de comidas rápidas. Por ejemplo, Dick McDonald diseñó una bandeja giratoria portátil de acero inoxidable con capacidad para 24 panecillos. En un área alejada de la parrilla, dos operarios adobaban los panecillos con los condimentos necesarios a medida que la bandeja giraba. Como ésta estaba montada en una plataforma con ruedas, se empujaba en seguida para acercarla a la parrilla donde se colocaban las hamburguesas sobre los panecillos, y en seguida se trasladaba a otro lugar donde todo se envolvía.

Para producir sus nuevos instrumentos de cocina, los McDonalds se valieron de un mecánico local que no tenía experiencia en el ramo de servicio de comidas, "desventaja" que facilitó una nueva perspectiva. En efecto, Ed Toman era todo lo contrario de un experto proveedor de equipos de cocinas. Su pequeño taller había sido construido de lámina metálica en 1908, y en el asfixiante calor de los veranos de San Bernardino la temperatura interna llegaba a 46 grados centígrados. Pero allí era donde trabajaba Toman a menudo hasta media noche, diseñando las primeras herramientas del negocio de comidas rápidas. Fuera de haber diseñado una máquina muy usada para moler cáscaras de naranja y hacer mermelada, la experiencia de Toman en el procesamiento de alimentos era nula. Sin embargo, su trabajo para los hermanos sugiere que la falta de experiencia en prestarles servicios a los restaurantes tradicionales le sirvió para entender las necesidades de operaciones tan novedosas como las de McDonald's.

Algunas de las cosas que inventó no fueron grandes novedades, como por ejemplo unas espátulas más grandes y rígidas para reemplazar a las delgadas que se usaban antes y que no eran apropiadas para producción en masa. Otros de sus diseños sí fueron ingeniosos. Para automatizar el proceso de adobar las hamburguesas, desarrolló un distribuidor manual de acero inoxidable que con un solo apretón del disparador lanzaba uniformemente sobre el panecillo la cantidad necesaria de salsa de tomate y mostaza. Por desgracia, nunca patentó este dispositivo. Vendió US $500 000 de estos distribuidores a los primeros operadores de comidas rápidas, pero obviamente perdió un mercado mucho más grande: una variación de este aparato sigue siendo hasta el día de hoy equipo normal en todos los 9 300 McDonald's, lo mismo que en casi todas las demás cadenas de hamburguesas para comidas rápidas.

El equipo fabricado a la medida no fue el único secreto de los hermanos McDonalds para acelerar el servicio. Adoptaron también rígidos procedimientos operativos para eliminar el obstáculo principal al servicio de comidas rápidas, o sea el elemento humano. Antes la cocina comercial se consideraba un arte personal, y el servicio resultante variaba muchísimo en calidad y rapidez. Pero el concepto de una carta limitada les permitió a los hermanos dividir la preparación de alimentos en tareas simples y de repetición que podían aprender rápidamente aun los que entraban por primera vez en una cocina comercial. Al refinar los McDonalds sus técnicas de producción, los miembros de su equipo de cocineros se hicieron especialistas. Hubo entonces tres "parrilleros", que no hacían más que asar hamburguesas; dos "batidores", cuyo único oficio era preparar la leche malteada; dos "freidores", especializados en hacer papas fritas; dos "adobadores", que adobaban y envolvían las hamburguesas; y tres "despachadores", que no hacían otra cosa que atender los pedidos de los clientes en las ventanillas.

Todavía esas labores se subdividieron en procedimientos detallados destinados a economizar tiempo. Se desarrollaron reglas específicas para transmitir en alta voz los pedidos de hamburguesas a los parrilleros y para despachar y empacar rápidamente todos los pedidos. El departamento de mezcla estaba equipado con cuatro Multimixers; hasta 80 malteadas se podían preparar por anticipado y guardarse en una alacena refrigerada. Cuando fue posible predecir un alto volumen, los hermanos McDonalds empezaron una práctica que distinguió más aún su operación de comidas rápidas de la de todos los demás restaurantes: Para poder despachar los pedidos en 30 segundos o menos, aun en las horas de demanda máxima, cocinaban y empacaban los productos alimenticios con anticipación, en lugar de esperar a que les fueran pedidos. Esta práctica a su vez los llevó a establecer normas sobre cuándo desechar productos cocinados que se habían tenido guardados durante cierto tiempo.

Los procedimientos eran tan detallados y los oficios tan especializados, que las operaciones de McDonald's no sólo lograron mayores velocidades de producción sino que obtuvieron los mismos beneficios de economía de trabajo que Henry Ford descubrió cuando introdujo las técnicas modernas de línea de montaje en el proceso de fabricación. Los hermanos pudieron entonces emplear a cocineros sin experiencia con menores sueldos y entrenamiento mínimo y pudieron producir con mayor rapidez y mejor control de calidad de lo que alcanzan aun los mejores cocineros en este campo. Incluso las prácticas de contratación proyectaron una nueva atmósfera de eficiente línea de montaje que sin duda faltaba en otros drive-ins. Quizá como reacción exagerada por los problemas que les habían causado antes las chicas del servicio y las multitudes que atraían, en el nuevo restaurante McDonald's sólo se empleaban hombres.

Al año de haber vuelto a abrir su drive-in en San Bernardino, la fascinación de los hermanos McDonalds con la velocidad había convertido el restaurante de hamburguesas en una pequeña planta de montaje. Habían refinado en forma tal sus técnicas de producción que le dieron a su restaurante una estructura única. Las claves eran el autoservicio, platos y vasos de cartón, y rapidez, y no había nada en el negocio de servicio de comidas que ni remotamente se le pareciera.

Años atrás, otros habían creado restaurantes con carta limitada y hamburguesas de bajo precio. La primera cadena de este tipo la fundó en 1921 E. W. Ingram, que servía una hamburguesa de cinco centavos, frita al vapor y cargada de cebolla, en un restaurante que llamó grandiosamente White Castle, tratando de darle al producto un toque de elegancia que le faltaba. Algunos años después, tenía restaurantes en once Estados y su éxito había estimulado imitaciones como las llamadas White Tower y Royal Castle. Aquel negocio de Ingram tenía algunas de las características de las comidas rápidas. Casi desde el principio, White Castle estimulaba a sus parroquianos a "comprarlas por bolsas", y las diminutas hamburguesas (dieciocho por libra) se consumían con tal glotonería que fueron llamadas "las resbaladoras" por su supuesto efecto laxante. Pero el sistema White Castle no fue diseñado originalmente para autoservicio de gran rapidez. En los pequeños restaurantes de la cadena había mostradores con asientos, se usaban cubiertos de metal, y por lo general en cada uno no había sino uno o dos cocineros de platos rápidos que hacían de todo, desde cocinar las hamburguesas hasta registrar las ventas.

Los hermanos McDonalds desarrollaron un sistema enteramente distinto, hecho a la medida para la sociedad de postguerra, la cual tenía un ritmo más rápido, era más móvil y más orientada a las comodidades y a la satisfacción instantánea de sus deseos. Los hermanos siguieron las mismas corrientes que estaban reemplazando la tienda de la esquina con el supermercado y dando origen a los almacenes de descuento para artículos distintos de los alimenticios.

Pero en ninguna parte se hizo más evidente la popularidad del autoservicio que en el drive-in McDonald's en San Bernardino. Este, con líneas de 20 o más automóviles frente a cada una de sus dos ventanillas de servicio durante los periodos pico, produjo en 1951 ventas por valor de US$277 000, casi el 40 por ciento por encima de lo realizado antes de la reorganización. Y sucedió que eso no era sino el comienzo. A mediados del decenio de los 50, el mecanizado puesto de hamburguesas de los McDonalds alcanzaba ingresos anuales de US$350 000, y los dos hermanos se repartían utilidades de cerca de US$100 000. Durante las horas del almuerzo y de la cena no era raro que se congregaran 150 clientes en torno del pequeño establecimiento. Tan impresionantes volúmenes y utilidades habrían sido respetables aun para grandes drive-ins con camareras y asientos, pero era una realización increíble para un negocio con la tercera parte de inversión de capital, la tercera parte de mano de obra, y un producto que se vendía por sólo quince centavos. La conversión de McDonald's de un drive-in normal en una fábrica de comida rápida había producido un éxito inesperado.

San Bernardino, a la orilla del desierto y a 80 kilómetros al este de Los Angeles, no es ciertamente un lugar estratégico de la industria hostelera; pero a pesar de ello, la noticia de la gran innovación que allí se estaba operando en materia de comidas rápidas se difundió rápidamente. Se ha dicho que Ray Kroc fue el primero que descubrió a los hermanos en su drive-in de alto volumen, pero lo cierto es que cuando Kroc los conoció, en julio de 1954, el restaurante McDonald's ya había sido visitado por docenas de oportunistas procedentes de todo el país. En julio de 1952 la revista *American Restaurant* publicó un artículo sobre el éxito fenomenal del concepto de McDonald's, y a raíz de esa publicación los dos hermanos se vieron inundados de cartas y llamadas telefónicas, que llegaban hasta 300 al mes, según dice Dick. "Operadores de drive-in y propietarios de restaurantes que tenían los mismos problemas nuestros preguntaban si podrían venir a vernos y copiar la operación, o si teníamos planos que ellos pudieran comprar", recuerda McDonald. "Venía tanta gente a vernos, que Mac y yo pasábamos la mayor parte del tiempo conversando con los visitantes. Comprendimos que necesitábamos un agente para negociar privilegios de explotación".

También se ha dicho que fue Kroc el que sugirió la idea de conceder dichos privilegios; pero lo cierto es que ellos ya habían empezado por su cuenta a otorgar permiso sobre su Sistema de Servicio Rápido dos años antes de conocer a Kroc. Hasta habían publicado un anuncio de página entera en una revista del ramo, para solicitar concesionarios. El texto se leía en un minuto y el llamativo título decía: "Estos pueden ser los 60 segundos más importantes de su vida".

Su primer concesionario, en 1952, fue Neil Fox, minorista independiente de gasolina, y los hermanos resolvieron hacer del drive-in que abrió en Phoenix un prototipo de la cadena que pensaban organizar. Contrataron con un arquitecto local, Stanley Meston, el diseño del nuevo restaurante que sería más del doble del tamaño de la estructura octogonal de San Bernardino, pero no eran las dimensiones lo que lo hacían notable. Los hermanos querían un diseño que llamara mucho la atención, y lo que produjo Meston lo logró con creces: un resplandeciente edificio rectangular, más que medianamente chillón, de baldosín rojo y blanco, con un techo fuertemente inclinado desde el frente hacia atrás. Lo mismo que en el edificio original, toda la parte delantera del edificio se construyó de vidrio, de tal manera que en la cocina no quedaba nada que no estuviera completamente a la vista del público.

Lo que Meston no sabía era que su diseño como para un circo se haría clásico en la arquitectura de los años 50, símbolo del juvenil, experimental y floreciente negocio de comidas rápidas. Pero lo más notable del edificio no fue idea de Meston. Por el contrario, al principio él la rechazó. McDonald recuerda: "Una noche yo estaba haciendo unos bocetos, tratando de darle al nuevo edificio algo de altura porque me parecía muy chato. Dibujé un arco grande paralelo al edificio de un lado a otro, y no me pareció muy bien; entonces tracé otros dos arcos en sentido contrario". Entonces sí quedó muy contento con el resultado y se lo enseñó a su amigo Meston. Pero éste le dijo que estaba de acuerdo con todo menos con esos arcos "espantosos", y que si insistían en conservarlos tendrían que conseguirse otro arquitecto. McDonald, empero, no estaba dispuesto a hacer eso. "Los arcos eran el todo", dice. "Sin ellos no quedaba sino un edificio rectangular igual a todos los demás".

Pero como Meston era el único arquitecto que conocía, McDonald no quiso indisponerse con él, y le dijo que siguiera adelante con el diseño sin los arcos, y cuando tuvo los planos en su mano acudió a otra parte para agregar el toque final que quería. Acudió a George Dexter, diseñador de muestras que no tenía ningún prejuicio arquitectónico contra los arcos, y como era propietario de una compañía grande fabricante de letreros de neón, no tiene nada de sorprendente que saliera con unos brillantes arcos amarillos que se veían a la legua. Originalmente, McDonald había pensado que los arcos servirían de soporte estructural para el edificio, y si los hubiera diseñado un arquitecto probablemente así los habría aprovechado; pero como la tarea le correspondió a un fabricante de letreros, los "arcos dorados" de Dick McDonald vinieron a ser la característica más sobresaliente del nuevo restaurante... y el nuevo símbolo del sistema McDonald's.

Los dos hermanos mostraron igual inventiva cuando diseñaron la cocina del nuevo establecimiento, cuyo tamaño era el doble de la de San Bernardino, pues querían estar seguros de que cupiera cómodamente su bien definido sistema de producción. Tuvieron una idea brillante. En la cancha de tenis de su casa dibujaron la traza de la nueva cocina, y una noche después de cerrar el restaurante invitaron a todo el personal nocturno a hacer un simulacro de la producción de hamburguesas. Mientras los trabajadores se movían en la pista haciendo imaginarias hamburguesas, malteadas y papas fritas, los hermanos los seguían marcando con tiza roja exactamente dónde debía colocarse el equipo de la cocina. A las tres de la mañana la cancha estaba totalmente marcada, y por una fracción de lo que les hubiera costado el trabajo normal de diseño, los hermanos contaban con un plano detallado de la cocina. Sin embargo, el dibujante a quien habían contratado para trasladarlo al papel opinó que ya era demasiado tarde para comenzar ese trabajo y prometió emprenderlo muy temprano a la mañana siguiente. Pero entonces un cambio inusitado en el árido clima de San Bernardino anuló todo lo hecho durante la noche: "Cayó el aguacero más espantoso que yo recuerde", dice McDonald. "En la cancha de tenis no quedaron sino unas rayas coloradas".

Si los hermanos estaban perfeccionando el diseño del nuevo drive-in, no se puede decir lo mismo de su programa para conceder derechos de explotación de su Sistema de Servicio Rápido. A Fox, cuyo restaurante empezó a funcionar en 1953 en Phoenix, le dieron los planos para el nuevo edificio, le prestaron a Art Bender durante una semana, y le proporcionaron una descripción básica del sistema —todo esto por una suma alzada de US $1 000. De allí en adelante estaba por su cuenta financiera y operacionalmente, y los McDonalds no recibían ningún ingreso continuo, de modo que no existía incentivo económico para ver que el concesionario tuviera éxito, ni se le exigía a éste que observara determinados procedimientos. El programa equivalía a poco más que prestar un nombre.

Con toda la atención que se les estaba prestando, los McDonalds habrían podido ganar muchísimo dinero negociando derechos de explotación. Pero en este campo no desplegaron el mismo entusiasmo y actividad que en las operaciones del restaurante. Cuando Neil Fox solicitó la primera concesión, ellos supusieron que él quería ponerle a su restaurante de Phoenix el nombre de Fox's, y se sorprendieron cuando él les dijo que quería llamarlo McDonald's. "¿Y eso por qué?", le preguntó Dick. "McDonald's no significa nada en Phoenix". Además temían que si un McDonald's en Phoenix no se administraba tan bien como el de San Bernardino, su propio negocio podría sufrir las consecuencias. A pesar de todo, le dieron gusto a Fox... y así comenzó la célebre cadena.

Con tanto conservatismo se explica que su programa de licencias de explotación fracasara. En los primeros dos años antes de conocer a Ray Kroc, los hermanos vendieron apenas 15 concesiones, 10 de las cuales sirvieron para establecer unidades operativas McDonald's. Pero aun éstas las negociaron sin hacer grandes esfuerzos. Recibían tantas solicitudes de información que no tenían que ponerse en el trabajo de buscar concesionarios, y aun así no mostraron ni habilidad ni deseos de persuadirlos. Rechazaron una oferta de US$15 000 de un inversionista que quería seis concesiones en Sacramento, y la razón que dieron fue que el mismo día más temprano habían aceptado US$2 500 por una sola concesión en esa ciudad. Una maestra de escuela llamada Harriett Charlson se acercó a pedir una concesión, y los hermanos trataron de disuadirla. "¿Por qué no abre usted más bien una tienda de ropa?" le dijo Dick, y se quedó pensando que había sido un buen consejo; pero dos días después se le apareció otra vez la maestra con un cheque de US$2 500. Compró la concesión y manejó un restaurante en Alhambra durante 16 años, al cabo de los cuales vendió la concesión y la propiedad a McDonald's en 1969, por US$180 000. Años después, McDonald reconocía que él era "un pésimo vendedor de concesiones".

En efecto, los McDonalds rechazaron una brillante oportunidad de ampliar su sistema con el poderoso apoyo financiero de su proveedora de productos lácteos, la Carnation Corporation, que buscaba puntos de venta donde se consumiera su mezcla congelada de leche malteada como se consumía en el restaurante de ellos. Un representante de la Carnation les propuso que esta compañía construyera una cadena de drive-ins McDonald's en compañía con los hermanos. La Carnation financiaría la construcción de las primeras unidades en San Francisco y ampliaría la cadena por la costa de California, y después posiblemente también hacia el Este. Pero Mac, discutiendo la propuesta con Dick, describió una perspectiva que ninguno de los dos quería: "Vamos a estar viajando todo el tiempo, en moteles, buscando sitios para los establecimientos, buscando gerentes. En buen berenjenal nos vamos a meter con semejante cadena".

Los hermanos rechazaron la oferta, revelando de paso que su único "problema" para extenderse más allá de San Bernardino era que se contentaban con las cosas como estaban. Los imperios comerciales no los hacen los que están satisfechos. "No alcanzábamos a gastar todo el dinero que ganábamos", recuerda McDonald. "Tomábamos las cosas con calma y nos divertíamos muchísimo haciendo lo que nos gustaba. Yo siempre había querido tener independencia financiera y ya la tenía".

En resumen, no pudieron organizar una cadena por su propia cuenta porque no los devoraba esa idea. Ninguno de los dos quería viajar. Ambos estaban satisfechos repartiéndose los US$100 000 anuales que ganaban en San Bernardino. Ganar más les parecía que sólo les traería más impuestos y quebraderos de cabeza. Ninguno de los dos tenía hijos, de modo que no había a quién dejarle una gran fortuna. "Tendríamos que dejársela a alguna iglesia o algo por el estilo, y nosotros no íbamos a la iglesia", dice McDonald.

En la negociación de derechos de explotación, los hermanos fracasaron a tal punto, que a finales de 1953 el original sistema McDonald's casi había desaparecido en medio de una caótica profusión de establecimientos de comida rápida con que competían docenas de operadores independientes, sin la disciplina de un verdadero sistema. Anteriormente ese mismo año, los McDonalds habían conseguido por fin un agente que se encargara de dichas negociaciones, William Tansey, quien durante unos pocos meses vendió algunas concesiones, pero tuvo que dejar el trabajo por enfermedad. En todo caso, esas concesiones no eran distintas de las que los McDonalds habían hecho antes por su cuenta. Los concesionarios sólo compraban los planos del edificio rojo y blanco, el derecho de usar los arcos, un manual de 15 páginas en que se describía el sistema de servicio rápido, y el nombre de McDonald's. Se les daba además una semana de adiestramiento en el restaurante de San Bernardino, pero después quedaban en libertad de hacer lo que quisieran y eso era lo que hacían. Vendían las hamburguesas a distintos precios, algunos agregaban platos a la carta, y otros ponían más ventanillas de servicio. Uno llegó hasta hacer puntiagudos los arcos dorados y le cambió el nombre a su restaurante. Lo llamó Los Picos.

La falta de uniformidad del producto no fue el único resultado de la falta de supervisión. Pocos concesionarios manejaban sus restaurantes con el cuidado y la atención personal a los detalles que mostraban los hermanos McDonalds. Por ejemplo, ninguno mantenía el establecimiento tan limpio como el de San Bernardino, donde las ventanas se lavaban todos los días, los pisos se fregaban continuamente y siempre había a mano toallas para el aseo. Por supuesto, las ventas en los establecimientos autorizados no se acercaban siquiera a las del drive-in de los hermanos.

En el fondo, el problema estaba en que tanto los hermanos como sus concesionarios veían los derechos de explotación como una manera de ganar dinero fácilmente. La mayoría de los concesionarios eran inversionistas, propietarios ausentistas que contrataban gerentes para manejarles drive-ins. Y los McDonalds por su parte veían en el sistema de licencias una manera de ganar dinero sin necesidad de construir una organización encargada de supervisar la calidad de las operaciones. Esto no era raro. Hasta entonces nadie había visto el negocio de otra manera.

Tarde se dieron cuenta de que una idea original que su creador no promueve ni controla adecuadamente pronto le será robada. A principios del decenio de los 50, el concepto de comidas rápidas de los McDonalds era copiado por operadores independientes con más éxito del que ellos alcanzaban autorizándolo. En efecto, los hermanos eran tan generosos en suministrar a cuantos los visitaban la información relativa a sus procedimientos de producción, su equipo y sus proveedores, que en realidad nadie necesitaba una concesión para aprender los secretos.

La primera unidad plagiada se abrió en 1952, y a la vuelta de dos años el mercado de California se había convertido en cuna de un nuevo negocio de comidas rápidas. Surgieron docenas de drive-ins de autoservicio, todos los cuales ofrecían una carta limitada de hamburguesas de 15 a 19 centavos, papas fritas a 10 centavos, y malteadas de 15 a 20 centavos — todos ellos derivados de un prototipo del restaurante McDonald's de San Bernardino. "Constituíamos una cofradía; todos habíamos visitado el McDonald's de San Bernardino, y básicamente lo habíamos copiado después de que los hermanos nos lo mostraron", recuerda James A. Collins, presidente de la junta directiva de Collins Foods International, que es hoy la mayor concesionaria de Kentucky Fried Chicken, y operadora de los restaurantes Sizzler.

Las lecciones las impartían maestros increíblemente ingenuos. Antes de abrir su Hamburger Handout, Collins visitó a los hermanos McDonalds, quienes le mostraron su cocina. Le contaron dónde habían conseguido las parrillas, cómo organizaban su producción en serie, cómo preparaban los batidos y las papas fritas, y hasta a quién le compraban su distribuidor automático de condimentos. Ese es el tipo de información por la cual los concesionarios pagan dinero, pero los hermanos McDonalds la regalaban. Dick dice: "El restaurante era todo de vidrio y estábamos en una esfera. No podíamos esconder nada de lo que se hacía. Así, pues, hablábamos con todo el que nos hiciera preguntas. Venían con papel y pluma y copiaban el diagrama, y mi hermano y yo nos reíamos".

El chiste no duró mucho porque los hermanos acabaron por instalar en el negocio más competidores que concesionarios. En efecto, los mismos que recibían instrucción informal de los McDonalds les traspasaban el nuevo concepto de comidas rápidas a otros empresarios, y en 1954 la revolución que habían iniciado los hermanos en California se estaba extendiendo también al Este. El mismo Collins cobraba US$100 diarios por adiestrar a independientes que le llevaba la Carnation, deseosa de ayudar a instalar a operadores en el negocio de servicio rápido de hamburguesas, a fin de fomentar su propio comercio de lácteos. En total, Collins adiestró a diez operadores que iniciaron por su propia cuenta cadenas por el estilo de McDonald's en mercados muy diversos como San Francisco, Seattle y Austin.

Hasta algunos de los parroquianos habituales empezaron a copiar la idea. Glen Bell, reparador de líneas telefónicas, era cliente habitual del drive-in McDonald's de San Bernardino antes de su conversión a comidas rápidas. Cuando vio el negocio que hacía la unidad reformada, persuadió a un amigo, Neal Baker, constructor, de que le edificara un restaurante de autoservicio. Baker, después de cumplir esta comisión, resolvió iniciar él mismo una cadena de puestos de comidas rápidas en San Bernardino. Otros siguieron estos ejemplos, y esa ciudad se convirtió en el paraíso de ese tipo de restaurantes. Bell fue el más célebre de los imitadores de McDonald's, pues extendió el concepto a la comida mexicana con una cadena de restaurantes que llamó Taco Bell.

A pesar de todo este frenesí, a mediados del decenio de los 50 no había todavía en California ninguna cadena que dominara el mercado. Evidentemente, los McDonalds no iban a ninguna parte con la negociación de derechos de explotación, y si bien la instrucción informal que impartían les había creado decenas de competidores, todos éstos eran jóvenes independientes con poco capital, sin los recursos ni la experiencia necesarios para crear una cadena nacional. Por lo demás, la misma afluencia de competidores al mercado no dejaba que ninguno de ellos obtuviera una bonanza en comidas rápidas. Sin duda, algunos de los primeros imitadores ganaron más dinero de lo que creían posible con un puesto de hamburguesas. A Collins, que entonces tenía 26 años de edad, su Hamburger Handout le produjo el primer año entradas brutas de US$420 000, con una ganancia neta de US$80 000. Pero a medida que otros independientes inundaron el mercado, los volúmenes de cada restaurante disminuyeron fuertemente. Por ejemplo, ninguno de los otros tres Hamburger Handouts de Collins le produjo tan buen rendimiento como el primero. Sin embargo, el hecho de que ni los hermanos McDonalds ni nadie más hubiera aprovechado la obvia oportunidad de organizar una cadena nacional de hamburguesas para comida rápida sólo significaba que la oportunidad existía aún y esperaba quién la explotara. Esa persona apareció en el escenario en el verano de 1954 y fue un vendedor de equipos para servicio de comidas llamado Ray Kroc. Este tenía los derechos nacionales de mercadeo de la Multimixer, multimezcladora de cinco husos que los hermanos McDonalds usaban para hacer sus leches malteadas, y por conducto de su representante de ventas en la costa occidental, William Jamison, Kroc estaba detalladamente enterado de los progresos de los hermanos McDonalds desde hacía más de un año. Había escrito una nota sobre éstos en el boletín que distribuía a sus representantes de ventas y agentes a fines de 1953.

Aunque los McDonalds distaban mucho de ser los mejores clientes de las batidoras de Kroc, sí eran los que más le intrigaban. En los *drugstores* lo corriente era que la fuente de soda tuviera una sola Multimixer, y aun las muy grandes no requerían más de dos. En cambio, el drive-in de los McDonalds mantenía tres o cuatro funcionando todo el tiempo. En 1954 los hermanos habían comprado unas diez de estas máquinas, además de partes de repuesto, y Kroc se estaba volviendo loco. ¿Qué podía estar haciendo un puesto de hamburguesas con diez Multimixers? El no podía contener la curiosidad. Lo tenía que ver por sí mismo. En su siguiente viaje a la costa occidental Kroc llamó por teléfono a Dick McDonald, y acordaron una visita funcional al restaurante de San Bernardino.

Cuando Ray Kroc conoció el pequeño puesto de hamburguesas, éste ya era famoso en toda California, y por todas partes lo estaban imitando. Lo había destacado en su cubierta una revista nacional del gremio, y había cautivado a centenares de operadores e inversionistas de todo el país. Nada de esto mermó el sentimiento de descubrimiento personal de Kroc. Había dejado su automóvil estacionado en el patio de estacionamiento de McDonald's una hora antes del mediodía, pero ya entonces empezaban a formarse colas ante las dos ventanillas del frente donde se despachaban los pedidos principales, y ante la ventanilla lateral donde se despachaban por separado los pedidos de papas fritas.

Kroc había visto decenas de puestos de salchichas, hamburguesas y leche malteada, y a primera vista éste no le pareció muy distinto; pero en todo caso, la forma octogonal del edificio no tenía mucha importancia. No era eso lo que llamaba la atención sino más bien la velocidad con que todo se movía. Al mediodía el pequeño establecimiento estaba repleto con 150 clientes, y el personal de McDonald's trabajaba a toda velocidad. Ray Kroc no había visto jamás nada que se aproximara a la velocidad de una operación que despachaba pedidos en 15 segundos. "En toda mi vida yo jamás he esperado en cola una hamburguesa", exclamó con el ánimo de provocar conversación de los clientes, y al punto se vio apabullado de opiniones favorables sobre la calidad y el precio de la comida, sobre el servicio, sobre la limpieza de la cocina. Pero lo que más lo emocionó fueron los pedidos que los clientes hacían. Por lo menos en la tercera parte de éstos se incluía leche malteada hecha con sus Multimixers. En la Carnation habían calculado que McDonald's estaba vendiendo 20 000 malteadas al mes, y aunque Kroc no había oído hablar de esa cifra, reconoció otros indicios de un enorme volumen. Los McDonalds estaban preparando malteadas tan rápidamente que hicieron cortarles unos cuantos centímetros a los husos de las batidoras Multimixer para poder mezclar directamente en los vasitos de papel de 35 centilitros en lugar de los vasos de acero inoxidable de 47 centilitros que usaban las fuentes de soda. La compañía de Kroc vendía un marco de 5 centímetros de acero inoxidable para permitir hacer la mezcla en los vasos, pero los hermanos no tenían tiempo para lavar los marcos.

Kroc estuvo observando el restaurante durante el periodo de gran afluencia de gente a la hora del almuerzo, y cuando ésta pasó tenía la respuesta al problema de la Multimixer que había venido a resolver en San Bernardino. Lleno de entusiasmo entró a presentarse a dos de sus mejores clientes.

"Por Dios, he estado observando allá afuera, y no lo puedo creer", les dijo a los hermanos. Dick y Mac le aseguraron que la reacción de él era normal y tan típica como el negocio de ese día. "¿Cuándo terminará esto?" preguntó Kroc. "Esta noche, ya tarde", le contestó Dick. "De alguna manera yo tengo que meterme en esto", declaró Kroc.

Capítulo 2
EL VENDEDOR

Antes de que su compañía de "comidas rápidas" hubiera cumplido tres decenios de existencia, Ray A. Kroc era ya una figura legendaria en la vida de los negocios. Se había inmortalizado como fundador de una nueva industria importante. Sus realizaciones en el servicio de comidas se parangonaban con las de John D. Rockefeller en la refinación de petróleo, Andrew Carnegie en la fabricación de acero, y Henry Ford en el montaje de automóviles. Era considerado uno de los más emprendedores capitalistas de los Estados Unidos, un recio individualista que corrió el mayor riesgo — y cobró la mayor recompensa — justamente trece años antes de llegar a la edad de empezar a recibir su pensión del seguro social.

El problema de estas leyendas instantáneas es que no revelan la esencia del hombre. Hasta distorsionan la realidad, y en el caso de Kroc las distorsiones son fundamentales. Muchas características clave de su éxito han sido pasadas por alto en las relaciones simplistas de su fortuna "hecha de la noche a la mañana". Ha sido descrito como un visionario que inventó una forma totalmente nueva de servicio de comidas, a tono con un estilo de vida más dinámico que él preveía. Pero cuando él descubrió a los hermanos McDonalds y las comidas rápidas, ya muchos otros habían hecho el mismo descubrimiento. Sugieren algunos que Kroc era simplemente un soñador que tuvo suerte y que alcanzó la riqueza llevado por la ola de cambio social que inundó al país en los años 50 y 60. Sin embargo, muchos otros también trataron de flotar en la ola de las comidas rápidas y se ahogaron en ella. Hay quienes afirman que Kroc fue un moderno organizador de sociedades anónimas, mas lo cierto es que lo que menos le importaba a él en el mundo eran los gerentes profesionales y las burocracias corporativas.

En una palabra, Ray Kroc fue un vendedor. Fue el tipo de individuo que se necesitaba en los negocios durante los años formativos de las sociedades anónimas norteamericanas. Hasta la era go-go, a finales de los años 60, los vendedores dominaban las oficinas ejecutivas. El que le hubiera echado el ojo a la presidencia de una corporación tenía pocas probabilidades de ver cumplido su anhelo si no había ascendido primero por los peldaños del departamento de ventas. Eso era antes de que la Escuela de Negocios de Harvard consagrara el diploma de magister en administración como requisito para la alta gerencia, antes de que el exceso de reglamentación gubernamental resaltara el papel corporativo de contadores y abogados, antes de que los analistas de Wall Street empezaran a adorar a los estrategas financieros, y antes de que la tecnología encumbrara a los tecnócratas corporativos.

En los últimos años, por cierto, los talentos fundamentales del vendedor casi han desaparecido de la alta gerencia, y salen ocasionalmente a la superficie en casos tan célebres como el salvamento de la Chrysler Corporation por el primer vendedor de automóviles del país, Lee Iacocca. La devoción del vendedor a los principios básicos hace mucha falta hoy en los negocios norteamericanos; pero cuando Ray Kroc se preparaba para su carrera con McDonald's, sus talentos eran los que gobernaban la empresa económica.

No adquirió sus habilidades en las aulas; abandonó la escuela secundaria faltándole dos años para terminar. Era un activista, no un escolar. Cuando estaba en la escuela abrió una tienda de música para aprovechar comercialmente su notable destreza de pianista. Al estallar la primera guerra mundial le entró la fiebre de cruzar el mar, y mintiendo sobre su edad logró que lo aceptaran como conductor de una ambulancia de la Cruz Roja, a la edad de 15 años. Le tocó en la misma compañía en que se había enganchado otro conductor menor de edad, después famoso, Walt Disney. Curiosamente, ambos desarrollarían imperios mercantiles muy parecidos, ambos dedicados a la perfección de sus operaciones y con un espíritu juvenil en su mercadeo. Aun cuando se admiraban mutuamente, eran caracteres opuestos. Kroc era abierto y sociable, Disney era todo lo contrario, y tanto que sus camaradas en la compañía de ambulancia lo declararon por votación el que menos probabilidades tenía de llegar al éxito. Medio siglo después, Kroc recordaba: "Siempre estaba haciendo dibujos mientras que los demás andábamos detrás de las chicas. Que sea eso una lección, porque mientras sus dibujos sobreviven, casi todas las chicas de aquel tiempo ya se han muerto".

Después de la guerra, Kroc combinó la música de piano profesional con las ventas. La Lily Cup Company lo contrató como vendedor en 1922; vendía vasitos de papel durante el día, y por la noche tocaba el piano para una estación local de radio. En busca todavía de un nicho apropiado, obtuvo una licencia de Lily, y a mediados de los años 20 se fue a la Florida a vender finca raíz. Pero cuando se acabó la gran bonanza territorial de la Florida en 1926, dejándolo varado a 2 400 kilómetros de su casa, recurrió otra vez a su destreza de pianista. Tenía sólo 25 años cuando regresó a Chicago, y llegó a la conclusión de que no le convenía la vida de músico ambulante y que su futuro estaba en perfeccionar su otro don natural: la habilidad de vender. Cuando regresó a su empleo con la Lily se encontró en el primer piso de un segmento completamente nuevo y en rápido crecimiento de la industria de servicio de comidas, basado en la idea de vender comidas para llevar fuera del restaurante.

Los 25 años siguientes los pasó casi todos comercializando nuevos conceptos de venta al por menor en la industria de servicio de comidas, que estaba llena de tradicionalistas chapados a la antigua. Nunca había manejado un restaurante ni había servido una hamburguesa, ni había vendido una leche malteada. Pero al final de ese periodo sabía más que los profesionales acerca de las nuevas tendencias, de manera que cuando vio por primera vez el drive-in McDonald's en San Bernardino en 1954, no era un extraño. A diferencia de las docenas de jóvenes empresarios atraídos por la novedad al negocio de comidas rápidas en los años 50, Kroc sabía por años de experiencia cuál era exactamente la importancia del descubrimiento de los dos hermanos. "Cuando conocí a los hermanos McDonalds", explica Kroc, "yo estaba preparado para esa oportunidad. Ya había adquirido experiencia suficiente en comidas y bebidas para distinguir una verdadera idea de una falsificación".

Kroc podía ver las tendencias del mercado porque había desarrollado el activo más importante de un vendedor: la capacidad de ponerse en el lugar de los clientes y atender a sus necesidades e intereses.

Empezó vendiéndoles vasitos de papel a los vendedores callejeros, que los empleaban para distribuir helados italianos; pero cuando la Lily se combinó con la Tulip Cup en 1929, la compañía le dio a Kroc una línea mucho más amplia de productos. Allí progresó rápidamente atendiendo a clientes comerciales mucho más grandes, como los estadios de béisbol, las cadenas de *drugstores* y los comisariatos de las fábricas más grandes de Chicago. En todos los casos Kroc tenía la costumbre de analizar las operaciones del cliente y sugerirle cambios para mejorarlas, aumentando de paso su venta de vasitos.

Pero lo que lo hizo apreciar mejor las posibilidades del servicio de comidas rápidas fue una sugerencia de promoción de ventas. El avance definitivo ocurrió cuando persuadió a Walgreen Drugs, la cadena de *drugstores* más grande del Medio Oeste, de que estableciera el servicio de comidas para llevar fuera, concepto totalmente nuevo. Las cadenas de *drugstores* y otros restaurantes se resistían a utilizar vasitos de papel en lugar de los corrientes de vidrio porque creían que el cambio sólo aumentaría sus costos sin aumentar las ventas. Kroc estaba convencido de que el servicio de comidas para llevar resolvería el problema, y por eso se lo propuso a Walgreen.

Cada uno de los mostradores de la cadena atendía a unas cien personas por hora, en promedio, y si bien es cierto que a la hora del almuerzo estaban completamente ocupados, Kroc creía que se estaba desperdiciando una gran oportunidad. "Quizá haya otras cien personas en cada uno de sus restaurantes que quieren almorzar, pero o bien no encuentran puesto, o no pueden alejarse de su puesto de trabajo", le dijo al gerente de compras de Walgreen. Este rechazó la idea, pero Kroc siguió proponiéndola hasta que el gerente convino en hacer una prueba en uno de los restaurantes. El experimento tuvo un éxito instantáneo y rápidamente Walgreen extendió el servicio de comidas para llevar fuera del restaurante a todos sus establecimientos. Al cabo de unos pocos meses esa cadena era la mejor cliente de la Lily-Tulip. Y Kroc era uno de los vendedores estrella de la compañía.

Contribuía a su éxito el aprecio que les profesaba a las mejores técnicas, pues aunque él no era un técnico, le fascinaban las innovaciones de los que sí eran. Además, tenía un notable ojo avizor, al cual no se le escapaba la menor ineficiencia, y un interés en ver que las cosas marcharan mejor. Su infatigable búsqueda de innovaciones lo llevó al cabo al producto más prometedor: la mezcladora múltiple o Multimixer.

Cuando trabajaba con la Lily-Tulip, había hecho un buen negocio vendiéndoles vasitos de papel a los llamados bares lácteos que proliferaron en el Medio Oeste durante los días de la prohibición alcohólica y poco después. Uno de sus clientes en este ramo era Ralph Sullivan, productor de lácteos que, mezclando estabilizadores, jarabe de maíz y sabor de vainilla con leche había inventado el primer producto de leche helada que había visto Kroc apropiado para utilizarlo en los batidos de leche. En lugar de hacer un batido con la fórmula corriente de ocho onzas de leche y dos cucharadas de helado, Sullivan lo hacía mezclando por partes iguales leche y su nueva mezcla. El resultado, recuerda Kroc, "era una bebida más fría y más viscosa, que el público prefería a la malteada convencional, menos espesa y medio fría. Era más refrescante y se vendía mejor porque no producía sensación de llenura". Durante la Depresión, Sullivan estaba ganando montones de dinero con su bar de lácteos en Battle Creek, Michigan, vendiendo malteadas de 16 onzas a sólo 10 centavos, precio directamente relacionado con el bajo costo de los ingredientes. Con el ánimo de aumentar sus ventas de vasitos de papel, Kroc le llevó esta idea a Earl Prince, quien tenía una cadena de puestos de helados en Chicago. Prince estaba contento vendiendo sólo helados, pero cuando Kroc lo persuadió de ir a ver la operación de Sullivan, cambió de opinión y resolvió introducir la nueva leche malteada en sus salones de helados. Poco después, Kroc le estaba vendiendo 5 000 000 de vasitos de papel al año a Prince, quien empezó a buscar maneras de agilizar la producción de sus malteadas de 12 centavos.

En los últimos años del decenio de los 30, Prince, que era ingeniero mecánico, perfeccionó una máquina mezcladora con un motor grande que movía cinco husos independientes, lo cual constituía una gran mejora sobre las mezcladoras de un solo huso que entonces se utilizaban normalmente en las fuentes de soda. Prince la bautizó "Multimixer". Ray Kroc quedó encantado con ella; aprovechó este invento como instrumento para aumentar grandemente la producción de malteadas en las fuentes de soda, que eran sus principales compradores. Pero con gran sorpresa de su parte, la Lily-Tulip rechazó la oportunidad que se le ofreció de distribuir la máquina de Prince, y Kroc se halló súbitamente ante una encrucijada en su camino. A la edad de 37 años tomó la decisión de hacer lo que siempre había querido hacer: dedicarse a negocios por su cuenta. Obtuvo de Prince derechos exclusivos de mercadeo para la nueva Multimixer, y la fábrica metalmecánica Sterling Manufacturing Company obtuvo los derechos de producción.

En 1939 Kroc fundó la Malt-A-Mixer Company (después rebautizada Prince Castle Sales Division), y empezó a aprovechar el atractivo obvio que tenía la Multimixer para las fuentes de soda. También buscó otros clientes menos obvios, basándose en lo que ya era una técnica probada: Encontrar la manera de que ellos mejoraran su negocio utilizando su producto. Trató de reemplazar las mezcladoras de un solo huso en las tabernas y restaurantes sugiriendo nuevas bebidas mezcladas que mejorarían sus márgenes de utilidad y crearían al mismo tiempo la demanda de una mezcladora más eficaz. Entre las nuevas bebidas que Kroc inventó y promovió en los boletines que les mandaba por correo a sus representantes de ventas de las Multimixer estaban el Delacato (brandy, Kahlua y helado) y el Dusty Road (brandy de cereza, Curaçao de naranja y zumo de limón). Hasta en las fuentes de soda promovió la Multimixer, no sólo para hacer las malteadas sino además para mezclar nuevas bebidas como limonada y naranjada, que daban más altos márgenes de utilidad gracias al menor costo de los ingredientes.

Pero apenas había empezado a impulsar la venta de la Multimixer a escala nacional cuando la compañía se vio al borde de la quiebra. Dos años después de haberse constituido la Prince Castle Sales, el país entró en una guerra mundial y el uso del cobre se monopolizó para fines militares, de modo que no fue posible volver a construir los motores eléctricos para las Multimixers. Kroc vivía la peor pesadilla de un vendedor. Había creado una demanda pero no tenía el producto para satisfacerla.

El joven empresario se vio entonces a gatas para salvar la compañía. Otros quizá se habrían dado por vencidos y habrían buscado la seguridad de un antiguo empleo, pero él mostró la flexibilidad que más tarde sería el sello distintivo de su compañía. "Tenía que darme maña para encontrar alguna otra cosa", recordaría años después.

Buscó un producto que se beneficiara con el mercado de tiempo de guerra en lugar de ser su víctima, y sus "mañas" lo pusieron en contacto con Harry Burke, hijo del fundador de Good Humor, la compañía vendedora de helados. Burke acababa de desarrollar un nuevo producto que podía agregársele a la leche helada para darle un sabor dulce y la consistencia espesa de los helados de crema sin necesidad de azúcar, pues ésta estaba tan rígidamente racionada que la producción de helados estuvo a punto de suspenderse. El producto de Burke consistía en jarabe de maíz y un estabilizador secreto. Cuando las lecherías se lo agregaban a la leche helada, obtenían un producto de sabor suficientemente parecido al de los helados de crema para salvar a las fuentes de soda, privadas de sus bebidas principales: las malteadas y los batidos de leche.

En los productos de Burke, llamados Shake-A-Plenty y Malt-A-Plenty, Kroc encontró lo que necesitaba para que su joven compañía Prince Castle Sales sobreviviera a la guerra. Se hizo agente nacional de mercadeo de estos dos productos, aun cuando sin hacerse ilusiones sobre su larga vida. "Son sólo criaturas de la guerra", decía.

La experiencia le enseñó una lección crítica. Se dio cuenta de que una compañía tiene que estar preparada para reaccionar rápidamente ante cambios imprevistos de su mercado aun cuando éstos exijan tomar una dirección completamente nueva. Al terminar la guerra volvió a cambiar radicalmente el mercado. Se dispuso otra vez de motores eléctricos y de helados, y Kroc respondió dedicándose de inmediato a la obra de revivir el negocio de las Multimixers y aprovechando la bonanza de postguerra que él preveía. Así fue por lo menos en el caso de la Multimixer. Sus ventas subieron a 9 000 unidades al año. La Prince Castle tenía tres vendedores de tiempo completo (incluyendo a Kroc), ocho representantes de ventas distribuidos por todo el país y tres oficinistas que despachaban el diluvio de pedidos por correo directo. Kroc se ganaba US$25 000 al año, ingreso impresionante a finales de los años 40. Se hizo socio del Club Campestre de Arlington Heights, de Chicago. Hasta le quedaba tiempo para jugar al golf un par de veces por semana, inclusive los miércoles cuando finalizaba el trabajo al mediodía. Por primera vez en su vida el veterano vendedor estaba en grande y en la Multimixer tenía un producto con el cual se podía jubilar.

Esa felicidad no le duró mucho. A principios de los años 50, las ventas anuales cayeron a 2000 unidades y se vio obligado a restringir su personal a un vendedor, su secretaria, y un oficinista. A todos los representantes de ventas los despidió. Lo que había parecido una sólida oportunidad dos años antes se estaba desintegrando a ojos vistas.

La causa era en su mayor parte la competencia. Cuando se introdujo el producto de Kroc, éste le quitó mercado a la Hamilton Beach que iba a la cabeza con una mezcladora de un solo huso, pero en los últimos años del decenio de los 40, Hamilton Beach reaccionó presentando un aparato de tres husos, más barato y más compacto que el de cinco husos de la Prince Castle, y a la vuelta de pocos años recuperó la hegemonía en el mercado de mezcladoras.

Sin embargo, su instinto de comerciante le decía a Kroc que el verdadero enemigo no era la Hamilton Beach sino el mercado mismo. El éxodo de la población desde los vecindarios céntricos de las ciudades hacia los nuevos suburbios estaba acabando con las fuentes de soda de la esquina, que habían dominado el negocio de helados al por menor desde que Kroc entró en el mercado en los años 20. Cuando el negocio se trasladó a los suburbios adoptó formas distintas: el helado en cono y el *sundae* [helado con frutas, nueces, jarabe, etc.], preparados con crema suave, helada y premezclada, y servidos por medio de máquinas especiales. Durante el decenio que siguió a la segunda guerra mundial las operaciones más lucrativas en este terreno fueron las de las dos compañías más grandes: la Dairy Queen, que dominaba el mercado, y su formidable rival Tastee Freeze.

Al trasladarse a los suburbios, estas dos cadenas comprendieron que allí la venta al por menor requería un estilo distinto. Las áreas residenciales se habían planeado en escala mucho mayor con casitas individuales, y las propiedades comerciales estaban más centralizadas a lo largo de vías de mucho movimiento. En los suburbios, las vías eran mucho mejores que en la ciudad. Los residentes no tenían inconveniente en viajar en su automóvil cuatro o cinco kilómetros para ir a hacer una compra que los que vivían en la ciudad hacían a pie. Las tiendas de vecindario eran reemplazadas por los centros comerciales. Los nuevos puestos de helados —con patios de estacionamiento para 15 o más automóviles y ventanillas de servicio rápido— debían atender a una clientela suburbana motorizada. Esto le indicó claramente a Kroc que cuando las operaciones de servicio de comidas se trasladaran a los suburbios también tendrían que estructurarse según el modelo de servicio al automóvil adoptado por Dairy Queen y Tastee Freeze.

Trató de interesar en su Multimixer a estas empresas que estaban reemplazando a sus clientes, las fuentes de soda, pero desgraciadamente a ellas no les interesaba hacer batidos de leche porque eran muy grandes las utilidades que obtenían con los conos y los *sundaes* que preparaban muy fácilmente con sólo abrir la espita de una máquina. Mientras Kroc adquiría valiosos conocimientos acerca de las nuevas tendencias en el servicio de comidas, la muerte de las fuentes de soda fue fatal para su negocio de Multimixers. Esos establecimientos habían representado dos terceras partes de su negocio, y la venta de Multimixers a los operadores de puestos de helados no llenaba el vacío.

Vióse Kroc nuevamente en aprietos para sobrevivir económicamente. Aun cuando había llegado a la edad en que la mayor parte de los hombres piensan aflojar el paso, él no había perdido nada de su viejo entusiasmo, y cuando su compañía estaba casi arruinada fue cuando acometió el trabajo de las ventas con mayor vigor. Un gran mayorista de equipos de restaurante de Denver lo llamó por teléfono y le dio a entender que le iba a hacer un pedido grande de Multimixers. Kroc tomó inmediatamente el tren y viajó toda la noche para presentarse a la mañana siguiente en la oficina del mayorista. Después de la última etapa del viaje — cuatro pisos de escaleras llevando un pesado maletín de muestras en la mano — se informó de que el mayorista sólo pensaba pedir dos máquinas para exhibición. No pudiendo conformarse con haber viajado 1 600 kilómetros para conseguir un pedido que sólo valía US $300, Kroc tomó un taxi y le preguntó al taxista si sabía cuáles eran los *drugstores* de la ciudad que vendían más malteadas. Pasó el resto del día visitándolas una por una, ofreciéndoles Multimixers a prueba por 30 días, y vendió diez máquinas. Una semana después la compañía Prince Castle recibió una carta del mayorista en que éste se excusaba de confirmar el pedido "prometido a su representante" porque el cliente a quien pensaba vender las Multimixers las había comprado en otra parte.

La reacción principal de Kroc ante la contracción del mercado de mezcladoras fue ampliar la línea de productos de su compañía. Presionó a Sterling, el fabricante de Multimixers, para que desarrollara nuevos productos de servicio de comidas pero sólo resultaron cosas muy secundarias, no los productos salvadores que él esperaba. Por ejemplo, Prince Castle Sales empezó a ofrecer en el mercado un cucharón cuadrado que hacía más fácil sacar los helados y permitía controlar mejor el servicio para reducir el desperdicio. Infortunadamente un cubo de helado requería más esfuerzo para comerlo. De acuerdo con Al Steiner, presidente de Prince Castle, "servía el helado en una forma no apta para la humanidad porque era imposible mantenerlo en el plato".

Creyendo que el negocio de servicio de comidas ya no podía sostener a su compañía, Kroc buscaba desesperadamente una oportunidad en alguna otra cosa. Uno de sus antiguos vendedores en Prince Castle se le presentó con un juego de mesa de cocina con banco que se podía plegar y esconder en un armario. Cuando Kroc lo vio le pareció un mueble revolucionario, tal vez el salvador de Prince Castle. Louis Martino, el marido de la secretaria de Kroc, se interesó en la unidad y con un amigo construyó en Addison, Illinois, un pequeño edificio para fabricarla. Kroc se comprometió a comercializarla en todo el país, y Martino fabricó un prototipo, pero en el último momento Kroc decidió abruptamente abandonar el proyecto. "Ray necesitaba algo que vender", recuerda Martino, "pero cuando vio el prototipo algo le dijo que no era eso".

Después de abandonar la mesita plegable a principios de 1954, Kroc resolvió trabajar más aún para encontrar un nuevo mercado para su Multimixer y, en cuanto a lo primero, descubrir por qué dos hermanos en California estaban comprando tantos de estos aparatos para un pequeño drive-in. Acababa de recibir un nuevo pedido de dos Multimixers más, con lo cual los hermanos McDonalds completaban diez. "¿Qué están haciendo con ellas?" le preguntó Kroc a Jamison, su vendedor en la costa del Pacífico. "No sé, Ray, pero las usan todas", le contestó Jamison.

Kroc también se dio cuenta de que el drive-in McDonald's de San Bernardino tenía muchos imitadores porque recibía llamadas de nuevos operadores que le pedían la misma Multimixer que los hermanos McDonalds empleaban. Posiblemente sin proponérselo, éstos se habían convertido en los mejores propagandistas de la Multimixer, y Kroc quería saber por qué. Lo supo cuando visitó el establecimiento de San Bernardino. Allí vio el potencial de la nueva modalidad de comidas rápidas más claramente aún que los mismos hermanos McDonalds. Kroc tenía experiencia de primera mano con las fluctuaciones del mercado que habían creado una enorme oportunidad para el nuevo servicio de comidas adaptado a las necesidades de las familias suburbanas que andan en automóvil. Las mismas tendencias que habían creado esa oportunidad estaban acabando con las fuentes de soda y con el negocio de las mezcladoras.

Los operadores independientes de restaurantes con servicio al automóvil eran los mejores clientes de la Multimixer. Hacían un buen negocio con malteadas, y Kroc les vendía su máquina a casi todos; pero, lo mismo que los hermanos McDonalds, sabía que los problemas de estos drive-ins con sus muchachas de servicio estaban limitando gravemente su atractivo. Como tenían servicio de mesas con asientos en el interior, lo mismo que servicio a los automóviles, necesitaban una inversión de capital de unos US$300 000, que a mediados de los años 50 era una inversión muy considerable para un operador independiente, y por este solo aspecto se restringía la oportunidad de concesiones para los grandes drive-ins. Kroc sabía que Dairy Queen y Tastee Freeze atraían a millares de independientes con un establecimiento cuya construcción costaba apenas US$30 000.

Por sus negociaciones con los drive-ins que tenían muchachas a su servicio, Kroc sabía que tenían un problema mucho más grave que ése. Tenían mala reputación. En muchos de ellos, si las chicas no estaban enamorando a los cocineros estaban enamorando a los clientes. Kroc comprendió que por problemas de esta índole los drive-ins convencionales no estaban atrayendo al principal mercado de los suburbios: las familias jóvenes que eran las que más contribuían a la proliferación de nacimientos en la postguerra. Sabía que las cadenas de servicios de helados y gaseosas estaban aprovechando ese mercado, pero con una línea de productos muy limitada. Por debilidad del sistema de concesiones y por limitación de sus instalaciones, la mayor parte de estos operadores se dedicaban únicamente al negocio de helados de las fuentes de soda de los *drugstores* y no tocaban el importante segmento de comidas rápidas.

Por eso cuando Kroc vio el primer McDonald's comprendió que llenaba un gran vacío. Un McDonald's se podía abrir con sólo US $75 000, incluyendo terreno y edificio, lo cual hacía que fuera perfecto para el sistema de concesionarios. Sin chicas de servicio, se podía enfocar directamente el mercado de las familias que los hermanos McDonalds habían capturado. Y vendía más malteadas que cuantas jamás soñó batir ningún operador de fuente de soda.

Kroc vio inmediatamente el potencial de ensanchar a McDonald's a escala nacional. A diferencia de los hermanos que no se movían de su pueblo, Kroc había viajado mucho y podía visualizar centenares de mercados grandes y pequeños donde se podría colocar un McDonald's.

En su primera visita a San Bernardino se enteró de que los hermanos McDonalds buscaban a otro agente para reemplazar a Bill Tansey en el manejo de los derechos de explotación. Regresó a Chicago con la promesa de Dick y Mac de que le informarían sobre su elección de agente, de modo que él pudiera hacer un convenio de ventas para suministrarles Multimixers a los concesionarios de McDonald's.

Sin embargo, después de pensar durante una semana en la oportunidad que se le presentaba, cambió totalmente de parecer, llamó por teléfono a Dick y le preguntó:

—¿Ya encontraron un agente?

—No, Ray, todavía no —repuso aquél.

—En ese caso, ¿podría ser yo?

Al día siguiente, Kroc tomó un avión para regresar a la costa del Pacífico, esta vez para negociar con los hermanos un contrato que le daría el derecho exclusivo de nombrar concesionarios del sistema McDonald's en todo el país. A Dick y a Mac les complacía tener al frente de este negocio a un hombre de la experiencia de Kroc; sin embargo, insistieron en fijar todas las condiciones, la más importante de las cuales era la relativa al precio de las concesiones. "No les cobre usted mucho a los concesionarios", le aconsejó Dick. Lo cierto es que las condiciones que los hermanos exigieron ponían a Kroc en el caso de vender los derechos más económicos —y menos rentables— en el negocio de servicio de comidas. Los hermanos mantuvieron el precio de cada concesión en US $950 y exigieron que Kroc le cobrara a cada concesionario un honorario de servicio de sólo 1.9 por ciento de la venta del restaurante. De esto, la compañía de Kroc retendría para sí únicamente el 1.4 por ciento para cubrir los costos de prestarle servicios al establecimiento, y el resto — 0.5 por ciento — iría a los hermanos McDonalds por el uso de su nombre y sistema de comida rápida.

Si Kroc hubiera tenido más orientación financiera tal vez habría visto que el trato era muy inequitativo; y si los hermanos McDonalds hubieran comprendido que conceder derechos de explotación es más que vender un nombre y dar un simple manual de instrucciones, se habrían dado cuenta de que Kroc no podía de ninguna manera prestarles un servicio adecuado a los concesionarios y, al mismo tiempo, realizar utilidades. Que él aceptara el trato es la mejor prueba de su desesperación. Después comentaba: "Lo acepté porque el negocio de Multimixer andaba muy mal y yo tenía que meterme en algo que tuviera porvenir".

También lo aceptó porque su meta inicial no era hacer dinero en la concesión de derechos sino en la venta de Multimixers a sus concesionarios. Pero — años después recordaba — en el vuelo de regreso después de firmar el contrato ya había llegado a la conclusión de que la Multimixer no podía ser el corazón del nuevo negocio. En efecto, él podía vender centenares de concesiones McDonald's en un año, y a pesar de eso su compañía no podría sostenerse vendiéndole a cada concesionario un par de mezcladoras por valor de US$150 cada una. "Empecé a pensar en forma más realista acerca de McDonald's", expresó. "Cuando mis concesionarios compraban una Multimixer, les duraba diez años, mientras que el negocio de hamburguesas tenía ventas todos los días".

Su decisión de dedicarse a las hamburguesas se reforzaba con el comportamiento de ventas de la Multimixer. Aun con el patrocinio de los operadores McDonald's, a mediados del decenio de los 60, la Prince Castle Sales seguía vendiendo solamente 2 000 máquinas al año, o sea lo mismo que diez años antes, y más o menos la cuarta parte del volumen de los mejores años. Más tarde, en 1965, McDonald's dejó de usar las Multimixers y adoptó máquinas batidoras de servicio directo parecidas a las que usa hoy.

Sus antecedentes como vendedor en la industria de servicio de comidas le permitieron a Kroc ver la oportunidad en las comidas rápidas. Y además los medios de aprovecharla. El 2 de marzo de 1955 constituyó su nueva compañía de licencias, McDonald's System Inc. (nombre que en 1960 se cambió por McDonald's Corporation), y su estrategia inicial fue claramente la de un experimentado vendedor de servicios de comida. Lo más importante fue su decisión de no apartarse de la modalidad básica que habían desarrollado los hermanos McDonalds. Si bien su compañía realizó importantes cambios operativos para mejorar la eficiencia y lograr uniformidad en todo el sistema, esos cambios fueron refinamientos y no alteraciones fundamentales de lo que los hermanos McDonalds habían inventado.

Esto era natural para un vendedor que encontraba mayor satisfacción en vender un producto existente que en inventar uno nuevo. Sin embargo, muchos otros de los que se aventuraron en el negocio de las comidas rápidas no procedieron así. Por el contrario, casi todos los que precedieron a Kroc, después de visitar a los hermanos McDonalds en San Bernardino copiaron únicamente lo que les parecía esencial y modificaron todo lo demás para crear un sistema que esperaban sería superior y que llevara su propio nombre. En la práctica, no captaron todo lo que era esencial, y sus operaciones no llegaron a ser tan buenas ni tan rentables. Este error se repitió con frecuencia en el negocio de las comidas rápidas, y los mayores culpables fueron los más experimentados operadores de servicio de comidas que entraron tarde en el nuevo mercado y que estaban convencidos de que ellos sabían más que los pioneros iniciadores de las comidas rápidas.

Tal vez por el mismo hecho de ser sólo un vendedor y no un operador veterano de servicio de comidas, Kroc no cayó en esa trampa. Hubiera podido simplemente copiar el concepto de los McDonalds —como lo copiaron los demás— y haber concedido derechos sobre su propia versión sin darles a ellos la participación del 0.5 por ciento de los ingresos brutos. Algunos creen que no procedió así porque necesitaba un nombre más popular que "Kroc's", pero esta explicación es superficial. El mismo dio una más completa hace unos diez años, en una clase de administración en Dartmouth College, cuando le preguntaron por qué se había dedicado a negociar el sistema McDonald's en lugar de "robárselo". Contestó que si hubiera procedido así, "habría pagado una gran cantidad en una forma intangible para aprender todos los errores que los hermanos McDonalds habían cometido años antes", y agregó: "Yo no quería pasar por todos esos errores. Cuando una cosa funciona y está probada ya lleva uno una gran ventaja".

Sin embargo, cuando se trató de negociar los derechos de explotación del sistema McDonald's, llegó a la conclusión de que los métodos que habían usado otros —incluyendo los hermanos mismos— no eran adecuados. Estaba convencido de que se necesitaba un método enteramente nuevo. Esto también fue producto de su experiencia como vendedor de equipos. Las lecciones más decisivas de sus años de vender Multimixers fueron probablemente las que aprendió observando las incontables dificultades que se les presentaban a los primeros otorgantes de concesiones, muchos de los cuales, como Dairy Queen y Tastee Freeze, eran sus clientes. Observó con fascinación los procedimientos de estas entidades, y lo que más le fascinó fue ver cómo habían adoptado para su negocio ese concepto de ganar dinero a corto plazo y fácilmente cargando tanto los dados a su propio favor y en contra de sus socios los concesionarios.

Sobre esto, el punto de vista de Kroc era esencialmente el mismo que sobre la venta de equipos: que su éxito dependía de encontrar la manera de que sus clientes tuvieran éxito con su producto. Por sencilla que parezca, ésta era una idea revolucionaria en ese momento y en ese tipo de negocio, y su concepto de un trato equitativo y equilibrado con los concesionarios es sin disputa su más importante legado.

En todas las demás negociaciones, los que otorgaban las licencias realizaban sus utilidades antes que el concesionario, ya fuera vendiendo derechos territoriales a inversionistas por fuertes sumas pagadas de antemano, o suministrándoles alimentos, papel y equipo a precios bastante más altos de los que hubieran tenido que pagar en el mercado abierto. En el plan de Kroc, por el contrario, todo tendía a fomentar el éxito de los concesionarios primero, y sobre esa base prosperaría McDonald's. El comprendía instintivamente que realizar una ganancia fácil a expensas de sus concesionarios no produciría nada perdurable. El propósito mercantil de McDonald's era satisfacer al consumidor; pero, como veterano vendedor, Kroc sabía que su propósito también debía ser servir a sus concesionarios con toda lealtad. También ellos eran sus clientes, y si fracasaban él fracasaba.

El hecho de que tantos empresarios estuvieran dispuestos a asociarse con Kroc durante los años de las vacas flacas de McDonald's revela el aspecto más fuerte del espíritu comercial de Kroc: Su fe en lo que estaba vendiendo y su capacidad de comunicarla. Sin duda ese temperamento comercial hubo de someterse a su más dura prueba, pues la idea de una cadena nacional de hamburguesas que vendiera un producto por sólo 15 centavos era más que heterodoxa. Los profesionales en su mayoría consideraban que no era viable.

Pero, por lo menos, Kroc dominaba el arte de vender, uno de cuyos componentes más importantes es el don natural de la comunicación. El era un conversador fácil y ameno, y cuando se paraba ante un micrófono era un mago. El presidente de la junta directiva de McDonald's, Fred Turner, recuerda su capacidad para pronunciar sin el menor esfuerzo un discurso estimulante. "Ray era el mejor improvisador que yo había oído en mi vida. Cuando se presentaba a hablar ante el público sólo llevaba en la mano un papelito en que había escrito tres palabras. Hablaba durante diez minutos, consultaba su apunte para pescar una palabra, y continuaba hablando sobre otro tema".

Cuando echaba mano de esas destrezas en una presentación personal, podía vender casi cualquier cosa, hasta una idea tan poco probada como la comida rápida. Su arenga vendedora cautivaba la atención de quienes la escuchaban. Eran pocos los que no quedaban convencidos. "Cuando Ray hablaba sobre McDonald's", observa Turner, "conmovía a la gente. Era humano, cálido, tenía buen sentido del humor pero siempre llegaba a las cuestiones de fondo. Tenía sus puntos de apoyo, como la calidad y la limpieza, pero éstos los humanizaba, los personalizaba. La calidad no era una cosa subjetiva; era real. Cuando hablaba del panecillo y cómo se tuesta, uno veía el panecillo, y cuando él acababa de hablar ya uno estaba con hambre".

Kroc tenía que presentar sus argumentos ante cuatro auditorios fundamentales: sus proveedores en perspectiva, sus jóvenes gerentes, los primeros prestamistas de su compañía, y sus concesionarios. Al fin creó la cadena McDonald's convenciendo a los cuatro grupos de que unieran a él su suerte y corrieran los mismos riesgos de la nueva idea. Aun cuando es cierto que tenía un modelo de comidas rápidas mejor que el corriente y un plan muy atractivo de derechos de explotación, su éxito en persuadir a estos cuatro auditorios se debió más a la manera como vendía su sistema que al sistema mismo.

En su método de ventas se combinaba un atractivo estilo personal con un enfoque sorprendentemente abierto y sincero. Era hombre de pocos secretos y casi lo dejaba a uno cortado por la franqueza con que hablaba de sus finanzas personales: lo que ganaba, lo que pagaba por su casa, lo que debía. Esa misma franqueza la llevaba a los negocios. Describiendo las perspectivas de una concesión de McDonald's no hacía las promesas deslumbrantes que otros acostumbraban en los años 50. Sus descripciones eran razonadas, convincentes y reales.

Desde el principio sus operadores le daban informes detallados sobre ventas y costos, información que él traspasaba libremente a los presuntos concesionarios. Cuando éstos le preguntaban cuánto ganarían con una unidad McDonald's, les daba muestras de estados de pérdidas y ganancias, pero tenía el cuidado de prevenirles que nada garantizaba que ellos también fueran a realizar esas utilidades. "Lo más difícil", recordaba Kroc, "era contestarle al individuo que me preguntaba cuánto debía asignarse él mismo como sueldo. Yo le decía: "Nada. Cuando usted necesite US $25 o 50, sáquelos de la caja. Con eso debe vivir. Al final del año, lo que le quede en el negocio es el dinero que se ha ganado. Yo no les podía decir qué sueldo se debían pagar ellos mismos porque no lo sabía".

Kroc esperaba la misma relación abierta con sus proveedores. Sus costos y precios debían revelarse con toda franqueza para que los concesionarios supieran que su compañía no se estaba beneficiando con comisiones confidenciales. Para él la honradez completa era esencial al vender una cosa tan nebulosa como una concesión. "Cuando se vende una cosa así, cualquiera puede decir que uno es un timador. Pero si lo creen honrado, eso es otra cosa. Yo creo que mis concesionarios consideraban que mi trato con ellos era perfectamente leal".

La franqueza de su método de ventas se veía forzada por su increíble capacidad para tratar con centenares de personas sobre una base en extremo personal. Ya septuagenario, y cuando el sistema McDonald's comprendía millares de puntos de venta, Kroc todavía asombraba a concesionarios a quienes hacía años no veía, recordando detalles acerca de ellos que habían surgido en alguna conversación casual años atrás. "Desde el momento en que conocía a una persona", observa Turner, "Ray empezaba a hacer anotaciones mentales sobre ella: qué le gustaba comer y beber, qué música prefería, qué clase de corbata usaba. No olvidaba estos detalles, y mucho tiempo después los sacaba de sus apuntes mentales para utilizarlos. Esto nunca dejaba de impresionar a la gente".

Para decirlo simplemente, encantaba a la gente para atraerla a McDonald's, y el origen último de esa capacidad de encantar era su fe inconmovible en el futuro del concepto de comidas rápidas que había descubierto en los bordes del desierto de Mojave. Cuando se les pregunta a los primeros proveedores que les otorgaron crédito a sus concesionarios, o a los concesionarios que sacaron una segunda hipoteca sobre su casa para comprar los derechos a McDonald's, o a los gerentes que abandonaron una carrera tradicional, por qué unieron su destino al de un vendedor de 52 años que estaba cuestionando todas las reglas del negocio de servicio de comidas, contestan con unanimidad que los tomó por sorpresa el entusiasmo de Kroc por McDonald's. Cuando Jack Smith fue a visitar la sede de la compañía en 1958 para satisfacer su curiosidad acerca de esa nueva modalidad que estaba retoñando en todas partes en Chicago, su ciudad natal, le presentaron inmediatamente a Kroc, quien le mostró estados de pérdidas y ganancias que mostraban una redituación del 20 por ciento y le dijo que sus antecedentes como gerente de una tienda de ropa eran "perfectos" para una concesión McDonald's. "Al principio pensé que tenía que habérmelas con un embaucador y empecé a pensar en la manera más discreta de retirarme", recuerda Smith, concesionario de seis restaurantes en Mobile, Alabama. "Yo sabía que ningún negocio honrado de venta al por menor da semejantes utilidades. Pero me fijé en sus ojos azules que denotaban un hombre sincero y digno de confianza. Ya había visitado yo a Henry's [otra cadena de hamburguesas de 15 centavos iniciada al mismo tiempo en Chicago], y allí había encontrado a un fanfarrón que me habló de todas las grandezas que iban a realizar. Ray no era un fanfarrón, no exageraba. Se sentía su carisma, su entusiasmo bien fundamentado. Al salir de su oficina pensé que aun cuando yo nunca volviera a McDonald's, mi vida se había enriquecido".

Sin duda, el entusiasmo de Kroc por McDonald's nacía de su principal característica de vendedor: un eterno optimismo. El nunca dudó del futuro de lo que estaba vendiendo y no le arredraban los contratiempos corrientes. Aun en la época en que el negocio de la Multimixer se le estaba desbaratando a principios de 1952, les escribía boletines entusiastas a sus agentes, y anotó en uno de ellos, en 1953: "Cualquier equipo vendedor al que valga la pena pertenecer tiene que explorar constantemente nuevos campos y poner a prueba nuevos artificios de ventas". Terminaba el mensaje con uno de aquellos aforismos suyos que hasta el día de hoy adornan las oficinas de la sede de McDonald's e influyen en el punto de vista de sus gerentes: "Nadie sabe todos los secretos para aumentar las ventas. Si los supiera estaría maduro, y cuando uno está maduro se pudre".

Aun cuando había cumplido los 52 años de edad pocos meses antes de fundar el sistema McDonald's, todavía le faltaba madurar. Tenía la energía de un hombre de 30 años. Don Conley, su primer gerente para la concesión de derechos, recuerda que ambos salían de la oficina faltando cinco para las seis, apenas con el tiempo necesario para ir a toda carrera a la estación y alcanzar a abordar el tren de las seis. Subiendo al tren, Conley nunca entendía por qué él, hombre veinte años menor que su jefe, llegaba jadeante y aquél no.

Aun cuando ya estaba en la edad en que la mayor parte de los realizadores piensan en saborear sus triunfos, Kroc estaba dispuesto a invertir sus inagotables energías en un nuevo proyecto. Sabía que estaría totalmente ocupado en un negocio nuevo, trabajando otra vez setenta horas a la semana como en su juventud. Eso significaba reducir otras actividades, tales como el golf. (Después confesaba que McDonald's le agregó diez golpes a su handicap.) También sabía que tendría que hacer un considerable sacrificio financiero en una época de su vida en que todos empiezan a pensar en la seguridad económica. No se iniciaba con McDonald's como un hombre rico. Sus ingresos provenientes de la Multimixer se habían reducido a la mitad, o sea US $12 000 al año. De ese ingreso viviría durante los ochos años siguientes sin retirar ni un dólar de McDonald's hasta 1961. Temporalmente prescindió de superfluidades, como pertenecer al Club Campestre, y empezó a demorar los pagos de la casa hasta el último día posible. Aumentó su endeudamiento provisional con el banco y hasta tomó dinero prestado sobre su póliza de seguro de vida para ayudar a pagar los sueldos de algunos de sus nuevos empleados.

Ciertamente, estaba dispuesto a aprovechar la nueva oportunidad porque las cosas se habían deteriorado mucho en Prince Castle. Pero, si bien Kroc tenía la esperanza de que McDonald's le mejorara a la larga su situación económica, no estaba contando con hacerse rico de la noche a la mañana. En realidad, parece que el dinero no fue para él un motivador importante; a los empleados les decía que se concentraran en hacer bien su tarea, no en ganar dinero. Si trabajaban con tezón y amaban su trabajo, les decía, los problemas monetarios se resolverían por sí mismos. "Si una persona sólo piensa en ganar dinero, no me atrae", dijo Kroc años más tarde. "Me gustan los que gustan de lo que están haciendo, porque eso es lo que yo aprecio más".

Lo que lo motivaba más que otra cosa era la certeza de haber encontrado al fin la idea que podía ser el fundamento de la gran empresa que siempre había aspirado a construir desde que dejó la seguridad de la Lily-Tulip a finales del decenio de los 30. Ya en 1954, a la edad de 52 años, Ray Kroc seguía buscando algo mágico, algo que le permitiera sacar partido de sus tres decenios de experiencia en ventas. Estaba convencido de que en McDonald's tenía la oportunidad de ventas para la cual estaba preparado. También sabía que tal oportunidad no se le volvería a presentar. "Prácticamente era para mí cuestión de vida o muerte", manifestó. "Si perdía con McDonald's, no tendría a dónde ir".

Capítulo 3
LA CARRERA
DE LAS CONCESIONES

Algunas empresas triunfan porque sus gestores abren nuevos caminos. Apple Computer captó una importante participación del mercado de computadores introduciendo el primer computador personal. Federal Express es líder en la entrega de paquetes de un día para otro porque fue la primera que concibió un mercado masivo para tal servicio. Xerox domina en el campo de equipo de oficinas porque comercializó la xerografía. Como McDonald's goza de una posición dominante en comida rápida, es comprensible que generalmente la consideren creadora de las concesiones en ese campo y hasta la inventora de todas las concesiones. No fue ni lo uno ni lo otro.

Cuando Ray Kroc organizó la empresa McDonald's System, Inc., el 2 de marzo de 1955, se contaba entre una docena más o menos de empresarios que trataban de llevar el método de conceder derechos de explotación a la nueva industria de comidas rápidas. McDonald's no tenía ninguna ventaja sobre otras tales como Burger King, Kentucky Fried Chicken, o Chicken Delight. Estas ya estaban en el negocio. A los pocos años de haber iniciado la empresa McDonald's, Kroc se encontró en un campo muy competido en que también figuraban Burger Chef, Burger Queen, Carol's y Sandy's. Por lo demás, las nuevas cadenas de comidas rápidas sólo estaban aplicando los métodos de concesión que se venían usando en otras industrias desde principios de siglo.

La concesión moderna de patentes comerciales e industriales se inició en los Estados Unidos poco después de la guerra civil, cuando la Singer Sewing Machine Company desarrolló una cadena de puntos de distribución al por menor vendiéndoles derechos a operadores locales que eran dueños y administradores de las respectivas tiendas. Pero el sistema no se afianzó realmente hasta los primeros años del nuevo siglo, cuando los fabricantes de automóviles y las compañías de bebidas gaseosas desarrollaron sus redes nacionales de distribución concediéndoles licencias a agentes y embotelladoras locales. Las ventajas que en ello vieron eran decisivas. Los inversionistas locales ponían la mayor parte del capital y corrían la mayoría de los riesgos para organizar un sistema de distribución. La fijación de precios al por mayor era más estable que al por menor; y en el caso de la industria automovilística, los agentes locales y no Detroit serían los encargados de recibir los coches que se cambiaban por nuevos, y de las reparaciones. Además, los fabricantes pensaban que dejando las ventas en manos de operadores locales ganaban simpatías en el mercado al por menor. En los primeros años del decenio de los 30, las principales compañías petroleras empezaron a ver las mismas ventajas y empezaron a adoptar el sistema de agentes autorizados.

Estas concesiones comerciales otorgadas por las fábricas dominaron el panorama durante los primeros años, y todavía representan más de la mitad de los US$576 000 millones de ventas anuales realizadas por concesionarios, según el experto Charles Vaughn. Pero ya en los años 30 el sistema se empezó a utilizar en las industrias de minoristas y de servicios, sector en el cual posteriormente experimentó su mayor crecimiento. En los primeros años del decenio de los 30, los distribuidores de partes para automóvil, tales como Western Auto Supply Company, empezaron a construir sus cadenas nacionales de concesionarios. Las cadenas de *drugstores* como Rexall, las tiendas de variedades como Ben Franklin y las de supermercados como IGA (Independent Grocers Association) siguieron el ejemplo.

Con la popularidad del automóvil, los Estados Unidos se estaban convirtiendo en una sociedad móvil, y gracias a la radio, también en un mercado nacional. Los productores establecían sus marcas nacionales mediante la publicidad, y los minoristas también buscaban el mismo reconocimiento de una marca de un mercado a otro. La solución estaba en otorgarles concesiones a los puntos de venta.

De una manera natural las concesiones de establecimientos de comidas se desarrollaron paralelamente con el auge del automóvil. En 1924 dos empresarios llamados Allen y White fundaron la primera cadena de este tipo basándose en un extracto patentado para preparar la bebida gaseosa llamada cerveza de raíces [*root beer*]. Sus puestos A&W prestaban servicio al automóvil, y si bien vendían otros comestibles, inicialmente sólo ofrecían la mencionada bebida. A&W vendió sus primeras concesiones territoriales por sumas hasta de US $2 000 cada uno. Pero en lo que la compañía realizaba sus mayores utilidades era en la venta del concentrado para hacer la gaseosa y en el equipo de enfriamiento a sus concesionarios. La cadena llegó a tener centenares de puntos de venta, pero la falta de uniformidad de la carta y de las operaciones anularon sus esfuerzos por destacarse en el servicio de comida rápida.

Hoy la única fama que le queda a A&W es haber dado origen a otros negocios. En 1927, J. Willard Marriott obtuvo la concesión de A&W para Washington, D.C. En el término de un año transformó sus puestos de A&W Root Beer en Hot Shoppe's, una cadena local de restaurantes especializada en emparedados con salsa picante. La Marriott Corporation, como es sabido, llegó a ser después la cadena hotelera más grande del país.

Pero el que tiene la reputación de haber sido el primero en estas actividades es Howard Johnson, quien empezó en 1935 a establecer sus restaurantes y salones de helados a la vera de las carreteras, y le demostró a la industria del servicio de comidas la gran preponderancia que podía lograr una cadena aprovechando el capital y las destrezas operativas de los concesionarios. En el término de cuatro años el nombre Howard Johnson se destacaba en más de 400 puntos de venta, y su cadena era la principal proveedora del servicio de comidas en los Estados Unidos. En sus operaciones se seguía el ejemplo de A&W. Casi todos los ingresos provenían de helados y otros productos alimenticios que les suministraban a los concesionarios proveedurías de la compañía.

Pero el gran auge de las concesiones en la industria de servicio de comidas no se produjo hasta que Harry Axene apareció en la escena en los años 40. Era un gerente de ventas de maquinaria agrícola de Allis Chalmers, y en 1944 descubrió en Illinois un salón de helados totalmente nuevo. El equipo era un congelador que enfriaba una mezcla láctea líquida en un cilindro de un metro y medio de longitud y producía un flujo continuo de helado blando, parecido al flan congelado que los vendedores sacaban de una cuba con cucharones. Para hacer un cono en pocos segundos, el operador no tenía más que abrir la espita de su máquina. Intrigado por la larga cola de clientes que vio frente a la puerta al pasar, Axene preguntó: "¿Qué venden aquí, medias de nailon?" refiriéndose a ese producto que era el más escaso durante la guerra. "No", le contestó su hermana que lo acompañaba, "es Dairy Queen".

La mezcla Dairy Queen la había desarrollado John McCullough, administrador de una lechería, quien también había comprado los derechos del equipo y sabía que su producto tenía posibilidades de venderse en más de un salón, pero no sabía cómo comercializarlo. Axene sí sabía y lo convenció de que se asociaran para ello. Se le presentó su gran oportunidad cuando un productor de barquillos para helados le ayudó a reunir a 26 inversionistas en un hotel de Moline. Axene había preparado extensos cuadros que describían las grandes utilidades posibles con una concesión de Dairy Queen, pero le bastó ver la satisfacción con que sus invitados consumían las muestras de helado que les distribuyó para comprender que tenía un producto que casi se vendía solo.

Todos los 26 inversionistas estaban dispuestos a comprar la exclusiva de Dairy Queen para sus respectivos territorios, algunos para todo un Estado. Axene los complació vendiéndoles territorios por sumas adelantadas, de US$25 000 a US$50 000, lo cual era sólo una bonificación, pues además les cobraba 45 centavos por cada galón de la mezcla de helado blando que les vendía. "Vender concesiones no era ningún problema", recuerda. "Cuando probaban el producto se volvían locos".

Ese día empezó en Moline la carrera de las concesiones. Con poco más que un nombre, una fórmula láctea sin complicaciones, y un servicio de comida relativamente sencillo basado en una novedosa máquina de hacer helados, tenía en sus manos una bonanza. Tal vez fue el primero que vio la riqueza instantánea que ofrecía la concesión de comidas rápidas. No estaba obligado a fijar normas, ni a supervisar las operaciones, comprar materiales o comercializar productos. En realidad, casi no tenía que hacer otra cosa que cobrar su dinero y volverse de la noche a la mañana millonario.

Este fácil enriquecimiento tenía que atraer a otros concesionarios. Las operaciones de servicio de comidas al automóvil parecían hechas ex profeso para ello porque se basaban en una carta fija y procedimientos operativos relativamente fáciles de aprender para un novicio. Y como eran una cosa tan distinta de los restaurantes comunes y corrientes, atraían a una gran variedad de inversionistas de fuera de la industria alimentaria. Los drive-ins como los de Dairy Queen eran especialmente atractivos para inversionistas con poco capital, inclusive millares de soldados desmovilizados después de la segunda guerra mundial que querían recuperar el tiempo perdido.

El inusitado crecimiento de Dairy Queen desató una revolución en el negocio de restaurantes. Cuando Axene renunció en 1948, Dairy Queen tenía 2 500 puntos de venta en operación, y algunos de sus concesionarios habían agregado perros calientes y otros productos. En 1950 Axene había formado una nueva sociedad con Leo Moranz, quien había perfeccionado un congelador automático más pequeño y muy superior al de Dairy Queen. Esta nueva máquina la utilizaron para fundar a Tastee Freeze, que entró en abierta competencia con Dairy Queen, y a mediados del decenio de los 50 tenía más de 1 500 puntos de venta distribuidos por todo el país. Mientras Axene y Moranz desarrollaban un extremo de la industria de concesiones de drive-ins, Bob Wian se iniciaba en el otro. Este último había comenzado a otorgar concesiones de su cadena de servicio completo, con base en su gran emparedado llamado el Big Boy [el Chico Grande], en los últimos años del decenio de los 30, pero comenzó a hacer su agosto a finales de los años 40, cuando apareció en la revista *Time* un artículo sobre el Big Boy. "Me vi inundado de solicitudes", recuerda Wian, "hasta el punto de que tuve que rechazar a mucha gente".

Dairy Queen y Big Boy estaban en los dos extremos de las concesiones de servicio de comidas. Un puesto de Dairy Queen se basaba en un solo producto, no costaba más de US$30 000, y se cerraba durante el invierno. En cambio Wian otorgaba concesiones para restaurantes de servicio completo, que permanecían abiertos todo el año, y cada restaurante exigía una inversión de capital de US $250 000, por lo menos. En los primeros años del decenio de los 50 era obvio que entre los dos existía un gran vacío.

En efecto, cuando Kroc hizo su trato con los hermanos McDonalds en 1954, ese vacío ya se estaba llenando. A. L. Tunick, entre otros, había dado dos años antes el primer paso más allá de los puestos de helados. Descubrió al inventor de una cocina de petróleo en que se podía freír pollo a presión en la tercera parte del tiempo que se requería con los aparatos corrientes de freidura rápida. Entonces resolvió financiar la producción de la cocina y organizar un sistema de concesiones en que les exigiría a los concesionarios comprar la cocina. Esa fue la cadena Chicken Delight que vendió en 1964 cuando ya tenía varios centenares de restaurantes.

Pero la cadena más grande de pollo frito tuvo su génesis en 1952, año en que Harlan Sanders, dueño de un motel restaurante en Kentucky, conoció a Pete Harmon, que tenía un restaurante de hamburguesas en Salt Lake City. Se hicieron amigos, y estando de visita Sanders en casa de Harmon, éste le dijo que estaba buscando una especialidad para agregarle a su menú de hamburguesas. Sanders le contestó: "Esta noche yo te voy a preparar la cena".

Y esa noche la cena fue el mejor pollo frito que Harmon había probado en su vida. El secreto era una combinación de 11 hierbas y especias, que Harmon obtuvo de su amigo, y a la vuelta de pocos días le agregó el pollo a su menú. También pintó un letrero que puso sobre su restaurante, que decía: KENTUCKY FRIED CHICKEN. Cuando Sanders volvió a pasar por Salt Lake City encontró que su pollo era el renglón más apetecido en el restaurante de Harmon, y representaba el 50 por ciento de sus ventas. En efecto, durante su primer año con Kentucky Fried Chicken las ventas del restaurante se triplicaron y llegaron a US $450 000; y cuando Harmon abrió un nuevo restaurante en 1952, invitó a Sanders a la gran inauguración y lo presentó como el coronel de Kentucky.

A instancias de Harmon, Sanders accedió en 1954 a otorgar concesiones de explotación de su pollo frito para todo el país. Era sencillo: Darles la receta a los operadores de restaurante que compraran una concesión territorial, y luego cobrarles cinco centavos por cada pollo vendido. Harmon fue el primer concesionario, y Jim Collins, que antes había copiado el sistema de hamburguesas de los hermanos McDonalds con su Hamburger Handout, siguió pronto el ejemplo. Hoy sus compañías siguen siendo las dos mayores concesionarias de Kentucky Fried Chicken, cada una con más de 250 establecimientos.

Aunque 1954 fue un año mágico para Kroc y para Sanders, ellos no estaban solos en el negocio de comidas rápidas. Ese mismo año Dave Edgerton obtuvo la concesión para Miami de un sistema basado en un nuevo asador automático, y se asoció con Jim McLamore, administrador de un restaurante en esa ciudad.

Edgerton y McLamore tenían una cosa en común: se habían graduado de la famosa Escuela de Administración Hotelera de la Universidad de Cornell, lo que bastaba para distinguirlos de casi todos sus competidores, pues a mediados de los años 50 el rápido desarrollo de la industria atraía a operarios improvisados y empresarios de otros campos, y eran muy pocos los que habían obtenido un entrenamiento a la antigua. Con todo, Edgerton y McLamore para triunfar hicieron tabla rasa de todas las enseñanzas convencionales que habían recibido. Edgerton rediseñó totalmente el asador para corregir los defectos del equipo original, y McLamore amplió grandemente el atractivo de la cadena creando una nueva hamburguesa de un cuarto de libra que llamó The Whopper [El Coloso]. En 1957 los socios tenían cuatro establecimientos en Miami, y empezaron a otorgar concesiones regionales de su propia operación modificada de asado y del nuevo menú bajo un nuevo nombre: Burger King, el Hogar del Coloso. Pocos años después, obtuvieron los derechos nacionales del sistema Burger King.

Edgerton y McLamore llevaron a otro competidor al mercado. Le habían pedido a la General Equipment Company de Indianápolis que les ayudara a reemplazar los viejos asadores y máquinas mezcladoras que habían sido la base de la concesión que obtuvieron para Miami en 1954. Especialmente querían abandonar el asador, que era un aparato sumamente complicado de transportador sin fin para pasar las hamburguesas a través del asador en canastillas de metal. Las canastillas debían abrirse en un extremo del asador para rellenarlas con las albóndigas, luego se cerraban y pasaban sobre la llama del asador y automáticamente debían abrirse al otro extremo para sacar las hamburguesas ya asadas. Las cosas no siempre funcionaban así; el transportador se dañaba, y aquello era una pesadilla.

Edgerton diseñó un asador de cadena más eficiente, sin canastillas, y le pidieron a la General Equipment que se lo fabricara. Esta compañía se había especializado más bien en máquinas de hacer helados y leches malteadas, y cuando empezó a construir los asadores automatizados para Burger King de repente encontró que tenía una línea completa de maquinaria para comida rápida. Entonces les pareció que era mejor competir con Burger King que suministrarle maquinaria, y en 1957 Frank y Dave Thomas, los hermanos propietarios de la General Equipment, decidieron organizar su propia cadena de hamburguesas de 15 centavos basándose en un asador de transportador y con mejor respaldo financiero. Esta nueva cadena, llamada Burger Chef, empezó a crecer más rápidamente que Burger King.

Los fabricantes de equipos no fueron los únicos que se contagiaron de la fiebre de concesiones que se desató a mediados de los años 50. También los productores de alimentos vieron en ello una extensión natural y sumamente beneficiosa de su negocio principal. Al igual que los vendedores de equipos que entraron en el mercado, los procesadores de alimentos calcularon que harían más dinero vendiéndoles a los concesionarios sus productos. Sólo cinco meses después de que Ray Kroc abrió su primer McDonald's en Des Plaines en 1955, la Bressler Ice Cream Company de Chicago abrió su primera operación de hamburguesas a 15 centavos, llamada Henry's, situada a unos 15 kilómetros de distancia. Los dos establecimientos tenían muchas cosas en común. Henry's parecía como un duplicado de McDonald's porque — por lo menos indirectamente — era en realidad una copia.

No fueron McDonald's y Henry's las únicas cadenas que se formaron en los años 50 con el ánimo de transplantar al Oeste Medio el concepto de comidas rápidas que había inundado a California. Hubo por lo menos otras tres cadenas basadas en Illinois: Golden Point de Chicago, que empezó con mucho despliegue pero de la cual no se volvió a oír después de los primeros años 60; Sandy's de Peoria; y Carol's, fundada en Chicago, que alcanzó a abrir unas doscientas unidades y desapareció en los últimos años del decenio de los 60.

De modo, pues, que cuando Ray Kroc abrió su establecimiento en Des Plaines el 15 de abril de 1955, no era el precursor de las comidas rápidas. Por el contrario, parece que todo el mundo había descubierto de pronto la oportunidad que él había visto. Casi los únicos que no hicieron caso del nuevo mercado fueron los que parecían más que lógicos candidatos para entrar en él: las cadenas de restaurantes comunes y corrientes de precio medio. Tal vez ello se debió a que las comidas rápidas se separaban tan radicalmente de las tradiciones de servicio de comidas, que no podían entusiasmarlos. Cualquiera fuera la razón, el desarrollo más significativo en servicio de comidas de este siglo no atrajo a los más grandes operadores de restaurantes de su época, y especialmente a los dos que estaban orientados a un mercado móvil: Fred Harvey, que manejaba una cadena de restaurantes de precio mediano en las estaciones de tren y autobús, y Howard Johnson, cuyos centenares de restaurantes a la vera de las carreteras podían considerarse precursores del sistema de concesiones en este negocio.

Aun cuando intentaron entrar en el mercado de comidas rápidas, las cadenas establecidas de restaurantes no pudieron entender la esencia de la revolución que se estaba operando. Jim McLamore recuerda que a mediados de los años 50 Howard Johnson lo citó a su oficina porque quería conocer el asador de transportador que él y Edgerton estaban usando en su operación Burger King. McLamore tenía entonces 30 años, y muy asustado con la perspectiva de tener que presentar sus ideas ante el famoso señor Johnson, empacó su asador en su camioneta y se dirigió a Miami, donde Johnson tenía su oficina en una de sus proveedurías. "Era como si lo introdujeran a uno a la presencia de un Dios", recuerda McLamore. A Johnson le encantó con el concepto Burger King, pero sus consejeros inmediatamente se pusieron a aportar ideas para refundirlo en el molde de Howard Johnson. Insistieron en que se debían ofrecer múltiples sabores de helados — característica de la cadena Johnson — y en que además de hamburguesas se debían ofrecer otros emparedados. Más tarde la compañía de Johnson entró en la competencia de comidas rápidas con un producto que llamó Ho Jo Jr's, una de las muchas operaciones obstaculizadas por un menú demasiado recargado y un servicio demasiado lento. "Yo gozaba mucho", observa McLamore, "y estoy seguro de que también gozaba Ray Kroc, viendo cómo otras personas querían mejorar nuestro sistema. No comprendían su simplicidad, ni la necesidad de los consumidores que estaba satisfaciendo, ni que lo fundamental de la idea era la rapidez del servicio".

Si Ray Kroc no era el único cuando entró en el mercado de comidas rápidas en 1955, sí estaba por lo menos armado con un concepto único. Pese a lo que ha imaginado la gente, Kroc no inventó la hamburguesa de 15 centavos, ni el drive-in de autoservicio, ni el sistema de preparación de comidas rápidas. Lo que sí inventó fue un sistema único de concesión de derechos de explotación, que colocó a McDonald's en un lugar aparte de todos los demás concesionistas del ramo.

Al examinar la industria de las concesiones en que se preparaba a intervenir, Kroc vio los graves defectos de los métodos ajenos. Como vendedor de concesiones a otros concesionistas, tenía un punto de vista objetivo sobre la nueva industria, del cual carecían muchos otros. Su experiencia en el servicio de comidas lo impulsaba a adoptar una orientación a largo plazo en una industria que a muchos otros les ofrecía una gran oportunidad de utilidades a corto plazo. Su deseo era sencillo: establecer un negocio perdurable de comidas rápidas, que se caracterizara por la uniformidad de su servicio y sus productos. Para poder realizarlo, Kroc exigió ejercer en el sistema mucho más control del que ejercían los otros concesionistas, y a cambio de ello estaba dispuesto a sacrificar las utilidades inmediatas que aquéllos obtenían.

Durante los primeros años sostuvo con los hermanos McDonalds, que también estaban apasionados por la calidad, un intercambio epistolar por medio de cintas grabadas. El tema dominante en estas comunicaciones electrónicas era la autodestructibilidad inherente a los "latrocinios" (así los llamaba Kroc), que constituían el grueso de la competencia en el negocio de hamburguesas de 15 centavos. Y fue profético cuando pronosticó lo que iba a suceder en esta industria: cómo la facilidad de emprender en ella atraería a centenares de compañías que sucumbirían por no poder resistir los requisitos brutalmente duros de su operación. "Este va a ser probablemente uno de los negocios más competidos en los Estados Unidos", les dijo a los hermanos McDonalds en una grabación hecha en 1958, "y nosotros tenemos la única actitud realmente sólida en él. Los demás morirán como moscas. Son pícaros. Sólo buscan el dinero fácil. Será una cuestión de supervivencia de los más aptos, y nosotros encabezaremos la lista de los más aptos. Yo sé que nosotros tenemos la única concesión limpia y honrada".

En lo esencial, la fórmula de Kroc difería de la de otras cadenas de comidas rápidas en varios aspectos. El primero, y quizás el más fundamental, era que no confería concesiones territoriales, sino para ir abriendo restaurantes uno por uno, y cada concesión se vendía por sólo US $950. Resistió la tentación a la cual no supieron sobreponerse los demás: el dinero fácil. Vender derechos de explotación para un mercado grande, por ejemplo para todo un Estado, es la manera más rápida de enriquecerse un concesionista. Durante los primeros días de operaciones de Kroc, algunos concesionistas se ganaban US $50 000 o más por sólo venderle a un concesionario los derechos exclusivos para el uso de su sistema de comidas rápidas en un mercado importante. Ese dinero era una ganga que les caía porque no tenían que hacer casi nada para ganarlo, salvo alguna ayuda muy elemental para empezar o algún entrenamiento fundamental en la operación del sistema.

A veces las concesiones territoriales se volvían una pirámide porque el adjudicatario original de un territorio extenso subarrendaba sus derechos, cobrando sumas considerables; y los subconcesionarios, a su vez, los traspasaban a terceros. Estas prácticas desprestigiaron a las concesiones territoriales, pues abrieron el campo a la explotación hecha por individuos que sólo buscaban ganancias rápidas vendiendo un concepto de comidas rápidas que ellos no apoyaban operativamente.

Cuando Kroc se inició con McDonald's, la venta de derechos territoriales exclusivos era lo que se estilaba, y eso era lo que hacían Dairy Queen y Tastee Freeze. Axene vendía territorios de Dairy Queen hasta por US $50 000 cada uno, y cuando Moranz hubo otorgado nacionalmente las concesiones de Tastee Freeze, no tenía sino veinticinco concesionarios principales, todos con grandes territorios exclusivos. Normalmente, los principales concesionarios de Dairy Queen subarrendaban partes de sus territorios, a veces a través de tres o cuatro niveles de concesionarios. Cuando el derecho llegaba al fin al verdadero operador de un salón de helados, ese operador cargaba con una enorme acumulación de honorarios pagados por concesiones. Como cada intermediario sacaba su tajada de la venta de los helados, el margen neto que le quedaba al dueño del salón era muy pequeño. Muchos de estos propietarios no quisieron seguir subvencionando a tantos intermediarios, y finalmente prefirieron salirse del sistema, y reemplazaron el letrero de Dairy Queen por el suyo propio, convencidos de que les iba mejor trabajando independientemente.

Las concesiones territoriales no se limitaban a las compañías de helados. También las hacían las primeras cadenas de hamburguesas y de pollo frito. Por ejemplo, la Diversifoods Incorporated, que es la mayor concesionaria de Burger King, tiene esta concesión para todo el Estado de Louisiana y para el área metropolitana de Chicago. Con 377 establecimientos, sus ingresos pasan de US$500 millones, lo cual la equipara con una cadena de comidas rápidas de tamaño mediano. La Pillsbury Company, casa matriz de Burger King, adquirió a la Diversifoods en 1985 para obtener su control completo. La práctica de concesiones territoriales ha continuado aun entre empresas más nuevas en el negocio. Wendy's International creció rápidamente durante el decenio de los años 70, en parte porque les vendió grandes concesiones territoriales en forma decidida a importantes inversionistas, a quienes les exigía construir rápidamente nuevos restaurantes.

Aun en los casos en que los concesionistas procedían con honradez, las concesiones territoriales solían encontrar serios problemas. Fuera de las defecciones que sufrió Dairy Queen, a ésta le fue sumamente difícil con su sistema ejercer control central sobre el desarrollo de la cadena. Los grandes concesionarios, que habían hecho fuertes inversiones de dinero en sus operaciones locales, desarrollaban sus territorios como más les convenía. En consecuencia, Dairy Queen operaba de diferente manera en distintas partes del país. Algunos establecimientos servían comida, otros no. Hasta ofrecían conos de distintos tamaños y diferentes tipos de *sundae*. Con poca supervisión centralizada, la calidad de las operaciones locales variaba según la región del país, y mientras que algunos ofrecían productos y servicio de buena calidad, otros, según dice Axene, engañaban echándoles agua a la mezcla láctea y a los batidos.

El verdadero problema de la concesión de territorios exclusivos era que si se cometía un error en la elección de un concesionario, ese error se multiplicaba. Cuando un mal concesionario tiene derecho a un solo establecimiento, el problema es limitado. Pero si ese operador marginal tiene un derecho contractual para abrir cuantas unidades quiera en su territorio exclusivo, el problema de calidad se vuelve una pesadilla para el que otorga la licencia.

Cuando Axene se separó de Dairy Queen en 1948 y posteriormente se asoció con Leo Moranz para fundar a Tastee Freeze, los dos trataron de remediar algunos de los problemas de control que había creado la práctica de concesiones territoriales. Tastee Freeze se basaba en un congelador muy mejorado que producía más eficientemente helados blandos llevando automáticamente por medio de una bomba la mezcla líquida al cilindro de congelación, y así se iba reemplazando la mezcla a medida que se gastaba. En cambio, el congelador de Dairy Queen tenía que ser manejado por un operario relativamente calificado, quien al mismo tiempo que controlaba la bomba con una mano sacaba un cono de helado con la otra. El congelador era la parte más costosa del sistema de Tastee Freeze, pero la bomba, que era de costo moderado, constituía lo más importante de él. Axene y Moranz idearon una ingeniosa manera de controlar su nueva cadena: les vendían el congelador a los concesionarios territoriales, pero la bomba se la alquilaban. Si un concesionario no resultaba satisfactorio, se le cancelaba el contrato de arrendamiento de la bomba y se limitaba así el daño al sistema.

A pesar de todo, las cadenas Dairy Queen y Tastee Freeze languidecieron por no haber podido controlar a sus concesionarios de grandes territorios, y por ese motivo perdieron la dorada oportunidad de entrar en el floreciente negocio de comidas rápidas a mediados del decenio de los años 50. Tastee Freeze cayó casi en el olvido un decenio después; aunque Dairy Queen hizo una mejor adaptación al servicio de comidas, sin embargo perdió la posición dominante que una vez ocupó entre los otorgadores de concesiones.

Axene reconoce hoy que si fuera a empezar otra vez, seguiría el método de Kroc, de ir poco a poco, prestándole más atención al control de calidad y renunciando a las fáciles ganancias de vender derechos para grandes territorios.

Kroc logró pronto mayor control sobre sus concesionarios vendiendo, una por una, concesiones para explotar un solo restaurante. Aunque al principio sí se concedieron derechos para áreas metropolitanas como Washington, D. C., Cincinnati y Pittsburgh, pronto Kroc empezó a reducir el área de cada concesión a un radio de no más de dos o tres kilómetros, y en 1969 a la calle del restaurante. Incluso en sus primeros contratos territoriales no vendía los derechos sino que los cedía gratuitamente; pero esos contratos no autorizaban al concesionario a construir en su territorio cuantos restaurantes quisiera: solamente le daban el derecho de obtener concesiones adicionales en el caso de que McDonald's resolviera abrir otros restaurantes en su territorio. Podía oponerse a que McDonald's le otorgara una concesión a una persona distinta en ese territorio, pero no podía exigir para sí mismo nuevos establecimientos.

En esta forma, a McDonald's le era posible restringir — como en efecto lo hizo — a una sola unidad a los primeros concesionarios territoriales cuyo desempeño no fuera satisfactorio. Operadores fuertes como John Gibson y Oscar Goldstein en Washington, y Lou Groen en Cincinnati, desarrollaron sus contratos originales de finales de los años 50 con Kroc hasta tener operaciones de cuarenta y tres y cuarenta restaurantes, respectivamente, pero otros concesionarios menos industriosos jamás pasaron de uno. Esto obedeció a que Kroc prefería sacrificar el crecimiento inmediato de los mercados a rebajar la calidad del sistema.

Bien sabía, desde luego, que su compañía podría haberse iniciado con un piso financiero más sólido si hubiera vendido grandes territorios por sumas considerables pagadas al contado; pero también sabía que los inversionistas que las pagaran exigirían algo en cambio, esto es, la seguridad de que podrían escoger la localización, construir sus propios restaurantes y administrarlos sin mucha intervención de Kroc. Este, gracias a su experiencia como vendedor de Multimixers a las cadenas como Dairy Queen, había visto el desorden que se produce cuando no hay control central. Por encima de todo, quería uniformidad en McDonald's, marca que debía representar un mismo producto de calidad y un mismo servicio rápido en todo el país.

Era natural que no le gustara la idea de venderles el activo fundamental de McDonald's — su concesión — a inversionistas ricos cuyas operaciones y poder podían llegar un día a superar el de su propia compañía. "Cuando se venden los derechos para un gran territorio", dijo, "se le entrega el negocio al dueño de esa área. El lo reemplaza a uno, y uno ya no tiene el control".

Conservando el derecho de decidir si a un concesionario se le debe autorizar para abrir un segundo restaurante, y después otro, McDonald's conservaba también el único aliciente de que se podía valer para inducir a sus concesionarios a cumplir las reglas del sistema en lo relativo a calidad, servicio, aseo y valor. Según el criterio de Kroc, conservar ese incentivo era indispensable para la rentabilidad a largo plazo de McDonald's.

También resistió la tentación de hacer grandes utilidades vendiéndoles productos y equipos a los concesionarios. Esa política también era contraria a los mejores intereses de la industria; prácticamente todos los demás concesionistas importantes de servicios de comida realizaban una buena parte de sus utilidades con el recargo en los precios de lo que les suministraban a sus concesionarios. Tastee Freeze les vendía congeladores. Dairy Queen recibía 45 centavos sobre cada galón de US$1.40 de la mezcla que sus lecherías autorizadas les vendían a sus operadores. General Equipment les suministraba a los concesionarios de Burger Chef batidoras, asadores y casi todo lo demás en dotación de cocinas. Chicken Delight les exigía a sus concesionarios que le compraran sus ollas para cocinar pollos. Howard Johnson construyó fábricas de helados y de dulces para abastecer a sus concesionarios y creó enormes proveedurías para suministrarles casi todo lo demás en el renglón de alimentos. DavMor Industries, de Burger King (así llamadas por sus fundadores David Edgerton y James McLamore) fabricaba asadores para venderles a los concesionarios y manejaba proveedurías que les suministraban productos alimenticios. Kroc, en cambio, apenas les vendió a sus concesionarios dos Multimixers de US$150, y eso sólo durante el primer decenio de McDonald's.

Los concesionistas tienen que disponer de alguna manera de generar ingresos, pero venderles productos a los concesionarios puede dar la sensación — real o imaginaria — de un conflicto de intereses entre ambas partes. En efecto, ha dado origen a litigios muy desagradables. Chicken Delight, por ejemplo, tuvo que liquidarse poco después de haber perdido un pleito que, bajo la legislación que prohíbe los monopolios, le entablaron sus concesionarios, a quienes pretendía obligar a comprar únicamente las ollas que ella fabricaba para cocer pollos.

Un problema más grave, aun cuando más sutil, es que las cadenas de concesionarios que son al mismo tiempo proveedoras pueden tener más interés en sus proveedurías y en sus fábricas que en sus restaurantes. Su orientación se inclina cada vez más hacia las utilidades que realizan como proveedores, no como minoristas, y por tanto ya no hacen caso de las operaciones de los restaurantes y clientes al por menor.

Parece que éste fue el caso de Burger Chef, que durante algún tiempo, en el decenio de los 60, fue el más temible competidor de McDonald's. Su casa matriz, General Equipment, fabricaba casi todo el equipo, por valor de US$25 000, que requería cada uno de los restaurantes de su cadena. Burger Chef se organizó un par de años después de McDonald's, le copió la hamburguesa de 15 centavos, y creció rápidamente con el apoyo financiero de General Equipment, hasta tener casi mil restaurantes, es decir, poco menos que McDonald's, en 1968, cuando la compró General Foods. Pero luego Burger Chef tuvo una caída espectacular. En los primeros años del decenio de los 70, le estaba ocasionando pérdidas cuantiosas a General Foods, y la vertiginosa expansión de la cadena se interrumpió bruscamente. Después la vendieron otra vez, y aun cuando sigue funcionando, ya no es un factor importante en la industria.

¿Cómo se explica una decadencia tan sorprendente? La explicación más común es que la compañía matriz veía la cadena Burger Chef como una salida para sus equipos y no le prestaba atención al perfeccionamiento de sus restaurantes. Jack Roshman, que fue en un tiempo el mayor concesionario del sistema y que después fundó una cadena de restaurantes de bistec llamada Ponderosa, Inc., dice que existía un conflicto natural de intereses entre los negocios de equipos y de restaurantes. Roshman abrió más de cien Burger Chefs en Ohio y sostiene que este sistema tenía por base un asador y no una parrilla, sencillamente porque lo que vendía General Equipment era asadores. "Yo siempre quise que en Burger Chef ofreciéramos hamburguesas a la parrilla porque creo que así las prefiere el público norteamericano", dice Roshman. "Pero como la compañía vendía asadores, teníamos asadores en nuestros restaurantes".

Afirmaba, igualmente, que la mejor olla para freír papas la fabricaba una compañía de Chicago llamada Keating, que abastecía a McDonald's. También la usaron al principio los Burger Chefs, hasta que General Equipment sacó su propia olla de freír, que en opinión de Roshman era inferior. Cuando un productor de equipos se mete en el negocio de comidas a fin de vender sus equipos, dice Roshman, "la cadena no tiende a comprar los mejores productos sino los que ella misma produce, con el pretexto de que son tan buenos como los demás".

Kroc entendía que el hecho de vender concesiones territoriales a un precio elevado y el hecho de lucrarse vendiéndoles suministros a los concesionarios, tienen una común debilidad: que el otorgador de la concesión realiza la mayor parte de su dinero antes de inaugurar siquiera el restaurante, y, por consiguiente, sus utilidades poco dependen del éxito del establecimiento. Las cadenas que trataron de imitar a McDonald's, observa Fred Turner, pero que al mismo tiempo hicieron rápidas utilidades vendiendo territorios y equipos, nunca desarrollaron operaciones que se pudieran equiparar con la de McDonald's. Sus edificios no eran tan sólidos, ni sus productos tan buenos, ni su servicio tan rápido, ni sus restaurantes tan limpios. Turner cree que esto se explica por sus métodos de otorgar los permisos: "No les prestaban atención a los restaurantes porque no era allí donde estaban sus ganancias. Cuando el concesionista obtiene la mayor parte de su ingreso antes de que se inaugure el restaurante, ya sea por venta de equipos o por una concesión exclusiva muy cara, ya su trabajo está concluido. Lo que sigue de ahí le importa a él menos que a nosotros".

Para McDonald's, por el contrario, las ventas que hicieran los restaurantes eran de capital importancia porque Kroc otorgaba una concesión únicamente para un solo establecimiento, e inicialmente cobraba apenas US $950 como derechos. McDonald's obtenía la mayor parte de su dinero del 1.9 por ciento sobre las ventas que hacían los restaurantes, que cobraba como derechos por servicios. No había utilidades por venta de territorios ni de equipos, excepción hecha de las que obtenía

Prince Castle por la venta de Multimixers, que era pequeña. "Nuestro método de obtener ingresos dependía casi en su totalidad del volumen de ventas del restaurante autorizado", explica Turner. "Por eso nuestros intereses económicos no estaban en conflicto con los del concesionario sino que eran compatibles con ellos".

En suma: mientras otros sólo se preocupaban por reforzar el renglón de las utilidades, McDonald's se concentraba en reforzar el renglón de los ingresos — de los ingresos totales de todos los restaurantes autorizados de su sistema. Si lo lograban, les recordaba constantemente Kroc a sus gerentes corporativos, las utilidades de la compañía y de sus concesionarios vendrían por añadidura. Como el éxito de los operadores locales era clave para la prosperidad de la compañía, Kroc se cuidaba de hacer cosa alguna que pudiera colocar a los concesionarios en desventaja económica, y por tanto competitiva. Vio desde el principio que McDonald's debía intervenir para seleccionarles buenos proveedores, e intervino para lograr las ventajas de precios que podía obtener gracias a su gran poder de compra; pero las economías así conseguidas se las traspasaba directamente a los concesionarios, rechazando la práctica común entre las primeras cadenas de comidas de aceptar descuentos de los proveedores.

Conociendo las debilidades de las demás cadenas, estaba convencido de que la más grave de todas era eso de sacar una tajada del precio que el proveedor le cobraba al concesionario. Comprendía que el propósito fundamental de un sistema de concesiones era aprovechar los beneficios de la compra cooperativa, de suerte que los restaurantes de la cadena pudieran vender comida con un precio inferior al que tendría si trabajaran independientemente. "Nadie nos podrá acusar de recibir comisiones secretas ni nada por el estilo sin exponerse a un juicio de un millón de dólares por calumnia, porque yo lo entablaría sin vacilar", les decía Kroc a los hermanos McDonalds en una de sus cartas grabadas. "Nuestros operadores saben de dónde provienen sus ganancias y por eso cooperan con nosotros. Cuando se encuentra una buena razón egoísta para que los demás cooperen, se puede estar seguro de su cooperación".

Creía que, por el contrario, las prácticas de otras cadenas provocaban la rebelión de los concesionarios, y en esto no se equivocaba. "Muchas unidades de Howard Johnson están comprando víveres de contrabando porque los precios que les cobra Howard Johnson no guardan ninguna proporción con lo que ellos pueden obtener en el mercado local, y se ha producido la desmoralización", les informó a los hermanos McDonalds en una grabación hecha en 1958. "Y estoy seguro de que esa situación es grave. Howard Johnson claramente va cuesta abajo".

Tan firmemente rechazaba los descuentos que los proveedores les hacían a los concesionistas sobre los comestibles que éstos les vendían a sus concesionarios, que ni siquiera admitía obsequios inocentes de los proveedores de McDonald's. Harry Smargon, que había fundado en 1952 una compañía de mantequilla en Chicago, empezó a recibir pedidos telefónicos de Kroc, a quien otro vendedor le había recomendado esa mantequilla. Corría el año de 1956, Kroc acababa de fundar a McDonald's y no tenía más que tres restaurantes en el área de Chicago; sin embargo, sus pedidos, que eran de 500 libras cada uno, le parecían grandes a Smargon, quien después de recibir varios pedidos no solicitados resolvió ir a conocer a su nuevo favorecedor. Pensaba que tal vez McDonald's esperaría de él algún favor, y así le dijo a Kroc:

—Esto no me había pasado nunca... que un cliente me llame por teléfono para hacerme pedidos y más pedidos sin esperar nada en cambio. ¿Qué es lo que usted quiere?

—Harry, yo no quiero que usted me haga atenciones ni me dé regalos de Navidad—le contestó Kroc—. Lo único que quiero es la mejor calidad de mantequilla que usted me pueda vender.

La compañía de Smargon, la Interstate Foods, llegó más tarde a ser la mayor proveedora de mantequilla en el negocio de comidas rápidas, con ingresos superiores a US $100 millones anuales. El hijo de Smargon, Kenneth, que manejó la compañía durante diez años, después de haber sido vendida a CFS Continental, recuerda que algunas cadenas querían que les diera un centavo por cada libra de mantequilla que Interstate les vendiera a los concesionarios de las cadenas, pero Smargon se negó a negociar con ellas. "No tenían ningún derecho a ese centavo", dice. "Era un recargo para los concesionarios. Era pura codicia". Negándose a aceptar estas injustas comisiones, dice Smargon, McDonald's notificó a proveedores y concesionarios por igual que "estaba en el negocio para buen rato". No sorprende, agrega, que las cadenas que le pedían comisiones ya no existan.

No queriendo beneficiarse a expensas de sus concesionarios, McDonald's anteponía la solidez financiera de ellos a la suya propia. Lo esencial de la filosofía comercial de Kroc, sorprendentemente original pero en el fondo muy sencilla, era que la compañía concesionista no debía vivir del sudor de sus concesionarios, sino que debía buscar el éxito ayudándoles a ellos a tener éxito. Tal filosofía tiene un grato sentido de justicia humana, y al mismo tiempo es de una lógica mercantil impecable, porque una compañía que otorga concesiones no puede tener éxito si no establece una relación armoniosa con los concesionarios, que son sus socios.

Al fin de cuentas, el genio de Ray Kroc consistió en que trató a sus concesionarios como socios y como sus iguales. No fue el único, ni mucho menos, que viera el incalculable potencial de los restaurantes de comidas rápidas; pero tenía lo que los demás no tenían: concesionarios que trabajaban del lado suyo. Como él y su empresa trabajaban por los intereses del sistema, perfectamente podían inspirar a los concesionarios para que obraran con igual criterio. Lo que a la larga separó a McDonald's del resto de la manada fue la habilidad de Kroc para organizar los esfuerzos de centenares de empresarios — los concesionarios de McDonald's — para que trabajaran no sólo por su propio interés egoísta sino por los intereses de McDonald's. Para Kroc todos estos intereses eran una misma cosa.

Capítulo 4
EL PROPIETARIO – ADMINISTRADOR

La receptividad de los gerentes al cambio depende en gran parte del espíritu de la empresa. En algunas compañías prevalecen los métodos tradicionales de hacer las cosas, y cuando descubren una fórmula salvadora ya no se apartan de ella. Otras aceptan el cambio ardorosamente. Sus gerentes experimentan continuamente poniendo en práctica nuevas ideas, con el criterio de que lo que ayer sirvió tal vez no servirá mañana.

Es natural que McDonald's sea de las primeras. Nunca se ha apartado del negocio que conoce, y ha llevado a cabo ese negocio con un conjunto de principios inconmovibles sobre la concesión de licencias de explotación y un compromiso inquebrantable en cuanto a la calidad, el servicio y el aseo, que han producido una cadena de restaurantes bien conocidos por la uniformidad que guardan entre sí.

Empero, bajo esa capa de uniformidad se esconde un espíritu empresarial que adora la flexibilidad. Los gerentes de McDonald's se enorgullecen de su capacidad para cambiar súbitamente de parecer. De la noche a la mañana abandonan planes cuidadosamente preparados pero que una fluctuación del mercado ha dejado sin piso. Gozan con la experimentación. Esperan cometer errores; pero cuando las cosas no marchan bien, rápidamente reconocen los problemas y les hacen frente.

Esa mentalidad de ensayar y aprender de los errores arranca de cuando Ray Kroc buscaba sus primeros concesionarios. Sus principios eran impecables, y no estaban sujetos a compromisos, pero cuando quiso ponerlos por obra, a mediados del decenio de los 50, no podía hacer milagros. En realidad, Kroc aprendió principalmente cometiendo errores, y las primeras lecciones fueron acerca de la localización.

Resolvió iniciar su cadena en California, la tierra del automóvil y del espléndido clima que permitía tener abiertos los drive-ins durante todo el año. Era, además, el mercado en que habían echado raíces McDonald's y toda la industria de comidas rápidas. Cuando Kroc firmó con los dos hermanos McDonalds el contrato de concesiones para todo el país, ya existían nueve restaurantes McDonald's, ocho de ellos en California. En suma, ése era el mercado ideal. "Allí sabían más de drive-ins que en todo el resto del país", dijo Kroc.

De las dieciocho concesiones que otorgó durante el primer año de su contrato, no menos de la mitad fueron para establecimientos en ese Estado; pero si era fácil vender las concesiones, era imposible controlarlas, estando, como estaban, a más de tres mil kilómetros de distancia de la sede de McDonald's System, Inc., en Chicago. Esta no podía prestarles un servicio adecuado ni mantener en ellas el control de calidad ni la uniformidad operativa que Kroc exigía. En lugar de ello, los concesionarios californianos se pusieron a seguir el ejemplo de otros que habían sido autorizados antes por los hermanos McDonalds o habían plagiado su sistema, y como no tenían ningún régimen, el resultado fue un desastre: experimentaban con otros productos, otros procedimientos, y precios más altos; pocos mantenían las altas normas de calidad y aseo que los hermanos habían establecido en San Bernardino. En 1957 Kroc mandó a California a su joven teniente de operaciones, Fred Turner, para que viera cómo operaba allí la compañía — y lo que era un sistema totalmente descontrolado.

No cabe duda de que ésa era su manera de enseñarle a Turner lo que le puede ocurrir a una cadena de comidas rápidas cuando pierde el control sobre la calidad. Lo que él vio equivalía a la anarquía: "McDonald's en California era un zoológico", recuerda Turner. "En lugar de una hamburguesa uniforme de a diez por libra, las vi de a ocho, nueve, diez y once por libra, unas con cebolla molida en la albóndiga como relleno y otras con la cebolla agregada por separado [como debe ser]. Y en lugar de una carta de diez artículos, encontré todo lo imaginable: burritos, enchiladas, salchichas, tacos, *corn dogs*, chile con carne, pizzas y carne asada. En cuestión de precios la anarquía era total: unos restaurantes vendían hamburguesas a 15 centavos, otros a 17, otros a 18, algunos a 19 y algunos a 21 centavos. Vi los McDonald's más desaseados que he visto en mi vida".

Pero Turner cree que esa desastrosa experiencia de Kroc en la concesión de California durante los primeros años "fue lo mejor que le pudo haber sucedido a McDonald's System, porque nos permitió ver lo que sucedería si dejábamos que las cosas se nos salieran de las manos", dice Turner. "Llegamos a la conclusión de que hay que pelear por los precios con los concesionarios improvisados, hay que pelear por las porciones, hay que pelear por que todos usen el mismo chocolate, y hay que pelear por el menú".

Esa experiencia también indujo a Kroc a suspender temporalmente la concesión de derechos para la costa del Pacífico y a concentrarse en la zona de su sede, empezando por Illinois y extendiéndose posteriormente a otros Estados vecinos. Por fortuna, desde 1955 Kroc había empezado a construir su propio McDonald's en Des Plaines, suburbio de Chicago, yendo a medias con Art Jacobs, constructor de casas y consocio suyo en el Club Campestre Rolling Green. Desde el principio este restaurante se diseñó para que sirviera de modelo para atraer posibles concesionarios en el Oeste Medio que no tenían ni idea de lo que era un drive-in; pero con el fracaso de la concesión en California, la unidad de Des Plaines se convirtió en el punto focal del esfuerzo de Kroc, centrado ahora en torno de su ciudad natal.

Pero el cambio de rumbo trajo nuevos problemas. En efecto, Kroc se encontró frente a un rival capaz de administrarle el golpe de gracia a su plan revisado de licencias. A diferencia de anteriores competidores, éste poseía una cosa que Kroc creía tener exclusivamente: una concesión de McDonald's para la zona. Este rival era la Frejlich Ice Cream Company, que había obtenido su concesión de los hermanos McDonalds poco antes de que Kroc firmara contrato con ellos. Los Frejlich habían pagado US$10 000 por el derecho de construir cuatro restaurantes en Cook County, localidad de Chicago, donde se celebraba siempre la convención de la Asociación Nacional de Restaurantes, y sede de Prince Castle Sales y de su fundador Ray Kroc. Allí éste se había preparado durante treinta años para la oportunidad que le ofrecía McDonald's, y allí tenía sus mejores conexiones. Chicago era la ciudad obvia, y tal vez la única para establecer la McDonald's System, Inc. También era allí donde él quería tener su restaurante McDonald's modelo, lo cual le era imposible en virtud del derecho de Frejlich.

Ya había empezado a planear su unidad de Des Plaines cuando visitó a los hermanos Frejlichs para venderles Multimixers, y en el curso de la conversación salió a relucir el contrato que acababa de firmar con los hermanos McDonalds. Inmediatamente los hermanos Frejlichs le dieron la mala noticia.

Apenas regresó a su oficina llamó por teléfono a los McDonalds:

—¿Cómo se imaginan ustedes que yo voy a trabajar en esto si no tengo la exclusiva? —protestó furioso.

Dick McDonald trató de calmarlo:

—Ray, nosotros no podemos echarnos atrás en el compromiso con la compañía Frejlich. Además, usted tiene todo el resto del país para trabajar.

Por fortuna para Kroc, los hermanos Frejlichs no tenían tanto interés en abrir restaurantes McDonald's como en ganarse rápidamente una bonita suma vendiendo los derechos que acababan de adquirir. Kroc les ofreció compra, y ellos convinieron en traspasarle sus derechos por la suma, ligeramente inflada, de US$25 000. Kroc sin vacilar giró el cheque. "Esperen un par de días antes de cobrarlo", les dijo a los Frejlichs, "porque no sé de dónde voy a sacar el dinero".

Todavía no se había abierto su primer McDonald's y ya se veía en aprietos para salvar su plan de la concesión. Sus primeros esfuerzos por conseguir dinero prestado en los bancos no le dieron resultado, por lo cual trató entonces de venderles derechos en su compañía a varios inversionistas a quienes conocía. Estaba dispuesto a cederle a cualquiera de ellos la mitad de las acciones de la compañía por sólo US$25 000. Solamente tres decenios después, esa participación en McDonald's valdría *miles de millones de dólares*, pero a principios de 1955 la generosa oferta de Kroc no encontró quién la aceptara. Por fin consiguió en un banco un crédito para pagarles a los hermanos Frejlichs parte de su deuda, y apeló a los McDonalds para el resto. Si ellos le devolvían los US$10 000 que habían recibido de los Frejlichs, él conseguiría los otros US$15 000 que se necesitaban. Los McDonalds convinieron, y Kroc pudo así pagar su deuda. Si bien el incidente no alteró sus planes (fuera de echarle encima una deuda de US $15 000), sí modificó para siempre su opinión de los hermanos cuyo nombre iba a hacer famoso. "Eran muy ingenuos e inexpertos", diría más tarde. "No eran ciertamente hombres de negocios".

Superado el asunto Frejlich, el McDonald's de Kroc en Des Plaines estaba listo para abrirse el 15 de abril de 1955. Como estaba destinado a atraer posibles concesionarios, lo mismo que clientes, Kroc personalmente atendió a que fuera un modelo. Lo vigilaba como una mamá gallina. Todas las mañanas a las siete dejaba su automóvil en el estacionamiento del restaurante y entraba para verificar con el administrador los preparativos para la jornada. Después se dirigía a pie a la cercana estación del ferrocarril, donde tomaba el tren que lo llevaba al Loop, el centro comercial de Chicago donde tenía su oficina. Por las noches recorría la misma trayectoria en sentido contrario. Fred Turner, que empezó su carrera como parrillero en Des Plaines y es hoy presidente de la junta directiva de McDonald's, lo recuerda recorriendo las tres cuadras de la estación al restaurante: "Todas las noches lo veía uno venir bajando la calle, andando por el borde de la acera y recogiendo cuanto papel y vasito McDonald's encontraba. Llegaba con las manos llenas. Era el recolector callejero de basuras del restaurante".

En virtud de tantos cuidados, su establecimiento en Des Plaines impresionaba a primera vista tanto como el de los hermanos McDonalds en San Bernardino. Los habitantes del Oeste Medio no habían visto cosa igual en materia de drive-ins. Turner recuerda vívidamente su primera impresión: "Era tan limpio, tan brillante, tan lleno de color. Era cocina de exhibición. Toda la preparación de la comida se hacía a la vista del público. El acero inoxidable resplandecía por todas partes. Y los uniformes de los empleados eran blancos e inmaculados".

Pero a pesar de que Kroc mantenía su restaurante en condiciones tan atractivas, las concesiones que ofrecía no llamaban la atención de los inversionistas que él buscaba. El problema era que los drive-ins conocidos en el Oeste Medio eran, típicamente, puestos de hamburguesas y salchichas de bajo presupuesto y de un solo propietario, que permanecían cerrados cinco meses del año. No se consideraban una inversión seria, y ninguna unidad McDonald's por sí sola, así fuera la más resplandeciente, podía modificar de la noche a la mañana ese prejuicio regional. Kroc reaccionó modificando una vez más su plan de concesión de derechos. Volvió los ojos a sus amigos, principalmente a sus compañeros golfistas del Club Campestre Rolling Green, institución patrocinada por la clase media y que, por tanto, carecía del estiramiento característico de los clubs privados de los suburbios más elegantes de Chicago.

Allí los amigos de Kroc eran sus iguales en el mundo de los negocios, hombres independientes, dueños de compañías pequeñas o medianas. No se rozaba con banqueros ni altos ejecutivos de las grandes sociedades anónimas. En conjunto, los socios del Rolling Green representaban una gran variedad de ocupaciones, todas ajenas al servicio de comidas. Contábanse entre ellos Art Jacobs, constructor de casas; Jerry Olson, agente de automóviles; y Tony Weissmuller, dueño de un negocio de calefacción y ventilación. Estos tres formaban con Ray un cuarteto permanente para el juego de golf. También figuraban entre los compañeros de Kroc el presidente del club, Bill Paley, propietario de un cementerio; los hermanos Taubensee, Tom y Jack, dueños de un negocio de acero; Phil y Vern Vineyard, contadores; Chris Oberheide, que tenía una compañía distribuidora de carbón; Bill Godfrey, gerente de ventas de Kelvinator; Don Coffey, cuya empresa producía tornos roscadores; Joe Sweeney, gerente de ventas de Skil Tools; y Dick Picchietti, contratista de enlucidos. Otro socio era Bob Dondanville, representante de anuncios de la revista *Ladies Home Journal*, ocupación demasiado seria para su natural franco y alegre. De los socios del club era el más independiente en su modo de pensar, y tal vez el mejor amigo de Kroc. Cuando éste abrió su restaurante en Des Plaines en 1955, lo único que estos amigos realmente tenían en común era ser socios del Rolling Green. En 1958 eran miembros de otro club: todos eran nuevos concesionarios de McDonald's.

En total, dieciocho miembros del club campestre conquistó Kroc para concesionarios a finales del decenio de los 50. Realmente era la única esperanza que tenía de que McDonald's se desarrollara rápidamente en la carrera contra una manada de imitadores, pero él no dejaba conocer su desesperación. Weissmuller recuerda: "Ray no presionaba. Se sabía en el club que había conocido a los hermanos McDonalds en California y que había hecho un trato con ellos, pero él no forzaba a nadie para que entrara en el negocio. Si lo interrogaban, siempre llevaba consigo una pequeña cartera con fotos y estados de pérdidas y ganancias [de su restaurante]". Al principio, la reacción de los socios del club no fue nada entusiasta: "Ray, tienes que haberte vuelto loco", le dijo Weissmuller cuando se enteró de que su amigo estaba arriesgando todo lo que tenía por una hamburguesa de 15 centavos. "No es posible ganar dinero con un margen del 1.9 por ciento".

Pronto se dio cuenta de que aunque McDonald's no fuera una mina de oro para el concesionista, sí podía ser un negocio lucrativo para el concesionario. Bastaban para probarlo las cifras de Kroc relativas a su propio restaurante. Si el establecimiento movía US$200 000 al año —y esas fueron las ventas de la unidad de Des Plaines en su segundo año— podía dejar una utilidad del 20 por ciento antes de impuestos, o sea US$40 000 para el empresario. Y esta utilidad se ganaba sobre una fracción de la inversión necesaria para un drive-in con muchachas. Para operaciones de este tipo, generalmente se necesitaba una inversión de capital de US$250 000 para arriba, mientras que para los primeros McDonald's (incluyendo terreno, edificio y equipo) bastaban US$80 000. Si el concesionario encontraba un propietario que le arrendara el terreno y un banco que le concediera un préstamo hipotecario sobre el edificio, su inversión no pasaría de unos US$30 000 que se necesitaban para el equipo, la muestra y las existencias iniciales, y aun esa suma podía obtenerse a crédito.

Por ejemplo, Weissmuller no invirtió más que US$17 000 de su propio dinero para ser dueño de su primer restaurante McDonald's, que tenía el potencial de ganar el doble de esa cantidad el primer año. Y otros hubo que pusieron mucho menos en efectivo... algunos sólo US$5 000. Cuando se generalizó en el Club Campestre de Rolling Green el conocimiento de lo que producía uno de aquellos puestos de hamburguesas McDonald's, ya Kroc no tuvo que preocuparse por convencer a nadie. Sus amigos venían a solicitarle los derechos.

Durante los tres primeros años, Kroc encontró entre los socios del Rolling Green como la mitad de sus concesionarios. El club le dio una enorme base inicial a la cadena; pero infortunadamente no era una base sólida. Se puede decir que, con pocas excepciones, el grupo del Rolling Green constituyó para McDonald's la peor colección de administradores en los treinta años de historia de la cadena. Salvo uno, todos ellos eran hombres que vivían de otros negocios y sólo veían en McDonald's una fuente secundaria de ingresos. Arriesgaban parte de sus economías pero no comprometían la fuente misma de su subsistencia. Desde el principio Kroc presintió que un concesionario de McDonald's debía ser un administrador de tiempo completo, y así se lo dijo a sus amigos. "Ray estaba totalmente en contra del control remoto", recuerda Weissmuller. "Le parecía que el éxito del negocio sería mucho mayor si el que invertía trabajaba en él".

Los problemas con los socios del Rolling Green que compraron concesiones fueron muchos, pero casi todos acabaron por poner furioso a Kroc porque no cumplían sus exigencias de uniformidad de operación y limpieza en los restaurantes. El que más pecaba, por lo menos en lo que a la uniformidad concernía, era el mejor amigo de Kroc en el club, Bob Dondanville.

Dos años antes de que Kroc iniciara el sistema McDonald's, Dondanville había abierto en el sur de California un restaurante de hamburguesas llamado Choo Choo, copiando una idea de un empresario de Chicago que había utilizado un juego de trencitos eléctricos para llevar las hamburguesas desde la cocina hasta los compartimientos donde se sentaban los comensales. Después fue el primer concesionario contratado por Kroc, pero desde el principio se vio claramente que su temperamento independiente lo hacía más apto para presentaciones novedosas como la de los trencitos que para ceñirse a un régimen de una cadena de comidas rápidas, sobre todo una cadena cuyo organizador insistía fieramente en la uniformidad.

Mientras que Kroc predicaba la necesidad de conservar la carta de diez artículos que había heredado de los hermanos McDonalds, Dondanville decía que eso limitaba mucho su restaurante de Reseda, California, y que para que McDonald's tuviera más atractivo para el público debía ampliar su menú. Discutieron sobre esto acaloradamente, y Dondanville, sin la aprobación de Kroc, empezó a ofrecer nuevos platos en Reseda, inclusive rosbif. Esto último le quitó a su restaurante el aspecto de un puesto de hamburguesas, pues en el escaparate puso un gran asado entre dos ventanillas de servicio, y él mismo, con un gorro de cocinero, se puso a cortar las lonjas de rosbif a la vista del público.

Pero lo que más irritó a Kroc fue que Dondanville subió el precio de las hamburguesas de 15 a 18 centavos, justificándose con argumentos comerciales, pues su establecimiento de Reseda, al igual que casi todas las primeras unidades McDonald's en California, apenas daba para cubrir los gastos, y él estaba desesperado. "En casa comimos hamburguesas durante veintisiete días seguidos", recuerda, "y yo ya estaba harto. Entonces fue cuando resolví subir el precio".

Kroc se puso furioso. La hamburguesa de 15 centavos era fundamental para la imagen de McDonald's, y aun cuando él no tenía la facultad de imponerles precios a sus concesionarios, se comportaba como si la tuviera. Enterado del alza efectuada por Dondanville, le mandó una orden por telégrafo: "Retira los arcos".

Pero Dondanville no hizo caso, y tampoco hizo caso de las frecuentes amonestaciones que recibía de su amigo para que se afeitara la barba. Kroc, modelo de pulcritud personal, no podía sufrir que nadie que trabajara con él llevara barba, y la idea de un Dondanville barbudo cortando lonjas de rosbif en la ventanilla principal de un drive-in McDonald's era una abominación. Dondanville se había dejado crecer la barba mientras esperaba que le construyeran su restaurante, con la intención de afeitarse el día de la inauguración, pero tal vez por llevarle la contraria a Kroc no se afeitó.

Pero cuando perjudicó irreparablemente sus relaciones con Kroc fue cuando abrió otro restaurante. A los concesionarios de McDonald's les está prohibido poseer puestos parecidos de servicio de comidas, y el segundo restaurante de Dondanville, llamado Hamburger King, era evidentemente una violación de esta regla. No sorprenderá, pues, que jamás volviera a obtener una concesión McDonald's, pero no guarda rencor: "A mí no me gusta que me manden", reconoce, "pero Ray no podía tener rebeldes como yo creándole problemas cuando estaba tratando de crear una imagen nacional. McDonald's debe darle gracias a Dios de que yo le resultara tan inmanejable porque eso los hizo más cuidadosos en la elección de sus concesionarios".

Si bien la oposición de Dondanville fue la más pintoresca, él no fue el único de los socios del Rolling Green que se indispuso con Kroc. Después de abrir dos restaurantes, Weissmuller no volvió a conseguir una concesión porque para un tercero quería adquirir la propiedad del local, como la había adquirido para los otros dos, y ya para entonces la política de McDonald's era que la compañía compraba o tomaba en arrendamiento los locales y luego se los subarrendaba a los concesionarios. Por su parte Joe Sweeney, que tenía una licencia exclusiva para desarrollar el sistema McDonald's en seis suburbios del oeste de Chicago, no consiguió derechos para ningún otro restaurante porque, según el criterio de Kroc, no había mantenido en debida forma su primera unidad. En efecto, en 1968 McDonald's le compró a Sweeney su restaurante y entonces se vio cuán mal lo había mantenido. Durante su primera inspección de la unidad, Michael Quinlan, hoy presidente de McDonald's Corporation, pero entonces un joven administrador que fue encargado del establecimiento de Sweeney, encontró en el sótano un trapo envuelto alrededor de un tubo, empapado en un sospechoso líquido negro. Lo retiró y quedó espantado al ver lo que cubría: una papa podrida que tapaba un agujero en la tubería de desagüe de bebidas gaseosas, y que habían puesto allí para "reparar" un escape.

Pero el mayor conflicto fue con Richard Picchietti, a quien Kroc acusaba de comprar víveres de calidad inferior para obtener mejores precios. Picchietti fue el primero del grupo de amigos del Rolling Green que abrió un restaurante en el área de Chicago. Lo instaló en Skokie, no lejos del que Kroc había abierto en Des Plaines, y era importante para atraer a otros socios del club campestre a la organización McDonald's, pero resultó una fuente de inagotables mortificaciones para Kroc.

La pelea empezó cuando el fundador realizó su primera visita al restaurante de Skokie, poco después de su inauguración. En esa ocasión Kroc mostró por primera vez su disposición a tratar cualquier deficiencia con severidad y sin morderse la lengua. En efecto, llamó aparte a un empleado y le riñó por tener las uñas sucias. Picchietti lo tomó como un insulto a su autoridad. Consideraba que el restaurante le pertenecía a él, no a Kroc, y que éste no tenía derecho a intervenir. "No vengas a darme lecciones a mí", le dijo de mal modo.

Kroc se quedó de una pieza. A su modo de ver, *él* era McDonald's cuando de calidad y uniformidad se trataba, y todo McDonald's era suyo porque todos eran parte de la cadena que estaba tratando de construir. "Fue una reacción estúpida, estúpida", recordó años después. "Yo estaba tratando de ayudarle y me sale con semejante cosa. Me puse el abrigo y el sombrero, me salí del restaurante y jamás volví".

La experiencia operativa con el grupo de Rolling Green fue un duro golpe para Kroc y le costó casi todas sus valiosas amistades. Cuando la cadena McDonald's empezó a prosperar en los primeros años 60, los socios del Rolling Green naturalmente creyeron que ellos se iban a beneficiar por haber sido de los primeros concesionarios de McDonald's, pero no fue así. De los dieciocho, sólo cinco acabaron teniendo más de un restaurante; y de ellos, sólo Phil y Vern Vineyard, los contadores, supieron aprovechar su temprana asociación con la cadena McDonald's y con el tiempo organizaron una operación de veintiún restaurantes en la Florida. Esto fue para Kroc el más claro indicio de que debía permanecer inviolable su regla de otorgar las concesiones unidad por unidad y únicamente a empresarios de primera.

Se sentía traicionado por tantos amigos del club campestre, y aun años después le costaba trabajo nombrarlos. A pesar de todo, reconocía que su experiencia con ellos le había enseñado una lección: "Eran todos individuos que tenían otros negocios, y tenían la idea de que podían ser dueños de un McDonald's sin dedicarle tiempo", comentó. "Eran propietarios ausentistas a quienes sólo les interesaba ganar dinero. Lo que vendían les importaba un pepino".

Pero al mismo tiempo que estos amigos inversionistas le ocasionaban tan amargas decepciones, surgía otro grupo que le empezaba a despejar el horizonte. Descubiertos casi accidentalmente, estos nuevos concesionarios dieron la pauta de lo que había de ser el administrador con quien Kroc edificaría el sistema McDonald's. Ninguno era rico, ni mucho menos. Algunos ni siquiera tenían un negocio de su propiedad. Ciertamente no eran los grandes inversionistas a quienes buscaban casi todos los que otorgaban licencias de explotación para negocios de comidas rápidas, ni eran siquiera pequeños inversionistas como los que Kroc había encontrado en el Rolling Green. Estaban abandonando actividades en otros campos y arriesgando en McDonald's todas sus economías y todo lo que podían conseguir en préstamo de amigos y parientes. Dedicaban tanto tiempo a trabajar en su restaurante, que éste se les convirtió en un segundo hogar; y, si bien anhelaban la independencia, no estaban por lo general preparados para emprender el negocio enteramente por cuenta propia. McDonald's les ofrecía un atractivo término medio: les permitía controlar su propio negocio y al mismo tiempo recibir el apoyo de un sistema nacional siempre y cuando que cumplieran sus reglas básicas. Eran empresarios de una concesión —una mezcla entre empresarios independientes y empleados de una corporación— y su devoción a sus restaurantes dio resultados tales que hablar de una concesión McDonald's llegó a ser como hablar de una máquina de hacer dinero.

No los consiguió Kroc publicando anuncios. En realidad, en sus treinta años de historia McDonald's sólo ha publicado unos pocos anuncios de concesiones en el *Chicago Tribune*. Para reclutar a los propietarios-administradores que conformaron el sistema, Kroc se valió de la forma más barata de publicidad que existe: la que pasa de boca en boca.

Pero alguna había de ser la primera boca, y ésta fue la de Sanford Agate, o "Sandy", prensista de Chicago, de 46 años de edad, que soñaba con independizarse y oyó hablar de McDonald's en 1955. Había obtenido en una escuela nocturna diploma de optómetra, pero el ejercicio de esta profesión por las noches y durante los fines de semana no le proporcionaba un ingreso suficiente para permitirle abandonar su trabajo de prensista. Fue entonces cuando su mujer, Betty, resolvió contribuir a reforzar el presupuesto familiar dedicándose a vender biblias de puerta en puerta. Las biblias eran católicas y los Agates eran judíos, y además ella escogió un sector un poco curioso para ejercer su comercio: las oficinas del *Loop*, es decir, el distrito financiero de Chicago.

No parecerá esto una combinación muy prometedora, pero les abrió a los Agates las puertas de un mundo nuevo. Una de las primeras visitas de Betty fue la que hizo al número 221 de la Calle North LaSalle, donde Ray Kroc tenía las oficinas centrales de sus dos compañías, Prince Castle Sales Division y McDonald's System, Inc., en un espacio de 80 metros cuadrados. Era a principios de 1955 y Kroc no había podido vender todavía ninguna concesión fuera de las de California. Cualquiera que entrara en su oficina, aun cuando fuera una vendedora de biblias, tenía que considerarse como una buena posibilidad.

La ocupación de Betty Agate le llamó mucho la atención a June Martino, la emprendedora, activa, simpática y un poco original secretaria de Ray Kroc.

— ¿Qué hace una judía vendiendo la Biblia católica? — le preguntó.
— Ganarme la vida — contestó Betty.
— ¿Por qué no consigue usted más bien una concesión McDonald's?

Semejante sugerencia era típica de la franqueza de June Martino, pero su misma espontaneidad les cayó muy bien a los Agates. Sandy ya había pensado en meterse en el negocio de restaurante, de preferencia en una operación que fuera fácil de aprender. Poco después, en una comida en casa de los Krocs, los Agates oyeron del fundador de McDonald's una arenga vendedora más completa, y al regresar esa noche a su casa Betty estaba resuelta a jugarse el todo por el todo y así se lo dijo a su marido.

Más tarde, ese mismo año, le pagaron a Kroc los US $950 que pedía por una concesión, y Harry Sonneborn, a quien Kroc había contratado para que ayudara a encontrar dónde ubicar los McDonald's, les habló de un lugar que se ofrecía en arrendamiento en Waukegan, 80 kilómetros al norte de Chicago. No les gustó ese local, pero sí la idea de establecerse en Waukegan que, al decir de Betty Agate, era, como San Bernardino, "un pueblo de portaviandas". Su población, preponderantemente de clase obrera, era justamente la clientela que había apoyado inicialmente a los McDonald's, y en Waukegan, que por entonces tenía 60 000 habitantes, sólo había un drive-in con puesto de hamburguesas, y éste se cerraba durante el invierno. Los Agates tuvieron la suerte de encontrar a un banquero dueño de un lote situado justamente enfrente del sitio donde se iba a construir un centro comercial. El banquero, John O'Meara, persuadido por la labia de Kroc, convino en construir en su lote un McDonald's y alquilárselo a los Agates por un canon equivalente al 5 por ciento de sus ventas, hasta un máximo de US $1 000 mensuales y con un mínimo de US $500. Los Agates no tenían dinero para construir ellos mismos un McDonald's, pero cuando O'Meara accedió a correr ese riesgo, no vacilaron en mudarse a Waukegan.

O'Meara jamás imaginó que las ventas de tan pequeño establecimiento pudieran pasar de US $20 000 mensuales, punto en el cual el porcentaje de arrendamiento llegaría a US $1 000; pero resultó que ese volumen de ventas se alcanzó el primer mes, por lo cual O'Meara llamó a Kroc:

— ¡Hola! — le dijo — . Este tipo está haciendo un negocio fabuloso.

A este paso, pronto va a ser millonario mientras que yo seguiré recibiendo una miseria. Deben pagarme más arrendamiento.

Pero Kroc no estaba dispuesto a modificar los términos convenidos.

—Yo le dije lo que íbamos a hacer —le contestó—, y usted no me quiso creer. ¡Ahora sí lo cree!

Con un criterio muy distinto del que animaba a los socios del Rolling Green, los Agates se dedicaron a McDonald's con alma y vida. Sandy dejó su oficio en la imprenta para dedicarse a la cocina, y su mujer trabajó tras el mostrador, formando ellos el primero de cientos de equipos de marido y mujer que administrarían restaurantes de la cadena. El depósito de garantía del arrendamiento, el pago de la concesión y los fuertes desembolsos para los primeros contados sobre la muestra y el equipo, consumieron los US$25 000 que habían economizado durante los últimos veinte años. Sabiendo cómo eran las cosas, Kroc les fue informando poco a poco sobre todos los gastos que hay que hacer para abrir un drive-in. Al fin, días antes de la apertura y cuando Agate ya había gastado casi todo lo que tenía, le recordó que necesitaba US$100 en efectivo para dar vueltas a los clientes. Agate estalló:

—Usted no me ha dicho toda la verdad. Si yo hubiera sabido todo lo que tenía que hacer, no me habría metido en este negocio.

—Por eso no se lo dije —le contestó Kroc con lógica irrefutable.

Agate echó mano de su última reserva: US$150. Puso US$100 en la registradora y le dio los otros US$50 a Betty para gastos de la casa diciéndole: "Estíralos".

El jueves, 26 de mayo de 1955, los Agates esperaban ansiosos la apertura de su primer día de negocios. No menos impaciente estaba Kroc. La ocasión era tan importante para el futuro de McDonald's como para la seguridad económica de los Agates. Aunque su propio restaurante era muy rentable, con ventas de US$200 000 al año, Kroc necesitaba urgentemente un concesionario en el Oeste Medio que tuviera gran éxito para que sirviera de ejemplo de la capacidad de producir dinero de un McDonald's.

Por fortuna, el de Sandy Agate resultó una mina de oro, que sorprendió hasta al optimista Kroc. Desde el primer día, las colas de clientes se extendían hasta la calle. Esa mañana el repartidor de Mary Ann, panadería que era el primer proveedor de panecillos para McDonald's, le advirtió a Agate que se le había ido la mano en su pedido de 125 docenas. "Esta tarde cuando cierren se los tendrán que tirar ustedes a la cabeza", le dijo. Pero a las cinco de la tarde se habían acabado los panecillos y Agate tuvo que llamar urgentemente para que le mandaran más. Al final de la jornada contó los ingresos: US$450 en total. "Ya está usted del otro lado", le dijo Kroc.

En efecto, había empezado a subir. Al día siguiente, que era viernes y las ventas de hamburguesas debían disminuir por ser Waukegan un vecindario predominantemente católico, la cola le daba la vuelta al restaurante y se extendía por la calle adelante. Las ventas llegaron a US$800, y se presentó el contratiempo de que las dos registradoras con que se contaba resultaron demasiado pequeñas. Al final del día estaban atestadas de dinero en efectivo, y a Agate no se le había ocurrido pedir en el banco una bolsa para depósitos. Temeroso de dejar tanto dinero en el restaurante toda la noche, metió billetes y monedas en bolsas de papel y se las llevó a su casa.

Sin previo aviso, y sin ningún anuncio en los periódicos, la apertura del McDonald's — que vendía una hamburguesa mucho más sabrosa de lo que esperaba todo el mundo — fue un acontecimiento social en Waukegan. El sábado, a pesar de una lluvia constante, el público empezó a formar cola desde las 10 de la mañana, una hora antes de la apertura, y la cola no se disolvió hasta la una de la mañana del día siguiente, dos horas después de la proyectada para cerrar. El establecimiento de Agate llegó ese día a US$1 000 de ventas, cosa que ni el de Kroc había alcanzado aún.

El domingo continuó la demanda, y a las 5 de la tarde se les acabó la carne. Agate llamó desesperadamente a su proveedor para que le mandara más. Cuando les informó a los parroquianos que esperaban en fila que habría una demora de media hora, se quedó asombrado con la respuesta: casi todos esperaron. "Estábamos radiantes de felicidad recibiendo tanto dinero sin haber hecho más propaganda que de palabra", dice Betty Agate.

Para Kroc ese éxito instantáneo fue la confirmación de lo que él intuía sobre el tipo de concesionario que McDonald's necesitaba para ganar la carrera de las comidas rápidas, que apenas se iniciaba. Agate no era un inversionista en un negocio marginal sino un hombre totalmente dedicado a su McDonald's. Se pasó a vivir a una casa vecina que tomó en alquiler; pero donde realmente vivía era en el restaurante. Era el primero que llegaba, a las 7 de la mañana, y el último que salía por la noche. Cuando pasaba a su casa a descansar un rato, estaba casi todo el tiempo en la cocina, donde había hecho instalar una ventana desde la cual podía ver lo que estaba ocurriendo en el restaurante y cuántos autos entraban y salían del estacionamiento en determinado tiempo, para calcular la rapidez del servicio. Para estar seguro de que en su establecimiento se dominaba el régimen de producción de McDonald's, seleccionó cuidadosamente el personal, dando preferencia a jóvenes de la Marina entrenados en el cercano Centro de Entrenamiento Naval de Great Lakes. En los momentos de máxima actividad, Agate daba órdenes de producción a gritos como todo un capitán de mar que dirige el zafarrancho de combate. Viendo al equipo de Agate en acción, Kroc comprendió lo que tenía que hacer: encontrar más Sandy Agates.

No tardó en llegar a oídos de otros posibles empresarios la fama del éxito fenomenal del restaurante de Waukegan, y la gente acudía en peregrinación de los pueblos vecinos y hasta de otros Estados para ver con sus ojos lo que les costaba trabajo creer. El negocio de Agate en sus primeros doce meses contabilizó ingresos superiores a US $250 000; le quedaron al matrimonio utilidades de unos US $50 000. Pocos años después, los Agates se gastaron más de US $100 000 en la compra de su primera casa, en un nuevo y espléndido sector residencial; y no pasó inadvertido para otros posibles concesionarios el hecho de que ahora los primeros operadores de Kroc que habían triunfado vivían en una residencia mucho más lujosa que la que tenían los mismos Ray y Ethel Kroc en Arlington Heights.

La verdad es que Agate ya estaba ganando cuatro veces más que Kroc, pero el fundador de McDonald's tomó esto como un buen síntoma. A diferencia de todos los demás otorgadores de licencias de su época, creía que McDonald's sólo podría tener éxito si sus concesionarios se enriquecían, y ya él estaba en capacidad de vender ese sueño. Aprovechó todas las oportunidades de contarles la experiencia de los Agates a otros posibles concesionarios cortados por la misma tijera:

operadores independientes dispuestos a invertir todo lo que tenían a cambio de la oportunidad de no seguir trabajando para otros y establecerse por cuenta propia. Cuando alguno de éstos se presentaba en sus oficinas, no dejaba de enseñarle los estados de pérdidas y ganancias del restaurante de Waukegan.

A los pocos meses de la apertura de su restaurante, Agate empezó a ver en su patio de estacionamiento automóviles con placas de otros Estados. Waukegan no era un centro turístico. Esos coches pertenecían a personas interesadas, enviadas por Kroc. Una de ellas era Lou Groen, copropietario y gerente de un restaurante de Cincinnati, a quien le impresionó mucho la cola frente al puesto de Agate y entró a ver al dueño. Este le dijo con jactancia: "En pocos meses he recuperado toda mi inversión". Pero Groen, que entendía de restaurantes, sabía que el negocio no es tan rentable. "Tiene que probármelo para que yo lo crea", le replicó. "Si ha tenido tanto éxito, muéstreme su declaración de renta".

Agate lo llevó a su casa, lo hizo sentar a la mesa de la cocina, y le puso delante la declaración, que sacó de una pequeña gaveta, diciéndole: "Yo jamás había ganado tanto dinero en mi vida". Groen examinó los papeles con asombro y quedó convencido. No lo sabía entonces, pero con el tiempo él acumularía en McDonald's una fortuna muchas veces superior a la de Agate. En efecto, hoy tiene cuarenta restaurantes en el área de Cincinnati, pero reconoce que la franqueza de Agate fue lo que lo indujo a entrar en la cadena. "Sandy Agate era un gran propagandista de McDonald's", dice. "Fue su primer héroe que pasó de los harapos a la opulencia".

La experiencia de Groen en el establecimiento de Waukegan se repitió con docenas de futuros concesionarios. Reuben Taylor, vendedor de equipos para camiones, también se impresionó con el restaurante de Agate. Cuando obtuvo su concesión en Hamden, Connecticut, en 1957, abandonó su empleo y se dedicó a trabajar de tiempo completo detrás del mostrador. Rápidamente empezó a realizar el mismo volumen de ventas y a obtener las mismas utilidades que Agate. Dos años después se sacó la lotería con un segundo restaurante en Newington, en la autopista de peaje entre Nueva York y Boston, en comparación con el cual el negocio de Agate era pálido. Kroc pensó que el potencial de McDonald's era aun mayor de lo que él mismo había soñado. En 1964 el McDonald's de Newington fue el primer restaurante de comida rápida que pasó de US$500 000 de ventas anuales, más del doble del promedio nacional de los establecimientos de la cadena aquel año. Posteriormente la familia de Taylor llegó a ser propietaria de veinticinco McDonald's.

Además de visitantes de fuera, el restaurante de Agate atrajo también a sus amigos y parientes, pero ejerció su mayor influencia atrayendo a varios comerciantes de Waukegan, a quienes deslumbraban las colas que se formaban frente al local al mediodía. En total, del restaurante de Sandy Agate salieron directamente dos docenas de concesionarios en el término de tres años. Si los inversionistas del Rolling Green representaron casi la mitad de los concesionarios de Kroc en los últimos años del decenio de los 50, el contingente de Agate representó el resto. La diferencia estaba en que los concesionarios atraídos por el restaurante de Agate eran propietarios-administradores de tiempo completo que llegaron a abrir más de doscientos establecimientos adicionales en todo el país. Uno de ellos, Mel Garb, ha dicho que la unidad de Waukegan le dio a Kroc el núcleo de concesionarios que necesitaba para organizar una cadena nacional de comidas rápidas. Dice Garb: "El restaurante de Sandy Agate fue la raíz de donde creció el árbol".

Curiosamente, a pesar de su contribución, Agate no hizo la fortuna que hicieron otros a quienes su restaurante atrajo a McDonald's. A los tres años de haberse establecido en Waukegan obtuvo una segunda concesión, pero cuando quiso abrir más unidades se le negó sistemáticamente el permiso porque con el transcurso de los años adquirió a los ojos de McDonald's la fama de originarles problemas. Los inspectores de la compañía calificaban desfavorablemente su restaurante y Agate se ganó la reputación de estar comprando alimentos baratos en lugar de los que ofrecían los proveedores "aprobados". Hasta Betty reconoce hoy que su difunto marido se negaba tercamente a seguir las indicaciones de McDonald's sobre las operaciones básicas: "Yo le decía que les hiciera caso, pero Sandy me replicaba: ¡Qué diablos!, yo soy un hombre independiente".

Pero lo que definitivamente lo enemistó con Kroc fue que, después de varios años, se le metió en la cabeza que Pepsi-Cola se vendería mejor que Coca-Cola en su territorio. Tratándose de muchos otros productos, McDonald's les daba a sus concesionarios libertad para escoger proveedores, pero en materia de colas, Coke era la única autorizada (y sigue siéndolo). Nadie sabe qué propuesta tan atractiva le haría a Agate el distribuidor de Pepsi, pero por ese entonces, a principios del decenio de los años 60, ya McDonald's era un cliente importante de bebidas gaseosas y otros competidores se pirraban por romper el monopolio de Coca-Cola.

Agate fue el primero que abrió brecha en la estructura de colas de McDonald's... pero también fue el último. Aunque había también otras razones para que se le negara el permiso de abrir nuevos restaurantes, ése fue en realidad el castigo que le impuso Kroc por haberse pasado de Coke a Pepsi. En 1975, habiéndole informado McDonald's que al vencerse su concesión, que era por veinte años, ésta no le sería renovada, Agate vendió sus dos restaurantes y se salió del sistema. Después de haber cambiado de gaseosa y de las consecuencias que esto le acarreó a Agate, ningún otro operador de McDonald's ha tratado de repetir su versión del "desafío Pepsi".

Este incidente fue tal vez el más notable ejemplo de la insistencia de Kroc en la uniformidad. Al sancionar a Sandy Agate notificó a todos que nunca se tolerarían desviaciones no autorizadas del básico sistema McDonald's.

A finales del decenio de los 50, Kroc había empezado a identificar el tipo de concesionario más apropiado para trabajar con McDonald's. Si bien continuó otorgándoles permisos de explotación a algunos inversionistas, los operadores más pequeños y más emprendedores, por el estilo de Sandy Agate, obviamente estaban dando mejores resultados. Eran individuos que manejaban personalmente su negocio, no simples inversionistas pasivos; y debido a que casi todos provenían de fuera de la industria de servicio de comidas, estaban más dispuestos a aceptar y aprender el novedoso sistema de McDonald's.

El plan de concesiones de Kroc — que consistía en vender a bajo costo la concesión para un solo restaurante a la vez — les venía de perlas a estos empresarios, a la vez que estimulaba su creatividad y la canalizaba en una dirección que produciría calidad uniforme. En su trato con los concesionarios de espíritu independiente que McDonald's empezó a atraer a raíz del éxito de Sandy Agate, Kroc trazó una línea divisoria: les daría libertad para crear y aportar nuevas ideas que considerara beneficiosas para el sistema, pero no toleraría desviaciones de la norma cuando le parecieran perjudiciales.

Esta era una cuestión de criterio. Pero reteniendo en sus manos el control completo de nuevos restaurantes — cosa que los concesionistas territoriales habían perdido — Kroc tenía el poder de imponer su criterio en aquellos aspectos de la operación que a su juicio debían ser uniformes. Y al ejercer ese poder sobre el primero y más importante de sus empresarios-concesionarios dejó en claro que en las cuestiones básicas su criterio no se podía desestimar. Dice Betty Agate: "Cuando uno trataba con Ray había que entender que tenía la cabeza como una roca. Nunca olvidaba y nunca perdonaba".

Capítulo 5
UN CRISOL DE FUNDICIÓN

"Si una compañía tiene dos jefes ejecutivos que piensan lo mismo, uno de ellos está de más".

Esta fue la respuesta que le dio Ray Kroc a un estudiante de la Escuela de Administración de Negocios de Dartmouth College, donde habían sido invitados a un seminario los directivos de McDonald's en 1973. Kroc había criticado la creciente amenaza del gobierno a la libertad de empresa, cuando se le preguntó si a todos los gerentes de su compañía se les exigía que tuvieran esas mismas ideas conservadoras. Su respuesta resumió en pocas palabras su filosofía gerencial.

Fred Turner, a quien Kroc acababa de ascender a jefe ejecutivo de McDonald's, les dio a los estudiantes de Dartmouth un ejemplo más gráfico de las diferencias de opinión que Kroc toleraba y hasta estimulaba en su empresa, recordando que el año anterior, cuando McDonald's había sido objeto de una publicidad desfavorable por haber contribuido Kroc con US$250 000 a la campaña presidencial de Richard Nixon, Turner, y otros pocos altos ejecutivos habían votado por el ultra-liberal George McGovern. Esto complicó mucho al rector de Dartmouth, el Dr. John Kemeny, que era liberal, y quien más tarde, durante un coctel, se acercó a Turner creyendo haber encontrado por fin un copartidario en medio de aquel mar de conservadores.

Pronto se desilusionó. Para ilustrar su independencia en las elecciones presidenciales, Turner comentó que McGovern en 1972 probablemente habría tenido pocos electores como él ... que en 1964 había votado por el ultra-conservador Barry Goldwater. "Kemeny huyó de mí como de la peste", dice Turner.

Este episodio ilustra la característica más importante de la administración de McDonald's: que no es monolítica. Sus ejecutivos no piensan todos lo mismo ni actúan de igual manera. No tienen nada que se aproxime a la similitud en antecedentes ni rasgos de carácter. Y esto se ha buscado deliberadamente. Parece que en lo único que Ray Kroc quería uniformidad era en la lealtad de sus gerentes a McDonald's. Aunque inflexible en exigir completa uniformidad en la operación del servicio de comidas rápidas, a él no le interesaba contratar gerentes uniformes para conseguir ese resultado.

Por el contrario, prefería contratar individuos que fueran en cierto modo extremistas: intensamente interesados en determinado aspecto del negocio y sumamente capaces de ejecutarlo. Al organizar su base administrativa, contrataba y juzgaba a las personas según la manera de desempeñar ellas su oficio. En efecto, contrató un número inusitado de excéntricos que no tenían nada en común con nadie y se acomodó a sus excentricidades porque respetaba su desempeño.

Kroc fue un genio gerencial, aunque esta cualidad no se le haya reconocido mucho, tal vez porque la opacaban sus juicios aparentemente arbitrarios y sus explosiones temperamentales. Era un hombre intensamente emotivo y tenía opiniones muy vigorosas sobre cómo debían funcionar las cosas y comportarse las personas. Sus principios del viejo mundo eran inconmovibles, y sus juicios sobre los problemas y las personas no admitían equívocos. Pero al mismo tiempo sabía justipreciar los talentos que se requerían para hacer de McDonald's una organización de superior eficiencia.

En suma: reunió y toleró una de las colecciones más heterogéneas de individuos que hayan ocupado jamás la alta administración de una corporación norteamericana. E incluso hoy, esta práctica de reclutar gerentes en extremo individualistas sigue siendo distintiva de McDonald's, si bien casi completamente oculta por la bien conocida uniformidad operativa de la cadena. "El genio de Ray consistió en rodearse de individuos cuyos talentos eran indispensables para el éxito de McDonald's, aun cuando sus personalidades chocaran radicalmente con la suya", observa Edward Schmitt, vicepresidente de la junta directiva, recientemente jubilado. "Si hay una base sólida del éxito de McDonald's, es el hecho de que la filosofía gerencial de Ray se ha difundido por todo el sistema".

No se contentaba Kroc con contratar individuos de personalidades diversas sino que les daba enorme libertad. Pese a la creencia general de que él era el único que mandaba, la verdad es que delegaba su autoridad mucho más que la mayor parte de los más resueltos fundadores de empresas.

Pero hasta los allegados a McDonald's, inclusive muchos que hoy trabajan en la compañía, tienen la idea de que era una especie de dictador benévolo, y esta idea es hasta cierto punto comprensible porque Kroc tenía indudablemente gestos de autócrata. No se puede negar que tenía opiniones muy arraigadas sobre las peculiaridades individuales, que él poseía de sobra y que expresaba sin rebozo, a veces en forma explosiva. Detestaba definitivamente incontables pecadillos personales — mascar chicle-bomba, leer las tiras cómicas, y usar calcetines blancos. Le molestaba el descuido en la apariencia personal, como uñas sucias o mordidas, el traje arrugado o el cabello despeinado. Al final del día quería ver los escritorios limpios y las máquinas de escribir tapadas. Hasta insistía en que los empleados conservaran limpios sus automóviles particulares.

Sus opiniones sobre el aseo y la compostura de la persona, lo mismo que sobre su conducta, eran tan fuertes que llegaron a ser reglas para los gerentes de la compañía, aunque algunas no tenían sentido sino para él. Por ejemplo, se fruncía cuando veía a un empleado tomarse un *Manhattan*, no porque a él no le gustara beber (que sí le gustaba) sino porque le parecía que ese coctel era impropio de un ejecutivo. Por la misma razón eran inaceptables las chaquetas de sport y aun en verano se exigían camisas de manga larga.

Estas reglas se derivaban de su propio refinamiento. Prohibió fumar pipa, diciendo que la boca del fumador parecía un volcán, "un Vesubio con halitosis". El cigarrillo no estaba prohibido y él mismo fumaba, pero a las empleadas sólo les era permitido fumar en sus escritorios. Su preocupación por el decoro en la presentación hacía que traspasara lo que otros juzgaban el límite del fuero individual. A unos gerentes les decía que se cortaran los pelos de las narices o que se cepillaran los dientes. El pelo en cualquier parte de la cara estuvo prohibido hasta ya entrados los años 70, en que se puso de moda el uso de barbas y bigotes. Burt Cohen, habiendo regresado de unas largas vacaciones barbado, quiso ante todo ir a saludar al jefe, pero le advirtió:

—No te preocupes, Ray, mañana me afeito.

—¡Ya lo creo! —le contestó Kroc.

A primera vista parecía que las contravenciones de las reglas de conducta de Kroc eran motivo de despido. Una vez uno de los abogados de McDonald's se presentó en las oficinas de la compañía con un gorro de guardia en la cabeza (un gorro de color azul marino, tejido, que muchos en Chicago se ponen en los días más fríos del invierno). Inmediatamente Kroc ordenó su despido, con el argumento de que los altos funcionarios deben usar sombreros y no gorros de calcetas. Igual sentencia recayó sobre un representante estatal que salió a recibir a Kroc al aeropuerto y le pidió dos dólares prestados para pagar el estacionamiento. Kroc se sintió muy ofendido de que todo un gerente no hubiera tenido la previsión de proveerse antes de dinero de bolsillo. Y cuando en Oklahoma un gerente de servicio en el terreno, que calzaba botas de *cowboy*, fue a recibir al jefe en su convertible polvoriento, también decretó su destitución, aunque no sin haberle mandado antes que parara en el primer puesto de lavado de automóviles que encontraron en el camino.

Estas destituciones fulminantes obedecían a los más pasajeros arrebatos. En uno u otro momento es posible que haya ordenado el despido de todos sus gerentes, pero él personalmente nunca despidió a nadie. Evitaba el enfrentamiento directo con el culpable y prefería valerse de un tercero para desahogar su enojo —y ejecutar sus órdenes. Una vez se puso furioso porque un gerente de operaciones había incluido en su cuenta de gastos un *chateaubriand*, pero lo que hizo fue llamar al jefe de contabilidad Gerry Newman, quien dijo: "Yo ni siquiera estuve en esa comida, pero al día siguiente Ray me llamó *a mí* para poner de vuelta y media a aquel gerente".

Pero las más de las veces las órdenes de despido se quedaban sin ejecutar. Él mismo contaba que una mañana entró en la oficina de uno de los gerentes con un asunto urgente, y lo encontró arreglando su escritorio para marcharse.

—¿Qué hace usted? —le preguntó.

—Estoy limpiando mi escritorio para irme. Usted me despidió anoche —contestó el funcionario.

Kroc ya se había olvidado de su disgusto momentáneo con el gerente la noche anterior, y le dijo que volviera a dejar todo en su lugar y se pusiera a trabajar.

Cuando realmente se despedía a alguien, no era por violaciones del código personal sino por incompetencia del empleado. Por ejemplo, Turner recuerda que él se negó a despedir al gerente de servicio de Oklahoma, que era uno de sus mejores colaboradores. "Yo no iba a destituir a nadie porque a Ray le diera uno de sus berrinches", dice. "Yo me plantaba".

Kroc nunca desautorizaba tales decisiones. Impartía sus órdenes con mayor frecuencia por conducto de June Martino, su secretaria de siempre, pero ella no las ejecutaba inmediatamente, sabiendo que el jefe cambiaría de parecer cuando le pasara el mal humor. "Si me ordenaba que despidiera a alguien", explica, "yo no le decía que no, porque entonces me echaba a mí también; sino le decía que sí, que tenía mucha razón. Pero al día siguiente le decía: Seguro que si lo piensa un poco cambiará de opinión. Y así sucedía. Sus disgustos con el personal eran cosa del momento".

En otros términos, los que lo conocían bien sabían que más era lo que ladraba que lo que mordía, y que en el fondo era más pragmático que autócrata. En efecto, toleraba las diferencias entre las personas mejor que muchos ejecutivos que se fijan menos en pequeñeces. Si los gerentes contribuían al progreso de McDonald's como Kroc lo concebía, estaban del lado de él, por más que la personalidad de ellos fuera diferente de la suya.

No sólo toleraba esas diferencias sino que se exponía a ellas contratando gente con características personales que sabía que habían de disgustarle. Después de buscar durante tres decenios, sabía que había encontrado en McDonald's una carta de triunfo, pero sólo a condición de que pudiera encontrar colaboradores idóneos. Antes de ingresar en la compañía como gerente de personal en 1962, James Kuhn recuerda que leyó en la revista *Time* un artículo en que se comentaba que Kroc había fijado un aviso cerca del botellón de agua de la oficina, para notificar a los empleados que el que no arrojara los vasitos de papel en el receptáculo apropiado sería despedido. "Leí y me pregunté: ¿Qué tipo chiflado es éste?", dice Kuhn, hoy vicepresidente de McDonald's. Pero cuando éste empezó a trabajar con la compañía se sorprendió al encontrar que "lo que parecía ser en la superficie una personalidad rígida e inflexible era en el fondo muy flexible. El hombre tenía tanto interés en hacer bien las cosas, que si uno lo convencía de que algo estaba bien, a él no le importaba de dónde venía el consejo".

Algunos gerentes conocían muy bien la dualidad del carácter de Kroc porque a ellos les constaba que toleraba en silencio algunas de sus características que él consideraba reprochables. Turner recuerda que cuando se presentó a trabajar el primer día, en 1957, June Martino lo puso al corriente del reglamento: "Tiene que trabajar con el saco puesto y no puede fumar en el escritorio". Eso fue a las 8 y 30; a las 9 y 30 Turner se había quitado el saco, se había arremangado las mangas de la camisa y se estaba fumando su primer cigarrillo. A cambio de la dedicación de Turner a la perfección operativa, Kroc estiró el reglamento: no dijo nada.

Hizo el mismo ajuste sin palabras en el caso de Ed Schmitt, cuya corpulencia no encajaba en la fuerte preferencia de Kroc por los gerentes delgados. Pero a pesar de su exceso de peso, Schmitt fue rápidamente ascendido por las filas operativas hasta que llegó a vicepresidente de la junta directiva. "Ray tenía la habilidad de reconocer sus propias debilidades y se rodeaba de personas que pudieran llenar esos vacíos", dice Schmitt.

Los vacíos que Kroc quería llenar no eran los típicos que se presentan en el organigrama de una sociedad por acciones, puesto que no había ninguna sociedad como la que él trataba de formar. Otras compañías que otorgaban concesiones en el negocio de comidas a mediados del decenio de los 50, por estar estructuradas sobre el concepto de vender tales derechos, buscaban obviamente gerentes orientados a las ventas. Kroc quería algo más: quería una organización bien equilibrada, con personal diestro en operaciones, mercadeo, finanzas, propiedad raíz, diseño de equipo y de edificios, y compras de víveres y de papel. Estaba en realidad forjando el primer sistema de concesiones en el campo de comidas rápidas que les ofreciera a sus concesionarios un conjunto completo de servicios. Los requisitos de personal para tal organización eran tan variados, que Kroc no podía de ninguna manera satisfacerlos contratando personas parecidas a él o parecidas entre sí.

Por lo demás, el concepto de comidas rápidas era tan nuevo que no había un lugar de entrenamiento para él. Ni las mejores escuelas de hotelería y restaurantes tenían idea de lo que era el negocio que Kroc estaba desarrollando. Por tanto, los gerentes que éste reclutaba tenían que ser muy distintos de los que contrataban los negocios tradicionales de servicio de comidas. El sistema McDonald's no se había probado aún, y Kroc se veía obligado a correr el albur con talentos no experimentados y personajes excepcionales y hasta un poquito excéntricos.

Daba la coincidencia de que tales requisitos se ajustaban a sus preferencias en materia de contratación de personal. Ciertamente no le interesaba contratar gente por sus habilidades académicas o por sus facultades intelectuales. Rechazaba a los pensadores profundos y prefería a los activistas, a los que hacen las cosas, a los que trabajan intensamente. Lo mismo que él, la mayoría de los primeros gerentes que contrató en McDonald's no eran universitarios graduados, pues creía que un diploma no es mejor que la experiencia en el trabajo y el sentido común. Hasta abrigaba cierto prejuicio en contra de los graduados universitarios en su nueva compañía. "Los que salían de las universidades", decía explicando cómo escogía en esa época, "no esperaban trabajar duramente. Querían ir a sentarse ante un escritorio en una entidad bancaria, creyendo que eso los hacía hombres de negocios. Yo contrataba teniendo en cuenta al individuo: personas dispuestas a trabajar de firme y aguantar condiciones difíciles hasta que todos pudiéramos prosperar juntos".

James Kuhn, al incorporarse a McDonald's en 1962, se enteró con gran alivio de que esta empresa no exige un grado universitario para los puestos gerenciales. Dice Kuhn: "Lo que me encantó fue que me dijeron que consiguiera los mejores empleados que pudiera, fijándome en ellos mismos y no en sus credenciales. Contratamos gente que no habría podido pasar de la puerta en otras compañías, no por falta de capacidades sino por no ser convencional".

Esa filosofía sigue hoy intacta y se refleja en la sorprendente escasez de diplomas en las oficinas directivas de la compañía. De sus veintiséis ejecutivos a nivel de alta gerencia, doce carecen de grado universitario, entre ellos Turner, presidente de la junta directiva. Entre los ochenta funcionarios corporativos —de vicepresidente auxiliar para arriba—

cuarenta y tres (o sea el cincuenta y cuatro por ciento) no tienen el primer grado académico. Para su tamaño, McDonald's tiene relativamente pocos magisters en administración (veintiocho) y es tal vez la única empresa norteamericana con más de US $11 000 millones en ventas que no cuente con un solo graduado de magíster en administración de negocios de Harvard. "Los nuestros se han graduado en la escuela de la experiencia", dice Kuhn.

Desde el principio Kroc buscó individuos a quienes les gustara trabajar en una compañía no tradicional. En efecto, se puede decir que si algún hilo conectaba la gran diversidad de personalidades de sus gerentes, era el común malestar que experimentaban frente al "establecimiento" mercantil, que todos veían casi con hostilidad; y esto explica por qué les atraía un negocio que a mediados del decenio de los 50 carecía totalmente de prestigio.

Kroc comprendía que el atractivo de McDonald's para los que buscaban un ambiente no convencional, prácticamente exigía diversidad en la administración. En nada era esa diversidad tan notoria como en el contraste de personalidades de los tres socios fundadores y dueños originales del negocio, Ray Kroc, June Martino y Harry Sonneborn. Aunque muchos otros aprovecharon después la oportunidad que Kroc les ofrecía de hacer una significativa contribución individual al desarrollo de McDonald's, June y Harry fueron los primeros, y sus esfuerzos, por poco que se hayan pregonado, no quedaron sin recompensa. No pudiendo pagarles los elevados sueldos de que los creía merecedores, Kroc les dio a finales de los años 50 participación en la empresa: el 10 por ciento a June y el 20 por ciento a Harry. Después de menos de un decenio, cuando McDonald's se transformó en una sociedad abierta, cuyas acciones se cotizaron muy alto, esos dos primeros socios de Kroc se volvieron multimillonarios.

Ambos tenían antecedentes más modestos; June Martino le había trabajado a Kroc como secretaria y tenedora de libros en Prince Castle Sales, y aun cuando siguió siendo secretaria de Kroc durante toda su carrera en McDonald's, su papel se amplió en una forma dramática: fue secretaria y tesorera de la corporación y hasta llegó a ocupar un sillón en la junta directiva. Pero su contribución principal no tuvo nada que ver con sus habilidades secretariales ni con sus diversos títulos. Para entender cómo una secretaria acabó siendo dueña del 10 por ciento de las acciones de McDonald's, hay que saber que su tacto exquisito para tratar con todos fue definitivo para evitar que la compañía se desintegrara durante los primeros años. Con tantas personalidades distintas trabajando en un ambiente a presión, era obvio desde el comienzo que Kroc necesitaba un mediador en el centro, una persona capaz de resolver las crisis personales, de crear una unidad de familia, y, lo que era más importante, de evitar que las personalidades conflictivas se destruyeran entre sí y destruyeran por consiguiente a McDonald's. Ese fue el verdadero oficio de ella. "June Martino fue el aglutinante", dice Turner.

La palabra *secretaria*, sobre todo como se entendía en los años 50, dista mucho de explicar su papel y da una falsa idea de su carácter. Se contaba ella entre las poquísimas mujeres que superaron los estrechos límites de ese título, porque supo ser esa mujer rara en su tiempo que no se dejaba intimidar por un lugar de trabajo dominado por hombres.

Ya había sobresalido antes en un medio predominantemente masculino. Recién salida de la escuela secundaria, fue una de las dos mujeres que figuraron entre quinientos jóvenes que siguieron un riguroso curso de electrónica, de dieciocho meses de duración, que daba el Cuerpo de Comunicaciones del Ejército en la Universidad Northwestern; y luego, durante la segunda guerra mundial, trabajó con dicho Cuerpo en equipos que realizaban tareas masculinas, desde probar sistemas de radar hasta investigar los problemas que se presentaban con los radiorreceptores de los aviones. Posteriormente organizó con su marido, Lou Martino, un pequeño negocio para llevar la electricidad a viviendas rurales en Wisconsin.

Pese a que su experiencia y su comportamiento brusco y franco no eran nada secretariales, Kroc la contrató porque necesitaba una persona que se encargara de todo el manejo de la oficina de Prince Castle mientras él pasaba mucho tiempo por fuera. La capacidad que ella mostró en McDonald's para tomar decisiones por su cuenta y riesgo cuando los jefes estaban fuera, resultó crítica porque los jóvenes gerentes siempre estaban fuera de la ciudad (supervigilando las operaciones de los restaurantes existentes o buscando sitios para otros nuevos), y ella debía coordinar las comunicaciones entre los ejecutivos. Su posición como centro de enlace y su creciente poder en la jerarquía corporativa no pasaron del todo inadvertidos. En 1961 el *Chicago Tribune* dijo en un artículo que la secretaria de Kroc era un caso raro en la vida de los negocios de la época, y agregó: "La señora Martino trata todos los problemas con una calma imperturbable. Posee una mente incisiva, que un colega suyo describe como completamente libre de la pequeñez que echa a perder el pensamiento de la mayoría de las mujeres".

Sin duda fue la mujer excepcional que hizo carrera en los negocios antes del movimiento feminista, pero triunfó por la fortaleza de su carácter, no por sus credenciales académicas. Tenía una manera encantadora de atacar directamente los problemas. Una vez, en los primeros años de McDonald's, le pidió a un restaurante una gran bandeja de emparedados de carne para un grupo de ejecutivos que celebraban una reunión ya tarde por la noche, pero sólo cuando llegó el pedido cayó en la cuenta de que era viernes, día de abstinencia para la gran mayoría de los asistentes a la reunión, que eran católicos de ascendencia irlandesa. En esos días, McDonald's luchaba por sobrevivir, de modo que no se podía desperdiciar toda esa cantidad de comida. Pero se le ocurrió inmediatamente la solución: Apelar a la cabeza de la Iglesia local para obtener una dispensa, y telefoneó al cardenal arzobispo de Chicago, John Cody.

Era éste, por supuesto, el líder espiritual de la arquidiócesis más grande de los Estados Unidos, mientras que McDonald's ni siquiera estaba reconocida como una empresa importante en la ciudad; pero la señora Martino se dio sus trazas para presentar su pequeño problema como si fuera urgentísimo a uno de los ayudantes del cardenal, que convino en hacer pasar al prelado al teléfono, y éste concedió de buen grado la dispensa solicitada.

A pesar de la creciente importancia de su posición, June Martino siguió siendo la misma de siempre, con su carácter francote y sin pelos en la lengua, que a algunos los hacía poner colorados. Otros la creían algo tocada por su afición a los fenómenos psíquicos y otros temas estrafalarios como la frenología. "Siempre que hablo de estas cosas creen que estoy chiflada", dice ella. Pero incluso en cuestiones más prosaicas su actitud es, por lo menos, original. Cuando McDonald's se transformó en sociedad abierta, June recomendó que la cotización diaria de sus acciones se desplegara en los mostradores de servicio de sus restaurantes. Y un gerente recuerda cómo explicó su régimen de ejercicios durante un almuerzo de varios ejecutivos: "Cualquiera habría explicado de palabra su programa gimnástico; pero June no. Lo que hizo fue tenderse en el piso y hacer diez flexiones para que viéramos".

Siempre se mostró afectuosa y considerada, y éstas fueron las características que más la distinguieron en McDonald's. Antes de ser rica se lo pasaba adoptando niños (adoptó ocho en total), fuera de que ella tuvo dos hijos, y no le daba vergüenza pedir socorros para otras personas. Al poco tiempo de haber sido ascendido Turner a vicepresidente ejecutivo, se le presentó de improviso en su casa a pedirle muebles viejos para una familia puertorriqueña pobre. Salió con un sofá metido en su camioneta.

La misma consideración personal mostraba en el trabajo. Al principio, cuando los concesionarios de McDonald's eran tan pobres como la misma compañía, acogía en su casa a los nuevos concesionarios mientras estaban en entrenamiento en Chicago. Uno de ellos aceptó la invitación con su mujer y sus cinco hijos, y todos se presentaron en casa de los Martinos provistos de talegos de dormir. Cuando los funcionarios de la compañía tenían problemas personales o familiares, a quien acudían en busca de consejo era a June Martino.

Como conocía a la gente con tan segura intuición, ejerció enorme influencia en el reclutamiento de personal. Atrajo a Sandy y Betty Agate y apoyó a las personas que en su concepto se acomodarían bien en McDonald's. Algunos de los empleados clave le debieron a ella su nombramiento. Uno de éstos fue su propio esposo, Lou, quien durante cinco años manejó el laboratorio de investigación de la compañía. A un condiscípulo de su hijo, que necesitaba un empleo parcial durante el tiempo en que asistía a la universidad, le dio un cargo en la oficina de manejo de la correspondencia, siguió cuidadosamente su desempeño, y encomió su progreso ante los demás. Ese chico de la oficina de correo de los años 60 era Michael Quinlan, hoy presidente de McDonald's.

En otra ocasión se presentaron en la oficina dos vendedores de seguros. Ambos eran muy cultos, se habían graduado en derecho, y habían sido contadores de la Administración Federal de Impuestos. June Martino quedó muy impresionada con ellos y le pareció que eran candidatos perfectos para reforzar la organización financiera de la compañía.

Para que los recibiera el gerente financiero Harry Sonneborn, resolvió decirle que lo buscaban dos funcionarios de la Administración de Impuestos. Previendo que se trataba de alguna investigación, Sonneborn los recibió inmediatamente, pero cuando se dio cuenta del truco, se rió, y como había quedado muy impresionado con los visitantes, los contrató a ambos. El uno era Robert Ryan, hoy tesorero de McDonald's; el otro era Richard Boylan, miembro de la junta directiva y que hasta 1983 actuó como vicepresidente ejecutivo principal y jefe financiero de la compañía.

Tal vez nadie comprendía tan bien como June Martino la buena disposición de Kroc para abrirles las puertas a individuos de los más diversos antecedentes. Cierta vez, enterada de que una maestra de su hijo se había comprometido con un joven italiano, apadrinó al novio dándole un empleo para que pudiera obtener visa de inmigrante a los Estados Unidos. Era el joven Luigi Salvaneschi, doctor en derecho canónico y buen lingüista que dominaba nueve idiomas... aun cuando no el inglés. Sin embargo, convencida de que pronto salvaría este obstáculo, lo contrató para trabajar en un McDonald's que ella y su esposo tenían en un suburbio de Chicago. Salvaneschi ascendió rápidamente en la compañía hasta llegar a ser vicepresidente encargado de propiedad raíz. Después se separó de McDonald's para aceptar una vicepresidencia ejecutiva en Kentucky Fried Chicken.

Es curioso que Kroc le permitiera a June Martino tanta influencia. Siendo él tradicionalista en casi todo, no era ningún campeón de los derechos de la mujer, como lo atestiguaba aquella política de exigir que todos los empleados de los restaurantes fueran hombres, hasta los últimos años del decenio de los 60. James Kuhn cree que "la personalidad básica de Ray nunca le habría permitido a una mujer ejercer tanto poder", pero que en este caso contrarió sus instintos fundamentales en vista del desempeño de June.

El éxito de ella en McDonald's fue tal vez el primer indicio de la disposición de Kroc a delegar autoridad en individuos cortados por distinta tijera. Pero la señal más segura de que quería administrar la compañía como un crisol de fundición de distintas personalidades fue el poder que le confirió a Harry Sonneborn.

Harry Sonneborn y Ray Kroc ofrecen un profundo contraste. Sonneborn fue el socio de Kroc en la iniciación de McDonald's, y su contribución fue tan importante que puede considerarse que fue un cofundador. Sin embargo, los dos no tenían nada más en común. Kroc era sociable, simpático, encantador. Sonneborn era introvertido, y casi todos los gerentes y concesionarios de McDonald's lo consideraban frío e impersonal. Kroc era un libro abierto; Sonneborn era increíblemente reservado. Kroc confiaba en los demás a veces con exceso; Sonneborn era todo lo contrario.

Por lo demás, a Sonneborn le gustaban en los negocios todas las cosas que Kroc detestaba. Le gustaba manejar una compañía por sus cifras financieras, mientras que Kroc tenía tan poco interés en las finanzas que no sabía interpretar un balance general. Por el contrario, mientras que a Kroc le encantaba el negocio de hamburguesas y personalmente ejercía la supervigilancia de los restaurantes, para Sonneborn habría sido igual que McDonald's vendiera pizzas en lugar de hamburguesas. "Yo siempre pensé que le podría pagar a alguien por manejar un puesto de hamburguesas", dice Sonneborn. "A mí no me importaba ni la calidad de la comida ni la limpieza de la unidad. Bien sabía que alguien tenía que encargarse de esto, pero no me correspondía a mí hacerlo. En los primeros 15 puestos de venta, yo fui el primer cliente, y a todos les di un billete de un dólar firmado. Eso fue lo que hice. Luego me salí".

Mientras que Kroc fraternizaba con sus concesionarios y ellos con él, a Sonneborn le gustaba el prestigio de asociarse con abogados y banqueros bien vestidos, a todos los cuales Kroc consideraba como un mal necesario, un apéndice de un negocio. Kroc veía su mayor realización en función de los multimillonarios que hacía McDonald's de los hombres independientes; Sonneborn se enorgullecía más con los millones que los inversionistas ganaban en McDonald's, y su momento de triunfo fue el día en que hizo admitir a la compañía en lo que él consideraba el club más prestigioso del mundo: la Bolsa de Valores de Nueva York. En suma, Harry Sonneborn era el socio en extremo discreto de Ray Kroc, el financista que permanecía a la sombra del fundador. Kroc lo contrató porque necesitaba ayuda para vender concesiones, y Sonneborn ya había tenido experiencia en ello con Tastee Freeze y le entusiasmaban tanto las perspectivas de McDonald's que aceptó trabajar por US$100 a la semana, menos de la cuarta parte de su sueldo con Tastee Freeze. Sonneborn empezó inmediatamente a demostrar su habilidad para ganar dinero, cosa en la cual Kroc no había pensado bien, y entonces éste hizo de Sonneborn su segundo en la compañía y le dio poderes casi ilimitados sobre las finanzas porque respetaba su capacidad en la única área del negocio que él no manejaba bien. Su confianza no fue nunca defraudada. Aun cuando desconocido fuera de McDonald's (y aun para muchos dentro de la misma empresa) Sonneborn fue el que desarrolló la fórmula para hacer de McDonald's una gran potencia económica.

Cuando Kroc contrató a Sonneborn, sabía que estaba contratando a su contrario. Era como si intencionalmente dispusiera el escenario para un posible conflicto futuro. "A mí no me importaba nada el dinero, y no le prestaba tanta atención como debiera haberle prestado a este aspecto del negocio", reconoce Kroc. "Todo lo que yo quería era un ganador en el negocio de hamburguesas, y las utilidades las daba por descontadas. Pero Harry no sabía nada de hamburguesas y papas fritas, ni le importaba eso. Lo que la compañía vendiera o quiénes fueran sus concesionarios lo tenía sin cuidado. Era un financista frío y calculador, pero eso era lo que yo necesitaba".

Las fuertes diferencias de personalidad entre Kroc, Sonneborn y June Martino fijaron la pauta en McDonald's. Los tres empleados siguientes —Fred Turner, Jim Schindler y Don Conley— eran tan distintos entre sí como los tres primeros, y sin embargo el eclecticismo administrativo de Kroc siguió teniendo un éxito extraordinario. Como cada uno poseía distintas características e intereses, acabaron por perfeccionar aspectos diversos de McDonald's: Turner desarrolló un sistema de operaciones de restaurantes que sería modelo en la industria de comidas rápidas; Schindler diseñó equipos, edificios y muestras que también llegaron a ser normas de la industria; Conley aportó la diplomacia necesaria para reclutar a los concesionarios extremadamente independientes que fueron el fundamento de la cadena McDonald's. Hasta cierto punto, la diversidad de gerentes de Kroc llevó a la uniformidad del sistema McDonald's.

Cuando Kroc empezó a contratar los gerentes que necesitaba para supervigilar las operaciones de los restaurantes, uno podría haber esperado que se valiera de sus colegas en el negocio de servicios de comidas, todos experimentados y de edad madura. Fred Turner, que sólo tenía 23 años cuando conoció a Kroc, evidentemente no encajaba en ese molde. En febrero de 1956 Turner se presentó en las oficinas de Kroc en compañía de su hermano Don, del suegro de éste, J. W. Post y del hijo de Post, Joe. Don Turner había estado discutiendo con su suegro un proyecto para invertir en una concesión de comidas. La idea era que entre los dos pondrían el capital y que Fred Turner y Joe Post administrarían el restaurante. Fue entonces cuando Joe vio un pequeño anuncio de McDonald's en el *Chicago Tribune*, en el cual solicitaba concesionarios. A la semana siguiente Fred Turner, que acababa de cumplir dos años de servicio como oficinista-mecanógrafo en el ejército, viajó desde el campamento de Fort Dix, en New Jersey, a Chicago, de modo que los cuatro socios pudieran entrevistarse con el fundador de McDonald's. La noche víspera de la entrevista, Fred Turner y Joe Post habían estudiado durante tres horas el McDonald's de Des Plaines contando el número sorprendente de clientes que desafiaban el intenso frío de febrero para esperar a la intemperie las hamburguesas que debían comer en sus automóviles. Lo que más les interesó fue la calidad de la clientela: "Veíamos familias y pedidos de tamaño familiar, y esto nos llamó la atención porque era distinto de un servicio de pedidos para llevar", recuerda Turner. "En una fría noche de viernes se hacía suficiente negocio para que hasta dos observadores extraños se dieran cuenta de que era algo significativo".

Al día siguiente los cuatro socios de la Post-Turner Corporation se reunieron con Kroc para escuchar su arenga vendedora. Este habló de su ideal de llegar en cada restaurante McDonald's a ventas de US $300 000, o sea el doble de los ingresos del primer año en Des Plaines; pero lo que influyó en Turner fue el entusiasmo que de él emanaba.

"Me impresionó su manera directa y su entusiasmo sincero", dice. "No era un entusiasmo adquirido sino natural, enteramente convincente. El hombre no tenía secretos".

Turner, que había desertado de la Universidad de Drake durante su tercer año, luchaba con la idea de reanudar los estudios después de prestar servicio militar durante dos años. Pero ese día en la oficina de Kroc "inclinó el fiel de la balanza", según dice. Los cuatro socios pagaron los US $950 que valía la concesión y empezaron a buscar local. Mientras tanto Turner empezó a trabajar en el mostrador del restaurante de Des Plaines para poder sostener a su esposa y a su hijita de cuatro meses, y al mismo tiempo aprender a conocer el sistema McDonald's. En los días libres buscaba locales para Post-Turner, pero aun cuando encontró varios, los cuatro socios nunca pudieron ponerse de acuerdo y, como resultado, la sociedad se estaba desintegrando cuando el aprendizaje de Turner tocó a su fin. Se había interesado muchísimo en el sistema de preparación de comidas de McDonald's, y como se presentara una vacante de gerente auxiliar en un nuevo restaurante que se iba a abrir en Chicago, la aceptó a pesar de que el sueldo era sólo de US $100 a la semana. Cuando se inauguró, en septiembre de 1956, se dedicó de lleno a aprender a manejarlo. Al final del año, Kroc le pidió que se pasara a trabajar a McDonald's System, Inc., que lo necesitaba para cumplir su compromiso de entrenar a los nuevos concesionarios y ayudarles en la inauguración de los restaurantes. Pronto Turner se olvidó de la compañía Post-Turner, que todavía no había resuelto dónde abrir su restaurante, y se puso a pensar en desarrollar el departamento de operaciones de McDonald's.

Kroc contrató a Turner "por su juventud, su espíritu y su entusiasmo", pero en realidad consiguió un hombre de una intensidad casi asustadora. Según su confesión, Turner no había hecho nada en forma equilibrada; lo que valiera la pena hacer, valía la pena exagerarlo. Había fluctuado de un extremo a otro en una aparente búsqueda de algo para sostener su intensidad. En su primer año en la universidad de Drake, concentró todas sus energías en sus estudios de medicina y obtuvo buenas calificaciones; pero después fue admitido en una sociedad estudiantil y entonces su dedicación al estudio se vio reemplazada por dedicación a las fiestas con muchachas, faltaba a clases, y se habituó a dejar los cursos incompletos. Aun cuando sus colegas querían hacerlo presidente de la sociedad estudiantil, en vista de su dedicación a ésta, él abandonó del todo la universidad, disgustado consigo mismo por no haberse dedicado a los libros, y sentó plaza como voluntario en el ejército.

Su intensidad y su capacidad de penetrar hasta en los más pequeños detalles encontraron al fin en McDonald's un medio permanente de expresión. Si bien Kroc había fijado los amplios principios operativos de calidad, servicio y aseo, Turner pronto ejerció en las operaciones el mismo control que ejercía Sonnerborn en las finanzas y la propiedad raíz. A la vuelta de pocos meses era él quien prácticamente definía los procedimientos operativos, escribía los manuales que debían seguir los concesionarios, y desarrollaba el primer sistema de controlar y graduar el desempeño de los restaurantes. A él le corresponde, tanto como al propio Kroc, el mérito de haber mantenido en McDonald's la calidad y la uniformidad que llegaría a ser la más visible característica de la compañía y la norma por la cual serían juzgadas todas las demás operaciones de comidas rápidas.

Aunque se podría sostener que Kroc se vio obligado a darle a Sonneborn gran poder en finanzas, área en la cual él mismo tenía poco interés, no se puede decir lo mismo de la gran autoridad que le dio a un joven inexperto precisamente en el área del negocio que a Kroc sí le interesaba. Pero lo cierto es que a pesar de todas sus reglas sobre la manera como debían vivir y presentarse y comportarse sus empleados, Kroc los motivaba aflojándoles la cuerda. "Siempre le daba a uno espacio", dice Turner. "Nunca lo acosaba. Decía que uno debía divagar un poco. Sabíamos que era vivo de genio y que en cualquier momento podía estallar, pero a mí siempre me escuchaba y me daba la oportunidad de exponer mis ideas y me decía su parecer. Y si yo expresaba mi punto de vista en forma convincente, generalmente me permitía proceder como yo quería. Por eso uno se esforzaba por que él le respetara su perspicacia, y uno quería tomar la iniciativa para complacerlo".

Contrapesaba la intensidad de Turner la falta de intensidad de otro de los primeros reclutas de Kroc, Don Conley, el primer vicepresidente encargado de las concesiones. Era un vendedor más tradicional y despacioso, maestro de un arte más suave y más sutil de vender que el de Kroc. Pero compartía con éste la idea de que a los concesionarios había que darles una buena oportunidad financiera, y su estilo reposado era ideal para vender derechos de explotación. Kroc también sabía que estaba bien preparado para prestarles a los concesionarios todo el apoyo moral que necesitaban mientras esperaban ansiosamente un año o más hasta que les construyeran su restaurante. Con un mechón de pelo prematuramente blanco, el aspecto de Conley acentuaba una manera suave de hablar que le daba a McDonald's un prestigio de que otros concesionistas carecían.

También le aportó Conley a la compañía otra cosa que se necesitaba urgentemente: una licencia de piloto. Había tenido mucha experiencia de combate como piloto de bombarderos en la segunda guerra mundial. En la compañía actuó también como piloto llevando a los gerentes por todo el país en su propio monomotor Cessna 195. Esto les permitía a Kroc y Sonneborn transportarse económicamente y en cualquier momento a las poblaciones pequeñas menos accesibles y a los suburbios lejanos en los cuales McDonald's echaba raíces. Esto les daba una ventaja crítica sobre sus competidores en la carrera por encontrar locales de primera y negociar la financiación de finca raíz para los nuevos restaurantes. También fue una ayuda definitiva para Fred Turner en la creación de un equipo de servicio en el terreno, encargado del entrenamiento de los nuevos concesionarios, de la organización de sus proveedores locales y de la supervigilancia de sus operaciones.

Con esa primera experiencia, McDonald's aprendió a valorar la gran importancia de la aviación para forjar una cadena nacional de restaurantes. En 1959, cuando el valor neto de la compañía era menos de US$100 000, McDonald's había adquirido un Beechcraft Bonanza y un Rockwell Aero Commander, de US$70 000, bimotor de turbopropulsión, de seis puestos. Esta flotilla de tres aviones le dio a la compañía una movilidad que ninguno de sus competidores podía igualar. La aparición de los jóvenes gerentes que llegaban a las pequeñas poblaciones en aviones de la compañía instantáneamente le dio prestigio a la nueva cadena entre los proveedores locales de víveres, los propietarios de finca raíz, y los prestamistas sobre hipoteca, cuyo apoyo necesitaba urgentemente McDonald's para obtener y financiar sus locales e instalar sus restaurantes. La mala reputación que tenían los concesionistas de comidas rápidas como mercachifles no era fácil de superar, pero la aparición de McDonald's como la compañía aerotransportada sirvió para corregir bastante la imagen.

Entre todas las selecciones de gerentes, ninguna demuestra tan claramente la intención de Kroc de escoger el hombre indicado para el puesto como haber contratado al finado James Schindler como jefe de ingeniería y construcción y diseño de equipos. A pesar de lo individualistas que eran June Martino, Sonneborn, Turner y Conley, habrían podido prosperar en ambientes corporativos más grandes; pero no se podía decir lo mismo de Schindler, un genio intelectual que no podía tolerar las pequeñeces de las organizaciones corporativas. Era un hombre que no podía perder tiempo con la política de las compañías, pero sí podía dedicar horas enteras a definir conceptos tan oscuros como su teoría de que la perfección del hombre se acerca sólo en un 64 por ciento a la perfección de Dios.

Schindler hablaba un lenguaje tan esotérico —combinación de su jerga técnica y sus especulaciones filosóficas— que sus exposiciones a veces confundían la mente directa y simple de Ray Kroc. "Ray nunca entendía qué demonios era lo que decía Jim, que hablaba con rodeos", observa Schmitt. "Para Ray era como un místico, pero le tenía confianza porque Jim mostraba capacidad creadora para diseñar un equipo que era único no sólo en nuestra compañía sino en todo el campo de los restaurantes".

Schindler aprendió en la práctica sus habilidades de ingeniería y diseño. Aunque durante toda su carrera siguió cursos nocturnos de diversas materias, tales como arquitectura e ingeniería química, nunca se graduó. Pero su experiencia práctica le fue más valiosa que cualquier diploma. Empezó en la escuela elemental, yendo a los sitios de construcción a ayudarle a su padre, que era contratista de enlucidos, y a estudiar los procedimientos que se usan en cada uno de los oficios de la construcción. Estando aún en la escuela secundaria, siguió cursos de dibujo y de arquitectura a nivel universitario, y después de salir de la escuela trabajó en el departamento de ingeniería de Albert Pick and Company, fabricantes de equipos grandes de cocina, como cuartos refrigerados y mostradores de cafetería. Allí Schindler adquirió habilidades en diseño que después le fueron muy útiles cuando delineó para McDonald's cocinas que llegaron a ser la norma para toda la industria de comida rápida. Durante la guerra se adiestró en electrónica en el Cuerpo de Comunicaciones, diseñó herramientas para la producción de municiones, y aprendió a manejar una prensa litográfica. Hasta diseñó cocinas para submarinos, ganando experiencia que le fue utilísima cuando tuvo que organizar cocinas en los espacios muy limitados de los primeros restaurantes McDonald's. Después de la guerra fue ingeniero jefe de Leitner Equipment Company, proveedores de cocinas comerciales, que fabricaban armarios y mostradores para restaurantes e instalaban equipos de cocina fabricados por otros.

Estaba allí en 1955 cuando Kroc acudió a él para que le resolviera un problema que se le había presentado en su nuevo restaurante de Des Plaines. Secciones de mostrador, hechas de láminas de acero delgado colocadas sobre madera y soldadas en el sitio, se combaban con el frío. Schindler las reemplazó con secciones prefabricadas inoxidables que eran veinte veces más gruesas y se colocaban en su sitio sujetándolas con pernos. Kroc vio que Schindler las había diseñado para resistir los cambios de temperatura en un drive-in que permanecía abierto todo el año. Los amplios conocimientos de construcción y diseño de Schindler y su respeto por la calidad hicieron una impresión profunda en Kroc, quien finalmente lo incluyó en su nómina en 1958.

Por supuesto, reunir tal diversidad de caracteres era apenas el principio. La verdadera tarea consistía en lograr que trabajaran armónicamente. Todos tenían sus ideas muy particulares sobre su trabajo, y si a esto se agregaban las diferencias de su personalidad, la mezcla resultaba explosiva. Kroc tenía que encontrar la manera de aprovechar esa energía.

Centralizar la autoridad podría haber parecido la manera más eficaz de evitar los conflictos de personalidad y de poder, pero Kroc rechazó de plano esa forma de organización. Habiendo contratado individuos independientes que no se ajustarían fácilmente a un molde corporativo, pensó que la única manera de lograr que trabajaran en armonía era darles completa libertad de acción.

Crear una estructura descentralizada, sin embargo, no era una medida estratégica para Kroc, sino la cosa más natural. Aunque en la superficie él tenía muchas características autocráticas, en el fondo era un libre pensador que no deseaba coartar la creatividad de su jóvenes gerentes. Era pragmático y comprendía que para realizar sus fines tenía que dejar que los gerentes hicieran su oficio sin estorbarlos. Es cierto que enseñaba y aconsejaba, y hasta exigía en aquellas áreas en que eran más profundas sus convicciones, pero no se imponía dictatorialmente. "No admiro a los dictadores", dijo, "porque yo nunca habría podido trabajar para un dictador. Me gustaba delegar autoridad, y siempre admiré en los negocios a las personas capaces de tomar en consideración alternativas a su propia manera de hacer las cosas". Pero también comprendía Kroc que no podía imponer su criterio porque él era tan nuevo en el negocio de comidas rápidas como todos los demás que trabajaban a sus órdenes. Prohibió la discusión de unas pocas ideas, como por ejemplo, incluir perros calientes en el menú (porque creía que "en la tripa embuten cantidad de carnes de tercera y de cuarta") y tener en los restaurantes tocadiscos automáticos (porque creía que con éstos los McDonald's dejarían de ser restaurantes de familia para convertirse en sitios de reunión de adolescentes). Pero en todo lo demás estimulaba a los gerentes para que expresaran sus diferencias y experimentaran con nuevas ideas. "Yo no tenía experiencia previa en el negocio de hamburguesas", explicó. "En realidad, ninguno de nosotros tenía bases muy firmes para sustentar sus puntos de vista, de modo que si ellos tenían una idea distinta de la mía, yo los dejaba que la llevaran adelante durante seis meses, a ver hasta dónde llegaban. Discrepábamos, yo cometía errores y ellos cometían errores, pero crecimos juntos".

En una palabra, Kroc aprovechaba la energía de su personal dándole rienda suelta. Los choques entre personalidades opuestas se evitaban porque cada gerente tenía tan enormes responsabilidades en su área que no le quedaban ni tiempo ni deseos de entretenerse con discusiones internas. Por lo menos durante los primeros años ése fue ciertamente el caso de dos gerentes que eran diametralmente distintos: Kroc y Sonneborn. No hacía aún un año que Sonneborn había ingresado a la nómina de McDonald's cuando empezó a proponer un cambio sustancial en la estrategia de la compañía tocante a inversiones en propiedad raíz en los restaurantes. La idea de hacer contratos de arrendamiento, acuerdos de compra de terrenos, e hipotecas sobre los restaurantes, era extraña para Kroc; pero a pesar de ello y de que Sonneborn proponía una dirección revolucionaria y cargada de enormes riesgos financieros, le permitió que la llevara adelante. "Ray era más complaciente que yo", dice Sonneborn. "Se ponía de acuerdo conmigo más que yo con él. Se metió en actividades de propiedad raíz pero en esta área generalmente confiaba en mi buen juicio". Kroc estaba de acuerdo con esto. "Yo me llevaba bien con Harry", dijo, "manteniéndome fuera de su alcance. Una o dos veces tuve que recordarle que aunque yo era muy tolerante, le agradecería que recordara que yo era el dueño de la compañía".

Kroc parecía comprender que sus gerentes tenían necesidad de cometer errores... y de aprender de ellos. Así, pues, a pesar de que él era un jefe totalmente distinto, Sonneborn dedicaba gustoso largas horas a trabajar por las mismas metas. "Harry respetaba a Ray porque Ray le daba la oportunidad de ser algo y le aflojaba la cuerda para que pudiera demostrarlo", observa June Martino.

A medida que McDonald's crecía, su sistema descentralizado de tomar decisiones seguía trayendo a la compañía individualistas que habrían encontrado difícil amoldarse a organizaciones más tradicionales. Así, la segunda generación de gerentes demostró el mismo pluralismo de la primera y también el mismo entusiasmo por el oficio y el espíritu de mutua colaboración. Turner observa: "Para individuos que tenían capacidades pero no se habían visto en situaciones que les permitieran demostrarlas, McDonald's fue el lugar de la gran oportunidad".

Los distintos gerentes evitaban también la competencia interna desarrollando un espíritu de familia que persiste hasta el día de hoy en la compañía. Pocos ejecutivos comparten sus alegrías y tribulaciones personales más que los gerentes de McDonald's. Cuando algún ejecutivo se retira, queda entre los restantes un sentimiento de pérdida, bastante parecido al que produce en la familia la muerte de uno de sus miembros. Cuando el gerente que se retira se pasa a un competidor, se considera que ha cometido una traición imperdonable. Ese fue el sentimiento que prevaleció cuando Donald Smith anunció abiertamente su separación en 1976 para asumir la presidencia de Burger King menos de una semana después de haber sido ascendido en McDonald's a vicepresidente ejecutivo principal. Todavía perdura el gran resentimiento que produjo su partida, y el momento en que la efectuó. Cuando Smith regresó a Chicago como presidente de la International Diversifoods, la mayor parte de los ejecutivos de McDonald's que habían sido sus amigos se mantuvieron fieles a una regla no escrita y no volvieron a asociarse con él.

En gran parte ese espíritu de familia fue un subproducto del sentido de misión que Kroc desarrolló. Aunque distintos unos de otros, sus gerentes trabajaban en armonía porque él los convenció de que estaban dedicados a una noble empresa — la creación de una cadena nacional de puestos de hamburguesas de 15 centavos — que los de afuera consideraban frívola. Compartían el deseo de mostrarle a la familia y de mostrarles a los amigos y a los hombres de negocios que ellos eran los precursores de una nueva industria que algún día ejercería un impacto trascendental en la vida y en los negocios de los Estados Unidos.

En consecuencia, los gerentes de McDonald's trataban el negocio de drive-ins de comidas rápidas con tanta seriedad como la IBM trataba a los computadores, Delta el transporte aéreo, y Boeing los aviones. El hecho de que la gente de fuera no entendiera eso no era obstáculo para que el sentido de un propósito uniera fuertemente a sus primeros gerentes. Kuhn observa: "Cuando uno cree en lo que está haciendo, está dispuesto a trabajar en muchos casos con personas a quienes no puede aguantar. Si no hubiéramos tenido la fortaleza de una misión, todo el amor del mundo no nos habría impulsado".

El espíritu de familia lo cultivaba también Kroc no separando su trabajo de su vida social. Aun en los tiempos en que McDonald's sólo tenía tres empleados, Sonneborn y June Martino se reunían con frecuencia en la casa de Kroc para cenar y discutir hasta altas horas de la noche sus visiones de expansión corporativa. Cuando creció la compañía continuaron las reuniones sociales entre los principales gerentes, por iniciativa de Kroc.

Las reuniones en que se combinan la vida social y la vida de la oficina se siguieron realizando incluso cuando la compañía llegó a la categoría de US$1 000 millones, y la actividad social corporativa se hizo en extremo costosa. Pocas compañías invitan a tantos gerentes *y a sus cónyuges* a las convenciones de administración, seminarios y conferencias, en todas las cuales se combinan el trabajo y las actividades sociales. En efecto, todos los años McDonald's gasta cerca de US$10 millones en dichas reuniones de administradores y concesionarios. Y cada dos años se celebra una convención que dura una semana, en que participan concesionarios y sus familias de todo el mundo. En 1986 asistieron seis mil personas a la convención que se celebró en Las Vegas, donde no solamente atendieron a cuestiones de negocios sino que también participaron en opíparos banquetes y en espectáculos ofrecidos por McDonald's. Y aun cuando se reúnen millares de gerentes y concesionarios en esos banquetes, se tiene mucho cuidado de conservar la atmósfera de familia y de no destacar la jerarquía corporativa: nunca hay una mesa de honor.

Para sostener el espíritu de familia, McDonald's tuvo que desarrollar figuras equivalentes a una matrona y a un patriarca de la compañía. El primero de estos papeles lo desempeñó sumamente bien June Martino, a quien se le debió más que a cualquier otra persona que la diversidad de las personalidades no produjera división. Dicho de otro modo, ella fue como una segunda madre para los jóvenes gerentes; y aun cuando no se le había reconocido formalmente tal papel, éste la convirtió en la funcionaria ejecutiva más querida en toda la organización.

Inspiró este afecto porque desempeñó una vital función pacificadora sin tener en cuenta sus propios intereses. Esto era de importancia definitiva en una compañía que se iniciaba, que no tenía una organización administrativa formal, y sin embargo necesitaba relaciones más estrechas —si bien potencialmente más volátiles— entre los empleados. Cuando una secretaria estaba a punto de sufrir un colapso nervioso porque un ejecutivo casado no tomaba sus relaciones tan en serio como las tomaba ella, era la señora Martino la que la llevaba a su casa para someterla durante varios días a una terapia casera. Cuando un gerente nuevo se presentaba en la oficina con la ropa sin planchar o las uñas sucias, o con alguna otra imperfección que seguramente haría estallar a Kroc, era ella la que se adelantaba a corregir tales defectos. Y también era ella la que hacía participar a las esposas en la familia McDonald's y escuchaba sus quejas por las largas horas que los maridos permanecían en la oficina. Una vez Kroc le dio a Turner una bonificación de US $1 500 al final de su primer año de trabajo. La señora Martino agarró al joven jefe de operaciones apenas salió de la oficina y le dijo:

—Ven conmigo.
—¿A dónde vamos?

—Vamos a comprarle a tu mujer una estola de visón.

Y así la bonificación que Turner esperaba gastarse en un segundo automóvil sirvió para pagar una estola de visón de US$1 700 para Patty Turner. June dice: "Aun cuando tenían tres hijitos y Fred permanecía mucho tiempo fuera de la ciudad, Patty nunca se quejaba. Las esposas hicieron muchísimo cuando empezamos con McDonald's, y yo siempre pensé que merecían compartir las cosas buenas".

Pero el mayor sentido de unión entre los diversos gerentes provenía de una lealtad poco común para con el patriarca de la compañía, Kroc. Pocos comprendían mejor que él que un jefe tiene la lealtad de sus colaboradores solamente cuando él mismo la practica. La creó internamente sentando desde el principio un precedente de generosidad con los empleados, muchos de los cuales aceptaron fuertes rebajas de sueldo cuando empezaron a trabajar para McDonald's durante los años improductivos de los comienzos. Sonneborn, por ejemplo, vino a trabajar con Kroc por US$100 a la semana después de haber sido vicepresidente de Tastee Freeze con US$25 000 al año. La rebaja para Conley fue mayor aún; pero cuando McDonald's dispuso de recursos, Kroc los compensó a todos con acciones y buenos sueldos.

Aun desde antes de que la compañía empezara a ganar bastante dinero, Kroc no era avaro en esta materia. Para lograr que Schindler cambiara de empleo en 1958 tuvo que pagarle US$12 000 al año, que era lo mismo que el propio Kroc recibía de Prince Castle Sales (Kroc no retiró de McDonald's ni sueldo ni dinero para gastos hasta 1961). En esa época McDonald's estaba casi quebrada y para poder pagarle a Schindler su sueldo, el fundador tuvo que tomar dinero prestado sobre su póliza de seguros.

Dos años antes, Kroc había convenido en pagarle a Fred Turner, para empezar, un sueldo de US$475 mensuales en lugar de los US$425 que le había ofrecido antes. Turner le había pasado una lista de todos los gastos de transporte y de hogar que creía que justificaba su petición, pero se sorprendió de que Kroc no la hubiera objetado. "Ray no retiraba entonces ni un centavo del negocio, y sin embargo no vaciló en darme lo que yo pedía", recuerda Turner.

Pero el papel de Kroc como patriarca iba más allá de las cuestiones de dinero. En gran parte hizo de sus gerentes una familia unida no diciéndoles cómo debían realizar sus tareas específicas sino enseñándoles principios fundamentales aplicables a todo el mundo. Prácticamente para todos sus gerentes —que eran 20 o 30 años menores que él— Ray Kroc representaba la figura cabal del padre.

Siempre les estaba enseñando, y muchas de sus lecciones, lo mismo que muchos de sus regaños, no se referían directamente a decisiones de negocios sino que eran reglas para vivir, reglas que Kroc consideraba válidas y benéficas para ellos.

Estaba profundamente comprometido con ciertos principios puritanos básicos. Creía en la ética del trabajo. Creía que el aseo y la compostura de la persona revelaba su fortaleza de carácter. Su puritana devoción a la economía era tan fuerte que seguía moldeando su conducta hasta mucho después de que el éxito de McDonald's lo había colocado en las filas de los hombres más ricos del país. Ya octogenario, seguía buscando gangas. No era raro que se hiciera llevar en su Rolls Royce a alguna de las muchas bodegas con descuento que hay en California y donde, entre otras cosas, podía comprar un cartón de cigarrillos para su esposa a mejor precio que en las tiendas del vecindario. Dice Turner: "Para Ray el desperdicio no se justificaba, por más dinero que uno tuviera. Es ineficiente, desconsiderado y egoísta".

En el decenio de los 50, cuando McDonald's luchaba por sobrevivir, Kroc les daba a sus agentes instrucciones personales sobre la economía. Les decía dónde se compraba la comida más barata, les aconsejaba recortar los cupones y comprar los cereales para los niños en cajas de tamaño económico, y una vez hizo circular un memorándum para todo el personal, en que les hacía ver que era mucho más barato comprar los cigarrillos por cartones que por cajetillas. La enseñanza de la economía por el ejemplo continuó aun después de haberse vuelto rico Kroc. Algunos ejecutivos recuerdan que en un vuelo con él y su tercera esposa, Joan, en su avioneta Gulfstream que valía US $8 millones, le reclamó a su esposa porque le llevó una naranja con tres servilletas en lugar de una sola.

Pero también enseñaba su filosofía de los negocios que era en gran parte aplicación de la misma ética puritana. Les predicaba sin cesar a sus jóvenes gerentes que se concentraran en las utilidades a largo plazo, que se derivan de un desempeño de calidad, y que no buscaran ganancias a corto plazo que se pueden obtener sin dedicación a los detalles. Les aseguraba que si ejecutaban bien su oficio, el dinero vendría por añadidura. En efecto, repetía con tanta frecuencia sus lecciones, que más de una docena de ellas se han convertido en aforismos y adornan hoy muchas de las oficinas de McDonald's. Vaya de muestra: "El éxito no es gratis; ni tampoco el fracaso". Y otra: "Ninguno de nosotros es tan bueno como todos juntos". Y otra más: "La libre empresa funciona si usted funciona".

Aun cuando no era un hombre religioso, si se juzga la religiosidad por la asistencia a la iglesia (congregacionalista de nacimiento, iba a la iglesia principalmente por una boda o un funeral), era sin embargo profundamente fiel a sus principios. Estos eran perfectamente claros, sin posibilidad de componendas. Lo curioso es que Kroc encabezaba un nuevo mundo de comidas rápidas sobre bases estrictamente del viejo mundo. El cronista George Will escribió: "Ray Kroc era un hombre del siglo diecinueve que vivió en el siglo veinte". Y, sin embargo, comunicándoles a sus gerentes sus principios intransigentes, a la manera de un padre con sus hijos, creó entre ellos un fuerte lazo de familia. Siendo tan distintos como eran en todo lo demás, compartían la filosofía del fundador. "A la luz de las ideas de hoy", observa Turner, "las reglas de vida de Kroc pueden parecer una intromisión en el fuero interno de los demás, y quizás lo fuera; pero era una época distinta. Esas reglas no eran ofensivas, no eran negativas. Uno sabía que para él eran importantes, y uno las aceptaba".

Pero los gerentes de McDonald's aceptaban los principios de vida de Kroc porque en realidad no los privaban de ninguna libertad en el desempeño de sus oficios. Por el contrario, asignándoles a sus jóvenes gerentes corporativos enormes responsabilidades, Kroc los estimulaba para que expresaran su diversidad en forma creativa. Actuando como su patriarca los incitaba a halar en la misma dirección. Había dominado el arte de manejar a individuos creativos manteniendo el delicado equilibrio entre su necesidad de libertad y su necesidad de guía. Dice Turner: "Hacía que cada uno diera lo mejor de sí. Era el mejor jefe que uno podía tener en la vida".

Capítulo 6
HACIENDO HAMBURGUESAS

Comenzaba el decenio de los 60. Desde un Burger Chef que se preparaba para abrir en Springfield, Ohio (el primero de más de un centenar que abriría en aquel Estado) Jack Roshman observaba enfrente, al otro lado de la calle, a una cuadrilla de obreros que daba el último toque a un novísimo McDonald's. Aquél sería su primer encuentro directo con el rival de los arcos.

Vio que de allí salía un individuo que venía a su encuentro y supuso que sería el nuevo concesionario de McDonald's, pero en realidad era Ralph Lanphar, el nuevo supervisor de área de aquella compañía, y mientras se acercaba, Roshman se preparó para intercambiar algunas frases agradables y sugerir que los dos restaurantes de hamburguesas podrían ayudarse mutuamente en caso de necesidad prestándose carne, panecillos, y otras cosas. Sabía que McDonald's no tenía fama de ser una empresa muy amistosa, pero, a pesar de ello, le sorprendió el saludo de aquel hombre: "Hola, soy el nuevo supervisor de McDonald's", le dijo Lanphar. "A ustedes los vamos a sacar del negocio".

Esta escena no se le apartó de la mente durante dos decenios. Para él, reflejaba la irrevocable voluntad de McDonald's de forjar una operación de hamburguesas superior a todas las demás y su convicción de que lo único que podía aprender cooperando con sus competidores eran malos hábitos. Roshman compara las operaciones de McDonald's con el Cuerpo de Infantería de Marina: entrenamiento duro, reglas duras y ordenancistas duros para hacerlas cumplir. "Cuando un individuo salía de la Universidad de la Hamburguesa (el centro de entrenamiento de McDonald's), salía convencido de que era el mejor operador de restaurantes en el mundo y de que podía vencer a cualquiera", observa Roshman. "Burger Chef tenía reglas parecidas sobre calidad, servicio y aseo, pero nos faltaba la eficiencia de McDonald's. En este negocio no hay secretos: una hamburguesa es una hamburguesa. Yo creo que nosotros no teníamos la misma dedicación a la calidad que ellos tenían".

Fred Turner rechaza de plano la comparación con la Infantería de Marina: "El sistema fija normas uniformes, pero ¿regimentación? ¡De ninguna manera!" Con todo, no se puede negar que gran parte del éxito de McDonald's es el resultado de su dedicación a un régimen operativo. McDonald's tomaba mucho más en serio que cualquiera de sus competidores la tarea de definir sus operaciones, fijar normas básicas de desempeño, y controlar a los proveedores y operadores para determinar si esas normas se estaban cumpliendo. Ese trabajo continúa hoy, pero la orientación fundamental del sistema operativo se determinó durante el primer decenio, y se debió a Turner más que a ninguna otra persona.

Desde luego, Ray Kroc fue el que fijó la política. Aun cuando se hayan subestimado sus capacidades administrativas en cuestión de concesiones, es bien conocido su compromiso personal con la calidad, el servicio y la limpieza, y de estas características hizo el distintivo de McDonald's entre todos sus competidores en una industria en que todo se copiaba. Los hermanos McDonalds no le habían dado ninguna receta secreta de hamburguesas, ni de malteadas, ni de papas fritas. No poseía patentes ni inventos tecnológicos, ni tampoco un producto nuevo. Nadie le dio una Xerox ni una Polaroid.

Los gerentes de otras cadenas de comidas rápidas sabían que las suyas, cuando se preparaban bien, eran más o menos iguales a las de McDonald's. Hubo muchas razones para que McDonald's acabara por dominar una industria en que nadie tenía ninguna ventaja especial, pero sus competidores sólo se han puesto de acuerdo en una: en que McDonald's tomó más en serio la tarea de desarrollar una operación de sistema uniforme. Eso creó la diferencia que antes no existía. Uno podía estar seguro de que los concesionarios de McDonald's siempre servían la misma calidad de comidas y prestaban los mismos servicios en todas partes, en todos los restaurantes. Sus competidores reconocen que ellos no podían hacer lo mismo.

Lograr la uniformidad es lo más difícil de todo en un negocio de concesiones. A diferencia de los fabricantes que producen artículos uniformes sencillamente centralizando la producción, los concesionistas de comidas rápidas venden un producto elaborado en establecimientos locales por infinidad de operadores distintos. Inicialmente, McDonald's no tenía sino un secreto que la hizo destacar en la industria: encontró la manera de obtener estricta uniformidad de producción sin ahogar la creatividad individual de sus operadores con excesiva regimentación. "El que diga que tiene operaciones tan buenas como McDonald's no dice la verdad", declara Richard Kearns, fundador de la cadena de hamburguesas Red Barn. "Ninguno de los otros se aproximó siquiera. Todos teníamos algunos restaurantes de primera que podían equipararse con los mejores de McDonald's, pero con la compañía en conjunto no había punto de comparación. A Ray Kroc nunca lo movió el dinero tanto como el amor propio. Era tal su orgullo personal que cuando veía un McDonald's malo se volvía como loco. Creía en la calidad, el servicio y el aseo como en una religión. Toda la gente de McDonald's profesaba la misma creencia. Jim Collins, cuya compañía maneja 250 restaurantes de Kentucky Fried Chicken, comparte esa opinión: "He visitado los McDonald's en Tokio, Viena y Australia, y tengo la sensación de haber recibido siempre el mismo producto en todos esos puntos. Otros no han podido implantar la disciplina necesaria para lograr esa uniformidad, y yo creo que eso se debe al recio Ray Kroc, que les decía: "O lo hacen ustedes a mi manera o se van".

Al organizar su sistema operatorio, McDonald's no desplegó genio sino más bien tenacidad. Hoy, para sobrevivir, todas las cadenas de comidas rápidas tienen que formar organizaciones centrales que desarrollen normas de operación y preparen a sus concesionarios para cumplirlas. Tienen que responsabilizarse de escoger proveedores y fijar especificaciones para todos los productos alimenticios. Y, finalmente, deben controlar el sistema para asegurarse de que los hosteleros estén siguiendo las normas y de que los proveedores estén cumpliendo las especificaciones de los productos.

Por lógico y elemental que esto parezca, era un concepto revolucionario en la industria cuando McDonald's lo adoptó en los años 50. No es posible apreciar el gran avance que logró esta compañía sin entender primero que, antes de McDonald's, los concesionistas de los servicios de comidas sencillamente no dedicaban mucho tiempo a desarrollar organizaciones centrales para supervisar las compras, fijar normas operativas o entrenar a los concesionarios. Le dedicaban la mayor parte de su tiempo y energía a la función a la cual McDonald's le dedicaba el menor esfuerzo: vender concesiones. Una vez abiertos los restaurantes, se dedicaban a cobrarles regalías a las unidades existentes y a abrir otras. Desde el punto de vista operativo, su sistema funcionaba con piloto automático.

Cuando McDonald's empezó en 1955, las dos cadenas más grandes —Dairy Queen y Tastee Freeze— ya habían fijado ese patrón. Como les vendían grandes territorios a concesionarios que los subarrendaban a operadores locales, el que debía supervisar las operaciones era el concesionario para todo un Estado. Se comprende que las operaciones variaran. Algunos concesionarios territoriales vigilaban los restaurantes y otros no; algunos controlaban la calidad de los productos; otros no.

Los concesionarios territoriales no eran responsables del cumplimiento de normas rígidas porque el concesionista nacional no se lo exigía. Harry Axene manejaba a Dairy Queen como un negocio personal. Leo Moranz, el fundador de Tastee Freeze, tenía sólo cinco empleados, aun después de que la cadena había inaugurado 1 500 restaurantes. Eran ellos dos secretarias, un encargado de cobrar las regalías, otro que manejaba los pedidos que se hacían por conducto de la cooperativa Tastee Freeze Buying Association, y uno que viajaba por el país ayudándoles a los concesionarios a inaugurar sus primeras unidades. En realidad, dice Moranz, una de las razones que llevaron a Harry Sonneborn a separarse de Tastee Freeze fue que no tenía allí suficiente trabajo en qué emplear sus talentos. "Si se hubiera quedado conmigo", dice Moranz, "no habría sido nada, porque yo era el negocio".

Una vez que hubo parcelado todo el territorio de los Estados Unidos entre sus concesionarios, Moranz no tenía nada más que hacer sino cobrar sus regalías de diez centavos sobre todo galón de mezcla que los operadores les compraban a las lecherías escogidas por él. Tenía una máquina de hacer dinero que le parecía no necesitaba aceite. "En promedio yo recibía una regalía de US $600 por restaurante al año", recuerda. "Eso no parece mucho hasta que uno lo multiplica por 1 500 y piensa que yo no tenía muchos gastos fijos". También ganaba dinero vendiéndoles a los concesionarios los congeladores que hacía su compañía, y si se agregan a la ecuación las utilidades, dice, se ganaba fácilmente más de un millón de dólares al año, lo cual era una bonita suma para los años 50. "Yo me iba a Palm Springs a pasar seis meses durante el invierno", dice. "El negocio andaba solo".

Casi todos los primeros concesionistas de comida rápida operaban en forma análoga. Aun cuando dedicaran más horas al trabajo, nunca pensaron en organizar grandes sistemas operativos para controlar las operaciones de sus concesionarios. Harlan Sanders les concedía licencias de explotación de Kentucky Fried Chicken a grandes operadores territoriales con una organización no mayor que la de Moranz; y Bob Wian otorgó concesiones de su operación del Big Boy, a escala nacional con una nómina de cinco empleados porque confiaba en que los bien establecidos concesionarios territoriales supervisarían sus propias operaciones.

Ninguno de los otros concesionistas de las hamburguesas de 15 centavos tenía la menor idea de crear una organización de supervisión y apoyo parecida a la que buscaba Kroc. Ni siquiera competidores como Henry's — que poseía recursos financieros de que Kroc carecía — destinaban el tiempo y el dinero que destinaba McDonald's a las operaciones centrales. Henry's, que era propiedad de la Bressler Ice Cream Company, creció al principio tan rápidamente como McDonald's, y desde el punto de vista estrictamente financiero, parecía que tenía mayores posibilidades de ocupar el primer puesto en el negocio de las hamburguesas. Pero en 1965, el año en que McDonald's se transformó en sociedad abierta y llegó a 700 restaurantes, Henry's había desaparecido.

Los problemas de Henry's eran todos operativos y provenían de la idea que tenían los Bresslers de utilizar la cadena de hamburguesas como vehículo para vender sus helados. Esto creaba tremenda presión para vender concesiones y abrir puestos que empezaran a comprar productos Bressler. Por el contrario, no tenían incentivo para organizar un equipo de operaciones. Charles Bressler, uno de los cinco hermanos dueños de la Bressler Ice Cream Company, cree que el mayor problema de la cadena era su falta de una supervisión adecuada de los establecimientos, y comenta: "No me gusta criticar a mis hermanos, pero ellos no estaban en el negocio de los drive-ins". Su interés en Henry's, agrega, era "principalmente por el negocio de los helados".

En fuerte contraste con otros recién venidos al negocio de las comidas rápidas a mediados de los años 50, McDonald's encauzó gran parte de sus esfuerzos hacia la definición, el refinamiento, y el mejoramiento de su sistema de operaciones. Hubiera podido esperarse todo lo contrario puesto que la empresa comenzó con un sistema sumamente detallado que tenía más de seis años de experiencia en San Bernardino. Sin embargo, Kroc instintivamente entendió que el Sistema de Servicio Rápido de los hermanos McDonalds podía mejorar y que él tenía las facultades para hacer los cambios necesarios, a pesar de que el contrato con los hermanos claramente contrariaba semejante suposición. Según dicho contrato, ellos tenían que aprobar por escrito cualquier cambio, cosa que nunca hicieron. Kroc pensó que para crear una cadena nacional con centenares de concesionarios que eran nuevos en el negocio de restaurantes, tenía que desarrollar un sistema mucho más refinado de operación que el que habían empleado los McDonalds en San Bernardino. Necesitaba un sistema sólido y a la vez suficientemente sencillo para que los novicios pudieran convertirse en fuertes operadores en unas pocas semanas. Por eso desde que abrió su restaurante en Des Plaines, se dedicó con su personal a introducir modificaciones sustanciales en las técnicas de los hermanos, a sabiendas de que con ello McDonald's Corporation violaba las restricciones contractuales.

Según el criterio de sus nuevos gerentes, la tarea de definir el sistema tocaba cuatro áreas: mejoramiento del producto, desarrollo de relaciones superiores con los proveedores, mejoramiento de los edificios y equipos, y organización de una fuerza táctica para entrenar a los concesionarios y controlar sus restaurantes. Con el estímulo y la dirección general de Kroc, el equipo que creó el nuevo sistema de operaciones de McDonald's se componía de Turner, el especialista en equipos Schindler, y Nick Karos, cuya familia tenía un puesto de emparedados y helados.

El trabajo de estos tres, y de otros especialistas en operaciones, dio como resultados visibles la calidad de la comida, la rapidez del servicio, y la limpieza del restaurante norteamericano de servicio al automóvil. Establecieron las normas de operaciones para una industria de comidas rápidas que vale US $45 000 millones, pero el impacto de sus esfuerzos fue más allá. Para lograr las tres características de calidad, servicio y limpieza con un servicio de comidas enteramente nuevo (y que la mayor parte de los proveedores no estaban preparados para prestar) McDonald's adelantó detrás de bastidores una campaña para revolucionar a muchos negocios distintos del de restaurantes, desde procesadores de alimentos hasta fabricantes de equipos de cocina, incluyendo sectores importantes de la agricultura norteamericana.

En efecto, su mayor impacto en la vida de los negocios de los Estados Unidos ha sido en áreas que los consumidores no ven. En busca de mejoras, sus especialistas en operaciones retrocedieron en la cadena de producción y suministros. Cambiaron la forma en que solían los agricultores cultivar papas y la forma en que solían las compañías procesarlas. Introdujeron nuevos métodos en las lecherías del país. Modificaron la manera de criar ganado y la forma en que la industria cárnica prepara el producto final. Inventaron el equipo de cocina más eficiente que ha visto la industria de comidas. Fueron los precursores de nuevos métodos de empaque y distribución. En realidad, nadie ha ejercido mayor influencia que McDonald's en la modernización del procesamiento de alimentos en los dos últimos decenios.

El joven equipo de operaciones empezó por redactar un manual sobre la manera de preparar la comida más popular: una hamburguesa, papas fritas, y una leche malteada. Mientras que la operación de los restaurantes para el gourmet se había elevado a un arte, nadie había tratado de hacer una ciencia de la comida predilecta de las masas, y nadie había fijado normas de calidad para productos tan comunes. Cuando se abrió el McDonald's de Des Plaines, la carne que se aprovechaba para hamburguesas casi siempre eran trozos que quedaban en el cajón de sobras del carnicero. De igual modo, nadie, ni siquiera los expertos de la industria papera, había descubierto una manera de producir sistemáticamente buenas papas fritas. Había la misma probabilidad de que los restaurantes las sirvieran flojas y mantecosas o tostadas y doradas. Y aunque las fuentes de soda sí producían malteadas de buena calidad, dichas fuentes se estaban convirtiendo en elefantes blancos debido al costo alto de la mano de obra que necesitaban. Las cadenas que servían helados cremosos usaban maquinaria automática para reemplazar los helados de las fuentes de soda, pero ninguna cadena estaba aprovechando nueva tecnología para producir malteadas.

McDonald's cambió todo eso dedicándoles a la humilde hamburguesa, a las papas fritas y a la lecha malteada más atención, más estudio y más investigación de la que nadie había soñado. Este trabajo tuvo su origen en la convicción de Turner y Kroc de que las características de McDonald's ofrecían una enorme oportunidad de modernizar el servicio en la misma forma en que años atrás los fabricantes habían modernizado las líneas de montaje. Su deseo de obtener calidad los motivó para perfeccionar un sistema operativo, pero lo que hizo que esto fuera posible fue el menú de sus restaurantes, limitado a diez artículos. A mediados del decenio de los 50, la especialización había producido mejoras operativas en las principales industrias, con excepción de la de servicios de comidas, y el obstáculo evidente era que el menú de los restaurantes era demasiado extenso. McDonald's fue la primera que logró eficiencia en esta industria porque fue la primera que aprovechó la especialización. "No era que nosotros fuéramos más listos", dice Turner. "El hecho de que vendiéramos únicamente diez artículos, de que tuviéramos locales pequeños, y de que nos valiéramos de un número limitado de proveedores, creaba un ambiente ideal para profundizar realmente en todos los aspectos".

El personal de operaciones de McDonald's tenía entonces otra ventaja: desconocía las prácticas corrientes en los restaurantes. Con excepción de Karos, los demás especialistas de operaciones no tenían experiencia en el ramo. Sin embargo, como el concepto del servicio de comida rápida era tan distinto, la falta de experiencia en restaurantes convencionales vino a ser una ventaja en lugar de una desventaja. Incluso en la actualidad, cuando se trata de contratar personal, McDonald's no se deja impresionar por los graduados de Cornell y otras notables escuelas de hotelería. Muchos de sus progresos empezaron con experimentos que no se habrían realizado si el personal de operaciones hubiera tenido experiencia. "Como no teníamos experiencia previa en restaurantes", dice Turner, "no dábamos nada por sentado. Todo teníamos que aprenderlo nosotros mismos".

El proceso de descubrimiento iniciado por Turner, Schindler y Karos fijó la pauta para el futuro desarrollo del sistema McDonald's. Todo se hacía a base de aprendizaje mediante ensayos y errores. No había idea alguna que no mereciera discutirse. Casi todas valían la pena. Pocos métodos estaban tan arraigados que no fuera posible cambiarlos tan pronto como se encontraran otros nuevos. En suma, el negocio de McDonald's evolucionó como resultado de millares de experimentos que se hicieron en el mundo real de los restaurantes. Turner dice: "Buscábamos continuamente una mejor manera de hacer las cosas, y después una mejor manera corregida; y luego, una mejor manera, corregida y vuelta a corregir".

En ninguna área se siguió tan exhaustivamente el proceso como el perfeccionamiento de la papa frita común. Este producto, cuando se constituyó McDonald's System, Inc., representaba no más de un 5 por ciento de todas las papas que se vendían en el mercado de los Estados Unidos. Hoy representa más del 25 por ciento, y los expertos de la industria reconocen que las mejoras realizadas por McDonald's en el cultivo y el procesamiento del tubérculo contribuyeron grandemente a ese resultado. También realzó grandemente la imagen de McDonald's, porque el paquetito de papas fritas de 10 centavos le dio su más significativa diferenciación de producto. Hasta los consumidores que dudaban de que una cadena especializada en hamburguesas de 15 centavos pudiera producir comida de calidad se vieron pronto atraídos por sus papas fritas, y algunos llegan incluso a creer que éstas fueron más importantes para el desarrollo de la compañía que las hamburguesas mismas, opinión que se apoya en el hecho de que aun hoy cuatro de cada seis comensales las piden. Una vez explicó Kroc: "Un competidor podría surtirse de la misma clase de hamburguesa que nosotros, y no tendríamos entonces ninguna ventaja; pero las papas fritas nos dieron una identidad y un carácter de exclusividad porque en ninguna parte era posible comprar nada que se pareciera siquiera a las nuestras. Se veían los resultados de nuestros cuidados exquisitos".

Estas famosas papas fritas no se obtuvieron por accidente ni se heredaron de los hermanos McDonalds. Por el contrario, fueron el producto de una continua investigación. Gerry Newman, vicepresidente ejecutivo principal y jefe de contabilidad de McDonald's, calcula que en su primer decenio la compañía gastó más de US$3 000 000 en perfeccionarlas, inversión impresionante para cualquier compañía de comidas, y muy sorprendente para una que apenas empezaba.

Al principio no se hacía más que vigilar la freidura de las papas en los restaurantes, tratando de determinar la temperatura y el tiempo precisos para producir la mejor calidad constantemente. Pero lo que parecía una tarea sencilla, pronto se vio que era algo parecido a descubrir los secretos del átomo. McDonald's descubrió que la temperatura que se fijaba en los aparatos de freír guardaba poca relación con la temperatura del aceite en la caldera. Cuando se echaban las papas frías en el aceite, algunos aparatos se recuperaban de la baja temperatura mucho más rápidamente que otros. Cuando se comprendió que el enigma de la temperatura y el tiempo era más complicado de lo que se había creído, Turner intensificó su investigación. "Yo llevaba siempre un termómetro en mis visitas a los restaurantes para tomar la temperatura de las calderas de freír", recuerda.

Aun después de haber determinado lo que parecía ser la graduación óptima para cada tipo de aparato de freír, los operadores siguieron observando que algunas tandas se freían completamente mientras que otras, con la misma graduación de temperatura, salían doradas por fuera pero medio crudas por dentro. Las diferencias ocurrían aun cuando no se cambiara de proveedores y se usara la papa normal, que era la N°1 Idaho Russet, la preferida para el plato, debido a su forma oblonga y su alto contenido de sólidos. Nadie sabía explicar estas diferencias, ni los cultivadores, ni los procesadores ni los distribuidores. Al igual que muchos interrogantes que McDonald's se planteaba en sus primeros tiempos, éste no había sido planteado antes.

Con la experiencia, Turner y Karos llegaron a la conclusión de que el secreto estaba en la curación de las papas que se recibían en el restaurante. Las que se guardaban en el sótano durante largos períodos de tiempo producían papas fritas mejores que las que se freían inmediatamente después de recibirlas. Investigando esta idea, descubrieron lo que hoy ya se sabe en todo el negocio de las comidas rápidas: que las papas que se usan para freír deben ser curadas durante unas tres semanas para que una proporción suficiente de los azúcares que contienen se conviertan en almidón. De otra manera los azúcares producen un exceso de dorado, de modo que por fuera parece que ya están bien fritas, pero en realidad todavía no lo están por dentro.

Este descubrimiento los llevó a buscar otras mejoras. Por los elaboradores de hojuelas de papa se enteraron de que la variedad Idaho Russet varía grandemente en contenido de sólidos, lo cual influye mucho para que permanezcan bien tostadas después de fritas. Entonces empezaron a medir la proporción de sólidos para determinar el contenido preciso que se necesitaría para producir una papa quebradiza, y al fin llegaron a una norma que consistía en aceptar únicamente papas con un contenido de sólidos por lo menos del 21 por ciento. Karos, Turner y otros especialistas se dedicaron a visitar a los abastecedores de materia prima armados de hidrómetros, instrumentos de flotación que miden la gravedad específica — y por consiguiente el contenido de sólidos — de las papas sumergidas en un gran balde de agua. Ver a estos jóvenes de McDonald's armados de hidrómetros fue una experiencia que les produjo sobresaltos a muchos distribuidores de papa. Sus clientes jamás se habían presentado en sus depósitos para hacer pruebas de gravedad específica ni de ninguna otra cosa. Dice Karos: "Estos paperos eran un gremio difícil de tratar. La mayoría de ellos ni siquiera habían oído hablar de gravedad específica, pero los convencimos de que necesitábamos papas con alto contenido de sólidos".

Convencer a los distribuidores locales no fue difícil. Si no habían visto antes un hidrómetro, tampoco habían visto un pedido de papas de casi 3 000 libras por semana hecho por un restaurante McDonald's común y corriente. Pero si esto era incentivo suficiente para que ellos accedieran a lo que se les pedía, no podían controlar en igual forma a sus propios abastecedores. Para obtener la papa de la calidad requerida, McDonald's tenía que ir a la fuente: los cultivadores y los procesadores.

Karos viajó al Estado de Idaho a buscar cultivadores que observaban ciertas prácticas de siembra y de fertilización. Encontró que la mayor parte de los procesadores guardaban las papas en cuevas artificiales de poco fondo hechas excavando tierra. Este fue un descubrimiento alarmante, pues se vio que el problema que McDonald's tenía de papas podridas no era consecuencia de la excesiva curación en sus bodegas sino más bien de prácticas anticuadas de la industria papera, que almacenaba el producto sin los necesarios controles de temperatura. Turner recuerda: "Si el área de almacenamiento se calentaba demasiado, abrían la puerta de la cueva".

En 1962 el número de restaurantes McDonald's pasó de 400 y su consumo de papas sobrepasó los 6 millones de libras al año — un poder de compra suficiente para inclinar a la industria papera a satisfacer sus necesidades. Empezó por lograr que los cultivadores de la variedad Russet observaran prácticas de siembra y abonos que produjeran papas con alto contenido de sólidos, y buscó procesadores dispuestos a invertir en modernas instalaciones de almacenamiento con controles automáticos de temperatura. Con estas exigencias, McDonald's contribuyó a que para mediados del decenio de los 60 se hubieran logrado grandes mejoras en una industria de la cual no sabía nada antes de que Kroc inaugurara su primer restaurante en 1955.

No todas las mejoras provinieron de cambios en las materias primas. Más dramáticas aún fueron las medidas que se tomaron para mejorar el proceso de freidura en los restaurantes. Poco después de que se inaugurara el restaurante de Des Plaines, Dick Keating, cuya empresa le suministraba a McDonald's aparatos de gas para freír, le recomendó a Kroc que visitara un puesto de perros calientes llamado Sam's, en Chicago. Era éste uno de los muchos de su clase que a mediados de los años 50 servían una salchicha con un plato de papas fritas, y, lo mismo que muchos otros, utilizaba el llamado método de Chicago para freír las papas. En lugar de freírlas de una vez durante cinco minutos en un solo proceso, como hacían casi todos los restaurantes, Sam's las soasaba durante tres minutos por la mañana, y después acababa de freírlas durante un par de minutos antes de servirlas. Este sistema le permitía al hostelero disponer de las cantidades necesarias para atender a las horas de mayor demanda, pero Keating estaba convencido de que el soasado previo producía papas mejor tostadas. Kroc estuvo de acuerdo y ordenó cambiar el procedimiento de un solo paso que habían heredado de los hermanos McDonalds. También quiso Keating que McDonald's estudiara la posibilidad de usar la grasa que se usaba en Sam's, a base de tejido adiposo de res vacuna, y puso a Kroc en contacto con el pequeñísimo proveedor de dicho producto, Harry Smargon. Este acababa de fundar su compañía Interstate Foods Company, y por no tener con qué comprar equipo de hidrogenación, que se necesita para producir grasa que sea el ciento por ciento vegetal, usaba el tradicional proceso de mezclar aceite vegetal con sebo vacuno refinado. Impresionado con el buen sabor de las papas fritas que le había recomendado Keating, Kroc resolvió ensayar la manteca de Smargon.

Por razones que él mismo no sabe explicar, Smargon insistía en que friendo las papas con la manteca de Interstate quedaban más tostadas y de mejor sabor que friéndolas en grasa totalmente vegetal, que era la práctica corriente en los restaurantes para freír en cazuela. Celebrado el acuerdo entre Kroc y Smargon, McDonald's pasó a ser el primer cliente de Interstate. Smargon preparó específicamente para McDonald's una grasa que llamó Fórmula 47, por los 47 centavos que cobraba a la sazón McDonald's por su llamada comida típica Americana: una hamburguesa de 15 centavos, 12 centavos de papas fritas, y una malteada de 20 centavos.

Cuánto mejoró la Fórmula 47 el sabor de las papas fritas es cuestión de gustos. El hecho es que la decisión de McDonald's en cuanto a grasa se convirtió en norma de la industria, y la compañía de Smargon, que no tenía sino tres empleados cuando Kroc hizo su primer pedido en 1955, y es hoy filial de CFS Continental, vende al año US$100 000 000 de su mezcla de grasa vegetal y animal. No sólo les suministra la Fórmula 47 a casi todos los 9 300 McDonald's, sino que les vende una grasa parecida a Burger King, Wendy's, Hardee's y Jack-In-The-Box. Con un 40 por ciento que se le calcula del mercado, la Interstate domina el negocio de grasas para comidas rápidas, el cual, sin la influencia de McDonald's, habría sido controlado por Procter and Gamble, Wesson, o algún otro de los grandes del mercado de grasas.

Pero ni siquiera con esos cambios quedó satisfecha la pasión de McDonald's para refinar lo que se había convertido en su producto más importante a finales del decenio de los 50. La cadena, que tenía para entonces un patrimonio inferior a US$100 000 y apenas daba para pagar los gastos, empezó a investigar cómo se fríen papas de la misma manera que las compañías farmacéuticas investigan nuevas drogas. En 1957, Louis Martino, el esposo de June, les presentó a Kroc y a Turner una idea que transformaría el arte de la freidura en una ciencia. Había dejado su empleo como ingeniero electricista de Motorola para manejar la unidad McDonald's que poseían él y su esposa, y en el sótano de ese restaurante desde hacía meses venía investigando el tema. Estaba convencido de que lo que necesitaba McDonald's era un laboratorio en que él pudiera trabajar de tiempo completo, pues a pesar de las mejoras que ya se habían realizado, sabía que el proceso de freír a la francesa todavía adolecía de resultados disparejos y le parecía que el único remedio era automatizarlo.

Kroc aprobó el plan, y Martino instaló el laboratorio McDonald's en un pequeño edificio que poseía. Inmediatamente inició extensos experimentos para medir algo que ni siquiera los grandes laboratorios de los procesadores de alimentos habían investigado: ¿Qué le ocurre a una papa durante el ciclo de freidura en cazuela? Colocó sensores eléctricos en la caldera y en las mismas tajadas de papa y graficó las lecturas de temperaturas durante el proceso. Hasta frió papas con colorantes que le permitieron analizar tajadas delgadas bajo el microscopio. Después McDonald's contrató a Ken Strong, técnico de Lamb Weston, uno de los principales procesadores de papa, para que le ayudara a Martino en sus investigaciones. Después de más de un año de trabajo, Martino y Strong hicieron un descubrimiento que llevó a la automatización del proceso de freír a la francesa. Ocurría que aunque los proveedores cumplieran las especificaciones de McDonald's y los operadores observaran cuidadosamente las temperaturas y los tiempos prescritos, distintas tandas de papas variaban en el tostado y el punto de freidura. Martino descubrió cómo eliminar este problema; sus investigaciones le revelaron que cuando se echa una tanda de papas frías y húmedas en una caldera de grasa fundida que está a 163°C, la temperatura del aceite baja instantáneamente, pero se estabiliza a un nivel diferente para cada tanda antes de recuperarse. Una cosa más importante aún fue la observación de que por más que descendiera la temperatura, las papas quedaban siempre perfectamente fritas cuando la temperatura del aceite de la caldera volvía a subir justamente 1.7°C a partir del punto mínimo. Este descubrimiento era el preciso para la automatización. Martino bautizó pomposamente su descubrimiento el "computador de papas", pero en realidad no era más que un sensor eléctrico que determinaba en qué momento la temperatura del aceite en la caldera había recuperado ese crítico 1.7°C. Inmediatamente el dispositivo se introdujo en todos los restaurantes McDonald's para automatizar el proceso de freír indicándole al operador en qué momento estaba completamente frita una tanda. Funcionó en forma tan satisfactoria que una versión moderna es hoy el equipo normal en todas las calderas de freír de McDonald's, y el principio de Martino se ha aprovechado para automatizar el ciclo de otros productos que también se fríen en cazuela, como Filet-O-Fish y Chicken McNuggets.

El trabajo detallado que se realizó con las papas fritas se repitió con todos los demás productos, y también en esas áreas McDonald's revisó todas las normas de la industria. Kroc no perdió tiempo en convertir sus 30 años de experiencia en la industria lechera en mejoras operativas para la leche malteada de su nueva cadena. Los hermanos McDonalds siempre habían hecho las malteadas lo mismo que las hacían las fuentes de soda: poniendo, a mano, helado de leche duro en una copa, en la cual se mezclaba con leche y sabores en una Multimixer. El método no solamente exigía mucha mano de obra, sino que además requería grandes congeladores para el helado de leche y armarios para guardar hasta 80 leches malteadas preparadas de antemano, de modo que estuvieran listas a la hora de mayor demanda. El departamento de batidos de leche ocupaba la cuarta parte del área de los primeros restaurantes McDonald's en California, y Kroc quería eliminar eso. Sabía que ya existía tecnología para hacer malteadas automáticamente en máquina, usando una mezcla concentrada líquida. Esta se transportaba en grandes bidones que ocupaban mucho menos espacio que la base de helado de leche, se vertía en la máquina, que la congelaba y la servía automáticamente como un helado blando a base de leche, listo para mezclar en una copa con jarabes y sabores. Ya no había necesidad de preparar las malteadas con tanta anticipación a las horas de máxima demanda, con lo cual se eliminaban los armarios que los hermanos McDonalds habían usado en San Bernardino. Kroc usó la máquina en su McDonald's prototipo en Des Plaines, y cambiaron grandemente el tamaño y la eficiencia de la unidad. Esa innovación —junto con la utilización de un sótano para almacenamiento— redujo el área de su restaurante a 84 metros cuadrados, en comparación con los 150 metros cuadrados de los primeros McDonald's que se construyeron en la costa del Pacífico, de conformidad con las concesiones vendidas por los hermanos.

No fue Kroc el primero que experimentó con las máquinas de hacer malteadas, pero McDonald's fue la primera que aprovechó en grande la nueva tecnología. Y la introducción de la mezcla fue una de las muchas cuestiones de que se valió Kroc para aumentar el poder de compra de McDonald's frente a las grandes lecherías. "Las lecherías se aferraban a la manera antigua", dijo Kroc criticándolas por rechazar las innovaciones. En Chicago aquéllas eran especialmente poderosas porque operaban casi como un cartel de compañías de familia, fijando precios y márgenes que eran el 33 por ciento más altos que los de la mayor parte de los mercados vecinos, y se resistían a todo lo que pudiera alterarles tan cómoda posición.

Pero Kroc estaba resuelto a usar su arma poderosa para forzarlas a cambiar. Cada unidad McDonald's compraba más de 15 000 galones de mezcla de malteada al año —por lo menos cinco veces lo que antes se consideraba un buen cliente comercial. Un cliente permanente de esa magnitud era oro en polvo para las lecherías, industrias de uso intensivo de capital cuyas plantas funcionaban con máxima eficiencia para satisfacer pedidos grandes y predecibles. "Nuestros volúmenes deslumbraban a los tipos de las lecherías, y acudían a la oficina de Kroc como peces tras la carnada", observa Turner.

Kroc quería que las lecherías satisfacieran su demanda de mezcla líquida, no que insistieran en su preferencia para seguir suministrando la tradicional base congelada. Exigía más eficientes entregas tres días a la semana, cuando ellas querían seguir con su programa de cinco días. Quería una mezcla para hacer las malteadas más espesas; ellas querían conservar sus productos menos espesos. Le entregaban la mezcla líquida en bidones de diez galones que sólo dos hombres podían mover, mientras que él quería bidones de cinco galones que podría transportar un solo hombre. Y, más que todo, él quería que sus compras de gran volumen se reflejaran en el precio mientras que los lecheros preferían cobrarles a todos sus clientes el mismo precio alto. Kroc, que había pasado muchos años de su carrera tratando con los lecheros, ahora estaba encantado de poderlos meter en un puño.

En efecto, obtuvo cuanto quería, inclusive que rebajaran el precio de US $1 a 72 centavos por galón. Pero lo más importante fue la influencia que tuvo McDonald's para iniciar una leche malteada más espesa. Las primeras mezclas eran poco más que helado blanco diluido, pero el jefe de operaciones de McDonald's, Turner, y Howard Sorenson, de Elgin Dairy, una de las primeras proveedoras de McDonald's, desarrollaron la primera fórmula de mezcla específica para leches malteadas.

Gastaron tanto tiempo en esa fórmula como el que gastó Karos redactando especificaciones de papas. Invirtieron la mayor parte del tiempo investigando el factor clave: el estabilizador que controla la cantidad de cristales de hielo que contiene la mezcla cuando se saca de la máquina. McDonald's introdujo un tipo de leche malteada que era nuevo en los mercados, que estaban acostumbrados a una bebida más delgada y más batida. La de McDonald's era mucho más espesa y más fría debido a su mayor contenido de cristales de hielo y de sólidos en la leche. Quitaba mejor la sed, y Kroc creía que no dejaba al cliente con el regusto y la sensación de llenura que dejaban las malteadas convencionales. "Se lleva mejor", decía, para indicar que el consumidor no seguiría percibiendo el sabor horas después de haberla bebido. La cristalización adecuada era la clave, y cuando McDonald's la popularizó, esta malteada más fría y más espesa se convirtió en una norma en la industria de comidas rápidas.

El negocio de lechería fue también una de las muchas industrias en que McDonald's introdujo innovaciones en materia de envases. La búsqueda de mejoras llevó a Kroc a lo que resultó ser finalmente el material de envase más eficiente para estos productos: una bolsa de plástico durable, de poco peso, dentro de una caja de cartón. Cuando vio por primera vez bolsas experimentales de plástico usadas para envasar líquidos en cajas, visualizó el recipiente perfecto para su mezcla líquida de malteadas, más liviano, desechable, y más sanitario que los envases de uso repetido. Además de ser más fáciles de mover que los pesados bidones de cinco galones utilizados entonces para los despachos comerciales, los envases de bolsa en una caja se prestaban para un almacenamiento mucho más reducido. Esto satisfacía el sentido innato de eficiencia de Kroc. "La mayoría de las personas, viendo un despacho de bidones de leche, ve los bidones", observa Turner. "Pero lo que veía Ray eran los espacios que había entre los bidones, y esto lo volvía loco". El primero que usó las bolsas en cajas fue Sam Lerner, cuya lechería Dairy Fresh, de Stoughton, Wisconsin, nunca había estado en el negocio de mezclas, y por consiguiente podía adoptar la nueva tecnología sin tener que deshacerse de una enorme existencia de bidones. Este problema era en parte la razón por la cual la mayoría de las lecherías que abastecían a McDonald's no quisieron cambiar, y entonces Kroc les pasó su negocio a Dairy

Fresh y a otras que sí habían adoptado el nuevo envase. Al fin la presión de McDonald's determinó un cambio masivo por parte de las lecherías, que desistieron de los bidones y de los recipientes de vidrio y adoptaron las cajas de cartón y los plásticos, que son ahora lo corriente.

Sin embargo, en cuanto a cambiar toda una industria, McDonald's ejerció su máximo impacto mediante las normas que le fijó y aplicó rigurosamente a su producto principal: la hamburguesa. Antes de que Turner y Karos formularan tales normas, no existía una hamburguesa típica, porque no existían normas que definieran esa carne, y, realmente, la hamburguesa era la vergüenza de la industria cárnica, y fue tal vez la última área a donde llegó la reforma impulsada en 1906 por las denuncias que hizo Upton Sinclair en su libro *The Jungle*. A raíz de esa publicación se saneó y se estandarizó el mercado de carnes en los Estados Unidos, pero no se definió claramente qué cosa es la hamburguesa. La reglamentación oficial solamente exige que la carne molida que se designe como tal no debe contener una proporción de grasa superior al 33 por ciento.

Por semejante agujero de escape, los frigoríficos podían hacer pasar todo un hato de ganado, y eso fue lo que hicieron. Qué contenía exactamente la hamburguesa era un misterio, pero a menudo se encontraban en ella aditivos baratos de proteína de soya que, absorbiendo humedad, dilataban la carne y reducían su contracción durante la cocción. A veces contenía también una excesiva cantidad de sangre para disimular las grandes cantidades de grasa. Se usaban nitratos para conservar la carne rosada aun cuando hubiera comenzado a descomponerse. Y partes del animal de poco o ningún valor comercial, tales como callos (estómago) y mejillas, se aprovechaban moliéndolas para albóndigas. "A la fórmula se llegaba con lápiz", recuerda Jim Williams, quien abastecía de hamburguesas a los drive-ins de California. "Uno negociaba un precio con el restaurante y después encontraba la manera de producir en forma económica. La hamburguesa de pura carne era un mito. Pocos eran los aditivos que no se usaban".

Turner y Karos fijaron las normas más rígidas que haya conocido jamás la industria cárnica, y que todavía siguen produciendo la hamburguesa más magra que sea posible encontrar en los supermercados o en la industria de comidas rápidas. El Departamento de Agricultura de los Estados Unidos permite que la carne así llamada contenga hasta el 33 por ciento de grasa, pero McDonald's exige apenas entre 17 y 20.5 por ciento. Aun cuando en algunas hamburguesas se siguen usando aditivos, McDonald's los prohíbe en absoluto, y cuando habla de "ciento por ciento carne", no incluye partes indeseables sino, según la regla fijada por Turner y Karos, el 83 por ciento de carne magra de aguja y espaldas de ganado alimentado con pasto, y el 17 por ciento de costilla escogida, de ganado alimentado con grano. Desde luego, la fijación de una norma rígida no era sino el comienzo, porque los proveedores no hacían caso de las especificaciones cuando los restaurantes las fijaban. Engañar era la regla, no la excepción.

Tenían sus razones para creer que podían engañar a McDonald's. Durante los primeros doce años de la cadena toda la carne que ésta utilizaba era fresca, no congelada, y los proveedores eran locales. Antes de que optara por la hamburguesa congelada en 1968, el número de sus proveedores llegaba a 165. A medida que éstos se multiplicaban, algunos no hacían caso de la costosa fórmula, confiados en que el sistema de abastecimientos de carne estaba tan fragmentado que McDonald's no podría controlarlo. Pero no contaban con la intensidad del compromiso que tenía McDonald's con sus normas. En lugar de limitar la inspección a un examen visual del producto — que era el método que habían empleado los hermanos McDonalds y muchos otros operadores de drive-ins — Turner y Karos les aconsejaron a sus concesionarios que sistemáticamente hicieran analizar la carne en laboratorios.

Karos también preparó una prueba de 50 puntos que les permitía a los operadores determinar por sí mismos si la carne que recibían tenía aditivos. Aprendieron a asar albóndigas de muestra de los pedidos que les llegaban, en busca de los síntomas delatores anotados por Karos. Si la carne parecía gomosa o fofa y nunca tomaba color moreno al envejecer, probablemente era de toro. Si el problema era que persistía el color rojizo, eso se debía seguramente a "dinamita" o nitratos. Y la que despedía excesiva humedad durante la preparación indicaba por lo común la presencia de proteína de soya tostada. La carne que se doblaba en la parrilla probablemente había sido molida en forma inapropiada. Karos inventó también un sencillo método de análisis que les permitía a los operadores medir rápidamente el contenido de grasas, sirviéndose de una pequeña redoma y ácido clorhídrico.

McDonald's adquirió rápidamente la reputación de ser una cadena que no se dejaba engañar fácilmente en lo tocante a calidad, pero no todos los proveedores lo entendieron así desde un principio. Por el contrario, unos cuantos fueron sorprendidos en el acto de engañar, por Turner y Karos, quienes visitaban sorpresivamente durante la noche los frigoríficos sospechosos. En un restaurante de Ohio, Karos observó que las albóndigas puestas a la parrilla soltaban gas, e inmediatamente sospechó un alto contenido de bacterias, y un análisis de laboratorio confirmó sus sospechas. En compañía del operador del restaurante, Karos se apareció a las tres de la mañana en el frigorífico, y allí descubrió que los desperdicios de carne recogidos ese mismo día en el restaurante los estaban moliendo otra vez para el despacho de hamburguesas que le iban a hacer al día siguiente. Inmediatamente cambiaron de proveedor. Por su parte, Turner, cuando realizaba uno de sus recorridos, descubrió "hamburguesas que soltaban un chorro como si fueran toronjas cuando uno las mordía". Un análisis de laboratorio mostró que contenían polvo de soya y agua que se les había agregado como un relleno de bajo costo. El proveedor de esa carne recibió una visita inesperada de Turner a la mañana siguiente. Mientras el propietario lo observaba nerviosamente, Turner empezó a buscar soya en los lugares más obvios, con la teoría de que proveedores tan descuidados que engañaran en las especificaciones también serían lo suficientemente descuidados para no esconder las pruebas. Descubrió un recipiente de cartón que contenía polvo de soya "escondido" debajo de un vertedero donde se estaba mezclando con agua. Entonces se encaró con el carnicero y le dijo: "Con usted hemos terminado". Ese mismo día les envió un memorándum a todos los consultores visitadores de McDonald's en que les decía: "En sus visitas a las carnicerías tengan especial cuidado de fijarse si hay recipientes de cartón debajo de los vertederos con agua corriente".

La misma vigilancia se ejercía sobre otros proveedores. Por ejemplo, la industria de productos agrícolas también toleraba el fraude en los pedidos comerciales de papa, y McDonald's sorprendió a individuos que tenían la costumbre de volver a empacar el producto, con el fin de meter papas comunes y corrientes en sacos marcados "Idaho N° 1 Russet". Los visitantes de la compañía y los mismos concesionarios aprendieron con el tiempo a conocer estos fraudes sin siquiera tener que abrir los sacos. "Un tipo tan falto de honradez para hacer semejante cosa", dice Turner, "nunca tenía suficiente talento para volver a coser los sacos por los huecos originales. O también veíamos sacos nuevos atados con cuerdas viejas y, claro, ¡ya sabíamos!"

Durante los primeros años, estos "asaltos" sobre los proveedores de carne y de papas eran comunes, principalmente porque las normas de McDonald's eran poco comunes. Los compradores comerciales generalmente aceptaban lo que las carnicerías llamaban hamburguesas y lo que los negociantes en productos agrícolas llamaban papas de asar, y su falta de supervisión estimulaba a los proveedores para echar por el atajo. Si McDonald's sorprendió a tantos con las manos en la masa fue porque los proveedores nunca se imaginaron que una cadena tomaría tan en serio sus especificaciones relativas a un producto como la hamburguesa. "Estos eran tipos de vieja trayectoria", dice Turner. "Sus prácticas dolosas eran ampliamente toleradas; pero si nosotros los pescábamos, entonces sí se veían en aprietos".

Esos aprietos consistían, desde luego, en que perdían el mejor cliente que habían tenido en su vida. Cada restaurante McDonald's pedía 1 800 libras de carne para hamburguesas por semana; los vendedores de papa podían contar con pedidos de 30 sacos de 100 libras semanalmente. Estos pedidos eran fácilmente cinco veces mayores que los que antes se consideraban grandes. Joan Kroc recuerda que en 1959, cuando ella y su primer esposo Rawley Smith abrieron un McDonald's en Rapid City, South Dakota, un incrédulo abastecedor de papa llamado Fred Kypers no hizo caso del pedido que le habían hecho y se presentó en el restaurante la víspera de la apertura con un solo saco de papas. Ellos insistieron en que eran 30 sacos los que habían pedido. Entonces Kypers tuvo que desocupar su bodega y llevarse lo que tenía al sótano del nuevo restaurante. "Ahí se les van a podrir", le dijo a la señora Kroc, pero al final de la semana todas habían sido consumidas.

Esos volúmenes impresionaron a los proveedores de carne y de papas, quienes empezaron a tomar las normas de McDonald's tan en serio como la cadena misma. A medida que otras cadenas de comidas rápidas también las fueron adoptando, esas rígidas normas tuvieron sus repercusiones en las industrias de la carne, de los productos agrícolas y de la lechería, modificando el equilibrio del poder entre los abastecedores y sus clientes. Antes de que McDonald's estableciera su presencia dominante en el mercado, los proveedores de víveres eran suficientemente grandes para apabullar a los compradores locales y para trabajar en su propio interés, no necesariamente en el interés de los restaurantes a los cuales servían. McDonald's cambió esa situación con sus volúmenes. Así como las cadenas de supermercados habían adquirido un gran poder de compra regionalmente, la expansión de McDonald's en todos los Estados Unidos trajo la primera organización de compra de alimentos realmente nacional que se había conocido en la industria.

En efecto, posiblemente el servicio más importante que Kroc les prestó a sus concesionarios —el que inicialmente aseguró su lealtad a McDonald's— fue coordinar la compra de víveres y artículos de papel y obtener precios rebajados para sus compras voluminosas. Siempre estaba dispuesto a pagar unos centavos más por calidad, pero convenció a sus proveedores de que por su propio interés, lo que le vendían a McDonald's debían vendérselo a un precio fijado no sobre la base de los volúmenes iniciales sino sobre la base de volúmenes futuros si él salía adelante con su proyecto de organizar una cadena de 1 000 restaurantes, como lo decía en sus conversaciones a finales de los años 50. Y como su intención era cederles a sus concesionarios la totalidad de los descuentos (normalmente, el 30 por ciento sobre los víveres y el 15 por ciento sobre los artículos de papel) como incentivo para que contrataran y permanecieran con él, de hecho les estaba pidiendo a los proveedores que se asociaran con él para ayudar a establecer el sistema McDonald's.

Steve Barnes, entonces vendedor de la Perlman Paper Company, distribuidora de los vasos Dixie y de otros productos de papel utilizados en el servicio de comidas, recuerda que Kroc era muy convincente: "Decía que algún día iba a tener 1 000 restaurantes, y demostraba con perfecta lógica que esto era posible contando siempre con que lo apoyaran personas como Lou Perlman y otros proveedores". Barnes acompañó a su jefe Lou Perlman a visitar a Kroc a finales de 1954, varios meses antes de que Kroc abriera su restaurante prototipo en Des Plaines. "Si Kroc lograba convencer a los posibles concesionarios de que por conducto del sistema McDonald's podrían comprar a precios que nunca obtendrían por sí solos, tendría una enorme ventaja en la venta de concesiones. Así, pues, aunque su primer restaurante solamente utilizaría 10 000 vasos para café en un año, quería que el pedido se le facturara al precio de 250 000".

Perlman aceptó, dice Barnes, porque "Ray nos convenció de su potencial de llegar a ser una de las más grandes cadenas de restaurantes. Lo mismo hizo con todos los proveedores, y eso muestra su capacidad de convencer a la gente de que él iba a ser un gran consumidor de sus productos". Barnes quedó tan impresionado ese día que le dijo a su mujer: "Algún día yo trabajaré para este hombre". En efecto, Barnes, que es hoy presidente de la junta directiva de McDonald's International, fue el primer coordinador de compras de Kroc en 1961. Pero Barnes fue apenas uno de los muchos proveedores ampliamente recompensados por su temprana fe en el plan de Kroc. "Los proveedores que entonces lo apoyaron y le hicieron las concesiones de precio que necesitaba", dice Barnes, "se han vuelto multimillonarios porque creyeron en él".

Además de obtener privilegios en los precios, Kroc fomentó un intenso compromiso por parte de los proveedores de McDonald's por la manera de elegirlos y tratarlos. Casi ninguno de los que seleccionó en los años 50 y 60 estaba en las filas de los grandes procesadores de comestibles. Lo mismo que Perlman Paper, Interstate Foods, y Golden State, eran compañías diminutas — y tan empresariales como McDonald's misma. Casi todos siguen siendo hoy sus proveedores, y únicamente con ese negocio se han vuelto gigantes en los ramos de procesamiento de comidas y abastecimiento de restaurantes. La compañía de Kroc, al desarrollarse, fue el origen de la mayor parte de sus ingresos, si no de todos. Vinieron a ser casi cautivos del sistema. Su autoimagen se basa más en su asociación con McDonald's que en cualquier otra cosa.

Esencialmente, Kroc redefinió todo el concepto de las relaciones cliente-proveedor en el negocio de procesamiento de comidas, y creó toda una nueva clase de proveedores sencillamente porque los vendedores más establecidos no quisieron aceptar sus conceptos, mientras que otras compañías más emprendedoras sí los aceptaron. En efecto, después de unos pocos años, McDonald's mostró una marcada preferencia por los abastecedores pequeños y empezó a restringir los acuerdos de suministros con los gigantescos procesadores como Kraft, Heinz y Swift. Eso se debió en parte, dice Turner, a que los proveedores de estas acreditadas marcas se interesaban más en explotar el gran mercado al por menor que en servir a clientes comerciales e institucionales.

Satisfacer ambos mercados exigía actitudes mentales contradictorias. Los grandes procesadores confiaban en su capacidad de crear en los consumidores la demanda de sus productos empacados valiéndose de los supermercados. En consecuencia, no acostumbraban brindarles a los clientes institucionales el servicio personalizado que exigía McDonald's. "Las compañías pequeñas que se especializaban en las ventas institucionales siempre nos han prestado mejor servicio que las grandes organizaciones inclinadas al menudeo", observa Turner. "Para éstas últimas, el mercado institucional es un negocio marginal y le prestan atención secundaria. Por eso nosotros acabamos por poner nuestros propios proveedores".

También fomentó McDonald's estrechas relaciones con los vendedores dándoles enormes incentivos para mejorar sus operaciones. Esto lo hizo demostrando desde el principio que podía ser tan leal con los abastecedores que observaban sus normas como dura con los que las violaban. "Otras cadenas lo abandonaban a uno por medio centavo", dice Kenneth Smargon, hijo del fundador de Interstate Foods, proveedor de manteca. "McDonald's se preocupaba más por la calidad. No cometía fraude con los precios, y siempre se interesaba por que los proveedores realizaran una utilidad equitativa. Muchas personas creen que se puede abusar de los proveedores, pero McDonald's siempre me trató a mí con respeto, incluso cuando ya esa compañía era tan grande que no necesitaba hacerlo. Esa es la gran diferencia, porque si McDonald's decía «¡Salte!» muchos preguntaban: «¿Hasta dónde?»" Por eso aun después de que Interstate empezó a abastecer a cadenas competidoras, dice Smargon, siempre le concede a McDonald's "un poquito más de atención especial".

La lealtad de McDonald's sorprendía particularmente a los proveedores de artículos básicos que estaban acostumbrados a ganar o perder un cliente sólo por precio. Jim Williams, de Golden State Foods, recuerda que cuando les vendía carne para hamburguesas a otros restaurantes a mediados de los años 50, lo importante era llegar primero con el precio más bajo. "Todo el mundo le rompía los cascos al pobre carnicero por un centavo en libra, y todas las semanas entrábamos y salíamos de los drive-ins. Componendas y comisiones por debajo de cuerda eran cosa corriente. Qué plazo le concedía uno al comprador para hacer sus pagos era un factor más determinante para conseguir el negocio que la calidad de los productos que uno vendía. Kroc trajo una lealtad hacia el proveedor que el negocio de restaurantes no había conocido nunca. Si uno adhería a las especificaciones de McDonald's, y si el precio era básicamente competitivo, podía contar con el pedido".

La actitud de Kroc frente a los abastecedores era completamente pragmática. El y su gente estaban demasiado ocupados con otras cosas para perder el tiempo buscando gangas en los suministros de semana a semana. "Estábamos demasiado ocupados para eso", dijo Kroc. "A nuestros primeros proveedores les dije que algún día iban a tener con nosotros un negocio inmenso que nadie les podía quitar. «Ustedes no tienen que hacer sino una cosa», les dije, «y es no hacerme trampas de ninguna clase. No crean que pueden hacer ciertas cosas impunemente sólo porque yo tengo confianza en ustedes, porque si los cojo en una mentira, los echo»".

Williams opina que la lealtad de Kroc para con sus abastecedores le economizó a McDonald's un tiempo precioso durante el período crítico de desarrollo, cuando docenas de competidores incipientes trataban de salir adelante en el negocio de comida rápida. "Le permitía a McDonald's dedicar la mayor parte de su tiempo a las operaciones", afirma Williams, "mientras que muchos otros minoristas gastaban el noventa por ciento de su tiempo en el lado del abastecimiento y desatendían el área de operaciones del negocio".

Como confiaba en unos pocos proveedores leales que entendían su sistema y dependían de él para crecer, McDonald's pudo destinar más de sus recursos a desarrollar especificaciones para productos que satisficieran sus necesidades especiales. Esto se consideraba absolutamente esencial, pues Kroc y sus gerentes de operaciones creían que sus restaurantes eran tan novedosos que los productos existentes que se vendían en los almacenes tradicionales no estaban a la altura de las necesidades de McDonald's. No buscaban productos de servicio de comidas que ya existieran; todo lo desarrollaron desde el principio o modificaron grandemente los productos existentes, y un elemento clave en ese proceso fue la asociación de McDonald's con sus proveedores.

En nada se hizo tan patente su predilección por las cosas hechas a la medida como en los diseños de Jim Schindler para los equipos y los edificios de la cadena. No tardó Kroc en darse cuenta de que para el edificio y todo cuanto en él había no bastaban las cosas corrientes. Desde el punto de vista de las operaciones, McDonald's no estaba introduciendo un nuevo restaurante sino un sistema de fabricación de comidas. Como el volumen de comidas que manejaba era hasta cinco veces superior al de los restaurantes típicos, y como se valía tanto de los procedimientos automáticos adaptados para la mano de obra no calificada, cada establecimiento McDonald's era una fábrica en pequeño. Todos los detalles del equipo y del edificio tenían que diseñarse para la nueva norma de velocidad, sencillez y duración.

Los hermanos McDonalds sin duda habían empezado con la misma premisa, pero Kroc aprendió que lo que funcionaba en San Bernardino no era suficientemente bueno para emplearlo en todo el país. Los mostradores que se pandeaban en la unidad de Des Plaines son un buen ejemplo. Cuando Schindler reemplazó los mostradores de lámina metálica por partes prefabricadas de acero estructural veinte veces más gruesas, duplicó el costo de los mostradores a US $500, pero fijó un patrón que McDonald's seguiría en todo diseño de edificios y equipos. La regla de Schindler era: Siempre es mejor pagar más para obtener cosas de calidad hechas a la orden que comprar los objetos más baratos que hay en existencia. "Para mí la calidad es como comprar avena en el mercado", dijo. "Siempre se puede conseguir mucho más barata si primero la pasan por el caballo".

Schindler rediseñó casi todos los aspectos del edificio rojo y blanco que McDonald's había heredado de los hermanos. Los cambios no fueron superficiales. En realidad, no cambiaron mayor cosa el aspecto del edificio, pero sí aseguraron que una estructura que funcionaba bien el primer día no se deterioraría rápidamente con el uso constante a que estaba destinada. Pocas cosas empañan más la imagen de una cadena de comida rápida que edificios que empiezan a desbaratarse poco después de construidos. Aun cuando era poco lo que podía hacer para quitarle la atmósfera de circo a la unidad original de baldosín rojo y blanco, Schindler la convirtió en la estructura más funcional y más durable que hubiera conocido jamás el negocio de drive-ins.

Schindler insistió en que las especificaciones de todos los materiales de construcción debían mejorarse muchísimo. Los problemas de las unidades existentes, desde escapes de agua hasta desagües de aguas negras, se corrigieron con refinamientos continuos de diseño. Los aparatos comunes y corrientes se volvieron a diseñar para hacerlos más funcionales. Por ejemplo, los armarios se levantaron del piso y se fijaron en las paredes para facilitar el aseo. Hasta los arcos se reconstruyeron para que resistieran los vientos fuertes y para crear la ilusión de que el edificio estaba suspendido de ellos. Se utilizó pesado acero estructural en lugar de lámina metálica para producir arcos de curvatura más uniforme, y la iluminación exterior se reemplazó por modernas lámparas fluorescentes colocadas dentro del arco. Después de las mejoras, los McDonald's de color rojo y blanco quedaron tan sólidamente construidos que Schindler se jactaba de que resistían huracanes, tornados, inundaciones, y, por lo menos en un caso, una explosión de cuatro tacos de dinamita. La ciudad de Cleveland vio las ventajas que esos edificios tenían como protección para explosiones grandes y designó a los drive-ins McDonald's oficialmente como refugios antiaéreos.

Pero la mayor contribución de Schindler fue el diseño del primer equipo integral concebido para la industria de comidas rápidas. Llegó a la conclusión de que el equipo de cocina común y corriente era poco menos que inútil porque McDonald's estaba estableciendo nuevas marcas en cuanto a la cantidad de comida que se podía producir en un estrecho puesto de hamburguesas. "No podíamos comprar equipo corriente de cocina", explicó, "porque nunca nos daba la capacidad que necesitábamos dentro del espacio disponible".

En muchos casos fue necesario rediseñar por completo artículos corrientes. Y los aparatos de servir gaseosas hubo que proyectarlos para sacar 250 galones al día, cinco veces la capacidad requerida en la mayoría de los restaurantes, lo cual aumentó enormemente la capacidad de enfriamiento y flujo de agua de los aparatos convencionales. En las parrillas se pusieron pesados salpicaderos para que los cocineros no las agujerearan con las paletas, problema que rara vez se presentaba en restaurantes que no cocían 24 hamburguesas cada cuatro minutos. La colocación típica de trampas para grasa enfrente de las parrillas de gas tampoco creaba problemas en los restaurantes convencionales, pero con los grandes volúmenes de McDonald's, esas trampas pronto se obstruían con cebollas y grasa, y su proximidad a la llama provocaba docenas de incendios. Schindler agrandó las trampas y las colocó a ambos lados de la parrilla, lejos de la llama. Por los cambios que realizó Schindler, el costo de las primeras parrillas subió de US $350 a US $800, pero produjeron la parrilla especial que necesitaba McDonald's. "A mí me echaban más a menudo que a los demás empleados", dice Schindler, "porque yo siempre estaba aumentando el costo del edificio y de los equipos".

El equipo de calefacción, ventilación y aire acondicionado le presentó el problema más complejo de diseño, pues era necesario desarrollar un acondicionador de aire de menor tamaño, capaz de manejar cargas de tamaño industrial. McDonald's concentraba tan enorme capacidad de producción de comida en los 84 metros cuadrados de espacio de su restaurante original que el aire del edificio tenía que reemplazarse cada tres minutos a fin de extraer los gases de la cocina. Los únicos acondicionadores de aire que había entonces en el mercado capaces de realizar esa tarea eran unidades industriales, y aun cuando no hubieran sido prohibitivamente costosas, siempre habrían ocupado la mitad del espacio de almacenamiento disponible en el sótano de McDonald's.

Antes de que Schindler resolviera el problema, los concesionarios de McDonald's se veían obligados a operar sus establecimientos casi en un vacío. El aire corría a través de las ventanillas de ventilación con tanta velocidad que sonaba como estallidos. Durante las horas de máxima demanda, los trabajadores estaban prácticamente prisioneros porque la presión negativa dentro del edificio hacía casi imposible abrir una puerta. Schindler trabajó con la Mammoth Furnace Company para diseñar el primer equipo comercial de calefacción y acondicionamiento de aire de techo con capacidad para manejar pequeñas cargas industriales pero con sólo dos terceras partes del espacio y del costo de las unidades comerciales corrientes. Hoy se usan mucho unidades similares en toda clase de tiendas, edificios de oficinas, y unidades de apartamentos. Schindler observó más tarde que McDonald's "sembró la semilla para el desarrollo de una industria de acondicionadores de aire de techo en los Estados Unidos".

En algunos casos, Schindler tuvo que diseñar equipos empezando desde la nada porque no lograba satisfacer las necesidades de McDonald's ni siquiera modificando extensamente los equipos que había. Por ejemplo, cuando la compañía resolvió a mediados de los años 60 liberar espacio en las parrillas tostando aparte los panecillos, el equipo de ingenieros de Schindler tuvo que inventar un nuevo tipo de tostadora comercial. Las tostadoras de transportador que se usaban corrientemente en los restaurantes de gran volumen producían una corriente continua de panecillos tostados, pero no podían cumplir la exigencia de McDonald's de tostar 24 coronas y tapas a la vez. Los ingenieros desarrollaron una tostadora, a manera de una gran plancha de hacer tortillas, que podía igualar el volumen de las mayores tostadoras de transportador, y además encajar en el proceso de McDonald's de cocer tandas.

No escaparon a su atención ni las funciones más pequeñas. Por eso cuando se quejaron los operadores de que la productividad de los empleados del departamento de freír papas se estaba perjudicando porque las tenazas metálicas que usaban para llenar las bolsitas de papas eran incómodas de manejar, Lou Martino le encargó a uno de los ingenieros de su laboratorio, Ralph Weimer, que resolviera el problema. Weimer creó un dispositivo sencillo pero ingenioso, un cucharón de aluminio en forma de "V" con un embudo en la punta, que llenaba una bolsita de papas fritas con un solo movimiento simple y hasta las alineaba a todas en la misma dirección vertical dentro de la bolsita. Hoy, 25 años después de su invención, el cucharón de Weimer se sigue usando en todos los 9 300 McDonald's distribuidos por el mundo. Lo fabrica Prince Castle, la vieja empresa de la Multimixer de Kroc, que se lo suministra a muchas otras unidades de comidas rápidas fuera del sistema McDonald's. Prince Castle fabrica también muchos otros de los utensilios de cocina producidos por los diseñadores de McDonald's, y así se ha convertido en conducto para transmitirle la tecnología de ésta al resto de la industria de alimentos.

Hoy, sin embargo, McDonald's tiene más cuidado de proteger los instrumentos que inventan sus ingenieros, que cada vez los hacen más especializados y refinados. Por ejemplo, todos los nuevos restaurantes reciben ahora la nueva parrilla "concha de almeja", que cuece las hamburguesas en la mitad del tiempo asándolas por ambos lados simultáneamente. Lo que empezó por la reparación de los mostradores de Des Plaines que hizo Schindler, creció hasta convertirse en la creación de equipos de ingeniería como los que se podían encontrar en una compañía manufacturera de mediano tamaño. Hoy McDonald's emplea 240 ingenieros en todo el mundo, y ellos le deben su trabajo a la insistencia de Schindler en que el diseño de los edificios y los equipos de McDonald's fuera una función interna.

Pero por más tiempo que dedicaran a mejorar los abastecimientos y a automatizar los equipos y los edificios, Kroc y Turner comprendieron que esos esfuerzos de nada servirían si la compañía no le prestaba la misma atención detallada a la manera en que los concesionarios manejaban los restaurantes. En eso fue en lo que se hizo más visible la insistencia inflexible de Kroc en la uniformidad.

A los pocos meses de haber ingresado en McDonald's, Turner había preparado un manual de operaciones de 15 páginas mimeografiadas, al cual siguió pronto otro de 38 páginas. Pero después de un año de consultas diarias con los operadores, produjo en 1958 otro manual de operaciones de 75 páginas impresas y empastadas. Luego siguieron otros manuales (Karos preparó uno de 200 páginas en 1961, y el actual manual de operaciones es un volumen de 600 páginas que pesa cuatro libras), pero fue el tercer volumen el que llevó a McDonald's a documentar detalladamente los conocimientos que iba adquiriendo de la experiencia cooperativa de sus concesionarios. Mientras que otras cadenas prácticamente se desentendían de sus concesionarios una vez abiertos los restaurantes, McDonald's estudiaba todo lo que ellos hacían, tratando de aprender qué funcionaba y qué no funcionaba.

Turner quiso convertir el arte de manejar un restaurante en una ciencia creativa. Su tercer manual contiene diez páginas completas de muestras de formularios que los operadores pueden utilizar para hacer inventarios, preparar informes de caja y otros estados financieros de operaciones, componer programas de trabajo y hacer proyecciones de ventas. McDonald's inundó a sus concesionarios con formularios que les pedían analizar su negocio en sus componentes financieros. Además de calcular las utilidades, debían determinar qué porcentaje de sus ventas iban a mano de obra, a los diversos renglones de alimentos, a suministros no alimenticios, y a otros gastos de operación. Estas cifras se recopilaban para todo el sistema, de manera que cada concesionario debía comparar sus porcentajes de costo con los promedios. Utilizando el sistema de Turner, los operarios podían analizar rápidamente sus ventas de artículos clave como hamburguesas, malteadas y papas fritas, para determinar las cantidades de provisiones alimenticias y no alimenticias que debieran haber consumido. Era una herramienta muy valiosa para detectar hurtos, problemas de control de calidad, y errores en los rendimientos.

Pero la mayor parte del manual se dedicaba a definir las técnicas operativas que Turner consideraba que encerraban el secreto del alto volumen. Claramente decía que había una manera correcta y una incorrecta de manejar un McDonald's, y que la compañía no vería con buenos ojos a los que no cumplieran sus normas. Esta idea la comunicaba en la frase inicial, un poco presuntuosa, que decía: "Aquí se esboza el método del éxito". Más tarde escribió: "¡USTED TIENE QUE SER UN PERFECCIONISTA! Hay centenares y centenares de detalles que vigilar. No se puede transigir. O bien (A) los detalles se vigilan y su volumen crece, o bien (B) usted no se cuida, no es exigente, no tiene orgullo ni ama el negocio, caso en el cual se quedará atrás. Si usted entra en la categoría B, este negocio no es para usted".

Le aplicó esa filosofía al manual mismo, que estaba lleno de minucias. Les decía a los operadores exactamente cómo servir una malteada, cómo asar hamburguesas, cómo freír papas. Especificaba el tiempo preciso de cocción para todos los productos y la regulación de la temperatura para todos los aparatos. Fijaba las porciones exactas de cada ingrediente, hasta el cuarto de onza de cebolla que se había de poner sobre cada hamburguesa y las 32 tajadas por libra de queso. Especificaba que para freír las papas, éstas debían cortarse con un espesor de 7 milímetros. Y definía controles de calidad que eran únicos en el servicio de comidas, incluyendo la regla de desechar todo producto de carne o de papas que hubiera permanecido más de 10 minutos en un recipiente de servir.

El manual definía igualmente las técnicas de producción especializadas que hacían que la operación de McDonald's fuera como una línea de montaje, describía el flujo de producción y hacía una descripción especializada de cada oficio — y de métodos detallados de operación — para gerentes de dos turnos y para cada una de las "estaciones" de producción ocupadas por los nueve individuos que componían el equipo: tres en las ventanillas, que recibían pedidos, un parrillero, un encargado de las malteadas, otro de las papas fritas, dos que envolvían los panecillos, y uno dedicado al aseo. A los parrilleros, por ejemplo, les indicaban que debían colocar las hamburguesas en la parrilla moviéndose de izquierda a derecha, formando seis filas de a seis hamburguesas cada una. Y como las dos primeras filas eran las que estaban más lejos del elemento calefactor, se les daban instrucciones (como se les dan todavía) de voltear la tercera fila primero, después la cuarta, quinta y sexta, antes de voltear las dos primeras.

En algunos pasajes el manual iba demasiado lejos. Por ejemplo, especificaba los precios de todos los productos — lo cual era una violación de las leyes vigentes sobre restricción del comercio — y los títulos de los empleos, todos para hombres, eran intencionalmente discriminatorios. Aun cuando no constaba en forma explícita en el manual, durante el primer decenio de McDonald's la regla era que no se podían contratar mujeres en los restaurantes, con el argumento de que muchas tareas — como la de subir desde el sótano sacos de papas de 100 libras — eran demasiado pesadas para las mujeres. Pero esto era apenas un pretexto para disimular la razón verdadera: Kroc temía que si se contrataba personal femenino, como las chicas que atendían en los drive-ins convencionales, atraerían a muchos muchachos, y los McDonald's se convertirían en sitios de reunión de estudiantes. Esto era todo lo contrario de lo que Kroc buscaba. El quería que McDonald's fuera el primer drive-in para las familias. Por esta razón la regla no escrita contra las mujeres era tan sagrada como las prohibiciones escritas (y en vigor hoy) contra los tocadiscos automáticos, las máquinas de vender cigarrillos y los teléfonos públicos. Kroc le dijo una vez a un reportero: "Yo llegué a la conclusión de que todos los puestos de hamburguesas tenían tocadiscos automático, teléfonos y máquinas de cigarrillos, y que ni mi esposa ni la esposa de usted entrarían en esos lugares frecuentados por tipos de chaquetas de cuero, y llenos de humo".

Conservar estas restricciones para que sus restaurantes no se le convirtieran en garitos fue una de sus altas prioridades. Durante los primeros años, cuando la empresa a duras penas podía pagar la nómina, resistió la tentación de obtener fácilmente un ingreso adicional instalando máquinas de ventas automáticas. También es posible que le repugnara la conexión que había entre la industria de tales máquinas y el crimen organizado. Recordaba que conversando con un vendedor de máquinas de ventas automáticas sobre su oposición a los tocadiscos y las máquinas de cigarrillos tragamonedas, el vendedor le dijo: "Usted sabrá lo que hace, pero si yo fuera usted, no cambiaría de opinión". Kroc entendió la amenaza: "Me quería decir que si cambiaba de opinión y acudía a un competidor en busca de mejor precio no duraría yo mucho tiempo".

Pero lo que más contribuyó a crear la imagen de restaurante de familia que Kroc buscaba fue la limpieza que caracterizaba su sistema operativo. La mayor parte de los operadores independientes de drive-ins les concedían poca importancia a las normas de aseo, pero en el manual de Turner de 1958 pocas cosas son tan claras como las rígidas exigencias pertinentes a este punto. La mitad del manual se destinaba a los procedimientos recomendados para la limpieza. Hasta los competidores reconocen que en este punto la inusitada dedicación de McDonald's fijó una norma para la industria, que los demás quisieron también alcanzar aunque rara vez lo lograron. Jim Collins dice: "McDonald's sigue siendo la operación más limpia del negocio".

El manual de Turner especificaba que *todos los días* había que limpiar las ventanas, lavar el lote con manguera, y fregar los recipientes de basura y desperdicios. Día por medio debían brillarse todas las partes de acero inoxidable, inclusive áreas generalmente pasadas por alto como las chimeneas de escape. Todas las semanas había que lavar el techo del restaurante. Fregar los pisos y limpiar los mostradores se hizo un proceso casi continuo, y el trapo de limpiar fue herramienta indispensable de todo miembro del equipo. "Si usted tiene tiempo de descansar, tiene tiempo de limpiar", fue uno de los primeros aforismos de Kroc que se infiltraron en todo el sistema y formaron toda su filosofía operativa.

Indudablemente, Kroc fue quien le comunicó a McDonald's su pasión por la limpieza. Personalmente exigente, fijó esa prioridad por la manera como manejó su propio restaurante en Des Plaines. Trabajaba los fines de semana haciendo él mismo de aseador, lavando el lote con manguera, limpiando los recipientes de basura, raspando con una espátula los pedacitos de chicle que se hubieran pegado en el cemento verde de la parte delantera del establecimiento. Esto dejó una impresión indeleble en Turner y Karos, y lo que más les impresionó fue la insistencia de Kroc en limpiar áreas en que nadie más pensaba. "Un sábado vi a Ray pasar toda la mañana limpiando con un cepillo de dientes los agujeros del exprimidor del fregapisos", recuerda Turner. "Nadie más le prestaba atención al exprimidor, que no era más que un balde con un embudo lleno de agujeros. Pero Kroc veía el sedimento de grasa que se acumulaba en esos agujeros y quería limpiarlos para que el exprimidor funcionara mejor". Karos agrega: "Ray predicaba lo que practicaba en su propio restaurante, y así fue como nos hizo entender a Fred y a mí el significado de su fórmula calidad, servicio y limpieza".

A veces su preocupación por el aseo le oscureció su buen juicio aun tratándose de hamburguesas. En una fiesta de Navidad en 1958, Dolores Conley, esposa del vicepresidente Don Conley, le pidió que eliminara los pepinillos encurtidos que se les ponían a todas las hamburguesas, a menos que el cliente lo pidiera. "A muchas personas no les gustan los pepinillos", le dijo, "y eso se ve por la cantidad de pepinillos que uno se encuentra tirados en el patio de estacionamiento". Kroc sabía que eso era cierto porque él mismo había recogido muchos en su restaurante de Des Plaines, así que al lunes siguiente le ordenó a Turner que les enviara a todos los operadores uno de sus famosos memorandums, que dijera: "Después de experimentar y de pensarlo mucho y conversar con los operadores, se ha considerado aconsejable eliminar el pepinillo de la hamburguesa McDonald's". Pero no habían transcurrido seis meses cuando comprendió que aquello era una reacción exagerada. Se volvió a acompañar de pepinillo toda hamburguesa McDonald's, y así es hasta el día de hoy.

Incluso cuando ya no trabajaba en Des Plaines, Kroc siguió siendo el aseador voluntario de McDonald's. En sus frecuentes visitas a los restaurantes recogía los papeles que encontraba en el lugar antes de entrar a hablar con el propietario. "A veces uno se avergonzaba", observa Don Conley, "al llegar con él a un restaurante porque se bajaba del automóvil y empezaba a recoger basura. Eso les demostraba a los propietarios que si limpiar el restaurante no era un oficio demasiado bajo para el jefe, tampoco debía ser demasiado bajo para ninguna otra persona".

Un local desaseado lo hacía estallar, pero su fogoso temperamento era una herramienta sumamente eficaz. "Cuando Ray le echaba una rociada a un operador de un local desaseado, uno podía oírlo a seis cuadras de distancia", dice Karos. "«Este negocio no es para usted y debe venderlo», decía. Después de regañar a un tipo, le hablaba como a un hijo y le decía que él estaba seguro de que podía enmendarse. Tenía la capacidad de ver que un individuo podía mejorar. Era muy comprensivo".

Pero no era mucha la comprensión que Kroc mostraba con los que amenazaban el sistema violando repetidamente los procedimientos desarrollados por Turner y Karos. En consecuencia, la compañía tomaba tan en serio la observación de sus normas como su desarrollo. Kroc estaba convencido de que el sistema del honor no era adecuado para McDonald's. En efecto, sus cartas electrónicas para los hermanos McDonalds a finales de los años 50 dejan ver que les tenía una desconfianza fundamental a los concesionarios que se abandonaban a su propia suerte. Esos mensajes no dejan duda de que desde el principio comprendía que en una cadena nacional de servicio de comidas era necesario que todos los operadores acataran normas muy estrictas. "Nosotros hemos encontrado, lo mismo que ustedes, que no podemos confiar en ciertas personas que no son conformistas", les decía en marzo de 1958. "Las volveremos conformistas sin pérdida de tiempo. Aún amigos personales que sabemos que tienen las mejores intenciones pueden no conformarse. Tienen una opinión distinta acerca de diversos procesos y de ciertas calidades del producto. Desde el punto de vista del crecimiento sobre las más sólidas bases, la única forma en que podemos saber positivamente que estas unidades están obrando como deben obrar... es hacer que no tengan absolutamente ninguna alternativa. No se les puede ceder ni una pulgada. La organización no puede confiar en el individuo; el individuo tiene que confiar en la organización. De lo contrario no debe meterse en este negocio".

Con esta convicción, Kroc introdujo un nivel de supervisión que no se conocía en la industria de comidas rápidas. Empezó en enero de 1957 cuando contrató a Turner, y le ordenó simplemente "visitar los restaurantes". Dada su intensidad, Turner convirtió esas instrucciones en su misión personal. A los dos meses de estar trabajando, redactó un formulario de siete páginas mimeografiadas a espacio sencillo, un "informe de servicio en el terreno", con el cual se evaluaría el desempeño de cada concesionario durante su visita. En él se informaba sobre la limpieza del restaurante, la calidad de la comida, los tiempos y las temperaturas que se observaban en la cocción, y el tiempo que se gastaba en atender a los clientes.

El primer informe que rindió Turner sobre la visita a un restaurante fue sin duda el más completo que jamás se haya hecho sobre el manejo de un drive-in. Sólo hubo un problema: era demasiado largo y Kroc no se tomó el trabajo de leerlo. En su próximo informe Turner resolvió ese problema sintetizándolo todo en calificaciones (A, B, C, D y F), que se escribían en la parte superior derecha y se referían a cuatro temas: el primero, "servicio"; el siguiente, "calidad"; el tercero, "limpieza"; y, finalmente, una calificación para "rendimiento" general. Después las categorías se abreviaron como SQC*, pero dos años después Kroc le pidió a Turner que pusiera la calidad primero en el sistema de calificación y así nació la sigla QSC, símbolo universal de desempeño en la industria de comidas rápidas.

A finales del decenio de los 50, cuando Karos y otros ingresaron en la plana mayor de Turner, el oficio de visitar y evaluar restaurantes se hizo una posición de tiempo completo, con el título de consultor visitador. Al principio, este funcionario no era primordialmente un inspector de calidad sino un asesor que les ayudaba a los operadores a entrenar personal, a abrir nuevos restaurantes, encontrar proveedores, mejorar las operaciones, y hasta desarrollar programas de mercadeo. Pero como después otros departamentos de McDonald's empezaron a prestar esta asistencia especializada, el consultor visitador pasó a ser un especialista en inspeccionar los restaurantes para determinar hasta qué grado cumplían las normas de operación. A mediados del decenio de los

---

* *Service, Quality, Cleanliness*, servicio, calidad, aseo (*N. del Tr.*).

60, las calificaciones ideadas por Turner se empleaban también para determinar si a un concesionario se le podían otorgar derechos para restaurantes adicionales. El informe de estos consultores adquirió muchísima importancia, y tener experiencia en esa posición vino a ser un requisito para el ascenso en la jerarquía administrativa de McDonald's.

Hoy la compañía tiene cerca de 300 consultores visitadores, cada uno de los cuales no hace otra cosa que visitar y evaluar unos 18 restaurantes cuatro veces al año. En cada visita ellos y los administradores de los restaurantes llenan informes de 27 páginas que evalúan el restaurante en más de 500 renglones, desde aseo de los cuartos de baño hasta calidad de las hamburguesas y las papas fritas. En 1985 solamente, McDonald's gastó más de US$19 000 000 en operaciones de inspección. Más que cualquier otro factor, las calificaciones determinan si se le puede conceder a un concesionario licencia para expansión, y hoy se considera necesario por lo menos una calificación B para poder obtener este derecho.

Ningún otro aspecto de McDonald's se ha copiado tanto como sus operaciones de inspección. Pero muchos competidores reconocen que aunque copiaron sus métodos no mostraron el mismo celo para hacer cumplir sus normas. Ese celo se puso de manifiesto desde los años 50, cuando Turner y Karos, que entonces tenían unos 25 años de edad, empezaron a entenderse con los primeros operadores de la cadena, la mayor parte de los cuales eran 20 años mayores que ellos. Turner recuerda que en los primeros años, cuando visitaba a un nuevo concesionario, éste, invariablemente, le hacía estas dos preguntas: "¿Cuántos años tiene usted?" y "¿Cuánto hace que trabaja con McDonald's?" Hasta trató de usar sombrero para parecer de más edad. Pero pronto superó esta cuestión de la edad convenciéndolos de que tomaba en serio su trabajo. "No me faltaba diplomacia", dice, "pero yo era tremendamente serio. Y como sabía lo que estaba haciendo y le dedicaba muchas horas al oficio, me gané el respeto de los operadores".

Su dominio de los detalles de una operación completamente nueva le permitía defenderse de los retos que le planteaban muchos nuevos concesionarios, que no sabían tanto como él. Mantuvo sus posiciones aun en los casos en que la batalla era con los amigos de Kroc en el club Rolling Green. "Sostuve discusiones clásicas con esos tipos", recuerda.

"Decían que tenían una manera mejor de hacer las cosas, y querían convencerme de que todo el sistema debía funcionar como ellos decían".

Tuvo una pelea continua con Tony Weissmuller, otro del Rolling Green, que tenía una unidad McDonald's en Aurora, Illinois, sobre cómo manejar las papas fritas para disminuir la rotura. En defensa de su método, Turner citaba las pruebas que había llevado a cabo con otros operadores, pero Weissmuller no se convencía. A otros les parecerá cosa de risa, pero Turner dice: "Para mí, ésta era mi causa. Pasé horas enteras discutiendo con él, a veces hasta la medianoche". Estos encuentros dejaron en el ánimo de los operadores la impresión nítida de que Turner, Karos y otros gerentes estaban firmemente resueltos a imponer el cumplimiento de las normas. Parece que hasta el mismo Weissmuller se impresionó porque le ofreció a Turner la cuarta parte de su nueva concesión en Ann Arbor si se comprometía a administrarla. Muchos otros concesionarios le hicieron ofertas parecidas. "Si no recibía una oferta al mes de trabajo de los operadores, me parecía que no estaba haciendo bien mi oficio", dice.

Desde luego que si no hubiera contado con el apoyo de Kroc, no podría haber exigido tan rígido cumplimiento de las normas. Este apoyo era todavía más importante para Karos, quien tenía un estilo casi tan ostentoso como el del mismo Kroc. Karos inició la práctica de tomar fotos de los restaurantes sumamente desaseados para documentar las transgresiones de los operadores. (Esto todavía se hace en McDonald's.) A veces la manía que tenía Karos de dramatizar las cosas provocaba furiosas reacciones. En cierta ocasión observó que había mucha basura en los patios del vecindario donde funcionaba un McDonald's, en New Jersey, señal de que el respectivo concesionario no había seguido las instrucciones de examinar el área comprendida en un radio de dos manzanas en torno del restaurante. Karos recogió toda la basura que pudo llevar en los brazos, entró con ella en la oficina del concesionario, se la echó sobre el escritorio y le dijo: "¿Cómo puede usted tolerar esto en el patio de su vecino?" Sólo mucho tiempo después supo por Turner que había estado muy cerca de que aquel concesionario le rompiera la crisma. Era un hombrazo de 1.93 de estatura y 115 kilos de peso, ex jugador de rugby. "Poco faltó para que se te echara encima", le dijo Turner.

Fuera de estos encontrones, la mayor parte del trabajo de los consejeros visitadores consistía en instruir a los concesionarios acerca de los detalles del sistema. En 1957 McDonald's estaba haciendo películas rudimentarias de entrenamiento. La primera de ellas la filmó Conley, con Turner como "actor" que hacía la presentación del sistema de hamburguesas. Estas películas caseras se cambiaron después por películas profesionales, y en 1961 McDonald's estaba preparada para lanzar un programa de aprendizaje que cautivaría la imaginación de la industria y del público: *Hamburger University*, la Universidad de la Hamburguesa.

Con anterioridad, McDonald's sólo había tratado de instruir a sus concesionarios mediante el entrenamiento en el mismo restaurante. "Necesitábamos un ambiente de salón de clase para enseñarles a algunos de estos tipos la filosofía operativa y la teoría de la operación McDonald's", dice Karos. "Eso no se podía hacer en el terreno".

A ninguna otra cadena se le había ocurrido abrir un centro de aprendizaje de tiempo completo, pero para Turner y Karos era el obvio elemento faltante para redondear el propósito de McDonald's de uniformidad en las operaciones. Obvio o no, el proyecto no obtuvo apoyo unánime dentro de la compañía. Sonneborn se opuso al gasto presupuestado de US $25 000 (y de US $100 000, que realmente se gastaron) para establecer el centro de entrenamiento en el sótano de uno de los restaurantes. Allí habría un salón de clase con su dotación completa de modelos del equipo, y se daría un curso sobre el sistema McDonald's. A pesar de la oposición de Sonneborn, Kroc apoyó el programa, y en febrero de 1961 se matricularon los quince primeros alumnos en la Universidad de la Hamburguesa, instalada en un nuevo restaurante en Elk Grove Village, suburbio de Chicago. Karos actuó como primer decano de la facultad.

Con esta iniciativa, McDonald's les cogió la delantera a todos sus competidores en materia de entrenamiento. Desde el día que inauguró su restaurante en Des Plaines, Kroc se desvivía por darle un toque de posición social a la hamburguesa que, vendiéndose a 15 centavos, tenía una imagen negativa. En 1961, todavía el público no podía creer que un artículo que se vendía tan barato — y mucho menos una humilde hamburguesa — pudiera ser de calidad. Nada contrariaba tanto a Kroc como esa imagen de baja calidad que se asociaba con el precio de 15 centavos. En 1962 ordenó suprimir el precio en la muestra de McDonald's; y cuando Dick McDonald le envió a Kroc un dibujo del escudo de su familia, lo hizo incluir en la muestra como símbolo de calidad, en reemplazo de Speedee [Rapidito], la caricatura de un niño cocinero que los hermanos McDonalds habían inventado para designar su Sistema de Servicio Rápido. A otros les pareció que el escudo era cursi, y entonces se empezó a buscar un símbolo más elegante. Turner pensó en un logotipo basado en la "V" de la insignia del Cadillac, y Schindler tomó esta idea para diseñar un logotipo en que aparece la línea oblicua del techo de los restaurantes atravesando un dibujo de los arcos dorados en forma de "M". (En 1968 se prescindió de la línea oblicua y se agregó el nombre McDonald's para llegar al logotipo actual.)

Pero en los primeros años nada promovió mejor la imagen de calidad de McDonald's que la publicidad que le dieron los medios de comunicación a la Universidad de la Hamburguesa, con fotos en que se ven los concesionarios con uniforme blanco y dirigiéndose a clase. Por supuesto, la prensa quizás haya presentado eso de Universidad como un truco publicitario demasiado extravagante para tomarlo en serio. Al Golin, asesor de relaciones públicas a quien Kroc contrató en 1957, recuerda que la revista *Life* envió a la periodista Nancy Fraser con un fotógrafo a Elk Grove Village para hacer uno de sus famosos reportajes fotográficos sobre la Universidad de la Hamburguesa, y este artículo le dio a McDonald's un prestigio instantáneo que ninguna otra cadena de comidas rápidas tenía. Los diarios de todo el país siguieron el ejemplo de *Life* con sus propios artículos, y el programa *CBS Evening News* presentó por primera vez a McDonald's en la televisión nacional. Después de publicar *Life* el reportaje de Nancy Fraser, ésta le confesó a Golin que la intención original de la revista había sido escribir una sátira un poco humorística de una empresa que tomaba demasiado en serio la plebeya hamburguesa; pero después de observar durante una semana la enseñanza que se impartía en Elk Grove Village, cambió el enfoque: "Comprendí la dedicación de todos ustedes a la Universidad de la Hamburguesa", le dijo a Golin. "No había derecho para criticarlos".

La Universidad no era una fanfarronada. Algunos se burlaban de su "grado en hamburgología", pero McDonald's lo tomaba en serio. Karos preparó para la primera clase un programa detallado de estudios de dos semanas de duración, y en el salón del sótano instruía a los operadores sobre cuestiones tan delicadas como la clase de papas que la compañía exigía y la fórmula que usaba para la carne destinada a hamburguesas. Se valía de diagramas de todos los aparatos para mostrarles a los alumnos cómo estaba construida cada máquina y cómo funcionaba. Hasta llevaron una máquina Hollymatic de hacer albóndigas para mostrar cómo elaboraban las hamburguesas los proveedores de la compañía.

Los competidores vieron entonces los beneficios de la instrucción en un salón de clases. Hoy todas las grandes cadenas de comidas rápidas tienen escuelas de aprendizaje, pero ninguna se acerca siquiera a igualar los recursos financieros que McDonald's sigue destinando a la instrucción formal.

En 1968 la compañía inauguró una Universidad de la Hamburguesa, que costó US $500 000, con dos salones de clase dotados de la última palabra en materia de equipos audiovisuales, y en 1983 la trasladó a un edificio de US $40 000 000, no inferior a los centros de entrenamiento de las aerolíneas nacionales. Tiene siete salones de clase en forma de auditorio cuya capacidad oscila entre 60 y 300 estudiantes. La capacidad total de la nueva Universidad de la Hamburguesa es de 750 personas. Cada salón tiene un equipo computarizado para registrar automáticamente y calificar las respuestas en los exámenes, y está también dotado de cabinas de traducción para que los operadores extranjeros puedan asistir a los mismos cursos de los norteamericanos. En los laboratorios se encuentran parrillas en funcionamiento, aparatos de freír, máquinas batidoras y todos los demás tipos de aparatos de cocina y de refrigeración. Los miembros de la facultad son 28 profesores especialistas que dan más de ocho cursos distintos, incluyendo materias como equipos empleados y productividad del personal. Por otra parte, es la única escuela de la industria de comidas rápidas que ofrece cursos de treinta y seis horas, aprobados a nivel universitario por el Consejo Norteamericano de Educación. La Universidad tiene una residencia de 154 habitaciones donde se hospedan los estudiantes durante el entrenamiento.

Dada su política de uniformidad en las normas, no parece que el sistema McDonald's le ofreciera mucho campo a la iniciativa individual. En realidad, una de las características menos comprendidas del sistema es que su fascinación con la uniformidad coexiste con el respeto — menos conocido pero igualmente fuerte — por la creatividad y por el criterio de sus concesionarios. "Es cierto que tenemos procedimientos que no permiten mucha desviación", reconoce Turner, "pero el que crea que regimentamos a los operadores y gerentes en 9 300 restaurantes tiene la idea más superficial de lo que es McDonald's. Cualquiera que conozca a nuestros operadores sabe que no hay manera de regimentar a esos tipos".

El verdadero secreto del éxito del sistema no se encuentra en su régimen sino en la manera de imponer procedimientos uniformes sin ahogar el espíritu de empresa de los concesionarios. Por este aspecto, McDonald's es un poco la respuesta norteamericana a la administración por consenso de los japoneses. Sin la libertad que tienen los concesionarios y los proveedores de ejercer sus instintos empresariales, de poner a prueba sus propias ideas sobre nuevos productos y procedimientos, e incluso de enfrentarse a la corporación, McDonald's sólo habría logrado su célebre uniformidad a un precio exorbitante. Perdería el aporte básico de creatividad que hacen diversos concesionarios y proveedores. En suma: perdería el contacto con el mercado.

Turner comprende esto tal vez mejor que cualquier otro de sus colegas, y por eso reconoce que el sistema operativo que él creó tenía serias limitaciones. Las reglas sólo daban un marco general, y eso por sí solo no podía liberar el potencial verdadero de cualquier sistema de concesiones: el ingenio humano de centenares de hombres de negocios independientes. En fin, el secreto del éxito de McDonald's consistió en que sus casi fanáticos especialistas en operaciones, encabezados por el propio Kroc, reconocieron que el sistema operativo de la cadena — sin duda el más vigoroso en la industria de comidas rápidas — no era suficiente.

Capítulo 7
CÓMO HACER DINERO

En 1957 Kroc había reunido todos los elementos que necesitaba para que McDonald's triunfara. Su sistema de concesiones les brindaba a los empresarios la oportunidad de establecer un negocio propio sin tener que pagar una suma exorbitante por los derechos y sin adquirir compromisos injustos de compras. La fama del éxito de sus concesionarios atraía a decenas de individuos que estaban dispuestos a invertir sus economías de toda una vida para ponerse a hacer hamburguesas. Sus acuerdos con proveedores de fuera les estaban brindando a docenas de compañías pequeñas pero innovadoras la oportunidad de obtener utilidades en pedidos de gran volumen sin pagarle comisión a Kroc. El sistema sumamente disciplinado de McDonald's había fijado altas normas de calidad, servicio y aseo, antes desconocidas en la industria de drive-ins.

En todo este plan sólo había una falla: no había manera de que McDonald's realizara utilidades. Kroc era un romántico del negocio de comidas rápidas. Al vendedor que había en él lo atraían el potencial del volumen y la demanda popular de una buena hamburguesa de 15 centavos, mientras que al espíritu de economía del Viejo Mundo que había en él le encantaba la eficiencia de la línea de montaje en un servicio de comidas. Estaba resuelto a convertir lo que había encontrado en San Bernardino en una respetable cadena nacional y a cambiar la forma en que solían hacer las cosas las industrias de comidas y los procesadores de alimentos; pero ganar dinero no era parte de su romanticismo. Aunque llegó a ser uno de los hombres más ricos del país, con un patrimonio que se calculaba en US $600 000 000, cuando murió, en 1984, nunca habló de acumular riquezas. No lo movía el deseo de adquirir dinero. Nunca analizó un negocio por su estado de pérdidas y ganancias, y nunca se tomó el trabajo de entender el balance general de su propia compañía.

En consecuencia, no había trazado un plan para hacer que McDonald's fuera rentable. Había sido muy generoso con los hermanos McDonalds, se había preocupado mucho por el éxito de sus concesionarios, y había manejado con perfecta honradez los acuerdos de abastecimientos. El ingreso de su compañía provenía casi todo del 1.9 por ciento que les cobraba a los concesionarios sobre el volumen de sus ventas, pero la cuarta parte de eso (el 0.5 por ciento) tenía que entregársela a los hermanos McDonalds. No cobraba grandes sumas por derechos territoriales. El valor de una concesión era inicialmente de US $950, y cuando se aumentó en 1956, ascendió apenas a US $1 500. (Desde 1961 está en US $10 000.)

En realidad, todo el mundo estaba ganando dinero con McDonald's, menos la compañía de Ray Kroc. Sus restaurantes tenían un promedio anual de US $200 000 en ventas a finales de los años 50, pero de esto McDonald's sólo recibía US $2 800 por sus servicios. Otros US $1 000 iban a manos de los hermanos McDonalds como regalías, mientras que el concesionario se ganaba US $40 000 como utilidades de operación. Lo que le entraba a McDonald's ni siquiera cubría el costo de prestarles un servicio mínimo a los operadores, ni mucho menos el del amplio equipo de operaciones que Kroc estaba organizando. Hoy, por ejemplo, McDonald's cobra el 3 por ciento sobre las ventas como derechos por sus servicios, pero el costo de éstos (incluyendo desde investigación de mercados hasta desarrollo de productos y servicios en el terreno) equivale más o menos a un 4 por ciento de las ventas totales. Si McDonald's se hubiera confiado únicamente en la fórmula financiera de Kroc y hubiera prestado ese mismo nivel de servicio, no habría llegado a ser en 1985 la compañía minorista más rentable del país, con un ingreso neto de US $433 000 000 sobre ventas totales de US $11 000 millones. En realidad, si no hubiera desarrollado una forma completamente nueva de hacer dinero, habría perdido US $110 000 000 ese año. En suma, las ideas financieras de Kroc habrían ocasionado la bancarrota de la empresa.

Lo que convirtió a McDonald's en una máquina de hacer dinero no tuvo nada que ver con Ray Kroc ni con los hermanos McDonalds, ni siquiera con la popularidad de sus hamburguesas, sus papas fritas y sus malteadas. McDonald's ganó su dinero con bienes raíces y con una sencilla fórmula ideada por Harry J. Sonneborn, antiguo ejecutivo de Tastee Freeze a quien Kroc contrató en 1956 y quien trabajó para McDonald's exactamente diez años. Durante ese tiempo fue socio de Kroc — un socio muy callado y discreto. Ray Kroc se convirtió en una figura legendaria en el mundo de los negocios, mientras que Harry Sonneborn fue poco menos que desconocido fuera de un pequeño círculo de veteranos de McDonald's.

Y sin embargo, su estrategia de inversiones es la razón más importante de que hoy McDonald's pueda jactarse de ocupar una posición financiera sin par en el negocio de servicio de comidas. A Sonneborn, que fue el principal funcionario financiero de la empresa durante su primer decenio, es preciso atribuirle el haber convertido el impecable sistema operativo Kroc-Turner en una corporación altamente rentable. Esto lo hizo encontrando una novedosa manera de hacer dinero que no estaba en conflicto con las ideas de Kroc sobre la equidad para con los proveedores y los concesionarios. En lugar de cobrar grandes sumas por las concesiones o de sacar tajada del precio de lo que los proveedores les vendían a los concesionarios, Sonneborn concibió la idea de ganar dinero en bienes raíces que McDonald's les arrendaría a éstos últimos.

Lejos de chocar con los intereses de dichos concesionarios, la fórmula de Sonneborn encajaba perfectamente en el concepto de Kroc de asociarse con ellos. Al mismo tiempo, resolvía el mayor problema que habían encontrado los empresarios a quienes Kroc empezó a reclutar después de sus amigos del Rolling Green: el problema de conseguir fondos para pagar el costo del terreno y del edificio rojo y blanco. Si Kroc hubiera vendido derechos para abrir múltiples restaurantes en un gran territorio, como hacían Wendy's, Burger King y otros, habría atraído a poderosos inversionistas con recursos suficientes para construir sus propios restaurantes. Otorgando la concesión restaurante por restaurante, Kroc controlaba la calidad de las operaciones; pero los operadores independientes a quienes atraía no tenían ni los US$30 000 que entonces se necesitaban para adquirir un terreno de 200 metros cuadrados ni los US $40 000 para construir el edificio. A la mayor parte de ellos tampoco les era posible conseguir ese dinero prestado.

Sonneborn propuso una solución sumamente sencilla: McDonald's fundaría una compañía de bienes raíces separada, llamada Franchise Realty Corporation, que se encargaría de buscar sitios para restaurantes y tomarlos en arrendamiento, de propietarios que estuvieran dispuestos a construir allí unidades McDonald's, que también le arrendarían a la compañía. Con estos propietarios, Franchise Realty celebraría un contrato de arrendamiento a veinte años y luego le subarrendaría el predio al concesionario, con un recargo en el arrendamiento por el servicio prestado.

La belleza de esta posición de intermediaria que asumía McDonald's — tomar en arrendamiento del propietario y subarrendarle al concesionario — era que producía una utilidad previsible. En realidad, Sonneborn había inventado una fórmula que producía una ganancia considerable, superior a la que McDonald's obtendría vendiéndoles equipos y suministrándoles víveres a los concesionarios. En sus negociaciones, Sonneborn no cedió a lo que querían los propietarios de los locales, o sea que el arrendamiento se basara en un porcentaje de las ventas del restaurante, sino que insistió en que McDonald's pagaría un canon fijo mensual entre US $500 y US $600. Al subarrendar el local, recargaba este canon primero en un 20 por ciento y después en un 40 por ciento. Por ejemplo, sobre un local que le costaba US $600 mensuales, McDonald's le cobraba al concesionario una renta de US $840. Además, al calcular el arrendamiento básico para éste, Sonneborn le agregaba intereses sobre la inversión de la compañía en bienes raíces. "Habíamos ideado una fórmula increíble para subarrendar", dice. "Haríamos una inversión muy importante en bienes raíces".

Mientras un restaurante estuviera funcionando, McDonald's sacaría por lo menos su 40 por ciento de margen por arrendamiento. Sus costos por bienes raíces eran fijos por veinte años, puesto que en ninguno de los contratos que firmó Sonneborn se estipularon aumentos automáticos. Por otra parte, los subcontratos con los concesionarios eran a base de "neto-neto", lo cual quería decir que el subarrendatario (y no McDonald's) respondía por el pago de seguros e impuestos sobre la propiedad, dos renglones que seguramente aumentarían con el tiempo. En esta forma, el ingreso de McDonald's por arrendamientos por encima de sus costos fijos iba a engrosar sus utilidades. "Era dinero disponible" dice Sonneborn. "No había gastos posteriores".

Pero lo mejor de la fórmula era que el recargo del 40 por ciento no era sino el arrendamiento *mínimo* que debía pagar el concesionario. Le proporcionaba a McDonald's dinero suficiente para cubrir sus gastos generales. La mayor parte de las utilidades provenían de otro aspecto del plan, en virtud del cual el arrendamiento se calculaba como un porcentaje de las ventas del restaurante —inicialmente el 5 por ciento. El concesionario debía pagar o bien un canon fijo o bien un porcentaje de sus ventas, el que fuera más alto de los dos. Sonneborn había encontrado la manera de participar en las ganancias provenientes de las crecientes ventas de los restaurantes. En efecto, se aprovechaba doblemente: no les pagaba porcentaje a los propietarios, pero sí se lo exigía a los concesionarios. "Yo no lo justificaba ante nadie", dice. "Ese era el trato: o lo tomas o lo dejas. Nunca me puse en el trabajo de decirles a los concesionarios cuáles eran los factores de su arrendamiento. Ese era el arrendamiento".

Franchise Realty produjo inmediatamente un flujo de caja. Desde el momento en que McDonald's empezó a subarrendar los locales, le exigió a cada concesionario un depósito de garantía de US $7 500; la mitad de esa suma se le devolvía a los quince años, y la otra mitad a los veinte años, al finalizar la concesión otorgada por este lapso. (El depósito subió a US $10 000 en 1963.) Mientras tanto, McDonald's tenía el usufructo del dinero, y Sonneborn lo utilizó para desarrollar la segunda etapa de su plan, que fue comprar bienes inmuebles. Al principio compraba el edificio y tomaba el terreno en arrendamiento, utilizando parte del dinero como garantía del contrato de arrendamiento y parte como primer contado para la compra del edificio, que quedaba hipotecado. Después, en los primeros años del decenio de los 60, Sonneborn llegó a adquirir la propiedad total, comprando el terreno a plazos mediante un contrato a diez años con el propietario y financiando la construcción con una hipoteca bancaria.

Era un plan atrevido. McDonald's adquiría la propiedad de terrenos y edificios sin desembolsar dinero suyo, pues para los contados usaba el dinero de los concesionarios y tomaba el resto prestado de los terratenientes y de los bancos. Esto constituía un endeudamiento extremo, pero si el plan funcionaba, tenía que ser lucrativo. También era obvio que Kroc había encontrado un socio cuyas capacidades compensaban con creces sus propias limitaciones en materia de finanzas.

La actitud de Sonneborn frente a los negocios era totalmente financiera. Su interés principal era ganar dinero. No compartía el entusiasmo de Kroc por la operación de los drive-ins. Su talento para negociar y su aguda apreciación de los intereses de todas las partes contratantes pudieran haberse empleado en cualquier negocio; y él pudiera haberlos empleado con igual complacencia en el negocio de ropa (su campo inicial) o en el de hamburguesas. Para él, el de servicio de comidas no era sino un vehículo para ganar dinero en bienes raíces. Es decir, que Sonneborn era el contrapeso equilibrante de Ray Kroc.

Las utilidades no fueron el único aporte que hizo Sonneborn con sus operaciones en bienes inmuebles: Kroc y Sonneborn consideraban que el control de los bienes inmuebles también le permitió a McDonald's obtener el tipo de control que quería ejercer sobre los concesionarios y que no podía obtener mediante un simple acuerdo de concesión. Posteriormente los tribunales han definido en muchísimos casos los derechos de los concesionistas y de los concesionarios; pero en los años 50 la legislación no los reconocía muy claramente. ¿Qué le impedía a un concesionario quitar el letrero de McDonald's, cambiarle el nombre al restaurante y no pagar regalías? ¿Qué autoridad tenía McDonald's para castigar a los rebeldes que no quisieran cumplir las reglas sobre el menú o las normas operativas? "Yo nunca pensé que un contrato de concesión valiera lo que el papel en que estaba escrito", dice Sonneborn, pensando en la posibilidad de un juicio. "Parecía que no tendría validez alguna ante los tribunales. Sería el caso de la gran corporación contra el pequeño operador, y la corporación jamás ganaría semejante pleito".

Era distinto el caso de un contrato de arrendamiento; éste era un documento legal tradicionalmente prestigioso, y McDonald's exigía como base para celebrarlo que se cumplieran sus normas operativas. "Conectamos el arrendamiento y la concesión en tal forma que cualquier violación de la concesión producía la terminación del contrato de arrendamiento", explica Sonneborn.

Posteriormente los tribunales no admitieron demandas sobre contratos de arrendamiento separadas de un acuerdo de concesión, y McDonald's consideró ambos documentos como parte de un solo "paquete". Las ideas de Sonneborn entusiasmaron a Ray Kroc a mediados de los años 50, cuando tenía tantos problemas con sus amigos del Rolling Green, que eran propietarios de sus unidades o las tenían en arriendo. En realidad, cuando Sonneborn le presentó su plan en 1956, Kroc lo aprobó más por el control que esperaba le daría sobre los concesionarios, que por las utilidades que generaba para su compañía. "Por fin he encontrado la manera de poner bajo nuestro absoluto control todo McDonald's que abramos", les informó a los hermanos en 1957, refiriéndose al plan de Sonneborn. "El contrato de arrendamiento estipula que si en cualquier momento McDonald's System, Inc., notifica a Franchise Realty Corporation que la operación no se ajusta en toda forma a las normas de calidad y servicio de McDonald's, el contrato se rescindirá, con aviso previo de treinta días. Ahora tenemos un garrote en la mano y ¡por Dios! que no tendremos más contemplaciones con ellos. Nosotros les daremos órdenes en lugar de estarles rogando y suplicando que colaboren".

Sin duda el mayor beneficio del negocio de bienes inmuebles fue que constituyó la forma menos ofensiva en que McDonald's podía ganar dinero. Al igual que cualquier otro negocio, las compañías concesionistas tienen que generar utilidades, pero, a diferencia de otros negocios, aparecen muchas veces como usufructuarias de utilidades mal habidas. La venta de derechos territoriales por una fuerte suma se ve como utilidades no ganadas. Si los concesionistas ganan dinero suministrándoles a sus concesionarios materiales que ellos mismos fabrican, se considera que se están beneficiando de un conflicto de intereses. Y si reciben un porcentaje sobre la venta de productos que acuerdan con terceros, se estima que se están aprovechando de las rebajas por compras en gran volumen, rebajas que legítimamente les pertenecen a los concesionarios.

Sonneborn encontró no solamente la manera más lucrativa de operar una cadena de comidas rápidas sino también el método más puro de generar utilidades con las concesiones. McDonald's no realizaba utilidades a expensas de los concesionarios, de manera que el plan era legalmente viable. En una serie de pleitos a propósito de negocios "de enlace" en los decenios de los 60 y los 70, los tribunales siempre sentenciaron en contra de los concesionistas que obligaban a sus concesionarios a comprarles a ellos equipos o provisiones, con el argumento de que eso constituía un conflicto ilegal de intereses; pero al mismo tiempo, la exigencia que les hizo McDonald's a sus concesionarios de tomar en arriendo predios de la compañía resistió todas las impugnaciones. Los tribunales resolvieron que controlar los locales era parte integrante del manejo de una cadena de restaurantes, y que el control de esa función ejercido por el concesionista era natural y no ponía los intereses económicos de éste en conflicto con los de sus concesionarios.

Lo cierto es que, en el caso de McDonald's, la conexión con los bienes raíces realmente puso en armonía el interés económico del concesionista con el de sus concesionarios; y eso fue así porque con la fórmula de Sonneborn McDonald's realizaba pocas utilidades en sus operaciones de bienes inmuebles hasta que los restaurantes llegaban a un volumen de ventas suficientemente alto para que el pago del arrendamiento pasara de la base mínima fija a una suma basada en un porcentaje de las ventas. Inicialmente ese porcentaje era el 5 por ciento, pero desde 1970 ha sido el 8.5 por ciento. McDonald's tiene que esperar hasta que los restaurantes lleguen a ese nivel en forma de porcentaje para empezar a percibir una redituación significativa sobre su inversión; pero, dado el patrón de crecimiento del promedio de las unidades, la espera no es larga. De los 9 300 restaurantes de la compañía, sólo unos 500 no generan ingresos suficientes para pagar el arrendamiento en forma de un porcentaje sobre ventas. Puesto que McDonald's controla los bienes raíces de todas las unidades, con excepción de dos, recibe el 8.5 por ciento de las ventas de casi todas, además del 3 por ciento como pago del servicio, lo cual le da conjuntamente el mayor porcentaje sobre ventas en la industria de comidas rápidas. (En comparación, otros concesionistas reciben de sus concesionarios una regalía del 4 por ciento, pero como descubrieron la oportunidad de los bienes raíces mucho después de McDonald's, ninguna otra cadena controla los locales ni recibe arrendamientos de la mayoría de sus unidades.)

El gran beneficio del control sobre los locales es el incentivo económico que le da a McDonald's para fomentar la excelencia en las operaciones. Mientras que otros concesionistas obtenían grandes ganancias de entrada vendiendo concesiones y abriendo nuevos restaurantes, el plan de Kroc hizo depender la rentabilidad de McDonald's de su habilidad para inducir a los concesionarios a mejorar sus operaciones y aumentar sus ventas. Turner explica: "Nuestro ingreso dependía más de aumentar el volumen de los restaurantes existentes, que de abrir nuevas unidades".

Para los hombres de números como Harry Sonneborn, la conexión con los bienes inmuebles era de oro. Cuando McDonald's se convirtió en sociedad anónima abierta, él se complacía en decirles a los analistas de títulos y valores que McDonald's era una compañía de bienes inmuebles, no de comidas rápidas. Y desde mucho antes esgrimía el mismo argumento para tranquilizar a los posibles prestamistas que se sentían cómodos prestando sobre bienes inmuebles pero vacilaban en financiar compañías del arriesgado negocio de servicio de comidas rápidas. Naturalmente, la afirmación de Sonneborn era una exageración que enfurecía a Kroc; pero viéndola fríamente y desde el punto de vista de los números, había más verdad de la que querían admitir los funcionarios de McDonald's.

En efecto, pocas empresas se beneficiaron tanto como McDonald's de la bonanza de los bienes raíces durante los decenios de los 60 y los 70. Como adquirió sus propiedades en los suburbios cuando éstos empezaban a desarrollarse, los precios que pagó fueron una ganga. Lo mismo que todo el mundo, tuvo que pagar los precios más altos en las nuevas adquisiciones, pero mantuvo constante el costo inmobiliario de sus restaurantes existentes, ya porque tuviera contratos de arrendamiento a largo plazo con opción de compra, o porque fuera ya dueña de la propiedad. En cambio, sus competidores, que pasaron por alto el fenómeno de los bienes raíces en los años 60 se vieron gravemente perjudicados por el alza de costos en los 70.

Mientras que los costos de bienes raíces de McDonald's se mantuvieron relativamente estables, sus ingresos de bienes raíces se multiplicaron debido al impacto que ejerció la inflación sobre los precios de los alimentos, sobre los volúmenes de ventas de los restaurantes y, desde luego, sobre los porcentajes de arrendamiento. Para la compañía la inflación de dos dígitos de los años 70 fue una bendición, no una maldición. Aun cuando tuvo el efecto negativo de aumentar el precio de la hamburguesa de 15 centavos en 1967 a más del triple en 1980, el porcentaje de arrendamiento que McDonald's recibe de todos sus restaurantes significaba que la cadena estaba recibiendo el 8.5 por ciento sobre una base de ventas inflada.

El momento absolutamente oportuno en que McDonald's hizo la inversión en bienes raíces le permitió a Sonneborn asimismo lograr el objetivo de estructurar una valiosa cartera de bienes raíces. Gracias al alza inusitada de los precios de la tierra, su política llevó a constituir un imperio de propiedad territorial que es motivo de envidia de todos los minoristas. Hoy McDonald's es dueña del 60 por ciento de los locales de sus 9 300 restaurantes (los restantes los tomó en arriendo). En 1982 el valor neto en libros de esas propiedades y de los equipos sobrepasó por primera vez al del grupo de comercialización de Sears, Roebuck and Company, convirtiendo a McDonald's en el minorista propietario de los bienes raíces más valiosos del mundo. A finales de 1985 el valor neto en libros de las propiedades de McDonald's era de US $4 160 millones, y su valor en el mercado era mucho mayor. (Sears, si se incluyen las propiedades y las inversiones de sus filiales Coldwell Banker y Allstate, sigue aventajando a McDonald's con un valor neto en libros de US $5 900 millones en bienes muebles e inmuebles. Y el grupo de comercialización de Sears mantiene la ventaja en cuanto a espacio global de ventas al por menor con el triple de los 3 255 000 metros cuadrados de McDonald's.)

Pero el verdadero valor de las propiedades de McDonald's está en la renta que le producen. Aproximadamente la tercera parte de su ingreso neto proviene del 24 por ciento de unidades no concesionadas que posee y maneja directamente, y el resto proviene de los restaurantes de concesionarios. Cerca del 90 por ciento de esas utilidades provienen de arrendamiento de locales. Si no contara con este último ingreso, habría tenido que triplicar el 3 por ciento que les cobra a sus concesionarios por servicios, colocándolo muy por encima del 4 por ciento que es el promedio en la industria.

Pero lo que realizó Sonneborn no fue simplemente descubrir la conexión con bienes raíces sino encontrar la manera de hacer que funcionara. En 1956, cuando fundó la Franchise Realty, las probabilidades de que McDonald's fracasara en este ramo eran enormes. Kroc había empezado en 1954 con una inversión de US $1 000, y cuando la compañía decidió desarrollar sus bienes raíces, tres años después, su patrimonio apenas llegaba a US $24 000. Este balance —vinculado con un plan de otorgar concesiones para drive-ins especializados en hamburguesas de 15 centavos— no era tan llamativo como para que los propietarios de tierras corrieran a pedirles a sus banqueros préstamos hipotecarios a fin de construir drive-ins de color blanco y rojo para alquilárselos a McDonald's. Y un par de años después, cuando McDonald's empezó a comprar tierras con contratos de pago a plazos durante diez años y a construir los edificios, sus posibilidades de conseguir dinero sobre hipotecas eran menores aún. Como norma general, los bancos no estaban dispuestos a financiar compañías nuevas, y mucho menos restaurantes, a causa de su elevada proporción de fracasos.

A pesar de tantas circunstancias adversas, McDonald's se las ingenió para inducir a los terratenientes a firmar contratos, y a los bancos y compañías de seguros a hacer préstamos hipotecarios. Para ello presentó dos aspectos de la personalidad de la compañía: de un lado estaban los gerentes de operaciones, bien definidos, preocupados por los detalles y que no pensaban más que en hamburguesas, papas fritas y leche malteada; de otro lado, un grupo de gerentes entendidos en finanzas y corredores de bienes raíces que no tenían ningún interés en hamburguesas pero sí en negociar propiedades, y con el talento para persuadir a constructores y banqueros para que se arriesgaran. Mientras que el público veía el carácter operativo de McDonald's por simple observación del reluciente régimen de sus restaurantes, el otro aspecto, el de las negociaciones y los riesgos financieros, se desarrollaba detrás de bambalinas.

El grupo de bienes raíces lo formaban personalidades muy diversas; entre ellas —cosa sorprendente— el propio Kroc, que tenía una capacidad única para tratar con ambos lados de su compañía. Cerró tantos tratos de bienes raíces como Sonneborn, y se ganó a los terratenientes con el mismo entusiasmo que demostraba por las hamburguesas de 15 centavos en la venta de concesiones. Tenía un instinto infalible para encontrar buenas ubicaciones para nuevos restaurantes, y esto constituía para él una preocupación constante. Aun después de contar McDonald's con uno de los departamentos de bienes raíces más eficientes de la industria minorista, Kroc siguió recomendando nuevos sitios. Consultaba constantemente el grueso directorio *Editor & Publisher Market Guide*, que contiene la lista de todos los periódicos de los Estados Unidos y describe la población y el comercio de las ciudades donde se publican. Llevaba en su avioneta ejemplares de este directorio, y cuando veía desde el aire algún pueblo que le parecía un buen sitio, consultaba esa información, y al día siguiente llamaba por teléfono a Wilbur Sutherland, vicepresidente encargado de bienes raíces, para pedirle que lo investigara.

Pero el que dominaba el grupo financiero era Sonneborn, que hablaba el lenguaje de los abogados, los banqueros y los corredores de fincas y era hábil en su juego. Tenía el aprecio del banquero por los números y el del abogado por los contratos, y su destreza para negociar tratos financieros le permitió a McDonald's vencer formidables obstáculos en sus operaciones de bienes raíces. Poca emoción dejaba traslucir; nunca revelaba cuánto ansiaba encontrar propietarios dispuestos a construir unidades McDonald's, y esta táctica psicológica obraba milagros. Su actitud era de superioridad: el propietario del terreno debía agradecerle a McDonald's que lo tuviera en cuenta. "Harry era un verdadero vendedor negativo", recuerda Don Conley. "Siempre le decía al propietario que tenía que ver otros locales en esa área y que aun cuando su terreno parecía bueno, no era el mejor".

Aun en la época en que McDonald's no estaba financieramente en capacidad de exigir, Sonneborn exigía. Rechazaba de plano a los propietarios que pretendían incluir en los contratos cláusulas de aumentos automáticos o arrendamientos basados en un porcentaje sobre las ventas. Los que observaban sus tácticas se maravillaban de su habilidad para colocar al propietario en la posición más débil valiéndose del arma más decisiva del negociador, o sea la capacidad de decir "no hay trato" cuando las exigencias de la contraparte están en conflicto con las suyas. Dando tal impresión de confianza en sí mismo, convencía a los propietarios y a los banqueros de que la solidez económica de McDonald's era superior a lo que sus balances indicaban. "Harry negociaba como si estuviera en una posición de fuerza, aun cuando esa posición fuera en realidad débil", observa Richard J. Boylan, miembro de la junta directiva de McDonald's, vicepresidente ejecutivo superior y jefe de finanzas, hoy jubilado.

Pero, en medio de todo, Sonneborn sabía cuándo tenía que ceder para lograr un trato, y en muchas ocasiones cedió más que cualquier otro. Creía que la manera más barata de financiarse una compañía en crecimiento era endeudándose, y pudo obtener préstamos que otras compañías de comidas rápidas no conseguían porque estaba dispuesto a pagar más para obtenerlos. Cuando McDonald's creció, Sonneborn se volvió exigente en esa materia, pero al principio reconocía que tenía que hacer concesiones en cuanto a tipos de interés. En 1957 Kroc lo mandó a Peoria, en Illinois, para que se entrevistara con Harry Blanchard y Carl Young, viejos socios en negocios al por menor y cervecerías, quienes acababan de fundar una compañía para hacer préstamos de alto riesgo sobre bienes raíces que los bancos se abstenían de hacer. Sonneborn habló con ellos brevemente sobre una propiedad en Peoria, que ellos se comprometieron a financiar, pero se dio cuenta de que las posibilidades eran mucho mayores. "Ya que ustedes están dispuestos a financiar este local", les dijo, "¿por qué no financian seis? Yo les puedo mostrar muchos sitios espléndidos".

Young aceptó, y después de inspeccionar los sitios, él y Blanchard resolvieron tomarlos todos en arrendamiento y prestarle a McDonald's el dinero necesario para financiar la construcción de los restaurantes. Sonneborn se había ganado la lotería. McDonald's no tenía más que 39 restaurantes en operación a finales de 1957, y en ninguno de ellos tenía derechos de propiedad. Aquí en una sola negociación ampliaba la cadena en un 15 por ciento y adquiría por primera vez un patrimonio en drive-ins. Además, Blanchard y Young le prestaban al 7 por ciento, apenas 2 puntos por encima de lo que era en ese momento el interés normal para préstamos hipotecarios. Pero había una trampa: McDonald's tendría que devolver US $40 000 como principal sobre cada restaurante, mientras que Blanchard y Young sólo le entregaban US $25 000. Ese era su colchón de seguridad y elevaba el tipo de interés efectivo nada menos que al 18 por ciento. Sólo los cabecillas del hampa de Chicago cobraban más por financiar a los contrabandistas de licores. A pesar de todo, Sonneborn cerró el trato porque ponía mucho dinero en manos de McDonald's, y si satisfacía esa obligación hipotecaria, podía esperar otros grandes préstamos. Entonces estaría en posición de exigir condiciones más favorables, pero tenía que resignarse a pagar el alto costo del primer paso.

Con el préstamo de Blanchard y Young se inició el método de financiación de McDonald's. Sonneborn no volvería a verse obligado a pagar intereses que rayaban con la usura, pero desde entonces fue clara su intención de financiar el crecimiento mediante un endeudamiento excesivo que le dio a McDonald's el más alto poder multiplicador de la industria de comidas rápidas. Gracias a la creatividad financiera de Sonneborn, McDonald's creció mucho más rápidamente que otras cadenas que consideraron prudente evitar un endeudamiento "excesivo". White Castle empezó en el negocio de hamburguesas treinta años antes que Kroc, y también sus restaurantes gozaban de buena reputación, pero su crecimiento se vio entorpecido por su conservatismo financiero. En efecto, lo único que explica por qué no aprovechó su ventaja inicial es la política estricta de su fundador, E. W. Ingram, contra el endeudamiento. A comienzos del decenio de los 80, White Castle se jactaba de presentar un balance general en que no aparecía ni un centavo de deuda a largo plazo. Pero, por otra parte, el libro mayor muestra el precio del conservatismo de Ingram: White Castle no tiene sino 230 restaurantes en servicio.

Tan importante como su política de endeudamiento fue el equipo de colaboradores altamente especializados que Sonneborn reunió para que le ayudaran a llevar a cabo su osado plan. A principios del decenio de los 60, sus representantes volaban por todas partes en tres avionetas de la compañía examinando centenares de sitios posibles. A diferencia del grupo de operaciones, que deliberadamente buscaba gerentes que no tuvieran experiencia en restaurantes, el equipo de Sonneborn se componía de profesionales de mucha experiencia. De sus ocho especialistas en bienes inmuebles, empleados de tiempo completo, seis los había sacado de la Standard Oil de Indiana, de la Gulf y de otras compañías petroleras, que entonces iban a la cabeza de todas las cadenas en la adquisición de propiedades en los suburbios en expansión. Mientras tanto, Kroc había organizado otro grupo de unos ocho corredores de bienes raíces independientes que destinaban la mayor parte de su tiempo a buscar sitios para McDonald's, a veces con acuerdos que les daban la exclusividad para desarrollar propiedades en un territorio. Aunque a veces estos grupos —interno el uno y externo el otro— chocaban entre sí, contaban siempre con el apoyo de Kroc o de Sonneborn, lo cual les daba una seguridad y una audacia poco comunes para obtener sitios. Perseguían tenazmente a los propietarios que pudieran interesarse en construir una unidad McDonald's en su terreno, y con frecuencia estudiaban veinte posibilidades por cada trato que cerraban.

Sonneborn había organizado también otro grupo de especialistas financieros que actuaban con no menor empeño en busca de dinero sobre hipotecas. Cuando visitaban un banco, exigían hablar con el presidente y hablaban de grandes proyectos que les darían a los banqueros réditos sobre hipotecas fuera de lo común, pingües comisiones por préstamos, y saldos extraordinariamente compensatorios. Seguían todo indicio o contacto que pudiera conducirlos al dinero institucional. En su desesperada busca de financiación también corrían riesgos tratando con urbanizadores de no muy limpia reputación. En suma, tratándose de bienes raíces y de finanzas, McDonald's realizó la meta expansionista de Kroc moviéndose por la pista de alta velocidad.

De esa velocidad es ejemplo la manera como pasó de una etapa a otra en sus operaciones con inmuebles. Al principio la propuesta que les hacía a los propietarios era sencilla: El dueño del terreno conseguía un préstamo hipotecario de US$40 000 para construir allí un McDonald's que luego le arrendaba a la compañía por veinte años, más o menos por US$700 mensuales. Corría un riesgo grande porque McDonald's era desconocida, el negocio de hamburguesas a 15 centavos era una novedad, y el propietario levantaba una edificación que no podía servir para nada más.

Pero Sonneborn y sus colaboradores aprovecharon varias cosas que tenían a su favor; la principal de ellas era que Kroc había escogido los suburbios para el desarrollo de McDonald's porque buscaba el mercado de las familias. "Busquen donde haya escuelas, campanarios de iglesia, y casas nuevas", les decía a los del grupo de bienes raíces. Por suerte, cuando McDonald's entró en los suburbios ése era territorio virgen para el desarrollo comercial. Por todas partes se veían lotes desocupados a lo largo de las vías principales. Los urbanizadores construían rápidamente en los sectores residenciales, pero la construcción de locales comerciales estaba rezagada. Las únicas empresas minoristas que buscaban activamente terrenos en los suburbios eran las compañías petroleras, para instalar estaciones de gasolina en todas las esquinas principales. Todavía no había K marts, ni 7-Elevens, ni Pacific Stereos, ni Midas Mufflers ni Toy-R-Us. Faltaban aún diez años para los centros comerciales.

No teniendo más que un competidor importante, la estrategia de McDonald's se reducía a ofrecerles a los propietarios mejores condiciones que las compañías petroleras. Estas, como no estaban acostumbradas a tener competencia, pagaban lo menos posible: un arrendamiento equivalente al 7 por ciento anual del valor comercial del terreno y la edificación. Claro que tenían la más alta calificación crediticia, mientras que McDonald's apenas era una esperanza para el futuro; pero superó este obstáculo ofreciendo pagar un arrendamiento anual equivalente al 10 por ciento del valor comercial de la propiedad.

También resolvió tomar terrenos que los comercializadores de gasolina desechaban. Las compañías petroleras exigían invariablemente las esquinas, para aprovechar el alto volumen de tránsito. Pero el diseño de un McDonald's típico —con estacionamiento enfrente y a ambos lados del restaurante y una pista de entrada y salida de automóviles en forma de U alrededor— se adaptaba muy bien a lotes situados en la mitad de una manzana, por los cuales se pagaba la mitad de lo que costaban los de esquina. Es más: a menudo eran preferibles los de la mitad de una manzana porque en las esquinas con semáforo se formaban congestiones de tránsito que obstaculizaban la entrada a un drive-in. "Había muchos más terrenos disponibles en la mitad de las manzanas", dice Sonneborn. "Todos eran lotes desocupados, y ser dueño de ellos sólo significaba tener que pagar impuesto predial. Llegamos nosotros y les ofrecimos una renta que no podían conseguir de ninguna otra manera".

Otra clave para persuadir a los propietarios de que se arriesgaran con una unidad McDonald's fue la decisión de no mantener la función de bienes raíces enteramente interna, sino valerse también de corredores de bienes raíces de fuera. Estos conocían mejor los mercados locales y los inversionistas, y pudiendo ganar buenas comisiones, tenían un fuerte incentivo financiero para hacer tratos.

Ninguno aprovechó esa oportunidad mejor que Richard Schubot, joven e inexperto corredor de Cleveland, que empezó a conseguir lotes para McDonald's en 1958. Después se hizo también concesionario, pero antes de eso cerró unos 250 convenios de arrendamiento para McDonald's, más o menos la cuarta parte de todos los restaurantes que la compañía construyó en el decenio de los 60. Se volvió un as para encontrar los sitios adecuados, labor a la cual dedicaba siete días a la semana. Estudiaba los mercados locales más minuciosamente que los mismos funcionarios de McDonald's, y adoptó una actitud muy desenfadada para tratar con los propietarios y sus abogados. Al estudiar cada nuevo mercado en Ohio y los Estados circunvecinos, empezaba por tomar incontables aerofotografías que le permitían localizar rápidamente las principales carreteras, escuelas e iglesias que indicaban la presencia de familias suburbanas. Después recorría el territorio en automóvil para hacer el croquis de las calles y tomar nota del flujo del tránsito. Acabó por tener una pequeña biblioteca de fotos aéreas y mapas, y a muchos corredores que lo llamaban para ofrecerle a McDonald's las propiedades de sus clientes, los dejaba indudablemente sorprendidos dándoles por teléfono más información sobre esas propiedades de la que ellos mismos tenían.

Su manera de negociar era tan arrogante como la de Sonneborn. Apenas percibía el menor indicio de interés por parte del propietario, le planteaba sus demandas inflexibles: "Yo represento a McDonald's", le decía, "pero usted me paga a mí la comisión. Yo le prestaré todos los servicios que necesita para cerrar este negocio: le buscaré un contratista, hablaré con el banco, negociaré con su abogado. Pero si usted quiere prescindir de mi comisión, búsquese otro inquilino". Esto era hablar recio para un corredor que representaba a una compañía de la cual pocos habían oído hablar; pero esta psicología al revés resultó eficaz. "Yo casi los desafiaba a que negociaran conmigo", dice Schubot.

Se ganó la reputación de cumplir lo que prometía. Cuando el propietario acudía al banco a solicitar un préstamo hipotecario sobre una unidad McDonald's, Schubot lo acompañaba, apoyaba la solicitud, y si el banquero no accedía a hacer el préstamo, le aconsejaba al propietario —en las barbas del banquero— que se pasara a otro banco. Una vez una junta municipal de planeación amenazó con negarle un permiso de construcción a otro propietario que quería levantar un McDonald's. Schubot se presentó en la reunión de la junta de zonificación acompañado de una taquígrafa que empezó a tomar notas.

—¿Qué hace usted? —le preguntó el presidente de la junta.

—Está tomando notas —le contestó Schubot—. De modo que si ustedes me forman problemas yo tendré documentación que podré utilizar para demandarlos.

El propietario consiguió su permiso.

Era igualmente heterodoxo para elegir algunos sitios. En 1964 le llevó a McDonald's un contrato firmado de arrendamiento de una propiedad en el límite sur de Ithaca, Estado de Nueva York, que no cumplía las exigencias de Sonneborn de estar en calles de mucho tránsito y con "anclas" cercanas a ambos lados para atraer la clientela. El sitio escogido por Schubot sí estaba en una calle de bastante tránsito, pero no tenía nada más que lo recomendara. Estaba situado a ocho kilómetros de la Universidad de Cornell, el mercado que obviamente buscaba McDonald's, y su "ancla" no compensaba esta lejanía: estaba rodeado de un depósito de chatarra.

Sonneborn rechazó el negocio pero fue desautorizado por Kroc. Sin embargo, al fin se salió con la suya porque no pudieron encontrar un concesionario que tomara ese sitio, y el mismo departamento de operaciones lo objetó. Entonces Sonneborn le dijo a Schubot: "Te tengo un negocio: te voy a otorgar *a ti* la concesión de Ithaca". Ya para entonces el mismo Schubot empezaba a dudar de aquel sitio, pero Kroc lo llamó y le dijo: "Muéstrale quién eres. Acepta".

Aceptó, con la esperanza de que la escasez de restaurantes en las vecindades de la universidad animaría a los estudiantes a viajar los ocho kilómetros para acudir al McDonald's. En esto no se equivocó. Los estudiantes acudían por bandadas, hasta el punto de que Schubot tuvo que contratar guardias privados con radioteléfonos portátiles para dirigir el tránsito en el estacionamiento. En el segundo año de operaciones el volumen de ventas del restaurante pasó de US$500 000, o sea el doble de lo que era el promedio de un McDonald's a mediados de los años 60.

Encontrar buenos sitios y propietarios dispuestos a arrendarlos no era el único reto —o siquiera el más grave— de los que enfrentaba McDonald's para ejecutar la política de Sonneborn. Una tarea mucho más ardua era encontrar dinero para financiar la compra de bienes raíces. Si bien cuando fundó la Franchise Realty en 1956 la idea de Sonneborn era tomar en arrendamiento terrenos y edificios, posteriormente modificó su plan para incluir la compra de ambas cosas.

Dada la débil posición financiera de McDonald's, la idea de adquirir propiedades parecía más absurda aún que controlarlas por medio de contratos de arrendamiento a largo plazo. Adquirir una propiedad significaba obtener préstamos hipotecarios, y los banqueros se mostraban menos amigos de correr riesgos que los mismos terratenientes. "El concepto fundamental de la banca es que se les presta dinero a los que no lo necesitan", dice Sonneborn. "Los que necesitan dinero no son buenos riesgos, y los banqueros no están en el negocio de prestarles a los que no sean buenos riesgos".

Para contrarrestar la renuencia de los banqueros, confiaba en el deseo de los propietarios de hacer tratos. Les ofreció contratos de arrendamiento a largo plazo, con la condición de que ofrecieran su tierra para hipotecarla como garantía de los préstamos bancarios que McDonald's conseguiría para construir en ella el edificio. Bien sabía que una hipoteca sobre el edificio mismo no era aceptable para los bancos puesto que tales edificios no servían sino para restaurantes McDonald's, y los banqueros, más que cualesquiera otras personas, desconfiaban de la viabilidad de una cadena que vendía hamburguesas a 15 centavos.

A finales de los años 50 la prosperidad de los restaurantes McDonald's era tan sólida, que muchos terratenientes aceptaron la propuesta y permitieron hipotecar sus tierras para que McDonald's pudiera conseguir préstamos para hacer las edificaciones. Casi inmediatamente después de establecido este plan, Sonneborn dio el siguiente paso lógico: comprar la tierra misma. Cuando Franchise Realty empezó a arrendarles a los concesionarios el local, también empezó a exigirles un depósito de garantía de US$10 000, que luego subió a US$15 000. Esto, además de aportar un ingreso en efectivo, que buena falta hacía, le permitió a Sonneborn pensar en comprar tierras para pagarlas a plazos en diez años, empleando para el primer pago los depósitos de garantía de los concesionarios. La idea era tan atrevida que sólo un hombre tan metalizado como él podía proponerla. Al fin y al cabo, tomaba el dinero del concesionario para pagar el primer plazo sobre una tierra que luego le alquilaba al mismo concesionario. El saldo del precio del terreno prácticamente lo tomaba prestado del propietario que permitía hipotecarlo para que McDonald's pudiera construir su edificio. Mientras la compañía siguiera vendiendo hamburguesas, Sonneborn tenía un imperio autogenerado de bienes raíces. "Todo esto operaba a puro crédito... con el dinero ajeno", se jactaba Sonneborn. "Nosotros no habíamos puesto ni cinco centavos".

La política de comprar propiedades cambió la carga de McDonald's, de encontrar propietarios dispuestos a negociar, a encontrar banqueros dispuestos a prestar. Aquí también los primeros especialistas en bienes raíces que trabajaban en McDonald's demostraron sorprendente creatividad y audacia. En 1959 Sonneborn contrató a un original abogado de treinta y un años de edad, llamado John Jursich para que se dedicara exclusivamente a conseguir dinero sobre hipotecas. A pesar de su edad, Jursich era hombre de mucha experiencia. Después de graduarse en derecho a los veintidós años en la Universidad De Paul, lo había ejercido, en la especialidad de bienes raíces, durante nueve años y había desarrollado un estilo sumamente persuasivo. Antes de ser empleado de McDonald's se había ganado jugosas comisiones negociando préstamos hipotecarios para la cadena, siendo empleado de una firma de corredores de hipotecas. Sonneborn tenía una obvia opción: o enriquecer a Jursich o emplearlo.

Jursich no quiso perder tiempo en una lucha que consideraba perdida de antemano por conseguir dinero para muchos restaurantes con los grandes prestamistas de Chicago, sino que limitó sus primeros esfuerzos a los bancos y las cajas de ahorros de las poblaciones pequeñas, donde solicitaba préstamos únicamente para un restaurante que se instalaría en su mercado local. Puesto que prácticamente todas las unidades McDonald's durante el primer decenio se estaban abriendo en los suburbios o en las poblaciones pequeñas, las solicitudes de Jursich seguían el mismo camino. El pensaba que los banqueros locales tenían interés económico en apoyar un restaurante McDonald's en su pueblo, pues creaba como treinta y cinco empleos nuevos.

Además, les hacía una propuesta muy atractiva. Sabía que tenían más depósitos de lo que podían prestar localmente, y que los fondos excedentes los invertían en papeles de bajo rendimiento, como certificados de depósito en los bancos de los centros financieros. Explotó, pues, su deseo de mejores réditos, así como Schubot había atraído a los propietarios pagándoles arrendamientos superiores al término medio. "Básicamente, todo el mundo tiene en sí algo de ladrón", observa Jursich. "Yo les di la oportunidad de ser ladrones". Muchos de los primeros préstamos los consiguió con bancos de ahorros que se especializaban en hipotecas al 5 por ciento para viviendas y que deseaban (aunque pocas veces lo lograban) hacer préstamos comerciales a más alto interés sobre inmuebles. Jursich les ofreció la tentación del 7 por ciento sobre hipotecas a diez años más una comisión del 5 por ciento por sólo hacer el préstamo. Algunos se mostraron tan ansiosos de hacer tan buen negocio que dejaron a un lado sus escrúpulos tradicionales sobre el alto riesgo de la industria hostelera. En más de una ocasión los ejecutivos de esas cajas de ahorros fueron tan ingenuos que aceptaron que el propio Jursich redactara el documento de préstamo comercial.

A los pequeños banqueros de los pueblos los sedujo con las mismas condiciones, más la adehala de que el operador del McDonald's se comprometía a mantener la cuenta corriente de su negocio en el banco que le prestara a la compañía los US $40 000 para levantar el edificio. Hasta les mostró extractos de cuentas de operadores existentes de McDonald's, que mostraban saldos de US $15 000 en promedio. En seguida les soltaba el argumento clave: "Nómbreme usted otro cliente que esté dispuesto a mantener en depósito la tercera parte del préstamo como condición para obtenerlo".

Su estilo era tan persuasivo como sus condiciones. Lo mismo que otros del personal de bienes raíces llegaba a los pueblos en una avioneta de la compañía, con lo cual ya se les empezaba a quitar de la cabeza a los banqueros la idea que tenían de que todos los empresarios de comidas rápidas eran unos pobres diablos. Al banco se presentaba correctamente vestido y llevando una gran cartera repleta de fotos en colores de nuevas unidades McDonald's, historiales de ventas de varios restaurantes, y otras informaciones para documentar su solicitud, e insistía en no hablar sino con el presidente del banco. "Yo buscaba un préstamo que no estaba contemplado en el reglamento del banco", explica Jursich, "y los vicepresidentes siempre se ciñen al reglamento. El único que se atreve a separarse de él es el jefe ejecutivo".

Con esta insistencia a veces causaba conmoción. En Tucson salió a recibirlo el vicepresidente ejecutivo del banco Federal Savings and Loan, con la explicación de que el presidente de la junta directiva tenía noventa años, sólo trabajaba una hora al día y no se entendía directamente con préstamos. Jursich se disponía a retirarse cuando acertó a entrar el anciano banquero, quien se mostró muy complacido de que un ejecutivo de una compañía nueva de Chicago no quisiera hablar sino con él. Lo invitó a almorzar, y durante el almuerzo le contó viejas historias acerca de cómo él había sido banquero de Pancho Villa durante la Revolución de México, y cómo pasaban dinero de contrabando por la frontera. Cuando regresaron del almuerzo, Jursich comprendió lo que querían decir las miradas que le lanzaba el joven vicepresidente ejecutivo a quien él había despreciado; pero ya no importaba: el presidente le había aprobado el préstamo.

Jursich no vacilaba en enfrentarse a los banqueros. En Mobile, Alabama, una vez que el presidente de un banco le negó un préstamo, se puso a hojear el informe anual de la institución y preguntó:

—¿Esta es la lista de los actuales miembros de la junta directiva?

—Sí, señor —le contestó el banquero.

—Muy bien. Los llamaré por teléfono.

—¿Y para qué los va a llamar?

—Tal vez a usted no le guste este préstamo, pero yo estoy seguro de que a los señores de la junta sí les va a gustar —repuso Jursich preparándose para retirarse. Entonces el presidente del banco le indicó que volviera a tomar asiento, y pocos minutos después la operación hipotecaria quedó aprobada.

A estas tácticas poco convencionales sólo se recurría porque McDonald's no estaba en situación de apoyar sus solicitudes en la forma corriente. Jursich y los demás representantes de la compañía sólo mostraban los balances cuando lo exigían perentoriamente los prestamistas o los propietarios. Los representantes de la compañía y los corredores podían hablar de grandes negocios, pero la verdad era que los estados financieros no llevaban el mismo mensaje, lo cual resultaba bastante inconveniente para el que iba a pedir un préstamo. Las ventas de los restaurantes eran buenas, pero los ingresos de la corporación eran casi nulos debido a los fuertes gastos que ésta hacía para desarrollar el sistema. A finales del decenio de los 50, la estrategia inmobiliaria todavía no había tenido tiempo de empezar a engordar los balances; y a principios de 1958, cuando Sonneborn empezó a buscar fondos para comprar bienes raíces, el valor neto de McDonald's apenas llegaba a US $24 000. El año anterior se había ganado US $26 000, pero casi toda esa cantidad correspondía a derechos cobrados una sola vez por las nuevas concesiones. Un año antes había perdido US $7 000. Sólo tenía 38 restaurantes, la mayor parte en locales que no controlaba. La compañía proyectaba agregar 50 establecimientos en 1958 y controlar ella los locales, bien mediante contratos de arrendamiento, bien por compra directa. Esto significaría US $3 500 000 en inmuebles. Ni el más temerario jugador se atrevería a apostar a que McDonald's podría labrarse tan impresionante posición sobre una base financiera tan endeble. Lo sorprendente es que sí se la labró, ingeniándoselas para acelerar el ritmo de sus nuevas construcciones en el curso de los dos años siguientes. A finales de 1960 tenía 228 restaurantes en funcionamiento y ejercía control en todos los locales, excepto en 56. El valor de los bienes inmuebles arrendados o comprados por McDonald's ascendía a US $16 000 000.

Sonneborn comprendió que necesitaba obtener financiación con instituciones y otros inversionistas grandes que estuvieran dispuestos a financiar diez o más restaurantes de una vez. Financiar restaurantes uno por uno con los propietarios y los bancos resultaba un método demasiado lento y restringía el crecimiento de la compañía. Pero para tratar con las instituciones le era forzoso hacer más presentable el balance general de McDonald's, que los abogados y los contadores de esas instituciones someterían a escrutinio. Sin un estado financiero decente que mostrarles a los inversionistas, su estrategia inmobiliaria se volvía humo. La solución que halló fue sencilla: desarrollar nuevos métodos contables que produjeran estados financieros de mejor aspecto.

Ya en el comienzo de sus operaciones en bienes raíces, Sonneborn había falsificado algunas cifras relativas al establecimiento de Kroc en Des Plaines, que era lo único que McDonald's tenía entonces para mostrar. Años después, él mismo reconoció haber alterado el estado de pérdidas y ganancias de Des Plaines: "Hice figurar menos gastos y más utilidades", dijo. "Cuando uno está tratando de vender una cosa como ésa [un negocio de bienes raíces] necesita un estado financiero realmente bueno, y el de Des Plaines no era tan bueno".

Sonneborn, desde luego, sabía que con los balances corporativos de McDonald's no se podía jugar de esta manera. Pero así como dos cocineros convierten la misma carne y las mismas papas en dos hamburguesas y papas fritas que saben distinto, así también dos contadores, sobre la base de números igualmente legítimos, pueden producir balances y estados de pérdidas y ganancias que presentan a una compañía en forma distinta, para bien o para mal. Sonneborn necesitaba lo primero y, virando 180 grados, dejó a sus osados especialistas en bienes raíces y acudió a un gerente que trabajaba detrás del telón pero dominaba totalmente el negocio valiéndose de las cifras, y podía utilizarlas para beneficio de McDonald's. Se trataba de Richard J. Boylan, abogado y contador. En 1958, cuando Sonneborn lo contrató, Boylan había trabajado ocho años en la Administración Federal de Impuestos, en las divisiones de renta y de sucesiones y donaciones, y era experto en contabilidad, avalúos y gravámenes de bienes raíces. Sonneborn pensó que éste era un hombre que podría mejorar las cifras financieras de McDonald's todo lo que la ley permitiera.

A las pocas semanas de entrar en la compañía, Boylan empezó a aplicar las técnicas de avalúo de la Administración de Impuestos para aumentar dramáticamente el valor neto declarado de McDonald's. Así como dicha Administración había sentado el principio de que una testamentaría tenía un valor actual, Boylan dio por sentado que la renta futura de McDonald's por concepto de arrendamientos pagados por sus concesionarios también tenía un valor actual, que se debía contabilizar como un activo. Puesto que dicho valor equivalía a unas diez veces lo que McDonald's recibía de sus concesionarios en un año cualquiera por concepto de arrendamientos, Boylan había descubierto una manera milagrosa de agregarle riqueza al balance general. El único problema era que el concepto de capitalizar contratos de arrendamiento no se incluía entonces en la llamada contabilidad GAAP* — los "Principios de Contabilidad Generalmente Aceptados" por los cuales se rigen prácticamente todos los contadores de las sociedades anónimas.

Boylan pensó que la contabilidad GAAP no revelaba los valores le-

---
* Generally Accepted Accounting Principles.

gítimos de inmuebles que estaba construyendo McDonald's. Como los bienes inmuebles tomados en arriendo aumentaban de valor al subarrendárselos a los concesionarios, cada vez que McDonald's abría una nueva unidad aumentaba la corriente de ingresos así creada. Boylan logró convencer a los contadores de McDonald's, la firma Doty and Doty de Chicago, de que abrieran un nuevo sendero capitalizando los contratos de arrendamiento y contabilizando su futuro flujo de ingresos como un activo de la corporación. Así se inflaban los activos de la compañía como un globo. En 1960 el balance general de McDonald's arrojó activos de US$12 400 000, casi el cuádruplo del año anterior. La mayor parte del aumento estaba en un renglón misteriosamente bautizado "Incremento no realizado, por alza de avalúos de activos", que representaba US$5 800 000 en contratos de arrendamiento capitalizados.

Cerca de la mitad de los activos de la compañía estaban contenidos en una cifra que la mayoría de los contadores no habría aceptado. En 1964, cuando McDonald's se disponía a ofrecerle acciones al público, contrató los servicios de una firma de contadores de mucho prestigio, Arthur Young and Company, para satisfacer las exigencias de la Bolsa de Nueva York. Pero la respetabilidad que con ello adquiriría tenía su precio. Arthur Young no aceptaba de ninguna manera la capitalización de contratos de arrendamiento, y McDonald's se vio en la necesidad de eliminar de su balance general para 1964 unos US$17 400 000 en activos contabilizados el año anterior. Esto redujo sus activos casi a la mitad, pero ya para entonces la capitalización de arrendamientos futuros había cumplido su cometido de hacer más atractivo el balance general de McDonald's para las grandes instituciones prestamistas, cuya financiación venía buscando Sonneborn desde los años finales del decenio de los 50 para grupos de varios restaurantes. "Acudíamos a inversionistas que estudiaban nuestros balances y no encontraban nada en ellos", recuerda Boylan. "Teníamos que idear alguna manera de mostrar la capacidad de realizar utilidades que estábamos desarrollando en inmuebles".

Boylan aplicó sistemas contables igualmente novedosos para mejorar la apariencia de las utilidades de McDonald's, que en realidad eran sumamente bajas, a pesar del rápido crecimiento de la compañía y de que muchos de sus concesionarios sí estaban ganando dinero, porque los costos de la expansión del sistema invariablemente aparecían antes que los ingresos de los nuevos restaurantes. En 1958, cuando se inició la actividad de bienes raíces, las utilidades desaparecieron casi del todo. Aun cuando las ventas totales del sistema se habían duplicado y llegaron a US $10 000 000 ese año, el ingreso neto de McDonald's fue apenas de US $12 000 000, o sea menos de la mitad del que se obtuvo el año anterior. "Yo no puedo conseguir dinero con estas ganancias", le dijo Sonneborn a Boylan. "Hay que hacer algo".

Boylan apuntó en dirección a los costos de construcción que estaban subiendo rápidamente. No podía hacer nada para reducirlos, pero sí para hacerlos parecer menos amenazantes. De acuerdo con las normas de la contabilidad GAAP, McDonald's había venido contabilizando esos costos a medida que se causaban, pero Boylan dijo que sólo se debían contabilizar nueve meses después, siendo ése el tiempo necesario para desarrollar un sitio. Su teoría era que los gastos deben ser iguales a los ingresos que generan, y los gastos que se hacían en los inmuebles no generaban ingreso alguno hasta que se abrían los nuevos restaurantes. Por la misma razón Boylan capitalizaba el costo de intereses pagados sobre préstamos hipotecarios durante la construcción de un restaurante, y amortizaba dicho costo durante los veinte años de vigencia de una concesión. Puesto que estos dos cambios retardaban la contabilización de gastos que estaban creciendo rápidamente en virtud de la vigorosa expansión de la compañía, la llamada contabilidad desarrollista de Boylan obraba como magia en el estado de pérdidas y ganancias de McDonald's: mostraba utilidades que antes no existían.

Ninguno de estos ajustes era aceptable en la práctica contable normal, pero otra vez Boylan persuadió a Doty and Doty de que los permitieran, y en 1960 aparecieron los primeros resultados de su programa en el estado de pérdidas y ganancias de la compañía, que ese año mostró utilidades de US $109 000 — casi diez veces la suma correspondiente a 1958 — y gran parte del aumento provenía de la novedosa contabilidad. Que ésta no se ciñera a los principios GAAP, tenía sin cuidado a Sonneborn. A quienes él quería impresionar era a los financistas, no a los contadores. "Fue el truco contable más grande que se haya inventado jamás", observa Sonneborn refiriéndose al sistema de Boylan de capitalizar arrendamientos futuros; "los banqueros quedaban confundidos y desconcertados porque no lo habían visto antes; pero a nosotros ciertamente nos ayudó a conseguir algunos préstamos".

McDonald's, desde luego, explicó sus novedades contables, pero las cifras que aparecían en el renglón de utilidades eran más prominentes que las notas marginales que contenían las explicaciones del balance. "Todo lo revelábamos en las notas, pero nadie lee las notas", comenta Gerry Newman, vicepresidente ejecutivo principal y jefe de contabilidad. "Nuestros números eran capciosos, pero sin ellos jamás habríamos conseguido los préstamos para la expansión, porque en realidad nosotros no estábamos realizando utilidades". Boylan rechaza vigorosamente ese punto de vista y arguye: "En nuestros estados financieros todo estaba completamente explicado y se apoyaba en principios contables. No había en ello nada capcioso. Los números capciosos son imaginarios, y los nuestros no eran imaginarios".

El trabajo de Boylan no era una violación de los conceptos básicos de contabilidad, sino sólo una desviación de las prácticas corrientes. Todos los cambios que hizo los justificaba a la luz de principios contables bien conocidos, y años más tarde algunas de sus innovaciones las aceptaron también otros contadores. Un par de ellas fueron al fin aceptadas como principios generales, inclusive su capitalización de intereses sobre deudas para construcción.

Si bien la nueva contabilidad le dio a McDonald's balances más presentables, no eliminó el problema financiero fundamental: la escasez de dinero efectivo. Es bien sabido que toda compañía nueva que tiene grandes planes experimenta periódicamente estrecheces monetarias, pero muchas de las primeras cadenas de comidas rápidas desafiaron ese riesgo. Ellas no necesitaban más que una pequeña inversión para producir utilidades inmediatas con la venta de concesiones, y la mayoría nunca hizo las inversiones necesarias en operaciones para generar utilidades a largo plazo. Entraban en el negocio, hacían su agosto y desaparecían.

Kroc resistió la tentación de esas ganancias inmediatas, pero su plan de desarrollar un sistema de operaciones completo significó tener que aguantar seis años durante los cuales McDonald's casi no ganaba dinero. Hasta 1960 su cadena de restaurantes había vendido la impresionante suma de US$75 000 000 en hamburguesas, papas fritas y leche malteada, pero la compañía sólo podía mostrar US $159 000 de utilidades acumuladas. A finales de 1960 tenía en funcionamiento 228 unidades, o sea muchas más que cualquiera de sus competidoras, pero su patrimonio neto apenas llegaba a US $95 000, y si no hubiera sido por la contabilidad de Boylan, habría mostrado un patrimonio *negativo*. Ray Kroc todavía no retiraba ni un centavo como sueldo. Con US $1 000 mensuales que recibía de Prince Castle y otros US $500 que le producía su restaurante de Des Plaines debía atender a sus gastos personales. Sonneborn, el funcionario mejor pagado, ganaba US $27 500 anuales, sueldo modesto para el presidente de una compañía que tenía cuarenta empleados. Otros sueldos de ejecutivos revelaban análoga restricción, descendiendo hasta los US $10 500 anuales de Fred Turner como vicepresidente encargado de operaciones.

Pese a lo modesto de los sueldos, éstos sobrepasaban a veces al magro flujo de caja de la compañía. En realidad, nunca había seguridad de poder cubrir la nómina de pagos semanales. Las nuevas políticas de propiedad inmobiliaria de Sonneborn aumentaban notablemente los ingresos, pero éstos escasamente marchaban a la par con los costos disparados del personal necesario para sostener el doble compromiso de la cadena con la perfección de las operaciones y las inversiones en bienes raíces. La víspera de un día de pagos June Martino solía hacerles frenéticas llamadas de urgencia a los concesionarios para que pagaran regalías vencidas. Si todavía eso no bastaba, el vicepresidente de concesiones, Conley, apelaba a los concesionarios en perspectiva que estaban en lista de espera para negociar nuevos restaurantes, y les decía que si podían mandar inmediatamente una parte o la totalidad del depósito de garantía de US $10 000, les reservaría un sitio que acababa de hacerse disponible.

Estas crisis de nómina de pagos se presentaban a pesar de que Sonneborn había dado órdenes de no pagar de una vez ninguna factura por valor superior a US $1 000 ni cancelar ninguna cuenta mientras no se hubieran reservado suficientes ingresos para pagar los sueldos. Pero el mismo Sonneborn le dificultaba al contador Gerry Newman la tarea de conciliar la cuenta bancaria de la compañía. Sonneborn, que pasó en la carretera la mayor parte de sus primeros cinco años en McDonald's buscando bienes raíces, solía llevar varios cheques en blanco para pagar el primer contado sobre propiedades. A veces olvidaba darle cuenta a Newman de estos cheques, de modo que cuando el contador se enteraba, ya no había nada en caja.

En una de estas ocasiones la escasez de fondos fue tan aguda que no se pudo suplir con los arbitrios de costumbre. Todos los altos gerentes se encontraban fuera de la ciudad, y el viernes a las 3 de la tarde Newman comprendió que esta vez la crisis no tenía remedio: no había manera de pagar los sueldos de esa semana. Newman se vio en la alternativa de girar cheques sin fondos, que el banco no pagaría, o confesarles a los empleados que la compañía no tenía dinero. Ambas cosas eran por demás desagradables, de modo que redactó un memorándum tan creativo como la contabilidad de Boylan. A pesar de que él no estaba autorizado para modificar la política de sueldos de la compañía, anunció que en adelante éstos no se pagarían semanalmente sino quincenalmente. La crisis se evitó sencillamente eliminando el pago ese viernes, y de ahí en adelante McDonald's siempre les ha pagado a sus servidores por quincenas.

Por angustiosas que fueran esas crisis periódicas de dinero, eran pálidas en comparación con la crisis financiera que estalló en la oficina de Sonneborn a principios de 1959 en forma de un embargo. Un contratista de construcción en Milwaukee exigía el pago de los servicios prestados a una empresa urbanizadora llamada General Associates, Inc., que estaba construyendo varios restaurantes para McDonald's. Al principio Sonneborn no hizo mucho caso, pensando que tal vez se trataba de un atraso en los pagos, pero pocos días después ocurrió otro embargo, y luego muchos más, todos contra General Associates. Súbitamente McDonald's se vio enfrentada al riesgo que implicaba la política inmobiliaria de Sonneborn. Si fracasaba un restaurante con el cual no tenía otra relación que el haberle otorgado una concesión, sólo perdía los honorarios por los servicios que le prestaba. Los que realmente perdían eran el concesionario, que se quedaba sin negocio, y el propietario del inmueble que se quedaba con un edificio desocupado y que no servía para nada más. Pero apenas McDonald's se interesó en inmuebles, también comenzó a correr el gran riesgo de pérdidas en bienes raíces.

La magnitud de este riesgo se hizo evidente con el golpe a la General Associates de Milwaukee. Clem Bohr, el presidente de esta empresa, se había comprometido a comprar terrenos y construir nueve drive-ins McDonald's usando los depósitos de garantía de los concesionarios para pagar el primer plazo sobre las propiedades, todas las cuales serían compradas mediante contratos a diez años. Bohr tenía la intención de persuadir a los propietarios de la tierra de que permitieran hipotecarla a fin de que la General Associates pudiera conseguir con los bancos el dinero necesario para construir. McDonald's, por su parte, se comprometió a comprarle a la General Associates todos los inmuebles —terrenos y edificios— con un plan de pago a plazos durante diez años. Este era el tipo de negociación que buscaba Sonneborn. Con una pequeña inversión inmediata, por primera vez McDonald's adquiriría la propiedad del terreno y del edificio del restaurante.

Pero lo que en el papel parecía muy bien, en la práctica resultó una pesadilla para Sonneborn. Bohr adquirió la propiedad utilizando para pagar el primer plazo los depósitos de garantía de los concesionarios, y negoció con los contratistas, quienes empezaron a construir las unidades; pero, por razones que McDonald's nunca supo, no consiguió las hipotecas para pagar las construcciones. En la primavera de 1959 no les había pagado un centavo a los contratistas. Estos habían realizado más de la mitad de su trabajo, pero se negaron a terminarlo. Lo peor de todo era que a Bohr no lo encontraban en ninguna parte.

Entonces McDonald's se vio en peligro. El programa de Bohr —siete unidades en Wisconsin y dos en Ohio— era el negocio más grande que Sonneborn había hecho hasta entonces con inmuebles. Equivalía al 10 por ciento de la expansión de la cadena McDonald's a comienzos de 1959. A razón de cerca de US$40 000 por unidad (sin contar el saldo que se les debía a los dueños de la tierra), valía unos US$400 000. Además, los concesionarios habían desembolsado cada uno US$15 000 como depósito de garantía sobre nueve localidades, o sea una obligación adicional de US$135 000. En suma, el negocio con Clem Bohr, que parecía tan atractivo en los últimos meses de 1958, se había convertido a principios del año siguiente en un pasivo de por lo menos US$500 000 para la diminuta McDonald's, que ciertamente no tenía esa cantidad de dinero ni modo de conseguirla. Se le exigía súbitamente veinte veces más de lo que la compañía valía.

Aunque Sonneborn podía haber sostenido que el pasivo era de Bohr y no de McDonald's, era a ésta a la que los contratistas le exigían el pago. De igual modo, los concesionarios le habían entregado su dinero a McDonald's, no a Bohr, y le entablarían una demanda también a la cadena de concesiones. Sonneborn veía que se le venía encima una oleada de pleitos en los juzgados y que la compañía se ahogaría en ellos. Si no conseguía unos US$500 000 en dinero contante y sonante en el término de uno o dos meses para detener la amenaza, McDonald's pasaría a ser una de las muchas empresas fracasadas y olvidadas que todos los años son víctimas de lo que el analista de valores Robert Emerson llama "la sacudida interminable" de la industria de comidas rápidas. La peor suerte de todas sería la de Ray Kroc, porque justamente cuando parecía haber capturado la magia empresarial que había buscado durante tres decenios — y de haber realizado su ambición de encabezar una revolución en el estilo de vida norteamericana — iba a acabar envuelto en un juicio de quiebra ante los tribunales.

Con razón dice Fred Turner que ese periodo fue "una época traumática" para McDonald's. El desastre de Clem Bohr produjo tal tensión que sacudió hasta al mismo Sonneborn, cuya calma en los momentos graves era tan grande que muchos la interpretaban como arrogancia. Pero ya no había tal arrogancia. "Le confieso que estuve a punto de suicidarme", dijo Sonneborn. "No veía la manera de sacar a la compañía de aquel enredo. Pasé muchas noches sin dormir".

Para evitar los juicios y los embargos, McDonald's necesitaba una inyección inmediata de dinero con qué pagarles a los contratistas, y Sonneborn volvió los ojos a la fuente más segura: los proveedores de la compañía. Estos ya se estaban beneficiando con el gran volumen de ventas que hacían los restaurantes de la cadena, y estaban casi tan comprometidos en la salvación de McDonald's como ésta misma. Habló con cinco de ellos — Continental Coffee, Perlman Paper Company, Honey Hill Dairy, Mary Ann Baking, e Interstate Foods — con la esperanza de persuadirlos de que cada uno comprara US$25 000 en bonos emitidos por McDonald's. No tuvo que hacer esfuerzo para convencerlos. "Louie Kuchuris [el propietario de Mary Ann Baking que suministraba los panecillos] ni siquiera quiso los bonos", cuenta Sonneborn. "Almorcé con él un día y me extendió un cheque inmediatamente. Si no hubiera sido por los préstamos de estos proveedores, McDonald's no habría sobrevivido cinco minutos".

Pero esta transfusión de US$125 000 sólo le dio a Sonneborn el tiempo necesario para buscar financiación institucional. Dedicó todo momento disponible a entrevistarse con gerentes de compañías de seguros, corredores de bienes raíces y banqueros inversionistas. Hasta acudió a los fondos de pensiones de los sindicatos. "Yo investigaba por todas partes y hablé con todos los que quisieron escucharme", recuerda. "Yo no era orgulloso: era un pordiosero".

Siguió todas las pistas posibles, y una de ellas lo llevó a la oficina de E. E. Ballard, presidente de All-American Life and Casualty, hoy filial de U. S. Life, una de las aseguradoras más grandes del país. En 1959 All-American era una compañía pequeña pero activa que Ballard había fundado siete años antes. Este escuchó a Sonneborn (que no mencionó el desastre de Bohr) y le interesó la idea de una cadena de hamburguesas de 15 centavos. Días después su hijo se interesó en McDonald's y visitó a Ray Kroc para hablar de una concesión. Kroc aprovechó la oportunidad de ese contacto para interesar a Ballard, padre, en algo más grande.

Se le presentaba la oportunidad de salvar su compañía, y desplegó toda su capacidad de persuasión. "Fue el fervor de Ray lo que me hizo interesar", recuerda Ballard. "Nunca olvidaré su conocimiento de los detalles del negocio. Sabía exactamente lo que iba a hacer y cómo lo iba a hacer. Me gustó su limpieza, su manera de pararse y de hablar".

Al día siguiente Ballard les pidió a dos funcionarios de su pequeña compañía de seguros que investigaran las finanzas de McDonald's. No descubrieron el problema de Bohr, pero su informe no fue nada alentador. "McDonald's carecía por completo de activos", dice Ballard; pero a pesar de todo, le recomendó a su junta directiva que le prestaran dinero suficiente para terminar los nueve edificios que Bohr había comenzado. Las hipotecas llegaban en total a US$260 000, todas a diez años y al 6 por ciento. Ballard consideraba que los terrenos hipotecados eran más que suficiente garantía.

El préstamo fue aprobado. McDonald's había encontrado en la All-American un salvador. Ballard nunca supo cuán cerca estuvo la cadena de la bancarrota. En efecto, nunca envió a nadie a inspeccionar los restaurantes que estaban financiando. "Se dirá que yo fui muy blando con ellos", dice Ballard, "pero yo era un poco como Ray Kroc. Me gustaba hacer negocios con personas que se entusiasmaran con lo que estaban haciendo. Ray estaba resuelto a salir adelante, y yo estaba seguro de que triunfaría".

Fue ésta la primera financiación institucional en el negocio de comidas rápidas, y Sonneborn entendía muy bien su significado. De una plumada McDonald's había obtenido financiación para nueve restaurantes. Para crear una cadena realmente nacional, no era posible seguir financiando los restaurantes uno por uno. Dice Sonneborn: "Puesto que queríamos extendernos con mucha rapidez, no teníamos tiempo para buscar terrenos, manejar el negocio, y al mismo tiempo conseguir hipotecas sobre cada restaurante con los bancos locales".

El sabía mejor que nadie que era urgente tener acceso a los grandes mercados de capital, y All-American les abrió la puerta. El capital institucional es muy tímido. Los grandes prestamistas —sobre todo en el campo de los bienes raíces— prefieren colocar su dinero donde otras instituciones han hecho préstamos parecidos. Ahora Sonneborn se podía presentar ante otros aseguradores en busca de préstamos y señalar orgullosamente la presencia de hipotecas de All-American en el balance general de McDonald's. Pronto obtuvo un préstamo parecido de otra aseguradora de Chicago, la Central Standard Life.

Era impresionante mostrar préstamos medianos de dos aseguradoras del Oeste Medio, pero eso todavía no le daba a McDonald's el prestigio financiero que Sonneborn buscaba. La compañía seguía siendo una cadena de drive-ins, una nueva competidora en la industria de comidas rápidas, a la cual le hacía falta respetabilidad en los círculos capitalistas. Mientras no se sobrepusiera a ese estigma, McDonald's seguiría viviendo sobre el filo de la navaja, siempre persiguiendo fondos hipotecarios sin estar nunca segura de conseguirlos. Entonces Sonneborn fijó su mira en caza mayor: el dinero del Este. Quería, específicamente, un préstamo de US $1 000 000 hecho por un prestamista de gran reputación. Por el momento McDonald's no necesitaba en realidad tanto dinero, pero Sonneborn buscaba el prestigio de semejante préstamo en su balance general.

Lo que parecía ser la gran oportunidad llegó rápidamente y casi sin esfuerzo. Meses después de haber realizado sus acuerdos hipotecarios con All-American y Central Standard, Sonneborn hizo contacto con un rico inversionista de Nueva York a quien le había impresionado la estrategia inmobiliaria de McDonald's y estaba dispuesto a comprometerse en algo mucho más grande de lo que Sonneborn soñaba. Sonneborn voló a Nueva York para cerrar el trato. Cuando entró en la oficina del abogado del inversionista, vio sobre el escritorio de éste un cheque que le confirmó la seriedad de aquella gente. Estaba cuidadosamente colocado de manera que el visitante pudiera leerlo desde el otro lado: "Páguese a la orden de McDonald's US $22 000 000".

¡Bingo! Meses antes, McDonald's estaba al borde de la quiebra, y ahora obtenía un préstamo 350 veces mayor que el ingreso neto de aquel año. Con US $22 000 000 podía construir más de doscientos restaurantes, con lo que se duplicaría el tamaño de la cadena. "Ahora sí estamos en grande", pensó Sonneborn saludando al abogado. En ese momento sonó el teléfono. Era el inversionista. "Quisiera hacerle algunas pequeñas modificaciones al contrato", le dijo a Sonneborn por el altavoz del aparato. Y procedió a cambiarlo todo, poniendo condiciones tan desfavorables que Sonneborn no habría podido subarrendarles los nuevos inmuebles a los concesionarios por un porcentaje razonable de las ventas y ganar dinero. Se levantó de su asiento y les dijo: "Yo creía que estaba tratando con hombres de negocios. Ahora veo que ustedes no son más que bandidos". Con esto abandonó la oficina del abogado.

Su desilusión no le duró mucho. Durante su busca del gran préstamo había conocido a muchas personas, entre otras a Milton Goldstandt, que era un vendedor de seguros, no un prestamista. Pero Kroc oyó decir que tal vez aquél les podría ayudar a encontrar dinero, y le sugirió a Sonneborn que lo buscara.

Sonneborn vio que Goldstandt no era un agente de seguros adocenado. Era el mayor productor para la compañía de seguros John Hancock, y aunque era un agente independiente ejercía tanta influencia en esta compañía que tenía contacto directo con la alta administración, incluso con los encargados de hacer las inversiones. Un veterano banquero de Boston decía que era "el perro de presa" de la compañía Hancock.

Al venderles seguros de vida a clientes ricos, oía hablar de muchas compañías que necesitaban financiamiento, y las que ofrecían mejores perspectivas se las llevaba a su buen amigo Lee Stack, vicepresidente principal de Hancock, encargado de inversiones. En los años 50, Stack era uno de los más innovadores gerentes de cartera en la industria de seguros y desarrolló varios medios nuevos de inversión con altos intereses. Entre otras cosas, había iniciado negociaciones que les permitieron a ricos inversionistas aprovechar exenciones tributarias comprando material rodante que luego les arrendaban a los ferrocarriles. Ciertamente, no era hombre cortado por la misma tijera que la mayoría de sus colegas de otras compañías de seguros, para quienes invertir en una compañía cuya calificación crediticia no fuera triple A era como jugar a los dados.

Enterado por Sonneborn de la necesidad de financiación de McDonald's, Goldstandt le informó a Stack quien, habiendo cumplido 65 años, estaba a punto de retirarse de la compañía Hancock, pero esto no importaba porque iba a entrar como socio en la firma de corredores de Paine Webber, donde continuaría muy activo en finanzas y en contacto con sus amigos en la estrecha fraternidad financiera de Boston. Entre esos amigos se contaban Dick Wilson, de State Mutual Life Insurance; John Gosnell, jefe de inversiones en la compañía Paul Revere Life Insurance; y Bill Brown, funcionario de préstamos comerciales en el First National Bank of Boston. Aunque todos trabajaban en instituciones conocidas por su conservatismo, los amigos de Stack compartían su deseo de aceptar más riesgos a cambio de obtener mayores rendimientos.

Después de meses de búsqueda, Sonneborn había encontrado un filón financiero que contenía la recompensa buscada. Pronto negoció hipotecas sobre unos quince restaurantes con la compañía John Hancock, y obtuvo buenos préstamos del First National Bank of Boston. Vio que se le abría la oportunidad de algo muy grande, y en 1960 solicitó un préstamo de US $1 500 000 ofreciendo acciones como adehala. Stack le llevó esta propuesta a la Hancock, pero no pudo convencer a su antiguo empleador de que aceptara el negocio. A su parecer, un crédito de esta magnitud —quince veces mayor que el valor neto de McDonald's en 1959— era un riesgo insensato, especialmente para una institución que prestaba dinero de personas que tenían sus pólizas de seguro de vida como una garantía para el futuro. McDonald's no ofrecía ninguna seguridad.

Rechazado por la Hancock, Stack habló con Wilson, de State Mutual. Este se interesó y llamó a su oficina a una estrella naciente de su grupo financiero, Fred Fedelli, de 29 años de edad. Este era un novato en cuanto a hacer préstamos arriesgados, pero no le costó ningún trabajo analizar las 25 páginas del prospecto de McDonald's que Stack le entregó. Aun cuando las proyecciones de crecimiento de la cadena estuvieran exageradas en un ciento por ciento, Fedelli pensó que McDonald's sí podía responder por el préstamo; pero el gran aliciente era la bonificación que ofrecía Sonneborn: el 20 por ciento de las acciones de McDonald's si los aseguradores le concedían el crédito. Wilson y Fedelli llegaron a la conclusión de que McDonald's merecía una investigación de primera mano, sobre todo porque era Stack quien recomendaba la operación; y como ninguno de los dos había oído hablar antes de McDonald's, decidieron que Fedelli fuera a Chicago a investigar.

A los pocos días, Fedelli estaba en la oficina de Sonneborn, oyéndolo hablar de la impresionante posición que McDonald's se estaba labrando en el terreno de bienes raíces. Ese era el argumento favorito de Sonneborn. "Harry no se cansaba de decirme que no me preocupara", dice Fedelli, "porque si los restaurantes fracasaban, quedaba todo ese valor de los bienes raíces que la compañía controlaba. El no sabía mucho de la operación de los restaurantes. Para él no eran otra cosa que una manera de establecer un imperio de bienes raíces". El argumento era llamativo y a Fedelli le gustó el dominio que tenía Sonneborn del negocio de bienes raíces, pero al mismo tiempo comprendió que no podía recomendar un préstamo para una compañía de servicio de comidas simplemente porque controlara valiosos bienes raíces. El préstamo que pedía McDonald's quedaría sin garantizar y subordinado a todas las demás obligaciones previas. En caso de una quiebra, State Mutual sería la última en la fila de acreedores entre quienes se repartirían los activos. De manera que, a su modo de ver, la operación de los restaurantes era la clave. Si era débil, no habría préstamo.

Durante los dos días siguientes, Fedelli voló por el Medio Oeste en una avioneta de McDonald's, visitó veinte restaurantes de la cadena, y llegó a una conclusión sobre el préstamo. "No podía creerlo", recuerda. "Se podía tomar una bebida, papas fritas y una hamburguesa por menos de cincuenta centavos, y la comida era buena. No era nada caro. Los puestos eran todos aseados, los estacionamientos limpios y barridos. Pensé que no los habían aseado para que yo viera, porque visitamos muchas unidades distintas, y en todas era lo mismo".

Cuando regresó a Boston invitó a su padre y a un hermano a que lo acompañaran a visitar el McDonald's más cercano, que estaba a tres horas de automóvil, en Newington, Connecticut, pues antes de recomendar el préstamo quería ver otro McDonald's que estuviera en su propio territorio, no en el de la compañía. Sin saberlo, escogió uno que se había distinguido especialmente entre los operadores de la cadena. Quedaba sobre la autopista de peaje a medio camino entre Nueva York y Boston, lo administraba Reub Taylor, y estaba superando todas las marcas de ventas de McDonald's. Mientras los demás restaurantes vendían en promedio unos US$250 000 anuales, el de Taylor fue el primero que pasó de US$500 000. "Llegamos a las once y media y ya estaba lleno el patio de estacionamiento", recuerda Fedelli. "Había dos ventanillas de servicio y cincuenta personas en cada fila".

Esto lo decidió a persuadir a Wilson de que hiciera el préstamo. Lo que obró en su ánimo no fueron los argumentos de Sonneborn sino la dedicación de Kroc a la excelencia en las operaciones. Dice Fedelli: "Si los estacionamientos hubieran estado desaseados, si los empleados tuvieran manchas de grasa en los delantales, y si la comida no hubiera sido buena, McDonald's no habría obtenido jamás el préstamo, a pesar de todo lo dicho por Sonneborn sobre bienes raíces.

Basándose en el optimista informe de Fedelli, Wilson le recomendó a su comité de inversiones que otorgara el préstamo. Pero como el riesgo era grande, la State Mutual prefirió compartirlo, y entonces Fedelli habló con John Gosnell, de la aseguradora Paul Revere, quien convino en otorgar la mitad del préstamo de US$1 500 000 al 7 por ciento, repartiéndose entre las dos compañías de seguros el 20 por ciento de acciones ofrecido como aliciente. Como parte del negocio, Stack y Goldstandt se repartirían otro 2.5 por ciento de las acciones de McDonald's por concepto de comisión de agentes.

Aceptar el préstamo en tales condiciones no era una decisión fácil para los empresarios de McDonald's. Su patrimonio era el resultado de seis años de arduo trabajo, y es difícil desprenderse de cualquier propiedad, por no hablar del 22.5 por ciento. Algunos gerentes del personal de bienes raíces, entre ellos John Jursich, dijeron que Sonneborn estaba regalando la compañía sin ninguna razón, puesto que McDonald's estaba obteniendo todos los préstamos hipotecarios que quería en cantidades más pequeñas de los bancos locales. John Jursich se molestó tanto que renunció poco después. El mismo Kroc se disgustó. "Ray estaba furioso", dice Sonneborn, pero él lo convenció diciéndole: "Tienes que recordar, Ray, que setenta y ocho por ciento de algo es mucho mejor que ciento por ciento de nada, y lo que ahora tenemos es nada".

En el momento del préstamo, en 1960, nadie sabía el valor de 22.5 por ciento de algo que Sonneborn había cambalacheado para entrar en el campo de las altas finanzas; pero cinco años después, cuando McDonald's se hizo sociedad abierta, se vio claramente que los aseguradores habían hecho el mejor préstamo de su vida. En ese momento las compañías State Mutual y Paul Revere eran dueñas, cada una, de US$3 300 000 en acciones de la cadena. En el transcurso de los diez años siguientes, ambas vendieron todas sus acciones, por no tentar más la suerte, realizando entre ambas compañías ganancias de capital ligeramente inferiores a US$20 000 000; y, desde luego, el préstamo de US$1 500 000 que le habían hecho a McDonald's les fue reintegrado a su vencimiento, en quince años.

Gracias a este golpe, Fedelli pasó a ser uno de los más progresistas gerentes de cartera en la industria de seguros, y en 1979 había llegado a la presidencia de State Mutual. Hoy dice que el préstamo a McDonald's fue la mejor recomendación de inversión que hizo, y agrega: "Fue un triunfo el solo hecho de persuadir a un grupo de directores de seguros, ya de edad y conservadores, de que hicieran ese préstamo. Era el mayor riesgo que habían corrido hasta ese momento". Pero para no darse muchas ínfulas le bastaría a Fedelli recordar también que en los años 70 él vendió la totalidad de las acciones de State Mutual; y aun cuando esa venta produjo una notable ganancia de capital, de US$12 000 000, el préstamo habría sido una verdadera mina de oro si State Mutual hubiera conservado sus 150 000 acciones de McDonald's, o sea el 10 por ciento del capital social de la cadena. Con ajustes por división de acciones, hoy valdrían más de US $600 000 000.

Volviendo atrás la mirada y a la luz de la experiencia, hoy se puede decir que Sonneborn pagó muy caro el prestigio que le dio un préstamo de US $1 500 000 hecho por dos importantes compañías de seguros del Este. Se sentía tan orgulloso que durante seis meses no gastó los fondos prestados, sino que los conservó como un adorno muy valioso del balance general de McDonald's —algo que la compañía podía utilizar para conseguir préstamos hipotecarios de bancos que antes no le habían querido prestar.

El préstamo de las aseguradoras le dio a McDonald's acceso a fondos institucionales de que carecían las demás cadenas de comidas rápidas. Mientras éstas luchaban por obtener financiación para construir restaurantes más rápidamente, McDonald's fue la primera que los financió en grupos, la primera que obtuvo grandes préstamos institucionales y la primera que consiguió dinero vendiendo acciones. Posteriormente Burger King fue vendida a Pillsbury, Burger Chef a General Foods, Pizza Hut y Taco Bell a Pepsico, Red Barn a Servomation, Big Boy a Marriott, y Hardee's a Imasco. Ya para entonces McDonald's se había transformado en sociedad abierta y avanzaba en el camino a la independencia financiera. Más que a otra cosa se debe a la no publicitada habilidad financiera de Harry Sonneborn el que la compañía sea hoy una de las dos grandes cadenas de comidas rápidas cuyas acciones —y cuyo destino— no estén bajo el control de una corporación más grande. (La otra es Wendy's International.)

La financiación adicional no fue cosa fácil. En efecto, la búsqueda de fondos institucionales apenas había comenzado cuando State Mutual y Paul Revere le hicieron el préstamo de US $1 500 000 en 1961, y durante los diez años siguientes la financiación del crecimiento de McDonald's no estuvo ciertamente garantizada. Pero Sonneborn sabía que la parte más difícil ya se había superado porque él podía mostrar su primer préstamo grande como justificación para que otras entidades hicieran préstamos mayores aún. El había abierto la puerta que le permitía a McDonald's tener acceso a los grandes capitales, y durante el decenio de los 60 y los primeros años del decenio de los 70 la compañía entró por esa puerta para financiar la más masiva expansión de restaurantes en la historia del comercio al por menor. "Regalaron muchas acciones en ese préstamo de US$1 500 000", comenta Dey Watts, abogado de la firma de Chapman and Cutler, de Chicago, que representó a las dos compañías de seguros en aquella negociación y que posteriormente fue contratado también por Sonneborn para prestarle asesoría jurídica a McDonald's. Pero, en compensación, agrega Watts, "Consiguieron un vigoroso patrocinio financiero que en adelante les facilitó todas las operaciones. Si dos instituciones responsables como éstas estaban dispuestas a facilitarles dinero al 7 por ciento y sin garantías, ¿por qué otros prestamistas no iban a darles dinero bien garantizado con hipotecas inmobiliarias? Ese préstamo les dio prestigio en el campo financiero. Básicamente construyeron sobre él la compañía".

Capítulo 8
UNA COMPRA DIFÍCIL

Dick McDonald esperaba una respuesta del otro extremo de la línea. No la había. Diez segundos de silencio telefónico le parecieron una eternidad, y hasta llegó a temer que se hubiera cortado la comunicación con Chicago. Acababa de informarle a Ray Kroc que él y su hermano Mac pedían US $2 700 000 por venderle a la compañía de Kroc sus derechos a la razón social y su sistema de comidas rápidas. No aceptaban pagarés ni pago a plazos durante varios años; querían un solo pago al contado. Calculaban que a cada uno le quedaría US $1 000 000 después de pagar los impuestos sobre ganancias de capital, y eso era lo que esperaban recibir por haber sido los fundadores de la industria de comidas rápidas.

McDonald no pudo esperar más:

—¿Estás todavía ahí, Ray? —preguntó.

—Sí... ¿No oíste el ruido que hice al caer de lo alto del edificio a la calle? —repuso Kroc dominando su cólera, y luego prosiguió con buen humor—: Ese precio es excesivo, Dick. Dime la verdad: ¿Cuánto es lo que quieren?

—Por menos de US $2 700 000 no podemos vender —contestó McDonald, sacando a relucir el espíritu mercantil del yanqui—. Eso nos da US $1 000 000 a Mac, otro millón a mí, y US $700 000 para el gobierno. No aceptamos ni un centavo menos.

En ese momento la antipatía que Kroc había venido desarrollando por los hermanos McDonalds durante los dos últimos años se convirtió en verdadero desprecio. Ellos tenían que saber que su empresa no disponía de ese dinero que pedían. Estaba seguro de que le estaban haciendo una jugada comercial. Años después explicó Kroc: Fijaron una suma tan alta que, si yo la conseguía y les compraba, ellos quedarían muy satisfechos. Pero creían que yo no tenía la menor probabilidad de conseguirla".

No se equivocó. La suma de US $2 700 000 era escandalosamente elevada. Las discusiones sobre compra habían empezado a principios de 1961, y en el año anterior los 228 restaurantes de la cadena habían realizado ventas por valor de US $37 800 000. De esa suma los hermanos habían recibido el 0.5 por ciento, o sea US $189 000 como regalía por darle a la compañía de Kroc el derecho exclusivo de otorgar concesiones de su razón social y de su sistema de hamburguesas. A cambio de un derecho sobre inciertos ingresos futuros, pedían casi quince veces el valor de sus regalías actuales.

Era evidente que la compañía de Kroc no podía generar por sí sola esa cantidad. Sus utilidades en 1960 habían sido apenas US $77 000, mucho menos que los US $100 000 que los hermanos McDonalds se habían ganado ese mismo año en su drive-in de San Bernardino. Por otra parte, acabando de obtener un préstamo de US $1 500 000 de los aseguradores de Boston, la compañía de Kroc había quedado tan endeudada que sus posibilidades de obtener un crédito tan grande eran casi nulas. La deuda a largo plazo de la compañía, US $5 700 000, era casi veintidós veces mayor que su pequeño patrimonio de US $262 000. No era fácil ver cómo podría resistir más deudas.

Y sin embargo, en 1961 se había hecho imperativo para Kroc sacar a los hermanos del negocio. En su afán por obtener los derechos de otorgar a nivel nacional concesiones del sistema de comidas rápidas que ellos habían inventado, él se había puesto una camisa de fuerza legal. Los abogados que posteriormente analizaron el contrato que celebró con los hermanos se asombraron de encontrar tantas restricciones. Kroc entraba en un campo totalmente nuevo — campo que estaba cambiando a diario y por tanto requería enorme flexibilidad — y sin embargo su compañía no tenía legalmente campo para maniobrar.

Según el contrato, Kroc no era más que un agente de los hermanos, y sus facultades se limitaban a vender concesiones. No había en él ni el menor indicio de que su papel fuera desarrollar un sistema de abastecimiento, supervisar el funcionamiento de los restaurantes autorizados, desarrollar nuevos productos, procedimientos y equipos, ni siquiera escoger nuevos sitios para drive-ins. Por el contrario, se insinuaba que estas funciones no eran de su competencia. Se daba por sentado que los elementos fundamentales del sistema de los hermanos, que habían dado buen resultado en San Bernardino, no necesitaban refinarse al exportar el sistema a otros mercados del país. Kroc no estaba autorizado para cambiar nada sin el previo consentimiento escrito de los hermanos.

Durante los siete años en que su compañía, McDonald's System, Inc., vendió concesiones en nombre de los hermanos, Kroc muchas veces les pidió a éstos que aprobaran cambios que consideraba necesarios. Rara vez obtenía permiso verbal, y jamás lo obtuvo por escrito como lo exigía el contrato. Bien sabía él que ciñéndose a ese documento al pie de la letra nunca iba a poder organizar una cadena nacional de hamburguesas, y llegó a la conclusión de que el abogado de los McDonalds, en su afán de "protegerlos", había redactado un contrato que no era viable.

Procedió, en consecuencia, como procedería todo hombre práctico: hizo caso omiso del contrato. En efecto, su primer acto oficial como concesionista (venderse a sí mismo una concesión) fue una violación de una cláusula contractual que le prohibía a él ser concesionario de McDonald's. Pero estaba convencido de que la única manera de tener un restaurante que sirviera de muestra era construirlo él mismo. Y ese prototipo que instaló en Des Plaines tampoco se ajustaba al diseño de los hermanos McDonalds. Por el contrario, se apartaba de él en muchas cosas, como en la innovación de usar máquinas batidoras para preparar las malteadas, en vez de los antiguos procedimientos manuales, los mostradores pesados de acero inoxidable diseñados por Schindler, el empleo de un pequeño cerramiento de acero y vidrio frente al restaurante para proteger a los parroquianos durante el crudo invierno de Chicago. Violó también el contrato instalando una estufa en el sótano, pues el restaurante de San Bernardino no necesitaba ni sótano ni calentador. Aunque se supone que los hermanos comprendían la necesidad de esos cambios básicos, nunca los aprobaron por escrito. "Sencillamente no me contestaban cuando les proponía algún cambio", explicó Kroc años después. "Yo manejaba el negocio, y los dueños del sistema no cooperaban. Entonces me dije: ¡Que se vayan al diablo!"

Los McDonalds nunca amenazaron con utilizar las violaciones del contrato para retirarle los derechos de otorgar concesiones, pero tampoco despejaron la nube que se cernía sobre Kroc. Si por cualquier razón ellos hubieran querido entablar una demanda contra Kroc y su compañía por la ilegalidad de sus modos de proceder, les habrían sobrado razones para sustentarlas. Sonneborn necesitaba urgentemente eliminar ese riesgo contractual para conseguir financiamiento adicional en grande.

Lo cierto es que el préstamo de US $1 500 000 de State Mutual y Paul Revere probablemente había sido una chiripa que no volvería a repetirse hasta que la compañía obtuviera su libertad. Desde antes de aprobarse el préstamo el abogado Watts dio la voz de alarma. Los McDonalds, dice éste, "tenían a Ray y a su compañía tan fuertemente amarrados que no podían resollar. Obviamente era un riesgo hacerle un préstamo a una entidad que no podía manejar sus propios asuntos. Si ese contrato subsistiera hoy, yo creo que nada de lo que vende la compañía estaría de acuerdo con él". Los aseguradores aceptaron el riesgo únicamente porque recibieron el 20 por ciento de las acciones de McDonald's, regalo que Kroc y Sonneborn juraron no volver a hacer jamás.

Pero el peligro para la cadena McDonald's iba más allá de la financiación. Si los hermanos hubieran demandado a Kroc por violación del contrato y hubieran ganado el pleito, podrían haberlo obligado a quitarles su nombre a los restaurantes. Como ellos eran los que poseían todas las concesiones, Kroc se habría visto obligado a volver a contratar con todos los concesionarios, y éstos bien podrían preferir seguir trabajando como concesionarios directos de los hermanos McDonalds y no de la compañía de Kroc. Por fortuna el programa de bienes raíces de Sonneborn le daba a esta compañía el control de la propiedad en un número cada vez mayor de establecimientos, lo cual les dificultaba a los concesionarios de estos puestos cambiar de concesionista. Pero si el control de los inmuebles aminoraba el riesgo de una posible demanda, no lo eliminaba del todo.

En 1960 el contrato de Kroc con los hermanos McDonalds planteaba otra amenaza: Se aproximaba la fecha de su vencimiento. Del término inicial de diez años sólo quedaban cuatro, y aun cuando Kroc tenía la opción de renovarlo por otros diez, la renovación podría negarse basándose en la violación de cualquiera de las cláusulas originales. Aun sin necesidad de entablar demanda judicial Mac y Dick McDonald podrían tratar de oponerse a la renovación a fin de recuperar el control total de los concesionarios. La compañía de Kroc se desorganizaría de tal manera que su supervivencia peligraría.

Habiéndose hecho crítica la necesidad de estabilidad legal, la compañía McDonald's empezó en 1960 a renegociar su contrato con los hermanos. Kroc quería que el plazo se extendiera a noventa y nueve años y que él quedara con poderes completos para hacer cambios en las operaciones de los restaurantes de los concesionarios y para abrir otros operados directamente por McDonald's, sin concesión. Durante este proceso de renegociación Kroc chocó cara a cara con Frank Cotter, abogado de los hermanos McDonalds, que llegó a ser su mortal enemigo y se opuso tenazmente a todos los cambios que proponían los abogados de Kroc.

Esta oposición era comprensible desde el punto de vista jurídico. Lo único que los hermanos tenían para justificar su regalía del 0.5 por ciento era el control del nombre y del sistema que le dieron a Kroc para otorgar concesiones. Si después Kroc modificaba el sistema, podría argüir que era de él y no de ellos. Podría sencillamente cambiarle el nombre a la cadena, otorgarles nuevas concesiones a sus operadores y dejar por fuera a los hermanos. Por eso Cotter insistía en un contrato que asegurara los intereses de sus clientes si algún día el acuerdo entre ellos y Kroc llegaba a los tribunales de justicia.

El defecto fundamental era que el contrato se basaba en la desconfianza, y un negocio no puede prosperar sobre esa base. El contrato sólo funcionaba en el peor ambiente para un negocio: el de los juzgados. No le daba a McDonald's flexibilidad para triunfar en el mercado. Kroc, desde luego, lo sabía, y cuanto más pensaba en las limitaciones del documento que había firmado en 1954, más se enardecía. Dick McDonald explica: "Lo que Ray quería era control, de manera que no tuviera que estar acudiendo a nosotros para todo. Le parecía que nosotros estábamos muy tranquilos en California recibiendo una cantidad de dinero de McDonald's y sin hacer nada realmente. Yo entendía muy bien su punto de vista. Si yo hubiera sido él, habría pensado exactamente lo mismo". A pesar de eso, los hermanos siguieron el consejo de su abogado. "Uno tiene que escuchar a su abogado como escucha a su médico", dice McDonald. "Si uno tiene un abogado y no le escucha, es mejor no tener abogado".

Tras duras negociaciones, Kroc sólo obtuvo pequeñas concesiones. El nuevo contrato permitía "modificaciones en los planos que no alteraran sustancialmente el diseño básico, tamaño, traza o apariencia" del drive-in McDonald's. Una autorización más importante fue la de permitirle a la cadena McDonald's operar algunas unidades por su cuenta, sin concesionario. Pero nada de esto alteraba el hecho de que Kroc violaba el contrato con cualquier cambio que hiciera en el Sistema McDonald's sin la aprobación de los hermanos.

La discusión sobre la duración del contrato modificado fue la que produjo el mayor rencor entre Kroc y el abogado Cotter. Kroc insistía en un contrato según el cual McDonald's fuera la concesionista a nivel nacional durante noventa y nueve años, mientras que Cotter sólo aceptaba un plazo de veinte años. Pero ésta fue la única vez que los hermanos no siguieron el consejo de su abogado, y el 5 de febrero de 1960 firmaron un convenio por el cual le concedían a Kroc derechos para otorgar concesiones en toda la nación durante noventa y nueve años.

Sin embargo, ya el daño estaba hecho. Cuando Kroc conoció a los hermanos en 1954 admiraba sinceramente su espíritu de empresa, y en los primeros años fueron buenos amigos. Pero esa calurosa relación se fue enfriando poco a poco, y la negociación del nuevo contrato acabó de congelarla del todo. Kroc no consiguió la libertad de acción que consideraba indispensable. Todos estuvieron de acuerdo en que, para alcanzar el verdadero éxito que buscaban en el negocio, tenían que libertarse de los hermanos McDonalds. Y fue la urgente necesidad de libertad lo que hizo que Kroc aceptara condiciones que consideraba sumamente injustas. Sin embargo, la única exigencia que realmente lo sacó de quicio fue la insistencia de los hermanos en que la compra fuera al contado. Esto aparte, creía que el precio de US $2 700 000 — alto en comparación con el tamaño de McDonald's en 1961 — era una ganga a la larga. Desde hacía tiempo venía hablando con mucha confianza de crear una cadena de 1 000 restaurantes, y teniendo ya 250 en funcionamiento, esa meta no parecía tan fantástica como antes. McDonald's crecía a razón de 100 restaurantes nuevos al año, y a ese paso, la meta se alcanzaría a finales del decenio. Aun cuando las ventas anuales de los restaurantes no pasaran del promedio actual de US $210 000, era probable que la compañía de Kroc les estuviera pagando a los hermanos más de US $1 000 000 anuales a finales del decenio de los 60.

Si esa progresión alentaba a Kroc para comprarles a los hermanos, a éstos los estimulaba más aún para vender. El ingreso por regalías estaba sujeto al pago de impuestos sobre la renta, con las tarifas normales, y con una renta de US $1 000 000 al año pesaría sobre ellos una enorme carga tributaria. Pero una amenaza más grave aún era el impuesto que afectaría a su patrimonio en el momento de su muerte. "Dick es mejor que tú y tu hermano se conserven sanos" le dijo a Dick McDonald un abogado especialista en impuestos, "porque si se mueren dentro de cinco años y en el momento del fallecimiento están ganando regalías de US $1 000 000 al año, el fisco avaluará su sucesión en el quíntuplo de esa cantidad. ¿De dónde va a sacar tu mujer ese dinero? Tendría que vender cuanto tiene".

Los McDonalds calcularon rápidamente que más les convenía convertir sus futuras regalías —gravadas con una tarifa superior al 50 por ciento— en una ganancia de capital de US $2 700 000 gravados con sólo el 25 por ciento. Eso les produciría, después de pagar el impuesto, US $1 000 000 a cada uno. Sabían que podían aspirar a una riqueza muchísimo mayor con sólo conservar sus derechos sobre el sistema de comidas rápidas, pero en las grandes riquezas no veían sino grandes preocupaciones, principalmente por cuestiones tributarias. Más tarde Dick McDonald decía que él jamás se había arrepentido de haber renunciado a la fabulosa opulencia de que él y su hermano hubieran disfrutado si hubieran conservado sus derechos. "Yo habría terminado en algún rascacielos", dice, "con unas cuatro úlceras y ocho abogados tratando de resolver cómo pagar todos los impuestos".

Lo que los hermanos querían era simplemente vivir con comodidad, y esa meta ya la habían alcanzado. "Desde los tiempos de la Depresión y nuestro destartalado teatro", dice McDonald, "yo quería una seguridad financiera completa. «Qué maravilla sería», pensaba entonces, «no tener que preocuparse por pagar el arrendamiento». Pues llegó ese día. Mi hermano y yo tuvimos un garaje lleno de Cadillacs, una casa en Palm

Springs, otra en San Bernardino, y otra en Santa Bárbara. Recuerdo que Mac me preguntó: «¿Qué demonios podremos hacer con cinco millones que no podamos hacer ahora?»"

Cuando Kroc aceptó las condiciones de la compraventa, le dio a su abogado órdenes de preparar la minuta del contrato, pero entonces surgió un obstáculo grave: Hablando con los hermanos por teléfono para aclarar algunos detalles finales, se refirió casualmente a los planes que tenían con respecto al restaurante de los McDonalds en San Bernardino. El había aceptado el precio de US $2 700 000 en la creencia de que ese establecimiento estaba incluido en el negocio, y como generaba utilidades de US $1 000 000 anuales, eso solo justificaba como la tercera parte del valor total de la adquisición.

—¿Cómo es eso de San Bernardino? —preguntó Dick McDonald.
—San Bernardino está incluido en el negocio —replicó Kroc.
—¡Nada de eso! —exclamó McDonald.
—Pero si usted lo dijo...
—Yo nunca he dicho tal cosa —replicó Dick, y explicó que él y Mac desde hacía tiempo habían resuelto cederles su restaurante (aunque no la propiedad) a dos antiguos empleados.

Kroc se puso furioso, y sin poder contenerse colgó el teléfono diciendo:
—¡Entonces no hay negocio!

Más tarde recordó: "Cerré la puerta de mi oficina y anduve de un lado a otro diciéndoles a los McDonalds todos los insultos que se me vinieron a la cabeza. Estaba tan enfadado que estuve a punto de tirar un florero por la ventana. Los odiaba". Recordó cuántas veces les había pedido su aprobación para algunos cambios, y ellos nunca se la dieron. Pensó en la concesión territorial que ellos habían vendido en su propio territorio; en el abogado intratable; en las semanas de setenta horas que él trabajaba y en el dinero que los hermanos se ganaban —muchas veces más que los US $20 000 que constituían el modesto ingreso de él en 1960. Recordó que los hermanos rara vez iban a Chicago porque no les gustaba volar. Los había tolerado durante muchos años, pero ahora ya se había colmado la copa, y Kroc no perdonaba.

A pesar de sus últimas palabras en la conversación con McDonald, Kroc nunca pensó realmente en suspender la negociación. "Era mucho dinero para pagar por un nombre", observó. "Yo le podría haber cambiado el nombre por McDougall's y empezar de nuevo. Pero ya me estaba poniendo viejo, demasiado viejo para perder tiempo. Resolví aceptar sus condiciones''.

Pero una cosa era aceptar el precio y otra encontrar el dinero para pagarlo. Si Sonneborn no hubiera negociado el año anterior el préstamo de US $1 500 000, no habría habido compra porque la compañía McDonald's no habría podido conseguir la suma que los hermanos exigían. La única manera de financiar la compra era con nuevos préstamos, y éstos había que conseguirlos en cosa de pocos meses porque el valor de los derechos de explotación aumentaba constantemente y el precio de US $2 700 000 no se podía sostener mucho tiempo.

El dinero del primer préstamo ya estaba comprometido para expansión de restaurantes, pero le había proporcionado a McDonald's su primer contacto con un fondo común de capitales de inversión, y Sonneborn no perdió tiempo para acudir nuevamente a él. Visitó a John Gosnell, el funcionario superior de inversiones en la Paul Revere Life Insurance Company, que había suministrado la mitad del préstamo de US $1 500 000. En virtud de ese contrato esta compañía y la State Mutual tenían preferencia para examinar cualquier propuesta adicional de financiación que McDonald's quisiera presentar. Gosnell le dijo inmediatamente a Sonneborn que otro préstamo importante a McDonald's concentraría una proporción demasiado grande de las inversiones de la aseguradora en una sola compañía; pero Gosnell tenía interés en buscar otro inversionista, puesto que la Paul Revere era propietaria del 10 por ciento de McDonald's.

Gosnell encontró justamente tal inversionista. Se llamaba John Bristol, agente financiero de Nueva York, que supervisaba inversiones de grandes fideicomisos, en particular los de universidades privadas y fundaciones de beneficencia. Lo mismo que sus colegas de la Paul Revere y la State Mutual, Bristol andaba siempre en busca de inversiones un poco más arriesgadas pero que dieran mayores rendimientos que los bonos de triple A. "Siempre pensamos que teníamos inversiones de calidad aunque sin el adorno de calificación crediticia de fantasía", explica Bristol.

Gosnell no había podido escoger mejor candidato para suministrar los US $2 700 000 que necesitaba McDonald's. Además de ser más orientado a los riesgos que otros gerentes monetarios institucionales, Bristol se enamoró de las operaciones inmobiliarias de McDonald's. El había invertido fondos de sus clientes en centenares de estaciones de gasolina, que les compraba a las grandes compañías petroleras y luego se las arrendaba a las mismas; de manera que cuando Sonneborn se presentó en sus oficinas de Nueva York y empezó a hablarle de los bienes raíces de McDonald's, le estaba hablando en su mismo idioma. "En el Este no se entendía el negocio de comidas rápidas, y la hamburguesa de por sí no gozaba de buena reputación", dice Bristol, que no había oído hablar de McDonald's cuando lo visitó Sonneborn, pero le encantó la idea de éste de mezclar inmuebles y hamburguesas. "Harry impresionaba mucho a un inversionista", dice Bristol. "Lo convencía a uno de que McDonald's estaba acumulando bienes raíces de muchísimo valor, y de que los concesionarios estaban obligados a seguir pagando arrendamiento por los locales durante un tiempo mucho más largo del que McDonald's necesitaba para pagar sus compras de inmuebles. Harry conocía el negocio".

Por fin Sonneborn había encontrado una persona que apreciaba el mérito de su plan inmobiliario. Por fortuna Bristol también controlaba los fuertes capitales que Sonneborn necesitaba — y pronto. Entre otras cosas, Bristol manejaba la cartera de inversiones de la Universidad de Princeton, que aun en ese tiempo valía más de US$100 000 000 (actualmente sobrepasa los US$1 000 millones). También administraba fondos fiduciarios de otras instituciones educativas privadas, como Colby College, la Universidad Howard, la Universidad de Syracuse, el Instituto de Estudios Superiores de Princeton, y Swarthmore College; y los de varias fundaciones de beneficencia.

Era una clientela sumamente diversificada y más acostumbrada a invertir en cosas tan seguras como bonos de la AT&T. Pero después de escuchar a Sonneborn, Bristol resolvió recomendarles a doce de sus mejores clientes que le hicieran ese préstamo de US$2 700 000 a una cadena de hamburguesas que ninguno de ellos conocía. Preparó un "paquete" en el cual Princeton aportaría US$1 000 000 y las otras once instituciones universitarias, de caridad y fondos de pensiones que Bristol manejaba aportarían el resto. Para que sus clientes aceptaran el plan, preparó un análisis financiero muy bien documentado de McDonald's, en que predecía que la cadena con el tiempo podría llegar a tener 1 500 establecimientos en todo el país. Mediante un complejo plan de bonificaciones incorporado en la propuesta de préstamo y basado en la proyección de ventas de McDonald's, Bristol calculaba que en los quince años de plazo del crédito de US $2 700 000, los inversionistas recuperarían sobre su inversión entre US $7 100 000 y US $9 000 000 — lo que equivalía a una redituación de 150 a 225 por ciento.

Por eso recomendó la operación, y en corto tiempo tuvo en su poder aprobaciones separadas de todos sus clientes principales. Los abogados de McDonald's se prepararon a finalizar la negociación que le permitiría a la compañía independizarse de los hermanos McDonalds, y Kroc y sus gerentes en sus discusiones íntimas bautizaron a los clientes de Bristol con el remoquete de los Doce Apóstoles.

Tenían buenas razones para sentirse felices. Sonneborn había triunfado a pesar de que todas las probabilidades indicaban que una compañía tan débilmente capitalizada como McDonald's no podía asumir una deuda tan onerosa. Más extraordinaria aún fue la manera como se estructuró el préstamo de los Doce Apóstoles. Fue sin duda una de las negociaciones privadas más complejas que se hayan hecho jamás y logró varias metas contradictorias. Sonneborn logró resistir con éxito la exigencia de una compensación en acciones, como la que se había dado en el caso de la State Mutual y la Paul Revere. Parecía que tal bonificación para los prestamistas era indispensable tratándose de un crédito tan cuantioso y de tanto riesgo, pero Kroc, Sonneborn y June Martino se opusieron firmemente a diluir todavía más su propiedad. Como transacción, Sonneborn propuso un plan de bonificación que les daba a los inversionistas todo el incentivo necesario para hacer el préstamo y al mismo tiempo estimulaba a McDonald's a reembolsarlo lo más pronto posible. Lo notable es que con la negociación se logró todo esto y además se mejoró la posición de caja de McDonald's.

Según el proyecto, McDonald's tomaba en préstamo US $2 700 000 al 6 por ciento de interés y lo amortizaba con pagos mensuales equivalentes al 0.5 por ciento del total de ventas de la cadena. Esta era la misma cantidad que entonces se les estaba pagando mensualmente a los hermanos McDonalds. El tiempo que tardara McDonald's en pagar la totalidad del principal y de los intereses en estas condiciones, determinaría la duración de un periodo de bonificación en el cual McDonald's seguiría haciéndoles pagos adicionales a los prestamistas. Este era el incentivo. Los pagos mensuales de bonificación también serían iguales al 0.5 por ciento de las ventas. Así, por ejemplo, si McDonald's tardaba ocho años en pagar el principal y los intereses, según el cálculo de Bristol, seguiría pagándoles la bonificación a los prestamistas durante otros ocho años. Como el crecimiento de McDonald's durante el periodo de bonificación podía ser explosivo, lo más probable era que la magnitud de dicha bonificación resultaría varias veces superior al monto del préstamo.

Richard Boylan, el contador a quien había contratado Sonneborn para que ayudara a manejar las finanzas, agregó un toque sutil para aliviar la angustiosa escasez de efectivo de la empresa. Propuso diferir el 20 por ciento de los pagos correspondientes a las etapas de amortización y de bonificación, para un tercer periodo que comenzaría al completarse los otros dos. Así, pues, McDonald's les *adeudaría* a los prestamistas el 0.5 por ciento de sus ventas durante las etapas primera y segunda, pero sólo *les pagaría* entonces el 0.4 por ciento, difiriendo el 0.1 por ciento restante para pagarlo en el tercer periodo, cuando se esperaba que ya se habrían superado las estrecheces monetarias de la compañía. En suma, la compañía se libraría de los hermanos con un préstamo que la obligaba a pagar mensualmente el 20 por ciento menos de lo que les estaba pagando a ellos en regalías. No hay duda de que Sonneborn se ganó la palma con esta negociación, y en cuanto pareció que todo estaba arreglado, se fue con su esposa Aloyis y varios colegas a pasar unas improvisadas vacaciones en Las Vegas.

La celebración era prematura. No bien se había instalado Sonneborn frente al tapete verde cuando recibió una llamada urgente de June Martino: el préstamo lo habían negado. En Nueva York se había reunido una junta de ejecutivos, representantes de las doce entidades prestamistas para darle al crédito de US $2 700 000 lo que se esperaba sería una aprobación de rutina; pero sucedió todo lo contrario. Resolvieron que era demasiado arriesgado prestarle a una compañía de servicio de comidas.

Sonneborn llamó inmediatamente a Bristol y solicitó una reunión con el grupo de inversionistas a la mañana siguiente en Wall Street. Tomó un avión para Nueva York, y durante el vuelo preparó una presentación con la cual esperaba poder salvar el préstamo que era cuestión de vida o muerte para McDonald's.

Llegó a Nueva York a las 9 de la mañana, sin afeitarse y sin haber dormido en toda la noche, y tomó el helicóptero transbordador para poder estar a las 10 de la mañana en la oficina de Dean Mathey, donde se celebraba la reunión. Mathey era un banquero especializado en inversiones petroleras que había ayudado a construir la compañía Lousiana Land and Exploration, una de las mayores exploradoras independientes de petróleo del país. Era también presidente del comité de inversiones de la Universidad de Princeton. Cuando llegó Sonneborn, lo primero que hizo fue ofrecerle un trago, y Sonneborn pensó: Son las 10 de la mañana; ¿por qué me ofrece whisky este tipo, si no es para confundirme? Inmediatamente comprendió quién era el que había organizado la oposición al préstamo.

—Señor Sonneborn— empezó Mathey—, hemos resuelto negar este préstamo porque no vamos a prestarle dinero a nadie que esté en el negocio de servicio de comidas. El porcentaje de quiebras en el negocio de restaurantes es más alto que en cualquier otro.

Este argumento ya lo había oído muchas veces Sonneborn en su lucha por financiar a McDonald's y no lo cogía desprevenido, así que contestó con firmeza:

—Señor Mathey, me parece que usted no ha comprendido la naturaleza de McDonald's. Básicamente no estamos en el negocio de comidas, sino en el negocio de bienes raíces. La única razón para que vendamos hamburguesas de 15 centavos es que son las mejores productoras de ingresos para que nuestros inquilinos [los concesionarios de McDonald's] nos puedan pagar los arrendamientos. No hay ninguna otra cosa que produzca el volumen de ventas que produce la comida, y todos nuestros contratos de arrendamiento se basan en un porcentaje de esas ventas. Ustedes pueden examinar el resultado de ventas de nuestras unidades. Esa es la prueba de lo que le estoy diciendo.

Durante una hora, más o menos, Sonneborn siguió explicando el negocio de bienes raíces de su compañía y negando el significado del aspecto de comidas, salvo como productor de renta en efectivo. En esto se destacaba la aguda diferencia que había entre el concepto que tenía Sonneborn sobre McDonald's y el que tenía Kroc. A éste lo seducía el encanto del negocio de hamburguesas; al primero no. Ver a McDonald's como una compañía de bienes raíces era casi una herejía para el fundador.

Pero, herejía o no, el punto de vista de Sonneborn era el único que entendía un hombre de criterio estrictamente financiero como Mathey. Agotado después de hacer su exposición, Sonneborn les dijo a los miembros del comité que no había dormido en toda la noche y que necesitaba ir al baño. "Yo temía que el préstamo estuviera perdido, y seguramente eso se me veía en la cara", recuerda ahora. Cuando el grupo tomó la decisión final, uno de los miembros no quiso hacerlo esperar más y fue a buscarlo al cuarto de baño: "Harry", le dijo, "su argumentación ha sido formidable. Le hemos aprobado su préstamo".

A la vuelta de unas pocas semanas los hermanos McDonalds les mostraban a sus amigos sendos cheques de US$1 000 000 que habían recibido en la operación, mientras que, apenas cerrada ésta, Kroc les dio rienda suelta a los sentimientos de frustración que había acumulado durante siete años de tratar con los hermanos. Lo primero que hizo fue tomar un avión rumbo a Los Angeles, fue a San Bernardino, compró un terreno a pocos metros de distancia del drive-in original de los hermanos, y ordenó construir allí un novísimo McDonald's, cuyo propósito único era sacarlos a ellos del negocio. Los dos hermanos se vieron obligados a retirar la muestra con su nombre, puesto que la razón social pertenecía ahora a la compañía de Kroc, y el McDonald's primitivo se rebautizó con el de Big M.

Durante la visita que hizo a la costa del Pacífico para escoger el nuevo sitio, Kroc visitó a Art Bender, concesionario de McDonald's en Fresno, quien entendía mejor que nadie su resentimiento con los hermanos. Bender había estado con McDonald's desde el principio y fue el primer empleado de mostrador de los hermanos cuando éstos convirtieron su drive-in de San Bernardino en un negocio de comidas rápidas, en 1948. Ellos se lo habían prestado a Kroc para que le ayudara a abrir su restaurante de Des Plaines en 1955, y un año después Bender empezó a trabajar como el primer concesionario de Kroc. Recordando los dos aquellos tiempos, era evidente que Kroc no podía sobreponerse a la rabia que les tenía a los hermanos. "Art", le dijo a Bender, "yo no soy normalmente un hombre vengativo; pero esta vez me las pagan esos malditos".

Y se salió con la suya. Los hermanos habían reconstruido su edificio octogonal en 1955 para darle el nuevo aspecto rojo y blanco y los arcos dorados que había ideado Dick McDonald. El restaurante de Kroc, a una manzana de distancia, era exactamente igual, tenía el mismo menú y las mismas técnicas de preparación de la comida. La única cosa que los diferenciaba era que el nuevo restaurante llevaba el nombre McDonald's.

Esa diferencia fue definitiva. Muchos parroquianos del restaurante original dieron por sentado que se había mudado a un nuevo local y se pasaron a éste. A pesar de que las ventas del nuevo McDonald's de San Bernardino eran modestas, su efecto sobre el primitivo fue devastador. Las ventas del Big M (que ahora controlaban dos antiguos empleados) se fueron al suelo en cuanto empezó a funcionar el nuevo McDonald's a mediados de 1962. El restaurante que durante el decenio de los 50 había asombrado a la industria con ventas superiores a los US$400 000 anuales, apenas llegó en 1967 a US$81 000. A principios de 1968 se lo vendieron a Neal Baker, que tiene una cadena local de comidas rápidas especializada en hamburguesas y tacos; pero Baker no pudo salvarlo y al fin lo cerró en 1970. Hoy lo único que queda es la armazón del letrero que montaron los hermanos en su drive-in, pero en lugar de proclamar el número de hamburguesas vendidas, hoy reza: THE MUSIC BOX, que es el nombre de una tienda de música que ahora ocupa el lugar que fue la cuna de la industria de comidas rápidas.

¿Qué fue de los hermanos McDonalds? Mac (o Maurice), el especialista en operaciones, murió en 1971. Richard (Dick), que gustaba más de idear nuevos conceptos de mercadeo, vive en Bedford, Estado de New Hampshire, lugar en donde se retiró después de la venta a la compañía de Kroc. Aun cuando sin duda vive muy confortablemente, fue el primero de una docena de gerentes, operadores, proveedores e inversionistas que dejaron de ganar millones por haberse retirado demasiado pronto de McDonald's. Es obvio que se benefició invirtiendo su millón de dólares, pero ninguna inversión podía igualar a la que abandonó.

Si no hubiera vendido su derecho al 0.5 por ciento de las ventas de la cadena que les habría correspondido a él y a Mac durante los noventa y nueve años de su contrato con Kroc, hoy sería uno de los hombres más ricos del país, casi tan rico como Ray Kroc. Desde que los hermanos vendieron sus derechos en 1961 por US$2 700 000, los restaurantes de la cadena han vendido un total de US$77 000 millones, de modo que las regalías para los hermanos habrían llegado a US$388 000 000. Hoy se estarían ganando más de US$55 000 000 anuales. El día que Kroc les compró a los hermanos realizó, sin saberlo, su mejor venganza.

Lo más importante fue que la compañía de Kroc obtuvo su libertad. No le salió barata. Aunque pagó el préstamo de los US$2 700 000 en cinco años y medio (casi tres años antes de lo que Bristol proyectaba) los pagos de bonificación a los clientes de Bristol hicieron subir el costo total de la financiación a US$14 000 000. Por supuesto que sin libertad para ampliarse mediante financiación de grandes capitales, para agregarle nuevos platos a su menú y para cambiar el aspecto de los restaurantes de acuerdo con las exigencias del mercado, McDonald's casi seguramente se habría quedado a medio camino como tantas otras empresas que emprendieron el negocio de comidas rápidas y fracasaron. En resumen, cuando se completó la compraventa el 28 de diciembre de 1961, McDonald's obtuvo la flexibilidad que le hacía falta para tratar de dominar la industria que los hermanos habían creado.

En ese momento, McDonald's era sin disputa la cadena más grande de la industria, pero había por lo menos otras doce competidoras que todavía tenían la posibilidad de ganar a la larga el primer puesto. Con sólo 323 restaurantes en funcionamiento en cuarenta y cuatro Estados — de los cuales las dos terceras partes estaban en los Estados que flanquean los Grandes Lagos — McDonald's se hallaba todavía muy lejos de haber establecido su hegemonía en el mercado de comidas rápidas. En realidad, la mayoría de los consumidores del país todavía no habían oído hablar de McDonald's. Pero al romper los lazos que la unían con los hermanos fundadores, la compañía tuvo la oportunidad de comercializar el sistema como más le convenía. Y no perdió tiempo para explotarlo.

Capítulo 9
Socios

La compra a los hermanos McDonalds le dio a Ray Kroc control total sobre los restaurantes de los concesionarios. Su equipo de lugartenientes encargados de operaciones exigieron un cumplimiento tan estricto de la disciplina como ninguna otra cadena podía exigirlo, y su plan de concesiones era invulnerable: no se concedían territorios exclusivos, los derechos se daban para un solo restaurante a la vez, y si los concesionarios no cumplían, no se les concedía licencia para nuevos establecimientos. El personal corporativo de Kroc controlaba todas las normas de operación. Harry Sonneborn le había dado a McDonald's el control de los bienes raíces, cosa en que otras cadenas no habían pensado aún. Y gracias a las maniobras financieras de Sonneborn, McDonald's podía disponer del dinero necesario para ampliarse sin estar a merced de los financistas.

En 1960 McDonald's ya estaba preparada para dar el primer paso importante encaminado a controlar completamente algunos restaurantes, como propietaria y operadora, sin concesionarios. En 1959 se había visto en el caso de tomar por su cuenta una unidad que estaba fracasando en Brentwood, Missouri, que se hallaba en manos de Milo Kroc, pariente lejano de Ray; y al año siguiente inauguró las primeras cuatro unidades de la llamada McOpCo (McDonald's Operating Company) — cuatro nuevos restaurantes propios y manejados por la misma compañía en Columbus, Ohio. Un empresario de un centro comercial había ofrecido desarrollar cuatro locales para McDonald's con la condición de que fueran operados por la compañía y no por un concesionario. McDonald's aceptó porque a Sonneborn le gustaba el negocio de bienes raíces y porque Turner quería tener algunos puestos controlados por la compañía donde se pudieran entrenar sus consultores visitadores.

Por su parte, Ray Kroc pensó que la existencia de esas cuatro "unidades controladas", como él decía, estimularía a algunos concesionarios voluntariosos a enmendarse. A veces parecía que únicamente consideraciones prácticas le impedían organizar toda una cadena de restaurantes propios. "Si yo viera que podíamos financiarla y crecer rápidamente", les dijo entonces a los hermanos McDonalds, "casi me inclinaría a no volver a vender concesiones. Por buena que sea la operación de un concesionario, nunca será tan buena como una unidad controlada por la compañía porque cuando un individuo tiene su dinero invertido en un lugar, quiere tener el derecho de intervenir en él".

Aun cuando el problema financiero no permitiera pensar en una cadena de restaurantes de la compañía, Kroc sí estaba ya en una posición que le permitía dictar la política de McDonald's desde su oficina, situada en el vigésimo piso de un edificio de Chicago. Realmente, viendo las cosas desde afuera, el control centralizado parecía ser la pasión de Ray Kroc.

Desde adentro la cosa era distinta. Cuando se trataba de mantener a McDonald's en contacto con el mercado, Kroc tenía un sentido innato —el sentido del vendedor— que le indicaba que la promoción, la publicidad y el desarrollo de nuevos productos no los podía imponer el personal corporativo. Consideraba que para tener éxito en la comercialización McDonald's tenía que llegar a todos los mercados y responderles, y que las ideas de mercadeo debían venir del terreno mismo, no del limbo; es decir, que para aprovechar la oportunidad que ahora se le ofrecía, la compañía debía confiar en la creatividad de sus socios —sus concesionarios y proveedores.

Existían para esto dos buenas razones. En primer lugar, el mercado masivo de una cadena nacional de comidas rápidas no era una ciencia, como lo eran las operaciones. Era un arte —un arte que nadie conocía. Cuando McDonald's colocó sus primeros anuncios por televisión en un puñado de mercados a finales de los años 50, entró en un terreno virgen. Los restaurantes no anunciaban en absoluto en la televisión, y muy poco en otros medios. Los negocios de servicio de comidas confiaban en la propaganda de boca en boca. Sus programas formales de mercadeo no habían avanzado más allá de las Páginas Amarillas y los carteles ambulantes. Por eso en materia de mercadeo Kroc pensó, con buen criterio, que cuantas más ideas nuevas le llegaran a su compañía —de cualquier procedencia que fueran— tanto mejor.

Había otra razón más práctica para que Kroc se apoyara en sus socios con respecto a publicidad y nuevos productos: el personal corporativo de McDonald's se había concentrado tanto en operaciones y finanzas, que había adquirido muy poca experiencia en mercadeo.

Evidentemente el mismo Kroc no poseía conocimientos en estos campos, y si bien sabía de ventas, se desempeñaba mejor vendiendo personalmente. No dominaba el manejo de los medios publicitarios; y cuando McDonald's empezó a adquirir esa destreza, él no tomó parte en el proceso.

Su preocupación personal por buscar nuevos productos era permanente, pero siempre terminó en el fracaso. Absolutamente convencido de que se necesitaba un postre para completar la carta de McDonald's, propuso en los últimos años del decenio de los 50 los bizcochos de chocolate llamados *brownies*, torta de fresas, y *pound cake*. De este último predijo que cada restaurante vendería no menos de mil "panes" de a 15 centavos al día; pero resultó que a esa cantidad no llegaron ni siquiera las ventas de toda la cadena, y hubo que abandonar ese producto. Después le agregó al menú los pastelillos rellenos llamados *kolacky*, basándose en su gusto personal adquirido durante su niñez en Bohemia. Infortunadamente el mercado no compartía su entusiasmo por la pastelería de Europa Oriental.

Pensando en la necesidad de un producto que no llevara carne, para ofrecerlo los viernes, inventó un emparedado compuesto de piña rallada y dos tajadas de queso en un panecillo tostado. Quiso conservar en él la imagen de las hamburguesas que caracterizaban a McDonald's y lo llamó Hulaburger para dar la impresión de que era una extensión de su línea principal. Lo mismo que sus demás inventos, el Hulaburger fracasó. A pesar de su reputación como maestro en el arte de vender, Ray Kroc no era un genio para los productos nuevos.

Tampoco puso tanto interés en conseguir especialistas en mercadeo como en contratar técnicos en operaciones y en bienes raíces. El primer jefe de mercadeo de la compañía fue Don Conley, que se desempeñaba principalmente como vicepresidente de concesiones y en segundo lugar como piloto de la empresa. En cuanto a mercadeo, apenas le quedaba tiempo para preparar unos pocos anuncios de periódico y carteles y promociones por correo directo, algunas con pinturas de Austin White, artista conocido por su trabajo al estilo de Norman Rockwell para Coca-Cola. Aunque McDonald's pagó US$100 000 por cinco pinturas, su presupuesto para publicidad no era grande, pues la compañía misma no anunciaba sino que les daba material a los concesionarios para que lo utilizaran en los medios locales.

Hoy McDonald's es una de las más importantes anunciadoras por televisión, pero durante su primer decenio era todo lo contrario. No nombró su primer director de publicidad, John Horn, hasta 1961; y apenas en 1963 publicó su primer anuncio nacional antes de hacerse sociedad abierta — una página en *Reader's Digest*. Sólo entonces produjo sus primeros comerciales de televisión, que eran dos espacios animados de treinta segundos. Unos pocos concesionarios le compraron estos anuncios y contrataron su presentación en estaciones locales. McDonald's, que es hoy el tercer anunciador nacional en la televisión, no se valió de una agencia de publicidad (D'Arcy Advertising) hasta 1964 y no desarrolló un programa nacional de propaganda hasta 1967, año en que constituyó su departamento de mercadeo.

Pero si no hacía propaganda a escala nacional, Kroc sí animaba a los concesionarios para que la hicieran localmente. En 1959 se incluyó en los contratos de licencia una cláusula por la cual los operadores se obligaban a destinar el 2.5 por ciento de las ventas a promover sus restaurantes. Con esta regla se convirtió McDonald's en una de las primeras cadenas de comidas rápidas que hicieron obligatorio el gasto en publicidad para sus concesionarios. (El porcentaje se elevó al actual 4 por ciento en 1969.)

Más importante fue el ejemplo que Kroc les dio a sus concesionarios, de buscar activamente y por acción personal la publicidad para McDonald's. En 1957 contrató a la firma de relaciones públicas Cooper, Burns y Golin, de Chicago, a fin de obtener publicidad en los periódicos para su cadena de hamburguesas. El costo (US$500 al mes) no representaba una fuerte erogación, ni siquiera en esa época; pero para una compañía del tamaño de McDonald's, que en 1957 tuvo ingresos de US$243 000, sí era mucho dinero por ver su nombre en los periódicos. En efecto, Harry Sonneborn se puso furioso por el hecho de que Kroc gastara tanto dinero en lo que él consideraba una frivolidad.

Pero Kroc sostenía que McDonald's no era un negocio típico de consumo ni siquiera un restaurante típico. La extraordinaria velocidad de su servicio, combinada con el efecto de pecera del diseño de sus drive-ins, hacía que una visita a un McDonald's fuera una diversión — la primera vez que el cliente tenía la oportunidad de ver una cocina comercial en acción. Kroc les repetía a sus concesionarios y a sus gerentes: "McDonald's no es un negocio de restaurantes; es un negocio de espectáculo".

Para propalar esta idea no pudo haber escogido un equipo mejor que el que formaban Max Cooper, Ben Burns y Al Golin, y los US $500 mensuales que les pagaba produjeron la mejor publicidad posible. Hoy se ha puesto de moda que las firmas de relaciones públicas se consideren expertas en relaciones financieras, y hablan de la razón precio-utilidades de sus clientes y de rendimiento sobre patrimonio, y las mejores saben utilizar la prensa financiera para llegar a la audiencia que principalmente les interesa: los inversionistas. Pero Kroc había contratado a una firma más tradicionalista, que no se avergonzaba de buscar pura publicidad. "Fue después de las agencias de prensa y antes de las relaciones públicas", explica Cooper, hoy concesionario de McDonald's con veinticuatro restaurantes en Birmingham, Alabama. "Hubo un periodo intermedio llamado publicidad, y eso era lo que nosotros hacíamos".

Cooper y Golin eran especialmente aptos para hacerle propaganda a un negocio con su aspecto de entretenimiento y cuyo dueño tenía una gran disposición para el espectáculo. Cooper había fundado la firma a mediados del decenio de los 50 y se había especializado en escribir dichos ingeniosos que hicieran citar a sus clientes del mundo de la farándula en las columnas de chismes de los periódicos de Chicago.

Golin también había tenido experiencia como agente de prensa, y había sido agente de publicidad para la MGM en la época de la postguerra, cuando ese estudio se refería a tales especialistas un poco despectivamente como gente "de explotación". El oficio de Golin en la MGM, que consistía en viajar con las estrellas de cine para promover las películas, hizo de él el perfecto publicista que necesitaba Kroc: el individuo que pasa el tiempo ideando maneras de hacer aparecer a su cliente en los periódicos, no de evitar que aparezca. Golin recuerda que una vez fue a una estación de ferrocarril a recoger a Clark Gable y a una actriz hoy olvidada, quien se quejó de que ya estaba aburrida de que sus admiradores le pidieran autógrafos. Gable le dijo: "Querida, lo aburrido empieza cuando dejan de pedírtelos".

La nueva firma de relaciones públicas de Kroc seguía la filosofía de Clark Gable para darle publicidad a McDonald's. A los pocos años de obtener el contrato, Cooper, Burns y Golin habían logrado hacer escribir artículos sobre la compañía y sobre Kroc en decenas de diarios locales, en columnas periodísticas de distribución nacional, y finalmente, en 1961, en la meca del agente de prensa: la revista *Time*.

Algunos de los métodos que usaban nos pueden parecer hoy extravagantes, pero llamaban constantemente la atención de los medios de publicidad por una fracción del costo de poner anuncios. Aun cuando algunas de sus técnicas hayan sido triviales, la campaña de Cooper, Burns y Golin se diseñó hábilmente para hacer que el nombre de McDonald's fuera sinónimo de hamburguesas.

Poco después de haber obtenido el contrato, el nombre de Kroc empezó a aparecer frecuentemente en las columnas de chismes de Chicago, junto con agudezas que divertían a los lectores y al mismo tiempo le hacían propaganda a McDonald's. Por ejemplo, una columna en el *Sun-Times* dijo: "Ray Kroc (el de los drive-ins McDonald's) observa que no hay nada más exasperante que una mujer que sabe cocinar y no cocina... como no sea una que no sabe cocinar y cocina".

Los agentes de publicidad de McDonald's prepararon también carpetas de material de propaganda para enseñarles a los operadores de los restaurantes cómo obtener propaganda gratis en sus mercados. Contenían, entre otras cosas, boletines de prensa que daban cuenta de las impresionantes cifras de producción de la compañía y las presentaban en forma llamativa. La cantidad de harina que se ha empleado en hacer los panecillos que McDonald's ha vendido llenaría el Gran Cañón del Colorado, decía uno de esos boletines, y otro observaba que la salsa de tomate consumida por la cadena llenaría el lago Michigan. Invariablemente los boletines calculaban cuántas veces los miles de millones de hamburguesas vendidas llegarían hasta la Luna.

Al fin Turner suspendió lo que él llamaba despreciativamente "la publicidad de hamburguesas a la Luna", pero a los periodistas les encantó durante muchos años. Hasta la revista *Time* sucumbió a estas trivialidades al encabezar un gran reportaje sobre McDonald's en 1973 observando que los 12 000 millones de hamburguesas que la cadena había vendido "podrían formar una pirámide 783 veces mayor que la que levantó Snefru". Y continuaba *Time*: "Si todo el ganado que se ha sacrificado para McDonald's se pudiera resucitar y reunir, flanco con flanco, ocuparía una superficie más grande que el área del Gran Londres".

Cooper, Burns y Golin también trataron de consagrar a McDonald's como la indiscutible autoridad mundial en hamburguesas — y luego esta posición la explotaron sin descanso para generar publicidad. Por ejemplo, todos los años McDonald's publicaba una "investigación nacional" en que informaba cuántas hamburguesas (hasta centésimos) consumía semanalmente "el americano promedio". Nadie más disponía de semejante estadística, y hasta el Instituto Norteamericano de la Carne la aceptaba como el Evangelio. McDonald's nunca reveló que su estadística se basaba únicamente en encuestas realizadas por sus agentes de publicidad entre unos pocos centenares de habitantes de Chicago.

Sorprende cómo estas minucias las tragaban con avidez el público y la prensa. Antes, nadie hacía mucho caso de las hamburguesas, pero ahora había una compañía que las tomaba en serio. Golin explica: "Nadie esperaba que las hamburguesas fueran un gran negocio, de manera que las cifras de McDonald's producían una sacudida".

En muchos otros casos McDonald's obtuvo publicidad gratuita remontándose, en busca del origen de la hamburguesa, hasta un periodo muy anterior al generalmente aceptado de su aparición — hasta la Exposición Mundial de San Luis en 1904. Según los boletines de prensa de los señores Cooper, Burns y Golin, su origen se debía a unos marineros rusos que popularizaron en el puerto de Hamburgo, en Alemania, lo que era para ellos un plato común: un emparedado hecho con trozos de carne cruda. La historia era buena publicidad, y esto era más importante que el hecho de que no todos la creyeran. A mediados de los años 60, McDonald's organizó una escena publicitaria en que le ofreció una hamburguesa al alcalde de Hamburgo para celebrar "el regreso" del producto a la ciudad que fue su cuna. Al alcalde alemán le fue más fácil tragar la hamburguesa que la historia, y preguntó: "¿Qué es *esta* hamburguesa? Hamburgués soy yo". Al día siguiente apareció el comentario en todos los periódicos de Alemania... junto con el nombre de McDonald's.

Pero la clave del extenso cubrimiento periodístico de McDonald's no fueron tanto sus hábiles agentes de prensa como su pintoresco fundador. Con sus sueños de construir un imperio basado en hamburguesas de 15 centavos, Kroc embobaba a los reporteros. Golin comprendía que la personalidad de Kroc podía generar muchísima publicidad, y perseguía a los periodistas para que aceptaran simplemente entrevistarse con él. Estaba convencido de que si lo lograba, el arte de vendedor de Kroc saldría triunfante. "Ray era el sueño de un agente de relaciones públicas", dice Golin.

La gran oportunidad se presentó en 1959 cuando Golin concertó una entrevista de Kroc con Hal Boyle, ganador del premio Pulitzer y escritor de artículos para la Associated Press. Estos artículos eran a la sazón los más difundidos en la prensa de los Estados Unidos. Golin tuvo ocasión de comprobar por qué Boyle se había ganado la reputación de ser el periodista más desorganizado de Nueva York. Durante varios meses lo llamaba todas las semanas para preguntarle si había recibido la carpeta de propaganda de McDonald's. Todas las semanas Boyle la había perdido y había que enviarle otra. Le llegó a mandar seis.

Por fin logró que accediera a entrevistar a Kroc, y éste viajó a Nueva York, pero Golin, que era previsivo, viajó la víspera para recordarle a Boyle el compromiso.

—¿Está todo arreglado para la entrevista de mañana? —le preguntó Golin a Boyle.

—¿Con quién? —preguntó Boyle.

Haciendo acopio de paciencia, Golin le recordó la cita que tenía para almorzar al día siguiente con Kroc.

—No es posible —dijo Boyle—. Mañana es el almuerzo anual de la AP y tengo que asistir.

Golin propuso entonces que la entrevista se celebrara por la mañana en las oficinas de la AP, y el periodista aceptó.

A la mañana siguiente cuando Kroc se presentó ante el escritorio de Boyle, se encontró en la típica batahola de una oficina de redacción: docenas de reporteros corrían con las noticias de última hora, sonaban los teléfonos y traqueteaban las máquinas de escribir. Pero Kroc, que tenía la voz timbrada varios decibeles por encima de lo normal como reacción inconsciente a una ligera dureza de oído, no tuvo dificultad para hacerse oír por sobre el estruendo periodístico; y cuando se lanzó a hacer el panegírieo de McDonald's, no fue Boyle el único que lo escuchó con interés. Poco a poco las máquinas de escribir se fueron silenciando y los reporteros se acercaron para oír hablar de hamburguesas de 15 centavos.

Pronto el escritorio de Boyle se vio rodeado de una docena de funcionarios de la AP, algunos de los cuales preguntaban cómo podrían obtener un McDonald's. Al principio Boyle había mostrado poco interés, pero, dice Golin, "cuando vio la reacción de los demás reporteros comprendió que tenía algo importante". La entrevista se prolongó hora y media, y al día siguiente la columna de Boyle apareció en más de 600 periódicos con un entusiasta artículo sobre McDonald's. Citaba las palabras de Kroc: "Yo puse la hamburguesa en la línea de montaje".

A los pocos días de esta primera publicidad nacional, la compañía se vio inundada de solicitudes de concesión. Conseguir concesionarios nunca había sido un problema, pero la publicidad nacional creó el problema de un exceso de solicitudes. La lista de espera de solicitantes aprobados pasó de un centenar, y hubo quienes esperaron dos años para obtener un establecimiento.

El artículo de Boyle tuvo el efecto de fichas de dominó. Le llovió a McDonald's una publicidad gratuita que no habría podido comprar a ningún precio. Reporteros de organizaciones periodísticas nacionales que antes no le habían hecho caso a Golin, ahora lo perseguían en busca de entrevistas. *Time, Life, Newsweek*, el *Wall Street Journal* y *Forbes* querían entrevistas con Kroc, y éste los hechizó a todos.

No fue ésta, sin embargo, la única manera de obtener publicidad gratuita. También se aprovecharon las actividades de caridad. Se aconsejó a los concesionarios que tomaran parte en las campañas de beneficencia patrocinadas por los periódicos locales, manera segura de hacerse nombrar en éstos. Cooper, Burns y Golin les mandaron carpetas de propaganda en que se les sugerían diversos programas de relaciones comunitarias de interés para los distintos mercados. Por ejemplo, se recomendaba hacer donación de utilidades de las hamburguesas para compra de uniformes para una banda como manera de ganar simpatías en un mercado de familias, y al mismo tiempo obtener el apoyo de un ejército de jóvenes voluntarios para fomentar la asistencia de adultos a los drive-ins. Las carpetas contenían también sugerencias sobre la manera de lograr que los periódicos hablaran del programa y, principalmente, sobre la manera de escenificar las fotos para la prensa.

Cuanto mayor fuera el número de fotos que produjera una actividad de beneficencia, tanto mejor. A finales de los años 50, Turner y otros gerentes recorrieron el Loop de Chicago en un vehículo bautizado "Santa Wagon" que era una camioneta de vender helados transformada en la imagen rodante de un drive-in McDonald's, con todo y sus arcos dorados. Los gerentes asaban hamburguesas y preparaban café, y en las paradas de su itinerario se las ofrecían a los "Santa Claus" del Ejército de Salvación que recogían limosnas en las esquinas. Una foto del "Santa Wagon" siempre llegaba a los periódicos de Chicago.

Golin llegó a la conclusión de que estas maneras de participar en las actividades de la comunidad eran una forma más eficaz de promoción que la publicidad. "Al principio", dice, "los restaurantes estaban demasiado separados entre sí para reunir recursos y anunciar en forma cooperativa. Tenían que hacer la promoción individualmente, y no podían darse el lujo de llegar con anuncios al mismo mercado a que llegaban gastando mucho menos dinero en relaciones comunitarias".

Apoyar obras de caridad no era sólo una manera barata de anunciar. Era algo más. Para una cadena de drive-ins que buscaba el patrocinio de las familias y respetabilidad en una industria de dudosa reputación, la participación de sus operadores locales en esas campañas producía la publicidad que McDonald's necesitaba para crear una buena imagen. Sin embargo, su trabajo para la comunidad no tenía más que un objeto: vender hamburguesas. "Tomamos parte en esas actividades por razones muy egoístas", recuerda Turner. "Era una manera barata e imaginativa de llevar nuestro nombre ante el público y de crear una reputación que contrarrestara la imagen de estar vendiendo hamburguesas a 15 centavos. Probablemente era noventa y nueve por ciento comercialismo".

Pero lo que comenzó como una estrategia corporativa de mercadeo pronto se convirtió en un movimiento impulsado por los propios concesionarios locales, quienes empezaron a inventar maneras de promover sus restaurantes participando en obras de caridad. A los pocos años, ya la corporación sólo actuaba como centro de intercambio de información sobre las ideas puestas en práctica con buen éxito por los operadores locales. Uno de éstos descubrió una mina en materia de relaciones públicas obsequiando al público con naranjada gratis en las verbenas organizadas para recolectar fondos. Entonces todos los operadores de McDonald's en el país patrocinaron "Poncheras de naranjada", así llamadas por las mezcladoras de vidrio automáticas que se usaban para servir el refresco. Como lo servían empleados uniformados, ésta era una manera eficaz de demostrar la rapidez del servicio McDonald's.

Una vez que los operadores se acostumbraron a participar en actividades comunitarias, no hubo quién los detuviera. Participaban en bandas, escuelas, escultismo, hospitales y otras cosas, y esto llegó a ser norma del sistema McDonald's. Cuando la compañía tuvo ya la manera de pagar anuncios publicitarios como parte de su función de mercadeo, la participación en actividades comunitarias adquirió un significado más allá de la promoción. Turner calcula que hoy el sistema McDonald's — la compañía y sus concesionarios — aporta a obras de beneficencia más de US $50 000 000 anuales, o sea más o menos un 4 por ciento de sus utilidades calculadas antes de impuestos.

Posiblemente sea el fondo de caridad más grande de los Estados Unidos distribuido por una empresa comercial, y está completamente controlado por sus 2 100 concesionarios. Ellos son los iniciadores de la participación comunitaria de McDonald's, sin ninguna presión de la compañía, y la consideran un *sine qua non* de la concesión. Golin cree que esto responde a una necesidad psicológica fundamental: "Le da al operador individual un sentido de identidad personal en un negocio en que esa identidad se puede perder fácilmente" explica. "Tomando parte en obras de caridad comunitarias, el operador recibe reconocimiento personal, y en su pueblo, él es McDonald's".

Cualquiera que sea la motivación, el trabajo de relaciones comunitarias se ha convertido en una de las armas más poderosas del arsenal de mercadeo de McDonald's, y fueron los concesionarios los que lo crearon. Por ejemplo, ellos fueron (y no la compañía) los que crearon y desarrollaron la obra de caridad más visible de McDonald's — las Casas

Ronald McDonald que funcionan al lado de hospitales infantiles y albergan a familias que tienen niños hospitalizados durante largo tiempo. Los concesionarios reunieron US $50 000 para la primera de estas casas, que se abrió en Filadelfia en 1974. Hoy hay cien Casas Ronald, todas patrocinadas por concesionarios locales, y sirven anualmente a más de 100 000 familias.

Esta temprana intervención en la obra de relaciones comunitarias de la cadena fue la primera señal de que los operadores de los restaurantes iban a dominar su mercadeo, por lo menos durante el primer decenio crítico, cuando se estaba formando la imagen de McDonald's entre los consumidores. En los últimos años del decenio de los 50, Kroc, desilusionado de los concesionarios inversionistas, había empezado a buscar empresarios luchadores, considerando que éstos, por haber arriesgado cuanto tenían en un McDonald's, estarían más motivados para trabajar personalmente detrás del mostrador y ceñirse al régimen operativo de la compañía. Pero, aun cuando la nueva política de concesiones se adoptó por razones operativas, también estaba dando inesperados dividendos en mercadeo. Los empresarios estaban aportando ideas nuevas, y Kroc no se iba a oponer a ellas puesto que promovían a McDonald's más eficazmente que su personal ejecutivo de Chicago.

Por qué los administradores-propietarios constituyeron una fuerza tan innovadora e influyente en el mercadeo de McDonald's no está claro. Una posible explicación es que, como la mayor parte de ellos no habían estado antes en el negocio tradicional de restaurantes, no estaban atados por la costumbre de promoción de boca en boca. Muchos habían tenido experiencia en ventas y publicidad, y para ellos promover a McDonald's era lo mismo que comercializar cualquier otro producto. Si el mercadeo de McDonald's resultó más creativo, eso se debió únicamente a la misma ignorancia de los concesionarios.

También parece que se daban cuenta de que el mercadeo constituía la única posibilidad que tenían de mostrar su creatividad individual en un sistema que, por lo demás, ofrecía pocas oportunidades de expresión personal. Todo lo demás, hasta la temperatura a que se debían freír las papas, estaba especificado en el manual, y Kroc no toleraba ninguna desviación del régimen operativo de la cadena. Pero cuando vio la habilidad que tenían para el mercadeo algunos de los concesionarios, hizo con ellos un pacto tácito: su estricta adhesión a las reglas operativas de McDonald's a cambio de libertad casi completa en el mercadeo.

Uno de los innovadores más importantes fue Jim Zien, propietario del importante restaurante Criterion, de St. Paul y de siete salas de cine. Cuando abrió su primer McDonald's en Minneapolis, en 1958, estaba acostumbrado a anunciar en los periódicos. "Yo tenía en McDonald's algo realmente único", dice; "pero confiando solamente en la propaganda de palabra tardaría demasiado tiempo en desarrollar el negocio". Entonces hizo algo en que no habían pensado otros operadores de restaurantes, inclusive los concesionarios de la cadena: resolvió gastar el 3 por ciento de sus ventas en publicidad y le pidió a Patty Crimmins, operadora del McDonald's de St. Paul, que hiciera lo mismo. Así reunieron entre los dos un fondo cooperativo de propaganda, aportando cada uno US $600 mensuales. Pero Zien quería causar un impacto mayor que el que podía esperar con los pocos avisos de rutina que le suministraba McDonald's, y para ello acudió a la agencia de publicidad de Jaffe, Naughton y Rich para que le organizara una campaña más novedosa.

El mismo Al Jaffe, uno de los socios de la firma, no entendía por qué quería gastar dinero Zien anunciando un puesto de hamburguesas de 15 centavos, y mucho menos US $1 200 mensuales. "Yo había visto ese estrafalario edificio en construcción y me sorprendía que hubiera alguien capaz de afear así el vecindario", dice Jaffe recordando su primera impresión del nuevo drive-in de Zien. "Cuando me propuso que le hiciera publicidad, supuse que él sabía algo que yo ignoraba".

Con la aprobación de Zien, la agencia de Jaffe prescindió de los anuncios en los periódicos impresos, que era el vehículo principal para la escasa propaganda de restaurantes que se hacía por entonces. Jaffe pensó que Zien y McDonald's tenían un concepto enteramente nuevo de comidas fuera de casa, que no se podía explicar adecuadamente en anuncios impresos.

Por esta razón dedicó todo el fondo combinado de Zien y Patty Crimmins a una sola campaña en un medio hasta entonces rara vez utilizado para anunciar restaurantes: la radio. Para hacer el anuncio memorable la agencia resolvió escribir una alegre tonadilla, la primera de muchas que se produjeron después para ensalzar a McDonald's y que se incorporaron en la cultura *pop* de los Estados Unidos. La tonadilla tuvo un éxito inesperado e instantáneo en Minneapolis. "Era suficientemente cursi para que todos se la aprendieran", dice Jaffe, y "pronto todo el mundo la tarareaba".

La tonada cantada por la radio hizo aumentar inmediatamente las ventas de la unidad de Zien en Minneapolis, que en 1959 llegaron a US $315 000, es decir, el 61 por ciento más que el promedio nacional. Al año siguiente esa unidad sobrepasó en ventas a todos los demás McDonald's. Cuando Zien les informó a los demás concesionarios acerca del éxito de su "comercial", ellos le pidieron una grabación, que él les dio sin más costo que el de la cinta. Pronto el anuncio se oyó en Washington, en Connecticut y en otros mercados, y cuando Zien empezó a promover la combinación de hamburguesas, papas fritas y leche malteada como la comida "totalmente americana", los concesionarios en todo el país adoptaron ese lema e hicieron de él el primer tema de propaganda de todo el sistema McDonald's. La libre difusión de las ideas de Zien sentó un precedente que es hoy un principio clave del mercadeo de la compañía: que todos los concesionarios son socios, y que lo que uno desarrolle para mejorar su operación local, se les cede a todos los demás para mejorar el desempeño del sistema, sin pago alguno de regalías al que inventó el concepto.

En 1959, un año después de haber empezado a radiodifundir su comercial, Zien abrió nuevos caminos colocando su mensaje publicitario en el medio que en la actualidad consume la mayor parte de los US $600 000 000 que constituyen el presupuesto de publicidad y promoción de McDonald's: la televisión. Nadie se valía de ésta para promoción de restaurantes, ni siquiera las grandes cadenas, pero Zien vio en ella la manera de llegar al segmento del mercado que consideraba clave para abrir todos los demás. "Yo sabía", dice, "que si nos apoderábamos de los niños también nos apoderaríamos de sus padres. Si los niños piden que los lleven a McDonald's, el papá accede porque la comida es barata".

Otros concesionarios del país también habían empezado a apreciar la importancia de los niños como blanco del mercadeo. Aunque al principio muchos consumidores adultos no gustaban de McDonald's debido a la imagen de baja calidad que proyectaba el precio de 15 centavos de la hamburguesa, a los niños sí los atraía porque les ofrecía su comida favorita en un ambiente que les permitía hacer ellos mismos su pedido y divertirse observando el proceso de la cocina. Zien comprendió, además, que la televisión era el único medio de llegar a los niños.

En efecto, la televisión era el vehículo perfecto para el caso a finales de los años 50. Las cadenas y los sindicatos no se habían apoderado todavía de la televisión infantil. Los programas para niños, preparados localmente, tenían la más alta calificación de la televisión diurna, y todos eran presentados por personalidades a quienes los chicos miraban como ídolos, de modo que los productos que ellas recomendaban eran bien acogidos. Además, los comerciales resultaban baratos; los de un minuto no costaban más que la cuarta parte de lo que costarían en tiempo preferencial. Los resultados eran tan buenos que Zien dedicó todo su presupuesto de publicidad a comprar tiempo en tres programas para niños en Minneapolis. Su éxito se conoció pronto en todo el sistema, y a comienzos de los años 60 los operadores de McDonald's en una docena de mercados habían tomado una firme posición en apoyo de la televisión infantil.

Además de la TV, otros operadores perfeccionaron otras formas de publicidad y promoción, y sus innovaciones también se difundieron por la cadena. Jim Pihos, gerente de promoción de ventas para Ryerson Steel antes de hacerse concesionario de McDonald's, destinó del 3 al 4 por ciento de sus ventas a publicidad y financió en combinación con otro concesionario un fondo cooperativo para tal fin, siguiendo en todo esto las huellas de Zien. Pero Pihos dedicó buena parte de su presupuesto a la propaganda por correo directo, e inundó el mercado en torno de su restaurante con 20 000 anuncios distribuidos cada trimestre, en que se ofrecía una hamburguesa gratis, sin compromiso. Esta propaganda, que ayudó a preparar el director de concesiones Conley y en la cual se usaron dibujos de Austin White, nunca produjo menos de un 50 por ciento de respuestas, lo cual es un resultado fenomenal para propaganda por correo, y contribuyó a que su primer restaurante superara rápidamente el comportamiento medio de las unidades de la cadena. De paso, Pihos estableció el correo directo como un instrumento eficaz de mercadeo local para otros concesionarios de McDonald's.

Mientras tanto, otro antiguo vendedor industrial llamado Reub Taylor estaba desplegando sus habilidades de mercadeo para establecer una fortaleza McDonald's en el Nordeste, donde no arraigan con facilidad los conceptos de nuevos productos y servicios. Además del tradicionalismo de Nueva Inglaterra, Taylor tenía que enfrentarse al hecho de que él estaba operando en el territorio en que se hallaba la base del poderío de la cadena de servicio de comidas más grande del país en esa época: Howard Johnson.

La especialidad de Taylor era perfeccionar el mercadeo en el punto de venta, es decir, el servicio en las ventanillas. Creía que sería en balde toda la rapidez característica de McDonald's si el servicio en las ventanillas de pedidos no era cortés y eficiente, y preparó una cinta magnetofónica detallada para entrenar a sus empleados. "Yo quería que fueran atentos, que saludaran a los clientes con buenos modales y que prepararan sus pedidos sin dilación", dice Taylor.

La grabación abarcaba todos los aspectos del trato con el cliente durante sus quince segundos ante la ventanilla de McDonald's. Se le enseñaba al empleado a iniciar el servicio con una pregunta cortés: "¿Su pedido, por favor?" Y a ningún parroquiano se le dejaría abandonar la ventanilla sin decirle: "Muchas gracias... que vuelva usted". A los encargados de las ventanillas se les enseñaba también la secuencia más eficiente para despachar un pedido. Taylor recuerda que la grabación les daba a los aprendices instrucciones tan detalladas como éstas: "Las hamburguesas que se vean más limpias dénselas a las mujeres, y las más descuidadas —en las que se trasluzcan la mostaza y la salsa de tomate por la envoltura— a los conductores de camiones".

El éxito de los métodos de servicio que empleaba Taylor no podía ponerse en duda. Sus restaurantes siempre dieron un rendimiento superior al término medio, y su tercera unidad, en Newington, Estado de Connecticut, fue el famoso puesto que hizo decidir a Fred Fedelli, de la State Mutual, a recomendar el préstamo de US $1 500 000 que introdujo a McDonald's en el mundo de las grandes finanzas. Con ventas que duplicaban el promedio nacional de McDonald's, ese restaurante llegó a ser en 1964 el primero del sistema que pasó de US $500 000 anuales en ventas, y de todo el país acudían concesionarios —hasta los de otras cadenas— para ver cómo el personal de ventanilla de Taylor podía servir cortésmente más pedidos de cuanto se había creído posible en la industria de comidas rápidas.

Tan eficaz resultó la grabación de Taylor como elemento de enseñanza, que Fred Turner se la pidió para utilizarla como base de una película más profesional de entrenamiento, y cuando ésta se difundió por todo el sistema, los empleados de McDonald's en todo el país se guiaron por los preceptos de Taylor para prestar el servicio en las ventanillas. Hoy son pocas las cadenas de comidas rápidas que no sigan los procedimientos iniciados por Taylor en Connecticut.

Pero pocos concesionarios ejercieron mayor influencia en el mercadeo de McDonald's que los dos empresarios que negociaron con Kroc en 1956 los derechos exclusivos para el área metropolitana de Washington, D.C.: John Gibson y Oscar Goldstein. Gibson, distribuidor de la cerveza Miller en el norte de Virginia, y Goldstein, propietario de una taberna y *delicatessen* a la cual servía la compañía de Gibson, llegaron a ser los concesionarios de mayor éxito en la historia de McDonald's por manejar su negocio de Washington, con la razón social de Gee Gee Corporation, más o menos en la misma forma en que Kroc y Sonneborn manejaban la corporación.

Goldstein vigilaba las operaciones con el mismo entusiasmo de Kroc por los detalles, y Gibson le aportaba a la sociedad la misma agudeza para las finanzas y para los bienes raíces que Sonneborn le había aportado a McDonald's. Como Gibson y Goldstein habían comprado su concesión antes de que McDonald's se dedicara al negocio de bienes raíces, y como disponían de recursos para financiar sus primeros restaurantes, Sonneborn les reconoció control permanente sobre los inmuebles en su territorio, de modo que mientras otros operadores después de 1958 le pagaban arrendamiento a Franchise Realty, de McDonald's, la compañía Gee Gee era propietaria de sus locales o los tenía directamente en arrendamiento, y sólo le pagaba a McDonald's el derecho de servicios del 1.9 por ciento de las ventas. Si podían generar ventas, tendrían una mina de oro.

El generador fue Goldstein, el más inclinado a la promoción de todos los concesionarios de McDonald's. Desde que la sociedad Gee Gee abrió su primer restaurante en Alexandria, Virginia, en 1957, no dejó en paz a los ejecutivos de la agencia de publicidad Kal, Ehrlich and

Merrick, uno de los cuales, Bill Mullett, se lamentaba: "Vean lo que me ha pasado a mí. Después de todos estos años, acabo anunciando un puesto de hamburguesas".

Goldstein quería anunciar en las estaciones de televisión de Washington, en las principales estaciones de radio, y en el *Washington Post*. Mullett no podía creer que Goldstein no entendiera un principio fundamental del arte de anunciar, según el cual no se debe pagar publicidad que no puede de ninguna manera ayudar al negocio. Durante algunos años logró convencerlo de que gastara el dinero en estaciones de radio más pequeñas y en diarios locales. Pero a principios de 1960 Gee Gee tenía ya cinco restaurantes en el área de Washington, y Goldstein al fin persuadió a la agencia de que ya McDonald's estaba en condiciones de valerse de los grandes medios publicitarios de Washington. La televisora WRC (filial de la NBC) acababa de lanzar al aire lo que parecía un vehículo perfecto, un nuevo espectáculo llamado el *Circo de Bozo*. Se habían otorgado concesiones de ese espectáculo en los principales mercados de televisión, y en cada uno de ellos la estación local contrataba un actor que hiciera el papel de payaso Bozo.

A Goldstein le encantó la idea de patrocinar este programa porque era del gusto de los niños, sector del mercado que se estaba convirtiendo rápidamente en el más importante para McDonald's; y, aun cuando él no lo sabía en ese momento, el papel de Bozo sería representado en Washington por un locutor muy simpático que se hizo ídolo de los niños. Se llamaba Willard Scott, y no había hecho jamás de payaso. En realidad, a los veinticinco años de edad no era veterano en nada. Cuando le dieron el papel de Bozo acababa de ingresar en la televisión, y no era más que un anunciador novicio en la WRC.

Pero cuando se vistió de payaso quedó hecho todo un profesional. Su habilidad para actuar como chiquillo en la televisión fue un gran éxito entre los niños de Washington. Inventó sus propios trucos para darle a Bozo una personalidad específica, y en cuanto a recomendar productos comerciales, nadie había más convincente. Su arenga vendedora no era nada sutil; les decía directamente a los niños: "Pídanles a su papá y a su mamá que los lleven a McDonald's". Su tono era siempre alegre, inocente y sincero. "Willard era un vendedor increíble como Bozo", recuerda Barry Klein, entonces redactor de Kal, Ehrlich y Merrick, que escribía los comerciales de Gee Gee.

Goldstein estaba tan contento con la popularidad de estos comerciales, que le pidió a Scott que se presentara como Bozo en la inauguración de su segundo restaurante en Alexandria. Lo que sucedió sorprendió a todo el mundo sin exceptuar al propio Goldstein. Varios millares de personas fueron a ver a Bozo. El tránsito se represó tres kilómetros en ambas direcciones, y los niños con sus padres hicieron largas colas.

Bozo se había vuelto una estrella en Washington, y lo más importante es que era la estrella de McDonald's. Lo mismo que otros activos promotores, la compañía Gee Gee destinaba más del 3 por ciento de sus ventas a publicidad, principalmente a Bozo, y gracias a la popularidad del payaso sus ventas anuales por restaurante aumentaron el 30 por ciento en los cuatro años siguientes y llegaron a US $325 000, es decir, el 50 por ciento por encima del promedio de McDonald's. Ya para entonces Gibson y Goldstein habían abierto veinticinco restaurantes en el área de Washington, con lo cual eran los concesionarios más grandes del sistema. Cuando los operadores de otros mercados vieron estos resultados, resolvieron patrocinar también sus propios Bozos locales.

Pero en 1963 los éxitos de Bozo en Washington terminaron abruptamente porque los ejecutivos de la televisora WRC resolvieron suspender el programa infantil, que había perdido popularidad. "Goldstein casi se vuelve loco", recuerda Klein. "Llamó a la televisora y les dijo que jamás volvería a comprar un minuto de tiempo en esa estación".

Kal, Ehrlich y Merrick hicieron todo lo posible por conservar el ímpetu de mercadeo creado por Bozo. No teniendo otra estrella infantil, ensayaron con otras personalidades de televisión como voceros de McDonald's para el mercado de adultos, y se valieron de populares presentadores de discos para llegar al de adolescentes. Ensayaron con cuanto personaje tenía algún nombre, pero nada les dio resultado. "Finalmente", dice Merrick, "como no pudimos encontrar otro vocero, resolvimos crearlo nosotros mismos".

El equipo promocional de Goldstein —compuesto de Willard Scott, Harry Merrick, hijo, Barry Klein y otros en la agencia Kal, Ehrlich y Merrick— pensó que la única manera de capturar nuevamente la magia de Bozo era sacar otro payaso. Pero Merrick dice que esta decisión implicaba una desviación importante en la publicidad de McDonald's, y explica: "No teníamos un vehículo, un programa de televisión en directo, para crear el personaje. Tendríamos que lanzar el nuevo payaso y producir nuestros propios comerciales.

Hasta ese momento todos los comerciales de McDonald's habían sido relativamente sencillos, pues consistían únicamente en escribir el guión de lo que debía decir en el aire el locutor. Ahora Gee Gee entraba en un campo más complejo de producción para la televisión, en el cual no se había aventurado ningún otro concesionario de comidas rápidas. Corría el año de 1963, y la misma McDonald's Corporation apenas empezaba a producir su primer comercial animado de televisión de treinta segundos para que lo usaran localmente sus concesionarios.

A pesar de todo, Goldstein insistió en seguir adelante con el proyecto del payaso. Janet Vaughn, de la agencia de publicidad, diseñó un disfraz "tan comercial como no se ha visto otro", al decir de Klein. El sombrero era una bandeja con una hamburguesa de plástico, una bolsa de papas fritas y leche malteada. Los zapatos tenían forma de panecillos y la nariz estaba hecha de una taza McDonald's. La hebilla del cinturón también era una hamburguesa de plástico, y en la película el payaso sacaba mágicamente hamburguesas del cinturón. Willard Scott, a quien correspondería otra vez hacer ese papel, usó una rima sencilla para darle nombre: Ronald McDonald.

Lo difícil, empero, no era crear el payaso sino hacerlo tan popular como Bozo sin contar con un programa de televisión infantil. "No estábamos seguros de poder hacer de Ronald un personaje vivo con sólo los comerciales, recuerda Harry Merrick.

La agencia resolvió el problema con comerciales en que se contaba una historia, práctica que ha seguido McDonald's desde entonces. Contenían una lección de seguridad o de cortesía además de la recomendación de McDonald's. Para aumentar su atractivo para los niños, se presentaba a Ronald McDonald en actividades infantiles, no como un papá. "La idea era que Ronald hiciera todo lo que les gusta hacer a los niños", dice Scott, "y los comerciales lo mostraban con patines de ruedas, montando en bicicleta, nadando, o jugando a la pelota. Ronald era su camarada".

El nuevo personaje hizo su debut en la televisión de Washington en octubre de 1963, y Scott mostró el mismo toque mágico que había mostrado en el papel de Bozo. A mediados de los años 60, la concesión McDonald's en Washington estaba gastando US $500 000 anuales en publicidad, la mayor parte en Ronald McDonald. Esto era más de lo que gastaba por ese concepto cualquier otra cadena local o nacional de comidas rápidas, y más de lo que gastaba la misma McDonald's Corporation. Goldstein utilizó también el payaso para inaugurar todos sus nuevos restaurantes, y su presentación local nunca dejó de producir congestiones de tránsito.

En 1965 Goldstein estaba convencido de que en Ronald McDonald había encontrado el vocero perfecto para McDonald's y le ofreció el payaso, sin costo alguno, a Max Cooper, que había sido contratado como el primer director de mercadeo de la cadena. Pero, por extraño que parezca, Cooper lo rechazó. Le dijo que era demasiado cursi y no estaba a la altura de la compañía; pero Goldstein le recordó que era lo que más éxito había tenido en el sistema. Después de reflexionar un poco, Cooper no quiso discutir y le propuso a Harry Sonneborn un Ronald McDonald nacional.

"¿Está usted loco?", le dijo Sonneborn. "¿Qué vamos a hacer con un payaso?" Cooper estaba acostumbrado a que Sonneborn le rechazara sus ideas la primera vez que se las presentaba, de manera que lo que hizo fue recopilar cifras relativas al mercado de Washington y preparó una argumentación basada en dólares y centavos, que Sonneborn entendía mejor. En efecto, aprobó el plan, y en 1965 Ronald McDonald hizo su primera aparición nacional, al mismo tiempo que la compañía lanzaba su primera campaña nacional de publicidad por televisión. Con el tiempo, los comerciales televisados con el tema de Ronald crearon el único personaje comercial en los Estados Unidos con un factor de reconocimiento entre los niños igualado únicamente por Papá Noel.

Esto a su vez le dio a McDonald's la hegemonía en el mercado infantil. Buscar esa dominación les parecía trivial a muchas cadenas de comidas rápidas a comienzos de los años 60, pero ya en los 70 reconocían que no habían sabido calcular la importancia del segmento infantil. Ningún otro factor de mercadeo ha sido tan importante para distinguir a McDonald's como líder en comidas rápidas como su decisión de llegar a los niños con la publicidad. Y cuando sus principales rivales tardíamente trataron de penetrar en el mercado que años atrás habían despreciado, ya no pudieron debilitar la lealtad de los niños hacia McDonald's. Hoy McDonald's goza del 42 por ciento de las visitas de niños menores de siete años, que es bastante más de su 33 por ciento de participación global en el mercado de comidas rápidas.

Después de las experiencias de Minneapolis y Washington, todos los operadores del país apreciaron el valor de la televisión como herramienta de mercadeo, pero la mayor parte de ellos no disponían de fondos suficientes para emprender su propia campaña. Zien y Gee Gee eran casos especiales — operadores con bastantes establecimientos en un mercado para justificar la publicidad televisada y con suficiente dinero para pagarla. Pero en los primeros años del decenio de los 60 Kroc ya había dejado de otorgar derechos exclusivos para mercados metropolitanos, como los de Gee Gee y Zien. En cambio, dividió los mercados grandes entre muchos operadores pequeños. Esto le permitió ejercer un mejor control sobre la calidad, el servicio y el aseo, pero al mismo tiempo limitó la capacidad de mercadeo de McDonald's porque los concesionarios que sólo tenían un restaurante no disponían de dinero para televisión.

La solución obvia era juntar los fondos de todos los restaurantes de un mercado, pero los operadores del mercado más obvio para esta acción cooperativa — Chicago — rechazaron tercamente la idea. Ningún otro mercado se prestaba tanto para la publicidad cooperativa porque ninguno tenía más concesionarios en un territorio fragmentado. Pero ése era el mercado donde Kroc les había vendido concesiones a tantos de sus amigos de mentalidad independiente e inversionista del Club Campestre Rolling Green. Estos no tenían más interés en la publicidad cooperativa que en cumplir las normas de calidad y servicio de Kroc. Como era de esperar, los restaurantes de Chicago no tuvieron tanto éxito como los de Washington, Minneapolis, Connecticut y otros mercados donde los operadores sí hicieron una publicidad vigorosa.

Nick Karos, el consultor-visitador contratado después de Fred Turner, estaba resuelto a no permitir que la experiencia de Chicago se repitiera en Cleveland, donde su hermano Gus había inaugurado un restaurante en 1958. Apenas empezaron a funcionar otros concesionarios en el área de Cleveland, Akron y Canton, Karos empezó a hablarles de la idea de una cooperativa. Al mismo tiempo él y Fred Turner empezaron a influir para que en la selección de operadores para el área de Cleveland se les diera preferencia a los que eran partidarios de ese sistema de publicidad. "No podíamos obligar a nadie a entrar en una cooperativa", dice Karos, "pero tratamos de hacerles un poquito de lavado cerebral".

En el verano de 1961 ya había seis operadores en ese mercado, y con ese número ya se podía pensar en la estrategia cooperativa. Cuando los seis concesionarios celebraron su primera reunión, Karos reiteró sus argumentos en favor de un esfuerzo conjunto de publicidad por televisión para todo el mercado, que era lo que cada cual no podía hacer por sí solo. Los operadores aceptaron la idea, no sólo porque ya estaban convencidos de antemano, sino también porque el promedio de ventas había bajado, de US $256 000 en 1960 a US $220 000 en 1961. Resolvieron aportar US $7 000 cada uno, o sea el 3 por ciento de las ventas, para publicidad en un programa local de televisión para niños. Se formó así la primera cooperativa de publicidad de McDonald's, con sus estatutos y funcionarios elegidos. Aunque los operadores no lo sabían, habían formado una organización que serviría de modelo para otras cooperativas de publicidad, regionales y nacionales, que son las que aportan hoy casi todos los fondos de propaganda de la cadena McDonald's.

La cooperativa de Cleveland contrató a una agencia de publicidad, la cual recomendó que el mejor vehículo para McDonald's sería Barnaby, un payaso vagabundo. Este empezó a hacerles propaganda a las hamburguesas de McDonald's un jueves en la TV, y al domingo siguiente a algunos operadores se les estaban acabando los panecillos y la carne. El mercado de Cleveland suspendió su caída, y en 1964 las ventas por restaurante habían vuelto al nivel de US $256 000.

Si la experiencia de Cleveland no hubiera sido suficientemente dramática para convencer a todos los operadores de la cadena de la necesidad de cooperativas regionales, acabó de convencerlos la vuelta que dio el mercado en Los Angeles. Ningún otro mercado del país mostraba ventas tan sumamente bajas. Mientras que el sistema, globalmente, se jactaba de un promedio de US $200 000 anuales por restaurante en 1963, los restaurantes de Los Angeles, cuna de McDonald's y de las comidas rápidas, apenas llegaban a US $165 000. Esto se debía en parte a que allí había muchísimos competidores independientes que habían copiado a los hermanos McDonalds.

En mayo de 1962 Ray Kroc fue a Los Angeles, entre otras cosas a encargarse personalmente de un nuevo esfuerzo por conquistar el mercado del sur de California, que debiera haber sido un ambiente natural para una cadena de comidas rápidas. Le pidió a Karos que actuara como jefe de operaciones en esta región, y Karos sin pérdida de tiempo les informó a los operadores de California acerca del éxito que había tenido la cooperativa de Cleveland. Tenían ellos buenas razones para mostrarse escépticos, ya que otros también habían venido de Chicago a sugerirles curas milagrosas que no dieron ningún resultado en Los Angeles. Entre otras cosas, el director de mercadeo Max Cooper dijo que la solución estaba en llegar hasta los viajeros atrapados en las autopistas de Los Angeles. Contrató un avión para que volara sobre esas carreteras en las horas de tránsito más pesado y transmitiera el mensaje de McDonald's con letreros de neón instalados en las alas. El mercado no se movió.

Cuando Karos al fin logró organizar a los concesionarios en una cooperativa de publicidad, ésta no contaba con recursos para costear propaganda por televisión, en parte porque en Los Angeles la TV era sumamente cara y en parte también porque los operadores eran muy pobres y no podían destinar más del 1 por ciento de sus ventas al programa cooperativo. "Era evidente", dice Karos, "que teníamos que salir en la TV en Los Angeles, o quebrar". En este convencimiento, le escribió a Turner un memorándum en que le decía que la única manera de que McDonald's se grabara en la mente de los seis millones de consumidores de ese mercado era mediante el "estímulo masivo continuo" con publicidad en televisión. Sugería que la compañía misma les ayudara a sus concesionarios en Los Angeles a conseguir el dinero necesario para una campaña televisada. En 1964 McDonald's aceptó esta idea y contribuyó con US $187 000 para completar el fondo de publicidad de los operadores locales.

Era la primera vez que la corporación gastaba dinero en propaganda por televisión, y le dio inmediatamente dividendos. Ese año el promedio de ventas por restaurante en Los Angeles subió el 22 por ciento, y en 1965 ganó otro 21 por ciento. Cuando se vio el impacto de la publicidad televisada en este mercado, ya no hubo más dudas en todo el sistema McDonald's acerca de que la televisión era la clave para abrir el mercado masivo y de que las cooperativas de concesionarios eran indispensables para financiar esas campañas. Los operadores de otras regiones organizaron también sus cooperativas, y en 1967 se habían formado éstas en todo el territorio de los Estados Unidos, bajo control local y cada una con su agencia de publicidad.

En ese mismo año McDonald's había creado también un programa formal de publicidad televisada para todo el país. Pero al constituir primero las cooperativas locales, los operadores habían hecho lo que se necesitaba para asegurar que la publicidad en McDonald's — que desde el principio fue un esfuerzo hecho desde abajo — continuaría bajo el control de los operadores locales al pasar a las cadenas nacionales. Aun cuando el presupuesto total de propaganda y publicidad de McDonald's ascendió a US $600 millones en 1985 — el programa más grande y poderoso para sostener un nombre registrado — los operadores locales, trabajando en 165 cooperativas regionales y con sus 65 agencias de publicidad independientes, siguieron controlando todos los fondos destinados a publicidad, aprobando las compras de los medios de comunicación, y ejerciendo una influencia significativa en la dirección a largo plazo de todos los programas de publicidad y promoción.

Pero la enorme influencia de los operadores en el mercadeo no se limitó a la publicidad. Mostrándose mucho más creativos que la corporación, se apoderaron de otra importante herramienta de mercadeo que McDonald's ha utilizado mejor que otras cadenas para ampliar su mercado: los productos nuevos. La infortunada experiencia de Kroc cuando trató de introducir un postre en el menú fue presagio de otros fracasos de la compañía con nuevos productos. La administración corporativa no tuvo suerte en este campo hasta que se agregó en 1972 la hamburguesa de un cuarto de libra, idea de Fred Turner y Al Bernardin, director de productos nuevos. De entonces acá, el único producto nuevo que ha agregado la compañía son los trozos de pollo ("Chicken McNuggets"), también por inspiración de Turner. Todos los demás productos nuevos importantes se pueden atribuir a la experimentación de concesionarios locales. Bernardin, que contribuyó a desarrollar varios productos que no tuvieron éxito, desde pastel de fresas hasta almejas fritas, dice: "Yo hacía todo lo posible pero mi éxito en todos nuestros diversos conceptos no fue propiamente estelar. No sé cómo no me echaron".

En cambio, los grandes aciertos de los concesionarios se explican en parte porque ellos estaban más cerca del mercado que los funcionarios de la corporación y podían ver mejor las oportunidades de nuevos productos. También los buscaban con mayor interés. Excepción hecha del empeño de Ray Kroc por encontrar un postre, en los primeros días la sede corporativa de McDonald's no era un vivero de productos distintos, en parte porque Turner y sus colegas temían perturbar con platos nuevos la eficiencia que tan difícilmente habían logrado, y por eso durante la mayor parte de la historia de la compañía la iniciativa en esta materia estuvo en manos de concesionarios que con gran tenacidad insistían en que aceptaran sus innovaciones gerentes que no eran fáciles de convencer.

Este proceso empezó desde abajo en los primeros años del decenio de los 60, cuando un operador de Cincinnati, Lou Groen, llegó a la conclusión de que para sobrevivir necesitaba un producto nuevo. Su restaurante a duras penas se sostenía, y él creía que el problema estaba en que el vecindario era predominantemente católico, y los viernes, día de abstinencia, los parroquianos evitaban su McDonald's y frecuentaban el vecino restaurante Frisch. Este era uno de los drive-ins de servicio completo de propiedad de Dave Frisch, concesionario local de Big Boy. Frisch servía un popular emparedado de pescado hipogloso, y Groen estaba convencido de que el negocio que McDonald's perdía los viernes lo afectaba también durante el resto de la semana. "Muchos clientes", dice, "se hacían la consideración de que si yo no quería servirles los viernes, ellos no tenían por qué frecuentar mi establecimiento los demás días. Yo necesitaba urgentemente un emparedado de pescado".

Pero cuando sugirió este nuevo producto, los especialistas en operaciones de McDonald's dijeron que no se necesitaba pescado. "Me recordaban continuamente que en otros mercados la gente se disputaba las hamburguesas de McDonald's", dice Groen. Esto no lo desanimó. Recopiló estadísticas de las ventas de pescado de la competencia, calculó la pérdida que él sufría por no ofrecerlo, y previó el costo de agregar este producto. Preparó una exposición audiovisual con diapositivas para demostrar cómo podría prepararse en una unidad McDonald's. Luego fue a Chicago para hablar con los administradores de la compañía y cocinarles el emparedado de pescado que proponía: era también de hipogloso rebozado en una mezcla de harina de pancakes y luego frito en cazuela, y servido en un pan.

Impresionados con su minuciosidad, los ejecutivos de McDonald's accedieron a que hiciera un ensayo. La reacción del mercado fue inmediata. La venta bruta de los viernes en el restaurante de Groen pasó de US$100 a US$500, y el negocio de ese día ayudó a impulsar las ventas también durante el resto de la semana. En dos años el volumen del establecimiento, que tan mal había estado, aumentó el 30 por ciento. Dice Groen: "El pescado fue lo único que me salvó de la quiebra".

Ejecutivos de Chicago y concesionarios de McDonald's en todo el país fueron a Cincinnati para ver cómo preparaba Groen el nuevo producto. Empezaba por cortar el pescado a mano en tiras de seis centímetros de ancho desde el jueves por la mañana para la venta del viernes. Las tareas de rebozarlo y sofreírlo se prolongaban hasta las 3 de la madrugada del viernes. Ciertamente no era una operación como para el proceso de línea de montaje de McDonald's. "No había manera de adoptar semejante operación en todos nuestros restaurantes porque era demasiado engorrosa", recuerda Al Bernardin, actualmente concesionario en California. "Sencillamente no encajaba en nuestro concepto del orden".

Sin embargo, el buen éxito del ensayo de Groen acabó con los prejuicios en contra del pescado, y la compañía resolvió ensayar el producto ella misma. Como McDonald's no tenía la capacidad de desarrollar semejante producto, Bernardin llamó a varios posibles abastecedores de pescado, pero el único que respondió fue Bud Sweeney, ejecutivo de cuentas de la Gorton Corporation, importante hoy en la distribución al por menor de pescado congelado pero que por entonces era un factor insignificante en el mercado institucional. Con la esperanza de conseguir el primer cliente comercial grande para la Gorton, Sweeney interrumpió un viaje de negocios y regresó a Chicago cuando su oficina le informó sobre la llamada de McDonald's. A la mañana siguiente se presentó en la oficina de Bernardin con una colección de muestras de pescado. "A Bernardin le impresionó más nuestra eficiencia que nuestro producto", recuerda Sweeney.

Sin embargo, obtuvo el contrato. Y cómo lo obtuvo es un caso de estudio que revela qué es lo que busca McDonald's en un proveedor, y sentó un precedente crítico de participación del proveedor en el desarrollo de nuevos productos para la cadena. Si la primera impresión que le causó Sweeney a Bernardin fue favorable, su seguimiento fue lo que embarcó a McDonald's en el negocio de pescado, y a Gorton con McDonald's. Desde el principio fue una especie de asesor sin sueldo de McDonald's para ayudarle a encontrar un emparedado de pescado que fuera satisfactorio. En lugar del producto casero de Groen, la compañía necesitaba un producto que fuera cortado y rebozado en la planta y entregado a los restaurantes congelado, listo para la freidura rápida. Entre otras cosas, Sweeney aconsejó prescindir del hipogloso que usaba Groen, pues para un sistema nacional de restaurantes no resultaba práctico por ser un pescado relativamente escaso y sujeto a fuertes fluctuaciones de precio.

Ofreció en cambio varias alternativas y se pasó los tres meses siguientes probando cada una de ellas en los restaurantes McDonald's. En esas pruebas no era un observador ocioso. Por el contrario, pasaba la mayor parte de sus jornadas de trabajo dirigiendo el departamento de pescado en el restaurante de prueba en el suburbio de Wheeling, y durante las horas de más movimiento tomaba una paleta y volteaba hamburguesas. En el tiempo que le quedaba libre atendía a sus otros clientes. "Mis colegas en la Gorton empezaron a indisponerse conmigo", recuerda. "Me preguntaban por qué pasaba todo el tiempo en McDonald's".

Pero la perseverancia de Sweeney (y la paciencia de Gorton) apenas empezaban a ponerse a prueba. En tres meses de ensayos no se produjo nada que le sirviera a McDonald's. Sweeney invitó a Kroc y a Turner a visitar la sede de su compañía en Gloucester, Massachusetts, y entonces los altos funcionarios de Gorton escucharon las objeciones de McDonald's a los productos existentes. El pescado frito y congelado se empanaba entonces con un rebozo de maíz grueso que le quitaba todo su sabor y textura, y McDonald's quería que la compañía Gorton desarrollara una mezcla más fina para rebozar, parecida a la que preparaba Lou Groen. Esto significaba que había que inventar una nueva técnica de empanar, empezando de cero. Era mucho pedir para una cadena que no tenía más que doscientos restaurantes, pero Sweeney persuadió a la Gorton de que McDonald's con toda seguridad iba a crecer y sería un cliente comercial de primera.

Tres meses más pasó el hombre en los restaurantes McDonald's poniendo a prueba otros productos desarrollados por la Gorton, hasta llegar a una almeja empanada que se consideró lo mejor; pero cuando Sweeney la preparó para un grupo de gerentes de McDonald's, Harry Sonneborn, el presidente, hizo comentarios poco alentadores: "Nunca verán ustedes un producto de mar en McDonald's". Aunque se autorizó ampliar la prueba de las almejas a cinco restaurantes, los resultados fueron negativos y el producto fracasó.

Sweeney no se dio por vencido. Volvió a dedicarle treinta horas semanales al restaurante de Wheeling en busca de un producto de pescado más apto para el sistema de comidas rápidas de McDonald's, y después de otros tres meses de ensayos (un año después de haber recibido la primera llamada de McDonald's), trabajando con Bernardin, produjo un emparedado de pescado que parecía ideal. Era de bacalao, más abundante y de precio más estable que el hipogloso. Llevaba salsa tártara hecha según receta que le había dado a Bernardin Paul Burnet, cocinero jefe del famoso Hotel Palmer House de Chicago. Sweeney lo servía sobre un panecillo calentado al vapor y hasta le agregaba un toque personal — una pequeña tajada de queso derretido. "Aunque yo trabajaba para una compañía de pescado", dice, "en esa época no me gustaba el pescado. La única forma en que lo podía comer era con una tajada de queso".

En 1962 este producto fue aprobado como la primera adición al menú de toda la cadena McDonald's, pero la tarea de Sweeney para introducirlo apenas había comenzado. Hubo de buscar distribuidores locales para el pescado congelado, ayudar a escoger el necesario equipo de congelación y ayudarles a los diseñadores de McDonald's a desarrollar un aparato para freír el pescado. Después viajó por todo el país convenciendo a los concesionarios de que debían agregarle pescado a su menú.

McDonald's esperaba esa dedicación por parte de Sweeney, y lo recompensó por ella, pues una vez introducido con éxito el emparedado, le dio a Gorton todo el negocio de pescado. Pero era obvio que el negocio se lo daba a Sweeney más bien que a la compañía Gorton, pues cuatro años después, cuando Sweeney se retiró de esa empresa para ir a trabajar con Booth Fisheries, parte del negocio de McDonald's empezó a pasar a ésta última, y la participación de Gorton cayó a cerca del 50 por ciento hasta mediados de los años 70, cuando la Gorton volvió a contratar a Sweeney como asesor independiente. Entonces su participación en los US $60 000 000 anuales de pescado que compraba McDonald's subió otra vez al 80 por ciento.

Con la introducción de pescado se cerró el círculo de la asociación de mercadeo en McDonald's. La idea se originó en la reacción de un concesionario a su mercado local. La Corporación McDonald's lo convirtió en un producto nacional modificándolo para ponerlo de acuerdo con los requerimientos del sistema operativo que ella había diseñado. Y era elaborado por un proveedor independiente que mostraba el mismo celo en satisfacer las necesidades de McDonald's que el que animaba a los empleados y a los concesionarios de ésta. Equivalía esto a la utilización casi perfecta del poder de un sistema de concesiones.

Algunos sistemas de concesiones de comidas rápidas se estaban volviendo muy centralizados, con todo el poder en manos del concesionista, quien suministraba todos los productos y equipos. Otros sistemas estaban completamente descentralizados y el poder lo tenían los grandes concesionarios territoriales que tomaban por su cuenta decisiones operativas y de mercadeo. McDonald's había encontrado un justo medio. El concesionista de Chicago insistía en un control casi completo de ciertas tareas —reglas operativas, entrenamiento, diseño de equipos, y financiación, que son las que más se benefician con la centralización y la estandarización— pero les estaba concediendo enorme libertad a sus concesionarios en otras funciones —publicidad, promoción, y desarrollo de nuevos productos— en las cuales la proximidad que había entre el operador y el consumidor era una señalada ventaja. En vez de exponerse a todos los conflictos de intereses inherentes al abastecimiento de sus concesionarios, McDonald's se valía de proveedores casi cautivos que estaban dispuestos a desarrollar nuevos productos para satisfacer los requisitos operativos de la compañía y los instintos de mercadeo de los concesionarios.

Apenas un decenio después de abrir Kroc su restaurante en Des Plaines, McDonald's había alcanzado la dominación sobre sus competidores. Pero la realización más grande de Kroc no era obvia. No había creado una compañía sino un sistema de compañías independientes, todas con la misma meta y dependientes unas de otras. Esta sinergia era tan novedosa que él mismo apenas empezaba a captar su significado. A finales de los años 50, parecía que Kroc quisiera retener todo el control en su compañía; pero cuando la cadena amplió sus horizontes con nuevos productos y promociones, descubrió la creatividad de los diversos concesionarios y proveedores. Estos vinieron a ser verdaderos socios, y McDonald's comprendió que sin ellos no podía dominar el negocio de restaurantes de servicio rápido. Lenta y casi imperceptiblemente, los socios de McDonald's — sus concesionarios y proveedores — estaban haciendo valer sus méritos.

Capítulo 10
EL PÚBLICO SE HACE ACCIONISTA

Crear a McDonald's fue la pasión de Ray Kroc. No era una profesión. Era su vida misma. No se podía separar la persona del negocio, y en los primeros años del decenio de los 60 un acontecimiento de su vida personal desencadenó cambios en los negocios que alteraron fundamentalmente el rumbo de ambos. Cuando estaba a punto de obtener el triunfo comercial que tanto había buscado, Kroc se sintió invadido de una alegría inesperada: se había enamorado.

Desde 1922 había estado casado con Ethel, pero en 1957 cuando fue a Minneapolis a negociar la concesión para Jim Zien en esa ciudad, conoció a la mujer de quien se prendó definitivamente. Era Joan Smith, organista del Criterion, el popular restaurante y salón que Zien tenía en St. Paul.

Desde la época en que era pianista profesional en su juventud, Kroc admiraba a todo el que tuviera habilidad en el teclado. Los cabarets de Chicago donde había pianistas eran sus preferidos. No ha de sorprender, pues, que le costara trabajo concentrarse en sus discusiones de negocios con Zien y dejar de pensar en la organista del Criterion. Joan Smith no sólo tocaba admirablemente sino que era una rubia de una belleza deslumbrante, de unos veintiocho o veintinueve años de edad. Kroc quedó flechado.

Quizá la cosa no habría pasado a mayores, si no hubiera sido porque Zien contrató a Rawley Smith (el marido de Joan) como administrador de su primer restaurante McDonald's, compartiendo a medias las ganancias con él. Las utilidades que dio ese restaurante fueron extraordinarias, y Rawley recibió una bonificación de US$12 000 el primer año, o sea más de lo que ganaba como ingeniero con el Ferrocarril de Milwaukee. Un año después él y Zien se asociaron compartiendo en partes iguales una concesión McDonald's en Rapid City, Dakota del Sur, y entonces Rawley y Joan se hicieron miembros de la familia McDonald's y seguidores de su patriarca, Ray Kroc.

Kroc y Joan no se vieron mucho en los años siguientes, pero él comprendió que su matrimonio de treinta años tenía que terminar. En su autobiografía, *Grinding It Out*, publicada en 1977, cuenta que sostenía largas discusiones telefónicas con Joan a propósito del progreso de la concesión de Rapid City, pero obviamente su interés iba más allá. "Sentía un estremecimiento de placer de pies a cabeza cuando colgaba el aparato", escribe; y Joan recuerda: "Desde que Ray y yo nos conocimos, sabíamos que algún día tendríamos que casarnos. No se hablaba de ello pero estaba sobreentendido".

A finales de 1961 sí se hablaba: Kroc resolvió divorciarse de Ethel y proponerle matrimonio a Joan, y ésta aceptó. Como apenas ese año había recibido su primer sueldo de McDonald's (US$75 000) y había convenido en pasarle a Ethel US$30 000 anuales como pensión de alimentos, para financiar el divorcio no le quedó más remedio que vender lo que constituía — después de sus acciones en McDonald's — su mejor activo: la propiedad total de Prince Castle Sales. Harry Sonneborn consiguió con el American National Bank de Chicago un préstamo de US$150 000 que les permitió a ocho gerentes de McDonald's (exceptuando a Sonneborn) comprar la compañía Prince Castle y darle a Kroc el dinero que necesitaba para iniciar una vida nueva. Con este fin, Kroc resolvió irse a vivir a California. El y Joan escogieron una casa en el sector de Woodland Hills de Los Angeles, y empezaron a hacer planes para su matrimonio.

Entonces Joan sintió remordimiento de conciencia. La idea de que se divorciara de Rawley no le cayó bien a la familia de ella, en especial a la mamá y a la hija. "Les gustaba Ray, pero me decían: ¿Qué va a ser de Rawley sin ti?", recuerda Joan. Por fin la hija, Linda, que tenía catorce años, le dijo claramente: "Si te casas con él, olvida que tienes una hija".

Joan rompió abruptamente su compromiso. Kroc se sintió anonadado. Pero ya había resuelto vivir en California, donde había comprado casa y pensaba iniciar una nueva vida social después de su divorcio. Además, le gustaba lo nuevo que encontraba en el sur de California y la disposición de su gente a aceptar novedades. Observa Gerry Newman, contador jefe de McDonald's: "A Ray le atraía el hechizo de California porque en todo lo que él hacía siempre había un poco de teatralidad".

Se mudó a aquel Estado en mayo de 1962. Un año después, Joan cambió de opinión y se armó de valor para volar a St. Paul para convencer a su mamá de que "podía seguir queriéndola aunque se casara con Ray". Pero la mamá estaba preparada para darle una noticia que no esperaba: "Esta mañana hablé con Ray", le dijo. "Se va a casar".

La segunda esposa de Kroc fue Jane Dobbins Green, redactora auxiliar de John Wayne. Kroc la conoció por intermedio de sus amigos, y a las dos semanas se casaron. Esto fue una reacción y un reconocimiento de que no podía vivir solo. Años más tarde, confesó: "Me casé con Jane por conveniencia, pero siempre seguí pensando en Joan".

Si bien los hechos que llevaron a Kroc a la costa del Pacífico fueron personales, la mudanza ejerció enorme influencia en la compañía con sede en Chicago. A las personas de fuera pudo haberles parecido que este empresario sesentón se alejaba de McDonald's justamente cuando tenía al alcance de la mano su meta de crear una cadena nacional. Nada estaba más lejos de su pensamiento. No se había impuesto pena de destierro, sino que asumía personalmente la jefatura de una campaña encaminada a reconquistar el territorio de la costa, potencialmente el más lucrativo para McDonald's pero que hasta entonces había sido una desilusión. Cuando Kroc se mudó a California, su compañía apenas empezaba a redescubrir un mercado que casi había abandonado en 1957 por causa de aquellos concesionarios indómitos, a quienes no podía controlar desde Chicago. En 1961 McDonald's empezó otra vez a construir restaurantes en ese Estado, pero cuando Kroc llegó, no tenía sino dieciséis unidades en funcionamiento, y estaba lejos de tener la penetración de mercado que necesitaba para distinguirse de los millares de operadores independientes que libremente habían copiado el concepto de los hermanos McDonalds. Con un promedio de ventas anuales inferiores en un 20 por ciento al promedio nacional, California seguía siendo una zona de desastre para McDonald's.

La captura de ese mercado era el elemento indispensable en la estrategia de Kroc para crear una cadena nacional. Por más éxito que tuviera en el Oeste Medio y en el Este, Kroc comprendía que sin la costa del Pacífico su compañía no sería una competidora de verdad en comidas rápidas. Así, pues, convirtió un contratiempo personal en un plan positivo para crear en esa zona una base poderosa desde la cual McDonald's pudiera ejercer sobre los concesionarios de California la misma supervisión que hacía destacar a la cadena en todo el resto del país.

Descremando lo mejor del cuerpo ejecutivo de Chicago, se llevó a California al especialista en operaciones Nick Karos, al jefe de construcciones Bob Papp, y al gerente de personal Jim Kuhn; y en 1964 trasladó al experto en compras Steve Barnes a Los Angeles como primer gerente regional de McDonald's. Estaba reproduciendo en miniatura una corporación McDonald's en Los Angeles y se proponía supervigilar personalmente el trabajo para forjar el eslabón final de su cadena nacional. Se sentía en libertad para proceder en esa forma porque en Chicago dejaba a un hombre de toda su confianza, el jefe de operaciones Fred Turner. "Usted maneja a McDonald's al este de las Montañas Rocosas y yo al oeste", le dijo.

En virtud de esta repartición, la autoridad de Turner se dilató considerablemente durante la primera mitad del decenio de los 60. Gracias a lo que Sonneborn había logrado en el terreno de las finanzas, McDonald's inauguraba cien restaurantes nuevos al año — el doble de los que inauguraban sus rivales más grandes — y el poder de Turner sobre las operaciones crecía con igual rapidez. En el área de compras, centralizó todavía más las fuentes de abastecimiento. También mejoró el novedoso programa de enseñanza de la cadena y lo extendió más allá de la Universidad de la Hamburguesa, a una base creciente de unidades McOpCo. En 1963 Turner estaba supervisando tales unidades en Chicago, Boston, Los Angeles, Atlanta y Columbus. Dos años después, McDonald's instaló oficinas regionales en esas cinco ciudades siguiendo un plan radical de reorganización. En 1965, con setecientos restaurantes en cuarenta y cuatro Estados, la cadena adoptó, como único medio de poder mantener su supervisión sin paralelo sobre las operaciones de sus concesionarios, una estructura descentralizada que llevó a los gerentes más cerca del mercado.

Aun con esta ampliación de la infraestructura, Turner estaba luchando por conseguir personas capacitadas a fin de mantener el estricto cumplimiento de las normas. En sus viajes siempre estaba buscando gente capaz. Ensayó contratando empleados de pasajes de las aerolíneas, y hasta colegas pasajeros — cualquiera que pareciera orientado al servicio y dispuesto a aprender un sistema nuevo. Contrató una visitadora social, un empleado de ferrocarril, un vendedor de seguros, un cajero de un banco... En fin, buscó candidatos en todos los campos, menos en el tradicional del servicio de comidas. Refiriéndose a éstos últimos para explicar su exclusión, Turner dijo: "Esos aceptaban todas las normas de operación que nosotros no aceptábamos".

Como Kroc y Turner pensaban lo mismo y se entendían tan bien, la mudanza del primero a California no debilitó su unidad de propósito, pero el desarrollo gradual de un McDonald's en la costa occidental dirigido por Kroc acentuó la división natural de la compañía en dos campos: uno, el de los que seguían las orientaciones de Kroc hacia las operaciones, y el otro formado por los que se identificaban mejor con el jefe financiero Harry Sonneborn.

Esto de por sí no habría sido perjudicial, si no hubiera sido porque al trasladarse a California Kroc se dedicó cada vez más a cuestiones operativas y cada vez menos a los asuntos financieros y administrativos, a pesar de que éstos fueron justamente los que constituyeron problemas que se volvieron críticos cuando McDonald's se convirtió en una corporación de tamaño mediano, y los que colocaron a Sonneborn en una posición de poder en la cadena que rivalizaba con el poder del fundador. Mientras Kroc estaba encantado con las operaciones en la costa, Sonneborn tomó en sus manos la dirección de la corporación, y con ello se creó una peligrosa situación de conflicto entre los dos, pues Kroc veía a McDonald's como una operación de hamburguesas, mientras que para Sonneborn era un negocio de bienes raíces.

Este enfrentamiento no estalló en lucha abierta hasta mediados de los años 60, pero tuvo sus raíces en un cambio relativamente poco notable ocurrido cuando McDonald's obtuvo el préstamo de US $1 500 000 hecho por los aseguradores de Boston, en 1960. Para complacer a éstos, McDonald's refundió en una nueva sociedad de capital, denominada McDonald's Corporation, las dos compañías que había venido administrando separadamente: McDonald's System, Inc., que era el grupo operativo dirigido por Kroc, y Franchise Realty Corporation, su filial de bienes raíces, manejada por Sonneborn. Este fue designado presidente y jefe ejecutivo de la nueva compañía, pero para Kroc esto no significaba nada, pues él, como fundador, dueño del 52 por ciento de las acciones e inspirador y líder de McDonald's, sabía muy bien que él era el que mandaba. "Que Harry fuera jefe ejecutivo no significaba nada para Ray", dice Turner. "Pero Harry sí lo tomó muy al pie de la letra".

Estando Kroc en California, Sonneborn hizo valer su nuevo título para afianzar sistemáticamente su poder en la nueva compañía, y lentamente le cambió su carácter de compañía orientada a las operaciones al de una compañía financiera. En efecto, entre 1962 y 1966, época de la permanencia de Kroc en California, Sonneborn fue jefe ejecutivo no sólo de nombre sino efectivo. Ello ocurrió en parte porque los controles financieros se hacían más importantes al crecer la compañía, pero también porque Kroc no quería saber nada de finanzas. "Cuando discutíamos cuestiones financieras, Ray perdía todo interés", recuerda Dick Boylan, el principal ayudante de Sonneborn, que posteriormente fue jefe financiero de McDonald's.

En los primeros años del decenio de los 60, Sonneborn se sirvió de sus conocimientos en el campo de las finanzas para darle a McDonald's su orientación general y determinar su índice de crecimiento. Cada vez era más difícil obtener su aprobación para gastos nuevos de importancia. "No era que los demás no quisieran participar en la formación del presupuesto, sino que para Harry esa participación significaba que le pedían lo que él no quería dar", recuerda Boyle. "Era un avaro".

Todos los años controlaba estrictamente el número de restaurantes nuevos que se debían agregar al sistema, principalmente limitando el personal en su departamento de bienes raíces. Al principio su mezquindad no restringió la expansión de la cadena; pero además de controlar el número de establecimientos, también se reservó la aprobación de cada local y muchas veces rechazaba uno bueno por considerar que el precio era excesivo. No aprobaba terrenos que costaran más de US$50 000 y presionaba a sus gerentes para que negociaran contratos más rígidos. Boylan recuerda: "Se le presentaba un gerente que había celebrado un contrato mediante el cual se debían pagar US $1 000 mensuales, y Harry le decía: «Se ha excedido en US $50. Vuelva a negociarlo»".

Al aumentar la competencia por la propiedad comercial en los suburbios, algunos administradores corporativos de McDonald's comprendieron que el límite inflexible de US $50 000 que Sonneborn había fijado para la adquisición de sitios estaba obligando a la compañía a contentarse con sitios de segunda, a dos o tres cuadras de los mejores puntos comerciales. Era claro que Sonneborn juzgaba esos sitios por su potencial valorización como bienes raíces, no por su potencial para la venta de hamburguesas.

Dick Schubot, el corredor independiente que sin duda fue el que más negocios de bienes raíces hizo para McDonald's en los años 60, atribuye en parte su éxito a su práctica de soslayar a Sonneborn y obtener las aprobaciones directamente de Kroc. Como Sonneborn sistemáticamente le rechazaba sus propuestas, Schubot hacía una lista de sitios posibles para que Kroc se la aprobara durante sus visitas al Oeste Medio. En estas ocasiones llevaba a Kroc en un avión a inspeccionar desde el aire media docena de sitios durante el día, y trabajaba toda la noche en un cuarto de hotel preparando los papeles. A la mañana siguiente le presentaba a Kroc los contratos listos para su firma, y éste invariablemente los aprobaba.

Pero esta manera de esquivar a Sonneborn era la excepción, no la regla. Con el correr del tiempo el presidente de McDonald's afirmó su dominio sobre los caudales de la compañía. Lo que elevó a Sonneborn a la cumbre (y dispuso el escenario para su enfrentamiento final con Kroc) fue aquel episodio de la vida de toda corporación que invariablemente aumenta el significado de todas las cuestiones financieras: su transformación en sociedad abierta.

Dado el plan de crecimiento controlado de Sonneborn, McDonald's no necesitaba nuevo capital social para financiar su desarrollo. El motivo original para ofrecerle acciones al público fue el deseo de los principales dueños de vender parte de las que poseían. En 1965 Ray Kroc (con el 52.7 por ciento de las acciones), Harry Sonneborn (con el 15.2 por ciento) y June Martino (con el 7.7 por ciento) ya eran millonarios, pero sus millones estaban invertidos en valores que no tenían mercado público. Ultimamente sus sueldos habían llegado a niveles respetables, sin ser extravagantes: US $115 000 el de Kroc, US $90 000 el de Sonneborn, y US $65 000 el de June Martino. Los tres estuvieron de acuerdo en que había llegado el momento de convertir algo de su riqueza en papeles en riqueza tangible que pudieran gastar. Sonneborn dice: "Convertirnos en sociedad abierta era la única manera en que Ray, June y yo podíamos convertir en dinero el fruto de nuestro trabajo".

Desde la planificación inicial a principios de 1964 hasta la venta de las acciones el 15 de abril de 1965, Sonneborn supervigiló todo el proceso de la oferta al público, y se entendió con abogados, auditores y banqueros inversionistas. Lo peor, desde el punto de vista de sus relaciones con Kroc, fue que se enamoró de ellos. Se rodeó de asesores de confianza conocedores de la legislación, la banca y la economía, que compartían su visión financiera de los negocios. Escogió una nueva firma de abogados, Chapman y Cutler, porque le impresionó su conocimiento de las finanzas. Nombró miembro de la junta directiva a Lee Stack, el asesor de inversiones que lo había introducido en el mundo capitalista del Este, y contrató los servicios de la casa de corretaje de Stack, llamada Paine, Webber, Jackson and Curtis, para que manejara la oferta al público. También contrató los servicios de una de las más importantes firmas de contadores, Arthur Young and Company, en lugar de Doty and Doty, como auditores de la compañía. Fred Turner observa: "Harry empezó a hacerse sentir como jefe ejecutivo".

Sonneborn resolvió lanzar al mercado 300 000 acciones comunes de McDonald's, todas de propiedad de los tres principales accionistas, Kroc, Sonneborn y June Martino, y de las compañías Paul Revere y State Mutual, que querían convertir en efectivo parte de las que habían recibido como bonificación por el préstamo de US $1 500 000.

A pesar del crecimiento de McDonald's y de la gran actividad del mercado de valores a mediados del decenio de los 60, no le fue fácil a la firma Paine Webber formar un sindicato que suscribiera la oferta de la cadena. Los más respetables banqueros inversionistas, como Morgan Stanley y Goldman Sachs, la rechazaron. "Hoy es difícil concebir que los banqueros no se pelearan por formar parte del sindicato", dice Harry Fisher, el socio de Paine Webber que manejaba la cuenta de McDonald's. "Pero todos los grandes de Wall Street le hicieron ascos. Creían que ésta era una empresa irresponsable".

En parte el problema era que las principales casas de corretaje estaban en Nueva York, el único mercado grande que ni McDonald's ni las demás cadenas de comidas rápidas habían capturado. Es sorprendente que, aun cuando McDonald's era ya una operación a escala nacional con más de setecientos restaurantes, muchos de los banqueros de gran renombre la oían mencionar ahora por primera vez.

Por otra parte, en Wall Street no había entonces otras acciones cuyo comportamiento pudiera servir de guía para evaluar a McDonald's. Hoy Kentucky Fried Chicken, Burger King, Pizza Hut y la mayoría de las cadenas de comidas rápidas son parte de compañías abiertas, y su comportamiento está sometido a continuo escrutinio por parte de los analistas de valores que se especializan en ese ramo. Pero antes de McDonald's, ninguna de las cadenas de comidas rápidas era compañía abierta.

Por fin algunas de las grandes firmas de Wall Street participaron en la oferta, aunque la porción que tomaron fue relativamente pequeña. Por el contrario, Paine Webber y unas doce firmas de corredores que acometieron con entusiasmo la suscripción, empezaron a notar interés en las acciones de McDonald's por parte de inversionistas individuales pequeños que compraban cien acciones o menos. En suma, la inversión en McDonald's era atractiva para el mismo tipo de personas que gustaban de sus hamburguesas. Durante los primeros años, hasta el 80 por ciento de las acciones de la compañía estuvieron en manos de inversionistas individuales, pero hoy cerca del 65 por ciento lo controlan instituciones.

La oferta de McDonald's se hizo en un momento muy oportuno. En 1965 en el mercado de valores hubo una racha de desbordante optimismo, y muchos inversionistas, sin ponerse a examinar las compañías que las ofrecían, compraban todas las acciones nuevas suponiéndolas buenas y susceptibles de automática valorización en virtud de la tendencia alcista del mercado, una de las más grandes en la historia. "No tiene sentido", dice Fisher, "pero todas las acciones nuevas estaban por las nubes. Gente que ni siquiera sabía qué era lo que hacía McDonald's compraba sus acciones porque esperaba poder venderlas al día siguiente con ganancia".

Al aproximarse el 15 de abril, fecha del lanzamiento, era claro que la fiebre había alcanzado las acciones de McDonald's. Los corredores de bolsa ya las tenían distribuidas entre los clientes que los asediaban con sus pedidos. Sonneborn sabía que el interés en ellas iba en aumento, y negoció con los suscriptores un precio que era de los más altos para acciones nuevas. Este precio era US$22.50 por acción, o sea poco menos de diecisiete veces las utilidades de McDonald's en 1964, impresionante prima para una compañía de nueve años de edad en una industria nueva. Pero era tan nueva esta compañía que a última hora hubo nerviosismo dentro del sindicato. Unos días antes de la venta, ejecutivos de Paine Webber llamaron por teléfono a Sonneborn para pedirle que redujera el precio a menos de US$20. "Me negué terminantemente", dice él, "y lo que les contesté no se pude poner por escrito".

Su confianza estaba plenamente justificada, como se vio apenas se empezaron a negociar las acciones. La emisión se suscribió con exceso, y los corredores tenían que decirles incluso a sus mejores clientes que no podían darles participación. Al final del primer día completo de negociación, el precio se había elevado a US$30. A la vuelta de una semana había subido a US$36, y a las pocas semanas llegó a US$49. Súbitamente McDonald's tenía las acciones mejor cotizadas de Wall Street.

El mercado de valores colocó a Kroc, Sonneborn y June Martino en las filas de los potentados. Kroc se ganó US$3 000 000 en la venta de sus acciones al público, Sonneborn US$1 200 000 y June Martino un poco más de US$300 000. Pero el vertiginoso comportamiento de las acciones les dio a los tres mayores riquezas aún en cuanto al patrimonio. Al cabo de unas pocas semanas, Ray Kroc —ciudadano de clase media cuando fundó la cadena diez años antes— era propietario de US$32 000 000 en acciones McDonald's. Sonneborn, que ganaba US$125 semanales cuando empezó a trabajar para Kroc, controlaba US$8 500 000. Y June Martino, que empezó como secretaria, tenía US$5 000 000.

A pesar de esto, algunos gerentes de McDonald's opinaron que los corredores encargados del lanzamiento debían dar explicaciones acerca de por qué habían "desperdiciado" el mercado y perjudicado a los accionistas vendedores al ofrecer al público las acciones a un precio muy inferior al que se hubiera podido obtener. Desde luego, la oferta a un precio más alto quizá no habría sido atractiva, pero era difícil hacer entender esto, pues en aquel tiempo, según Fisher, "en McDonald's todo el mundo era neófito en cuanto a la manera en que opera el mercado de valores". Transcurrida una semana del lanzamiento, cuando los corredores le entregaron a McDonald's los fondos provenientes de la operación, los recibieron con frialdad. "Normalmente", dice Fisher, "en el almuerzo con que se celebra el cierre todo el mundo está alegre. Pero esta vez no hubo la acostumbrada borrachera". Y hasta el día de hoy, ejecutivos de McDonald's que ya no son novatos en el mercado, siguen creyendo que se justificaba su frialdad frente a los corredores de bolsa. "La verdad es que Paine Webber subvaloró las acciones", afirma Turner.

El proceso de venderle acciones al público no sólo aumentó el poder de Sonneborn sino que por primera vez lo presentó públicamente como el hombre que manejaba la cadena de comidas rápidas más grande del país. Encontrándose Kroc en California, le correspondía a Sonneborn figurar y, para sorpresa de los que lo conocían íntimamente, encontró este papel muy de su agrado.

La posición de McDonald's como sociedad abierta era mucho más destacada. Por ejemplo, Sonneborn empezó a hacer discursos ante la Sociedad de Analistas de Valores de Nueva York; y un año después de haberse empezado a negociar las acciones de McDonald's fuera de la bolsa, su posición personal en Wall Street creció más aún cuando pudo inscribir su compañía en la Bolsa de Valores de Nueva York. Esto marcó el cenit de su carrera como hombre de negocios.

Tenía razón de sentirse orgulloso. Ofrecerle acciones al público es una operación relativamente sencilla, pero cumplir las normas financieras que se exigen para poder inscribirse en la Bolsa de Nueva York es otra cosa. Ese es el mercado en que se negocian las acciones de la General Motors, de la U. S. Steel y de la AT&T, y al presentarse en él McDonald's, de la noche a la mañana adquiría el prestigio y la respetabilidad que tanto había buscado y que en la industria de comidas rápidas nadie más tenía. En 1985 McDonald's llegó a lograr el máximo de respetabilidad al ser la primera compañía de servicios incluida en la prestigiosa lista de las 30 Industriales de Dow Jones, pero el proceso que así culminó se había iniciado el día que la compañía fue inscrita en la Bolsa de Valores de Nueva York.

Sonneborn supo aprovechar bien esa circunstancia, que era como si un populista hubiera entrado en el reino exclusivo del establecimiento industrial, y para darle publicidad, les mandó centenares de hamburguesas McDonald's a los negociantes que estaban en el recinto de la Bolsa. Con anterioridad les había dado a los directores de esa institución una muestra del espíritu nada convencional de su compañía al insistir en que su esposa Aloyis y la secretaria-tesorera de McDonald's, June Martino, fueran invitadas al almuerzo que la Bolsa daba para McDonald's en el comedor hasta entonces reservado para hombres. Cuando le informaron que el reglamento del comedor que excluía a las mujeres sólo se había quebrantado una vez (en honor de la reina Isabel de Inglaterra) y que los directores no estaban dispuestos a hacer una excepción en favor de McDonald's, Sonneborn dijo: "Lo que es bueno para la reina es bueno para mi mujer", y como los funcionarios insistieran, amenazó con no inscribir sus acciones.

No era para tanto. Los ejecutivos de la Bolsa cedieron pronto; pero en medio de la conmoción se pasó por alto otro detalle mucho más significativo: Ray Kroc, el fundador de la compañía, no asistió al almuerzo. Estaba haciendo a la sazón un viaje alrededor del mundo en compañía de su segunda esposa, Jane. Su ausencia puso de relieve su falta de comprensión, y, más aún, de entusiasmo por las finanzas. "Ray no entendía la operación de convertir la compañía en sociedad abierta", dice Turner.

Pero la ausencia de Kroc reflejaba también su desencanto con Sonneborn. Evitó asistir al festejo que le ofrecía a McDonald's la Bolsa de Valores de Nueva York por la misma razón que evitaba volver de su oficina de California a la sede de la compañía. Temía que si volvía a trabajar junto con su socio de diez años, su resentimiento podría hacer explosión.

Desde afuera no era fácil percibir ese rompimiento entre los dos personajes. Parecía que el poder supremo en McDonald's perteneciera ahora a Sonneborn. Fue él y no Kroc el que durante los dos primeros años de McDonald's como sociedad abierta aparecía como la cabeza. Habiendo sido antes una figura oscura, quería salirse de bajo la sombra del fundador.

Cuando el príncipe Felipe fue a Chicago para ayudar a conseguir fondos para Variety Clubs International, el que apareció en las fotos de los periódicos al lado del príncipe fue Sonneborn, después de haberle regalado dos autobuses a esa entidad de caridad, para transportar niños inválidos. De igual modo, cuando los funcionarios de St. Louis invitaron a los ejecutivos de McDonald's a la inauguración de su gigantesco Arco Gateway, fue Sonneborn el que se presentó.

La invitación a St. Louis fue un simple gesto de reconocimiento de la creciente importancia de los Arcos Dorados en el paisaje norteamericano, pero Sonneborn aprovechó la oportunidad para darle bombo a McDonald's, como lo sabía hacer Kroc con tanta maestría. La víspera de la inauguración del Arco Gateway propuso que los restaurantes McDonald's de St. Louis donaran US $100 000 para contribuir al costo de trasladar a la base del Arco el Pabellón Español de la Feria de Nueva York de 1964. Sabía que éste era un proyecto favorito del alcalde Alphonso Cervantes, y su ofrecimiento inmediatamente le mereció a Sonneborn un puesto de honor al lado del alcalde durante las ceremonias, y además produjo amplia publicidad en la televisión local, tanto para Sonneborn como para McDonald's.

Los líderes cívicos resolvieron posteriormente encargarse ellos mismos de financiar el proyecto y no permitir que una empresa de fuera se atribuyera ese mérito, pero McDonald's ya había obtenido la publicidad que Sonneborn buscaba. "Harry Sonneborn parecía muy conservador", dice el antiguo director de mercadeo Max Cooper, "pero en el fondo se inclinaba por lo espectacular".

En efecto, después de venderle al público acciones de McDonald's, Sonneborn se enamoró a tal punto de su nueva figuración que desempeñó un papel sorprendentemente decisivo — más importante aún que el del propio Kroc — para establecer lo que sería la actividad más visible de McDonald's: la publicidad por las cadenas de televisión. El tema se planteó en una reunión de operadores de múltiples restaurantes en 1964, y se defendió más vigorosamente aún en la primera convención nacional de todos los operadores de McDonald's en Hollywood Beach, Florida, en 1965. Allí el director de mercadeo Cooper pidió la constitución de una cooperativa nacional de publicidad, parecida a las cooperativas regionales que habían tenido tanto éxito.

Estrictamente desde el punto de vista de eficiencia con respecto al costo de anunciar en los diversos medios, todavía no había un argumento definitivo en favor de la televisión a nivel nacional. Con menos de 800 restaurantes a finales de 1965, McDonald's no había penetrado en suficientes mercados para justificar el costo de anunciar por las cadenas, pues esto significaba comprar mucho más tiempo del que la compañía necesitaba por el momento. Sin embargo, Sonneborn simplemente no hizo caso de esa consideración en el otoño de ese mismo año, cuando Max Cooper recibió de la National Broadcasting Company una oferta de tres y medio minutos de televisión por sólo US $75 000, para patrocinar en una cuarta parte el Desfile del Día de Acción de Gracias, de Macy's.

Cuando se le presentó Cooper con esta oferta, Sonneborn se olvidó de su manía de reducir costos. A él le gustaban los desfiles, y siendo oriundo de Nueva York tenía gratos recuerdos del que Macy's presenta todos los años para festejar el Día de Acción de Gracias. No sólo aprobó que la compañía, por primera vez, comprara publicidad en una cadena de televisión, sino que además le pidió al agente de publicidad Al Golin que inventara alguna manera en que McDonald's pudiera tomar parte en el desfile, quizá con una banda propia.

Como apenas faltaban unas pocas semanas, esto no parecía fácil. Pero Golin se puso en contacto con Macy's y se enteró de una coincidencia que ni mandada hacer para el caso: la banda de una escuela secundaria de Pennsylvania no había podido conseguir los fondos que necesitaba para viajar a Nueva York, y se había visto obligada a cancelar su participación. Inmediatamente Sonneborn ofreció financiar a la banda, con la condición de que en los uniformes aparecieran los arcos dorados que identifican a McDonald's.

Le dijo a Golin que buscara el bombo más grande que pudiera encontrar y le hiciera pintar en los dos parches el nombre de McDonald's. Golin estaba de suerte. Había oído hablar de un fabricante de tambores de Dodge City, Kansas, que había hecho el tambor más grande del mundo para la Universidad de Texas; y cuando se puso en contacto con el fabricante, supo que la Universidad justamente estaba buscando un comprador para su bombo. No fue sino cuestión de que el fabricante le pusiera nuevos parches con los arcos y el logotipo de McDonald's y lo despachara a Nueva York, apenas a tiempo para el desfile de Macy's.

Sonneborn claramente violó así la regla de Macy's, que prohíbe que la participación en su desfile se aproveche para fines comerciales. Pero cuando la banda se presentó el día del desfile desplegando por todas partes la marca de McDonald's, ya era tarde para que los funcionarios de Macy's pudieran hacer nada, como muy bien lo sabía Sonneborn, quien dice: "El desfile se planifica con un año de anticipación, y no pueden echar a nadie a última hora. Pero cuando nos invitaron a la tribuna de honor, yo no quise ir. Mandé en cambio a Max, para que él aguantara el chubasco; siempre he preferido causar úlceras que sufrirlas".

Por fortuna, un año antes Cooper había contratado a la Agencia de Publicidad D'Arcy (hoy llamada D'Arcy, Masius, Benton and Bowles) a fin de que produjera comerciales de televisión para ser distribuidos entre los operadores locales. Esos mismos comerciales se utilizaron para el debut de McDonald's en las cadenas nacionales.

Por petición de Cooper, D'Arcy había empezado a trabajar en comerciales a base del payaso que tanto éxito había tenido en Washington, Ronald McDonald. Pero aun cuando se aceptó que éste fuera el vocero nacional de la compañía, se discutió muchísimo si el personaje debía seguir siendo un payaso, o si este papel era ya cosa anticuada. Algunos proponían que se convirtiera en un *cowboy* del Oeste, que era lo que entonces tenía más acogida en los programas de televisión. Otros querían volverlo un astronauta para aprovechar la popularidad de los nuevos programas espaciales. Paul Schrage, que era entonces comprador de espacio en los medios de comunicación para D'Arcy y es hoy alto vicepresidente ejecutivo y jefe de mercadeo de McDonald's, dice: "Esas fueron las reuniones más ridículas a que yo he asistido. Contando ya con un personaje que había tenido un éxito arrollador en Washington, la agencia seguía buscando otros. Al fin prevaleció el buen juicio".

Pero si Ronald siguió siendo payaso cuando fue ascendido a vocero nacional de McDonald's, en cambio el actor que lo representaba, Willard Scott, de la NBC, fue sacrificado sin miramiento alguno y en cambio contrataron a Coco, un payaso internacionalmente conocido, que trabajaba con el Circo Ringling Brothers, Barnum and Bailey. En todos los primeros comerciales de D'Arcy figuraba Ronald McDonald, y el más popular de ellos mostraba al payaso aterrizando en un drive-in de McDonald's, a bordo de un platillo volador que tenía la forma de una hamburguesa. Esta serie de comerciales, producidos originalmente para los mercados locales, fue la que se puso apresuradamente en servicio para la transmisión televisada del desfile de Macy's el Día de Acción de Gracias en noviembre de 1965, hecha por la cadena NBC.

La época del año no parecía la más apropiada para introducir en la televisión nacional una compañía de hamburguesas que hacía el mayor volumen de su negocio durante el verano. Pero Cooper convenció a Sonneborn de que tomaran parte en el desfile de Macy's con el argumento de que así se podrían estimular las ventas justamente cuando los drive-ins de McDonald's entraban en la calma chicha de invierno. Cuando Kroc fundó la compañía estaba resuelto a luchar contra la tendencia tradicional de los drive-ins a cerrar durante el invierno. Para ello tenía que poner en juego toda su voluntad, pues a los concesionarios les era difícil sacar siquiera los gastos durante esa estación. Es cierto que en los últimos años del decenio de los 50 y en los primeros del decenio de los 60 llegaban a impresionantes volúmenes de ventas, superiores a US $200 000 anuales, pero la mayor parte de esas ventas las realizaban en los meses de verano. En San Bernardino los hermanos McDonalds se habían jactado de vender el doble de esa suma, pero es que en esa zona no se siente el invierno. Kroc modificó el diseño de los edificios agregándoles un cerramiento removible, hecho de aluminio y vidrieras, para colocarlo en el área donde están las ventanillas de servir durante la temporada invernal y proteger así a los clientes del frío de muchos grados bajo cero que se experimenta en otras regiones del país. A pesar de eso, como las ventas rara vez pasaban de US $12 000 mensuales de diciembre a febrero, muchos de los concesionarios ponían en duda que valiera la pena abrir en invierno.

Anunciar en el desfile de Macy's fue un paso decisivo, pues, por una parte, era la primera vez que una cadena de comidas rápidas se presentaba en la televisión nacional, y, por otra, sacó a McDonald's de su marasmo invernal. Los comerciales del desfile produjeron resultados inmediatos. En lugar de entrar en su típico descenso de invierno, en diciembre siguiente las ventas de los restaurantes se recuperaron en un 8 por ciento.

El desfile produjo igualmente algunos resultados de mercadeo a más largo plazo. Golin, el agente de publicidad de McDonald's, conferenció más tarde con Bernie Sklar, director del desfile de Macy's, y con Arch Robb, director de programas especiales de la NBC, y los tres discutieron la participación de la compañía en el desfile del año siguiente y la posibilidad de una banda permanente de McDonald's. Robb sugirió que un buen director sería Paul Lavalle, director musical de Radio City Music Hall, quien desde hacía tiempo había pensado en organizar una banda totalmente norteamericana, compuesta de alumnos de las escuelas secundarias de todo el país. Golin puso por obra esta idea, y en el siguiente desfile de Macy's se presentó la Banda de McDonald's formada por dos estudiantes de cada uno de los cincuenta Estados de la Unión, dirigidos por Lavalle. Desde entonces, esta banda siempre ha desfilado en la parada de Macy's y le ha dado a McDonald's una herramienta importante para atraer al mercado de familias.

El rápido aumento de ventas que obtuvo McDonald's con su participación en el desfile la predispuso en favor de la publicidad televisada. Una semana después de haber tomado parte en el desfile del año siguiente, D'Arcy informó a Cooper de otro proyecto más grande aunque más arriesgado. La CBS les estaba ofreciendo dos minutos de una transmisión el domingo por la tarde de un novísimo partido de fútbol posttemporada, y la televisora garantizaba que promovería intensamente el evento a fin de lograr una audiencia numerosa que justificara el alto precio del anuncio: US$200 000 por dos minutos, más del doble de lo que había cobrado la NBC por tres minutos y medio de la transmisión del desfile de Macy's, teniendo en cuenta que el desfile era un programa ya consagrado mientras que el partido de fútbol era nuevo y no se había puesto a prueba.

Lo peor era que transmitirían el partido tanto la NBC como la CBS, lo cual disminuía el potencial de evaluación. Ambas cadenas sostenían que la popularidad del juego sorprendería a todo el mundo, pero otros no estaban convencidos. A finales de diciembre, faltando apenas un par de semanas para el partido, la CBS todavía tenía espacios para la venta, de modo que cuando McDonald's pidió una rebaja, la cadena accedió gustosa a darle los dos minutos por sólo US$170 000 agregando un par de comerciales gratis en su programa infantil del domingo por la mañana. Para protegerse, Sonneborn resolvió comprar un minuto en la transmisión de la NBC del mismo juego, por US$75 000. Publicistas de televisión más experimentados podrían haber pensado que aquello era como comprar un elefante blanco, pero los descuentos fueron suficientes para tentar a una novata como McDonald's a hacer lo que resultó ser la compra más importante y remuneradora de un espacio de televisión que se haya hecho jamás.

La popularidad del juego sorprendió incluso a las mismas estaciones de TV, y fue objeto de tanto despliegue en los medios de comunicación que se convirtió, dentro del fútbol profesional, en el equivalente de la Serie Mundial del béisbol y se denominó Super Bowl.

Los resultados del desfile de Macy's habían convertido a McDonald's en una entusiasta de la televisión; la reacción a su decisión de última hora de anunciar en el Super Bowl la convirtió en una fanática de la TV. La transmisión la vieron en el 41 por ciento de los hogares de los Estados Unidos, así que fue fácilmente el programa de más alta calificación ese año y uno de los más populares en la historia de la televisión. Y como McDonald's fue la única patrocinadora de las dos cadenas que transmitieron el partido, fue la única que se benefició de la totalidad de su valor de propaganda. Rara vez un anunciador ha comprado un espacio más eficaz en televisión y ha recibido tan inmediato aumento de ventas. Su promedio por restaurante en enero, que es normalmente uno de los peores meses, subió el 22 por ciento por encima de los niveles del año anterior. Aun cuando parte de ese aumento fue la primera alza del precio de sus hamburguesas (de 15 a 18 centavos) por lo menos la mitad del aumento se podía atribuir a la propaganda que hizo por televisión durante el Super Bowl.

McDonald's quedó comprometida con la televisión nacional. Desde hacía por lo menos dos años los operadores y los funcionarios de la corporación habían venido hablando de constituir una cooperativa nacional de publicidad, parecida a las que se habían formado en casi todos los mercados regionales. Con la promoción del Super Bowl se acabó la discusión. Cuando la compañía les pidió a todos los operadores, en 1966, que contribuyeran con el 1 por ciento de sus ventas a un fondo nacional de publicidad, más del 95 por ciento de los concesionarios aceptaron. Súbitamente una compañía que en 1965 había gastado US $75 000 en publicidad, entraba en 1967 con un presupuesto de US $2 300 000 para publicidad en las cadenas de televisión, o sea casi el 1 por ciento de los US $266 000 000 de ventas generadas por los restaurantes de la empresa, que eran casi un millar.

Pero la compañía no controlaba el fondo. Los concesionarios, y no ella, eran los que habían introducido la televisión en McDonald's. Ellos controlaban los gastos de publicidad por medio de sus cooperativas regionales, cuyos directores elegían ellos mismos. Y en 1967 los operadores conservaron igual control del fondo nacional de publicidad estableciendo una Cooperativa Publicitaria Nacional de los Operadores. OPNAD *.

Después los operadores formaron otras organizaciones a fin de conservar su influencia, pero ninguna tuvo la importancia de la OPNAD. Esta es la que mejor ilustra el poder que los operadores de McDonald's ejercen mediante la toma colectiva de decisiones. Un comité de esta cooperativa, compuesto de treinta miembros elegidos por sus colegas concesionarios, aprueba los presupuestos nacionales de publicidad, las compras de espacio o tiempo en los diversos medios, y revisa los programas publicitarios.

Esto hace que la OPNAD sea una fuerza, no sólo dentro de McDonald's sino también en las cadenas de televisión. Dada su positiva experiencia inicial, McDonald's se envició a la televisión, por lo cual sus concesionarios controlan uno de los fondos de publicidad más poderosos de los Estados Unidos. En 1985 McDonald's gastó US $180 000 000 en publicidad a nivel nacional, que es casi la tercera parte de sus gastos mundiales de promoción y publicidad. Este es el mayor presupuesto de publicidad televisada en cadena para una sola marca, y como hasta el último centavo tiene que ser aprobado por los operadores de McDonald's, es también el programa más democráticamente controlado en la industria publicitaria.

---

* Operators National Advertising Cooperative.

Capítulo 11
McDonald's del Este, McDonald's del Oeste

Todos los años por Navidad Lou Perlman, el simpático proveedor de todos los productos de papel que consumía la cadena, les daba una fiesta a los ejecutivos de McDonald's y a sus cónyuges. Era este agasajo la nota sobresaliente en el calendario social de la compañía, y a medida que la compañía crecía y sus administradores corporativos se especializaban más, ofrecía una rara oportunidad para la reunión familiar de McDonald's. La de 1965 le ofreció también a Ray Kroc la oportunidad de llevar a Chicago a su segunda esposa, Jane, para que conociera a todos los gerentes.

Jane ya había conocido a los que trabajaban con su marido en California, pero sólo conocía a unos pocos de los de Chicago. Sin embargo, sabía lo bastante sobre la política interna de una compañía para sentir curiosidad acerca de un punto y sabía que June Martino podría darle la clave. En la fiesta de Perlman, poco antes de que los gerentes se acercaran a presentarse, la señora de Kroc le susurró al oído a June Martino: "Dígame cuáles son los hombres de Ray y cuáles los de Harry".

Ya en esa época la división entre Kroc y Sonneborn se había extendido por toda la compañía. No era que los miembros de los dos bandos se hubieran vuelto rivales, pero sí seguían orientaciones distintas de los dos jefes separados por una rivalidad irreconciliable. En efecto, el rompimiento entre las cabezas de McDonald's del Este y McDonald's del Oeste era tan profundo, que no podía dejar de llevar a una peligrosa división en las filas, entre los seguidores de Kroc, que controlaban las operaciones, y los de Sonneborn, que controlaban el presupuesto.

La rivalidad Kroc-Sonneborn tuvo su origen en las diferencias de carácter de estos dos hombres, aunque durante varios años lograron mantener una coexistencia pacífica y constructiva. Esa situación cambió desde que la compañía se transformó en sociedad abierta. Aunque los talentos de Sonneborn llevaron a McDonald's a dar pasos de liderazgo en bienes raíces, en financiación institucional, en la Bolsa de Valores de Nueva York y en la publicidad por las cadenas de televisión, la venta de acciones al público sacó a la luz otras características suyas que lo enfrentaron directamente con el empresario Kroc.

Al llegar al año 1965 Sonneborn se había convertido en el ejecutivo profesional, el gerente típico de una de las 500 compañías de Fortune. Se movía en un escogido círculo de financistas donde se codeaba con otros altos ejecutivos y se rodeaba de grandes talentos de la abogacía y los negocios. Hasta hizo refaccionar las oficinas directivas de McDonald's del Este en Chicago para ponerlas a tono con las normas corporativas tradicionales. Alfombradas de felpa de color verde oscuro y con las paredes enchapadas de caoba, parecían más bien las oficinas de un rancio bufete abogadil que la sede de una heterodoxa cadena de comidas rápidas. En la sala de juntas había sillones de cuero rojo y candelabros de pared, y en la *suite* ejecutiva obras de arte del siglo XIX, inclusive un Renoir. Junto al escritorio de la recepcionista un letrero indicaba la última cotización de las acciones de la empresa.

Pero lo más importante era que Sonneborn manejaba a McDonald's como si fuera una corporación tradicional. Las relaciones personales e informales que antes habían vinculado a todo el personal de la sede como en una familia muy unida, cedieron el paso a estructuras burocráticas y diagramas organizacionales. La libre toma de decisiones en todos los niveles se reemplazó por formales revisiones administrativas.

Sonneborn estableció en la cima una "troika" de vicepresidentes ejecutivos que dependían directamente de él: Boylan en finanzas, Turner en operaciones, y Pete Crow en bienes raíces y construcciones. La nueva organización dividió la responsabilidad en tres sectores igualmente poderosos, y cuando éstos no estaban de acuerdo, las cosas no se hacían. Proliferaron también los departamentos de personal ejecutivo. Individuos que no tenían nada que ver con hamburguesas —contadores, abogados, auditores y banqueros inversionistas— desempeñaban un papel más importante.

Una gran parte de esta burocratización fue consecuencia inevitable de la transformación en sociedad abierta, pues el solo hecho de producir informes para la Comisión de Valores y Bolsa y para los accionistas exigía docenas de funcionarios que antes no necesitaba McDonald's. Esto en sí mismo no debía haber preocupado a la alta administración ni estorbado sus operaciones; pero eso fue lo que ocurrió con la administración de Sonneborn, quien manejaba la compañía como un gerente profesional, cuando Kroc quería manejarla como una actividad empresarial. Sonneborn procedía cautelosamente en materia de expansión, protegiendo la base ya construida; Kroc quería seguir corriendo grandes riesgos de expansión y construir una base mucho más amplia. Sonneborn respondía a los banqueros de Chicago y Nueva York; Kroc sólo respondía a los consumidores. Sonneborn consideraba a los contadores y los abogados indispensables para el funcionamiento de una compañía abierta, mientras que Kroc a duras penas los toleraba como un mal necesario. Durante su permanencia en California, Kroc se aproximó más aún a la operación de los restaurantes, mientras que Sonneborn, que nunca se acercó a los concesionarios, se alejaba más de ellos y de sus operaciones. Hasta en el modo de vestir chocaban el uno con el otro: Kroc compraba costosas chaquetas deportivas; Sonneborn usaba trajes discretos y formales.

"En una sociedad abierta, el papel de los abogados, los contadores y los especialistas en impuestos necesariamente crece", dice Turner. "Ray era el hombre a propósito para mantener a raya esas influencias profesionales, de manera que no se apoderaran de la compañía. Pero a Harry le encantaban. Su lenguaje era la jerga jurídica, contable y tributaria. A nosotros nos sacaba de quicio y a Harry lo indispuso con Ray".

Kroc despreciaba abiertamente el cauteloso estilo administrativo que Sonneborn había adoptado, y éste a su vez censuraba a aquél por no entender que McDonald's era ya una compañía abierta, responsable ante sus accionistas, y no un imperio privado de un magnate de las hamburguesas. Las cosas había que hacerlas por medio de estructuras corporativas, no según el capricho del fundador, y le parecía que el jefe ejecutivo era el que tenía la última palabra. Ese funcionario era él, Sonneborn, y exigía las prerrogativas administrativas que normalmente pertenecen a tal cargo.

Kroc se oponía vigorosamente a este modo de pensar. El era el fundador y el dueño todavía del 43 por ciento de las acciones de McDonald's. La compañía era *suya*. En efecto, consideraba como suyos todos los puestos McDonald's, se llenaba de orgullo cuando practicaban *su* credo de Calidad, Servicio, Limpieza y Valor, y cuando no lo practicaban lo tomaba como una ofensa personal. Creía que McDonald's era responsable ante el público, pero para él el público eran los clientes que compraban las hamburguesas, no los inversionistas que compraban acciones. Ni le interesaban tampoco los títulos jerárquicos. Que Sonneborn se llamara jefe ejecutivo, estaba muy bien, con tal que todos supieran que el que mandaba era él, Kroc.

Después de que la compañía se hizo pública, Kroc y Sonneborn adoptaron una manera singular de manejar sus diferencias: sencillamente, no se hablaban. Se daba el caso de una cadena de comidas rápidas fenomenalmente próspera, pero el presidente de la junta directiva, que estaba en California, y el presidente de la compañía, que vivía en Chicago, sólo se entendían por conducto de un intermediario. Este ingrato papel le correspondió a June Martino, la única persona dentro de McDonald's que admiraba por igual a los dos socios rivales.

En los dos últimos años que estuvieron juntos, June fue el único medio de comunicación entre Kroc y Sonneborn, e invariablemente suavizaba su retórica para hacer aceptable a cada uno lo que el otro decía de él. Cuando la pugna rayaba en guerra abierta, ella apagaba la mecha del barril de pólvora culpándose a veces a sí misma de no haber transmitido adecuadamente un mensaje, cuando lo cierto es que nunca se equivocaba en las comunicaciones.

Cuando uno de los socios criticaba la actitud del otro, ella pintaba la situación con colores más brillantes. Si Sonneborn rezongaba que se iba a marchar porque ya no aguantaba más a Kroc con su ostentación y su temperamento quijotesco, June Martino estaba allí para levantarle el ánimo: "Usted conoce a Ray", le decía. "Así ha sido toda la vida, y nadie lo puede cambiar. Déjelo que rabie y que se arranque los pelos. Usted sabe lo que hace y sabe que lo está haciendo bien". Por el contrario, cuando Kroc le confiaba que quería despedir a Sonneborn, June le recordaba cuánto había hecho éste por la empresa: "McDonald's es una compañía de mucho éxito con Harry en esa posición. ¿Por qué cambiar las cosas ahora?"

Si no hubiera sido por la actuación de June Martino como amortiguador, la relación Kroc-Sonneborn no habría durado tanto como duró, y McDonald's se habría perjudicado grandemente. Aun cuando no hubiera hecho nada más por la compañía, su solo papel como pacificadora bien valía el 8 por ciento de las acciones de que era propietaria cuando la compañía se hizo pública. Y sin embargo, hasta el día de hoy ella guarda amargos recuerdos de esa lucha por conservar la armonía: "Yo los estimaba y los respetaba a ambos por lo que eran", dice, "y para mí aquello era un tormento. Yo andaba siempre sobre la tabla de un balancín".

Las diferencias entre Kroc y Sonneborn iban más allá de sus opuestos estilos administrativos, y con el tiempo ni siquiera la diplomacia de June Martino pudo componer sus disputas en materia de política, todas las cuales se derivaban del desacuerdo básico entre lo que cada uno consideraba el negocio en que estaba McDonald's: o hamburguesas o bienes raíces.

Kroc creía que si las ventas de hamburguesas caían, McDonald's se caía. Su modo de pensar era el de un clásico minorista: si la compañía se mostraba diligente en el renglón de ventas, el renglón de utilidades crecería automáticamente. Sonneborn pensaba todo lo contrario: si la venta de hamburguesas fracasaba, McDonald's tenía el respaldo de sus bienes raíces. Su método de aumentar las utilidades era controlar estrictamente los gastos; y como McDonald's comenzó a contabilizar buenas ganancias a mediados del decenio de los 60, Sonneborn se preocupó por defenderlas evitando los riesgos de una expansión demasiado rápida y reduciendo el endeudamiento mediante la financiación de una expansión más modesta pero más segura con fondos obtenidos exclusivamente de la propia corriente de efectivo de la compañía.

Después de que McDonald's se convirtió en compañía abierta, Sonneborn perdió hasta el último nexo que lo unía a los restaurantes: los bienes raíces. "Harry le entregó a Pete Crow el manejo de los bienes raíces y se alejó más aún de las operaciones", dice Turner. "Antes había estado en el terreno negociando los inmuebles y comunicándose con los operadores, pero cuando dejó de hacer eso, pasaba todo su tiempo con los profesionales (abogados e inversionistas)". El mismo Sonneborn reconoce que el poco interés que tenía en las hamburguesas desapareció del todo. "Le dije a Ray que él atendiera a todo lo relacionado con comidas", dice. "Yo no quería mezclarme en eso de ninguna manera. Yo ni siquiera comía hamburguesas".

A mediados del decenio de los 60, los criterios antagónicos de los dos jefes originaban disputas sobre la manera de manejar el negocio. Hasta los desacuerdos aparentemente pequeños se convirtieron en batallas. Por ejemplo, Kroc les vendió concesiones a media docena de parientes de su mujer sin exigirles el acostumbrado pago de US$15 000 de depósito en efectivo como garantía sobre el inmueble, y aceptó en cambio pagarés personales. Sonneborn protestó, y con toda razón, porque eso no estaba bien. Pero la cosa no paró ahí. La firma de abogados de Chapman and Cutler, contratada por Sonneborn años antes para representar a McDonald's, escribió un concepto jurídico que apoyaba la posición de Sonneborn. Entonces Kroc les prestó a los parientes de Jane US$100 000 para que pudieran hacer el depósito de garantía, pero nunca olvidó la humillación de haberse visto desautorizado por el presidente y los abogados de su propia compañía.

A Kroc le disgustaba también que Sonneborn se ausentara cada vez con mayor frecuencia de las oficinas de Chicago. Gran parte del año de 1966 la pasó Sonneborn en su casa en Mobile, Alabama, torturado por un doloroso ataque de ciática, tendido meses enteros de espaldas en un sofá, desde donde atendía a los negocios por teléfono. Ese año se dio el caso de que los miembros de la junta directiva volaran a Mobile para asistir a una reunión en casa de Sonneborn. A Kroc, que toleraba los dolores de su propia artritis, le costaba trabajo reconocer las enfermedades ajenas. "Cuando Harry venía a Chicago", decía, "iba a la oficina, atendía a lo más urgente, y en seguida se marchaba otra vez. Nadie sabía si estaba o no estaba. En Chicago no había dirección".

Pero ninguna de las diferencias entre Kroc y Sonneborn era tan grave y fundamental como su diversa manera de apreciar con cuánta rapidez debía efectuarse la expansión de McDonald's. Hasta mediados de los años 60, esto no había sido un problema porque todo el país era un mercado virgen para los operadores de comidas rápidas. McDonald's tenía más oportunidades de crecimiento que recursos para llevarlo a cabo, y los riesgos de fracasar eran pequeños, entre otras cosas, porque era poco lo que tenía que perder.

Pero una vez que la compañía se volvió pública, la situación cambió. McDonald's se vio entonces en capacidad —financiera y operativa— de extenderse mucho más rápidamente; pero al mismo tiempo, como había alcanzado cierto éxito financiero, tenía más que perder si la expansión fracasaba. Por primera vez el optimismo de Kroc podía estrellarse con los números de Sonneborn. Aquél no veía límite alguno; éste temía excederse.

En lugar de aumentar el número de restaurantes nuevos cada año, a medida que se ampliaba la base financiera de McDonald's, Sonneborn hizo todo lo contrario. Después de haber autorizado 116 puestos nuevos en 1962 (año en que McDonald's nadaba en la abundancia del préstamo de US $1 500 000), redujo el número en cada uno de los tres años siguientes. La mayor disminución ocurrió en 1965, año en que McDonald's amplió su horizonte financiero volviéndose pública. En el momento en que la mayoría de las empresas engranan en tercera, Sonneborn puso a McDonald's en neutro. Aunque a finales de 1965 la cadena era todavía varias veces mayor que la mayoría de sus competidoras y tenía 731 unidades, sólo había agregado 81 nuevos puntos de venta ese año, o sea 107 menos que el año precedente.

Esta retardación habría sido mucho más pronunciada si no hubiera sido por los jóvenes tigres que acompañaban a Ray Kroc en California y que con su bendición contravinieron abiertamente las restricciones de Sonneborn sobre expansión y bienes raíces. Se dedicaron a comprar sitios mucho más costosos que los que a la sazón se compraban en otras regiones, pagando a veces hasta el doble de los US $50 000 que él había fijado como máximo. Esto se debía en parte a que en California la tierra era más costosa, pero también a que Kroc no aceptaba ubicaciones de segunda, cosa que los gerentes en otras regiones se veían obligados a hacer.

Por otra parte, Kroc estaba ampliando su grupo de bienes raíces en California mucho más rápidamente que Sonneborn el suyo en Chicago, y en consecuencia la región californiana se vio poco afectada por la desaceleración de las construcciones que afectó al resto de la compañía.

Entre 1964 y 1967, mientras Sonneborn frenaba la expansión, el grupo de Kroc en California llevó a cabo la construcción de una tercera parte de todos los restaurantes agregados en ese lapso al Sistema McDonald's. En suma, Kroc estaba convirtiendo a McDonald's del Oeste en un buscavidas, mientras que Sonneborn frenaba a McDonald's del Este.

Las diferencias Este-Oeste iban más allá de la expansión. Parecía, realmente, que se tratara de dos compañías distintas. McDonald's del Este era más formal; McDonald's del Oeste más libre, más predispuesta al riesgo. McDonald's del Este se había convertido en la red de seguridad de la compañía. La administración de Sonneborn tendía a ahogar la experimentación, pero Kroc la estimulaba. Hasta en las relaciones entre los gerentes se reflejaba la diferencia. "Los de California mostraban un buen *esprit de corps* y celebraban reuniones sociales todos los fines de semana", observa Turner, "mientras que en Chicago la vida social desapareció desde que se ausentó Ray".

Para McDonald's la costa del Pacífico fue un terreno de prueba de nuevos conceptos, especialmente de diseño y construcción. Kroc, llevado por su pasión por darles a los drive-ins de hamburguesas un toque de elegancia, gastó mucho dinero embelleciendo exageradamente los locales, en comparación con lo que se estilaba en el negocio de comidas rápidas, aun en los mismos McDonald's de otras regiones. Se agregó iluminación exterior más atractiva en los pasadizos y en los perímetros de los lotes para contrarrestar las rígidas luces de los letreros de neón de los restaurantes. Se levantaron muros decorativos para esconder los feos lugares de almacenamiento o recolección de desperdicios. Nuevos materiales de construcción, como bloques de adobe, piedra y ladrillo empezaron a reemplazar los acostumbrados baldosines rojos y blancos del exterior de los edificios nuevos.

Pero quizá la innovación más significativa fue la adición de patios grandes en que se colocaron asientos y mesas con parasoles. Unas pocas mesillas se habían introducido antes en el estrecho espacio de algunos de los cerramientos de invierno que se agregaron en los primeros años del decenio de los 60, pero hasta que el grupo de Kroc comenzó a construir patios con suficiente amplitud para que muchas personas pudieran comer sentadas, McDonald's había sido exclusivamente un drive-in, y la comida se llevaba afuera o se consumía en los automóviles estacionados. En California, los patios bien iluminados y hermosamente decorados, cambiaron la imagen de McDonald's, de drive-in a restaurante; y como el clima se prestaba, comer en un patio se volvió una modalidad de todo el año, no en un capricho estacional.

Técnicamente, Ray Kroc tenía el poder de hacer obligatorios en todo el país los cambios iniciados en California, aunque Sonneborn se opusiera; pero no quería correr el riesgo de un enfrentamiento con éste. Prefería enseñar con el ejemplo, no imponerse por decreto, y esperaba que el ejemplo de California se siguiera en toda la organización McDonald's. Jim Kuhn, su jefe de personal, recuerda: "Constantemente nos veíamos sometidos a una gran tensión todos los que guardábamos lealtad a muchas personas que estaban en Chicago. No era que Ray fuera hostil, pero sí empezaba a considerar a muchos del personal de Chicago como una partida de burócratas. No se cansaba de ordenarnos: Si esos tipos les dicen que no hagan una cosa, háganla. El no quería dividir a la compañía. Pero hacía las cosas a su manera diciendo para su capote: «Con el tiempo me seguirán»".

Sin embargo, sí se creó una división entre los gerentes leales a Kroc y los que dependían de Sonneborn, y esta situación era especialmente molesta para los de California, que tenían que obtener aprobación de Chicago para los cambios. Robert Papp, gerente de construcciones a quien Kroc llevó de Chicago a California, cuenta cómo tenía que andar en la cuerda floja: "Ray quería acción y progreso mientras Chicago se enredaba en el papeleo. Por un lado, Ray me empujaba para que hiciera modificaciones en un edificio, y, por otro, la oficina de Chicago me decía que eso no se podía hacer. Ray me decía: «Mande a paseo a los de Chicago; yo le mando que lo haga»".

Papp justificaba los cambios en la construcción de la mejor manera posible, a veces haciéndole creer a Chicago que el código de California exigía esas modificaciones de diseño; pero era claro que Sonneborn no aprobaba la experimentación que se estaba llevando a cabo en la costa. Su posición era sencilla: ¿Para qué travesear con un diseño de edificio que funciona bien, sobre todo cuando las modificaciones aumentan los costos?

Al fin Kroc se cansó de la resistencia a las mejoras de diseño que él quería, y envió a Papp a Chicago con el fin de que Sonneborn lo entrevistara para el cargo de vicepresidente de construcciones. Desde luego, lo apoyaba para este puesto, pero como gesto de buena voluntad quería dejar que Sonneborn hiciera el nombramiento. Pero cuando Papp se presentó en la oficina de Sonneborn a cumplir una cita temprano por la mañana, éste lo hizo hacer antesala...todo el día. A la mañana siguiente se repitió el desaire.

A mediodía Papp estaba tan molesto que tomó un taxi y se dirigió al aeropuerto, donde tomó un avión para regresar a California.

—¿Qué hace usted aquí? —le preguntó Kroc apenas lo vio.

—Tuve problemas en Chicago —le contestó Papp, y procedió a contarle lo ocurrido. Inmediatamente Kroc llamó a Sonneborn para desahogar su cólera. "La oficina de Ray estaba al otro extremo del edificio, pero desde la mía yo lo oía vociferar al fondo del corredor", dice Papp.

En el término de una semana Papp estaba otra vez en Chicago instalado en su nuevo cargo. Hacía justamente tres años que se había ausentado de esa ciudad para ir a California, pero cuando regresó se sentía en una compañía distinta. Hoy recuerda: "Cuando uno necesitaba alguna cosa o a alguna persona para hacer algo nuevo, no se encontraban. La actitud ante las nuevas ideas era: «Eso no se puede hacer así»".

Esta actitud contraria al cambio se reforzaba a nivel corporativo mediante procedimientos cada vez más complicados que eliminaban la toma de decisiones empresarial. Observa Gerry Newman, quien como jefe de contabilidad de la compañía conocía las montañas de papeles: "En la época de Sonneborn todo estaba controlado. Eramos una organización financiera y todo tenía que dar un rendimiento sobre activos. Para todo se necesitaba una orden de compra, firmada y refrendada. Bob Ryan [tesorero] y Dick Boylan [jefe de finanzas] revisaban todos los contratos de bienes raíces. Y los papeles se acumulaban sobre los escritorios, a veces durante semanas enteras, porque no había tiempo para diligenciar tantos documentos".

Sin embargo, en Chicago no todos se oponían al cambio. Kroc todavía tenía allí firmes partidarios, entre ellos Fred Turner, el principal; pero a éste la paralizante administración de Sonneborn lo apabullaba y poco a poco lo iba llevando a la depresión. La creación de cinco nuevas oficinas regionales en 1965 había sacado de Chicago muchas de las funciones administrativas que antes desempeñaba él, y su escritorio estaba limpio. La acción estaba en California, y Turner se veía aislado de ella y sobre todo de su mentor, Ray Kroc.

Turner comenzó a considerar media docena de ofertas que le habían hecho otras cadenas de comidas rápidas y unas cuantas propuestas lucrativas de importantes concesionarios de McDonald's. Turner había dedicado toda su vida de trabajo a McDonald's, y entre el personal de Chicago se le conocía como el niño mimado del fundador. El solo hecho de que escuchara propuestas de fuera era un síntoma indudable de que el espíritu de trabajo entre los amigos de Kroc en Chicago había caído al fondo.

Hasta hubo ocasiones en que Turner tuvo que sentirse tratado como un retardatario por Kroc a causa de su asociación con McDonald's del Este. Muchas veces Kroc le riñó por oponerse a sus ideas sobre nuevos productos, especialmente postres, con el argumento de que entorpecerían la operación de los restaurantes. Lo tachaba de conservador en esta materia cuando Turner bien sabía —y también lo sabía Kroc— que la verdadera oportunidad que estaba perdiendo McDonald's no era la ampliación del menú, sino la expansión de la cadena. "Yo me sentía alejado de Ray, abandonado por Ray", dice Turner. "Su influencia no se hacía sentir como debiera sentirse. Yo me preguntaba por qué nos dejaba decaer. Las limitaciones y economías me molestaban. Yo estaba desilusionado".

Tanto Turner como otros fieles amigos de Kroc frenados en Chicago estaban convencidos de que McDonald's, después de haber construido una base espléndida, desperdiciaba la dorada oportunidad de establecer una gran cadena nacional de servicio de comidas. Burger Chef y Burger King se estaban ampliando más rápidamente, alcanzando a la que era líder de las hamburguesas. Y Sonneborn mostraba síntomas cada vez más claros de que ya no le importaba el negocio. En lugar de trabajar doce horas diarias, como era su costumbre antes de que la compañía se hiciera pública, ahora observaba la jornada de nueve a cinco.

Mel Garb, antiguo concesionario de McDonald's, recuerda que a finales de 1966 fue a la oficina de Sonneborn a quejarse de que no le habían concedido sino un restaurante en Detroit, habiéndole prometido Kroc tres. Sabía que Sonneborn era duro negociador y esperaba que se iba a armar una marimorena, pero cuando entró, acompañado del vicepresidente Ed Bood, se sorprendió de encontrarlo echado de espaldas todo lo posible en su silla (sufriendo obviamente de otro ataque de ciática), y de oírle decir con buen humor: "La respuesta es no. ¿De qué se trata, Melvin?"

—Que ustedes son unos mentirosos —gritó Garb preparándose para el enfrentamiento que seguramente se produciría. Pero Sonneborn no reaccionó como se habría podido esperar, sino que le contestó con mucha calma:

—Yo nunca le he mentido.

Con esto lo desarmó, porque Garb sabía que era cierto. Sin embargo, insistió:

—Ray me prometió varios puestos en Detroit, y ahora recibo una carta en que me dan sólo uno. ¿Qué voy a hacer, mandar una persona a que supervise un solo puesto?

Sonneborn no discutió. En cambio, le dio instrucciones a Bood para que le reconociera a Garb (quien ya tenía seis restaurantes en Saginaw, a 120 km de Detroit) el derecho de primera opción a la concesión de cualquier nuevo restaurante que McDonald's construyera en Detroit. Hacía años que la compañía no otorgaba concesiones de territorios metropolitanos. Todo el que tuviera fe en el futuro de McDonald's sabía que Sonneborn le había dado a Garb una fortuna, mucho más de lo que habría podido esperar normalmente del avaro magnate. En toda el área de Detroit no había sino catorce McDonald's, y ahora Garb tenía el derecho de aceptar cuantos nuevos restaurantes se construyeran para llenar ese mercado.

Garb fue inmediatamente a ver a Turner y le ofreció un 25 por ciento de participación en sus operaciones de Detroit si él se encargaba de su administración. "Me gustaría aceptar", le dijo Turner, "pero como van las cosas en esta compañía, creo que si me llamaran para salvarla yo tendría que volver". Garb se quedó de una pieza. A su socio Harold Stern le comentó: "¿Está loco ese tipo? Se siente desdichado allá; le hacemos semejante propuesta, y ¡la rechaza!" (En 1968, Garb y Stern volvieron a venderle a la compañía todos sus restaurantes de Michigan y Nevada y la concesión territorial de Detroit por US $2 500 000, y hoy lo que antes fue el territorio de Garb y Stern en el área metropolitana de Detroit tiene 121 McDonald's.)

Turner rechazó la oferta de Garb porque veía que las relaciones que tenían Kroc y Sonneborn se estaban desbaratando. Por alguna parte iba a comenzar el desplome, y pronto. Era evidente que en opinión de Sonneborn McDonald's se acercaba al punto máximo de su penetración en el mercado, mientras que Kroc creía que apenas había rasguñado la superficie, y esta diferencia los llevaba directamente a un choque.

Después de las restricciones de 1965, la construcción de nuevos restaurantes volvió a activarse en 1966, con la adición de 126 nuevas unidades, lo que representaba un aumento de más del 50 por ciento sobre el año precedente. Los gerentes de Kroc querían otro gran aumento en 1967, pero Sonneborn no estaba para darles gusto. Temiendo éste que hubiera una fuerte recesión de la economía norteamericana, aplicó nuevamente los frenos reduciendo el personal de bienes raíces a finales de 1966. Esta disminución de funcionarios virtualmente aseguraba que McDonald's construiría menos locales en 1967 que en 1966, lo que bastaba para enfurecer a Kroc. Sonneborn le echó más leña a la hoguera a mediados de 1966 prediciendo abiertamente que habría recesión en la economía y desaceleración en McDonald's. En un periodo de dos semanas las acciones de la compañía cayeron más de siete puntos. Turner recuerda: "Ray estaba furioso".

Sonneborn parecía llevarle la contraria a todo el sistema McDonald's, que estaba preparado para una acelerada expansión. Especialistas en bienes raíces en todas las cinco nuevas regiones de la compañía habían hallado docenas de sitios donde se podían construir nuevas unidades. Los anuncios en la televisión regional, financiados por las nuevas cooperativas de operadores, estimulaban una demanda suficiente para justificar muchos restaurantes adicionales. Durante los cinco primeros años del decenio de los 60, el promedio de ventas por restaurante no había pasado de US $200 000, pero en 1966 subieron a US $275 000 — casi el 40 por ciento más que el promedio tres años antes. Con la publicidad, McDonald's estaba penetrando en nuevos segmentos del mercado, y su éxito estaba estimulando a los competidores a extenderse más rápidamente y animando a otros a entrar en el negocio de comidas rápidas que tan halagüeño se presentaba.

En tal ambiente las restricciones de Sonneborn no parecían realistas. Turner dice: "Nos estábamos encogiendo y esto no era natural. Los que estaban en sintonía con el mercado sabían que era un error. Escuchábamos los argumentos financieros de Harry, pero para nosotros no tenían ningún sentido. Casi nos predicaba la depresión, y ya lo veía yo a él vendiendo manzanas en las calles".

Aun cuando los del grupo de Kroc estaban convencidos de que Sonneborn había perdido la poca fe que tenía en el negocio de hamburguesas, él para aplicar los frenos se basaba únicamente en consideraciones económicas. Su temor de la recesión que se aproximaba era realista, y él sabía mejor que nadie cuán expuesta estaba McDonald's. "Lo que me preocupaba", explicó años después, "era el peligro potencial a que estaba expuesta la compañía en una recesión. Operábamos completamente a crédito. Toda nuestra expansión se había efectuado con dinero prestado. Si de pronto hubieran quebrado unos pocos de nuestros restaurantes y hubiéramos tenido que hacernos cargo de sus pagos por los contratos de arrendamiento, nos habríamos visto en aprietos. Si uno no tiene que correr ese riesgo ¿para qué exponerse?"

Sonneborn no era el único que creía que a la economía se le estaban desprendiendo las ruedas y que lo prudente era optar por un plan más modesto de expansión. El país había experimentado una tasa de crecimiento sin precedentes en la post-guerra, pero existía la preocupación de que la economía se estaba recalentando. Ya los tipos de interés y el índice de inflación (aunque moderados en comparación con los de los años 70) ascendían a niveles que los hombres de negocios contemporáneos no habían conocido.

Entre los preocupados se contaba Allen Stults, miembro de la junta directiva de McDonald's y a la sazón presidente de la del American National Bank of Chicago, uno de los primeros bancos que le prestaron dinero a McDonald's. Stults comprendía muy bien el potencial de la compañía a largo plazo, pero estaba de acuerdo con Sonneborn en que podría sobrevenir una gran recesión que acarrearía peligro para una empresa tan endeudada como McDonald's, por bien que ésta manejara sus restaurantes. Stults era uno de los consejeros financieros en quienes más confiaba Sonneborn, y los dos coincidían en la opinión de que si la compañía seguía extendiéndose al ritmo de 1966, podía verse en un grado excesivo de expansión si sobrevenía la recesión en 1967. "Las reservas financieras de McDonald's eran prácticamente cero", explica Stults. "Harry y yo queríamos colocarla en una posición financiera más sólida, de manera que tuviera una base para una expansión más rápida posteriormente. Dejábamos pasar la oportunidad de crecimiento adicional pero nos asegurábamos de que podríamos resistir un golpe económico".

Pese a que tal golpe no se presentó hasta tres años después — cuando McDonald's era suficientemente fuerte para resistirlo — Stults todavía sostiene que la retardación planeada por Sonneborn para 1967 fue acertada. "¿No es conveniente tener un seguro de vida aun cuando uno no se muera durante la vigencia de la póliza?" pregunta.

Aun dentro de la compañía misma había señales que justificaban la política de Sonneborn, y una de ellas era el comportamiento de los restaurantes. Aunque el promedio de ventas iba en aumento, la expansión de los años anteriores había dejado a McDonald's con un número preocupante de establecimientos marginales o que daban pérdida en mercados aislados y no desarrollados. En parte esto obedecía al deterioro de la calidad de las concesiones que siguió al traslado de Kroc a California. Entre 1961 y 1963 se abrieron 335 nuevos puestos, duplicando de sobra el tamaño de la cadena, pero el departamento de concesiones no cumplía cabalmente la tarea de encontrar concesionarios idóneos para todos ellos. "Resolvía" el problema comprometiendo las normas cuidadosamente fijadas por Kroc. A pesar de la mala experiencia que el fundador había tenido al principio con sus amigos del Club Campestre Rolling Green, volvían a figurar inversionistas entre los concesionarios, y a algunos solicitantes se les otorgaban concesiones por el solo hecho de ser parientes de otros ya conocidos. A candidatos que no tenían suficiente capital se les hacían rebajas, mientras que a los que sí tenían dinero se les otorgaba la concesión sin hacerles muchas preguntas. El director de concesiones de la compañía, J. Kenneth Props, de 83 años, que ingresó al departamento de bienes raíces de McDonald's en 1962, después de 35 años de servir como gerente de mercadeo de la Standard Oil de Indiana, observa: "Ray conocía por experiencia las cualidades que debe reunir un individuo para tener éxito como operador de McDonald's; pero los que se encargaron de las concesiones después de trasladarse Ray a California no tenían ni idea de la manera como se debían escoger los concesionarios".

El problema se había agravado tanto en 1964 que Sonneborn tuvo que crear lo que llamó un departamento "de limpieza", encabezado por Props, para deshacerse de veinticuatro puestos McDonald's que estaban perdiendo por término medio US $1 000 mensuales. Todos eran de propiedad de la compañía, algunos por haberlos tomado de concesionarios que se dieron por vencidos, y otros porque el departamento de concesiones no había podido encontrar concesionarios para ellos. Después de todo un año de buscar compradores, Props sólo había podido vender dos de estas unidades. Por fortuna, seis años antes, Sonneborn había desarrollado lo que él llamaba un contrato de arrendamiento para bajas en los negocios, para salvar el restaurante que había estado en manos de Milo Kroc y del cual McDonald's había vuelto a tomar posesión, y ahora Props echó mano de ese instrumento para resolver su problema. En lugar de venderles los restaurantes a nuevos concesionarios, encontró operadores dispuestos a tomar los veintidós puestos restantes en condiciones favorables de arrendamiento y con un depósito de garantía de sólo US $5 000, la tercera parte del depósito normal. Dada la experiencia del departamento de limpieza, dice Props, "Sonneborn tenía razón para retardar las construcciones nuevas. Lo malo fue que no vio que la verdadera falla no estaba en el mercado para nuevos restaurantes sino en la incapacidad del departamento de concesiones, que no encontraba concesionarios idóneos".

De todos modos, Sonneborn habría peleado con Kroc aun cuando no hubiera habido preocupación con la recesión y los restaurantes marginales. Kroc estaba dispuesto a jugarse cuanto la compañía había logrado hasta entonces porque estaba convencido de que un ritmo mucho más veloz de expansión era una carta con la cual no se podía perder. El punto de vista de Sonneborn era todo lo contrario: "Cuando uno inicia una compañía", explicó, "toma dinero prestado con un solo fin: llegar a una posición que le permita salir de deudas. Cuando nosotros no teníamos dinero y jugábamos con el ajeno, no teníamos nada que perder arriesgando la expansión. Pero cuando lo que estábamos exponiendo era nuestro propio dinero, eso sí era para mí un problema. En esa situación si uno apuesta a la lotería ilegal es como jugar a la ruleta rusa".

Por eso Sonneborn desde 1967 desarrolló un plan a largo plazo que permitiría una "expansión ordenada" de nuevos restaurantes, aun después de terminarse la esperada recesión. En el plan se programaban exactamente doscientos nuevos restaurantes anuales durante el decenio siguiente, lo cual, calculaba Sonneborn, se podía financiar enteramente con la corriente de efectivo de McDonald's. Preveía Sonneborn que al final de ese periodo la compañía tendría buenas reservas acumuladas en los bancos y ninguna deuda. La única falla fue que en este plan se subestimó lamentablemente el potencial de McDonald's: A finales de 1977, según Sonneborn, McDonald's debía tener un poco menos de 3 000 restaurantes... 2 000 menos de los que en realidad llegó a tener en esa época.

Kroc veía la retardación de construcciones como prueba de que Sonneborn no apreciaba las pasadas realizaciones operativas de McDonald's ni tenía fe en su futuro. Años después confesó que desde el principio había creído que estas diferencias de puntos de vista acabarían por romper su asociación con Sonneborn. "A mí no me importaba un comino el dinero", explicó, "y las utilidades las daba por hechas. A lo que yo aspiraba era a hacer de McDonald's un ganador en el negocio de hamburguesas. Con eso era con lo que yo soñaba. Pero Harry era estrictamente un financista. No sabía nada de hamburguesas. No podíamos hablar porque él no entendía de operaciones. Eso fue lo que nos separó. A mí me parecía que Harry estaba convirtiendo a McDonald's en un negocio frío y calculador".

Al final lo que los estaba separando era precisamente el éxito que los dos socios se habían esforzado tanto por lograr. Mientras McDonald's tuvo que luchar, Sonneborn y Kroc tuvieron el mismo anhelo de expansión; mas en cuanto alcanzó un nivel de éxito económico, el deseo del primero de ganar más dinero no se compadecía con el deseo del segundo de vender más hamburguesas. "Harry se metió en este negocio para ganar dinero, y cuando tuvo lo que necesitaba, se salió", comentó Kroc. Este, en cambio, trabajó en McDonald's hasta el día de su muerte, ocurrida a los 81 años, impulsado por algo distinto de los centenares de millones que se ganó. Todo su ser estaba comprometido con lo que los clientes pensaran de McDonald's. Un año antes de morir dijo: "Si yo viviera cien años, estaría aquí [en la oficina] todos los días de la semana".

Fuera de sus diferencias sobre la expansión, Sonneborn y Kroc tuvieron otras peleas, en 1966. Una de ellas fue por el precio de las hamburguesas, que se habían mantenido en 15 centavos durante veinte años. Kroc quería aumentarlo a 18 centavos para contrarrestar la inflación, y creía que la calidad de McDonald's aseguraría la lealtad del consumidor. Sonneborn sostenía que el precio de 15 centavos era una característica indispensable del producto, y que era una locura modificar una fórmula que había comprobado su éxito en el mercado. Tan atrincherados estaban ambos en sus respectivas posiciones que la única manera de resolver la disputa era el paso que los altos ejecutivos tratan de evitar a toda costa: someterla a la junta directiva, como lo hizo Sonneborn.

En los últimos años las juntas directivas de las corporaciones han venido interviniendo más en la fijación de políticas, pero a mediados de los años 60 no hacían más que aprobar lo que se les presentaba, y ventilar disputas administrativas ante la junta era inconcebible. El hecho de que Kroc y Sonneborn pensaran siquiera en someter la cuestión del precio a la junta era en sí un síntoma de la gravedad de su desavenencia. "En lugar de entenderse personalmente con Ray, Harry cometió el error de convertir la junta directiva en un campo de batalla", dice Turner.

Cuando la cuestión de precio fue a la junta, la reacción dinámica entre Sonneborn y Kroc se acercó al punto de fusión. A Gerry Newman lo metieron en calzas prietas pidiéndole un análisis económico del problema del precio para presentarlo a la junta en apoyo de sus respectivas posiciones. Newman tomó el único camino posible para salir del compromiso: redactó dos informes, uno a favor y otro en contra del aumento de precio.

Pero la batalla en la sala de juntas llegó a ser casi surrealista porque Sonneborn, preocupado por que su posición sobre ése y otros asuntos contenciosos quedara debidamente documentada, insistió en grabar en cinta magnetofónica las reuniones. Cuando esto trascendió, todo el mundo comprendió que no estaba ya lejano el fin. Turner dice: "En McDonald's teníamos nuestra pequeña sociedad en que reinaba la franqueza; grabar lo que la gente decía era algo completamente extraño".

Más extraña aún era la posición de Ray Kroc en la batalla, para la cual buscaba desesperadamente quienes lo apoyaran. Aun cuando todavía poseía el 43 por ciento de las acciones, los miembros de la junta directiva parecían decididamente afectos a Sonneborn. Como Kroc se había ocupado exclusivamente de cuestiones operativas, la junta hasta ese momento no le había importado gran cosa. Era Sonneborn el que se entendía con la administración corporativa, y la junta se componía de ejecutivos que en su modo de pensar estaban más cerca de él que de Kroc.

Además de Kroc y Sonneborn, tenían asiento en la junta directiva dos funcionarios de la compañía, Dick Boylan, el brazo derecho de Sonneborn en cuestión de finanzas, y June Martino, que andaba en la cuerda floja entre sus dos jefes; y dos miembros de fuera de la empresa, ambos designados por Sonneborn y que eran sus asesores financieros: Allen Stults, del American National Bank, y Lee Stack, de Paine Webber. "En realidad Ray no podía estar seguro del apoyo de nadie", dice Donald Lubin, hoy miembro de la junta directiva de McDonald's y socio de Sonnenschein, Carlin, Nath y Rosenthal, el bufete de abogados que en la actualidad le presta servicios a McDonald's.

La firma de Lubin había tenido antes la cuenta de McDonald's, pero la perdió en los primeros años del decenio de los 60, cuando Sonneborn escogió otra firma de abogados, Chapman y Cutler. Estos, sin embargo, estaban considerados como los abogados personales de Sonneborn, de modo que cuando la estructura administrativa de McDonald's estaba a punto de romperse en 1966, Kroc acudió a Lubin. La experiencia de Lubin, que llegó a ser miembro de la junta directiva y recuperó la prestigiosa cuenta de McDonald's, subraya el valor potencial de todo contacto profesional, aun el más pequeño. Aun cuando en su momento no parecía que fuera una gran oportunidad, Lubin había abierto una pequeña rendija en la puerta de McDonald's poco después de hacerse pública la compañía. June Martino lo había llamado de buenas a primeras para hacerle una pregunta sencilla, a nombre de una amiga que necesitaba saber qué se requería para obtener un certificado de matrimonio en Nevada. Lubin telefoneó a un secretario distrital de ese Estado, y a los cinco minutos volvió a llamar a la señora Martino para darle la información que deseaba. Impresionada ella con tan eficiente servicio, le pidió después a Lubin que le redactara su testamento. Pronto vino un encargo más jugoso: el testamento de su jefe Ray Kroc.

Poco después, Lubin se fue encargando de todas las cuestiones legales y personales de Kroc, y eso condujo en 1967 a un nombramiento con que sueñan todos los abogados de sociedades anónimas. Lubin se había dado cuenta de los problemas que había entre Kroc y Sonneborn, pero no estaba preparado para una llamada telefónica que recibió encontrándose en Nueva York en viaje de negocios. Era Ray Kroc que al fin se había resuelto a actuar. Kroc le dijo: "Tengo un problema con Harry. Quiere irse y yo también quiero que se vaya. Hágame el favor de negociar con él su separación. Usted es el nuevo abogado de la compañía".

Lubin no salía de su asombro. Tenía entonces sólo 33 años de edad, y le faltaban unos cuantos para ser socio verdadero de la firma de abogados, pero Kroc había quedado impresionado con su capacidad, y no vaciló en nombrarlo miembro de la junta directiva de McDonald's. Esta fue la primera medida que tomó para reforzar su posición en dicha junta.

No había una amenaza real de un golpe de Estado encabezado por Sonneborn. Kroc seguía siendo propietario de más del 40 por ciento de las acciones, y si se llegaba a una pelea abierta, no había duda de que él la ganaría con la ayuda de los accionistas que le eran adictos. Pero, aun cuando quería a toda costa sacar a Sonneborn de la compañía para que McDonald's recuperara su ímpetu, no quería de ninguna manera una pelea ante el público sobre cuestiones de política. Para deshacerse de su rival debía trabajar de acuerdo con la junta directiva.

Entonces el descuido de Kroc en conservar su ascendiente en la junta lo colocó en una posición difícil. Si había que despedir a Sonneborn, la decisión tendría que tomarla una junta directiva que parecía más inclinada en favor de éste que de Kroc. Despedir a Sonneborn era una decisión que la junta no tomaría fácilmente. "A Ray le parecía que él no tenía allí amigos", recuerda Lubin. "La junta tendría que despedir a Harry, y en ese momento no habría estado dispuesta a darle gusto a Ray".

No todos los miembros opinan como Lubin. En efecto, Allen Stults, considerado como aliado de Sonneborn, insiste en que nunca fue dudoso el apoyo de la junta para Kroc. Y si se hubiera llegado al punto de votar entre el uno y el otro en cualquier cuestión de política, Stults dice que él y otros miembros habrían apoyado solidariamente a Kroc. "La junta no estaba a favor de Sonneborn", explica, "sino a favor de su política de estabilidad financiera. Si la expansión hubiera continuado al ritmo de Ray, McDonald's jamás habría podido construir una base financiera para crecer como creció posteriormente. Pero Ray Kroc fue el que fundó la compañía. Sus ideas y su filosofía eran sanas, y él contaba con el apoyo total de la junta directiva. Decir lo contrario es ridículo".

En todo caso, lo cierto es que Kroc *percibía* que se le oponía una junta dominada por Sonneborn, y estaba resuelto a reformarla con personal más inclinado a actuar como él quería. Le pidió a Lubin candidatos, y éste sugirió a David Wallerstein, antiguo presidente de Balaban and Katz, cadena de teatros de cine antecesora de Plitt Theaters. Wallerstein parecía un candidato perfecto, más inclinado al negocio al por menor que a las finanzas, y era como Kroc, un empresario. Además, estaba en el negocio de espectáculos y tenía la teatralidad que admiraba Kroc. Tenía también experiencia en una junta directiva grande, pues había sido miembro de la de ABC cuando ésta adquirió a Balaban and Katz. Después de una breve conferencia, Kroc resolvió llevar a Wallerstein a la junta directiva de McDonald's para debilitar más la influencia de Sonneborn.

Kroc deseaba con vehemencia volver a tener el control absoluto de su compañía. Para todos era evidente que estaba ya harto de aquella pugna inútil con Sonneborn, y quería hacer un cambio en la alta administración. Allen Stults hizo un esfuerzo de última hora por salvar la asociación Kroc-Sonneborn, y en reuniones privadas con el primero le dijo que era un error perder a un hombre de la experiencia financiera de Sonneborn, y que le sería muy difícil encontrar su reemplazo dentro de la compañía. Discutieron el asunto muchas veces pero no pudieron ponerse de acuerdo.

—Ya es tarde —le dijo Kroc sombríamente—. Harry tiene que salir.

—¿Y quién se va a encargar del puesto? —preguntó Stults.

—Pondremos allí a Fred Turner —replicó Kroc sin vacilar—. Es muy inteligente y aprenderá. Es bien capaz.

Después de tantas maniobras con la junta en preparación de un enfrentamiento final con Sonneborn, Kroc descubrió que su socio no quería pelear. Todo lo contrario. Estaba dispuesto a renunciar. El año anterior había entregado su dimisión con el pretexto de la ciática, pero entonces Kroc no la había aceptado. En 1967, cuando la volvió a presentar, le fue aceptada inmediatamente. Después Kroc diría que él había echado a Sonneborn, pero la verdad es que éste le ganó de mano. Sonneborn reconoce ahora que él había perdido el deseo de seguir manejando la compañía. "Mi utilidad para McDonald's había concluido", explica. "Yo había realizado allí todo lo que me propuse y quería vivir en paz el resto de mis días".

Hoy ya casi nadie se acuerda de Harry Sonneborn en la compañía. Esta está dominada por ejecutivos de operaciones que no creen, como creía él, que McDonald's sea una compañía de bienes raíces que accidentalmente vende hamburguesas. Su último voto fue de falta de confianza en McDonald's. La había perdido a tal punto que cuando renunció vendió todas sus acciones (el bloque más grande después del de Kroc) por unos US$12 000 000. Aunque le fue bien en la reinversión, perdió la inmensa oportunidad de que habría gozado con sólo conservar las 170 000 acciones (el 11 por ciento) de McDonald's que poseía cuando la compañía se hizo pública. A los precios de hoy, esas acciones valdrían unos US$700 000 000.

Su renuncia, a la edad de 51 años, fue tan amarga que cuando se retiró a Mobile, se cortaron sus relaciones con los demás ejecutivos de McDonald's, y sus realizaciones prácticamente se borraron de los registros de la empresa. A pesar de que nadie influyó más que él, excepción hecha de Kroc, en crear las bases de McDonald's, su retrato no aparecía entre los de los gerentes corporativos que adornan las oficinas ejecutivas de la compañía. Apenas en 1983 Fred Turner encargó un retrato de Sonneborn para la galería gerencial, primer paso para restablecer al antiguo presidente en el lugar que le corresponde en la historia de la compañía. Pero Turner sabía mejor que nadie cómo se aferraba Kroc a sus juicios sobre las personas: esperó hasta la muerte de éste, ocurrida en enero de 1984, antes de colgar el retrato de Sonneborn.

En 1967 Turner y Kroc habían llegado a una relación muy cercana a la de padre e hijo, y cuando renunció Sonneborn era obvio que Turner sería su sucesor. Pero Kroc esperó casi demasiado. Turner estuvo a punto de irse de la compañía, que parecía haber perdido la fe en sí misma. A pesar de sus 35 años de edad, nadie tenía más experiencia que él en el sistema McDonald's de comidas rápidas, y nadie, fuera de Kroc, tenía más fe en su potencial. Pero tampoco se sintió nadie más frustrado bajo el régimen de Sonneborn. El había guardado esa frustración, y en una comida en el Hotel Whitehall, cuando Kroc le informó de la renuncia de Sonneborn y de su nombramiento para sucederle, la emoción sacó al rostro de Turner lágrimas que no pudo contener.

Algunas eran lágrimas de alegría. Casi desde el día en que Kroc lo contrató, Turner había soñado con llegar a ser presidente de McDonald's. Pero también estalló su cólera reprimida, por el hecho de que Kroc no se hubiera enfrentado mucho antes a Sonneborn. "¿Y tú estabas en Babia?", le dijo. "¿Por qué no hiciste algo antes?"

Era la reacción que Kroc esperaba, aun cuando él mismo sentía la misma frustración contenida. "No se podía hacer antes", le contestó. "Cosas como éstas requieren tiempo para resolverse".

Capítulo 12
A TODA MARCHA

Eran las 9 de la mañana, y Ray Kroc sólo había dormido dos horas la noche anterior. Sin embargo, subió a la tribuna para dirigirse a los operadores de McDonald's congregados en convención en el otoño de 1968. Se sentía vigoroso — y muy preocupado. Había buscado por todas partes a Joan Smith, pero no la veía entre el auditorio.

No la había vuelto a ver desde hacía siete años, cuando ella rompió el compromiso. Es decir, no la había vuelto a ver hasta la noche anterior. Al igual que otros operadores, Joan y su esposo Rawley, que eran concesionarios en Winnipeg, Canadá, habían llegado a San Diego la víspera de la convención. Pero, a diferencia de los demás, Joan fue a parar a la suite de Ray Kroc en el hotel, después de una comida.

Fue una reunión inocente, aunque sólo fuera por la presencia de Carl Erickson, el chofer de Kroc. Ray y Joan pasaron varias horas interpretando en el piano sus viejas canciones preferidas, y se volvieron a enamorar. "Echa otro tronco a la chimenea", le decía Ray a su chofer cada media hora — hasta las 4 de la madrugada, hora en que se presentó Rawley para recoger a su esposa. La madre de Joan, que había viajado con ellos con la esperanza de evitar precisamente aquel reverdecer de viejos amores, insistió en que Rawley y Joan debían partir de San Diego aquella misma mañana. "Esto es como echar gasolina en una hoguera", le dijo a Joan.

Kroc estaba resuelto a no permitir que esta vez Joan se le volviera a escapar. Le había dicho la víspera que estaba dispuesto a divorciarse y casarse con ella, y Joan le contestó que ella haría lo mismo. Pero no viéndola entre el auditorio esa mañana de su discurso inaugural, temió que por segunda vez se hubiera arrepentido. Había una manera de averiguarlo, y la ensayó: "Me gustaría reconocer a todos nuestros nuevos operadores en el Canadá", empezó. "Hagan el favor de ponerse de pie para que todos los vean".

Tal como lo temía, Joan no estaba entre ellos. Pero pronto supo que esto no tenía importancia. Al partir de San Diego aquella mañana, Joan había obedecido por última vez los deseos de su madre. "Cuando me llevaron esa mañana", dice Joan, "no sabían que la suerte estaba echada, pero así era. Yo estaba resuelta a casarme con Ray".

Tan abruptamente como siete años antes había anunciado su decisión de divorciarse de Ethel, Kroc anunció ahora su resolución de divorciarse de Jane. Había planeado hacer con Jane un crucero alrededor del mundo en el barco escandinavo *Kingsholm* cuando terminara la convención, y los altos gerentes de McDonald's, directores, concesionarios y proveedores se reunieron en Fort Lauderdale para darles una fiesta de despedida. Desde hacía meses habían organizado esta despedida, que se haría a bordo de un yate contratado al efecto, y ya era tarde para que Kroc se excusara. Primero pensó en iniciar el crucero y abandonar el barco en el primer puerto que tocaran, pero antes de llegar a Fort Lauderdale había cambiado de opinión y había resuelto cancelar el crucero y anunciar inmediatamente su divorcio. Los del clan McDonald's se congregaron a bordo del yate como estaba previsto, pero la fiesta resultó muy distinta de lo esperado. Mientras navegaban por las aguas costeras, se formaban a bordo grupos que cuchicheaban comentando la noticia que a todos los había sorprendido. Jane estaba hecha un mar de lágrimas, y las amigas trataban de consolarla. Lou Perlman iba de un lado a otro lamentándose de que acababa de mandar una canasta de US $200 de champaña, frutas y flores al camarote de los Krocs en el *Kingsholm*. La fiesta en el yate, recuerda Don Lubin, fue una versión de "El Barco de los Tontos".

Una vez más la vida personal de Kroc estaba afectando al destino de la compañía. Después de la renuncia de Sonneborn, Kroc había recuperado el papel de jefe ejecutivo y hasta había demorado un año el anuncio del nombramiento de Fred Turner como presidente para darle tiempo de amoldarse al cargo. Pero estaba convencido de que necesitaba un presidente fuerte para reemplazar a Sonneborn, una persona que compartiera su fe en McDonald's y su insistencia en la calidad, el servicio, la limpieza y el valor. Aun cuando él siguiera interviniendo directamente en McDonald's, no iba a cometer el error de otros fundadores, que esperan hasta que es demasiado tarde para dejar el poder.

Ahora, un año después de la salida de Sonneborn, Kroc tenía la mejor justificación para dejar en manos de Fred Turner las riendas de su compañía: iba a empezar una vida nueva con Joan. "Ray era el empresario clásico pero no cometió la clásica equivocación de quedarse demasiado tiempo", observa Harry Fisher.

Dada la experiencia que Kroc tuvo con Sonneborn, tal vez sorprenda que estuviera dispuesto a entregarle a otra persona el poder ejecutivo. Pero él estaba seguro de que había escogido al hombre capaz de poner a McDonald's nuevamente en marcha, porque sabía que nadie compartía su gran visión del futuro de la compañía más completamente que Fred Turner.

Para un observador poco cuidadoso, Fred Turner y Ray Kroc eran tan distintos entre sí como Kroc y Sonneborn. Para Kroc el aspecto externo era definitivo, y siempre vestía con extremada pulcritud, en tanto que a Turner las apariencias lo tenían sin cuidado. A Kroc le gustaba figurar en público y no disimulaba su creciente fortuna, mientras que Turner era tan discreto como Sonneborn y no hacía ostentación alguna de riqueza. El y su esposa, Patty, siguieron viviendo en un suburbio de clase media aunque bien habrían podido darse el lujo de mudarse a alguno de los sectores elegantes de la élite de Chicago. Y aun cuando durante corto tiempo, por darle gusto a Kroc se dejó llevar a la oficina en un Cadillac con chofer, pronto abandonó esa limosina porque la consideraba incompatible con su concepto de una cadena de hamburguesas como una empresa igualitaria.

Kroc tenía disposición para manejar una cadena de hamburguesas porque era exhibicionista y comprendía que en McDonald's había un gran elemento de teatralidad. Turner no es así. Aun cuando su voluntad es igualmente firme y decisiva, se siente mejor trabajando tras el telón. No busca la atención de la prensa; más bien parece rehuirla, y cuando concede entrevistas, le falta el estilo pintoresco con que Kroc sintetizaba un asunto. Su comportamiento es serio y no hace esas tajantes distinciones entre blanco y negro que facilitan la lectura. Estas características lo han hecho vulnerable ante los reporteros que explotan su franqueza.

Aun cuando ha manejado a McDonald's más tiempo que Ray Kroc,

Fred Turner nunca ha brillado más que el fundador. Durante todo el decenio de los 70, Turner siguió siendo el principal vocero de McDonald's, y a medida que la cadena inauguraba miles de locales, Kroc desempeñaba el papel dominante para mantener su imagen de organización pintoresca y humana. Era Kroc el que figuraba en primer plano en la inauguración de nuevos restaurantes; era Kroc el que pronunciaba los discursos y se presentaba ante las cámaras de la televisión. Y en los artículos de periódicos y revistas, al que citaban era a Kroc, no a Turner. También era Kroc el mejor medio de contacto de McDonald's con el importante sector del público constituido por los concesionarios. Su oficina en San Diego (a donde se mudó de Los Angeles en 1974) era visitada todas las semanas por doce o más de ellos que buscaban su consejo.

Turner no era un incondicional de Kroc, ni mucho menos, pero tampoco hacía nada por disipar la idea de que éste era todavía "el jefe" de la cadena. Le daba este nombre y aun en cuestiones de poca monta obraba de modo que Kroc pudiera cumplir su voluntad, si en ello se empeñaba. Aunque Turner acababa por decir la última palabra en proyectos multimillonarios, insistía en que Kroc tomara las decisiones finales en materia de sueldos y bonificaciones de todos los ejecutivos, pues sabía que a Kroc le gustaba tener el privilegio de quitarle a alguno US $1 000 de la bonificación para dárselos a otro. A veces se necesitaba bastante originalidad para darle gusto. En 1970, cuando la Guardia Nacional hizo fuego y mató a cuatro manifestantes por la paz en la Universidad Estatal de Kent, Kroc prohibió que las banderas de McDonald's se izaran a media asta. Un concesionario de una población universitaria fue a decirle a Turner, aterrado, que los estudiantes, que eran sus mejores clientes, exigían que él y otros comerciantes enarbolaran la bandera a media asta como homenaje a las víctimas. Turner encontró la manera de sacar al concesionario del conflicto, sin llevarle la contraria a Kroc: le dijo que engranara en marcha atrás la camioneta de reparto del pan y con ella tumbara el poste que servía de asta de la bandera.

Pero la deferencia que Turner mostraba por Kroc iba más allá de las cosas superficiales. Kroc era su maestro, y si lo llamaba por teléfono casi todos los días era porque quería el consejo del hombre cuyo genio para el negocio al por menor y las operaciones él respetaba. De este modo Kroc, aunque permaneció en California cuando Turner asumió la presidencia, siguió desempeñando un papel sumamente activo en la compañía. Fue siempre el más entusiasta partidario de nuevos productos, y recomendó centenares de sitios para nuevos restaurantes. Se preocupó más que nadie por los informes de ventas de las nuevas unidades, y personalmente siguió fastidiando a los operadores que dejaban algo que desear en cuanto a calidad, servicio, limpieza y valor.

Cuando Kroc estaba seguro de la conveniencia de una política nueva, la imponía. En 1969, por ejemplo, ordenó que los límites territoriales de una nueva concesión se redujeran de un radio de cinco kilómetros a la redonda, al local mismo del restaurante. El anterior territorio se había considerado parte integrante de la concesión, pero Kroc, anticipándose muchos años a todo el mundo, previó que en muchos casos varias unidades McDonald's podrían ubicarse a corta distancia unas de otras. "Insistió e insistió", dice Turner, "y nosotros no entendíamos por qué. Aceptamos la medida sólo porque él insistió tanto".

En suma, la actitud de Turner frente a Kroc restableció la armonía que se había perdido a mediados de los años 60, cuando McDonald's se dividió peligrosamente en dos campos. No fue menor el papel que desempeñaron en esta nueva armonía las íntimas relaciones personales que se habían desarrollado entre Turner y Kroc. "Fred vino a ser el hijo que Kroc nunca tuvo", observa David Wallerstein. "Fred adoraba a Ray y lo sabía manejar. Se las ingeniaba para hacerle aceptar algo haciéndole creer que era idea de él. Lo manejaba como un hijo maneja a un padre". Otro miembro de la junta directiva, Allen Stults, agrega: "Era sorprendente cómo Fred trataba a Ray, porque no estaba fingiendo cuando llamaba por teléfono a California a preguntar qué opinaba «el jefe», y al mismo tiempo manejaba a McDonald's tan rígidamente como Sonneborn".

A pesar de todo, la presencia pública de Kroc opacaba tanto a Turner, que éste era casi desconocido fuera de McDonald's, aun entre la comunidad mercantil que debía conocer al jefe ejecutivo de una empresa que vendía US$11 000 millones al año. Esta suerte habría sido acaso merecida si Turner hubiera sido un mero testaferro. Mas si esto era lo que la gente creía, la realidad era muy distinta.

Al mismo tiempo que recibía los homenajes del público como el principal arquitecto del gran éxito de McDonald's, Kroc calladamente iba dejando que Turner tomara todas las decisiones. Turner no perdió tiempo para ejercer tal poder, y sus decisiones ciertamente no fueron las de un gerente de mentirijillas. Todo lo contrario. Durante los cinco primeros años de su presidencia — de 1969 a 1973 — dirigió más cambios que cuantos había experimentado McDonald's en los quince años anteriores. Kroc sin duda echó las raíces, pero Turner cambió de tal modo las cosas que el McDonald's que resultó después de ese periodo apenas se parecía al McDonald's de cinco años atrás. David Wallerstein declara: "El moderno McDonald's es estrictamente creación de Fred Turner".

Cuando Turner llegó a la presidencia, en 1968, la compañía se encontraba en aquel punto crítico a donde necesariamente llegan todas las compañías cuando tienen éxito en la primera etapa de su desarrollo. Trataba de hacer la difícil transición para convertirse en una gran corporación, y parecía como si no se atreviera a hacer la transición. La industria de comidas rápidas estaba floreciendo, pero McDonald's, que antes la había dominado, se veía acosada por competidores que parecían no menos capaces y resueltos a tomar el liderazgo.

En efecto, algunos de los principales competidores parecían más resueltos a tomarlo que McDonald's a conservar el que había ejercido. En 1967 el programa de expansión de Burger King alcanzó al fin la meta de cien puestos nuevos al año, igualando por primera vez el ritmo de expansión de McDonald's. Eso le daba apenas un poco más de la tercera parte del número de puestos que tenía McDonald's; pero ese año Burger King, con base en Miami, era potencialmente la competidora mejor financiada por haber sido adquirida por la Pillsbury Corporation, la tercera de las más grandes compañías de alimentos empacados. Según las apariencias, Burger Chef representaba una amenaza mayor aún. A principios de 1968 su programa de expansión había acortado la distancia entre ella y McDonald's reduciéndola a menos de cien puestos, y ese mismo año General Foods, la segunda de las procesadoras de alimentos, siguió el ejemplo de Pillsbury y entró en el negocio destinando US $20 000 000 a comprar a Burger Chef.

Había empezado la carrera de las corporaciones en la boyante industria de comidas rápidas. Al cabo de pocos años casi todos los gigantes del procesamiento de alimentos iban a tener participación en el negocio. Ralston Purina adquirió un drive-in de la costa del Pacífico llamado Jack-In-The-Box. Borden's estaba desarrollando una nueva cadena de hamburguesas llamada Burger Boy. Consolidated Foods había comprado a Chicken Deligth. Great Western, el conglomerado del azúcar, compró a Shakey's Pizza. Servomation, compañía especializada en alimentación institucional, compró a Red Barn, impresionante competidor en el campo de comidas rápidas, que tuvo su origen en Ohio. Y la Marriott Corporation, habiendo fracasado en su ensayo de convertir su famosa Hot Shoppe's de Washington en Hot Shoppe Juniors, tenía mucho mejor suerte con su nueva operación de comida rápida llamada Roy Rogers.

Por otra parte, muchas compañías nuevas querían aprovechar esa fiebre de las comidas rápidas, y se había puesto de moda que las celebridades de la televisión prestaran sus nombres para popularizar esos negocios. La política restrictiva de Sonneborn, proyectada para una recesión que no ocurrió, dejó a McDonald's en la muy precaria posición de un líder que se deja sorprender por un explosivo crecimiento del negocio. Turner recuerda: "La competencia saltaba por todas partes. Casi aparecía una cadena nueva cada semana".

Con semejante presión, no era nada seguro que McDonald's pudiera conservar su liderazgo en el mercado y al mismo tiempo su independencia corporativa. Si otros se hubieran visto en la situación de Ray Kroc, quizás habrían optado por realizar sus utilidades de capital y habrían buscado refugio en los brazos de una casa matriz rica. En efecto, pocos meses después de haber elegido presidente a Turner, se le presentó a Kroc una maravillosa oportunidad de seguir ese camino. En compañía de Turner y de Dick Boylan, fue invitado a cenar una noche en Nueva York, en el apartamento de Nate Cummings, el dominante jefe ejecutivo de Consolidated Foods y arquitecto de la estrategia de adquisiciones de dicha corporación. Las paredes de su apartamento en el Waldorf Astoria estaban cubiertas de cuadros impresionistas que mucho impresionaban a los ejecutivos de las compañías que Cummings estaba explorando. "Yo me sentía como una mosca en una telaraña", recuerda Turner.

Con muchísimo tacto el anfitrión tocó el tema de la adquisición. "¿No habrá alguna manera en que podamos acercar nuestras dos compañías?" le preguntó a Kroc, insinuando un posible "matrimonio" y evitando cuidadosamente emplear palabras como *absorción* que describirían más exactamente lo que él en realidad buscaba. Kroc le contestó con mucha franqueza: "Usted tiene una compañía maravillosa, y para nosotros sería un honor. Pero el problema es que nosotros no entraríamos en ninguna combinación de esa naturaleza, a menos que nosotros fuéramos la compañía superviviente; y, francamente, no sabríamos cómo manejar una compañía como la suya". Recordando la reacción de Cummings, dice Turner: "Se quedó con la boca abierta. No sería la primera vez que le decían nones, pero seguramente ésta debió de ser la negativa más memorable que recibió Nate Cummings en su vida".

La respuesta de Kroc fue más significativa aún para el joven presidente de McDonald's. El fundador no tenía el menor interés en vender, y obviamente le daba a Turner luz verde para seguir adelante a toda marcha. La estrategia de Turner consistía simplemente en efectuar la expansión de McDonald's a un ritmo que ningún ejecutivo de comidas rápidas, ni siquiera el mismo Kroc, creía posible.

Los analistas de valores empezaban ya a hablar de la saturación del mercado de comidas rápidas, pero Turner no lo creía así. "Existía una demanda represada en todo el sistema", dice, "y todos nuestros mercados necesitaban nuevos locales. Y para ser más competitivos necesitábamos además las entradas adicionales que los nuevos restaurantes generarían para invertir en publicidad. En el sector operativo de la compañía todo el mundo lo sabía. Los operadores lo sabían. Yo lo sabía. El crecimiento del promedio de volúmenes de ventas lo sugería. Era perfectamente obvio".

Pero si la expansión era una solución obvia ante el desafío de la competencia, las ideas que Turner tenía sobre ella tomaron a todo el mundo por sorpresa, y especialmente a los competidores de McDonald's. En sus dos primeros años como presidente, duplicó el personal de bienes raíces y de construcciones a fin de poder ejecutar su atrevido plan de aumentar las inauguraciones de restaurantes de la cadena, en un periodo de cinco años, de 100 a 500 unidades nuevas al año. Si bien Burger Chef y Burger King habían empezado a igualar el antiguo ritmo de expansión de McDonald's, no pudieron acercarse siquiera a mantener el nuevo ritmo: 211 puestos nuevos en 1969, 294 en 1970, 312 en 1971, 368 en 1972, 445 en 1973, y finalmente 515 en 1974.

En 1974 McDonald's contaba con 3 000 restaurantes en su cadena nacional, el triple de lo que Turner había heredado cuando asumió la presidencia cinco años antes, y McDonald's había recuperado su hegemonía en el negocio de comidas rápidas en un periodo crítico en que se delineaban posiciones competitivas en el mercado para el largo plazo. Realmente, la oportuna expansión de McDonald's fue clarividente. Su programa avanzaba con el mayor vigor justamente en el momento en que sus mayores competidoras cometían el error de frenar los suyos.

Reaccionando a un reajuste en el negocio de comidas rápidas, Pillsbury contuvo la enérgica expansión de Burger King, y ésta en 1974 iba detrás de McDonald's con una diferencia de 2 000 puestos. Jim McLamore, cofundador de la cadena, y quien se la había vendido a Pillsbury con la esperanza de conseguir fondos para alcanzar a McDonald's, abandonó la presidencia de Burger King, desilusionado con la política de Pillsbury. McLamore considera que lo ocurrido en la industria de comidas rápidas entre 1969 y 1972 explica en gran parte por qué hasta el día de hoy McDonald's aventaja casi por tres a uno en ventas de hamburguesas a Burger King, que es la que le sigue. "Habíamos venido pisándole las huellas a McDonald's con diferencia de unos cuarenta meses en los últimos años del decenio de los 60", dice McLamore, "y nuestro ritmo de crecimiento era en realidad más alto que el suyo. Pero uno de los errores que cometió Pillsbury fue frenar súbitamente el crecimiento de Burger King entre 1969 y 1972, y entonces McDonald's nos tomó una gran ventaja. Ray Kroc comprendió que ése era el momento de acelerar el desarrollo de su negocio, y esto es una cosa que siempre le hará honor".

Pero en vista del desastre que había sufrido General Foods con su Burger Chef, los gerentes de Pillsbury tenían razón al poner en duda si una operación de comidas rápidas se compadecía con su negocio tradicional de empacar alimentos. A casi todos los grandes procesadores de alimentos que se metieron en comidas rápidas a finales de los años 60 los sorprendió la complejidad del negocio y los desilusionaron los resultados. Servomation prácticamente acabó con Red Barn, la cadena que compró y que tanto prometía, por no darle suficiente capital para pasar el periodo de desarrollo cuando las utilidades son pocas o no las hay.

De análoga manera, Ralston Purina emprendió una desgraciada expansión de Jack-In-The-Box, y luego tuvo que retirarse a la fuerte base que la cadena tenía en el Suroeste.

Pero ninguna de las recién llegadas a la industria sufrió mayor desilusión que General Foods; cuando compró a Burger Chef en 1968, ésta tenía 850 puestos, contra 970 de McDonald's, y estaba acortando rápidamente la distancia, inaugurando nuevas unidades a razón de 300 al año, o sea el triple de lo que Sonneborn había autorizado en McDonald's. Robert Wildman, antiguo vicepresidente ejecutivo de Burger Chef, recuerda: "Acabábamos de aumentar nuestro potencial para un crecimiento más rápido aún, ampliando nuestro personal de campo y abriendo nuevos territorios, pero teníamos más potencial de crecimiento de lo que podíamos financiar. Le vendimos la compañía a General Foods porque pensamos que ellos podrían financiar nuestro veloz crecimiento. Pero no ocurrió así".

Al principio General Foods sí le dio a Burger Chef muy importantes recursos, pero cometió el error de eliminar a todo el personal de campo, que se componía de 54 personas dedicadas a buscar nuevas propiedades y supervigilar el desarrollo de los nuevos puestos. Algunos de estos funcionarios ganaban más dinero que los gerentes de General Foods enviados a Indianápolis a manejar la cadena. Los ejecutivos creyeron que podían eliminar los jugosos sueldos de esos empleados reemplazando todo el personal de campo por corredores independientes de bienes raíces. Cuando corrió la voz, los corredores inundaron a Burger Chef de ofertas de sitios, pero la mayor parte de ellos no eran aptos para un puesto de comidas rápidas; y al prescindir de su personal de campo, General Foods empezó a perder el control del programa de desarrollo de nuevos puestos. En 1971 era claro para todos que el programa de expansión de Burger Chef se le había salido de las manos: General Foods frenó violentamente ese desarrollo y liquidó pérdidas por US $75 000 000 en su operación de comidas rápidas.

En un solo año General Foods había perdido más dinero en el negocio de hamburguesas que cuanto ganó McDonald's en los diez años anteriores. En adelante Burger Chef ya no fue nunca una competidora temible para aquélla, pues nunca se expandió más allá de los 1 200 puestos a que llegó en los primeros años 70. Después de una serie de nuevos reveses, General Foods vendió su cadena de hamburguesas, y hoy Burger Chef, que es una división de Hardees, tiene menos de un centenar de puestos en funcionamiento.

Las pérdidas que sufrió Burger Chef constituyeron para los gigantes y los conglomerados del procesamiento de alimentos una clara señal de que el negocio de comidas rápidas no era la fuente de fáciles ganancias que se habían imaginado. Revelaron, en efecto, un error conceptual que comete una compañía grande y diversificada cuando pretende manejar una operación de comidas rápidas como maneja sus divisiones de fabricación: desde la sede de la corporación.

Las compañías de alimentos empacados descubrieron un poco tarde que hay una diferencia enorme entre la administración de alimentos elaborados que se les venden a las tiendas de comestibles, y la de comidas que se preparan y se le venden directamente al público en un puesto de servicio rápido. En la primera, la fabricación está centralizada, y es más fácil de controlar; la venta al consumidor es indirecta, y depende mucho de las marcas que se anuncian. En la segunda, la producción está descentralizada y es difícil de controlar, pues cada puesto o restaurante es una unidad autónoma de producción; además, la venta al consumidor es directa y depende muchísimo del servicio local. "Burger Chef no encajaba bien en la estructura administrativa de General Foods", dice Wildman. "Estaban acostumbrados a manejar una fábrica de Jell-o, a llenar cajas y fomentar la demanda mediante publicidad. Nuestro negocio era extraño para los gerentes de General Foods, que no tenían experiencia en el trato directo con el público ni con el personal de servicio. Cuando los mandaron a manejar a Burger Chef se sintieron como si los hubieran enviado a Siberia".

Kroc se había librado de correr igual suerte insistiendo en la independencia de McDonald's, pero evitar la adquisición no bastaba para eliminar el riesgo que corría Turner con su programa de expansión masiva. Aun cuando permaneciera independiente, no había garantía de que McDonald's no pudiera perder el control de su crecimiento, como General Foods había perdido el control de Burger Chef.

Sin embargo, Turner sabía que McDonald's tenía el mejor servicio de campo de la industria, mientras que Burger Chef tenía uno de los peores, además de haberse organizado por regiones en 1965; y Turner, apenas inició su gran programa de expansión, reforzó ese sistema aumentando el número de regiones de cinco en 1967 a ocho en 1973. Una medida más importante aún fue que a los gerentes regionales les dio más autoridad. Hasta entonces la decisión final sobre nuevos locales y nuevos concesionarios la tomaba la administración central de McDonald's; Turner ordenó que tal decisión pasara a ser responsabilidad exclusiva de las regiones. A los gerentes regionales se les dieron facultades parecidas a las que tendrían los gerentes de cadenas locales independientes. Sus decisiones en asuntos de otorgar concesiones y de bienes raíces eran la última palabra.

En pocos años Turner reemplazó la administración centralizada de Sonneborn por una de las estructuras corporativas más descentralizadas del país. Sin embargo, en un negocio de servicio en que el producto final se elabora en el terreno, la descentralización del poder sirvió para aumentar el control de McDonald's sobre la expansión. Los gerentes estaban más cerca de los puntos de acción, y, por consiguiente, estaban mejor informados para formar juicios. Sus decisiones se ajustaban a los problemas específicos y a las oportunidades de crecimiento de su mercado local. En resumen, McDonald's escogió un sistema administrativo totalmente contrario al que siguieron las compañías de alimentos empacados que entraron en el campo de comidas rápidas. En este campo, dice Turner, "cuanto más cerca de los restaurantes y del mercado se tomen las decisiones, mejores serán éstas".

La verdad de que el plan de descentralización de McDonald's contribuyó a que la cadena conservara su alto nivel de control sobre la calidad del servicio y sobre la elección de locales se vio en el resultado de las ventas. Mientras que los promedios de ventas por restaurante en Burger Chef y otras cadenas de rápida expansión cayeron verticalmente en los últimos años del decenio de los 60, en la cadena McDonald's el promedio de ventas por restaurante subió de US $333 000 a US $621 000 durante los primeros cinco años de Turner, e, igualmente, el número de locales se triplicó.

Mantener el control era sólo uno de los problemas de la expansión masiva. Otro era la obvia carga financiera. Sonneborn creyó haber resuelto la insuficiencia de capital de McDonald's, pero él construía sólo cien puestos nuevos al año, mientras que Turner cada año *estaba levantando* casi cien más de los que se habían construido el año anterior. Pero no era solamente la magnitud del programa expansionista lo que presionaba sobre las finanzas de la compañía sino que, en lugar de tomar terrenos en arrendamiento para las nuevas construcciones, como lo había hecho Sonneborn, Turner les ordenó a los gerentes de la cadena empezar a comprar para construir restaurantes todos los sitios que estuvieran en venta, y casi de la noche a la mañana McDonald's empezó a ser propietaria de las dos terceras partes de sus nuevos establecimientos.

Turner se hacía la consideración de que, si bien al principio la política de adquisiciones puede ser más costosa que la de tomar los terrenos en arrendamiento, con el tiempo se acaban los pagos por compra de terrenos, y los inmuebles quedan libres; mientras que el arrendamiento nunca termina, y a medida que el negocio prospera el valor de la tierra también sube y el canon de arrendamiento necesariamente tiene que subir, quizá triplicándose o cuadruplicándose cuando los contratos vencen y hay que renovarlos. "No era un golpe de talento", dice Turner; "era una cosa obvia. En los primeros cinco años se gana más dinero tomando los terrenos en arrendamiento; pero de ahí en adelante se gana más comprándolos".

La estrategia de adquisición de terrenos reflejaba una perspectiva a largo plazo que no tenían otras corporaciones, las cuales en los años 60 y 70 maximizaban las utilidades de cada trimestre. Pero ello implicaba considerables riesgos a corto plazo, puesto que casi duplicaba la cantidad de capital que McDonald's tenía que desembolsar para cada nuevo restaurante. Eso significaba un endeudamiento mucho mayor. En comparación con la atrevida jugada de Turner en bienes raíces, la de Sonneborn parecía pálida. Por otra parte, las ganancias fueron también mucho mayores. Hoy McDonald's es propietaria del terreno del 65 por ciento de sus restaurantes en los Estados Unidos, mientras que otras cadenas siguen pagando arrendamiento por la mayoría de sus locales. Al madurar la industria de comidas rápidas, se ven estas cadenas ante la perspectiva de fuertes aumentos de los cánones al aproximarse el vencimiento de sus contratos de arrendamiento, que eran pactados a veinte años.

Así, pues, mientras que Sonneborn les enseñó a las cadenas de comidas rápidas las ventajas del alquiler, Turner colocó a McDonald's en la envidiable posición de ser la mayor propietaria de bienes raíces en el mundo.

Otro aspecto del programa de expansión que aumentó grandemente la carga financiera fue la modernización de los locales que decidió emprender McDonald's, pues no se les había hecho ninguna mejora de verdad desde que Dick y Mac inventaron el diseño original a principios de los años 50. Por esta razón los puestos McDonald's dependían exclusivamente de pedidos que se hacían en las ventanillas de servicio para que los clientes se los llevaran. Pero, siguiendo las ideas de Kroc, quien había inaugurado en California un gran programa de patios con mesas y asientos, Turner pensó que el sistema ya estaba maduro para una conversión masiva a comedores bajo techo. "Nos veíamos frente a un mercado más exigente de comidas rápidas, y la clientela quería más comodidades", dice Turner; y recordando el auge del ambientalismo a finales de los años 60, agrega: "Aquellos edificios con sus baldosines blancos y rojos y los arcos dorados que sobresalían de los techos empezaban a parecer anticuados. Ya no se consideraba que los arcos del techo embellecieran el paisaje norteamericano".

El nuevo diseño, introducido en 1968, se apartaba dramáticamente del antiguo. Los famosos arcos dorados, que eran como la firma de McDonald's, se retiraron del edificio, aun cuando se conservaron en la muestra. Los baldosines rojos y blancos se reemplazaron con ladrillo. El techo inclinado cedió el lugar a una cubierta más contemporánea, de mansarda. Pero indudablemente el cambio más dramático —y potencialmente más traumático— fue la expansión del edificio para darle una cabida de cincuenta asientos. "Habíamos crecido como un drive-in de comidas para llevar", comenta Turner, "y ahora nos convertíamos en un restaurante".

El cambio fue también traumático desde el punto de vista financiero, tanto para McDonald's como para los concesionarios. Modernizar cada sucursal costaba US$50 000 según el nuevo diseño, y al pedirles a los operadores que hicieran ese gasto la compañía hacía lo que ninguna otra cadena se había atrevido a hacer. Pero los convenció de que con mesas y asientos sus ventas aumentarían por lo menos el 20 por ciento, y de que con las correspondientes utilidades la inversión se pagaría en tres años.

Estos cálculos se quedaron cortos. Casi todos los concesionarios tuvieron fe en la exactitud de las proyecciones de ventas de la compañía. En esencia, el programa de reconversión masiva se basaba en una cosa que McDonald's había cultivado y de la cual otros concesionistas no habían hecho caso: la confianza de sus concesionarios.

Desde luego, la compañía misma dio el ejemplo, pues a partir de 1968, todos los nuevos restaurantes se construyeron según el nuevo modelo. Esto agravó la presión sobre las finanzas de McDonald's. Cada edificio nuevo costaba US$100 000, el doble de lo que costaban los antiguos, y agregando esto al costo del terreno, que ya era mayor, y a los costos provenientes del tamaño del programa de expansión, era claro que la tarea de financiar esa expansión iba a ser monumental.

A pesar de todo, Turner no le prestó mucha atención al problema financiero. Se contentó con trasladárselo a Dick Boylan, que era entonces el jefe de finanzas de la compañía. Normalmente es este funcionario el que debe informarle al jefe ejecutivo con cuánto capital se cuenta anualmente para la expansión, pero en 1968 Turner no quería saber nada de limitaciones de capital. Ahora recuerda: "Yo simplemente le dije a Dick: Yo voy a comprar; tú consigue el dinero".

Como Boylan había sido el brazo derecho de Sonneborn y su candidato para sucederlo, podría haberse esperado que Turner lo reemplazara; pero, por el contrario, confiaba en él más que el mismo Sonneborn, y le dio más poder sobre las finanzas de McDonald's. En ese terreno nunca lo desautorizó, y hasta le toleraba que se entendiera directamente con la junta y a él apenas lo mantuviera superficialmente informado de lo que estaba haciendo. Tal era la autonomía de Boylan, que en una asamblea de accionistas, o en una reunión de analistas de Wall Street, al presentarle al personal ejecutivo de la compañía Turner solía decir: "Dick Boylan es nuestro alto vicepresidente ejecutivo encargado de las finanzas, y le rinde cuentas a...su mujer, Rose".

Turner tenía razón en darle tan amplias facultades a Boylan, pues él no era experto en ese campo y lo necesitaba para que dirigiera la financiación de su programa de expansión mientras él se ocupaba en la dirección de los aspectos operativos. En cuanto a Boylan, esos poderes bien pueden explicar por qué siguió con McDonald's a pesar de no haber sido elegido presidente. Turner dice: "Yo dejaba que Dick realizara su trabajo sin atravesarme en su camino, y él tampoco se entrometía en lo mío. El podía haberme combatido, y haberme creado problemas. El había sufrido una desilusión porque esperaba que lo nombraran presidente, y seguramente se sentía mejor preparado que yo. Pero llegamos a estimarnos mucho recíprocamente, y en los negocios conservábamos la distancia. Establecimos una tregua".

La inesperada cooperación entre Turner y Boylan — controlando el uno las finanzas y dirigiendo el otro todo lo demás — fue tan decisiva para McDonald's como la separación de Sonneborn. Si Turner se hubiera encargado de las finanzas habría conseguido gran parte del dinero para la expansión mediante la venta de acciones, que parecía la manera más barata de conseguir capital. "Mi punto de vista era que la financiación con acciones era dinero gratis", recuerda Turner. Boylan pensaba todo lo contrario. "Es difícil hacerlo entender", sostiene, "pero vender acciones es la forma más costosa de financiación para una compañía en crecimiento. En cambio, tomando dinero prestado se fija un tipo de interés y al fin uno paga el préstamo. Pero con la financiación a base de patrimonio no se acaba de pagar jamás porque el capital en acciones se diluye constantemente y uno paga dividendos sobre las nuevas acciones toda la vida".

La política de Boylan, de financiar el ciento por ciento de la expansión por endeudamiento, coincidía con la estrategia de Turner en que ambos habían escogido planes que producían los mejores resultados a la larga, no las utilidades más fáciles a corto plazo. Pero para muchos en McDonald's este concepto no era fácil de entender. La compañía tenía acciones muy bien cotizadas y una atractiva relación precio-utilidad. La venta de acciones parecía fácil, y no había que pagar intereses. "Yo tuve que oponerme a una constante presión para que vendiéramos acciones", recuerda Boylan.

Como Boylan era hombre de lenguaje fino y maneras suaves, al principio parecía que iba a ser un juguete en las manos de Turner; pero en materia de su especialidad, Boylan se mostró firme y tenaz. A pesar de la presión que ejercían Turner y los banqueros inversionistas para que ofreciera acciones en venta, Boylan financió el ambicioso programa de expansión de McDonald's mediante sucesivas emisiones de títulos de deuda. En efecto, aumentó el endeudamiento de la compañía de US $43 500 000 en 1968 a US $353 000 000 a finales de 1974. Y durante ese periodo McDonald's sólo consiguió US $65 000 000 sobre patrimonio. Esa fue la única concesión que le hizo Boylan a Turner, y fueron las únicas acciones que jamás vendió McDonald's. Todas las demás ventas de acciones, incluyendo la inicial, fueron bloques vendidos por Kroc y otros de los principales accionistas.

Desde varios puntos de vista, el fuerte endeudamiento de Boylan fue la parte más arriesgada del programa de expansión. Si ésta tenía éxito, la política de Boylan aseguraba que los frutos del éxito de McDonald's quedaban reservados para los actuales accionistas. Pero al mismo tiempo la compañía acumulaba un pasivo enorme por el servicio de la deuda, y si se presentaban reveses en el mercado de comidas rápidas, podía verse en crítica situación de fondos.

McDonald's marchaba en una dirección opuesta al rumbo trazado por el protector de Boylan, Harry Sonneborn, quien había proyectado una continua reducción de la deuda de la empresa. Con Boylan McDonald's iba a la cabeza de la industria de servicio de comidas en cuanto a la relación entre endeudamiento a largo plazo y patrimonio de los accionistas. Los hombres prudentes consideran que una relación de uno a uno es tentar demasiado la suerte en una industria tan arriesgada como la de comidas rápidas. Boylan había llevado a McDonald's mucho más allá de ese límite. En 1973 las deudas de McDonald's eran superiores al patrimonio en 40 por ciento.

Pero Boylan proyectó cuidadosamente las utilidades de McDonald's para los cinco años siguientes de manera tal que ésta no se endeudara hasta quebrar. Cuando los analistas y los miembros de la junta directiva sostuvieron que era preciso vender acciones por valor de US $100 000 000 para lograr un mejor equilibrio entre deuda y patrimonio, él les mostró cuadros y proyecciones según los cuales la compañía aumentaría su patrimonio en esa cantidad en pocos meses con sus propias utilidades y sin necesidad de vender acciones.

Con mirada retrospectiva, la política financiera de Boylan parece clarividente. Programó el mayor endeudamiento de McDonald's para la primera mitad del decenio de los 70, cuando debía financiar su etapa de mayor expansión. Pensaba que de ahí en adelante el ritmo de crecimiento disminuiría y que la compañía iría reduciendo su deuda gradualmente a medida que generaba más ingresos. Sucedió que las mayores deudas se contrajeron cuando los tipos de interés eran relativamente bajos, y la deuda de McDonald's empezó a nivelarse en 1979, cuando la expansión podía financiarse con las utilidades. Esa fue precisamente la época en que el tipo corriente de interés subió hasta el 20 por ciento. Y al impedir la venta de acciones, Boylan les garantizó a los accionistas existentes los beneficios del fabuloso crecimiento de la compañía. Todo el que tenía acciones y las conservó se ha beneficiado con el paso de los años con siete divisiones de acciones (y un dividendo en acciones), lo cual por sí solo ha multiplicado por cuarenta y uno el valor de cada acción de McDonald's comprada cuando por primera vez se ofrecieron al público en 1965. Una sola de esas acciones comprada en US$22.50 hace veinte años vale hoy más de US$4000. "Se corría un riesgo", observa Harry Fisher, antiguo banquero inversionista de la compañía, "pero la decisión de seguir la vía del endeudamiento en lugar de la financiación con patrimonio fue una decisión magnífica".

El hecho de que Turner le permitiera a Boylan trazar la estrategia financiera no significaba que él se aislara de la comunidad financiera. Por el contrario, mostró en ese campo la misma intensa curiosidad que había mostrado en el de operaciones. Aprendió rápidamente la jerga de Wall Street y preparaba exposiciones muy técnicas para los analistas de valores, quienes lo encontraban sorprendentemente franco para discutir las fallas de McDonald's en lugar de disimularlas. Pero insistía, eso sí, en tratar con Wall Street en sus propias condiciones, y como sus orígenes estaban muy lejos de los círculos financieros, esas condiciones eran poco ortodoxas.

Fisher recuerda que el presidente de McDonald's peleó con los banqueros inversionistas por los tipos de interés que pretendían imponerle. Rechazó sus fórmulas establecidas para la fijación de precios, basadas únicamente en los tipos de interés que pagaban otras compañías que tenían igual calificación de Standard and Poor. En una ocasión, cuando los banqueros para negar su exigencia de un interés más bajo, produjeron sus dobles hojas de computador para mostrarle lo que estaban pagando otras compañías "parecidas", Turner se apoderó de esos papeles, los rompió y les gritó: "A mí me importa un bledo lo que hagan otras compañías. Nosotros somos McDonald's". Para él, aquello era lo mismo que negociar el mejor precio de las papas o la carne, pero a los ortodoxos banqueros los tomó por sorpresa.

Turner exigía para el negocio de comidas rápidas el mismo respeto que los banqueros les tenían a otros negocios más antiguos. Esto era bastante pedir. A finales de los años 60 comprar acciones de tales empresas se consideraba un juego de azar. Algunas habían producido enormes ganancias, pero otras habían acarreado grandes pérdidas. Los inversionistas consideraban las compañías de comidas rápidas como una novedad.

Turner insistía en que eran negocios serios y le mortificaba que McDonald's no fuera comprendida por Wall Street, sobre todo por su propia firma de corredores de bolsa, Paine Webber. Fisher recuerda que él persuadió a Turner de que fuera a Nueva York a conocer a su jefe, Tom Wenzell, quien dirigía la división de inversiones bancarias de Paine Webber. Describiendo a éste, dice Fisher que la sangre que corría por sus venas era más azul que el Danubio de Strauss. Tenía dos grados de Harvard, uno de ellos en derecho, era presidente de la Sociedad Audobon, vivía en Connecticut y hablaba con el acento del Este que caracteriza a la plutocracia. Para Turner era la imagen de los banqueros inversionistas, muy ducho en títulos de Standard Oil, AT&T, y U. S. Steel, pero un *snob* en lo relativo a comidas rápidas.

Wenzell llevó a Turner a comer en un comedor reservado del Club 21. Mientras la conversación versó sobre Wall Street, Wenzell pisaba terreno sólido, pero cuando trató de enterarse cortésmente sobre el negocio de Turner, se dispuso el escenario para un choque entre un populista del Oeste y un elitista del Este.

—Entiendo que ustedes venden grandes cantidades de Coca-Cola en los puestos McDonald's. ¿Es verdad? —preguntó Wenzell.

—Es cierto —repuso Turner.

—¿Y qué hacen ustedes con tantas botellas?

Esta pregunta Turner la consideró ofensiva. Un hombre cuya firma se ganaba jugosas comisiones con unas acciones que eran de las más cotizadas en Wall Street, no sabía que McDonald's sirve la Coca-Cola con máquinas y en vasos de cartón.

— ¿Cómo diablos puede ser usted mi banquero inversionista, si jamás ha entrado en un McDonald's? — replicó Turner.

La comida terminó abruptamente, y aunque Paine Webber conservó la cuenta de McDonald's, Turner nunca le perdonó a Wenzell ese *faux pas*.

Al mismo tiempo que Turner se esforzaba por hacer cambiar el concepto que tenía Wall Street sobre McDonald's, él también iba experimentando una metamorfosis. Para haber sido un individuo que ascendió en la jerarquía McDonald's buscando la temperatura exacta para freír papas y el nivel preciso de cristales de hielo en las malteadas, Turner mostró ser un estudiante excepcionalmente aprovechado en cuestiones financieras y un entusiasta participante en el juego monetario de las corporaciones. En algunos aspectos se mostraba más hábil que su antecesor. Comprando terrenos para los nuevos restaurantes, involucró a McDonald's en bienes raíces más profundamente que Sonneborn, y, además, vio una corriente enteramente nueva de utilidades que éste no había visto. A diferencia de Sonneborn, quien conservó a McDonald's como una operación casi exclusivamente de concesiones, Turner desde que asumió la presidencia comprendió que McDonald's estaba perdiendo una gran oportunidad de realizar utilidades por no manejar más restaurantes directamente y recibir las utilidades que van a manos de los concesionarios.

También llegó a la conclusión de que para manejar con éxito los restaurantes de un mercado, la compañía tenía que obtener las economías gerenciales de operar un grupo numeroso de restaurantes en ese mercado. Como la mayoría de los mercados importantes ya se habían dado en concesión, la única manera de crear un centro de utilidades con unidades manejadas por la compañía era comprarles sus derechos a algunos de los concesionarios más grandes y prósperos de McDonald's. Así, pues, a finales de 1967, cuando Turner estaba impulsando el esfuerzo de construcciones de la compañía, dirigió al mismo tiempo el más ambicioso programa de compra que jamás haya llevado a cabo concesionista alguno. El momento fue el más oportuno, pues muchos operadores veteranos se habían vuelto millonarios... en el papel, y estaban dispuestos a convertir esa riqueza de concesiones en riqueza que pudieran gastar.

El hecho de que las acciones de McDonald's fueran muy solicitadas le dio a Turner el arma que necesitaba, arma que permitía un intercambio libre de impuestos para el operador y una ganga de adquisición para la compañía. "Algunos de nuestros operadores poseían una enorme riqueza pero nada de dinero", explica Turner. "Y nosotros utilizábamos acciones de McDonald's que se negociaban a veinticinco veces las utilidades para comprar restaurantes a siete veces sus utilidades. Había un tremendo poder multiplicador y crecimiento de ganancias". McDonald's tenía la posibilidad de escoger los mejores mercados, y nadie más idóneo para escoger las cerezas maduras que Turner, quien conocía mejor que nadie las fortalezas operativas de McDonald's.

Y sin embargo, la principal compra que abrió el camino para la expansión masiva de McOpCo, la subsidiaria que maneja los restaurantes de los cuales es dueña la compañía, la hizo Kroc, no Turner. Esta fue la adquisición de la concesión más grande del sistema, la Gee Gee de Washington, D. C., con 43 restaurantes, de propiedad de John Gibson y Oscar Goldstein. La noticia de esta venta seguramente iba a estimular las solicitudes de concesiones McDonald's, que ya eran muchísimas. Los socios vendieron su operación de Washington por US$16 800 000. La concesión Gee Gee abarcaba únicamente el área metropolitana de Washington, y sin embargo el precio fue seis veces lo que Kroc les había pagado a los hermanos McDonalds cinco años antes por la concesión nacional. Fue apenas unos pocos millones menos de lo que Pillsbury y General Foods pagaron por Burger King y Burger Chef.

Dada la magnitud de la transacción, Kroc quería pagarles a los socios en acciones, y se indignó cuando ellos exigieron dinero contante. "Pedirme dinero es como pedirme mi carne", les dijo; pero sin embargo, como Gee Gee tenía un equipo de operaciones muy fuerte y además poseía el derecho único de desarrollar todos sus propios bienes raíces, Kroc estaba ansioso por recuperar aquella concesión, la única que no le pagaba arrendamiento a McDonald's. Así, pues, como lo había hecho cinco años antes con los hermanos McDonalds, cedió y pagó en efectivo; pero nunca perdonó a Gibson y a Goldstein por ser tan intransigentes y no aceptar acciones. Algún tiempo después de concluido el negocio, Goldstein lo llamó por teléfono desde su casa de retiro en la Florida, para quejarse de que estaba aburrido y pedirle que le diera otra concesión. Kroc se negó de plano. "Goldy", le dijo, "cuando exigiste dinero contante te metiste en el infierno".

La adquisición de Gee Gee fue el comienzo de una racha de compras hechas por Turner, que convirtieron en millonarios a muchos concesionarios pioneros de McDonald's. La compañía escogió gerentes experimentados para manejar las florecientes operaciones de McOpCo. Turner compró los siete restaurantes que tenía en Minneapolis Jim Zien, uno de los más destacados comercializadores del sistema. En dos negociaciones independientes adquirió las concesiones de Mel Garb y Harold Stern, quienes vendieron sus 42 puestos distribuidos en muchos mercados como Michigan, Nevada, California y Oklahoma. Adquirió los 16 restaurantes de la concesión de Jack Penrod en el sur de la Florida y los 21 del área Tampa-St. Petersburg que tenían Phil y Vern Vineyard.

Entre 1967 y 1976 — la época de las compras — Turner y Kroc negociaron la adquisición de 536 puestos de concesionarios por un total de US $189 000 000 en dinero efectivo y en acciones. Cuando concluyeron el programa de compras, la base de restaurantes de McOpCo era la mitad de lo que constituían las operaciones de McDonald's con concesionarios. El programa le dio también a la compañía una tercera fuente de utilidades — las provenientes de sus restaurantes propios — para suplementar los ingresos que percibía por arrendamientos y por derechos de concesiones y de servicios prestados a los operadores. En 1985 McDonald's obtuvo más o menos una tercera parte de sus utilidades de los 2 165 restaurantes de propiedad de la compañía. Pero la adquisición de tantas unidades acarreaba el peligro de que cambiara el carácter fundamental de McDonald's. En los primeros cinco años el programa de compras de Turner aumentó el porcentaje de unidades McOpCo del 9 por ciento a casi el 33 por ciento del total de sucursales McDonald's. Sin duda, se necesitaban unidades adicionales manejadas directamente para tener dónde entrenar a los gerentes de una cadena que crecía tan velozmente. Pero el programa de Turner indudablemente iba mucho más allá.

Las sucursales McOpCo ya eran una fuente importante de utilidades, y Turner estaba convencido de que se le ofrecía a McDonald's una magnífica oportunidad de aumentarlas. El vicepresidente ejecutivo Gerry Newman comenta: "El programa de adquisiciones de Fred no se ajustaba a la vieja concepción de que los restaurantes de la compañía servían principalmente para entrenar a los nuevos gerentes. La nueva filosofía era ganar mucho más dinero con esos establecimientos. Era una encrucijada".

Un camino potencialmente peligroso. Turner tenía bastante éxito comprando concesiones y ampliando sus operaciones. Adquirir ganancias tan fácilmente y con tan poca inversión podía convertirse en adicción. En efecto, dadas las fáciles ganancias que Turner adquiriría sería una tentación continuar aumentando el porcentaje de McOpCo hasta que McDonald's ya no fuera una concesionista sino una operadora de restaurantes propios.

Turner vio el peligro. En los primeros años del decenio de los 70, comprendió que la expansión de McOpCo se les había salido de las manos y amenazaba el bienestar de todo el sistema. Estaba extendiendo la administración de McDonald's más allá de los límites prácticos, y la operación de algunos restaurantes de la compañía en mercados importantes empezó a sufrir. Faltándoles el incentivo de los administradores-propietarios, rara vez igualaban los márgenes de rentabilidad de los puestos de los concesionarios. Aun cuando podían tener éxito en mercados fuertes que producían volúmenes superiores al promedio, se veían en problemas en mercados que sólo producían ventas normales o en los difíciles mercados de ciudades centrales que presentaban toda una serie de problemas operativos especiales. En los mercados marginales era evidente que la dedicación fuera de lo corriente del propietario-administrador era el factor crítico de la rentabilidad. "Cuando llegamos a un 25 por ciento de unidades de propiedad de la compañía", dice Turner, "yo creí que podíamos llegar hasta un 33 por ciento. Pero era demasiado".

Podría haber resuelto el problema ampliando más aún el personal de las oficinas centrales y de las administraciones regionales, pero rechazó esta opción. "Si tenemos demasiados restaurantes de la compañía, ya no estaremos suficientemente orientados hacia la médula del sistema, que es la comunidad de los concesionarios", era su razonamiento. Y eso fue justamente lo que ocurrió en Washington, D. C., donde los restaurantes de la compañía eran muchísimos más que los de los concesionarios. Turner reconoce: "Nuestro servicio a los concesionarios se deterioró. No teníamos verdadero interés en ellos".

Esta tendencia no le gustaba. Como cadena de unidades operadas por la compañía, McDonald's recibiría todas las utilidades, sin compartirlas con los concesionarios millonarios; pero pensaba que, aunque eso fuera cierto a corto plazo, a la larga comprometería la superioridad competitiva y las utilidades.

Resolvió que McDonald's debía seguir siendo ante todo un negocio de concesiones: les fijó el límite del 33 por ciento a los restaurantes de McDonald's y empezó a reducir esa proporción hasta el 25 por ciento retardando el programa de adquisiciones y entregándoles más restaurantes nuevos a concesionarios. El porcentaje de los que maneja la compañía ha permanecido alrededor del 25 por ciento desde 1975. "Manejar un McDonald's es un oficio de 363 días al año [sólo se cierran el Día de Acción de Gracias y el de Navidad], y un propietario-administrador, con su interés personal y sus incentivos, lo hace siempre mejor que un gerente de una cadena", dice Turner.

A pesar de su magnitud, el programa de adquisiciones no redujo la influencia de los concesionarios. Por el contrario, Turner se esforzó por conservar la idea de propietarios-administradores. Antes se permitía que hasta el 50 por ciento de una concesión local fuera de propiedad de inversionistas que no intervenían directamente en el manejo del restaurante; pero Turner exigió que toda nueva concesión fuera el ciento por ciento propiedad de un operador de tiempo completo.

Por otra parte, al mismo tiempo que McDonald's recuperaba por compra algunas de las más fuertes concesiones, a otras les permitía ejercer una notable influencia en la dirección del sistema. Tal fue el caso de Tom Christian, concesionario en Elkhart, Indiana, quien a mediados de los años 60 llegó al extremo de violar una de las reglas más sagradas de Ray Kroc: contrató a una mujer.

En ese tiempo no existía desempleo en Elkhart y era muy difícil cumplir la exigencia de que todo el personal fuera de hombres. "Yo había contratado ya a todos los varones disponibles", recuerda Christian, "y me pareció que era preferible contratar las mejores mujeres que contratar los peores varones".

Muy cauteloso para evitar que se fueran a presentar los problemas que causaban las chicas de los antiguos drive-ins, la primera mujer que contrató fue la esposa del ministro protestante, y después contrató varias amas de casa, madres de niños en edad escolar. Puso en vigor reglas informales para evitar los problemas que McDonald's temía que se presentaran con personal mixto. "Los pasillos eran estrechos en los viejos restaurantes", dice Christian, "y yo impuse toda clase de prohibiciones de choques y carreras. Contratar mujeres era un gran avance, y no había que echarlo todo a perder... para bien de ellas y mío"

De la noche a la mañana Christian resolvió el problema de servicio y descubrió que las empleadas lo hacían mejor que el promedio de los empleados. Eso no impresionó a McDonald's. Apenas se dio cuenta de que había mujeres en el restaurante de Elkhart, el consejero visitador de la compañía le ordenó a Christian que las despidiera. El se negó. Seis meses después, el visitador repitió su orden. Esta vez Christian tomó una actitud más beligerante y le contestó: "Si la compañía realmente se opone tanto a contratar mujeres, quiero que me lo digan por escrito. Si no lo quieren poner por escrito, hágame el favor de no volverme a mencionar el asunto".

La carta nunca se escribió, y en los últimos años del decenio de los 60 los concesionarios de todo el sistema empezaron a seguir el ejemplo de Christian. Al fin, en 1968, cediendo a una política impuesta por ellos, McDonald's autorizó el empleo de mujeres. Pero la tradición de una cuadrilla varonil al estilo de la marina no desapareció fácilmente. La nueva política mujeril favorecía claramente a las más maduras; el peinado tenía que ser corto y sencillo, y el maquillaje reducido a un mínimo. Estaban prohibidas las falsas pestañas, la sombra para los ojos, el esmalte de color para las uñas, el lápiz labial iridiscente, el colorete para las mejillas, y "el uso excesivo de perfumes fuertes". No se permitía usar joyas, salvo el anillo de matrimonio y los relojes, y se les advertía a los operadores que el trabajo de las mujeres debía programarse de manera que terminara a más tardar a las 5 de la tarde. Inclusive sus deberes se definían limitándolos estrictamente a las tareas menos pesadas, como recibir pedidos y envolver hamburguesas. Una de las instrucciones para los operadores advertía: "Téngase en cuenta que algunos oficios, como el de la parrilla, exigen más vigor del que tienen la mayoría de las mujeres".

Algunos de los criterios para la contratación de las primeras mujeres eran tan discriminatorios que no se podían publicar en el manual de operaciones. Kroc recordaba: "Nos pareció que las primeras mujeres a quienes empleáramos debieran ser más bien bajas de pechos. No queríamos que fueran atractivas para los muchachos. Y la primera que ocupó un cargo de gerencia llevaba anteojos y zapatos planos. Era soez como un soldado. Pero todos los hombres la respetaban". Sin embargo, sus temores de que empleadas atractivas hicieran de los McDonald's puntos de reunión de los adolescentes, resultaron fallidos. Hoy el 57 por ciento del personal de servicio de estos restaurantes se compone de mujeres, y no menos del 40 por ciento de las unidades son administradas por mujeres.

Al ampliar Turner el sistema, podría haberse esperado que los concesionarios perdieran su influencia en el área de mercadeo, pero ocurrió todo lo contrario. Se volvieron más innovadores e influyentes en la ampliación del menú, antes limitado. En los primeros cinco años de la presidencia de Turner introdujeron tantos nuevos productos, que empezó a cambiar la definición de un drive-in de comida rápida. Con excepción del emparedado de pescado que se agregó a principios de los años 60, la cadena no se había desviado de la carta de los hermanos McDonalds; pero a principios de los años 70 ya ofrecía dos nuevos productos de hamburguesa, y por fin había encontrado postres de éxito. Los concesionarios experimentaban además con muchos productos que abrieron un mercado enteramente nuevo y del cual nadie había hecho caso en el negocio de comidas rápidas: el del desayuno. Con excepción de la hamburguesa de un cuarto de libra, todos los demás productos nuevos introducidos durante este periodo no los inventó McDonald's sino sus concesionarios individualmente.

Tal fue, ciertamente, el caso del artículo que inició la impetuosa carrera de un nuevo producto: una hamburguesa de dos pisos que valía más del doble de lo que valía la hamburguesa corriente de McDonald's. Se introdujo en todo el sistema en 1968, y fue idea de Jim Delligatti, uno de los primeros concesionarios de Kroc, y quien a finales de los años 60 operaba una docena de puestos en Pittsburgh. Aunque tenía derechos territoriales exclusivos para el área metropolitana de esa ciudad, sus ventas eran bajas y pensó que la única manera de aumentarlas era ampliar el menú.

Aprovechó todas las oportunidades que se le ofrecieron de hablar con otros operadores de múltiples puestos y con los gerentes de McDonald's sobre la necesidad de mejorar las ventas flojas introduciendo productos apropiados para un mercado de adultos. En 1967, después de tanto insistir, obtuvo permiso para probar con un emparedado grande que llevaba dos albóndigas de hamburguesa y se vendía por 45 centavos. Lo llamó el Big Mac.

Delligatti no lo había inventado. Bob Wian, fundador de la cadena Big Boy, prácticamente construyó toda su concesión de drive-ins con un emparedado de dos pisos, con dos albóndigas de carne molida separadas por una sección central de pan, y cubierto de lechuga, pepinillos, cebolla, queso y una salsa a base de mayonesa. Delligatti había administrado un drive-in a principios de los años 50 en el sur de California, donde Wian popularizó el Big Boy, y Delligatti lo copió como lo copiaron muchos otros. Así, pues, cuando quiso reforzar el menú de McDonald's, se le vino a la memoria el Big Boy de Wian. "Esto no fue como descubrir una bombilla eléctrica", dice Delligatti. "La bombilla ya existía. Lo único que hice yo fue enchufarla".

Con todo, persuadir a la gerencia de la cadena de que tratara de vender una nueva hamburguesa — sobre todo a más del doble del precio de la hamburguesa corriente — no era una proeza pequeña. Fred Turner, muy emprendedor para ampliar la cadena, era casi reaccionario cuando se trataba de ampliar el menú, pues temía que una serie de productos nuevos podría desconcertar el delicado mecanismo del sistema operativo que él había contribuido a perfeccionar. El permiso que al fin le dieron a Delligatti era limitado. Sólo podía probar el Big Mac en su puesto de Uniontown, y con la condición de que utilizara el pan McDonald's. Pero después de tres días, cualquiera podía ver que este panecillo era muy pequeño y el emparedado quedaba mal armado. Entonces Delligatti desatendió las prohibiciones y consiguió un pan bien grande con semillas de ajonjolí, cortado en tres tajadas. A la vuelta de pocos meses el Big Mac había aumentado las ventas del puesto de Uniontown en más del 12 por ciento.

Pronto estuvo en todos los puestos de Delligatti, produciendo en todos los mismos benéficos resultados. Los gerentes de McDonald's y muchísimos concesionarios acudieron a Pittsburgh en busca de información, y la cadena llevó el Big Mac a otros mercados de prueba. En todos se registró un aumento del 10 por ciento o más en ventas, por lo cual se dio a la distribución en todo el país a finales de 1968.

Al año siguiente, las ventas del Big Mac representaron el 19 por ciento de todas las ventas de McDonald's, y, lo que es más importante, la nueva hamburguesa había ampliado grandemente el mercado potencial de la cadena atrayendo a los adultos que antes no iban a McDonald's.

El éxito de Delligatti con su Big Mac desató una oleada de experimentaciones con nuevos productos, pues muchos concesionarios aspiraban a lograr el mismo impacto en el sistema. Litton Cochran, concesionario de varios puestos en Knoxville, sostenía que para tener éxito en su mercado se necesitaba un postre, y persuadió a Turner de que le permitiera tratar de romper la barrera contra los postres que había erigido Kroc con sus repetidos fracasos.

Cochran pensó que Kroc había pasado por alto el postre obvio, el pastel de manzana, que es lo más americano que puede haber. A él le encantaba el pastel de manzana frito, que su madre le preparaba siempre que llegaba de la escuela para "sostenerlo" hasta la hora de la comida. Se hacía en forma de media luna, como una empanada de masa rellena de manzana. Estos pasteles fritos eran una especialidad en el Sur, y como eran tan fáciles de presentar en porciones individuales, parecían perfectos para una operación de comidas rápidas. Al principio la madre y la hermana de Cochran le hicieron los pasteles para sus unidades de Knoxville, pero pronto recurrió a un proveedor comercial cuando la idea se difundió por los diversos restaurantes del Sur. "En el Sur no se concibe una comida sin postre para terminar", explica Cochran. En 1970 el pastel de manzana frito se había extendido a todas las unidades McDonald's en los Estados Unidos —y Cochran entró en las filas de los concesionarios legendarios.

No todos los productos ideados por los concesionarios corrieron igual suerte. En 1967 Nick Karos, pionero especialista en operaciones que había pasado a ser concesionario en Cleveland, propuso probar un emparedado de rosbif. Como Turner se negara a aprobar el proyecto, Karos acudió a Kroc, que sí lo autorizó. Con ese emparedado Karos se sacó la lotería, pues su restaurante de Northfield aumentó las ventas en un 33 por ciento en un año, y el nuevo emparedado representaba el 15 por ciento del volumen total.

Eso le llamó la atención a Turner, y en 1968 McDonald's resolvió introducirlo en todo el sistema, pero en lugar de poner hornos en todas las unidades para asar la carne como lo hacía Karos, resolvió "macdonalizar" el proceso de preparación friendo el producto en un baño de aceite. Jim Schindler diseñó un aparato automático para freírlo, que llamó el "Tepidarium", y con la bendición de Turner hizo su debut el primero y único rosbif frito en caldera.

Por desgracia el emparedado que así se produjo resultó más seco y menos sabroso que el que hacía Karos asando la carne. Sin embargo, tuvo buen éxito, y las ventas subieron del 7 al 9 por ciento en todos los restaurantes en una semana. Entonces McDonald's resolvió difundir el nuevo producto por todo el sistema, pero en ese momento Gerry Newman, el contador, descubrió una falla fatal. No se había calculado bien el factor de encogimiento del rosbif, y la compañía no podía ganar dinero vendiendo el emparedado a 59 centavos, por más unidades que vendiera. No queriendo subir el precio, Turner ordenó retirar el producto. Infortunadamente ya había pedido mil máquinas de rebanar rosbif, una para cada restaurante, y McDonald's se vio con una bodega llena de esas máquinas que sólo encontrarían mercado en una venta de elefantes blancos. La compañía liquidó una pérdida de US$300 000. Para Turner fue una lección costosa. Con más de 1 000 restaurantes en funcionamiento y agregando cada año centenares más, McDonald's ya no podía introducir productos en todo el sistema sin un análisis muy cuidadoso.

Pero tales fracasos no descorazonaron la búsqueda de nuevos productos. McDonald's parecía dispuesta a oír propuestas de todas partes, hasta de la junta directiva. Cuando David Wallerstein, miembro de la junta directiva propuso que la cadena ofreciera una porción grande de sus famosas papas fritas, esta idea se recibió con escepticismo. "El que quiera más papas puede comprar dos paquetes", le dijo Kroc. Pero Wallerstein sostuvo que así no es como opera la psicología del consumidor, pues comprar dos paquetes parece una glotonería, mas no así comprar una caja grande —que inicialmente costaba el 75 por ciento más, con el 60 por ciento más de contenido. Para la cadena, este plan tenía la ventaja de vender mayor cantidad de su producto de más alto margen.

Sin darse por vencido, Wallerstein realizó una encuesta personal durante dos días en un McDonald's en Chicago, y le comunicó a Kroc un descubrimiento que lo asombró: Todos los clientes consumieron *la totalidad* de las papas. Una investigación tan poco científica, hecha por cualquier otra persona, podía haber caído en oídos sordos; pero Wallerstein tenía experiencia en la materia. Siendo presidente de los teatros Balaban y Katz había introducido en la industria cinematográfica las porciones grandes de palomitas de maíz en cajas, que llegaron a reemplazar los paquetes pequeños que antes se estilaban. También inició las palomitas de maíz con mantequilla, que llevaron a empaques cada vez más grandes. Conociendo estos antecedentes, Kroc aprobó en 1972 la propuesta de Wallerstein, y hoy la mitad de todas las papas fritas que vende McDonald's se despachan en los paquetes grandes.

Pero la innovación más importante no consistió en un solo producto sino en toda una comida nueva, y también fue obra de concesionarios de McDonald's. Después de su éxito con el Big Mac, Delligatti pidió permiso en 1970 para ofrecer desayunos con platos sencillos en su único restaurante del centro de la ciudad. Empezó a abrir a las 7 de la mañana, y vendía café, roscones y bollos dulces. Un año después amplió el menú agregando *pancakes* con salchichas. Se hacía este razonamiento: "Pagábamos arrendamiento, servicios y seguros veinticuatro horas al día, pero sólo abríamos durante la mitad de ese tiempo. Disponíamos de todas las horas antes de las 11 de la mañana, en que podríamos hacer negocios".

Aun con su menú limitado, Delligatti empezó a hacer el 5 por ciento de su negocio al desayuno. A diferencia de los demás productos nuevos hasta entonces, esa actividad generaba un negocio enteramente nuevo, sin quitarles nada a los artículos del menú existentes. Pero mantener un McDonald's abierto desde las once de la mañana hasta la medianoche era un trabajo agotador, y la mayoría de los operadores no estaban dispuestos a aumentar las horas de trabajo a menos que se descubriera un desayuno que realmente les produjera ganancias significativas.

Ese descubrimiento lo hizo en 1971 Herb Peterson, un operador de Santa Bárbara. Peterson había manejado la cuenta de McDonald's para la agencia de publicidad D'Arcy antes de hacerse concesionario. Vio la misma oportunidad en los desayunos que había visto Delligatti, pero a diferencia de éste, que sólo le agregó al menú de McDonald's platos conocidos, Peterson pensó que para lanzar un servicio enteramente nuevo, como es el de servir desayunos, McDonald's necesitaba algo único, pero que, sin embargo, se pudiera comer como todo lo demás de McDonald's, es decir, con las manos. Encontró la solución modificando un emparedado de huevos que vendía Jack-In-The-Box, una cadena de la Costa Occidental.

Para la Navidad de 1971 hacía meses que Peterson venía trabajando en esto. Ensayó primero con una salsa holandesa que ya venía envasada, pero la desechó por ser demasiado fluida, y la reemplazó con una lonja de queso, la cual, derretida sobre un huevo caliente, producía la consistencia deseada. También había inventado una manera infalible de cocinar un huevo a la parrilla dándole el aspecto de escalfado. Los huevos escalfados no eran aptos para el proceso de producción en línea de McDonald's, pero Peterson resolvió el problema inventando un nuevo utensilio de cocina — un conjunto de seis aros recubiertos de teflón — que se colocaba sobre la parrilla para darles a los huevos la forma redondeada de un muffin inglés. Esto, acompañado de tocino canadiense, constituía un producto de desayuno perfecto para una cadena distinguida por sus emparedados.

Ese año Kroc estaba pasando la fiesta de Navidad en su nueva hacienda al norte de Santa Bárbara, y Peterson lo invitó a visitar su establecimiento, donde quería sorprenderlo con su nuevo producto, además de cuadros demostrativos de sus aspectos económicos. Pero no fue la economía lo que convenció a Kroc. Ya había almorzado cuando fue a visitar a Peterson, pero, sin embargo, se comió dos de los nuevos emparedados de huevo, tocino y muffin. Por petición suya, dos semanas después Peterson empacó los aros de teflón en una maleta y voló a Chicago para prepararles un desayuno de emparedados a los demás altos administradores de McDonald's, todos los cuales reaccionaron tan favorablemente como Kroc.

McDonald's estaba preparada para ensayar el producto en todo el país apenas se le encontrara un nombre. En una comida de los Turners y los Krocs, Patty Turner sugirió que se le llamara Egg McMuffin, y este nombre se adoptó.

Se necesitaron casi cuatro años para establecerlo en todo el país. En parte el problema era que el Egg McMuffin, muy apropiado como centro de un menú de desayuno, no era en sí mismo todo un menú. Pero cuando se perfeccionaron los *pancakes* con salchichas de Delligatti, y se agregaron también, como tercera opción, huevos revueltos, McDonald's tuvo al fin en 1976 un menú completo de desayuno que la distinguía de sus principales competidores, los cuales no introdujeron productos comerciales de desayuno hasta mediados de los años 80. Ya entonces McDonald's, gracias a la iniciativa de sus concesionarios, tenía el monopolio de los desayunos. Su menú representa el 15 por ciento de sus ventas, y es la razón principal de la inmensa ventaja que los restaurantes McDonald's les llevan a sus competidores. (En 1985 un McDonald's término medio vendía US $1 300 000, contra US $1 090 000 y US $848 000, respectivamente, de Burger King y Wendy's.)

Sin embargo, aun antes de la introducción del desayuno en todo el país, McDonald's había establecido la dominación de que hoy goza en la industria de comidas rápidas. En los primeros cinco años de presidencia de Turner la compañía se transformó en un nuevo tipo de cadena. El menú limitado, el servicio en el mostrador y la operación de drive-in, se reemplazaron por el menú completo y el restaurante con mesas y asientos. Una cadena con fortalezas regionales se transformó en una organización de poderosa presencia nacional que dejó muy atrás a la competencia. En 1974, cuando inauguró su restaurante número tres mil, Burger King apenas pasaba del millar y Burger Chef había caído —permanentemente— a menos de mil unidades. Y aunque Dave Thomas aspiraba a ser un nuevo líder del mercado, su cadena Wendy's apenas tenía cinco años, y como su estrategia de alcanzar a los demás lo obligaba a vender grandes concesiones territoriales, no estaba en capacidad de duplicar la base de McDonald's de operadores-empresarios.

Apenas cinco años antes, McDonald's había venido perdiendo impulso, y parecía que la iban a alcanzar competidores más diligentes, amparados por corporaciones gigantes. En los próximos cinco años el negocio incipiente de comidas rápidas se convertiría en una gran industria. McDonald's comenzó ese periodo como líder, perseguida por competidores que la acosaban. Salió de él como líder sin par.

Lo más importante es que esa transformación la logró sin comprometer su fortaleza fundamental: la filosofía de Ray Kroc de conceder derechos de explotación. La cadena no perdió el contacto con sus concesionarios-empresarios. Más que nunca, el sistema se beneficiaba de sus habilidades de mercadeo al por menor. También se había mantenido fuera de las garras de los conglomerados que le habrían impuesto valores extraños a su índole. En suma, McDonald's había hecho una jugada audaz para recuperar el dominio del mercado de comidas rápidas sin perder el control de su destino... y ganó.

Cuando Fred Turner fue elegido presidente de la compañía, muchos observadores pusieron en tela de juicio el acierto de poner la suerte de la empresa en manos de un hombre cuya principal realización había sido perfeccionar las hamburguesas, las malteadas y las papas fritas. Pero a comienzos de los años 70 había desaparecido toda duda en cuanto a su capacidad como jefe ejecutivo. "Fred crecía en estatura como gerente al mismo tiempo que crecía su compañía", observa Harry Fisher, el banquero inversionista. "No se ajustaba al molde de los gerentes adocenados, y ciertamente no obtenía el reconocimiento que se daba a otros forjadores contemporáneos de grandes corporaciones. Pero había hecho más que la mayor parte de ellos. El es el principal arquitecto del McDonald's moderno".

Ciertamente, Turner trabajaba sobre una base poderosa construida por Kroc y Sonneborn, y un observador poco reflexivo, podría haber llegado a la conclusión de que fue arrastrado al éxito por las fuerzas irreversibles de un floreciente mercado de comidas rápidas. "Sí, a Fred Turner lo envolvió la ola en el momento preciso", observa David Wallerstein; "pero él supo sobrenadar en esa ola. Y eso es lo que no todos saben hacer. Allí es donde se necesita administración".

Capítulo 13
LA MAGIA DE LOS MEDIOS PUBLICITARIOS

A finales del decenio de los años 60 McDonald's tenía todo lo que necesitaba para realizar el ambicioso programa expansionista de Fred Turner. Era la más experta compradora de bienes raíces en la industria de servicio de comidas. Había desarrollado toda la fuerza financiera que necesitaba para ello. Una estructura administrativa regional descentralizada le permitía controlar las operaciones de una floreciente cadena nacional; y la nueva Universidad de la Hamburguesa la colocaba en una categoría sui géneris en lo tocante a entrenamiento del personal.

Curiosamente, el único eslabón faltante era mercadeo. Aun cuando hoy es una de las más poderosas comercializadoras del mundo, hasta que Turner llegó a la presidencia McDonald's se había confiado casi exclusivamente en sus concesionarios en este campo, y ni siquiera había organizado un departamento de mercadeo.

Los programas de publicidad y promoción de los operadores locales eran originales, pero esos operadores habían raspado apenas la superficie del mercado apelando a las familias de mentalidad económica — el segmento más obvio del mercado de McDonald's y el más fácil de atraer. Pero, con su proyecto de expansión masiva, Turner estaba ampliando la cadena más allá de ese nicho tradicional. La compañía se enfrentaba con un reto formidable, cual era el de cultivar un mercado nacional. Esta tarea sobrepasaba, con mucho, la capacidad de comercialización de los concesionarios locales. Sin un esfuerzo publicitario refinado y centralmente controlado para ampliar el atractivo de McDonald's, el plan de Turner podría producir resultados desastrosos.

A finales de 1967 un restaurante McDonald's tenía por término medio un volumen de ventas de sólo US $291 000 anuales, y ese promedio había venido formándose lentamente a partir de poco menos de US $200 000 diez años atrás. Puesto que Turner quería triplicar el número de sucursales en cinco años, las ventas por unidad podrían desplomarse, tal vez hasta niveles no rentables, a menos que McDonald's atrajera a una clientela nueva.

La ampliación del menú estaba atrayendo a más adultos, y la adición de asientos empezaba a atraer a los consumidores que no gustan de comer en un drive-in de servicio por ventanilla. Pero no bastaba con que McDonald's fuera un restaurante de amplia base y con servicio rápido, sino que tenía que parecerlo.

En opinión de Turner, la única manera de lograr esto era mediante un mercadeo masivo por televisión nacional, y ésta era el área en que McDonald's y todas las demás cadenas de comidas rápidas tenían una experiencia muy limitada. El nuevo presidente les decía a los gerentes y a los concesionarios que si el mercadeo fuera el único determinante del éxito, la cadena más próspera de comidas rápidas sería la que destinara todo su presupuesto publicitario a tres medios de comunicación: la ABC, la CBS y la NBC. McDonald's no llegaba a tanto, pero sí efectuó en 1968 un importante cambio de rumbo hacia la televisión nacional.

Justamente el año anterior sus concesionarios habían organizado el Fondo Nacional de Publicidad de los Operadores (OPNAD)* y se comprometieron a contribuir cada uno con el 1 por ciento de las ventas de su unidad a un programa cooperativo nacional, fuera del 2 al 3 por ciento con que ya estaban contribuyendo a sus cooperativas locales. La creación del OPNAD le dio acceso a McDonald's a las redes nacionales de televisión. Casi de la noche a la mañana la compañía dispuso de US $3 000 000 para gastar en propaganda nacional en 1968, y, dada la curva de crecimiento en que se encontraba, eso sería apenas un modesto comienzo. En 1974, cuando el programa de expansión de Turner alcanzó su máximo impulso, el presupuesto anual del OPNAD se acercaba a los US $20 000 000, y durante los dos lustros siguientes continuó

---

* Operators National Advertising (fund).

creciendo sin tregua hasta alcanzar la enorme cifra de US $180 000 000 en 1985. Si a esto se agregan los comerciales en la televisión local, el total de gastos de McDonald's en televisión ese año llegó a US $302 000 000 — el tercer presupuesto para televisión entre todos los comercializadores (después de Procter and Gamble con US $779 000 000 y Phillip Morris con US $485 000 000) y el mayor de todos los presupuestos destinados a promover en la TV una sola marca. Sin duda sus nuevas cooperativas le daban a McDonald's la facultad de utilizar el medio publicitario más poderoso en una forma que no se conocía en la industria de servicio de comidas.

Pero el dinero no era todo. La primera prioridad era ahora alguna coordinación central del esfuerzo de mercadeo, porque crear una imagen nacional para su marca era algo que los concesionarios de McDonald's, pese a que algunos eran duchos en el arte, no podían hacer por sí solos. Hasta 1968 la compañía se había dedicado a exigir normas uniformes de operación y a financiar el crecimiento de la cadena; pero ahora Turner quería hacer de ella una comercializadora eficiente, y para alcanzar rápidamente su propósito, buscó ayuda de fuera.

Contrató a Paul Schrage, de la agencia de publicidad D'Arcy, de Chicago, para que organizara el departamento de mercadeo de McDonald's. Y este nuevo departamento enfocó la publicidad del servicio de comidas en una forma muy original, distinta hasta de los anuncios imaginativos que los concesionarios publicaban localmente. Hasta entonces, esos anuncios sólo destacaban el producto y el precio, pero Schrage y los ejecutivos creativos de D'Arcy apuntaron a un blanco menos preciso pero potencialmente más remunerador: la imagen. Querían vender hamburguesas como Miller vende cerveza. Se trataba de llevar a la TV una idea de Kroc: "Nosotros no estamos en el negocio de hamburguesas sino en el de espectáculos".

Esa actitud había impresionado a Schrage desde la época en que conoció a Kroc. "Ray siempre nos decía que cualquiera puede hacer hamburguesas y que nosotros teníamos que hacer algo más", recuerda Schrage, hoy alto vicepresidente ejecutivo de McDonald's. "De modo que cuando se trató de publicidad nacional, nos sentimos obligados a añadirle algo especial a nuestro mensaje. Quisimos presentarnos con una dimensión extra: un encanto o cordialidad que nadie más tenía".

Incluso los primeros comerciales de D'Arcy para la TV pretendían persuadir sin presionar, siendo tan entretenidos como informativos. Los primeros comerciales del Big Mac llevaban su mensaje de una gran hamburguesa pero sin hacer una descripción, que probablemente sería muy aburrida, de un producto que casi todo el mundo come con gusto. D'Arcy presentaba la doble hamburguesa como un monumento de tres pisos, tan grande que se necesitaba un guía de casco de corcho para que indicara sus componentes a un grupo de turistas. La agencia le daba el mismo tratamiento humorístico a la reputación de limpieza de que gozaba McDonald's, en un comercial en que aparecía un coronel del ejército, de monóculo, haciendo a McDonald's una inspección de guante blanco. Incluso cuando D'Arcy presentaba el producto más importante de la empresa, las papas fritas, lo hacía con calor humano. Uno de sus comerciales más eficaces mostraba a un muchacho que va caminando por un parque comiéndose un paquete de papas McDonald's, le da unas cuantas a una ardilla, y luego guarda en el bolsillo el paquete vacío. El mensaje no era el producto en sí, sino el placer que produce.

A pesar de esto, no bien se encontró Schrage instalado en su nuevo cargo cuando llegó a la conclusión de que la mayor parte de la energía creadora de D'Arcy la estaba monopolizando su cliente principal — la Standard Oil de Indiana — y de que la agencia no estaba destinando suficientes recursos creativos para prestarle a McDonald's la atención que ésta requería. "Ellos no veían el futuro que veíamos nosotros", observa.

Así, pues, en 1969 McDonald's empezó a buscar una nueva agencia de publicidad. En lugar de pedirles a los candidatos que prepararan una propuesta detallada, Schrage les pidió que contestaran diez preguntas, una de las cuales era si McDonald's poseía "un argumento de ventas exclusivo", es decir, un atractivo tan grande que superara a todos los demás. Esto del argumento de ventas exclusivo era un concepto popular en la propaganda televisada, perfeccionado por Rossier Reeves en la Agencia Ted Bates, quien sostenía que en un medio tan movido y congestionado como la televisión, los anunciantes debían comunicar únicamente la característica más sobresaliente de su producto, insistiendo en ella una y otra vez. La agencia Bates machacó esa idea con un anuncio clásico en que mostraba el Anacín aliviando el golpeteo de un dolor de cabeza.

Pero Keith Reinhard, quien preparó la propuesta de la agencia Needham, Harper and Steers para McDonald's, llegó a la conclusión de que ninguna proposición vendedora llegaba igualmente bien a todos los segmentos del mercado que buscaba McDonald's: los niños, los padres, y los adultos jóvenes. Propuso, en consecuencia, una campaña nacional para proyectar lo que él llamaba "la original personalidad vendedora", dentro de la cual, según le dijo a Schrage, desarrollarían "proposiciones vendedoras distintas, según que estuvieran dirigidas a las mamás, a los papás, o a los chicos".

La tesis de Reinhard se basaba en una extensa encuesta de consumidores que llevó a cabo la agencia Needham para preparar su propuesta. "Invadimos los restaurantes McDonald's con nuestros investigadores", recuerda Reinhard. La encuesta mostró que, si bien los diversos segmentos del mercado preferían a McDonald's por distintas razones, una percepción común a todos era que McDonald's no era una típica experiencia de comer fuera de casa sino más bien un lugar de diversión al cual podía ir toda la familia. Era, en efecto, quizá la única cadena de restaurantes que le ofrecía algo a cada miembro de ella: acción y comida con las manos para los chicos, alimentos de calidad y a precios cómodos para los padres, y una atención nada común para satisfacer las necesidades básicas de aseo y comodidad para los comensales. Reinhard, por tanto, sostenía que la propaganda de McDonald's debía proyectar una personalidad de sensibilidad, cordialidad y diversión.

Estos conceptos eran significativos en otras áreas de ventas al por menor, pero eran extraños en la publicidad de restaurantes, que no salía de los rígidos límites de producto y precio. La publicidad por televisión prácticamente no existía para servicios de comidas en 1970, pero una simple extensión de la filosofía corriente de la industria habría dado por resultado comerciales de TV con el mensaje de los bajos precios de McDonald's y tomas de primer plano de humeantes hamburguesas. Reinhard quería colocar a McDonald's en la posición de una especie de institución benévola con una comprensión "misteriosa" de las nuevas necesidades de los consumidores y que ofrecía de adehala "una experiencia feliz".

Este era el enfoque especial que buscaba Schrage, y ganó el contrato para la agencia Needham. Con un exigente plazo límite de tres meses, la agencia desarrolló un programa que McDonald's consideró de calidad superior. "Nuestras investigaciones y encuestas nos mostraban que una visita a McDonald's se podía comparar con un escape a una isla de felicidad", recuerda Reinhard. "Los niños podían ver las montañas de papas fritas, las mamás escapaban de preparar las comidas, y los papás escapaban de las preocupaciones de sus negocios".

La agencia acometió la producción de una docena de comerciales de TV, todos con el tema del escape a la isla. Había coros que cantaban una encantadora melodía con que se invitaba a los televidentes: "Vengan a la isla de McDonald's". Tomas aéreas hacían que los restaurantes aparecieran como puertos seguros en medio de un mar de tránsito. Fred Turner se entusiasmó tanto cuando vio los primeros comerciales de Needham que llamó por teléfono a un reportero del *Wall Street Journal*, que le había hecho una entrevista la víspera, para revisar sus proyecciones de ventas... varios puntos hacia arriba.

La agencia estaba lista con sus nuevos comerciales dos semanas antes del vencimiento del plazo de tres meses, pero todo se vino abajo. Un consultor-visitador de McDonald's, durante una visita de inspección a las sucursales de Oklahoma, vio a la orilla de una carretera un cartel que decía: "Cerveza de raíces A&W — Su Isla de Placer". A pesar de que A&W sólo había usado ese tema en una campaña regional, los abogados de McDonald's afirmaron que no valía la pena correr el riesgo legal de seguir adelante con la campaña de la isla. Needham tenía dos semanas para reemplazarla. "Nos llenamos de pánico", dice Reinhard. "No teníamos nada de que pudiéramos echar mano. Nada que pudiéramos siquiera recalentar".

Reinhard se hallaba en Los Angeles trabajando en más comerciales para McDonald's, cuando le llegó la mala noticia, y se puso inmediatamente en movimiento. Concertó una cita para el día siguiente en Nueva York con Gordon Fenton, veterano redactor de publicidad de la agencia, y le pidió que concertara también una cita con Sid Woloshin, uno de los mejores compositores de tonadas publicitarias del país. Este se comprometió a trabajar en una nueva canción para McDonald's, mientras Reinhard y Fenton pasaron toda la noche en un hotel escribiendo la letra.

Woloshin compuso varias tonadas nuevas, que les tocó en el piano.

Una de ellas sobresalía; era alegre y optimista y se acomodaba casi perfectamente a la letra que habían escrito Reinhard y Fenton. La hicieron grabar en un estudio en Nueva York y a toda prisa la llevaron para hacérsela escuchar a los gerentes de mercadeo de McDonald's. La música les encantó, pero la letra no tenía sentido...

Al fin inventaron otro estribillo que decía: "Hoy usted se lo merece: venga a McDonald's", y éste sí tuvo éxito. No sólo se entendía y se ajustaba bien a la música de Woloshin, sino que al mismo tiempo creó un tema musical general que se podía utilizar en docenas de comerciales con distintos mensajes dirigidos a diversos segmentos del mercado. En el término de un año el nuevo tema llegó a ser la canción comercial más conocida de la televisión, e incluso el más identificable de todos los temas de propaganda conocidos hasta entonces.

Con estos comerciales McDonald's se colocó muy adelante de toda la industria de comidas rápidas en publicidad. Ningún competidor tenía un tema musical tan popular y memorable. Pero no paró ahí la creatividad de Needham. A diferencia de lo que hacían y hacen los demás, el producto casi nunca se vendía directa y separadamente, sino más bien como parte de un paquete de experiencias humanas positivas derivadas de una visita a McDonald's. La fórmula publicitaria de Needham se conoció en la compañía como "comida, familia, diversión" y fue la espina dorsal de todas sus campañas publicitarias.

Pero esta publicidad no se limitaba a mostrar familias divirtiéndose en un McDonald's. Los comerciales narraban historias destinadas a pintar el carácter de la compañía, y con el tiempo el argumento de esas narraciones se hizo tan fuerte y las referencias al producto tan sutiles, que Schrage pidió que todos los comerciales se introdujeran con un título y el logotipo de McDonald's para que no quedara duda de la entidad para la cual se hacían los comerciales. "Estábamos tan empeñados en comunicar nuestra personalidad que ya no comunicábamos nuestra identidad", explica Schrage.

En los comerciales que tenían el tema de "Hoy usted se lo merece" Needham evitaba presionar y en cambio transmitía mensajes más discretos, más ligeros y a veces humorísticos que contrarrestaban la imagen negativa de comidas rápidas. Eran eficaces porque nadie esperaba publicidad de esta clase en una cadena de restaurantes, y ninguno de los competidores de McDonald's estaba haciendo nada por el estilo. En uno de los primeros, Needham presentó a un lacayo que va en un automóvil Rolls-Royce a buscar en un McDonald's una hamburguesa, papas fritas y una gaseosa, todo lo cual le lleva en una bandeja de plata a su amo, un millonario, que obviamente se pone feliz cuando le da la vuelta de su dólar. En otro, una familia que va muy de prisa a alguna parte en automóvil se ve detenida en un paso a nivel por un larguísimo tren de carga; pero ven cerca un McDonald's y el papá salta del auto y regresa con almuerzo para toda la familia, a tiempo que el tren deja libre el paso.

Hasta en el caso en que Needham hubo de tratar un asunto serio, como la limpieza, lo convirtió en algo entretenido y el mejor conocido de sus comerciales. Fue un avance definitivo, pues este comercial se colocó en la categoría de la gran publicidad de gaseosas que presentaba producciones musicales dignas de Broadway. Su presupuesto de producción de US $130 000, también fue una novedad en propaganda de servicios de comidas, pero McDonald's lo aprobó porque estaba de acuerdo con la tesis de Reinhard, de que para *proyectar* calidad, los anuncios tenían que *ser* de calidad.

Este comercial sobre el aseo también se diferenciaba de todos los demás de los restaurantes en que no mostraba comida alguna. En su lugar, siete empleados bailaban en torno de un modelo de restaurante McDonald's cantando una nueva tonada ensalzando la faena de limpiar y fregar antes de abrir al público. El carácter teatral de los comerciales que Needham preparó para McDonald's hizo de ellos vehículos para actores noveles que después fueron estrellas del cine o la televisión.

Needham les agregó el mismo toque teatral a los comerciales de Ronald McDonald creando un escenario fantástico de McDonalandia y llenándolo de una multitud de personajes de cuentos de hadas: el Hamburglar (el ladrón de hamburguesas, porque "todos los buenos necesitan un malo", según Reinhard), el comandante McCheese (personaje de las hamburguesas de queso), el policía Big Mac y el Grimace (que devora malteadas). Si bien estos personajes nunca llegaron a ser tan populares como Ronald McDonald, sí le dieron a Schrage la idea de introducirlos como equipo en los patios de recreo de McDonald's. La idea de estos patios no era del todo nueva. George Gabriel, concesionario en Bensalem, Pennsylvania, construyó el primero en los últimos años del decenio de los 60. Pero cuando se agregaron los personajes de McDonalandia, su popularidad aumentó grandemente y en adelante constituyeron el fuerte núcleo de la estrategia de McDonald's para dominar el mercado infantil. Hoy hay patios de juego en el 30 por ciento de las unidades McDonald's en todo el mundo, y Don Ament, antiguo diseñador de Walt Disney, después de diseñar el escenario para los comerciales de Needham con el tema de McDonalandia, estableció un negocio lucrativo suministrándoles equipos para patios de recreo a los restaurantes de la cadena.

A mediados del decenio de los 70, el mercadeo de McDonald's había cambiado dramáticamente, en comparación con lo que era en los años 60, cuando los operadores locales dominaban la publicidad y la promoción y cuando la creatividad iba de abajo hacia arriba. Con el éxito de sus comerciales basados en el tema de "Hoy usted se lo merece", McDonald's Corporation adquirió el rango de una comercializadora mundial. Se le atribuyó al abundante empleo de publicidad televisada sin presionar el hecho de que se haya duplicado el promedio de ventas por restaurante en cinco años, hasta llegar a US$621 000 en 1973, y de que se haya colocado McDonald's en camino de ser una de las más poderosas anunciadoras en TV. Cada año el departamento corporativo de mercadeo dirige la producción de unos 130 nuevos comerciales con un costo anual de más de US$20 000 000.

Claramente, el poder en mercadeo estaba pasando a la corporación, que ahora estaba definiendo la imagen de McDonald's, produciendo la mayor parte de los comerciales de televisión y desarrollando los temas generales de mercadeo. Se necesitaba a fines de los años 60 un vigoroso esfuerzo centralizado en este campo, pero ahora el peligro era que todo el poder de mercadeo quedara en manos de la alta gerencia. Lo que siempre había hecho que la publicidad de McDonald's fuera tan eficaz era que reflejaba la fuerte influencia de los concesionarios, que estaban más cerca del consumidor. Pero el fenomenal éxito de su mercadeo nacional por televisión creaba el riesgo de que McDonald's olvidara que el enfoque innovador de su publicidad tenía sus raíces en los concesionarios.

Por fortuna eso no ocurrió. Las mismas cooperativas que permitieron que el mercadeo de McDonald's tuviera acceso a las cadenas nacionales de televisión, protegieron la influencia de los concesionarios. Como era de esperarse, la creatividad para los comerciales destinados a la televisión nacional provenía ahora casi exclusivamente del departamento corporativo de mercadeo de McDonald's y de su agencia nacional de publicidad. Pero en la determinación de las campañas locales de publicidad y promoción, que constituyen el 60 por ciento del mercadeo de McDonald's, han seguido dominando los concesionarios locales, que trabajan por conducto de sus 167 cooperativas locales. Además, a través del OPNAD han mantenido un firme control de todas las compras hechas a las cadenas de los medios de comunicación, y ayudan al mismo tiempo a formular la estrategia de publicidad nacional de la compañía.

Hasta en los aspectos creativos de la publicidad nacional los concesionarios no dejan de ejercer influencia. A mediados de los 70, McDonald's ya estaba presionando a Needham para que produjera comerciales más orientados al producto. Con su fórmula de comida-familia-diversión, la agencia estaba poniendo más énfasis en los dos últimos elementos, y los concesionarios pedían que se restableciera el equilibrio, y sobre todo exigían un comercial en que se destacara el producto mejor conocido de la cadena, el Big Mac. "Recuerdo cuánto nos lamentábamos de que McDonald's insistiera en un comercial sobre el Big Mac, en que se hablara de todos los ingredientes del producto", dice Reinhard. "¡Qué cosa tan aburridora!"

Muy contrariados, Reinhard y Dan Nichols, otro gerente creativo, empezaron por escribir seguido todos los ocho ingredientes como si fueran una sola palabra. "Luego se nos ocurrió volverlo juego", dice Reinhard, y lo que resultó fue un comercial de burla en que un actor recitaba rápidamente y sin equivocarse los ingredientes de un Big Mac: "Dos albóndigas de pura carne salsa especial lechuga queso pepinillos cebollas en un panecillo con semillas de ajonjolí".

Este comercial no prendió y duró poco tiempo. Pero sí estimuló la imaginación de Max Cooper, ex agente de publicidad de McDonald's y después concesionario de múltiples puestos en Birmingham, Alabama. Pensó Cooper que lo que le faltaba al comercial del Big Mac era que los consumidores tomaran parte en el juego. Así, pues, le dio instrucciones a su agencia local de publicidad para que produjera un comercial para la radio, que consistiría en grabaciones reales de clientes en sus restaurantes tratando de recitar aquel trabalenguas. Al que lo dijera en cuatro segundos sin equivocarse se le daba un Big Mac. Los que trabucaban salían en las cuñas de radio.

Estas sí tuvieron un éxito instantáneo en Birmingham. A las pocas semanas las radiodifusoras estaban patrocinando conjuntamente con McDonald's concursos de recitación del trabalenguas del Big Mac, y después Cooper hizo un comercial para la televisión con transeúntes a quienes se detenía en la calle para que trataran de recitarlo. Los chicos de las escuelas se lo aprendían de memoria. Y (lo que es más importante) la venta del Big Mac en Birmingham aumentó el 25 por ciento.

No pasó mucho tiempo sin que otros operadores sureños copiaran la idea, y cuando en el departamento corporativo de mercadeo de McDonald's se tuvo conocimiento de su éxito, la agencia Needham resolvió rehacer su comercial original presentando esta vez clientes de verdad recitando los ingredientes del Big Mac. Los comerciales lograron a nivel nacional el mismo éxito que habían alcanzado en el Sur; tan grande, en efecto, que McDonald's sigue usando el tema de "dos albóndigas de pura carne" en sus actuales comerciales sobre el Big Mac.

Pero en cuanto a mercadeo a nivel nacional, los concesionarios encontraron su medio más expresivo de creatividad, no en la publicidad de los productos sino en las promociones. Durante los años 60 y 70 casi todas las promociones de McDonald's —incluyendo las que después llegaron a las cadenas nacionales— tuvieron su origen en las cooperativas locales de publicidad, que están totalmente controladas por los concesionarios. Aun cuando las promociones desarrolladas localmente no se exporten a otros mercados, su impacto sobre el mercadeo de McDonald's es significativo, porque, como grupo, las cooperativas locales gastan más que la nacional (el OPNAD) por un amplio margen US$333 000 000 contra —US$180 000 000 en 1985.

Muchas de las cooperativas locales de McDonald's se cuentan entre los más grandes y más expertos anunciadores en sus mercados. Tienen sus propias agencias de publicidad, que dependen de ellas y no de la corporación. McDonald's se vale principalmente de una sola agencia para su publicidad a nivel nacional (también ocupa a Burrell Advertising para comerciales destinados a la audiencia negra y a Conill Advertising para las campañas dirigidas al mercado hispánico), pero los concesionarios emplean 65 agencias, cada una de las cuales desarrolla promociones y su correspondiente publicidad para los mercados locales.

El verdadero poder de las cooperativas se encuentra en su inclinación a utilizar en *sus* mercados promociones de éxito desarrolladas por *otras* cooperativas locales. Estas actúan como un conducto creativo para difundir buenas ideas promocionales de origen local por todo el sistema McDonald's. Y cuando dichas promociones tienen éxito en determinados mercados, a veces las toma McDonald's Corporation y las lleva a todos los mercados por medio de la televisión nacional. En consecuencia, en lo relativo a promociones la publicidad nacional de McDonald's sigue teniendo un fuerte carácter raizal.

La Malteada Trébol, de color verde-menta, como se usa tanto para promoción el Día de San Patricio, se vende en más de dos mil unidades McDonald's todos los años, y parece que fuera una promoción de origen corporativo, pero en realidad el inventor fue Hal Rosen, concesionario en Connecticut, en los primeros años 70. En 1977 la agencia de publicidad Bernstein, Rein and Boasberg, al servicio de la cooperativa local de Kansas City, logró un impacto mayor aún sobre el sistema con su idea de empacar una hamburguesa, papas fritas y una gaseosa en cajas diseñadas como trenes de circo, que se podían coleccionar. Esta promoción de trenes de circo se comercializó con el nombre de "Happy Meal" [Comida Feliz], e inmediatamente les encantó a los niños. Desde 1979 ha sido la promoción más importante de McDonald's, y se ofrece en todo el mundo varias veces al año. En sólo 1985 la cadena promovió ocho Happy Meals, todas con temas distintos.

Cuando una campaña de promoción local súbitamente se difunde por todo el sistema, puede ser un golpe de suerte para el proveedor del material y al mismo tiempo le da un gran prestigio a la agencia que desarrolló la publicidad promocional—y que quizá inventó la promoción—para la cooperativa local. La sola posibilidad de que una promoción local se vuelva nacional les proporciona a los proveedores y a las agencias de publicidad un incentivo extraordinario para esforzarse a fin de que la promoción tenga éxito en el mercado local.

Por ejemplo, cuando la cooperativa de Boston quiso promover el nuevo menú de desayunos de McDonald's, arregló un enlace con otra firma de Boston, la Gillette, que quería promover su nueva máquina de afeitar

Good News. Pero lo que empezó como una promoción puramente local se volvió nacional porque otras cooperativas McDonald's se dieron cuenta de su poder de arrastre. Gillette sólo aspiraba a hacer una promoción en Boston, pero por haberse conectado con el sistema McDonald's, se le amplió a escala nacional y distribuyó, con gran contento de sus comercializadores, 20 millones de muestras... hasta que se le acabaron.

Un efecto de dominó más grande aún registró la cooperativa local de Los Angeles, que estaba experimentando con un juego promocional a finales de los años 70. De acuerdo con su agencia (Davis, Johnson, Mogul and Colombatto), la cooperativa resolvió experimentar con juegos como medio de aumentar su clientela, y se valió de Simon Marketing, firma californiana especialista en ese ramo. En el juego que desarrolló Simon, se les daban tarjetas a todos los clientes. Raspando un revestimiento de la tarjeta, el que la tenía determinaba inmediatamente si había ganado, y cuánto. Debido en gran parte a este juego, las unidades McDonald's de Los Angeles rápidamente se pusieron a la cabeza del sistema en volumen promedio de ventas.

Pero el que se ganó realmente la lotería instantánea fue Simon Marketing. Cuando las cooperativas McDonald's del resto del país se enteraron del éxito de los juegos promocionales en Los Angeles, también quisieron tener sus propias loterías instantáneas, y en 1981 McDonald's Corporation le pidió a Simon que desarrollara un concurso nacional con este juego, llamado "Haga un Big Mac". Con US $8 000 000 para premios, el concurso aumentó los volúmenes de ventas de McDonald's en todo el país en un 6 por ciento. Esto desató una fiebre de juegos de tarjetas en la industria de comidas rápidas, y en el término de un año después de la aparición de "Haga un Big Mac" las aerolíneas, los supermercados y otras cadenas de ventas al por menor tenían también sus loterías instantáneas, muchas de ellas suministradas por Simon Marketing.

Las agencias de publicidad de las cooperativas locales de McDonald's obtienen también un gran beneficio de otra especie cuando desarrollan una promoción que adopta McDonald's Corporation para distribución nacional. El prestigio de producir una campaña nacional de promoción y publicidad para un líder como McDonald's, puede operar milagros para aumentar la clientela de una agencia de publicidad local. Por esta razón, en la práctica McDonald's tiene 65 agencias locales compitiendo entre sí por ver cuál produce una promoción nacional. "Cuando ellas están todas desarrollando sus propias ideas promocionales", dice Schrage, "el sistema cuenta con una reserva de promociones que nadie más tiene, porque ninguna otra organización está estructurada como la nuestra. En otras organizaciones las promociones vienen de la cima. Pero el mercadeo es en realidad una cuestión local. Por eso muchas de las mejores ideas de mercadeo vendrán siempre del terreno".

Desde luego, esta estructura descentralizada del mercadeo de McDonald's podría desembocar en falta de planificación, desperdicio de recursos y confusión de mensajes publicitarios en el mercado. McDonald's trata de evitar que esto suceda involucrando a las agencias de publicidad de los operadores locales en el proceso de planificación corporativa. Dos veces al año McDonald's se reúne con los jefes de las 65 agencias y los miembros del comité OPNAD para discutir nuevos planes de mercadeo y revisar el desempeño de los existentes. Y cada año el mismo grupo y los presidentes de las 167 cooperativas locales se reúnen para discutir planes y presupuestos anuales de mercadeo, y el año siguiente se divide en ocho o diez periodos durante los cuales se pondrá énfasis en distintos productos en la publicidad.

En el plan se determinan también las fechas en que se van a hacer unas ocho o diez promociones nacionales, y antes de cada lanzamiento el departamento corporativo de mercadeo les envía un "libro azul" a todas las cooperativas locales, en el cual se detalla la promoción y se solicita que en determinada fecha se envíe un compromiso de participación. Si bien muchas ideas promocionales pueden iniciarse localmente, tienen que elaborarse y venderse a los operadores en forma centralizada, sencillamente porque el poder promocional de la cadena hace indispensable la planificación con tiempo. Puesto que la participación es optativa, cualquier promoción puede ser un fracaso si muchos operadores la rechazan. Pero cualquier promoción tiene también la posibilidad de ser la bomba para la cual los fabricantes tienen que prepararse con meses de anticipación, como sucedió cuando el sistema hizo, en 1983, una promoción de Happy Meal en que se destacaban los populares vagones de juguete "Hot Wheels" de Mattel. Esta promoción recibió un apoyo tan general de las cooperativas locales, que McDonald's compró un poco más de la tercera parte de la producción mundial de Mattel — 44 000 000 de vehículos diminutos, troquelados. Refiriéndose a la necesidad de planificar cuidadosamente el mercado, Schrage dice: "Si no lo hiciéramos así, nuestro mercadeo sería un desastre".

Planificación y coordinación central, sin embargo, no son lo mismo que completo control central. McDonald's puede haberse convertido en una máquina de mercadeo, pero tiene muchos maquinistas. En esta área es donde sus concesionarios conservan su más fuerte control sobre la corporación. Como ellos son los que contribuyen con casi todo el presupuesto de publicidad de la cadena, es natural que quieran ejercer el control. Pero a pesar de que otros sistemas de concesiones obtienen sus fondos para mercadeo en la misma forma, sus concesionarios rara vez tienen voz tan fuerte en la formulación de programas publicitarios.

El vehículo principal de la influencia que los concesionarios ejercen sobre McDonald's sigue siendo el OPNAD, el comité de sesenta miembros, compuesto de 31 concesionarios elegidos y 29 gerentes regionales de McDonald's. Como cada concesionario tiene un voto y cada gerente tiene medio voto, el control del OPNAD está firmemente en manos de los propietarios-administradores de McDonald's.

Si bien el OPNAD es desconocido fuera del sistema McDonald's, es uno de los organismos más poderosos en la publicidad de los Estados Unidos, puesto que controla un fondo nacional de publicidad que hoy pasa de US$180 000 000. A pesar de eso, su funcionamiento no es como el de los demás grandes anunciadores. Su proceso de toma de decisiones es tan abierto y democrático que desafía las leyes de administración de negocios. El OPNAD aprueba los gastos para publicidad de la misma manera que un parlamento aprueba las leyes — mediante debate abierto y en ocasiones acalorado y, finalmente, por votación de los miembros.

El comité se reúne trimestralmente y aprueba mediante votación todos los gastos que hace McDonald's para publicidad nacional. Las reuniones duran tres días durante los cuales los miembros estudian las compras a cada cadena, previamente negociadas en forma tentativa por McDonald's y su agencia nacional de publicidad. Luego empieza el debate. En compras especiales, algunos miembros del comité cuestionan la calidad del programa o su compatibilidad con el sistema McDonald's.

Otros expresan temores de que el programa no esté dirigido al mercado al cual McDonald's está tratando de llegar, y presionan a la agencia para que defienda sus proyecciones del probable costo por punto de evaluación (*rating*). Y aunque al comité no le corresponde aprobar la selección de programas, sí llama a capítulo a la agencia en "análisis post-compra" si la evaluación Neilsen del programa está por debajo de las proyecciones de la agencia, haciendo subir el costo por punto muy por encima de lo previsto. Otros, en fin, sostienen que la combinación de medios publicitarios es equivocada y que el sistema debiera dedicar más dinero a unos y menos a otros.

A lo largo de los años la influencia del OPNAD en los aspectos no creativos de la publicidad de McDonald's ha sido profunda. Ha exigido más comerciales de 30 segundos en vez de los de 60 segundos preferidos por la compañía y la agencia. También ha llevado a McDonald's a las radiodifusoras nacionales cuando la compañía y su agencia sólo recomendaban un régimen constante de cadenas de televisión. Al mismo tiempo, ha rechazado los esfuerzos de la compañía por aumentar (partiendo casi de cero) los gastos de McDonald's en publicidad impresa. El comité también ha abogado por más eventos deportivos en la combinación de programas y ha vetado algunos programas especiales que la compañía y la agencia querían comprar. Y aunque no ofrece un aporte creativo para los comerciales televisados, éstos por lo general se le muestran al OPNAD, y la opinión colectiva de sus miembros sobre los actuales comerciales influye en la producción de los nuevos.

El OPNAD, en suma, no se contenta con aprobar por rutina lo que le presentan. Sus miembros son típicamente operadores de una cadena de restaurantes y veteranos anunciadores en sus mercados locales. Ellos "corren" por la oficina del OPNAD, y como los concesionarios normalmente forman parte del comité durante 5 años en promedio, se vuelven lo suficientemente expertos en publicidad por radio y TV como para desafiar a la corporación y a su agencia de publicidad.

Como resultado, las sesiones del OPNAD son intensas. Es posible que el comité apruebe el 90 por ciento de lo que propone la compañía, pero el 10 por ciento restante lo modifica, y la pelea por estos gastos a veces es acalorada. La mayor parte de los operadores de McDonald's subestiman el poder que ellos ejercen sobre la corporación por medio del OPNAD", dice Irv Klein, veterano concesionario de Nueva York que ha sido en dos ocasiones presidente del comité. "No tenemos control sobre el proceso creativo de los comerciales, pero con el correr de los años influimos en lo que la compañía lleva a la pantalla".

Esa influencia va más allá de la compra de tiempo en las cadenas de TV. Afecta a toda la estrategia publicitaria de McDonald's, y la compañía y su agencia harían mal en desatender las recomendaciones de los miembros del OPNAD relativas a la dirección de su publicidad a largo plazo. Por ejemplo, en los últimos años del decenio de los 70, en el seno del OPNAD y en toda la comunidad de concesionarios empezaron a criticar la publicidad que estaba produciendo la agencia Needham, Harper and Steers. Según muchos operadores, se resaltaba en ellas demasiado la personalidad de McDonald's y no lo bastante su producto. Needham parecía haber contraído matrimonio indisoluble con su enfoque de comida-familia-diversión a pesar de que Burger King y Wendy's estaban vigorizando sus campañas con publicidad de más impacto y más novedosa, enfocada directamente en el producto.

La respuesta de Needham fue débil. Cambió el tema musical de las campañas, pero el contenido siguió siendo el mismo de la experiencia feliz. El problema radicaba, en parte, en que el éxito inicial que la agencia obtuvo con la publicidad de McDonald's elevó al genio creador Keith Reinhard (a quien se debió principalmente ese éxito) al cargo de presidente de la agencia, retirándolo de la cuenta de McDonald's. En opinión de Schrage, Turner, y otros, el trabajo de Needham para McDonald's no volvió a tener el nivel de creatividad de antes.

Mientras tanto, se estaba intensificando la presión del OPNAD en favor de una publicidad más vigorosa y orientada al producto. Y a finales de 1981 la alta gerencia de McDonald's adoptó por unanimidad la decisión de prescindir de Needham y ocupar en cambio a Leo Burnett, que es en la actualidad su agencia de publicidad nacional.

No es necesario, empero, que los concesionarios trabajen por conducto del OPNAD, ni que presionen a McDonald's, para tener influjo en la dirección de la publicidad del sistema. Cuentan con otras opciones que ejercen impacto más directo sobre sus mercados. Aunque casi siempre tenga el aspecto de un esfuerzo nacional corporativo, lo cierto es que la mayor parte de la publicidad y la promoción de McDonald's se hace en medios de comunicación locales, no nacionales. Por medio de sus 167 cooperativas locales, los operadores ejercen sobre los gastos locales de publicidad el mismo control que el OPNAD ejerce sobre los presupuestos nacionales. En efecto, trabajando con sus cooperativas ejercen potencialmente más influencia en la publicidad a nivel local que la influencia que ejerce el OPNAD a nivel nacional. Localmente, las cooperativas controladas por los concesionarios (no por la compañía) son las que contratan a las agencias de publicidad locales y éstas responden a las necesidades y deseos de sus clientes, que son los operadores de restaurantes. De este modo, a nivel local dichos operadores ejercen el control directo, tanto de los gastos como del contenido de los comerciales y las promociones. Y si no les satisfacen los comerciales o las promociones que les proporciona la corporación, están facultados para proceder como más les convenga.

Esto es cierto incluso respecto de las cooperativas más pequeñas, las cuales obviamente carecen de los recursos necesarios para hacer sus propios comerciales, y se ven obligadas a obtener del departamento corporativo de mercadeo los comerciales que publican localmente. Sólo la mitad, aproximadamente, de los 130 comerciales de TV que producen anualmente McDonald's y Leo Burnett aparecen en la televisión nacional, y los demás no se utilizan de manera uniforme a nivel local, pues las cooperativas locales pueden escoger del "menú" que les ofrece la corporación únicamente los comerciales que quieran presentar en las pantallas de su localidad y descartar los que no les gusten. En algunos mercados, ciertos comerciales producidos por la compañía parecen tener gran éxito, y las cooperativas locales los aprovechan casi con exclusión de todo lo demás; pero, en cambio, en otros mercados esos mismos comerciales no aparecen en absoluto, pues han sido rechazados por los operadores locales. Por esta razón la publicidad televisada de McDonald's varía mucho de un mercado a otro, y la facultad que tienen los operadores locales de escoger los comerciales que quieren ver en sus pantallas constituye uno de los controles más poderosos que los concesionarios ejercen sobre el mercadeo corporativo de McDonald's. Turner dice: "Cuando la mayoría de los operadores rechazan un comercial producido por nosotros, nos están transmitiendo un mensaje importante".

Esta misma elección popular ocurre en el caso de las promociones a nivel nacional. Cuando se inventó entre los operadores de California el juego de las tarjetas de lotería instantánea, McDonald's y Simon Marketing empezaron a producir una serie continua de estos juegos para distribución nacional. Pero muchos concesionarios en distintas localidades se quejaron de que esas promociones perjudicaban la buena imagen de McDonald's, y manifestaron su oposición rehusando patrocinarlas localmente. A principios de 1983 la compañía trató de desafiar esa fuerte resistencia con un "Juego de Sabores de un Millón de Dólares", pero en todas las regiones encontró rechazo y sólo circuló en menos de la mitad del territorio norteamericano. Desde entonces, McDonald's sólo ha promovido un juego nacional.

Lo cierto es que McDonald's y su agencia nacional de publicidad tienen poco incentivo para producir comerciales nacionales si sus propios operadores no los utilizan localmente. De este modo, aunque los concesionarios no tengan injerencia directa en el proceso creativo de los comerciales nacionales, su libertad de escoger los que les gusten para uso local les confiere una especie de poder de veto sobre lo que produzcan McDonald's y Burnett en materia de publicidad.

En mercados tan importantes como Nueva York, Chicago y los Angeles, las cooperativas locales de publicidad son tan grandes que los operadores pueden llevar el poder de veto un paso más allá. Cuando la agencia nacional de McDonald's produce comerciales que a ellos no les gustan, no vacilan esas cooperativas en reemplazarlos por comerciales que ellas mismas producen.

Por ejemplo, en 1980 cuando McDonald's introdujo los trozos de pollo llamados Chicken McNuggets en el mercado nacional, los operadores de Nueva York querían para ese producto comerciales más vigorosos que los que estaban saliendo de la sede corporativa. Entonces la cooperativa de Nueva York, que cuenta con 320 socios y tiene un presupuesto de US$16 000 000 anuales para publicidad —es decir, un presupuesto como el de una compañía de tamaño mediano— le ordenó a su agencia local, Rosenfeld, Sirowitz and Lawson, que produjera sus propios comerciales del McNugget.

Estos anuncios —en que aparecía una dama repartiendo muestras gratis de Chicken McNuggets en un restaurante McDonald's— se coordinaron con un programa de promoción, en el cual durante treinta días les repartían realmente dichas muestras gratis a los clientes a la hora de la cena en los puestos McDonald's. Por esta campaña la agencia se ganó el Premio de la Agencia Distinguida que otorga McDonald's, y el comercial lo utilizaron también muchas otras cooperativas del país. Como cada una de éstas le pagaba a la de Nueva York una parte del costo de producción, los operadores de Nueva York además de ofrecerles una alternativa a los comerciales de origen corporativo, cubrían los costos de producción. Un año después, la cooperativa produjo abundantes comerciales orientados al producto, enfrentándose el Big Mac con los McNuggets en un concurso de popularidad, y los nombres de los consumidores que "votaban" por su favorito se inscribían en una rifa de premios.

Ese tipo de libertad de mercadeo no es barato. A la cooperativa de Nueva York le costó US$500 000 producir sus dos comerciales del concurso Big Mac-McNuggets, a pesar de que podía haber obtenido comerciales de la corporación sin costo alguno.

Sin embargo, muchas agencias contratadas por las mayores cooperativas regionales les recomiendan a sus clientes que produzcan sus propios comerciales, especialmente cuando están convencidas de que pueden hacer algo mejor que lo que les suministra la corporación y su agencia nacional. En consecuencia, el sistema McDonald's tiene en la práctica una agencia nacional y media docena de importantes agencias locales que están haciendo antesala a ver cuál se queda con la cuenta nacional cuando la delantera empiece a dar traspiés.

Una de esas candidatas es Needham, Harper and Steers (que ahora se llama Needham Worldwide), que ya tenía la cuenta de la cooperativa de Washington y se apresuró a conseguir las de las cooperativas locales de Phoenix, San Diego y Las Vegas cuando perdió la cuenta nacional de McDonald's. Obviamente, espera utilizar esas conexiones como base para tratar de recuperar la cuenta nacional. "El día en que McDonald's dejó de ser nuestro cliente fue el día que pasó a ser nuestra mejor perspectiva", observa Reinhard, presidente de la agencia.

No todas las cooperativas de McDonald's son lo suficientemente grandes para demostrar independencia en la producción de publicidad, pero a medida que la cadena se extiende, ingresan cada vez más cooperativas en las filas de las grandes comercializadoras. En efecto, gracias a la estructura descentralizada de McDonald's para la financiación de la publicidad, el mercadeo es quizá la única área de operaciones en la cual el poder del concesionario aumenta con el crecimiento del sistema. En otras áreas ocurre lo contrario. A medida que McDonald's crece, se hacen mayores las economías de la compra y de la distribución centralizadas. Y el poder de la corporación en bienes raíces, construcción, diseño, y operaciones de los restaurantes se hace casi absoluto a medida que el sistema le aplica sus célebres normas de uniformidad a una base más amplia.

Pero al formar una determinación crítica sobre cómo atraerá el sistema a sus clientes, los operadores de McDonald's siguen ejerciendo su más fuerte control sobre la administración corporativa. Por fortuna para McDonald's, ésa es también el área en que más se necesitan las ideas de los concesionarios. A finales del decenio de los 60, cuando McDonald's entró en el mercado de la publicidad por las cadenas nacionales de televisión, su personal corporativo de mercadeo se hizo cargo de uno de los programas publicitarios más poderosos y más creativos del país. Pero fue el aporte continuo, proveniente de los concesionarios que habían inspirado el mercadeo de la compañía día tras día, lo que mantuvo la maquinaria de mercadeo masivo de la empresa sintonizada con el cambiante mercado de las comidas rápidas. Schrage dice: "Nuestros operadores son empresarios, pero nosotros les decimos hacia dónde se dirige su negocio, cómo debe ser su letrero, y qué tipos de servicio y producto deben ofrecer. Les damos manuales de operaciones hasta volverlos locos. Pero el mercadeo es su último reducto de libertad, el único campo en que pueden expresarse libremente. McDonald's no funcionaría si no tuvieran eso".

En años recientes el impacto de los concesionarios locales sobre la publicidad y la promoción de McDonald's ha disminuido notoriamente. La mayor parte de las promociones las está produciendo el departamento corporativo de mercadeo y no los concesionarios locales. Y en respuesta a una publicidad más vigorosa de Burger King y Wendy's, las cooperativas locales de McDonald's tienden a marchar al paso que les marque el mercadeo de la compañía con su publicidad en la televisión local . . . con la esperanza de lograr el máximo impacto de un sistema de operadores que hablan con una sola voz.

Pero aunque ese tipo de eficacia de mercadeo pueda resultar práctico en el ambiente competitivo de hoy, McDonald's corre el riesgo de perder el carácter raizal que ha distinguido su comercialización durante tres decenios. Los concesionarios que se habitúan a seguir la iniciativa de la compañía en publicidad y promoción pueden olvidar su tradición de iniciativa local y perder su fuerza creadora justamente cuando más la necesita el sistema. El jefe de mercadeo Schrage ve ese peligro, pero dice: "Nosotros jamás olvidaremos nuestros antecedentes de mercadeo desde abajo. Jamás".

Capítulo 14
LA "McDONALIZACIÓN" DE LOS PROVEEDORES

Cuando el programa de expansión de Fred Turner alcanzó su máximo impulso, a mediados de los años 70, McDonald's ya había producido cambios fundamentales en la industria de servicio de comidas. Había encabezado la revolución que hizo que comer fuera de casa fuese tan común como comer en ella, y con sus omnipresentes comerciales de televisión había introducido los conceptos de mercadeo de una marca en una industria que antes no los tenía.

Sin embargo, una de sus realizaciones más significativas no se conocía — ni se conoce bien aún: McDonald's cambió no sólo la naturaleza de la industria de *servicio* sino también la del *procesamiento* de alimentos.

En efecto, casi por sí sola había creado una rama enteramente nueva del negocio de procesamiento. Cuando los procesadores tradicionales no quisieron o no pudieron suministrarle los productos alimenticios que McDonald's exigía, la empresa de Kroc respondió desarrollando fuentes enteramente nuevas de aprovisionamiento y perfeccionando métodos nuevos de procesar alimentos. Inventó sistemas nuevos y mucho más refinados de empacarlos y distribuirlos; y todo lo hizo valiéndose de proveedores pequeños que estaban por fuera de la corriente principal de los procesadores norteamericanos, pues los pequeños eran los únicos que estaban dispuestos a ayudarle a romper las tradiciones de la industria que se habían mantenido durante muchos decenios.

Gracias a los negocios que hacen con McDonald's, los proveedores del sistema han crecido hasta llegar a ser de los mayores procesadores y distribuidores de alimentos del mundo, y sin embargo son desconocidos para la mayoría de los consumidores. Fuera de McDonald's son pocas las personas que conocen la compañía que vende US $700 000 000 al año y es hoy la mayor fabricante de hamburguesas en el mundo. Lo mismo se puede decir de la gigantesca empresa de US $2 000 millones anuales, que es la mayor distribuidora de alimentos y de productos de papel para el comercio de comidas; y de la procesadora de papas, con ventas anuales de US $500 000 000, que domina el negocio de las papas fritas. Son menos conocidos aún el mayor procesador de quesos para las hamburguesas con queso y el mayor productor de pasteles fritos. Nombres como Keystone Foods (líder en hamburguesas), Martin-Brower (la mayor distribuidora de comidas rápidas), Schrieber Cheese (que suministra el 80 por ciento de los 100 000 000 de libras de queso que consume anualmente McDonald's), Jack Simplot (el rey de las papas fritas), y Bama Pie (líder de los pasteles de fruta fritos), ciertamente no son marcas tan conocidas como Kraft, Heinz y Del Monte. Tampoco se cuentan entre las compañías que pertenecen a gigantes de procesamiento de alimentos tales como General Foods, Beatrice, o General Mills. El hecho es que en el área crítica del abastecimiento, McDonald's creó la operación de restaurantes más grande del mundo valiéndose de los menos conocidos o de los desconocidos en el negocio de procesamiento de alimentos. Tenía la misma afinidad por los proveedores-empresarios que por los concesionarios-empresarios.

No adoptó esta política deliberadamente. Los gigantes tradicionales del procesamiento tuvieron la oportunidad de obtener el negocio de McDonald's, pero casi todos la desperdiciaron. Swift y Armour podrían haber sido los abastecedores de todas las hamburguesas de McDonald's si no hubiera sido porque se negaron a abrirle crédito a Ray Kroc cuando estableció su primer restaurante. Cuando Hires no quiso respetar un precio cotizado por un antiguo vendedor, McDonald's cambió de proveedor de sabores para su cerveza de raíces y le dio el negocio a un fabricante de jarabes menos conocido, R. W. Snyder. Al principio Kraft tenía todo el negocio de quesos con McDonald's, pero perdió el 75 por ciento porque no atendió la petición de la compañía, que necesitaba un *Cheddar* de sabor más fuerte. Con este cambio se benefició la diminuta fábrica de quesos de L. D. Schreiber, de Green Bay, Wisconsin, que hoy se ha convertido en una gran empresa gracias al negocio de McDonald's. Heinz también tuvo el 90 por ciento del negocio de salsa de tomate y pepinillos encurtidos para McDonald's hasta 1973, cuando se negó a suministrarle la salsa durante una escasez de tomates. Hoy Heinz tiene menos del 15 por ciento de ese negocio, que vale US $27 000 000 al año. Y Bays, líder en la producción de muffins ingleses, poco después de haber sido escogida para suministrarles el producto a los primeros restaurantes que ensayaron el Egg McMuffin, perdió el negocio porque cuando McDonald's le pidió que hiciera estos panecillos mejor cortados y todos de forma igual, los gerentes de Bays contestaron que ellos sólo hacían los muffins con formas y cortes irregulares, y que hacerlos de otra manera comprometería la tradición de la empresa. Hoy otras panaderías menos conocidas, como East Balt y West Baking, producen cerca de 30 000 000 de docenas de muffins ingleses al año para McDonald's.

Así, pues, aunque McDonald's no tenía al principio ningún prejuicio contra los grandes proveedores de alimentos, acabó teniéndolo porque sus exigencias eran superiores a las que acostumbraban hacer otras cadenas de restaurantes, y también más de lo que las grandes proveedoras estaban acostumbradas a satisfacer. Cuando McDonald's quiso productos exclusivos, encontró que aquellos proveedores no querían suministrarle sino los productos corrientes que le vendían a todo el mundo. Para ellos era más seguro maximizar la capacidad productiva que ya tenían que estructurar una nueva capacidad y jugar al azar de un futuro negocio de McDonald's.

Pero el problema no era de simple economía, sino también de servicio. Cuando McDonald's pedía atención especial, los pequeños proveedores eran los que estaban dispuestos a dársela. Lynal A. Root, vicepresidente que supervisa la compra anual que hace McDonald's por valor de US $4 000 millones en productos alimenticios y papel, explica: "Las compañías grandes carecían de iniciativa, su atención a la clientela era deficiente, y experimentaban gran rotación de personal. En cambio, los proveedores pequeños tenían más que ganar y más que perder con nuestras compras; las apreciaban más y respondían más rápidamente. Yo no conocí personalmente a ningún funcionario de Kraft hasta que esa empresa perdió más del cincuenta por ciento de nuestras compras de quesos".

La preferencia de McDonald's por los proveedores-empresarios no dejaba de tener sus riesgos. Cuando Turner empezó a fijar nuevas metas de expansión, era dudoso que los proveedores pequeños tuvieran la capacidad necesaria para abastecer una cadena que se proponía enseñorearse del mercado de comidas rápidas. Ya McDonald's no era una tranquila operación regional de drive-ins sino un complejo sistema nacional de millares de puestos y necesitaba proveedores con distribución nacional, con las economías propias de la producción de grandes volúmenes, con refinamiento técnico, y con capacidad financiera para extenderse tan rápidamente como se estaba extendiendo McDonald's. Era más probable encontrar estas características en los líderes ya establecidos del mercado que en los principiantes independientes de quienes se valía McDonald's.

Por lo demás, la compañía se aventuraba con proveedores pequeños a pesar de que era obvio que las conexiones de abastecimiento de una cadena de comidas rápidas eran un factor crítico de su competitividad. Desde los últimos años del decenio de los 60 ya era evidente que el negocio de comidas rápidas — sobre todo el segmento de hamburguesas — se desarrollaría en el decenio siguiente y sería un mercado dominado por líderes poderosos, todos los cuales podrían producir una hamburguesa aceptable, comercializarla activamente y repartirla a través de una red nacional de puestos modernos.

Entonces la lucha entre los titanes de las comidas rápidas se basaría principalmente en la eficiencia del abastecimiento, y el ganador sería el competidor cuyos proveedores tuvieran los costos más bajos de producción, los más altos niveles de experiencia técnica, y el mayor deseo de innovación. No había ninguna garantía de que McDonald's pudiera lograr ese tipo de dominación uniendo su suerte a la de proveedores que eran pequeños empresarios, y tratando de convertir a éstos en gigantes. En comparación con las redes potenciales de abastecimiento de otras cadenas de comidas rápidas, que eran abastecidas por los grandes procesadores de alimentos o eran propietarias de ellos, el sistema de abastecimiento de McDonald's no prometía mucho para que ésta llegara a ser la gran potencia de la industria.

Y esto fue, justamente, lo que llegó a ser. Lejos de tener un grupo desorganizado de proveedores independientes, McDonald's creó lo que hasta sus competidores reconocen como el sistema más integrado, eficaz y original de suministros que existe en la industria de servicio de comidas. A ese sistema se debe que McDonald's sea la que fija las normas de uniformidad del producto. En el decenio de los años 50, logró su extraordinaria uniformidad dedicándoles más atención que los demás al servicio y al entrenamiento en los restaurantes; pero a partir de los últimos años del decenio de los 60 empezó a trabajar más en las plantas de producción. En éstas se producían los alimentos en forma más estandarizada y de manera que la preparación de la comida en los restaurantes no ofreciera dificultad. La producción se concentró en grandes plantas dedicadas exclusivamente a McDonald's. A mediados del decenio de los 80 la compañía había convertido su sistema de distribución en el asombro del negocio de procesamiento de alimentos.

Redujo de 175 a sólo 5 sus proveedores de carne, los cuales manejan plantas de hamburguesas que se cuentan entre las más grandes y más eficientes en la industria de procesamiento de carnes. Sus 175 proveedores locales de papas —que no siempre le suministraban la calidad y la cantidad deseadas— fueron reemplazados principalmente por Simplot Company, cuyas plantas gigantescas para el procesamiento de papas congeladas dominan el mercado de papas fritas. Y hoy casi todos los artículos que necesitan los puestos McDonald's se los entregan en despachos de un solo lote que les llevan dos veces por semana en camiones desde enormes centros de distribución donde se almacenan los alimentos y los productos de papel que utiliza McDonald's.

La compañía no sólo logró eficiencia en los abastecimientos sino que creó entre los proveedores una lealtad al sistema que es rara entre entidades de fuera. Como lo dice Turner, los proveedores fueron "macdonalizados". Como McDonald's empezó con proveedores muy pequeños y creció con ellos, éstos hacen con la cadena la mayor parte de su negocio, y hay algunos que no le prestan servicios a nadie más. En tales circunstancias, los proveedores se dedicaron a mantener y mejorar la calidad del sistema como si ellos fueran de propiedad de McDonald's. No sólo se preocupan por mantener la calidad dentro de sus respectivas empresas sino que vigilan la de otros proveedores del sistema. Mantienen su propio personal de control de calidad, que visita con regularidad los restaurantes para ver que los productos se estén preparando y almacenando en debida forma; hasta vigila a la compañía y discute con los gerentes corporativos cuando le parece que está amenazada la integridad del sistema.

McDonald's, a su vez, espera que ellos cumplan ciertas normas de responsabilidad, que las empresas no suelen exigirles sino a sus propios empleados. Ted Perlman, presidente de la junta directiva de la compañía Perlman-Rocque, propietaria de tres de los centros de distribución que compran, almacenan y entregan todos los productos para unas mil unidades McDonald's, recuerda que una vez, obedeciendo una orden de la corporación, hizo cambiar las bolsas de las papas fritas por unas bolsas de papel más delgado y más barato. Pero estas nuevas bolsas resultaron demasiado flexibles, con la consecuencia de que los empleados empacaban en ellas, o bien demasiadas papas fritas, o no las suficientes. Cuando Turner se enteró de este error, no sólo se enfadó con el gerente que había ordenado el cambio, sino que llamó a cuentas a Perlman, diciéndole que él no debiera haber permitido una medida que afectaba al producto más importante de McDonald's. Perlman, cuya compañía compra todos los productos de papel que utiliza el sistema McDonald's, jamás olvidó la lección de la extraordinaria dedicación que McDonald's exige de sus proveedores, y dice: "Mi papel en la vida es no permitir que McDonald's cometa a sabiendas un error".

Los proveedores han mostrado un interés especial no sólo en mantener la calidad sino también en mejorarla. Desde los años 60 han desempeñado un papel fundamental en el programa de nuevos productos de la compañía. Los nuevos productos de McDonald's han sido posibles únicamente porque los proveedores se arriesgaron a hacer cuantiosas inversiones en nuevas tecnologías de producción, sabiendo que esas inversiones serían una pérdida total si el producto fracasaba. Jim Williams, presidente de la junta directiva de Golden State Foods, uno de los mayores proveedores de McDonald's, observa que la preocupación de sus empleados por mejorar la calidad de los productos e inventar otros nuevos es tan fuerte, que se creen empleados de McDonald's: "Cuando entra un joven a trabajar para nosotros, no ve sino el logotipo de McDonald's en todos los productos que manejamos y no oye hablar más que de servir a los clientes de McDonald's. A veces tenemos que recordarle a nuestra gente que la compañía para la cual está trabajando es Golden State".

¿Cómo logró esto McDonald's? La respuesta, en una palabra, es lealtad. Empezando con proveedores pequeños, les permitió crecer con el sistema comportándose con intensa lealtad para con aquéllos que estaban dispuestos a reinvertir en nueva capacidad y nueva tecnología destinadas a mejorar su calidad y su eficiencia. McDonald's evitó cuidadosamente la práctica común entre los preparadores de comidas rápidas, de buscar semana tras semana los proveedores que tuvieran precios más bajos. Les exigía mucho a sus proveedores, pero a los que perseveraban y cumplían sus exigencias los remuneraba con utilidades superiores a lo normal.

En suma: siendo leal con ellos, obtenía su lealtad. Ningún proveedor de McDonald's ha perdido el negocio porque otro se haya presentado con mejores precios. Y sin embargo, McDonald's no tiene ninguna obligación legal de seguir dándole el negocio a determinado proveedor, pues sus "contratos" se sellan con un simple apretón de manos. Nunca se ponen por escrito.

Si alguien se ha perjudicado con esta forma de negociar, ha sido la misma McDonald's, que en 1984 se vio demandada por la Central Ice Cream Company por incumplimiento de un contrato, y perdió el juicio. Central le suministraba un producto de helado que McDonald's vendió a principios de los años 70 como Triple Ripple. Cuando Kroc convino de palabra con Thomas Cummings, el dueño de Central, en introducir el producto en todos los puestos de la cadena, todos creían que al fin se había encontrado el postre que el fundador había venido buscando desde finales de los años 50. Era un helado de vainilla, fresa y chocolate en un cono de azúcar, envuelto y protegido con plástico transparente. Se vendía por sólo 25 centavos. "Era un espléndido producto", dice Turner, "y creíamos que se vendería por millones".

Sin embargo, aunque muchos lo probaron, pocos repitieron. Para la mayoría de los consumidores, el cono no pasó de ser una novedad, y para Kroc fue otro fracaso, esta vez de graves consecuencias, porque cuando la cadena descontinuó el Triple Ripple a los tres años, porque su venta había descendido a menos del uno por ciento del volumen de los restaurantes, Central acusó a McDonald's y la demandó por haber violado la promesa verbal de Kroc. El tribunal condenó a McDonald's a pagar US $52 000 000, suma que después se transó por US $15 500 000.

Si hubiera existido un contrato escrito, seguramente los abogados de McDonald's habrían incluido alguna cláusula para proteger a la compañía contra tal eventualidad. Pero a pesar de lo sucedido, la cadena continuó su política de no firmar contratos con sus proveedores y prefiere que sus compromisos con ellos se basen en algo más que un documento escrito.

En nada se hizo tan evidente la consagración de los proveedores como en el desarrollo de productos nuevos o mejorados, pues con los años han venido a ser casi como una extensión del departamento de desarrollo de productos de McDonald's, y han estado dispuestos a invertir en ello millones de dólares. El aliciente ha sido siempre el hecho de que, si un producto o un proceso nuevo tiene éxito, McDonald's le da a su inventor todo el negocio que éste sea capaz de manejar.

La tradición empezó con Bud Sweeney, ejecutivo de cuenta del Grupo Gorton, que obtuvo el 80 por ciento del negocio de pescado de McDonald's después de haber ayudado Sweeney a desarrollar el emparedado de pescado a principios de los años 60. La misma consagración personal mostraron después otros proveedores, y McDonald's les correspondió con la misma intensa lealtad. Dándole a Jack Simplot casi las tres cuartas partes de su negocio de 800 000 000 de libras de papas al año, McDonald's lo convirtió en el mayor abastecedor de papas fritas congeladas en el mundo. Al igual que Sweeney, Simplot consiguió ese negocio demostrando una devoción fuera de lo común por satisfacer las necesidades de la compañía.

Ya era Simplot un importante cultivador de papas a principios del decenio de los 60, cuando le presentó a McDonald's una idea para mejorar la consistencia de sus papas fritas, pero manejaba su compañía como un empresario ansioso de ganarse su primer millón. Así, pues, no era raro que pensara arriesgar US $400 000 para tratar de resolverle a McDonald's el problema más serio que ésta tenía con las papas frescas, el hecho de que las mejores papas para freír, las Idaho Russet, solamente se encontraban en el mercado nueve meses del año. Las Russets, preferidas para comerlas asadas, se cosechaban en el otoño y se conservaban en refrigeración subterránea durante todo el invierno. Pero no resistían los calores del verano, de modo que durante los tres meses de verano McDonald's y todas las demás cadenas de servicio de comidas compraban la papa blanca de California que se cosecha en primavera.

Infortunadamente, la papa blanca no producía una papa frita bien tostada, de modo que cuando Simplot propuso desarrollar una red de frigoríficos para abastecer de Russets a McDonald's durante el verano, la compañía aceptó muy complacida. Para Simplot eso significaba más negocio. Por conducto de distribuidores locales de productos agrícolas ya le suministraba a McDonald's el 20 por ciento, más o menos, de las papas que consumía el sistema, y si su novedoso plan de frigoríficos daba buen resultado, obtendría seguramente mucho más. Así, pues, gastó los US $400 000 para almacenar con refrigeración 300 furgones de papas en distintas partes del país, lo cual era suficiente para atender al consumo de la cadena durante el verano. Esta forma de almacenamiento no se había ensayado antes para papas, ni McDonald's adquiría ningún compromiso, de modo que si las papas no se conservaban bien, la pérdida sería de Simplot.

Correr semejante riesgo estaba muy de acuerdo con el modo de ser de Simplot. Desde la edad de catorce años había empezado su vida de negocios, entonces con un pequeñísimo negocio de chatarra. Lo vendió para adquirir una granja de cría de cerdos, y una suerte inesperada en el mercado de cerdos le dio suficiente dinero para comprar una plantación de papas. Luego se enteró de que había una nueva máquina eléctrica para reemplazar la operación manual de clasificar las papas, y entonces vendió la plantación y se instaló como el primer clasificador automatizado del producto.

Así pasó a comerciar con papas, luego con cebollas, y después a producir cebollas deshidratadas usando una máquina novedosa. A nadie se le había ocurrido hasta entonces producir papas deshidratadas, pero al estallar la segunda guerra mundial, Simplot tuvo un éxito rápido haciendo hojuelas de papa que el ejército usaba para hacer puré. Al final de la guerra tenía en producción catorce plantas de papas deshidratadas, y para mantenerlas funcionando necesitaba tal cantidad del tubérculo que resolvió cultivarlo en grande escala y fue uno de los primeros que usaron abonos para mejorar el rendimiento. Durante la guerra era muy difícil conseguir abonos, por lo cual Simplot se dedicó a la prospección de yacimientos y encontró la mina más grande de fosfatos en el Oeste de los Estados Unidos. Y después de la guerra, cuando el ejército dejó de comprar papas deshidratadas, trató de salvar su negocio de procesamiento con un nuevo concepto: papas congeladas.

En ambos casos Simplot corrió el albur y en ambos ganó, pero su gran idea de suministrarle a McDonald's Russets frescas en verano le salió mal porque casi todas las papas almacenadas se dañaron debido a una serie de percances, y Simplot sufrió una pérdida de US $400 000. Fue éste su primer fracaso grande, pero su reacción mostró cuán firme era su voluntad de obtener más negocios de McDonald's. En efecto, le propuso inmediatamente otra solución, más atrevida aún, para el problema de la falta de Russets en verano: propuso que en lugar de hacer las papas fritas con papas frescas, hicieran papas fritas congeladas.

A mediados de los años 60, Simplot era el principal productor de éstas últimas en el país, lo cual no es decir mucho porque el 95 por ciento del mercado era todavía de papas frescas. Simplot necesitaba un cliente grande como McDonald's para romper la resistencia del mercado a la nueva tecnología. En una convención de cultivadores conoció a Steve Barnes, un vicepresidente ejecutivo de McDonald's y a la sazón director de compras de esta empresa, y lo interesó en la idea de reemplazar las papas frescas por congeladas, por lo menos durante los meses de verano. Barnes le dijo que debía presentarle la propuesta directamente a Harry Sonneborn, que era entonces presidente de la cadena. "Se rió de nosotros", recuerda Barnes. "Lo único que le interesaba era hablar de papas frescas".

Era comprensible que hubiera oposición a inmiscuirse en las papas fritas de McDonald's, que eran su producto más conocido, y no había entonces en el mercado ninguna papa congelada frita — ni la del mismo Simplot — que se les acercara siquiera en color, tostadura y sabor. Pero cuando Simplot recibió la negativa de Sonneborn, Barnes le sugirió que hablara con la más alta autoridad: Ray Kroc. Kroc, experto en el mejoramiento de las líneas de abastecimiento de la cadena, conocía muy bien los problemas de distribución que existían para abastecer la floreciente cadena nacional con papas frescas. Sabía que no era posible mejorar los mejores lotes de papas fritas McDonald's, pero también sabía que se estaba haciendo cada vez más difícil mantener el control de calidad sobre las papas frescas. A mediados de los años 60, la cadena les estaba comprando papas a 175 proveedores locales de productos agrícolas, y muchos de ellos no vacilaban en hinchar sus márgenes enviándole a McDonald's Russets más baratas y de calidad inferior a la que la cadena había pedido. Simplot, sabiamente, abogó en favor de las papas fritas congeladas, no basándose en el precio sino en la calidad, que era lo único que le importaba a Kroc. "Le dije que las papas fritas congeladas le permitirían controlar mejor la calidad y la continuidad del abastecimiento de papas de McDonald's", dice Simplot. "Les estaba dando muchísimo trabajo mantener la calidad de las papas en sus restaurantes. El contenido de azúcar de las papas fluctuaba constantemente, y les salían con todos los colores del arco iris".

Desde antes de proponerle Simplot a Kroc las papas congeladas, éste había trasladado a Ken Strong del laboratorio de equipo de la cadena en Addison, Illinois, a California para iniciar un nuevo laboratorio de alimentos al norte de la hacienda de Kroc en Santa Bárbara. La primera tarea de Strong fue emprender trabajos de investigación sobre papas fritas congeladas, pues Kroc sabía que para poder hacer la conversión, McDonald's necesitaba un producto congelado que no se pudiera distinguir del fresco, lo cual no existía aún en el mercado. Strong había sido técnico investigador con más de diez años de experiencia en el ramo de alimentos con Lamb Weston, importante proveedor de papas, de manera que tenía los mejores antecedentes para el caso. Ed Traisman, concesionario de McDonald's en Madison, Wisconsin, también estaba realizando investigaciones similares por petición de Kroc. Con anterioridad había dirigido investigaciones sobre lácteos y quesos para Kraft, y Kroc quería aprovechar esa experiencia.

Strong y Traisman conocían el problema fundamental de congelar papas, y sabían que la congelación altera su estructura molecular y destruye el buen sabor. También sabían que el método empleado en la industria papera para producir fritas congeladas no atacaba el verdadero problema. Ese método consistía en escaldar primero las papas peladas y cortadas en agua caliente y luego freírlas en caldero, antes de congelarlas. Estas papas congeladas se acababan de freír en el restaurante, pero hasta los procesadores reconocían que su sabor no era tan bueno ni quedaban tan bien tostadas como las hechas con papa fresca.

Después de varios meses de minuciosas investigaciones, Strong y Traisman llegaron a la conclusión, por separado, de que el problema estaba en un procesamiento defectuoso. Traisman determinó que el agua que quedaba en la papa antes de la congelación formaba en la papa congelada cristales de hielo que rompían los gránulos cocinados de almidón del tubérculo, quitándole de este modo su estructura y su sabor al freírlo en caldero. Descubrió que si esa humedad se le quitaba a la papa escaldada antes de congelarla, el problema se eliminaba casi del todo. A pesar de que patentó su descubrimiento, les proporcionó todos los detalles de su investigación libremente a Strong y a McDonald's. Mientras tanto, Strong había descubierto que en el largo proceso de escaldadura las papas se cocinaban demasiado. Una buena parte del sabor se quedaba en el agua, como se quedaban también los azúcares naturales de la papa que les dan a las papas fritas un color dorado y una textura tostada. De ambas cosas carecía el producto congelado y frito que se estaba vendiendo.

Strong atacó ambos problemas diseñando un nuevo procedimiento de elaboración en que la larga inmersión en agua caliente se reemplazaba por una escaldadura más corta en vapor de agua, que no les quitaba los azúcares ni otros componentes del sabor. Y en lugar de freír inmediatamente en aceite las papas escaldadas, inventó un sistema de secarlas con aire caliente para quitarles más humedad y eliminar así el efecto destructor de la congelación. Con el proceso convencional, algo de la humedad se eliminaba al freír las papas precongeladas. Pero Strong llegó a la conclusión de que esto implicaba demasiada cocción en la planta y no la suficiente en el restaurante, y el resultado era que la papa terminada no quedaba bien tostada. En cambio, secando la papa precongelada con aire y luego sometiéndola a un ciclo muy rápido de freidura antes de congelarla, Strong reducía notablemente la humedad, sin reducir el tostado del producto final.

Este método produjo una papa frita que hasta los escépticos reconocieron que era tan buena como la que McDonald's había venido preparando con Russets frescas. El proceso era también suficientemente distinto del anterior para que McDonald's pudiera patentarlo; y Simplot, cuya propuesta a Kroc sobre papas congeladas no había podido ser más oportuna, se ofreció con entusiasmo para construir instalaciones de producción para poner en práctica el método de Strong. La compañía de Simplot ya había empezado por su cuenta a mejorar las papas congeladas, con la idea de poder venderle su producto a Kroc, y algunas de esas mejoras eran parecidas a las que Strong incorporó en su sistema. Tan convencido estaba Simplot de que con su gente él podía convertir el proceso de Strong en una operación comercial, que apenas un año después de su pérdida en los frigoríficos ya estaba dispuesto a aventurar casi diez veces más en un nuevo albur con McDonald's.

En virtud de un acuerdo con Kroc, también sellado con un simple apretón de manos, Simplot invirtió US $3 500 000 para poner el procedimiento experimental de papas congeladas fritas en una línea de producción con capacidad de 25 000 libras por hora. No había garantías. Si no hubiera tenido éxito, habría sufrido una pérdida muchísimo mayor que la de los frigoríficos. Otro gran procesador de papas de Idaho, Lamb Weston, no había querido arriesgarse con el método de Strong cuando McDonald's se lo propuso. Pero a Simplot nada lo asustaba. "Pensé que si Kroc no tomaba estas papas, yo podía ampliar la planta para mí mismo", explica. "Esto me daba un buen pretexto para construir la planta de papas congeladas fritas que yo quería".

El buen éxito compensó con creces su audacia. Al poco tiempo, la única preocupación de Simplot era poder dar abasto a la demanda de McDonald's. La idea inicial de la compañía era utilizar las papas congeladas únicamente durante el verano, pero cuando Simplot tuvo lista para funcionar su nueva línea, ya McDonald's había llegado a la conclusión de que el producto obtenido con el método de Strong era bueno para usarlo durante todo el año en lugar de papas frescas. La cadena se pasó a las congeladas con la misma rapidez con que Simplot podía ampliar la producción.

Al año de haber empezado con su primera planta, Simplot tenía ya otra. En 1972 el cambio de McDonald's a papas congeladas fritas era completo, aunque para Simplot la bonanza apenas comenzaba. Cuando vieron el éxito del cambio efectuado por McDonald's, todas las cadenas principales de servicio de comidas siguieron el ejemplo y se dieron a buscar la manera de duplicar el método de Strong. Simplot modificó ligeramente el proceso McDonald's y empezó a suministrarles a Wendy's y a otras cadenas de comidas rápidas papas fritas congeladas de alta calidad. McDonald's estaba revolucionando la industria de las papas, y Simplot estaba capitalizando su conexión con McDonald's para convertirse en el mayor procesador de papas de los Estados Unidos.

Las cuatro plantas de su compañía en el país le suministran anualmente a McDonald's unos 600 000 000 de libras de papas fritas, lo que representa cerca del 75 por ciento de lo que la cadena consume. (El resto se lo suministra Lamb Weston.) Incluyendo los negocios que realiza con otras grandes cadenas de comidas rápidas, la Simplot Company controla hoy el 30 por ciento del mercado de papas procesadas. Lo que comenzó como una pequeña operación de papas fritas congeladas en 1965, cuando Simplot habló con Ray Kroc, ha crecido a más de veinte veces su tamaño y es ahora un negocio de US $500 000 000 al año.

El cambio que hizo McDonald's de papas frescas por papas fritas congeladas fue otra prueba del potencial de creatividad inherente a un sistema de concesiones en el cual todos los participantes — administradores, concesionarios y proveedores — contribuyen a la solución y aportan los beneficios de sus respectivas experiencias. También es una prueba de que los efectos de esa creatividad cooperativa llegaban más allá de la compañía misma. La conversión de la cadena a papas fritas congeladas ejerció un impacto increíble en toda la industria papera del país. Hoy cerca del 25 por ciento de la cosecha anual se destina a la producción de papas fritas congeladas, en comparación con sólo el 2 por ciento a finales de los años 50, y McDonald's por sí sola consume una cuarta parte de esta producción.

Sólo unos pocos años después de que Simplot y McDonald's empezaron a hacer la conversión de papas frescas a papas congeladas, otro grupo de empresarios causó un impacto mayor aún en la industria alimenticia del país al jugar un gigantesco albur para conseguir el negocio de carne de McDonald's. El grupo lo formaban Al Justin, Jack Katz, y Herb Lotman, todos operadores de menor cuantía en el negocio de procesamiento de carnes hasta que dieron en el hito de hacer cambiar a McDonald's de carne fresca a carne congelada.

Katz fue el primero que se dio cuenta de que a finales de los años 60 McDonald's tenía un problema serio en su abastecimiento de carne. En virtud de su expansión geográfica, la cadena tenía que valerse de 175 proveedores locales que llevaban las hamburguesas frescas a sus restaurantes tres veces por semana. A pesar de que la compañía vigilaba constantemente a los proveedores y realizaba frecuentes inspecciones en sus plantas, mantener el control de calidad en una red de abastecimiento tan fragmentada se había vuelto obra de romanos. Aun cuando las plantas *despacharan* hamburguesas que cumplían las especificaciones de la cadena, no había seguridad de que los restaurantes *sirvieran* hamburguesas de calidad.

Siempre existía el temor de que un despacho grande de carne entregada el viernes a un restaurante para atender a la clientela durante el fin de semana, no se hubiera consumido en su totalidad el lunes siguiente si, por ejemplo, una tormenta alejaba a la clientela de fin de semana. En esos casos, los concesionarios tenían instrucciones de desechar la carne sobrante; pero siempre existía la posibilidad de que algunos sirvieran carne vieja para evitar una pérdida económica. Kroc tenía pesadillas: "Despertaba a media noche sobresaltado, habiendo soñado que vendíamos carne mala y que millares de clientes se quejaban de mal de estómago", recuerda. "Yo no sabía cómo saldríamos de semejante lío".

Pero dentro de McDonald's la resistencia a adoptar la carne congelada era más fuerte que la oposición inicial a las papas congeladas. Nadie la consideraba tan buena como la fresca, porque la congelación le quitaba el sabor y los jugos naturales se evaporaban, fuera de que le daba una consistencia dura. La alternativa de carne congelada era tan mala que McDonald's tercamente prefería correr los riesgos de la carne fresca, a pesar de que el sistema de abastecimiento era ya casi inmanejable. Desde 1965 Katz empezó a visitar con regularidad a McDonald's para ofrecer carne congelada, y con igual regularidad regresaba siempre con las manos vacías.

Pero en 1967 logró al fin avanzar algo. Convenció a Don Devitt, entonces jefe de compras de McDonald's de que aprobara una prueba limitada con carne congelada según un procedimiento criogénico inventado por Justin, en que la carne se sometía a una temperatura inferior a 129 grados C bajo cero. En esta forma se congelaba tan rápidamente, según él decía, que los jugos quedaban aprisionados en lugar de evaporarse, como sucedía en el proceso corriente de congelación.

Katz y Justin formaron una sociedad para producir carne congelada para la prueba que se iba a hacer en los restaurantes McDonald's, e invitaron a Lotman a participar porque éste tenía lo que ellos no tenían, o sea una planta de procesamiento de carnes con capacidad sobrante. Cada uno invirtió US $250 000 en la nueva compañía, que bautizaron Equity Meat Company, y destinaron ese capital a comprar y refinar el equipo de congelar, moler y fabricar albóndigas, que se necesitaba para producir hamburguesas congeladas destinadas a la prueba aprobada por Devitt y que se llevaría a cabo en tres restaurantes. Si esta prueba fracasaba, Equity desaparecería y los socios perderían sus US $250 000 cada uno. Para Justin la pérdida no sería tan grave porque él acababa de vender en US $8 000 000 una compañía que tenía; pero para Lotman y Katz representaba todas las economías que habían podido reunir. A Lotman los ahorros que tenía no le alcanzaron y para completar su cuota tuvo que vender su barco de vela.

Y sin embargo, no vieron cuán arriesgada era la aventura realmente hasta que Equity estuvo lista para empezar a producir una albóndiga de hamburguesa congelada. Fue entonces cuando los tres viajaron a Chicago para convenir los detalles finales de la prueba con Lynal Root, que había reemplazado a Devitt en compras. Cuando Root les presentó al nuevo presidente de McDonald's, Fred Turner, comprendieron que la puerta no estaba de par en par sino apenas ligeramente entreabierta.

Lotman no olvida el episodio, que narra de esta manera: "Turner nos dijo que él detestaba las hamburguesas congeladas. Recordó que cuando él era parrillero [en el puesto que Kroc tenía en Des Plaines] solía colocar en el refrigerador unas cuantas cajas de hamburguesas congeladas para tenerlas de reserva. Pero se deshidrataban y él se cortaba los dedos tratando de separarlas con un cuchillo. Nos dijo que el camino de la carne congelada no sería jamás el de McDonald's".

Turner se excitaba, levantaba la voz y reforzaba sus argumentos golpeando sobre la mesa. En seguida puso sus condiciones: "Nos dijo", recuerda Lotman, "que la única forma en que podría pensar siquiera en la posibilidad de hamburguesas congeladas sería si nosotros podíamos producir un pastelillo de carne que fuera más rápido y más fácil de cocinar que el de carne fresca, y que fuera igualmente jugoso y más blando, y que encogiera menos al freírse. En ese momento yo estuve a punto de sufrir un ataque cardíaco. Acababa de empeñar todo lo que tenía para meterme en este negocio, y el presidente de la compañía nos decía que el proyecto estaba muerto antes de empezar. En el vuelo de regreso a Filadelfia todos íbamos cabizbajos".

Ninguna compañía de carnes importante habría corrido semejante riesgo. Aunque los fundadores de Equity le encontraran solución al problema de la deshidratación, los demás criterios para la prueba no parecían razonables... ni alcanzables. Tal vez Turner estaba pidiendo milagros, pero los socios de Equity no podían confesarse incapaces de realizarlos, puesto que la única alternativa era perder su inversión. "Las palabras de Turner en realidad nos decidieron más que nunca a lograr lo que él quería", observa Lotman.

Los nueve meses siguientes los pasaron los tres en la planta de Lotman, trabajando siete días a la semana con jornadas de doce horas o más. Refinaron la técnica criogénica y ensayaron varios medios congelantes hasta que se decidieron por el nitrógeno líquido. Analizaron los efectos de distintas velocidades de congelamiento. Experimentaron con diversas técnicas de moler la carne, y al fin desarrollaron un sistema computarizado, el primero en la industria de procesamiento de carnes, para producir una mezcla uniforme y satisfactoria de lomo magro y agujas con costilla de más gordura. Además, probaron diversas temperaturas de cocción hasta encontrar la que les convenía exactamente a sus hamburguesas congeladas.

La calidad de las hamburguesas que al fin produjeron los sorprendió a ellos mismos. Descubrieron que el procedimiento criogénico en realidad encerraba los jugos tan bien que, con ciertas técnicas de cocción, la hamburguesa frita resultante era más grande y más jugosa que la hecha con carne fresca. También aprendieron que los cristales superfríos del nitrógeno líquido rompían ciertas fibras de la carne y producían una hamburguesa más blanda. Y la carne quedaba tan sólidamente congelada que los pastelitos o albóndigas se podían guardar sueltos en cajas y se podían manejar como fichas en el restaurante. No había necesidad de separarlos con papel parafinado para que no se pegaran unos con otros. Hasta los escépticos como Turner reconocieron que los socios de Equity habían producido una hamburguesa superior a la fresca.

Sin embargo, la primera prueba hecha en tres restaurantes por poco da al traste con todo el proyecto. El primero de los restaurantes estaba en Minneapolis, y Katz y Lotman se hallaban presentes cuando llegaron las hamburguesas despachadas por camión desde la planta de Equity en Filadelfia. Cuando Lotman abrió la caja se quedó de una pieza. Las hamburguesas estaban congeladas... en un solo bloque. El sistema de refrigeración del camión había fallado durante unos instantes, los suficientes para que el hielo que cubría la superficie de cada hamburguesa se derritiera, y luego se volviera a congelar. Como no había separaciones de papel, todas quedaron pegadas como un solo ladrillo. A pesar de que no tenía nada que ver con la técnica de Equity, dada la mala voluntad que McDonald's le tenía a la carne congelada, cualquier percance en el primer despacho podía servir de pretexto para suspender los experimentos.

El administrador del restaurante no debía enterarse, pensó Lotman. El y Katz sudaron en el cuarto frigorífico del establecimiento separando frenéticamente las hamburguesas con destornilladores. La descripción que Turner había hecho de los problemas con la carne congelada en Des Plaines había resultado profética. Al acercarse la hora del almuerzo, Katz iba llevando a las parrillas tandas de hamburguesas ya separadas, sin dejar conocer su angustia, mientras Lotman seguía encerrado en el cuarto frigorífico separando más hamburguesas. Se las arreglaron para atender a la clientela de la hora del almuerzo sin que el administrador sospechara nada. "Si no hubiéramos podido atender a la gran demanda de esa hora, seguramente allí mismo habríamos matado la prueba", dice Lotman.

Lo importante es que las hamburguesas congeladas fueron aprobadas en este ensayo por los únicos jueces autorizados: los consumidores. La mayoría de los encuestados dijeron no haber notado ninguna diferencia en la carne, pero una notable minoría sí percibió una mejora. Y, excepción hecha del percance del primer día, los productos congelados simplificaron grandemente la distribución y preparación de las hamburguesas de McDonald's. El tiempo de cocción se redujo de cuatro minutos a tres y medio, y las hamburguesas se encogían menos.

Los operadores de McDonald's, que tenían la última palabra en materia de compras, se apresuraron a adoptar la carne congelada. En 1973, justamente dos años después de iniciada la prueba, prácticamente todos los restaurantes de la cadena habían abandonado a sus proveedores locales de carne fresca y le compraban a alguna de las diversas plantas de carne congelada. La compañía Equity no podía satisfacer toda esa demanda, pero había aceptado una condición que aceptan todos los proveedores de McDonald's: si uno de ellos desarrolla un producto nuevo o un procedimiento nuevo exclusivamente para McDonald's, tiene que facilitarle esa tecnología libremente a cualquier otro proveedor que la compañía indique. Ray Kroc siempre sostuvo que los proveedores eran parte del sistema McDonald's y que, como todos los demás, debían poner el bienestar de la compañía por encima de cualquier otra consideración.

Compartir sus secretos comerciales es tal vez la última prueba de la fe que los proveedores tienen en el sentido de equidad de McDonald's. No había nada que le impidiera a la compañía darle la tajada del león del negocio originado por un proveedor a otro proveedor; y en este punto nadie arriesgó tanto como Equity. Tenía una mina de oro en su nuevo método de procesar carne congelada, pero únicamente si McDonald's le daba la mayor parte del negocio.

Equity corrió gustosa ese riesgo. Cuando hizo su convenio de desarrollo de un producto para McDonald's en 1970, ya era bien conocida la práctica de la cadena, de enriquecer a sus proveedores. Vendedores antes pequeños se habían vuelto gigantes y sus propietarios-empresarios eran millonarios. La Martin-Brower Company, de Lou Perlman, tenía todo el negocio de distribución de artículos de papel de la compañía. La diminuta empresa de grasas de Harry Smargon se había convertido en una operación de muchos millones de dólares. Taylor Freezer pasó de ser uno del montón a ser una potencia en el negocio de máquinas de hacer malteadas, por haber aceptado diseñar una máquina automática que les permitía a los operadores de McDonald's preparar malteadas tan rápidamente como los propietarios de taberna sirven una cerveza. En 1970 Taylor ya había establecido su supremacía en el mercado de máquinas de hacer malteadas consiguiendo todo el negocio de McDonald's y la mayor parte de los pedidos de otras cadenas de comidas rápidas. Panaderías pequeñas, como las de Dick West y Harold Fruend, se volvieron panificadoras comerciales sumamente importantes sólo con el negocio de McDonald's. Y el imperio de las papas que estaba construyendo Simplot a base de la lealtad de McDonald's era ya bien conocido.

Por eso Equity les cedió con gusto los secretos de su producción criogénica de hamburguesas a cuatro proveedores de carne, considerados por McDonald's como los mejores de todos los que abastecían de carne fresca los restaurantes. Eran ellos: Golden State de Los Angeles, Otto and Sons de Chicago, Anderson Meat de Oklahoma City y Pabst Meat Company de Minneapolis. Entre todos, podían realizar el cambio a nivel nacional de McDonald's a carne congelada mucho más rápidamente que Equity por sí sola.

Sin embargo, Equity no se perjudicó por compartir sus secretos. En el término de dos años justos la red fragmentada de suministros de McDonald's se redujo a sólo cinco proveedores de carne congelada, y de éstos, Equity obtuvo la mayor proporción del negocio de McDonald's. Hoy sus tres plantas suministran casi el 50 por ciento del consumo del sistema, que asciende a más de 500 millones de libras de hamburguesas al año. Empezando desde cero en 1970, Equity ha llegado a ser el mayor productor mundial de hamburguesas. Hoy se conoce como Keystone Foods, y la mayor parte de sus acciones pertenece a Northern Foods, que tiene su sede en Londres. Pero Lotman, que antes de conseguir la cuenta de McDonald's dirigía una compañía deshuesadora de US $4 000 000 al año, sigue siendo presidente de la junta directiva y es dueño del 20 por ciento de Keystone, que en 1985 realizó ventas de más de US $700 000 000 — todas hechas a McDonald's.

Keystone podría haber obtenido una proporción mayor aún del negocio de hamburguesas si hubiera decidido abastecer también a otras cadenas de comidas rápidas. Pero Lotman pensó que si su empresa se limitaba a satisfacer las necesidades de McDonald's, tenía la oportunidad de desarrollar algún otro producto para la cadena si ésta resolvía ofrecer otro plato de carne. En 1980 se le presentó esa oportunidad. Lynal Root llamó por teléfono a Lotman para informarle que su compañía había sido escogida como proveedora de un nuevo producto de pollo frito que McDonald's estaba desarrollando. Desde hacía diez años la cadena venía haciendo ensayos con pollo, pero no había encontrado nada satisfactorio. Ahora sí creía haberlo hallado, en trozos de pollo de forma irregular, rebozados y fritos en cazuela, y quería que Keystone los produjera masivamente.

Los anteriores fracasos de McDonald's con el pollo se habían vuelto un problema. Los norteamericanos estaban comiendo proporcionalmente menos carne vacuna que antes, y la alternativa más indicada era el pollo. De manera que René Arend dedicó gran parte de su tiempo y esfuerzo a encontrar un plato satisfactorio a base de pollo. Arend era un jefe de cocina europeo (de Luxemburgo), que trabajaba en el exclusivo club del Hotel Whitehall en Chicago, y a quien Kroc contrató en 1976 como *chef* de McDonald's.

Por sugerencia de Kroc, Arend ideó un pastel de pollo cocinado en olla, por el estilo de los pasteles de fruta fritos de McDonald's, pero en las pruebas no tuvo éxito. Después preparó una salsa de carne, pero el emparedado de carne que la acompañaba fracasó también en las pruebas. Trabajó con pollo frito, utilizando cortes especiales que daban trozos más grandes; pero este producto entraba en un mercado muy competido, en el cual McDonald's necesitaba algo más que una modesta mejora para sobresalir.

A pesar de tantos fracasos, el trabajo de Arend le llamó la atención a uno de los primeros escépticos, Fred Turner. Ray Kroc le había pedido a Arend que desarrollara un producto nuevo de cebolla llamado Onion Nuggets, que eran bocados de cebolla rebozados y fritos en cazuela. Pero la variedad de la oferta de cebollas imposibilitaba controlar la calidad. Una vez, yendo para su oficina, Turner se encontró con Arend y le dijo que dejara eso a un lado y que más bien se pusiera a trabajar con trozos de pollo.

Esa mañana Arend cortó un pollo en pedazos del tamaño de un bocado, como las Onion Nuggets, y luego los rebozó y los frió en baño de aceite. Por la tarde tenía algunos para que los probara Turner. A éste le encantó el sabor, pero no se le ocultaban las dificultades que ofrecía semejante producto. La principal era que nadie había inventado un método mecánico de deshuesar un pollo y cortarlo en pedazos adecuados para comerlos de un bocado.

Para resolver el problema, McDonald's apeló a Banquet Foods, uno de los mayores proveedores de comidas congeladas de pollo. Pero Banquet utilizó la vieja tecnología de moler carne que se usa en la fabricación de embutidos, y su versión de trozos tenía el aspecto, la textura y el sabor de una salchicha de pollo cortada en pedazos. Hasta la forma de diamante que les dio parecía artificial.

McDonald's comprendió que tendría que desarrollar una tecnología enteramente nueva y un concepto nuevo del negocio de pollo. Al desarrollar sus Chicken McNuggets Turner podía haberse valido exclusivamente del departamento de desarrollo de productos de la compañía, puesto que la idea se había originado adentro. Pero, aunque ese departamento ya contaba en los años 80 con catorce funcionarios expertos en muy diversos aspectos de la preparación de alimentos, Turner comprendió que la gran experiencia de McDonald's residía en su red cautiva de abastecimiento, y para resolver rápidamente el problema de producción de los trozos de pollo decidió aprovechar toda la fuerza de esa red.

Llamó a Bud Sweeney, de la compañía Gorton, que había desarrollado para McDonald's el emparedado de pescado. Sweeney accedió a trabajar en el proyecto, pero con la condición de que se le permitiera escoger el personal de la compañía que había de acompañarlo en su grupo y que él dependería únicamente de Turner. Con la anuencia de éste, el grupo de Sweeney estableció su independencia de la burocracia de McDonald's. En efecto, a los superiores de algunos miembros del grupo que acudían a las reuniones de éste para enterarse de cómo iba el proyecto, les pidieron que se retiraran.

A pesar de esa independencia, el equipo de Sweeney fue uno de los mejores ejemplos de cómo aprovecha McDonald's su asociación con los proveedores para desarrollar nuevos productos. Sweeney incorporó las habilidades de empanar y rebozar de Gorton, que había resuelto ese problema en el caso del pescado. Se valió de los departamentos de productos nuevos y de garantía de calidad de McDonald's para ajustarse al tipo de producto que la compañía quería y para hacer el seguimiento de la reacción de los consumidores en las pruebas de mercado. Le encargó a Arend que preparara las cuatro salsas que acompañarían los trozos de pollo. Finalmente, le confió a Keystone la solución del problema más grande: encontrar una manera eficaz de cortar en pequeños trozos el pollo deshuesado.

Nadie había tratado antes de producirlo en esta forma y en grandes cantidades. No existía la tecnología apropiada para ello, pues siempre se había vendido en pedazos mucho más grandes. Después de varias semanas de investigación, Sweeney casi había desesperado de encontrar un método de cortar mecánicamente la carne de pollo en las cinco formas distintas que se producen cuando el ave se corta a mano en trozos del tamaño de un bocado; pero Victor Wortman, gerente de garantía de calidad de McDonald's, insistió en que era preciso mecanizar el procedimiento para que le resultara económico a la compañía, y trabajando con Bud Kivert, de la compañía Keystone, realizó el avance técnico definitivo. Entre los dos modificaron una máquina de hacer hamburguesas de modo que sirviera para cortar la carne de pollo deshuesado en trozos de consistencia parecida a la de los cortados a mano. Keystone todavía tenía que recurrir totalmente al trabajo manual para deshuesar en líneas de producción en que se empleaban más de cien cortadores, pero inventó métodos de automatizar grandemente la línea, triplicando casi su producción en pocos años. Mientras otros miembros del grupo de Sweeney estaban trabajando para resolver el problema de la carne, Daryl Otten, del departamento de desarrollo de productos de McDonald's, estaba trabajando con Gorton para desarrollar un original revestimiento de *tempura*, que les daba a los trozos de pollo el aspecto de recién rebozados en el restaurante.

Gracias a la división de la labor efectuada trabajando en equipo, McDonald's pudo llevar al mercado en tiempo récord sus Chicken McNuggets, aprovechando la ventaja competitiva de un producto único, difícil de imitar. La prueba de mercado se inició en los restaurantes de Litton Cochran, de Knoxville, en marzo de 1980, justamente a los cinco meses de haber aceptado Sweeney el encargo como jefe de grupo. Casi inmediatamente McDonald's comprobó que tenía tal vez el mejor producto desde que Herb Peterson inventó el Egg McMuffin: la venta de pollo llegó a representar hasta el 20 por ciento de las ventas totales en los quince restaurantes donde se puso a prueba. Keystone se apresuró a construir una nueva planta para fabricar el nuevo producto, aun antes de que McDonald's se hubiera resuelto a llevarlo a otros mercados.

Esa planta se construyó en cien días exactos, y su costo fue de US $13 000 000, inversión que se hizo sin más seguridades que las que tuvo Lotman quince años antes cuando invirtió todo lo que tenía en la producción de hamburguesas congeladas. Su única garantía era la fe que tenía en que McDonald's sabía corresponder a sus devotos proveedores. "McDonald's jamás perjudica a un proveedor", dice Lotman. "Si después de pedirnos que hiciéramos una cosa como ésta el negocio no hubiera dado resultado, ellos habrían encontrado algo que hacer con la planta".

Según los resultados, ni Lotman ni McDonald's tuvieron que ponerse a pensar qué hacer con la planta. Cuando ésta se abrió, los concesionarios clamaban por McNuggets, y a los pocos días la fábrica estaba trabajando 7 días a la semana. Después de año y medio desde la prueba inicial, en 1980, cuando los McNuggets se distribuyeron a escala nacional, McDonald's tuvo que valerse de un segundo productor, Tyson Foods, para atender a la demanda. Keystone, tal como antes había compartido su tecnología de las hamburguesas congeladas, asimismo le reveló a Tyson sus secretos para la producción de trozos de pollo, y Tyson aportó sus propias mejoras. Desarrolló una nueva raza de pollos que bautizó "Mr. McDonald", destinada específicamente a mejorar la eficiencia en la producción de trozos. El tamaño de esta ave era casi el doble del tamaño del pollo corriente que se ofrece en los supermercados con destino al asador, y con ella se reducía más aún el problema de deshuesarla, aumentando así el rendimiento en carne de cada corte. Keystone, por supuesto, les pidió a sus proveedores que siguieran el ejemplo de Tyson. En el curso de pocos años, cuando otros competidores empezaron a copiar los McNuggets, el mercado de piezas deshuesadas, que antes representaba una fracción de la demanda de pollo, se volvió un segmento de rápido crecimiento de la industria avícola. "Revolucionamos completamente la industria", dice orgullosamente Sweeney.

La compañía de Lotman llegó a tener el 55 por ciento del negocio de pollo de McDonald's, con lo cual se convirtió en una de las más importantes productoras de pollos. A los tres años de su introducción en el mercado nacional, los trozos de pollo de tamaño de un bocado representaban no menos del 7.5 por ciento de las ventas de McDonald's en el país, de modo que constituían una de las adiciones más valiosas al menú de la industria de comidas rápidas. Habiendo vendido más de US $700 000 000 en McNuggets en 1985, McDonald's —el líder del negocio de las hamburguesas —ocupó el segundo lugar como vendedora de pollo, después de Kentucky Fried Chicken que es el líder del negocio de pollo.

Es interesante observar que Kentucky Fried Chicken tardó otros tres años en introducir su propia versión de los bocados de pollo, y tal vez ésta es la lección más importante en la historia de los McNuggets. La pericia tecnológica de sus proveedores le dio a McDonald's la ventaja competitiva final: un producto propio que no era fácilmente imitable ni aun por la más destacada competidora en el mercado de pollo frito. Desde temprano se vio claramente que McDonald's tenía con sus McNuggets una carta ganadora; pero también se vio con igual claridad que los competidores no podían reaccionar porque la innovación no era de mercadeo sino técnica. Esto refleja un cambio tenue pero significativo en la naturaleza de la competencia en la industria de comidas rápidas durante el decenio de los 80. A medida que McDonald's va reduciendo la mano de obra en sus restaurantes y trasladando una mayor proporción de la preparación del producto a la planta procesadora, crea la oportunidad de desarrollar productos nuevos y únicos basados en las habilidades de procesamiento de los proveedores. Por esta razón los proveedores de las cadenas de comidas rápidas forman hoy parte crítica de su esfuerzo por encontrar nuevos productos y son clave para el mejoramiento de su posición competitiva. Y en el caso de los McNuggets, los proveedores de McDonald's por primera vez fueron el foco del desarrollo de un producto nuevo.

Fueron ellos, además, quienes —llevados por la perspectiva de aumentar sus negocios con la compañía— desempeñaron el papel clave en la organización de las líneas de suministros de McDonald's y en hacer de su sistema de distribución uno de los más avanzados en todo el comercio al por menor.

Durante el decenio de los años 60 una unidad McDonald's era una especie de estación de camiones de reparto. El camión de la panadería descargaba panecillos tres días a la semana; el de la lechería llegaba cada tercer día; los abastecedores de carne hacían cinco entregas semanales. Había un camión para la salsa de tomate, otro para la del Big Mac, otro para el pescado, otro para las papas, otro para los pasteles congelados, y otro para los jarabes. Un restaurante McDonald's recibía en total veinticinco entregas a la semana, provenientes casi todas de distintos proveedores. Inevitablemente, los operadores de la cadena se veían con un pesado recargo de existencias, y a medida que el sistema crecía, el sistema fragmentado de distribución se volvió casi incontrolable.

En el área de artículos de papel, Lou Perlman fue el primero que vio el problema, pero también vio una gran oportunidad en tratar de resolverlo. Su empresa, llamada Martin-Brower, era una pequeña distribuidora local de productos de papel para cafeterías y otros establecimientos institucionales de servicio de comidas, hasta que consiguió el negocio de distribuir los vasos de papel Dixie para el primer restaurante de Ray Kroc en Des Plaines. Pero desde el principio Perlman, que era amigo de Kroc desde los viejos tiempos de Lily-Tulip, aspiraba a algo más grande con McDonald's, y para lograrlo cambió los métodos de distribución que se estilaban en el negocio de servicio de alimentos. Lo corriente era que una proveedora nacional de restaurantes, como la compañía Dixie, se valiera de distribuidoras como Martin-Brower únicamente para generar los pedidos y facturarlos, pero no para hacer entrega de la mercancía. Los restaurantes no eran una clientela muy confiable, de modo que los fabricantes de artículos de papel dejaban que los distribuidores corrieran el riesgo; pero la entrega de la mercancía sí se hacía directamente de la fábrica al cliente, sin pasar por las bodegas del distribuidor. Como casi todos los distribuidores eran regionales, los fabricantes nacionales se valían de docenas de ellos en todo el país. El sistema les permitía a las fábricas asegurar los clientes y proteger sus márgenes de utilidad, puesto que los distribuidores regionales estaban obligados ante la fábrica, no ante los restaurantes, que eran la fuente donde se originaba el negocio.

Perlman alteró esta relación distribuyendo artículos de papel para beneficio de su nuevo cliente, McDonald's, no de sus proveedores. Ted Perlman, que tenía sólo dieciocho años cuando su padre le mostró el restaurante de Kroc en Des Plaines, recuerda: "El concepto que Ray tenía de una cadena nacional emocionaba a mi padre. Pensó que Ray iba a necesitar productos de papel a donde quiera que fuera, y cuantos más productos pudiera reunir en un solo despacho, más fácil sería para los restaurantes y más ventas podía él hacer".

La innovación de Perlman fue doble. En primer lugar, se proponía servir como distribuidor de McDonald's no sólo en Chicago sino en todo el país. Eso le permitiría comprar él mismo grandes cantidades de artículos de papel, almacenarlos en sus propias bodegas, y despacharlos a los puestos McDonald's por conducto de los transportadores comerciales. Comprando para todos los restaurantes de la cadena, podía negociar mucho mejores precios que un distribuidor típico que sólo abastecía los restaurantes de una región. En lugar de negociar un descuento del 3 por ciento sobre un lote para un solo mercado, podía obtener tal vez del 5 al 7 por ciento de descuento sobre un contrato de abastecimiento a nivel nacional. La economía superaba en mucho el costo adicional de despachar desde una bodega central, y el plan le permitía a Perlman distribuir uniformemente el costo de fletes en todo el sistema McDonald's, de suerte que todos los operadores pagaran el mismo precio por los artículos. "La idea de mi padre era cambiar totalmente la industria", dice Ted Perlman. "No tenía sentido hacer todos esos despachos directamente desde la fábrica a los diversos restaurantes McDonald's".

El almacenamiento y el despacho de productos de papel llevó a Perlman a otra innovación: almacenar otros artículos que también necesitaban los restaurantes McDonald's. Esto significaba que los productos de distintas fábricas se podían reunir y despachar juntos en un solo camión, y en las cantidades adecuadas para satisfacer las necesidades de los restaurantes, no las necesidades de distribución de las fábricas. Por ejemplo, una fábrica despachaba directamente a un puesto McDonald's 5 barriles de 75 libras de cebollas deshidratadas — lo bastante para dos meses de consumo. El abastecedor de jarabe le enviaba 48 cajas de concentrado, también como para dos meses. El azúcar se lo mandaban igualmente para dos meses. Y en esta forma el restaurante se convertía en una bodega, sólo porque a las fábricas no les convenía despachar cantidades menores. Pero combinando los diversos productos con sus despachos de vasos, envolturas y servilletas de papel, Perlman podía hacer entregas de cantidades más moderadas de cada producto. Así, pues, buscaba continuamente otros artículos que pudiera comprar, almacenar y entregar en su despacho único para los puestos McDonald's.

Kroc se encargó de que la compañía de Perlman se beneficiara tanto de su innovación como se benefició McDonald's. A medida que ésta crecía, la antes diminuta Martin-Brower se desarrolló hasta llegar a ser la mayor distribuidora de suministros para servicio de comidas en el país. Hoy el negocio con McDonald's representa para ella más o menos la mitad de sus ingresos de US $2 200 millones. Martin-Brower es desde hace mucho tiempo el mayor proveedor de McDonald's, y tiene aproximadamente la mitad del negocio de distribución de ésta.

A medida que Perlman encontraba nuevos productos que agregar a su lista de distribución —desde compuestos de limpieza hasta Coca-Cola— se iba convirtiendo en el proveedor más crítico de McDonald's desde comienzos de los años 60. Casi era parte tan integrante de la compañía como el mismo Kroc, hasta el punto de que con el tiempo McDonald's pidió y obtuvo una relación de libros abiertos, de tal modo que Kroc pudiera garantizarles a sus concesionarios que McDonald's les estaba dando los precios más bajos posibles.

Ted Perlman recuerda que los libros se abrieron poco después de un incidente en la oficina de Fred Turner en 1961. Perlman y su padre estaban allí de visita, y Turner estaba revisando una carta de Dick McDonald, quien acababa de descubrir que las escuelas de California estaban comprando vasos Dixie más baratos que McDonald's. Turner preguntó:

—Lou, ¿a nosotros nos dan iguales descuentos sobre los vasos?

Perlman contestó sin inmutarse que McDonald's recibía el descuento corriente del 5 por ciento sobre ese producto.

No conforme con esa respuesta, Turner telefoneó a Jerry Beatty, que era el gerente de Dixie en Chicago, lo hizo pasar al teléfono de altoparlante y le preguntó por qué a McDonald's no le concedían en la compra de vasos un descuento como el que les concedían a las juntas escolares de California.

—¿Qué descuento le dan a Lou Perlman? —preguntó Turner.

—El cinco por ciento corriente, y además un 7 por ciento adicional —contestó Beatty.

Perlman recuerda: "Nosotros hubiéramos querido que nos tragara la tierra. Pero Fred no hizo más que mirar a mi papá y decirle: «Te pesqué, Lou, ¿verdad?»" De ahí en adelante McDonald's se arregló con sus principales proveedores a base de costo más porcentaje, y los libros de todos quedaron a la vista.

Pero Perlman no era el único proveedor que buscaba utilidades mejorando el sistema de distribución. En efecto, Golden State estaba haciendo con productos alimenticios lo mismo que él estaba haciendo con mercancías generales. Golden State era una empresa pequeña que abastecía de carne restaurantes y hoteles del sur de California cuando empezó a abastecer un puñado de puestos McDonald's en su territorio a finales de los años 50. La había fundado el finado Bill Moore, empresario expansionista que se hizo muy amigo de Kroc cuando éste se mudó a California en 1962.

Las ambiciones de crecimiento de Moore estuvieron a punto de dar al traste con su compañía en 1962, cuando triplicó el tamaño de su planta de carnes y sus bodegas, y no pudo encontrar suficientes negocios fuera de McDonald's para mantenerlas funcionando en condiciones rentables. Lo curioso es que la solución de Moore fue concentrarse en McDonald's, que proyectaba una expansión masiva en California bajo la dirección de Kroc. "Echamos los dados con McDonald's, arriesgando el futuro con la esperanza de que realmente hicieran los restaurantes que decían que iban a hacer", explica Jim Williams, presidente de Golden State.

Pero ni siquiera las nuevas construcciones de McDonald's en California podían resolver el problema del exceso de capacidad de Golden State. Entonces Moore buscó una tajada más grande del mismo pastel agregando otros productos alimenticios a sus entregas de carne a los restaurantes de la cadena, realizando en la distribución de alimentos algunas de las mismas economías que Perlman conseguía en artículos de papel. Así, además de producir carne, empezó a comprar, almacenar y repartir pescado congelado, queso, pepinillos, salsa de tomate, jarabes para bebidas gaseosas, salsas y papas — casi todo lo que figura en el menú de McDonald's. Y cuando se introdujo la carne congelada y Golden State fue escogida como una de las cinco proveedoras de la compañía, la empresa de Moore amplió su territorio de distribución mucho más allá de los límites relativamente restringidos de su repartición de carne fresca.

Más tarde Moore llevó a McDonald's la última palabra en eficiencia con respecto a distribución. Haciendo los despachos de tantos productos alimenticios con su propia flota de camiones, Golden State pudo empezar a repartir también mercancías generales en condiciones todavía más competitivas que Martin-Brower; y en 1973 le quitó a ésta la distribución de artículos de papel para la cooperativa McDonald's del sur de California. Naturalmente, la reacción inmediata de Martin-Brower fue entrar en el campo de distribución de productos alimenticios tanto como Golden State había invadido el de mercancías generales.

Otros distribuidores de McDonald's, empezando con carne o con productos agrícolas, siguieron el ejemplo de los dos líderes y entraron en la distribución total. Por ejemplo, la compañía de Herb Lotman, que fabricaba hamburguesas, entró en la distribución de alimentos y artículos de papel. A mediados de los años 80 McDonald's y sus proveedores habían convertido el más fragmentado sistema de distribución de la industria de comidas rápidas en el más concentrado. De unos 200 distribuidores que abastecían en 1970 los 1 500 restaurantes del sistema en los Estados Unidos, McDonald's concentró su distribución nacional en diez compañías, de las cuales cuatro (Martin-Brower, Golden State, Keystone y Perlman-Rocque) les manejan todas las entregas al 85 por ciento de los 7 000 restaurantes de la cadena. En conjunto, los distribuidores abastecen todas las unidades McDonald's desde 30 gigantescos centros regionales de distribución, que reciben despachos de 275 fabricantes y almacenan todo lo que necesita un restaurante —más de 300 productos distintos. Ello ha reducido el número de despachos a los restaurantes de 25 a sólo 3 por semana, ha bajado su costo de distribución en un 20 por ciento, y ha reducido notablemente la carga de inventarios para los operadores.

Además de lograr esta eficiencia, la consolidación de las líneas de abastecimiento ha producido un mejor control sobre las compras. Los operadores le hacen sus pedidos a una sola fuente de suministros, por lo general una vez a la semana; en algunos casos, el operador sólo tiene que hacer la proyección de sus ventas para la semana siguiente, y el sistema computarizado del distribuidor calcula la cuantía óptima de cada artículo —ya sea pepinillos, o papas fritas, o salsa de tomate— basándose en la combinación típica de los productos vendidos en el restaurante y las existencias que tenga de cada uno. Cada mes el operador recibe un solo informe de todas las compras y este informe, junto con sus propios informes de existencias y de ventas, sirve para determinar si el restaurante está dando rendimientos adecuados, si los empleados están poniendo la cantidad necesaria de salsa de tomate a las hamburguesas y el número debido de papas fritas en cada paquete. La facturación también está centralizada, y la cuenta se paga mediante una sola transferencia electrónica de fondos del banco del concesionario al del distribuidor.

Pero mientras McDonald's concentraba su sistema de abastecimiento en entidades más poderosas, los concesionarios consolidaban su poder de compra para aumentar su fuerza frente a los proveedores. Empezando con la misma cooperativa de Cleveland que revolucionó la publicidad de la compañía reuniendo los fondos de promoción de los concesionarios, las cooperativas regionales de operadores empezaron desde los primeros años del decenio de los 60 a realizar en sus compras el mismo tipo de consolidación que los proveedores lograban en la distribución. Mientras los operadores individuales se entendieron con los proveedores uno por uno, su poder sobre éstos no se podía comparar con el que ejercieron después valiéndose de cooperativas regionales para escoger proveedores y negociar precios colectivamente.

El desarrollo de las cooperativas y la concentración en el abastecimiento están entrelazados. Por una parte, las cooperativas regionales les dieron a los concesionarios el poder que necesitaban para tratar sobre una base de igualdad con proveedores más grandes y poderosos. Por otra parte, las cooperativas mismas se convirtieron en una fuerza para centralizar las decisiones de compra y facilitaron el cambio de McDonald's a proveedores y distribuidores más grandes. Ese cambio habría sido prácticamente imposible si McDonald's hubiera tenido que convencer a todos los concesionarios del sistema, uno por uno, acerca de las ventajas de la carne congelada de Lotman o de las papas congeladas de Simplot o de la eficiencia del sistema total de distribución de Golden State. Las cooperativas regionales le permitieron a McDonald's presentar sus argumentos en favor de tales cambios ante un grupo selecto de operadores miembros de los comités de compras de las cooperativas locales.

Estas cooperativas se hicieron tan fuertes, que el departamento de compras de McDonald's no podría obligar a los concesionarios a aceptar sus preferencias en materia de suministros, así como tampoco puede el departamento de mercadeo imponer programas regionales de publicidad. Se necesitaron diez años para efectuar el cambio del sistema al concepto de distribución total, porque las cooperativas no aprobaban los nuevos distribuidores tan rápidamente como McDonald's quería. En algunos casos las cooperativas rechazaron proveedores escogidos por McDonald's. En otros casos iniciaron ellas mismas el cambio cuando se llegó en grupo a la conclusión de que determinado proveedor no prestaba un servicio satisfactorio.

Con frecuencia son otros proveedores del sistema los que detectan el descontento de los operadores, y tratan de apoderarse del negocio de un proveedor que haya caído en desgracia con McDonald's o con sus cooperativas de compra. En esta forma los proveedores también hacen parte del sistema de frenos y cortapisas que gobierna las relaciones entre gerentes corporativos y concesionarios. Su desempeño está vigilado no sólo por la compañía y por sus cooperativas sino también por otros proveedores del sistema.

En efecto, un gran incentivo que tienen para mejorar constantemente sus productos es el temor de que otros proveedores del sistema ataquen a los eslabones débiles de la cadena. En otras palabras, los proveedores de McDonald's se enfrentan unos a otros en recia competencia, no sólo haciéndose una guerra de precios sino también emulando en la calidad de los productos.

Cuando la compañía Golden State, de Bill Moore, resolvió dedicarse exclusivamente a abastecer a McDonald's, empezó a buscar en 1970 otras cosas que fabricar para el sistema además de las hamburguesas congeladas. Vio que se le presentaba una buena oportunidad en el renglón de concentrados para malteadas y bebidas gaseosas para los restaurantes McDonald's de la Costa del Pacífico. Estos concentrados se estaban recibiendo de otros proveedores situados más al Este, y Moore pensó que él podía mejorar su calidad, único factor que podría inducir a McDonald's a cambiar. Con esta idea, Golden State instaló en Los Angeles una operación de investigación, y hasta contrató a un distinguido químico de Nesbitt, líder en el negocio de sabores. Después de desarrollar nuevos sabores, construyó una moderna línea de producción de concentrados en su planta, sin contar con ningún compromiso por parte de McDonald's de comprárselos. Pero una vez que convenció a los gerentes de la compañía y a las cooperativas de concesionarios de la

Costa Oeste de que había desarrollado sabores superiores, obtuvo el negocio de McDonald's en el Oeste.

Golden State procedió en la misma forma cuando oyó rumores de que McDonald's y algunas cooperativas del sistema estaban descontentas del control de calidad que había en la compañía Conway, de Nueva York, que producía la salsa tártara y la salsa para los Big Macs. Como distribuidor de todos los suministros de comestibles y de artículos de papel a los operadores de la Costa, la compañía Golden State conocía de primera mano las quejas que tenían los operadores a propósito de la calidad de las salsas de Conway. "Recibíamos muchísimas devoluciones del producto", dice Jim Williams, de Golden State, "y McDonald's no cesaba de reclamarles para que lo mejoraran; pero cometieron el error fatal de creerse indispensables".

Percibiendo una nueva oportunidad importante, Golden State construyó en Atlanta una planta para elaborar salsas, y le quitó a Conway el negocio de McDonald's en el Sureste. En seguida otras cooperativas del sistema aprobaron un cambio similar para sus regiones. Hoy Conway ya no es proveedora de McDonald's, y el negocio de salsas para McDonald's está repartido entre Golden State, McCormick y Kraft. Al expandirse mediante la distribución y luego la fabricación de otros productos para McDonald's además de hamburguesas, Golden State se colocó en tercer lugar entre los grandes proveedores del sistema, después de Martin-Brower y Keystone. La estrategia resuelta de Moore no sólo salvó su compañía sino que la convirtió en una de las principales proveedoras, con ventas en 1985 de US $680 000 000 — todas hechas a McDonald's.

Pero Golden State tuvo también la oportunidad de comprobar que el sistema de frenos y cortapisas es de doble vía, pues en 1976 perdió en el norte de California el negocio de abastecer los puestos McDonald's, negocio que quedó en manos de Martin-Brower, debido más que todo a que el personal administrativo de Golden State no se desarrolló con suficiente rapidez, y su servicio de distribución en el norte del Estado se perjudicó. "Fue la mejor lección que recibimos", dice Williams. "Comprendimos que estábamos obligados a mantener la administración adecuadamente dotada de personal, y nunca más volvimos a perder un negocio con McDonald's".

Con anterioridad, Martin-Brower había aprendido una lección parecida: Cuando fue adquirida por Clorox en 1972, el equipo administrativo instalado por Clorox resolvió que McDonald's necesitaba un poco de "disciplina de precios" y que el margen de utilidades de Martin-Brower tenía que ampliarse para ponerlo más a tono con los márgenes que obtiene la compañía en productos de consumo. Estas teorías no le cayeron bien a McDonald's, sobre todo por venir de gerentes nuevos de Martin-Brower a quienes no conocía. Clorox había instalado un nuevo gerente sin experiencia en distribución por encima del presidente de la junta directiva de Martin-Brower, Mel Schnieder, que había hecho la empresa con Lou Perlman. Muy disgustado, Schnieder renunció, y aun cuando Clorox conservó al hijo de Perlman como vicepresidente encargado de la cuenta de McDonald's, era evidente que la alta administración quería imponer su voluntad. Pero cuando el nuevo equipo visitó a Fred Turner, éste les dijo bien claramente: "Quiero que ustedes entiendan que McDonald's se entenderá únicamente con Ted Perlman".

No hicieron caso de esta advertencia. Los administradores de Clorox siguieron interviniendo en la cuenta de McDonald's hasta que al año Perlman renunció, organizó su propia compañía distribuidora con Bob Rocque como socio, y empezó a buscar la manera de realizar el negocio que tenía Martin-Brower con McDonald's. La compañía Perlman-Rocque se presentó a solicitar el negocio de varias cooperativas de concesionarios en el Oeste Medio con el único argumento de que estaba dedicada a servir a McDonald's y a nadie más. Antes de que Clorox encontrara un equipo administrativo con una actitud semejante, Martin-Brower perdió una importante proporción de su negocio con McDonald's, que pasó a manos de Perlman-Rocque, y ésta controla hoy todo el abastecimiento de mil unidades McDonald's, además de hacer todas las compras de artículos de papel para la cadena —justamente el servicio en que se basó el padre de Perlman para hacer de Martin-Brower una gran distribuidora. En 1980 Clorox le vendió la compañía Martin-Brower a Dalgety, que desde entonces ha protegido su negocio con McDonald's para evitar un posterior deterioro.

Si bien McDonald's ha desarrollado por medio de sus proveedores lo que equivale a otro conjunto de ojos y oídos para vigilar el comportamiento del sistema, esto no significa que ellos sean serviles con McDonald's. Teniendo en cuenta que la mayor parte de sus ventas depende de McDonald's, es sorprendente la independencia que muestran los proveedores, y esto se debe probablemente a que desde el principio McDonald's escogió abastecedores-empresarios en lugar de grandes y bien establecidas compañías. Por esta razón tiene proveedores que no vacilan en enfrentarse con los gerentes del sistema. El poder de McDonald's Corporation se ve limitado no sólo por la comunidad de sus concesionarios sino también por sus propios proveedores.

Casos ha habido en que los proveedores se han opuesto sin miedo al mismo fundador de la cadena. El comportamiento de Jack Simplot, quien fue invitado por Ray Kroc a formar parte de la junta directiva de McDonald's, no fue lo que hubiera podido esperarse de un hombre que había hecho su fortuna vendiéndole papas a la compañía. En la primera reunión de la junta a que le tocó asistir, se opuso a una propuesta de Kroc para que la compañía comprara un avión jet. "Si yo tuviera acciones en una compañía que comprara un avión", le dijo Simplot a la junta, "vendería mis acciones". Lo que hizo Kroc fue comprar el avión con su propio dinero y alquilárselo a la compañía por un dólar al año.

Pero hasta proveedores mucho más pequeños tienen el mismo valor de enfrentarse con McDonald's si les parece que los gerentes corporativos o los concesionarios están equivocados. La compañía Bama Pie es apenas una fracción del tamaño de Simplot Company, pero su fundador, Paul Marshall, no tiene un espíritu menos independiente que Jack Simplot, y aunque Bama obtiene no menos de la mitad de sus ingresos con el suministro de todos los pasteles de manzana y cereza que vende McDonald's en Norteamérica, Marshall no ha permitido que esa circunstancia limite su libertad empresarial.

Marshall es tal vez el clásico proveedor de McDonald's. Antes de conseguir el negocio de esta compañía, a finales del decenio de los 60, tenía una pequeña fábrica de pasteles que abastecía únicamente el mercado de Oklahoma. Sin anunciarse previamente, fue a visitar a McDonald's para ofrecerle sus servicios, precisamente en momentos en que McDonald's estaba buscando un proveedor de pasteles, y salió de esa visita en la posición no acostumbrada de tener un negocio potencial superior a sus posibilidades de financiarlo. Necesitaba US $250 000 para construir una nueva planta, a fin de poder atender la demanda del sistema, pero no podía conseguirlos. Entonces McDonald's intercedió con el banco local para que le prestaran a Bama esa suma.

A pesar de eso, Marshall no es un sirviente de McDonald's. Cuando unos concesionarios de la Florida visitaron su gran fábrica de Tulsa, que produce 150 000 pasteles por hora, no los quiso recibir porque en una cena la noche anterior habían cometido un pecado imperdonable: habían hablado mal de su pueblo natal y de sus pasteles fritos. A la mañana siguiente el vicepresidente Lynal Root lo llamó por teléfono para tratar de apaciguarlo, pero Marshall no cedió un milímetro. Por el contrario, le contestó: "Yo desde antes de conocerlos a ustedes tenía mis tres comidas diarias, y creo que puedo seguir tomando tres comidas diarias sin necesidad de ustedes".

Al fin el incidente se arregló, pero tres años después ocurrió otro parecido: Una especialista en desarrollo de productos de McDonald's había estado frecuentando durante un año la planta de Bama, y usaba libremente el equipo de Marshall tratando de perfeccionar un bizcocho. Ella insistía en utilizar un proceso de fabricación que, según Marshall, no produciría buen resultado. Al fin a Marshall se le agotó la paciencia con la joven y no tuvo inconveniente en echarla de la fábrica. Es la única vez que me ha parecido que McDonald's esté tratando de imponerse", dice.

Pocos clientes comerciales toleran proveedores que se les enfrenten en esa forma, pero en su trato con sus empresarios McDonald's no quiere servilismo y prefiere obtener una evaluación objetiva del comportamiento de la cadena. "Muchos proveedores se dejan mandar y hacen lo que uno quiere que hagan", dice Root. "Sólo los verdaderos amigos le dicen a uno cuándo está equivocado. Yo no quiero que nuestros proveedores siempre nos digan: «Está bien, está bien». Ellos tienen la obligación de decirnos si nos equivocamos".

Gracias a esta actitud, los proveedores de McDonald's le han evitado a veces algunos desastres. No hay mejor ejemplo que la rápida acción de Herb Lotman en el verano de 1973, cuando los controles gubernamentales de salarios y precios amenazaron con restringir el abastecimiento de hamburguesas de la cadena. Estos controles oficiales congelaron los precios de la carne en los frigoríficos, pero no los del ganado en pie, los cuales subieron a niveles tales que eliminaron el margen de utilidad de los frigoríficos.

Por fortuna Lotman vio inmediatamente el peligro, y le advirtió a Root que en todo el país los frigoríficos estaban perdiendo dinero, y seguramente tendrían que empezar pronto a cerrarse. Pero al mismo tiempo propuso una solución ingeniosa: una operación de sacrificio de ganado subvencionada. Su idea era que si McDonald's compraba las reses vivas y se las vendía a los frigoríficos a un precio bajo que les permitiera a éstos realizar una utilidad en la operación de matarlas, se resolvería el problema sin apelar a la importación de carne ni a un mercado negro que empezaba a aparecer. Significaba que McDonald's, no los frigoríficos, subsidiaría la pérdida en cada res.

Para financiar esta operación se les pidió a los concesionarios que contribuyeran con el 5 por ciento de sus ventas del mes de agosto, lo cual arrojó US$5 000 000. Esta suma se utilizó como capital de una compañía llamada Lynal Root Agency, que fue la encargada del proyecto de emergencia de compra de ganado. En seguida Lotman y Root establecieron casi residencia fija a bordo del jet Gulfstream de McDonald's, volando todas las semanas unos 14 000 kilómetros entre veinte frigoríficos que tomaron parte en la operación de sacrificio de ganado. En el periodo de ocho semanas, desde que empezó a funcionar la Lynal Root Agency hasta que se levantaron los controles del precio de la carne, Root y Lotman viajaron 106 000 kilómetros y compraron 76 000 cabezas de ganado, con un subsidio neto de US$3 800 000.

Lo más importante fue que mantuvieron el sistema McDonald's abastecido de carne para hamburguesas en una época en que los mostradores de carne de los mercados estaban casi vacíos porque muchos frigoríficos se habían cerrado. Como los restaurantes McDonald's eran de los pocos lugares de los Estados Unidos en que el consumidor encontraba hamburguesas durante los últimos meses de la congelación de precios, las ventas de la cadena subieron cerca del 15 por ciento, y los concesionarios recuperaron lo que habían aportado para el subsidio y aun algo más.

El papel crítico de Lotman en la solución de la crisis de la carne es muy buen ejemplo de cómo los proveedores de McDonald's están totalmente comprometidos con el sistema. Por la manera en que la compañía ha definido sus relaciones con ellos, los intereses de la compañía no se distinguen de los intereses de los proveedores. Cuando terminó la crisis de la carne, Kroc le ofreció a Lotman US$150 000 como honorarios de asesoría para resarcirlo de los dos meses de trabajo de tiempo completo que le había dedicado al proyecto de compra de carne. Pero Lotman no aceptó, recordándole a Kroc que aun cuando era cierto que le había ayudado a McDonald's, al mismo tiempo había logrado que sus propias plantas de carne — totalmente dependientes de McDonald's — permanecieran abiertas. Lotman cobró como honorarios de asesoría una suma bastante más modesta: US$1.

"A mí me preguntan", dice Lotman, "cómo puedo dormir tranquilo sabiendo que no tengo sino un cliente, y ningún contrato de abastecimiento. Yo les contesto que un contrato sólo es tan bueno como las personas que lo firman, y si esas personas tienen intenciones honorables, no se necesita contrato. Con McDonald's yo jamás he necesitado un contrato".

Capítulo 15
EL DESAFÍO PÚBLICO

Las ventas de las unidades McDonald's en Atlanta habían empezado a declinar en 1976, y todos los concesionarios sabían por qué. Un rumor maligno, que todavía no había llegado a los periódicos, corría de boca en boca: se decía que McDonald's estaba mezclando lombrices en sus hamburguesas.

El rumor era grotesco y amenazante. Era un burdo disparate que tenía vida propia, una fantasía que no necesitaba apoyo en la realidad, mientras que la pura verdad no era suficiente defensa. Abastecían a McDonald's las plantas de carne más limpias de los Estados Unidos. La compañía había elevado las normas de calidad y pureza de la industria cárnica eliminando los rellenos y aditivos de la hamburguesa. Su norma del contenido bacteriano de la carne era más estricta que la exigida por el gobierno de los Estados Unidos. Pero valerse de esta información para contrarrestar el absurdo rumor sólo serviría para darle visos de credibilidad.

Mejor era no decirle ni una palabra a la prensa, y ésa fue la orden que les dio Fred Turner a los encargados de las relaciones públicas de la compañía, antes de irse a una partida de caza en Missouri. Pero la presión de los concesionarios de Atlanta para que se desmintiera el rumor se hizo muy intensa, y los gerentes de relaciones públicas de la compañía, desatendiendo las órdenes de Turner y sin consultar con Al Golin, el experto en la materia, resolvieron celebrar una rueda de prensa, para desmentir un rumor que todavía no había aparecido en los periódicos. Esto era muy perjudicial, pero la verdadera bomba estalló cuando un concesionario, contestando una pregunta de un reportero, confesó que sus ventas habían sufrido mucho por el cuento de las lombrices.

Entonces lo que era un problema local se convirtió de la noche a la mañana en un problema nacional. Todos los diarios y las cadenas de radio y televisión difundieron al día siguiente la noticia de que las ventas de la mayor cadena de hamburguesas estaban disminuyendo debido a un rumor de que la carne tenía lombrices. Cuando Turner la vio en el *News-Press* de St. Joseph, Missouri, comprendió la magnitud del daño. "Se me paralizó el corazón", dice. "Este hecho le daba al rumor algo de veracidad y le daba impulso".

La publicación afectó a las ventas de McDonald's en todo el Sudeste, y todo lo que hizo la compañía por desmentir el rumor fue inútil. La respuesta de Kroc fue sin duda la más eficaz, pero por desgracia tardó en llegar a las páginas de los diarios. "No podíamos darnos el lujo de moler lombrices con nuestra carne", bromeó el fundador de la cadena, "porque la hamburguesa nos cuesta un dólar con cincuenta la libra, y los bichos esos cuestan seis dólares".

Infortunadamente, el humorismo no bastaba para deshacer el mal, y durante varios meses el rumor perjudicó las ventas. Posteriormente Turner despidió al gerente de relaciones públicas que había desobedecido sus órdenes, y encargó a otros que hicieran una investigación sobre lo sucedido. Después de meses de investigación se llegó a la conclusión de que el falso cuento había tenido su origen en un artículo publicado en una revista nacional, sobre un individuo que estaba fomentando la cría de lombrices y había dicho que él sería "el McDonald's de la cría de lombrices".

El episodio de Atlanta dejó ver que a mediados de los años 70 McDonald's había empezado a pagar el precio de su enorme éxito. Cuando era una compañía joven que estaba introduciendo un nuevo concepto de servicio de comidas, el público no tenía nada que censurarle. Los consumidores, y hasta sus mismos competidores, se sentían impresionados por la calidad y la uniformidad que los gerentes y los concesionarios de Kroc habían implantado en una industria que antes no conocía lo que era uniformidad y estandarización a nivel nacional. Todas las poblaciones del país querían un McDonald's, y cuando lo conseguían, los viejos residentes admiraban la manera en que el concesionario participaba íntimamente en todo lo concerniente al bienestar de la comunidad. Una serie constante de buenas ventas trimestrales y utilidades del 20 por ciento o más hacían que las acciones de McDonald's figuraran entre las preferidas en Wall Street. Y Ray Kroc gozaba de universal admiración como el hombre que les brindó a sus colegas empresarios la oportunidad de hacerse millonarios.

Pero cuando el programa de expansión de Fred Turner alcanzó todo lo que se podía esperar, la actitud del público cambió. Con millares de restaurantes en todos los Estados Unidos, con una gran superioridad en el floreciente mercado de comidas rápidas, y con un propietario fabulosamente rico y centenares de concesionarios riquísimos, McDonald's era una institución. Sus comerciales de televisión eran tan conocidos y tan sofisticados que era fácil olvidar que McDonald's seguía siendo sólo un gran conglomerado de pequeños empresarios. Era una potencia de mercadeo. Y una visita a McDonald's ya no era una experiencia nueva sino más bien algo común y corriente. Como lo dijo el agente de publicidad Al Golin, "McDonald's ya no era la simpática empresita de otros tiempos".

Tampoco se beneficiaba ya de aquella inclinación de los norteamericanos en favor del joven y valeroso competidor que desafía los viejos usos. Debido a su éxito asombroso, McDonald's, por el contrario, era ya víctima de la tendencia opuesta que no gusta del poder. "La única publicidad que se nos daba en los primeros años consistía en historias maravillosamente amistosas", dice Golin, "pero ahora nos empezaban a ver como una institución, y la gente ataca a las instituciones. Ahora nuestro tamaño era cosa mala. Todo lo que le dio a McDonald's su éxito (su previsión, su uniformidad y sus controles) lo veían algunos como falto de individualidad, rutinario y producido en serie. Nos señalaban como parte de una sociedad de plástico que algunos observadores sociales condenaban. Por primera vez nos encontrábamos a la defensiva".

Pero McDonald's no estaba preparada para hacerle frente a la notoriedad ni para responder a los desafíos públicos y privados que ella inevitablemente suscitaba. Su experiencia se limitaba a la operación de sus restaurantes, no a defender el sistema de los ataques públicos. "Era una desagradable sorpresa que se cuestionara nuestra legitimidad", dice Turner. "Fue una época en que éramos los *nuevos ricos*, completamente ingenuos frente al mundo social y político".

En nada se manifestó tanto esa ingenuidad como en el primer ataque nacional a la honorabilidad de McDonald's, motivado por una donación personal de US $250 000 que hizo Ray Kroc para la campaña de reelección de Nixon en 1972. Si Kroc hubiera sospechado la que se iba a armar en torno de la recolección de fondos para esa campaña presidencial, obviamente jamás habría hecho tan notoria contribución. A Kroc le preocupaba que el país pudiera encaminarse, como él lo temía, hacia un socialismo de Estado; pero ni remotamente se había mezclado en el proceso político norteamericano. No había hecho antes ninguna contribución significativa para ningún partido, y era raro que expresara algún juicio sobre los políticos, ni siquiera en la intimidad. "El índice de interés político de Ray era más bajo de lo normal", comenta Turner.

Sin embargo, la clara división entre conservadores y liberales que se planteó en la campaña presidencial Nixon-McGovern de 1972, despertó brevemente en Kroc un sentido de obligación de defender el sistema de libertad de empresa que tanto le había dado a él. Además, figuraba ya entre los hombres ricos conocidos, a cuya bolsa apelan todos los movimientos políticos para financiar sus campañas. Así, pues, cuando lo invitaron a un banquete de los republicanos, que presidiría el secretario de Comercio Maurice Stans, Kroc resolvió asistir y contribuir con US $25 000 para la campaña de Nixon. Pero, siendo él uno de los mejores vendedores del país, tenía la debilidad de dejarse convencer también por otros vendedores, y esa noche la oratoria del secretario Stans sin duda lo persuadió. "Después de oír hablar a Stans", dice Turner, "Ray simplemente resolvió agregarle un cero a su contribución".

Lo que obedeció a un impulso del momento, se representó pronto como una estrategia cuidadosamente configurada para influir en la política de la administración Nixon en favor de McDonald's. Se dijo que McDonald's estaba tratando de impedir un aumento del salario mínimo, que rige para un pequeño ejército de jóvenes empleados en los restaurantes de la cadena. Varios concesionarios de ésta se contaban entre los centenares de hombres de negocios que cabildeaban contra el aumento y a favor de un proyecto de ley que exceptuaría del salario mínimo a los estudiantes que trabajaban tiempo parcial. A la controvertida propuesta de exención de los estudiantes la denominaron sus opositores "el proyecto McDonald's" —conexión que se atribuyó en gran parte al revuelo causado por la donación de Kroc a la campaña de Nixon. (Al fin el Congreso aprobó una exención muy pequeña, pero McDonald's jamás la ha utilizado.)

Pero la controversia sobre la contribución de Kroc la desató una decisión de la Junta de Control de Salarios y Precios, decisión que en otras circunstancias habría pasado inadvertida, y que autorizó a McDonald's a aumentar el precio de su nueva hamburguesa de un cuarto de libra. Los controles de Nixon habían creado una situación muy difícil para este nuevo producto, que se estaba vendiendo muchísimo, pues Kroc declaró que este emparedado debía llevar dos tajadas de queso en vez de una. Ese cambio sólo se podía justificar económicamente aumentándole 4 centavos al precio de introducción de la hamburguesa de cuarto de libra.

Esto sacó el asunto a la luz pública. Si bien la Junta de Control de Precios aprobó la petición de aumento de McDonald's, la decisión no escapó al ojo avizor del periodista Jack Anderson, quien en una de sus columnas la vinculó con la contribución de Kroc y acusó, además, a McDonald's de tráfico de influencias en la cuestión del salario mínimo. Antes de que McDonald's se diera cuenta de ello, la contribución de Kroc estaba mezclada entre los abusos de la campaña republicana que se destaparon en el escándalo de Watergate. Kroc, que jamás tuvo la intención de que su contribución sirviera para apoyar ninguna política específica — y mucho menos una tan controvertida como la de limitar el salario mínimo — se quedó asombrado al ver la avalancha de publicidad adversa que desató su gran donación para la campaña de Nixon.

Turner sabía que la contribución de Kroc y su decisión sobre el precio de la hamburguesa de cuarto de libra tenían una motivación inocente; pero el efecto de la publicidad era devastador. Una compañía cuya imagen había sido siempre absolutamente diáfana empezaba de pronto a recibir llamadas telefónicas de fanáticos y se veía inundada de correspondencia negativa, a veces amenazante. Se dio el caso de que a Turner le enviaron una carta-bomba. Por fortuna su secretaria vio unos alambres que sobresalían del sobre y dio aviso oportuno al personal de seguridad de McDonald's.

Otra vez se encontraba McDonald's completamente impreparada para manejar un cambio tan radical de la opinión pública. "Era desmoralizador y embarazoso", recuerda Turner. "Nos manchaba un poco. Dios mío, pensábamos, ¿cómo afectará esto a la auto-imagen de nuestros operadores y gerentes, y de sus familias? Quedaba la sospecha de que en algo habíamos procedido mal".

Aun antes de que la contribución a Nixon embrollara a McDonald's en una controversia nacional, la cadena había probado los efectos de una publicidad adversa generada por una serie de fieras luchas de carácter local. La primera, y una de las más amenazadoras, estalló en Cleveland en 1968 cuando McDonald's sufrió el rudo ataque de una desorganizada coalición de grupos negros activistas encabezados por un militante llamado David Hill. La compañía ya había empezado a buscar en todo el país concesionarios negros, pero al principio esa búsqueda no tuvo éxito, y sólo había cuatro concesionarios negros cuando Hill capitaneó el boicoteo contra McDonald's en Cleveland. Antes de que la compañía tuviera tiempo de reaccionar, centenares de manifestantes negros formaron piquetes hostiles ante los seis puestos McDonald's, de propiedad de blancos, que había en el Sector Este de la ciudad, poblado principalmente de negros.

Era el peor momento y el peor lugar para que McDonald's se viera complicada en una pugna racial. Martin Luther King acababa de ser asesinado, y Cleveland era una de las ciudades más divididas del país por la cuestión racial. Había elegido el primer alcalde negro de una ciudad grande, Carl Stokes, pero el gobierno de éste, lejos de apaciguar los ánimos, los exacerbó. Stokes había buscado el apoyo de grupos militantes como las Panteras Negras, lo cual atizó la hoguera de la intolerancia que consumía el corazón de millares de ciudadanos políticamente activos en el Sector Oeste de la ciudad, de población predominantemente blanca.

La cuestión racial dividió la ciudad: Sector Este contra Sector Oeste... y McDonald's fue una de las primeras víctimas de esa división. Hill y sus secuaces se negaron a retirar los piquetes de manifestantes mientras McDonald's no retirara a los concesionarios blancos del vecindario negro. Los piquetes apelaron a medios violentos amenazando a los parroquianos con garrotes, llevando al cinto cananas y finalmente apedreando las vidrieras de los restaurantes, lo cual obligó a McDonald's a tomar temporalmente por su cuenta la administración de éstos. Para ello llevó gerentes experimentados de la operación Gee Gee en Washington que había adquirido recientemente, y los puso al frente de los seis puestos de Cleveland para aliviar a los concesionarios sitiados.

Bob Beavers, veterano gerente negro de la corporación en Washington, a quien McDonald's escogió para dirigir la reapertura, merecía que le pagaran extra por servicio en la línea de fuego. Para evitar un motín, la policía se había retirado de los piquetes, y Beavers, antes de entrar en el área de su primera unidad, recibió un consejo aterrador de un sargento de la policía de Cleveland: "Le sugiero que cambie de hotel y cambie de nombre", le dijo entregándole un revólver; "y si tiene que usar esto, tire a matar".

McDonald's entró inmediatamente en negociaciones con la coalición negra, pero las conversaciones se adelantaban en un ambiente de intimidación. En el Edificio Municipal, Carl Stokes dispuso una oficina donde pudieran reunirse los gerentes de McDonald's y los representantes de los grupos negros, pero ese local resultó todo menos un territorio neutral. Cuando se presentó Ed Bood, vicepresidente de concesiones de McDonald's, lo recibieron en la puerta, distante pocos pasos de la oficina del alcalde en el mismo pasillo, "guardias" de las fuerzas de la coalición con cananas terciadas. Hill y los demás militantes negros exigieron en la reunión que se les nombrara a ellos agentes de McDonald's para supervigilar la elección de concesionarios negros para los restaurantes, a cambio de lo cual pedían una "comisión". Aun cuando Bood, con el apoyo de todos los concesionarios blancos, aceptó que las concesiones existentes se cancelaran y se negociaran con negros, rechazó las exigencias de Hill. Sólo más tarde supo el peligro en que estuvo: uno de los representantes de la coalición, que estaba sentado enfrente de él, tenía en la mano una pistola debajo de la mesa. "Carl Stokes no facilitó las cosas", comenta Turner.

La situación sólo cambió de aspecto en favor de McDonald's cuando el doctor Kenneth Clement, médico negro, declaró públicamente que el boicot era "una extorsión". Clement había sido el genio director de la campaña electoral de Stokes, pero después de la elección se separó del alcalde. Poco después de su declaración pública, el boicot de McDonald's terminó y pronto se encontraron concesionarios negros para todos los seis puestos. La calificación que Clement le dio al boicot parece que se justificaba. Más tarde Hill fue condenado por chantaje, cometido en sus esfuerzos por forzar la venta de los restaurantes McDonald's de Cleveland a negros, y hoy se encuentra fugitivo de la justicia en Guyana.

A pesar de lo grave que fue el episodio de Cleveland, no le hizo tanto daño a McDonald's como otra pelea local en que se vio comprometida en 1974 con la alta sociedad de Nueva York. McDonald's había cometido un error en Cleveland por no haberse anticipado al problema consiguiendo concesionarios negros. Pero cuando los acomodados residentes del Alto Sector Este de Nueva York empezaron a ponerle piquetes a un sitio que había adquirido en la esquina de la Calle 66 y la Avenida Lexington, cometió un error menos perdonable en materia de relaciones públicas: No comprender a tiempo que había perdido la partida.

La construcción de un McDonald's en ese sitio era parte de una nueva estrategia para empezar a penetrar en un mercado urbano del cual la compañía no se había ocupado durante sus primeros quince años, y Manhattan tenía alta prioridad en la ejecución de ese plan. Ya la cadena tenía diez puestos en Manhattan, y cuando tomó en arrendamiento el terreno en la esquina de la 66 con Lexington probablemente pensó que un nuevo restaurante en un vecindario tan elegante sería una mina de oro. Le resultó algo más que una mina. Más fácil le habría sido conseguir permiso para construir en el Parque Central que obtener la aprobación de los residentes del sector *chic* de la Calle 66 con la Avenida Lexington. En una esquina está un histórico edificio de una armería; en otra, un elegante edificio de apartamentos; y en otra, la sede del Cosmopolitan Club, club social femenino de vieja data, cuya matrícula de socias registra nombres de la sangre más azul de Nueva York. A la vuelta de la esquina queda la residencia neoyorquina de David Rockefeller, presidente de la junta directiva del Chase Manhattan Bank. En fin, habitan aquel vecindario algunos de los residentes más influyentes de Nueva York: escritores, corredores de bolsa, abogados, ejecutivos de sociedades anónimas.

Cuando el arquitecto David Beer oyó decir que McDonald's había comprado una funeraria situada en la esquina de la Calle 66 con la Avenida Lexington y que se proponía levantar allí un pequeño edificio de oficinas, con un restaurante McDonald's en la planta baja, organizó inmediatamente un grupo denominado Amigos de la Calle 66 para oponerse al proyecto. Con una ingenuidad muy del Oeste, McDonald's siguió adelante con sus planes como si no hubiera oposición del influyente sector de la alta sociedad. Howard Rubenstein, destacado asesor de relaciones públicas que más tarde fue contratado por la cadena, dice: "De parte de los gerentes locales de McDonald's hubo un poco de arrogancia. Su posición era que McDonald's era dueña de la propiedad, que ésta estaba debidamente zonificada, y que la compañía legalmente tenía derecho de hacer un restaurante allí, y nadie se lo podía impedir".

Subestimaban lamentablemente el poder del grupo que estaba organizando el arquitecto Beer, quien en pocas semanas recogió firmas de unos quince mil residentes del sector para una petición en contra de la unidad McDonald's. En la oposición se contaban residentes tan influyentes como la señora de David Rockefeller, Arthur Schlesinger, hijo, y Theodore White, autor del libro *Making of the President*.

Como McDonald's se negó a reunirse con el grupo de Beer, la oposición empezó a poner en juego su verdadero poder: las conexiones. Tomas de los piquetes marchando en torno del lugar de la construcción de McDonald's aparecieron con regularidad en los noticieros de la televisión local. En el *New York Times* y otros periódicos aparecieron editoriales que censuraban el proyecto como un adefesio que iba a dañar uno de los vecindarios más atractivos de Manhattan. La casa de corredores de bolsa de Baker, Weeks and Company borró súbitamente a McDonald's de su lista de acciones recomendadas basándose en que esta compañía ya había saturado los suburbios, donde le había sido fácil instalarse, y ahora tendría que emprenderla con sitios urbanos mucho más difíciles.

Pero McDonald's —y especialmente Turner— no daba su brazo a torcer. La presión oposicionista llegó al máximo con un artículo de Mimi Sheraton, la redactora de comidas del *New York Times*, quien publicó en el *Magazine* de ese periódico una crítica mordaz contra McDonald's, con el título incendiario de "La hamburguesa que se está comiendo a Nueva York". Apareció en medio de la disputa en torno de la construcción en la Calle 66 y la Avenida Lexington. La autora recogió todos los argumentos del grupo opositor: que el McDonald's iba a ser centro de atracción para tipos indeseables y refugio de gentes desaseadas. Pero no paró ahí. Eso no fue sino su plataforma de lanzamiento para una terrible diatriba contra McDonald's por la contribución de Kroc a la campaña de Nixon, por prácticas cuestionables de contabilidad, por destruir edificios que eran monumentos históricos, y por defraudar en la paga a sus jóvenes trabajadores.

Pero su más virulenta crítica la enfiló contra la comida de sus restaurantes: "La comida de McDonald's es irremediablemente horrible, sin ninguna gracia salvadora. La hamburguesa se muele, se amasa y se estruja con maquinaria pesada que la compacta de manera que su textura es parecida a la de la salchicha *baloney*, y se pone cauchosa al cocinarla. Una vez cocida, la hamburguesa se aísla dentro de un panecillo fofo, y encima se le ponen rebanadas de pepinillo que parecen recicladas, o bien hojuelas de cebolla deshidratada, o lechuga desmenuzada que más bien parece confeti mojado, y alguna de sus repugnantes salsas. Las papas podrán ser tostadas, pero no saben a nada. Las malteadas (es significativo que no se llamen leche malteada) parecen Kaopectate aereado".

McDonald's consideró que esta crítica era una ficción de mala fe, pero resolvió no entablar ninguna acción legal por no llamar todavía la atención hacia el artículo. Sin embargo, Turner estaba convencido de que el artículo era un ataque malicioso a la comida de McDonald's para apoyar la causa de los Amigos de la Calle 66. "La redactora de comidas del *New York Times* sabe de alimentos", sostiene Turner, y "tenía que saber que cuanto dijo era una ficción".

En su artículo, Mimi Sheraton se refirió también a otro artículo aparecido en la revista *Barron's*, en el cual se criticaban las prácticas contables de McDonald's. El autor era Abraham Briloff, profesor de contabilidad de la Universidad de la Ciudad de Nueva York, y también parecía ser consecuencia de la bomba que la sociedad neoyorquina le arrojó a McDonald's. Briloff comenzó refiriéndose en el párrafo principal a la controversia de la Calle 66 con la Avenida Lexington, y luego afirmó que McDonald's inflaba el informe de sus ingresos con métodos cuestionables de contabilidad, principalmente el de "acumulación", según el cual una compañía que adquiría a otra combinaba los estados financieros de la compañía adquirida con los de la adquirente. Briloff era uno de los críticos que se oponían al método de acumulación, y McDonald's era una de las incontables compañías que lo habían adoptado, en su caso para contabilizar la serie de adquisiciones de restaurantes de concesionarios. Briloff sostenía que la acumulación hacía aparecer los costos de esas adquisiciones muchísimo menores de lo que eran en realidad, y por consiguiente exageraba el ingreso neto. Más tarde la acumulación fue rechazada por los contadores profesionales como método de contabilizar la adquisición de compañías pequeñas por otras más grandes; pero, sin embargo, era uno de los principios generalmente aceptados en la profesión en la época en que Briloff se valió del ejemplo de McDonald's para combatir esa práctica.

En el mencionado artículo, Briloff afirmó que el ingreso de McDonald's también estaba inflado porque no había registrado como gasto de la corporación unos US $8 000 000 en acciones que Kroc les dio a algunos empleados y a sus familias para celebrar el día que cumplió setenta años, en 1972. Fue uno de los gestos más generosos de un fundador de una corporación con sus empleados, y los altos gerentes de McDonald's se beneficiaron grandemente. Turner recibió de Kroc US $1 000 000 en acciones, y su mujer, Patty, recibió una cantidad igual. Los altos ejecutivos y sus esposas recibieron US $125 000, pero Briloff sostenía que esa donación de uno de los principales accionistas debiera haberse deducido como gasto de la compañía, pues en el fondo Kroc le estaba regalando dinero a la compañía, la cual, a su vez, se lo estaba dando a sus empleados como compensación por su trabajo.

Si bien la defensa de McDonald's contra los argumentos de Briloff fue lo bastante sólida para proteger su contabilidad de nuevos ataques —sobre todo de la máxima autoridad en la materia, que es la Comisión de Valores y Bolsa— el artículo causó la clase de daños que son la pesadilla de los ejecutivos de las compañías abiertas. Les dio un golpe tremendo a las acciones. El día de su publicación, las acciones de McDonald's cayeron nueve puntos, o sea el 19 por ciento. Eso solo redujo el valor de mercado de McDonald's en más de US $357 000 000. "Entonces se me abrieron los ojos", dice Turner. "Comprendí que los opositores del proyecto de la Calle 66 con la Avenida Lexington eran más hábiles que nosotros para hacer la guerra, y me rendí. Pero juré vengarme algún día".

Rubenstein, asesor de relaciones públicas de McDonald's en la disputa, transmitió las condiciones de paz de Turner: que se retiraran los piquetes y se suspendiera la campaña en los medios de publicidad, y en cambio McDonald's calladamente abandonaría el proyecto de construir un restaurante en el edificio de la controversia. Así se hizo. Hoy McDonald's posee un edificio de oficinas de dos pisos en la Calle 66 con la Avenida Lexington que hace honor al poder de vecindarios con poderosos residentes. En lugar de un restaurante McDonald's, en la planta baja funciona una elegante *boutique*, "La Mujer Olvidada", donde se vende ropa para las damas de tallas grandes. Rubenstein dice de todo este episodio: "Fue uno de los enfrentamientos más brutales que una comunidad haya organizado contra un negocio".

Con el tiempo, Turner sacó su libra de carne de la sociedad neoyorquina. Aunque sin pruebas directas, él y muchos otros en McDonald's creían que una campaña tan bien orquestada contra el proyecto de la Calle 66 con la Avenida Lexington tenía que ser obra de alguien que tuviera con las fuentes del poder en Nueva York mejores conexiones que el arquitecto David Beer. Turner llegó a la conclusión de que el verdadero artífice de la resistencia contra McDonald's había sido Margaret Rockefeller, esposa del presidente de la junta directiva del Chase Manhattan Bank.

Los ejecutivos del banco le aseguraron después a Turner que esa institución no había tenido nada que ver con el movimiento de oposición; pero él, de todos modos, contraatacó con la única arma que poseía: los negocios bancarios de McDonald's. Antes del incidente de Nueva York, que duró seis meses en 1974, el Chase Manhattan no había sido un prestamista importante para McDonald's; pero cuando esta compañía empezó a extenderse en el extranjero y sobrepasó la capacidad de sus antiguas conexiones bancarias con el American National Bank y el First National Bank, de Boston, la cadena empezó a darle al Chase algunos negocios internacionales — hasta que Turner intervino en 1982. Desde entonces, el Chase ha recibido pocos negocios adicionales de McDonald's, que les ha dado casi todos sus nuevos negocios a otros grandes bancos, como el First Chicago, el First de Boston y Citicorp.

La venganza, por supuesto, no era una solución a largo plazo para el problema de imagen que había empezado a encontrar McDonald's desde comienzos del decenio de los 70. La impresionante amplitud de sus operaciones era lo que la convertía en un blanco tan notorio y público, y lo único que podía hacer la cadena frente a los nuevos desafíos exteriores era aprender a adaptarse a las consecuencias de su tamaño.

Durante la primera mitad de ese decenio, McDonald's mostró los síntomas de la adolescencia de una corporación: crecimiento pujante mezclado con incomodidad para presentarse en público, energía ilimitada pero sin freno, y audacia que carecía de un poco de la prudencia que da la experiencia. Pero realmente no podía seguir cometiendo los errores de la juventud. Era ya demasiado poderosa para ser tan indisciplinada. Como había crecido más rápidamente que la mayor parte de las empresas, le correspondía también madurar en tiempo récord.

La maduración de McDonald's tardó casi diez años, y en muchos aspectos fue un proceso mucho más complicado (aunque menos celebrado) que la fundación de la cadena por Ray Kroc y su expansión masiva con la administración de Fred Turner. En un tiempo relativamente corto, hubo de transformarse radicalmente. Tuvo que aprender a aguantar el escudriñamiento de los medios de publicidad. Y también tuvo que aprender que para evitar el bombardeo publicitario a que se veía sometida, necesitaba un proceso de toma de decisiones que fuera sensible a las necesidades comunitarias, a los riesgos políticos y a los problemas sociales. Hasta entonces, sus prioridades no iban mucho más allá de construir tantos puestos McDonald's como le fuera posible para vender hamburguesas. Esto explica, más que nada, por qué no estaba preparada para hacerle frente a un rumor maligno sobre sus comidas, a una explosiva protesta racial, a los piquetes de la alta sociedad, ni a las acusaciones de tráfico de influencias.

De todas estas adversidades McDonald's sacó experiencias positivas. A finales del decenio de los 70 la cadena estaba enfrentando los desafíos en todos esos frentes y empezaba a ver los resultados favorables de una actitud más inteligente ante el mundo exterior.

Muy afectado por la interpretación que algunos periodistas quisieron darle a su contribución de US $250 000 para la campaña de Nixon, Kroc jamás volvió a hacer una contribución política de esa magnitud ni tan expuesta a malas interpretaciones. En efecto, no quiso volver a dar ni un centavo para una campaña presidencial, y para otras causas políticas fue muy poco lo que dio. La única excepción fue un donativo de US $45 000 para la campaña de James Thompson, candidato republicano a la gobernación de Illinois en 1976. Pero dos años después, cuando Thompson acudió otra vez a Kroc para que contribuyera a su reelección, no consiguió nada. Kroc le dijo que, a raíz del incidente Nixon, había venido a considerar las contribuciones a los políticos un poco como la ayuda que los padres les dan a sus hijos: "Su obligación es mandarlos a la universidad", le dijo al gobernador. "Pues bien, yo ya le ayudé a usted a pasar por la universidad en política. Ahora ya tiene que bandearse solo".

Mientras Kroc restringía su generosidad política, McDonald's empezó a utilizar el proceso político más hábilmente para hacerse escuchar de la burocracia oficial y de los legisladores. Coordinó mejor estos esfuerzos y aumentó el profesionalismo de sus contactos gubernamentales creando en 1975 un departamento de relaciones con el gobierno.

El nuevo departamento evitó cuidadosamente mezclarse en cuestiones en que los riesgos políticos fueran mayores que las recompensas. Uno de estos casos era sin duda el del salario mínimo. Con anterioridad McDonald's había ayudado a organizar un esfuerzo de cabildeo por parte de una docena de concesionarios que querían influir en la legislación federal pertinente. Pero en 1977, cuando algunos concesionarios emprendieron individualmente una campaña contra el aumento del salario mínimo hablando con los diputados que los representaban en el Congreso, McDonald's Corporation y su departamento de relaciones gubernamentales se mantuvieron marginados del asunto. "Debemos reconocer", dice Turner, "que en lo relativo al salario mínimo existe para McDonald's un conflicto de intereses, y lo que tenemos que hacer es no meternos en eso".

En cambio, el departamento de relaciones gubernamentales se dedicó a cuestiones más positivas. Por ejemplo, a contrarrestar la acusación de que su comida era "basura" como decían los críticos de los productos de comidas rápidas. Hizo que una firma consultora de fuera llevara a cabo un estudio del valor nutritivo de lo que servía, y esa firma dictaminó que una comida de una hamburguesa, papas fritas, y una malteada, suministraba un gran porcentaje del consumo diario recomendado de los nutrimentos clave, sin duda lo suficiente para constituir una parte importante de un régimen bien equilibrado.

Por desgracia el reglamento de la Administración Federal de Alimentos y Drogas contiene tantos requisitos para las etiquetas de los productos, que las cadenas de comidas rápidas no podían comunicarles eficazmente a los consumidores información sobre valores nutritivos. El reglamento le permitía a McDonald's imprimir información detallada al respecto en las envolturas y en los paquetes de cada artículo pero no permitía una difusión más lógica y eficaz de esa misma información en folletos para distribuir en los restaurantes. "Se nos atacaba por el valor nutritivo de la comida, pero no podíamos comunicar la información positiva que poseíamos", dice Clifford Raber, vicepresidente de relaciones gubernamentales de McDonald's.

En 1978 Raber logró hacerles ver esto a los miembros de la Subcomisión Senatorial de Nutrición, cuyo presidente, por una ironía de la suerte, no era otro que George McGovern, el candidato a quien Nixon derrotó en 1972 con la ayuda de fuertes contribuciones de Ray Kroc y de otros ricos hombres de negocios. Pero en 1978 McDonald's se encontraba en el centro de una cuestión que McGovern podía utilizar para transmitir un mensaje que les caería bien a sus muchos electores campesinos en su nativa Dakota del Sur, en el sentido de que la carne producida en el país, las papas y los productos lácteos eran en realidad sanos.

De modo que cuando Raber ofreció trabajar íntimamente con la Subcomisión para determinar si la burocracia oficial estaba impidiendo que llegara al público información sobre valores nutritivos, halló buena acogida, y la comisión resolvió celebrar audiencias sobre la materia en febrero de 1979. Al inaugurarlas, el senador McGovern declaró francamente que la comida rápida era comida buena. Las audiencias crearon un ambiente favorable, y, al fin, en 1982, la Dirección de Alimentos y Drogas autorizó a McDonald's y otras cadenas de comidas rápidas para distribuir folletos con análisis del valor nutritivo de sus platos, sin exigir que esa información se imprimiera en todas las envolturas, lo cual todos reconocieron que no era práctico.

Pero más importante que su nueva habilidad para la política nacional fue la sensibilidad que McDonald's adquirió para apreciar la resistencia local, como la que encontró — y subestimó gravemente — en Manhattan en 1974. Después de esa experiencia, adoptó la política de estudiar con cuidado el ambiente político de una comunidad antes de construir un nuevo restaurante y actuar a tiempo, antes de que las posiciones de una y otra parte se hagan públicas e inmodificables.

Ese fue un cambio muy importante de actitud de la alta gerencia. Rubenstein comenta: "En el episodio de la Calle 66 con la Avenida Lexington la reacción instintiva de McDonald's fue pelear. Fred Turner y Ray Kroc eran inflexibles y no echaban pie atrás. Creían que McDonald's era un buen negocio, un buen vecino, y que la comunidad estaba equivocada. Pero aprendieron que para escoger un nuevo sitio hay que tener en cuenta algo más que aspectos legales y comerciales: que también hay que considerar la reacción política de la comunidad".

Rubenstein, que fue ayudante de Abe Beame cuando era alcalde de Nueva York, es uno de los especialistas en relaciones públicas mejor conectados de la ciudad, y cuando terminó la batalla de la Calle 66 con la Avenida Lexington siguió representando a McDonald's para evitar que se repitan incidentes de esa clase en otros nuevos restaurantes en la ciudad. A otros especialistas parecidos se les confió igual tarea en otros mercados, y aunque no han faltado rozamientos con juntas de zonificación y con otros funcionarios municipales a propósito de los nuevos restaurantes, McDonald's no ha vuelto a permitir que una protesta local llegue a tales extremos.

En Nueva York, Rubenstein se valió de sus contactos políticos para proporcionarle a McDonald's un sistema de alarma temprana para detectar la oposición comunal a sus nuevos establecimientos. Halló también los medios ingeniosos de afrontar la oposición cuando aparecía ésta. En Brooklyn, por ejemplo, apenas supo que en cierto vecindario se oponían a un proyecto de construcción, fotografió el lugar que se había escogido para el nuevo restaurante: estaba ocupado por un ruinoso edificio, en el cual funcionaba un teatro de cine pornográfico. Un alto funcionario municipal, viendo las fotos de Rubenstein, se comprometió a silenciar la oposición, y le dijo a éste: "Sigan adelante y construyan. El que crea que yo voy a apoyar un teatrillo pornográfico para no dejar entrar a McDonald's está loco".

En lo que McDonald's mostró más decisión y creatividad para enfrentarse con un desafío público, fue en su manera de tratar los problemas de minorías planteados por el enfrentamiento racial en Cleveland en 1968. Cuando los grupos negros empezaron a destacar piquetes hostiles en esa ocasión, ya Bob Beavers llevaba seis meses como director de acción comunitaria de McDonald's, y, como tal, le correspondía a él la responsabilidad de reclutar para el sistema concesionarios negros y de otras minorías. Esa labor se complicaba por las nuevas reglas que impuso Fred Turner para las concesiones cuando asumió la presidencia, según las cuales toda nueva concesión fuera de propiedad exclusiva del operador del restaurante, sin apoyo de inversionistas de fuera.

Esta política se basaba en una sólida experiencia operativa, pero limitaba la capacidad de la cadena para resolver el problema de otorgarles concesiones a operadores negros. Según las reglas de la compañía, un concesionario sólo podía tomar en préstamo la mitad de los US$150 000 (hoy US$400 000) que necesitaba para comprar la concesión, el equipo de cocina, los muebles y enseres del restaurante, y el letrero de McDonald's, es decir, todo lo que hacía falta para abrir un nuevo restaurante, y eran pocos los aspirantes negros que dispusieran de US$75 000. Además, cuando algunos negros que reunían las condiciones requeridas iban a averiguar si podían obtener una licencia McDonald's, dice Beavers, eran automáticamente rechazados por funcionarios regionales blancos porque no satisfacían la idea que ellos tenían de la apariencia, la forma de vestir y hablar y el nivel de instrucción formal que debía tener un concesionario. Empresarios negros que se habían levantado por su propio esfuerzo —empezando desde los tugurios— eran mucho menos pulidos que los blancos que sobresalían en McDonald's, y desgraciadamente esta circunstancia también les cerraba las puertas de la compañía.

El episodio de Cleveland lo cambió todo. Es más: éste representa uno de los más dramáticos y definitivos avances de los grupos minoritarios en los negocios norteamericanos. El número de concesionarios negros pasó de sólo cuatro en 1969 a cerca de cincuenta en 1972, casi la décima parte de los operadores del sistema. "Lo que pasó en Cleveland alertó a los gerentes regionales acerca del peligro, y los volvió más sensitivos a la necesidad de proceder más rápidamente a otorgarles licencias a las minorías", dice Beavers.

Tan importantes como los cambios de actitud fueron los cambios que introdujo McDonald's en su procedimiento, a fin de crear oportunidades para los empresarios negros que carecían del capital necesario para hacerse concesionarios. Trabajando con la Administración de Negocios Pequeños y con la Oficina de Empresas Mercantiles Minoritarias, ayudó a hombres de negocios negros a obtener préstamos garantizados por dicha Administración, equivalentes a la mayor parte del capital necesario para abrir un restaurante. Igualmente, exceptuó a las minorías de su límite del 50 por ciento de capital prestado, lo cual les permitió a los candidatos negros comprar sus concesiones y su equipo con sólo US$30 000 en efectivo, o sea un 20 por ciento de la inversión total.

Pero las excepciones más radicales que hizo la compañía para reclutar concesionarios negros fueron los llamados paquetes cebra, en virtud de los cuales a finales de los años 60 les permitió a ocho operadores negros obtener cada uno un puesto McDonald's con ayuda de dos inversionistas blancos de Chicago, quienes ponían el dinero para comprar la concesión y el equipo. Se violaba así la regla más fundamental del otorgamiento de concesiones, la de que el operador fuera dueño del ciento por ciento de la concesión. También se hacía caso omiso de la vieja regla según la cual los propietarios de un McDonald's viven en el mercado donde está su restaurante. Los dos inversionistas-propietarios de las ocho concesiones cebra vivían en Chicago pero sus restaurantes estaban dispersos por todo el país.

Los inversionistas blancos le aseguraron a McDonald's que el capital social de los ocho restaurantes pasaría con el tiempo a manos de los operadores negros, pero faltaron a su palabra, y el sistema, en lugar de ser una solución para el problema de otorgamiento de concesiones a las minorías, se convirtió en un desastre. Después de engañar a los operadores negros, los dos inversionistas blancos defraudaron a todo el mundo, inclusive se defraudaron ellos mutuamente. Las cuentas de los proveedores no se pagaban. Las ocho unidades se atrasaron varios meses en el pago de las cuotas por las concesiones y los cánones de arrendamiento a McDonald's. Por último, los dos inversionistas contrataron sendos cobradores, que corrían todos los días a los ocho restaurantes, tratando cada cual de anticipársele a su rival para recoger lo que se hubiera recaudado. Burt Cohen, vicepresidente encargado de concesiones, observa: "Habíamos estirado o quebrantado todas las reglas de otorgar concesiones — todo lo que la experiencia demostraba que tenía éxito — a fin de otorgarles concesiones a los negros, y esto se nos había vuelto una pesadilla".

Se formó un enredo tan tremendo, que Cohen gastó un año en desenredar los acuerdos cebra — aplacando a los banqueros y a los acreedores y consiguiendo otra financiación para los operadores negros. Por último, McDonald's perdió US $500 000, pero los ocho negros acabaron por controlar sus respectivos restaurantes, y los dos inversionistas blancos quedaron por fuera.

Si la relajación de las reglas para favorecer a los negros produjo algunos excesos, también le permitió a McDonald's crear lo que tal vez sea la mejor oportunidad que existe en los Estados Unidos para las minorías fuera del teatro y los deportes profesionales. El número de propietarios-operadores pertenecientes a grupos minoritarios ha aumentado de 50, que se alistaron durante los tres primeros años de la gestión de Beavers, a 167 hoy, sin incluir a 74 negros que están en la lista de 235 solicitantes que están recibiendo actualmente entrenamiento. En total, los concesionarios negros son dueños y operadores de más de 300 restaurantes McDonald's, o sea la mitad de todos los restaurantes que están en manos de concesionarios negros en los Estados Unidos. Hasta los malhadados convenios cebra tuvieron su aspecto favorable: Si bien es cierto que seis de los ocho operadores negros fracasaron en el sistema y tuvieron que ser reemplazados por otros concesionarios (también negros), los dos restantes se volvieron millonarios. Fueron ellos Herman Petty, concesionario de seis restaurantes McDonald's en Chicago, y Lonear Heard, operador-propietario de seis McDonald's en Los Angeles.

Pero el programa de otorgamiento de concesiones a los negros no era un regalo. Una vez dentro del sistema, los operadores negros tenían que cumplir las mismas normas que cualquier otro para poder permanecer en él. No menos de la tercera parte de los cincuenta primeros alistados por Beavers fracasaron o fueron despedidos dentro de un lapso de dos años.

Por fortuna, lo único que pedían la mayor parte de los concesionarios negros era que se les diera una oportunidad. Unos 30 de los 50 originales están todavía dentro del sistema, y muchos han hecho fortunas tan grandes como los blancos. Narlie Roberts era contratista de construcciones sin diploma de escuela secundaria cuando se encargó de uno de los seis restaurantes que cambiaron de propietarios blancos a negros en Cleveland en 1969. Hoy es uno de los más estimados operadores del sistema, con ocho restaurantes en Cleveland que venden un promedio de US$1 800 000 al año—el 40 por ciento por encima del promedio nacional. Lee Dunham también sobrepasa el promedio nacional en sus ocho restaurantes, situados en Harlem, barrio de Nueva York donde él patrullaba antiguamente como policía. Estos volúmenes no son insólitos. El volumen promedio de la mayor parte de los restaurantes urbanos que manejan las minorías es superior al volumen por unidad de los que manejan los concesionarios blancos.

No fueron los operadores minoritarios los únicos que se beneficiaron con el nuevo programa de reclutamiento. Cuando les otorgaron concesiones a los negros y a norteamericanos de origen hispanoamericano, McDonald's penetró más eficazmente en los mercados urbanos, por la sencilla razón de que los buenos operadores pertenecientes a grupos minoritarios sabían mejor que un buen operador blanco cómo hay que venderles a las comunidades dentro de la ciudad. Herman Petty, el primer concesionario negro de McDonald's, se hizo cargo en 1968 de un restaurante que manejaba un blanco en el Sector Sur de Chicago, de población predominantemente negra. Durante seis años había desempeñado dos puestos de tiempo completo para financiar su McDonald's: manejaba una barbería durante el día, y por la noche conducía un autobús de la Dirección de Tránsito de Chicago. Conocía a todo el mundo en el vecindario de su primer McDonald's. Su barbería distaba pocas calles, y a todos sus clientes les recomendó pasar la voz de que él había cambiado de peluquero a hostelero. Llevó el mensaje de McDonald's a todas las iglesias del área, repartiendo hamburguesas gratis en las funciones sociales de éstas, pues bien sabía que las iglesias eran los centros de actividad social de la comunidad. Se reunía con los grupos comunitarios y con los comerciantes locales, y se dedicó a arreglar el restaurante, que antes adolecía de deficiente mantenimiento, hasta que lo dejó relumbrante.

Su mercadeo orientado a la comunidad dio resultados de la noche a la mañana. En un año Petty duplicó las ventas del restaurante, que llegaron a US$500 000 anuales. Ahora tenía suficiente dinero para comprarle otra concesión a un operador blanco, situada no lejos de las cocheras de la Dirección de Tránsito de Chicago, donde Petty tenía muchísimos amigos desde los días en que era conductor de autobús. El enfoque de mercadeo fue el mismo, e iguales los resultados.

Al ampliar Petty su base McDonald's en el Sector Sur, sus restaurantes comenzaron a ejercer un impacto notorio en las mismas comunidades negras. Convencido de que los vecindarios deteriorados se podían recuperar con negocios nuevos, instaló nuevas unidades en medio de áreas que habían sufrido mucho por la fuga de la población blanca. Cuando resolvió abrir su tercer McDonald's, en el área que escogió todos los escaparates de las tiendas estaban con las rejas cerradas. El único centro de actividad que sobrevivía —la estación de gasolina Shell en la esquina— estaba también a punto de cerrarse. Pero Petty hizo un trato con el representante del distrito en el concejo: se comprometió a construir su McDonald's con la condición de que el municipio mejorara la iluminación y la recolección de basuras del vecindario, construyera nuevas aceras y reparara la callejuela situada detrás del restaurante. Cuando el propietario de la estación Shell vio que se estaba construyendo un McDonald's, resolvió modernizarla y ampliarla en lugar de cerrarla.

Los concesionarios de Popeye's Famous Fried Chicken y de Church's Fried Chicken empezaron a visitar con regularidad el nuevo McDonald's, sorprendidos por la cordialidad de los empleados y la actividad de la caja registradora. Aunque ese sector arrojaba uno de los índices de delincuencia más altos de la ciudad, Petty les dijo que ni una sola vez había tenido que llamar a la policía. Los asientos no estaban tajados a navaja, ni había grafitos en las paredes. Petty había comprobado que el servicio cortés producía clientes ordenados. Cerca del 40 por ciento de éstos eran blancos: vendedores, obreros de la construcción, y otros que de paso por el vecindario buscaban un lugar donde pudieran comer sin sentirse intimidados.

No pasó mucho tiempo sin que aparecieran en la misma calle de McDonald's dos competidores: un puesto de Church's Fried Chicken y otro de Popeye's. Un edificio desocupado que había enfrente fue refaccionado y convertido en centro médico; y, uno por uno, los escaparates de los negocios que habían cerrado los blancos volvieron a abrirlos los negros. "No existen comunidades malas", observa Petty. "Lo que hay es que uno tiene que concentrarse en sacar lo bueno a flote".

Las unidades McDonald's de Petty en el Sector Sur de Chicago también han resultado influencias estabilizadoras para la juventud. En los primeros años del decenio de los 80 sus restaurantes les dieron empleo a unos quinientos trabajadores — casi todos negros y que entraban a trabajar por primera vez en su vida. Petty quiso que esa experiencia fuera positiva, tanto para ellos como para los restaurantes, y para ello invirtió mucho dinero en su preparación. Contrató, de tiempo completo, una dama que tenía grado de *master* en educación como directora de entrenamiento, y acondicionó un salón de clase en el sótano de su tercer restaurante. Como la mayor parte de los que solicitan empleo son de bajo nivel cultural, la preparación no se limita a enseñarles a hacer hamburguesas. Las animosidades raciales "se las sacamos de la cabeza", dice Petty. Les hacemos entender que todos somos seres humanos, y como tales tenemos que tratarnos los unos a los otros. Les enseñamos qué cosa es el trabajo y de dónde sale el dinero". Aunque las exigencias de Petty son duras y la paga para empezar es el salario mínimo, nunca ha tenido que poner anuncios para ofrecer empleo. El dice: "Los que han trabajado para nosotros vuelven aquí a pedirme que ocupe a un hermano o una hermana menor, porque saben que serán bien entrenados y serán respetados. Nos dicen que McDonald's les ayudó a enfrentarse con el mundo".

Gracias al buen éxito de operadores negros como Petty, McDonald's nunca volvió a ser víctima de un ataque racial como el de Cleveland; antes bien, la historia de sus concesiones a minorías la ha protegido de demandas ante los tribunales. Charles Griffis, un negro operador de cuatro restaurantes, demandó a la compañía en 1982 alegando que le negaban concesiones adicionales por discriminación racial. McDonald's demostró, entre otras cosas, que el 60 por ciento de las concesiones vendidas en el área de Los Angeles después de obtener Griffis su último restaurante en 1980, se les habían otorgado a negros y a ciudadanos de origen hispanoamericano, y que a los operadores negros de la región se les habían otorgado concesiones con una frecuencia del 66 por ciento mayor que a los blancos. El tribunal falló en favor de McDonald's, y la compañía procedió entonces a comprarle a Griffis sus restaurantes, que fueron otorgados en concesión a otros operadores pertenecientes a minorías étnicas.

Pero entre todos los desafíos públicos que McDonald's empezó a encontrar desde 1970, ninguno fue más difícil de afrontar — ni más significativo para su éxito a la larga — que el que planteaba la prensa.

Por muchos aspectos McDonald's se estaba convirtiendo en la empresa más visible del país.

A pesar de esto, después del dañino rumor en Atlanta, de la batalla de Lexington Avenue, la controversia por los donativos políticos de Kroc, y los artículos críticos de *Barron's* y el *New York Times*, McDonald's hizo lo que siempre hacen las compañías abiertas cuando se queman con los medios de publicidad: encerrarse en su concha. Los altos ejecutivos no volvieron a prestarse para entrevistas y la compañía soslayaba las investigaciones de los periódicos.

Pero esta actitud también la privaba de generar la publicidad favorable de que había gozado en los buenos tiempos en que Ray Kroc encantaba a los entrevistadores, y al fin McDonald's resolvió enfrentarse resueltamente con el problema de la publicidad.

El primer paso fue mejorar la función de relaciones públicas de la compañía. Finalmente se creó un departamento de comunicaciones en 1974, pero el primer funcionario a quien se confió el cargo era el antiguo abogado de la empresa, que no tenía experiencia en el trato con la prensa. Después de la experiencia de Atlanta, fue reemplazado por un ejecutivo de mercadeo, quien convirtió el departamento en una verdadera sección de comunicaciones, y reunió por primera vez en un solo grupo todas las funciones de relaciones públicas, con la prensa y con la comunidad.

Pero sólo cuando Dick Starmann fue nombrado jefe de relaciones públicas, en 1981, empezaron a cambiar las relaciones de McDonald's con los medios informativos. Starmann había ascendido por las filas del mercadeo en la compañía, y, aun cuando no tenía entrenamiento formal en relaciones públicas, en cambio sí contaba con la confianza de la alta administración. No había sido ése el caso del director a quien le tocó manejar la controversia de Atlanta, él sí profesional especialista en relaciones públicas pero que no gozaba de muy alta estima por parte de la alta gerencia. "El gerente de relaciones con la prensa operaba a ciegas; después de tomarse una decisión, lo llamaban y le decían que preparara una declaración", dice Starmann.

Eso cambió en 1981. Starmann asistía a todas la reuniones de alto nivel en que se tomaban decisiones que afectaran a la imagen pública de la compañía, y lo que es más importante, a él se le pedía su opinión sobre el impacto que pudieran ejercer en los medios informativos distintas líneas de conducta. El personal del departamento de comunicaciones ya había aumentado a 35 personas, el triple del que había a mediados de los años 70, y hoy el departamento goza de la autonomía necesaria para realizar una labor objetiva y digna de confianza. Starmann, como jefe de comunicaciones, pasó a depender directamente de Michael Quinlan, presidente de McDonald's Corporation. En consecuencia, el equipo de relaciones con la prensa está mejor preparado para enfrentar retos que en otro tiempo asaltaban por sorpresa a la compañía.

La campaña de McDonald's para modificar sus relaciones con la prensa fue más allá del manejo de las crisis. En 1980 decidió volver a contar su historia, y por primera vez en muchos años sus altos administradores volvieron a ser accesibles para la prensa. La cadena revivió las tácticas que el agente de publicidad Al Golin había empleado con éxito años atrás para aprovechar el toque mágico del fundador Ray Kroc. Una vez más organizó acontecimientos periodísticos que creaban oportunidades para fotos interesantes. Cuando la compañía firmó un contrato para inaugurar unidades McDonald's en unas 300 bases navales alrededor del mundo, Ronald McDonald posó ante las cámaras frente a un portaaviones. De análoga manera, en el décimo aniversario de las Casas Ronald McDonald, los niños y los padres alojados en la Casa original, en Filadelfia, posaron para las cámaras de televisión de la cadena ABC y, a una señal, abrieron el programa matinal de la cadena gritando en coro: *"Good Morning, America"*.

Sin embargo, el acontecimiento publicitario más grande preparado por McDonald's fue el que se desarrolló en el Hotel Grand Hyatt de Nueva York, el 21 de noviembre de 1984, fecha en que la cadena sirvió su hamburguesa número 50 000 millones. La cadena invitó a los periodistas para que vieran a Ed Rensi, presidente de McDonald's USA, preparar esa famosa hamburguesa y servírsela a Dick McDonald, que había cocinado la primera hamburguesa McDonald's treinta y seis años antes. La oportunidad para tomar fotos y hacer entrevistas nostálgicas era irresistible. Se presentaron más de doscientos periodistas de todo el mundo, y los medios electrónicos montaron sus equipos de televisión en tres distintas plataformas de cámaras. La información apareció en todos los noticieros de las cadenas, en casi todos los diarios de los

Estados Unidos, y en *Time* y *Newsweek*, Golin dice: "Fue un regreso a la teatralidad de Ray Kroc".

No obstante, en su manera de enfrentar un posible desastre de relaciones públicas, el nuevo estilo de McDonald's se diferenció fundamentalmente del antiguo. En 1982 se vio justamente en ese peligro, cuando los microbiólogos del Centro Federal de Control de Enfermedades [CDC]* publicó un informe en que se insinuaba una relación entre dos brotes de infección intestinal y una rara bacteria que se creía encerrada en la carne de "una de las principales cadenas de comidas rápidas". Un reportero identificó la cadena como McDonald's y publicó la noticia en el *Miami Herald*, lo que ponía a McDonald's en una situación posiblemente más peligrosa que el viejo cuento de las lombrices.

El resultado, sin embargo, fue distinto, gracias a la manera como reaccionó la compañía. El CDC había iniciado calladamente su investigación al presentarse brotes del desorden intestinal en Traverse City, Michigan, y en Medford, Oregon. La mayor parte de las víctimas, que pasaban de veinte en cada una de estas comunidades, informaban haber comido carne recientemente en un McDonald's. Pero mucho antes de que el CDC diera los casos a la publicidad, McDonald's había lanzado por su cuenta una investigación minuciosa, trabajando paso a paso en íntima colaboración con dicho Centro. Constituyó una fuerza de tarea compuesta por 25 personas, entre las cuales figuraban gerentes de McDonald's, especialistas en operaciones, microbiólogos, técnicos de alimentación, e inspectores de garantía de calidad, los cuales visitaron los dos restaurantes afectados para inspeccionar parrillas, conductos de ventilación, filtros, congeladores y otros equipos y examinar sus productos y métodos de preparación. No se encontró nada que acusara un problema bacteriano. El mismo examen intensivo se llevó a cabo en las plantas de carne de la cadena, y tampoco se descubrió allí ninguna irregularidad. En efecto, los inspectores del CDC reconocieron que las medidas de control de calidad en las plantas eran de las más estrictas que se habían visto jamás.

Así, pues, cuando el caso salió a la luz pública, ya McDonald's estaba armada con investigaciones que indicaban que el único vínculo

---

* Center for Disease Control (*N. del Ed.*).

entre sus restaurantes y los desórdenes intestinales era una correlación estadística, y aun ésta podía explicarse sencillamente por la abrumadora penetración de McDonald's en el mercado norteamericano de servicio de comidas. Cuando todos los días comen en McDonald's 16 000 000 de personas (más del 6 por ciento de la población de los Estados Unidos) es probable que un alto porcentaje de los residentes de cualquier vecindario hayan comido en un McDonald's durante el período de cuatro días de los dos brotes. Y si en alguno de los restaurantes el público hubiera estado expuesto a una infección bacteriana, es claro que el número de personas afectadas habría sido mucho mayor. Además, ni en la investigación de McDonald's ni en la del CDC se pudo demostrar ninguna relación causal. Habiendo aprendido la lección del episodio de Atlanta, cuando McDonald's dio esta información a la publicidad declaró terminantemente que, cualquiera hubiera sido la causa del problema, no se podía atribuir a la comida de McDonald's. Pronto siguió una afirmación más perentoria aún, hecha por el vicepresidente de la junta directiva, Edward Schmitt, quien fue entrevistado por una de las cadenas de televisión mientras se comía una hamburguesa de un cuarto de libra en un restaurante de la compañía. Su mensaje fue bien claro y firme: "Desde luego, se puede comer con toda confianza en McDonald's".

Mucho después el CDC informó que la causa posible de la infección intestinal había sido la presencia de bacterias en carne de hamburguesa McDonald's cocinada a temperaturas inferiores a la normal. Esa conclusión — basada en el descubrimiento de *una* hamburguesa que contenía la rara bacteria — la rechaza McDonald's hasta el día de hoy, y el CDC nunca desarrolló una prueba que pudiera considerar concluyente. Había descubierto, eso sí, una enfermedad nueva y no bien comprendida, relacionada aparentemente con la carne. Posteriormente se ha observado esporádicamente, aunque nunca en relación con McDonald's.

Aunque los incidentes afectaron por breve tiempo a las ventas de la compañía en las dos áreas, el efecto fue moderado y de corta duración. McDonald's evitó una pesadilla de relaciones públicas porque la manera en que trató el asunto fue diametralmente opuesta a su actitud en Atlanta. Respondió públicamente sólo después de haber allegado todos los datos pertinentes en una investigación a fondo. Su respuesta a los medios de publicidad fue preparada cuidadosamente y entregada bajo control por un alto ejecutivo de la compañía; y el funcionario encargado de sus relaciones con la prensa estuvo íntimamente vinculado con todos los aspectos de la investigación. Además, se comportó en forma responsable asumiendo la actitud de que no tenía nada que ocultar sino que, antes bien, ansiaba encontrar las causas del problema tanto como el mismo CDC. En efecto, el doctor Alan A. Harris, epidemiólogo de Chicago y consultor de McDonald's, indica que el CDC no habría podido formular sus conclusiones si no hubiera sido por la información que le suministró McDonald's; y a pesar de que tales conclusiones fueron contrarias a las de la compañía, ésta se benefició con la cooperación. "No hay duda", dice el Dr. Harris, "de que la colaboración de la compañía mejoró la actitud de las autoridades sanitarias, y esto influyó en la manera en que le comunicaron el asunto al público".

No obstante, este episodio fue pálido en comparación con la crisis que se le presentó a McDonald's el 18 de julio de 1984. Esa noche a las 7:30, Starmann y su esposa, Kathy acababan de sentarse a la mesa en el International Club, elegante restaurante del Hotel Drake, de Chicago, donde se proponían celebrar el cumpleaños de ella. Apenas habían tenido tiempo de ordenar la cena cuando un empleado llevó un teléfono a su mesa. Era una llamada de su hijo de trece años, R.G., quien acababa de ver en la pantalla de su televisor un boletín de noticias, sobre un tiroteo en un restaurante McDonald's en California.

Un tiroteo en un McDonald's parecía que fuera una cuestión de interés local, algo que había que vigilar, pero no una crisis que exigiera acción inmediata de la corporación. Pero a los diez minutos entró otra llamada: había cuatro muertos confirmados en el incidente. Y poco después otras llamadas; los muertos subían a seis, luego a ocho.

No era cuestión de simple interés local. Antes de que trajeran la comida, los Starmanns salieron a la carrera y tomaron su automóvil para dirigirse a la sede de McDonald's en Oak Brook, a treinta minutos de distancia. Durante el camino, la lista de víctimas en California seguía aumentando. Starmann trataba de analizar las consecuencias de aquella matanza, la más sangrienta en la historia de una corporación norteamericana. Aquella tarde un tal John Huberty había entrado en un McDonald's en San Ysidro y había rociado el establecimiento de balas con una carabina. Antes de caer Huberty abatido por un disparo de un policía, había matado 21 personas inocentes — clientes, empleados, y transeúntes.

McDonald's no se había visto nunca ante una cosa tan trágica como aquella masacre en su restaurante de San Ysidro, población pobre situada en la frontera con México, pero se puso instantáneamente en acción, como si hubiera estado preparada para un asesinato colectivo. A los pocos minutos de llegar a la oficina, Starmann se comunicó por teléfono con el jefe de mercadeo Paul Schrage y con el presidente de la compañía Michael Quinlan. Schrage resolvió allí mismo suspender toda la publicidad de la empresa por lo menos durante cuatro días, y Starmann les comunicó esta decisión a los periodistas que querían una declaración. Al día siguiente Starmann le concedió entrevistas a la prensa durante quince horas seguidas — setenta y una en total — y se presentó en todos los noticieros de la televisión esa noche. Al tercer día, se reunió con los altos ejecutivos de McDonald's para discutir distintas líneas de conducta. Estando Fred Turner fuera del país, la decisión principal le correspondió a Quinlan, quien aprobó hacer la donación de US$1 000 000, destinados a un fondo para los sobrevivientes, organizado el día anterior por Joan Kroc, quien donó los primeros US$100 000.

Esa noche varios ejecutivos de McDonald's volaron a San Ysidro para asistir a las exequias de ocho de las víctimas, que tuvieron lugar al día siguiente. Durante el vuelo Starmann sostuvo que el restaurante debía cerrarse, pero otros temían que esa medida se interpretara como derrotismo, o, peor aún, que se atribuyera a un deseo de ganar aplausos. Tanto cuidado tenían los ejecutivos de McDonald's de evitar semejante acusación, que su determinación de asistir a las exequias no se hizo pública.

Pero las dudas que había sobre el cierre del restaurante se disiparon cuando los representantes de McDonald's asistieron a las exequias, recorrieron el vecindario, y conversaron con monseñor Francisco Aldesarro, líder espiritual de la comunidad católica. "La comunidad trataba el local como lugar sagrado. La gente llevaba allí flores y efigies, encendía cirios y luces votivas mientras oraba", dice Starmann. "Volver a abrir el restaurante en un lugar tan cargado de emoción humana habría sido un gran error".

Ed Rensi resolvió que se cerrara definitivamente. Al mismo tiempo, McDonald's no quería dar la impresión de que se aprovechaba una gran tragedia para hacer un despliegue publicitario, de modo que Starmann le dio instrucciones al gerente regional Steve Zdunek de que hiciera quitar el letrero de McDonald's el lunes a las 3 de la mañana, antes de que las cámaras de la televisión y los fotógrafos de los periódicos pudieran captar la escena.

— ¿Debo informarle a la policía? — le preguntó Zdunek.
— De ninguna manera — replicó Starmann — . Esa es la mayor fuente de filtraciones.

Cinco semanas más tarde, después de haber discutido el asunto ampliamente con los líderes de la comunidad, McDonald's le regaló la propiedad al pueblo de San Ysidro para que sus propios conductores decidieran lo que se debía hacer con ella. Durante toda la crisis, observa el vicepresidente ejecutivo Donald P. Horwitz, una regla se aplicó a todas las decisiones de McDonald's: "Resolvimos hacer lo que considerábamos moralmente correcto, no necesariamente lo que fuera legalmente correcto, ni financieramente acertado, ni siquiera bueno desde el punto de vista de las comunicaciones. Teníamos la obligación moral de hacer lo correcto, fuera lo que fuera".

Evidentemente McDonald's, antes confundida por los riesgos publicitarios de sus operaciones globales y su notoriedad, estaba al fin preparada para hacerles frente. Si no buscó publicidad en San Ysidro, su manejo de la crisis suscitó centenares de cartas aprobatorias. También produjo decenas de editoriales elogiosos en los periódicos.

Hasta en la opinión de los residentes de San Ysidro McDonald's logró separar su imagen del recuerdo de la peor tragedia en la historia de la comunidad. En realidad, ahora McDonald's tiene más apoyo que nunca en San Ysidro. En la actualidad funciona otro restaurante suyo a tres cuadras del antiguo, y sus ventas son el 30 por ciento superiores a las del restaurante clausurado.

Capítulo 16
FRENOS Y CORTAPISAS

Por grave que hubiera sido la amenaza de las controversias públicas en que McDonald's se vio envuelta, más amenazante fue el desafío que enfrentó a mediados de los años 70, hecho justamente por las mismas personas que más se beneficiaban de la bonanza de las comidas que la compañía había creado: sus concesionarios.

Además de ser una amenaza más peligrosa, era también la más sorprendente. Cuando McDonald's entró en el mundo de las grandes corporaciones, era natural que esperara el ataque público; pero la comunidad de sus propios operadores parecía la fuente menos probable de dificultades. Ray Kroc, más que ningún otro concesionista, los había convertido en parte integrante del sistema, socios legítimos de la empresa que disfrutaban de amplias oportunidades para manifestar sus energías creadoras.

También eran recompensados como socios. McDonald's ponía en práctica la mayor dispersión de riqueza jamás vista en el sistema de libre empresa. A mediados del decenio de los 70, la mayor parte de los concesionarios se aproximaban a una utilidad neta anual de US $100 000 por restaurante. Los que tenían varios restaurantes eran millonarios. En efecto, desde su fundación McDonald's había llevado a más de mil de sus concesionarios, proveedores y gerentes a las filas de los millonarios. Para los observadores de fuera cualquier ataque que los concesionarios emprendieran contra McDonald's era lo más parecido a un suicidio económico.

Pero las cuestiones que se suscitaron entre ellos y la compañía a mediados de los años 70 eran muy complejas. Unos cincuenta concesionarios, que fueron los que organizaron el grupo de los atacantes, tenían diversos motivos particulares. Pero para todos era común denominador el impacto acumulativo que producía en el sistema McDonald's el programa de expansión de Fred Turner, cuyo éxito era fenomenal.

El éxito de ese programa les había producido a algunos veteranos operadores una riqueza que ni en sueños la habían imaginado posible. Pero en todos los casos esa riqueza estaba ligada a sus restaurantes McDonald's, muchos de los cuales se acercaban al vencimiento del plazo de veinte años de la concesión original. Los operadores de múltiples restaurantes que apenas habían alcanzado calificaciones medianas en su operación, temían que acaso sus contratos no les fueran renovados por otros veinte años. Algunos de estos operadores más débiles creían, al parecer, que la manera de protegerse era causarle tantas molestias a McDonald's que resolviera comprarles en lugar de echarlos.

Mientras este pequeño grupo de operadores egoístas estaba promoviendo dificultades en la superficie, el descontento cundía más hondamente en silencio, y afectaba a centenares de concesionarios que tenían una queja valedera: que estaban perdiendo contacto con la compañía.

Para muchos operadores veteranos, la expansión de Turner había herido su amor propio; sentían que ya no pertenecían al círculo íntimo Kroc-Turner de pioneros que estructuraron a McDonald's. En 1971 la compañía trasladó su sede, de los confines familiares de 221 North La-Salle Street de Chicago a un edificio nuevo de ocho pisos en el suburbio de Oak Brook. La expansión del personal corporativo que acompañó ese paso interpuso nuevas capas burocráticas entre los concesionarios y los altos peldaños de la administración, antes accesibles directamente a todos. Pero con 11 000 operadores concesionarios era imposible que en 1975 Kroc y Turner pudieran seguir teniendo relaciones personales con cada uno. En opinión de muchos veteranos, McDonald's agravaba la situación incorporando en la cadena cien o más nuevos concesionarios cada año, práctica que continúa hoy en vigencia como medida encaminada a reabastecer el sistema de nuevo vigor y nuevas ideas.

Además, cuando McDonald's adoptó en 1965 una organización regional estableciendo cinco oficinas principales fuera de Chicago, sentó las bases de un cambio importante en sus relaciones con los concesionarios. Y en 1968, cuando Turner trasladó a las oficinas regionales la responsabilidad final de la adquisición de bienes raíces y el desarrollo de nuevos restaurantes, la suerte de los concesionarios quedó en manos de jóvenes gerentes regionales. A los operadores antiguos eso les pareció el fin de sus tradicionales relaciones de camaradería con Kroc, Turner y otros funcionarios veteranos de McDonald's. En adelante, gerentes regionales menos familiarizados con los antiguos concesionarios tuvieron poder para resolver en dónde se construirían nuevos puestos, y si éstos se les darían a los viejos operadores, o a otros nuevos, o si se confiarían a McOpCo, la operación de propiedad de la compañía. El crecimiento de McOpCo — del 9 por ciento de todas las unidades en 1968 al 31 por ciento en 1975 — se veía en sí como una amenaza para algunos concesionarios. Bien es verdad que el crecimiento de McOpCo se había realizado más que todo mediante adquisiciones que habían enriquecido a un grupo selecto de concesionarios que quisieron vender; pero los que deseaban continuar en el sistema temían que McDonald's siguiera apartándose del sistema de otorgar concesiones.

Entre todos los problemas que la rápida expansión les ocasionó a los concesionarios, ninguno era tan serio y tan real como el del "impacto", término con que ellos denominaban la pérdida de ventas que sufrían los restaurantes McDonald's existentes cuando se inauguraba un nuevo McDonald's en las cercanías. Durante el decenio de los 60 los Estados Unidos ofrecían tantos mercados vírgenes para el negocio de comidas rápidas, que los operadores no tenían que preocuparse por el "impacto". En ese tiempo McDonald's ni siquiera construía un puesto nuevo a menos que éste tuviera un área exclusiva de mercado de por lo menos 50 000 habitantes. Si el operador no era capaz de sacarlo adelante, suya era la culpa.

Pero en 1975 el impacto era cuestión seria. Gerry Newman, vicepresidente ejecutivo superior y jefe de contabilidad de McDonald's, que conocía mejor que nadie los estados de pérdidas y ganancias de los operadores, cree que entonces el 30 por ciento de todos los nuevos restaurantes ejercían algún impacto evidente en las ventas de los restaurantes más cercanos. En McDonald's no todos aceptaban esa estimación, citando el hecho de que las ventas por restaurante durante ese periodo estaban aumentando a una tasa satisfactoria gracias en parte a la ampliación del menú. Pero Newman sostiene que cerca del 5 por ciento de los nuevos restaurantes ejercían un impacto en otros McDonald's cercanos lo suficientemente grande como para reducir las utilidades de éstos.

En conjunto, todos estos fenómenos de la expansión daban por resultado que los concesionarios empezaran a sentirse alejados de la compañía que fundó Ray Kroc. "Era más impresión de ellos que realidad", dice Newman; "pero los operadores creían haber perdido la capacidad de conversar con la alta gerencia. Pensaban que Ray Kroc y Fred Turner eran inaccesibles, y que si trataban de pasar por encima del gerente regional, se les cerrarían todas las oportunidades de expansión. Y con la expansión de la McOpCo, muchos veían la corporación y le decían: «Usted ya no es solamente mi arrendador y mi concesionista sino también mi competidor». Las semillas de la disensión se sembraron con la regionalización de la compañía y germinaron con la expansión del sistema".

Al igual que la inesperada crítica pública, la disensión interna tomó por sorpresa a la alta administración. Comenzó en 1975, cuando unos veinticinco operadores de múltiples restaurantes invitaron a Kroc, Turner y otros altos funcionarios, a una reunión que querían celebrar en Atlanta. A primera vista, no había nada sospechoso. Kroc y Turner habían asistido a muchas de esas reuniones improvisadas en que se ventilaban quejas sobre el impacto y la falta de contacto de los operadores con la alta gerencia. Los organizadores de la reunión de Atlanta cometieron el grave error de no advertir con anticipación que tal reunión sería distinta... y mucho más seria.

No habiendo sido advertidos, Kroc, Turner, Newman, el vicepresidente de la junta Ed Schmitt y el jefe de mercadeo Paul Schrage declinaron la invitación. "En los primeros años", dice Turner, "yo había asistido a muchas de esas reuniones, y todas degeneraban en sesiones de quejas. Nos parecía que íbamos a oír lo mismo de siempre". McDonald's mandó al vicepresidente superior John Coons para que representara a la compañía en la reunión de Atlanta, pero Schmitt cree que la ausencia de los demás altos gerentes "indicó una actitud de indiferencia hacia lo que los operadores consideraban problemas legítimos".

McDonald's perdió con ello una espléndida oportunidad de atajar una rebelión en sus comienzos. Cuando los operadores conversaron en Atlanta, empezó a surgir la idea de una organización, y resolvieron volver a reunirse en la Florida. Allí se eligió una comisión de siete individuos para que representaran al grupo en una entrevista privada con Ray Kroc. Este aceptó la entrevista, con la condición de que no figurara en la comisión Bob Kinsley, operador de Colorado a quien él no tragaba; pero por desgracia los operadores no aceptaron esta condición, y la entrevista con Kroc nunca se llevó a cabo. "Si Ray se hubiera reunido con la comisión", dice Don Conley, ex gerente de concesiones de McDonald's y que era entonces uno de los concesionarios disidentes, "nunca habría habido una Asociación de Operadores de McDonald's".

Este fue el nombre que adoptó el grupo en su siguiente reunión, verificada en Colorado a mediados de 1975, cuando le dieron una organización jurídica y oficialmente se designaron a sí mismos miembros de una asociación de operadores independientes que actuaría como adversaria permanente de McDonald's Corporation. Hubo gran revuelo entre la comunidad de los concesionarios. Todos los indicios hacían prever un enfrentamiento que a McDonald's ciertamente no le convenía: una pugna abierta con sus propios concesionarios.

La Asociación de Operadores de McDonald's, o MOA*, no era una colección de operadores bisoños. En ella figuraban algunos de los más antiguos y más grandes concesionarios de la compañía. Don Conley, que había renunciado a su cargo de vicepresidente de concesiones de McDonald's para hacerse concesionario de cuatro puestos en los suburbios de Chicago, fue elegido presidente, aunque parece que no era más que una figura decorativa. El poder real de la asociación estaba en manos de Richard Frankel, dueño de 23 restaurantes en Carolina del Norte, y de Max Cooper, operador de 22 en Birmingham y ex socio del agente de publicidad Al Golin. La MOA tenía un director ejecutivo de tiempo completo, y publicaba un boletín mensual de ocho páginas.

En el primer número del boletín no dejó duda de que se proponía cumplir su cometido como grupo "adversario". Sus tesis fundamentales contradecían los principios básicos de otorgamiento de concesiones que Kroc había establecido para McDonald's. Entre otras cosas, la MOA declaraba que los operadores tenían un derecho automático a que se les renovaran sus concesiones de veinte años. Insistía en que todas las unidades nuevas de un mercado se les concedieran únicamente a los concesionarios ya existentes en el área. Sostenía que toda mejora impor-

---

* McDonald's Operators Association (*N. del Ed.*).

tante de los restaurantes debía ser costeada por la corporación y no por los concesionarios como lo había exigido siempre McDonald's. Pretendía además que no se construyera ninguna unidad nueva que pudiera ejercer un impacto significativo en un McDonald's existente.

De todo ello resultaba que, según los miembros de la MOA, había que suspender el desarrollo de la McOpCo y la expansión de la base de otorgamiento de concesiones. En vez de que los concesionarios compitieran unos con otros, los miembros de la asociación querían expansión garantizada, seguridad vitalicia para sus operaciones, y protección contra la competencia. En suma, querían destruir los fundamentos mismos de McDonald's — el delicado sistema de frenos y cortapisas entre los gerentes de la corporación, los concesionarios, y los proveedores. Si la balanza del poder se había inclinado en favor de la compañía durante la expansión de Turner, ahora la MOA quería inclinarla excesivamente en sentido contrario.

Estas exigencias eran tan contrarias a los principios de McDonald's, que todavía hoy se discute dentro de la compañía cuál era la gravedad real del desafío. Turner está probablemente entre la minoría de los ejecutivos que han querido restarle importancia. Sostiene que la MOA representaba a una minoría de operadores ricos y egoístas, la mayor parte de los cuales querían venderle sus restaurantes a la compañía y estaban creando tensiones con el objeto de hacer subir el precio de compra. Esto lo tenía tan enfadado que en un discurso ante la convención de operadores en 1976 llamó a la MOA* la "Asociación de Operadores Millonarios".

Pero la mayoría de los ejecutivos de McDonald's aceptan el análisis de Ed Schmitt. En su mayor auge la MOA llegó a contar apenas con cincuenta miembros inscritos; pero Schmitt calcula que por lo menos la tercera parte de los concesionarios simpatizaban secretamente con ella. Cree, además, que sus miembros y sustentadores querían ser más que adversarios de McDonald's y, en efecto, buscaban desempeñar un papel más significativo en la administración de la empresa para poner fin de una vez por todas a las limitaciones que la empresa les imponía.

---

* Millionaire Operators Association (*N. del Ed.*).

"Si la Asociación tenía éxito", concluye Schmitt, "podía desbaratar la estructura de McDonald's". Agrega que aun con un éxito considerablemente menor, su impacto pudiera haber sido catastrófico. Sin duda, afirma, "el periodo de 1968 a 1975 fue de crecimiento dinámico para McDonald's, pero también fue el semillero del mayor cisma que hayamos tenido".

Si las pretensiones de la MOA eran tan escandalosas ¿por qué Schmitt y otros gerentes las tomaron tan en serio? La respuesta es que muchas de las quejas eran bien fundadas. Es cierto que muchos operadores se aprovechaban de la asociación en forma egoísta, sabiendo que sus concesiones no les serían renovadas al término de los veinte años porque no las habían sabido manejar adecuadamente. Para ellos la MOA era la manera de hacer subir el precio que McDonald's tendría que pagarles para sacarlos del sistema; y en efecto, fácil le fue a la compañía silenciar las críticas de ese sector comprándoles los restaurantes.

Pero esto no iba al fondo del problema. Aunque la mayoría de los miembros de la MOA tuvieran móviles egoístas, el hecho es que algunas de sus acusaciones se justificaban entre docenas de operadores que permanecían fieles al sistema. Y la razón principal de ello era la regionalización. Cuando McDonald's creó cinco oficinas regionales en 1965, estaba atendiendo a la necesidad que tiene una cadena de ventas al por menor, de mantener la toma de decisiones cerca del mercado. Pero en 1975 el número de regiones había subido a doce, y el poder de los gerentes regionales se había aumentado constantemente, sin que la compañía hubiera creado suficientes estructuras corporativas para supervigilar las regiones e impedir que las decisiones de los respectivos gerentes fueran arbitrarias e injustas.

Algunos gerentes regionales parecían interesarse más en construir nuevos restaurantes que en determinar el impacto que tales unidades ejercerían en los ya existentes. Otros mostraban indudable propensión a entregar las unidades nuevas a McOpCo y no a concesionarios. Tampoco había ninguna garantía de que los ideales de equidad en que firmemente creían Kroc y Turner se le transmitieran al personal regional encargado de otorgar concesiones y al de bienes raíces. En realidad, parecía que a algunos gerentes no les importaran para nada los intereses de los concesionarios, y la misma McDonald's no había medido el probable daño que una unidad nueva podía causarle a una existente, para determinar si tenían fundamento los temores de los concesionarios acerca del impacto. Se había concentrado en construir la cadena, no en proteger a los operadores que ya tenía. "En un periodo de crecimiento explosivo", comenta Schmitt, "la compañía necesariamente se volvió introspectiva. Se concentró en cómo desarrollar su estructura, asegurar a su gente, entrenar a sus gerentes. Pero mientras tanto nos olvidamos de la esencia misma de nuestro sistema: nos olvidamos de los concesionarios".

En la mayoría de los casos el cambio de prioridades fue consecuencia natural de la expansión, no un acto deliberado para lucrarse a expensas de los concesionarios. Por desgracia no todos los excesos de los gerentes regionales fueron tan inocentes. Justamente cuando algunos miembros de la MOA empezaban a hacer acusaciones aparentemente absurdas sobre cohechos en las negociaciones de bienes raíces, McDonald's descubrió un fraude de grandes proporciones que les dio a esas acusaciones visos de verosimilitud.

En el fraude estaba involucrado un gerente regional de bienes raíces del Sudeste, quien se había enriquecido comprando propiedades en nombre de una compañía ficticia, subiéndoles el precio y revendiéndoselas rápidamente a la compañía con una bonita utilidad personal. Aunque McDonald's era la que compraba, el precio inflado lo pagaban al fin los concesionarios, puesto que su canon mínimo de arrendamiento se basaba en lo que la cadena pagaba por la propiedad. El gerente era hábil para adquirir propiedades a precios de ganga, de manera que bien podía subirles el precio del 10 al 25 por ciento sin despertar sospechas; pero la codicia lo perdió, pues fue aumentando los precios a veces hasta el ciento por ciento, y entonces los concesionarios de la región empezaron a quejarse.

Cuando al fin se descubrió el fraude, ya se les había hecho el daño a las relaciones de McDonald's con sus operadores en aquella región. La investigación que realizó la compañía reveló que el gerente de bienes raíces había estado practicando ese papel de intermediario durante diez años y había acumulado más de US $1 000 000 de utilidades ilícitas.

La estafa acentuó un problema administrativo que McDonald's había tolerado durante demasiado tiempo en su región Sudeste. Mientras los gerentes regionales de otros mercados abusaban ocasionalmente de sus poderes, el del Sudeste, durante los primeros años del decenio de los 70, cedió a las demandas de nuevos restaurantes y otros favores que pedían algunos concesionarios ya establecidos pero cuyas operaciones eran subnormales. Cuando aquel gerente fue removido, los operadores tuvieron que entenderse con un nuevo gerente que no les perdonaba sus deficiencias. Este conflicto administrativo, sumado a la estafa en bienes raíces, explica fácilmente por qué la Asociación de Operadores de McDonald's echó raíces primero en el Sudeste, y casi todos sus miembros iniciales provenían de esa región.

Otras regiones no habían experimentado problemas tan críticos, pero tampoco estaban del todo libres de abusos. Quizás el efecto más grave de la expansión fue que algunos gerentes regionales empezaron a tratar a los concesionarios no como hombres de negocios independientes, sino como si fueran empleados de McDonald's, y, en el peor de los casos, como subalternos. En ninguna parte fue ello más evidente que en el campo de los consultores visitadores, que vigilan la marcha de los restaurantes a fin de que se cumplan las altas normas operativas de la cadena. Esta operación de servicio en el terreno era motivo de legítimo orgullo para su creador, Fred Turner, pues era lo que distinguía a McDonald's como un operador superior.

Desde luego, Turner había concebido ese servicio como algo más que una mera inspección regular de los restaurantes para calificarlos desde A hasta F. Incluía además la asesoría para los concesionarios, y ése era el verdadero secreto de su importancia, pues los consultores visitadores podían tomar ideas de concesionarios experimentados y transferírselas a operadores menos expertos. Bien ejecutada, la operación de servicio en el terreno era un intercambio masivo de información que mejoraba continuamente el desempeño de los restaurantes.

Pero durante la bonanza de nuevas construcciones, el servicio se deterioró en algunos sectores para convertirse en poco más que una inspección de guante blanco. Algunos consultores actuaban con aire de superioridad y altivez, lo cual tal vez se debía, en parte, a que por causa de la expansión se habían contratado muchos consultores visitadores que carecían de la necesaria experiencia en su ramo, y veían su papel como de simple inspección: tomar la temperatura de las parrillas, calcular el tiempo de guardar los productos, y ver que las ventanas se limpiaran todos los días.

Cuando Ed Rensi, hoy presidente de McDonald's USA, evalúa su propio desempeño como consultor visitador cuando tenía 22 años y trabajaba en Ohio, hace una sincera autocrítica: "El servicio en el terreno se había vuelto autoritario", dice. "Les decíamos a los concesionarios qué cosas estaban haciendo mal, en lugar de decirles: «Este es el problema, ésta es la solución, y ahora vamos a ver cómo lo podemos remediar de común acuerdo»".

Cuando McDonald's reconoció el problema, ya la disensión se había empezado a extender por todo el sistema. Miembros de la MOA intrigaban en el Congreso para que se dictaran leyes que limitaran fuertemente el derecho que tenían los concesionistas de terminar o de negar nuevas concesiones. Siendo esto ya bastante grave, era apenas el comienzo del desafío legal del grupo. En efecto, la MOA y sus simpatizantes empezaron a plantear sus agravios en el lugar en donde nunca se había visto McDonald's desafiada por sus concesionarios: en los tribunales de justicia. A mediados de los años 70, media docena de demandas importantes fueron entabladas por operadores de la compañía que pretendían modificar las bases de su acuerdo con ella. Algunos impugnaban el derecho que tenía McDonald's de exigir que el concesionario le tomara la propiedad en arrendamiento a la compañía. Otros le negaban autoridad para dar por terminada una concesión por crasas violaciones de las normas sobre calidad, servicio y aseo, o para negarse a renovarles una licencia a concesionarios de deficiente desempeño al término de los veinte años. Estas eran prerrogativas fundamentales para McDonald's, y si perdía estos pleitos, la compañía no volvería a ser la misma.

Así, pues, en 1975 McDonald's había llegado a otro punto crítico de su carrera. Tenía que aprender a vivir con su éxito — a manejar el impresionante tamaño de su sistema de concesiones sin sacrificar los principios fundamentales que habían hecho de ella la compañía de mayor éxito en su ramo. Ese año se cumplía su vigésimo aniversario, y no le faltaban razones para celebrar su dominación del mercado. En sólo 1975 las ventas de todo el sistema subieron el 28 por ciento y llegaron a US$2 500 millones, y los ingresos de la compañía aumentaron el 32 por ciento, en un año que para casi todo el mundo fue de recesión. Pero no podía saborear el triunfo sobre sus competidores porque la amenaza interna la mantenía intranquila. "Yo fui un chico pobre de Ohio y me levanté con McDonald's", dice Rensi. "Esa era mi familia, y mi familia se estaba descuartizando. Eso ocurría ante mis ojos y yo no podía hacer nada para impedirlo".

Si McDonald's no descansara en los principios de equidad para con los concesionarios, formulados por Kroc, sus gerentes quizá no habrían mostrado tanta sensibilidad ante las quejas de la MOA, y acaso hubieran reaccionado demasiado tarde. Pero desde los años 50 Kroc les había inculcado a sus colaboradores una filosofía que distinguía a McDonald's de todos sus competidores. Así, pues, cuando la MOA golpeó, los gerentes de Kroc respondieron más vigorosamente que ante cualquier desafío de fuera.

Apenas se constituyó la asociación rebelde, Schmitt y Turner se entrevistaron personalmente con cada uno de sus veinte funcionarios y directores. La mayor parte de las quejas podían atribuirse a falta de comunicación entre los concesionarios y la compañía. En sus primeros años McDonald's había sido un centro sumamente eficiente de intercambio de información, y el contacto entre los altos funcionarios de la compañía y los concesionarios era siempre informal; pero a medida que el sistema fue creciendo, esos circuitos se sobrecargaron. En el fondo de todas las quejas de la MOA, observa Schmitt, se notaba "una completa incertidumbre por parte de los operadores, una falta de confianza en su capacidad para influir en la futura orientación del desarrollo del sistema".

Schmitt y Ray Kroc propusieron cambios fundamentales para restablecer el equilibrio del poder deparándoles a los concesionarios nuevas y más formales vías de comunicación con la administración de McDonald's, e importantes instrumentos nuevos para limitar el creciente poder de la corporación. Fue una maniobra brillante. Schmitt convirtió el ataque de la MOA en un instrumento constructivo. Los concesionarios necesitaban más poder a fin de seguir siendo una fuerza eficaz, y a McDonald's le convenía dárselo. El concepto era la esencia misma de la fórmula de otorgamiento de concesiones de Kroc: concesionarios más fuertes producían una compañía más fuerte. En realidad, la respuesta de Schmitt a la MOA solamente exigía que se adaptara la filosofía original de Kroc a un sistema mucho más grande.

Pero no se podía restablecer el viejo equilibrio sin hallar alguna manera de frenar el poder de los gerentes regionales, que ya habían adquirido tanta influencia, y ésa era una cuestión muy arriesgada. Cuando Fred Turner colocó la toma de decisiones en el nivel regional, le proporcionó a McDonald's una enorme ventaja competitiva sobre las demás cadenas de comidas rápidas, porque le permitió responder a las condiciones de cada mercado con tanta sensibilidad cuanta tenían los comerciantes locales. Sus gerentes regionales no se veían maniatados por reglas corporativas inapropiadas para sus mercados.

Como resultado, esos gerentes regionales se volvieron tan recursivos y emprendedores como los concesionarios, y desarrollaron, ellos también, conceptos novedosos de mercadeo que se pusieron a prueba en sus mercados y después se extendieron por toda la cadena. Jim Zien, ex concesionario que pasó a ser gerente regional en San Diego, trabajando de común acuerdo con Paul Schrage desarrolló y probó con éxito el primer patio de juegos para niños. En 1982, Jim Klinefelter, gerente regional en Minneapolis, desarrolló un mini-McDonald's conocido como McSnack, porque observó que en Minneapolis había incontables locales de centros comerciales que no podrían sostener un McDonald's de tamaño corriente, pero sí una unidad que ocupara la décima parte del espacio de ésta. De igual modo, Larry Ingram, el gerente regional de Dallas, estaba respondiendo a una necesidad del mercado local cuando instaló en 1975 la primera ventanilla "de paso" en un McDonald's de Oklahoma City, a pocos minutos de la Base Aérea Tinker. Ingram respondió con ello a un nuevo reglamento que les prohibió a los miembros de la Fuerza Aérea que se alejaban de la Base salir de sus automóviles a menos que vistieran uniforme. El servicio de la ventanilla "de paso" hizo subir las ventas del restaurante el 28 por ciento el primer año, y McDonald's comprendió que su atractivo no era sólo para los militares de la Fuerza Aérea. Hoy en los Estados Unidos un 90 por ciento, más o menos, de las unidades McDonald's aisladas tienen ventanillas de paso, en las que realizan cerca del 40 por ciento de sus ventas.

McDonald's no podía perder tal creatividad de mercadeo suprimiendo la autonomía de los gerentes regionales, pero sí tenía que ponerles coto a los excesos que aparecieron en los primeros años del decenio de los 70. Todo el mundo estaba valorando el desempeño de los concesionarios, pero las medidas para impedir los abusos de los gerentes regionales eran insuficientes, y como las regiones crecían con tanta rapidez, los cargos se llenaban con gerentes más jóvenes y de menos experiencia. El escenario estaba dispuesto para el conflicto entre los concesionarios veteranos y los jóvenes gerentes que ascendían muy rápidamente.

Michael Quinlan, presidente de McDonald's, de 41 años, conocía muy bien ese ambiente por haber sido él mismo uno de esos jóvenes aprovechados. En 1963 lo contrató June Martino, de cuyo hijo era condiscípulo en Loyola. Esta amistad le valió un puesto de medio tiempo como encargado del correo y del depósito en McDonald's, que le permitió costear sus estudios universitarios. En 1968, a los 23 años de edad, Quinlan empezó a trabajar de tiempo completo para McDonald's en su región más grande, Chicago, que a la sazón manejaba Ed Schmitt. Impresionado con Quinlan, Schmitt lo entrenó. En cinco años que estuvo en la región, Quinlan pasó de asistente administrativo a gerente auxiliar de restaurante, gerente de restaurante, consultor visitador, supervisor de área encargado de cinco restaurantes de McOpCo, y finalmente a gerente distrital en St. Louis. En 1973 asumió la gerencia de la región de Washington, D.C., que era entonces la más grande de McDonald's, con 360 restaurantes. Quinlan tenía apenas 28 años, y en menos de diez años había ascendido desde mozo del correo hasta jefe de operaciones de una octava parte de los restaurantes que constituían el sistema McDonald's.

A pesar de su juventud, era tratado como un gerente superior. Durante los tres años que estuvo en Washington dio su aprobación para construir y otorgar concesiones de 210 nuevos restaurantes sin que nadie lo supervisara a él. Ni siquiera lo visitó un alto ejecutivo de la corporación hasta quince meses después de haber asumido la gerencia en Washington. Allí ejercía un poder absoluto, como lo ejercían todos los gerentes regionales de su época. "No existía ningún mecanismo para controlar su capacidad de tomar decisiones", dice Quinlan. "La oficina matriz en Oak Brook no podía enterarse de una equivocación que se cometiera al otorgar regionalmente concesiones hasta un año y medio después de haberse cometido. Era un proceso descontrolado, y no nos importaba un bledo que a los concesionarios les gustara o no".

Una parte, pues, de la respuesta de McDonald's al desafío de la MOA fue asignarles a los gerentes regionales apenas una modesta cantidad de supervisión adicional para impedir sus excesos sin privarlos de su libertad creativa. Se creó un nuevo cargo de alta gerencia denominado gerente de zona, y a cada uno de los funcionarios nombrados para estos cargos se le asignó la responsabilidad de vigilar el desempeño de cinco regiones. Se mejoró muchísimo el entrenamiento de los consultores visitadores, y estos cargos volvieron a ser principalmente de asesoría y no de inspección. Aun cuando los visitadores todavía realizan anualmente una inspección completa y califican el desempeño del restaurante, los criterios para asignar las diversas calificaciones se definieron más claramente para que la evaluación fuera más objetiva.

Pero Schmitt, que fue el que organizó la respuesta global a la MOA, comprendió que la clave para restablecer el equilibrio del poder en McDonald's no estaba en volver a los gerentes regionales más débiles y menos eficientes sino en volver a los concesionarios más fuertes en sus relaciones con la compañía. Pensó que ellos necesitaban mecanismos tanto colectivos como individuales para limitar el poder de McDonald's. Para que se sintiera su fuerza colectiva propuso una modificación fundamental en una junta asesora de operadores que Turner había creado hacía poco para definir y sostener la posición de los operadores en cuestiones de políticas. El concepto que Schmitt tenía de la Junta Nacional Asesora de Operadores [NOAB]* no difería mucho del que tenía Turner, salvo que ahora la NOAB debía componerse de dos concesionarios por cada región, *elegidos* por los operadores y ya no nombrados por la compañía. Su campo de acción abarcaría todas las políticas que afectaran a las relaciones entre los concesionarios y McDonald's. Su papel sería de asesoría únicamente, pero como representaba oficialmente a los concesionarios, su opinión sobre cuestiones de política no podía ser fácilmente desoída. Asesora o no, la NOAB tenía poder si quería usarlo. Al aprobar Turner el plan, McDonald's fue la primera compañía

---

* National Operators Advisory Board (*N. del Ed.*).

que voluntariamente invirtió lo que parecía ser el orden natural de otorgar concesiones: les devolvió el poder a sus concesionarios.

La nueva actitud de McDonald's para enfrentar las quejas individuales de sus concesionarios provino de una sugerencia hecha por Ray Kroc, quien a su vez tomó un concepto cuyo origen se remonta a los reyes escandinavos del siglo tercero. En ese tiempo los reyes de Suecia, Noruega y Dinamarca habían empezado a valerse de consejeros que defendieran la causa de los súbditos que se querellaban por el mal trato que recibían de los ministros del rey. Esos consejeros se llamaban *ombudsmen*, que quiere decir "hombres de todo el pueblo". En McDonald's, pensó Kroc, un *ombudsman* podía actuar como tercero en discordia para investigar la queja de cualquier concesionario que se sintiera lesionado por una decisión de un gerente regional, en particular en cuestiones relativas a la concesión de nuevos restaurantes o al impacto.

La NOAB y el ombudsman fueron los que le dieron mayor fuerza a la MOA, y ambos pasaron a ser características permanentes de la estructura de McDonald's. Desde el principio fue claro que los miembros de la NOAB sólo serían responsables ante los concesionarios y no estarían sujetos a ninguna influencia de la compañía. En efecto, el primer presidente del grupo fue Art Korf, un concesionario que fue uno de los organizadores de la MOA.

El nuevo grupo asesor acicateó a McDonald's para que tomara medidas sobre diversas cuestiones clave. Aunque ya la compañía había empezado a cambiar sus políticas en vista de las quejas de la Asociación, la NOAB la estimuló para que tomara medidas correctivas más atrevidas. Por ejemplo, la NOAB desempeñó un papel muy importante en la reforma del servicio en el terreno y presionó a McDonald's para que formulara una política más clara de expansión, en la que se les diera a los operadores aviso oportuno de los planes de ensanche, una evaluación detallada de sus propias posibilidades de crecimiento, y tratamiento más adecuado en la cuestión de impacto. "Nos zarandearon de lo lindo en lo del impacto, pero nos convirtieron en una compañía mejor", dice Quinlan.

Otra cosa más importante es que la NOAB ha detenido a la compañía cuando los concesionarios se sienten amenazados por medidas adoptadas en la sede. En 1979, por ejemplo, la compañía propuso un modelo de contrato de concesión completamente nuevo que denominó el "compacto". Se buscaba con él eliminar las posibles interpretaciones subjetivas de la concesión, y todas las nuevas disposiciones se fueron aprobando una por una en el curso de un año; pero ninguno de los altos ejecutivos se dio cuenta de cuán criticable era el nuevo modelo visto en su conjunto.

Cuando la NOAB conoció el "compacto" empezaron a saltar chispas. Le pareció tan perjudicial que resolvió oponerse firmemente a la compañía y llevar el asunto hasta los tribunales. Contrató a una firma de abogados y les solicitó a los concesionarios una contribución de emergencia de US $50 por restaurante para gastos. En pocas semanas reunió un fondo de guerra de US $100 000 o más, y era evidente que eso era sólo un primer aporte. McDonald's adoptó la vía de la prudencia: enterró el "compacto".

Mientras la NOAB protegía los derechos colectivos de los concesionarios, el recién nombrado ombudsman se mostraba más eficiente aún en la protección de los derechos individuales de los operadores. Con el tiempo, sus decisiones de asesoría las aceptaron casi como el evangelio, no sólo los concesionarios sino también la compañía, que no está obligada a cumplirlas. Esto indica, por una parte, el deseo de McDonald's de hacer que la posición del ombudsman sea significativa, y, por otra, la absoluta imparcialidad del hombre que ha ejercido el cargo desde el principio: John Cooke.

Ya con anterioridad Cooke le había prestado sus servicios a McDonald's en situaciones delicadas. Como jefe de relaciones laborales de la compañía a finales de los años 60 y comienzos de los 70, se enfrentó con los sindicatos obreros locales que trataron de organizar a los trabajadores de McDonald's en unas cuatrocientas ocasiones distintas. Técnicamente su oficio consistía en comunicarse con el personal de los restaurantes que los sindicatos pretendían organizar, para ilustrarlo sobre lo que es un sindicato y escuchar sus quejas y contestarlas.

En la práctica, el oficio de Cooke fue no permitir los sindicatos. McDonald's se veía a sí misma como una operación empresarial, y nadie creía más firmemente que Cooke que los sindicatos amenazaban la creatividad de los empresarios de la compañía. "Los sindicatos son enemigos de todo lo que nosotros representamos y de la manera en que operamos", dice Cooke. "Ellos no creen que se debe dejar que la fuerza laboral se entusiasme con lo que están haciendo. Y les predican a sus afiliados que el jefe siempre está en contra de sus intereses".

Cooke convirtió esa pasión en un poderoso movimiento de resistencia a los sindicatos. Organizó una "escuadra volante" de experimentados administradores de restaurantes McDonald's, que se despachaba a un restaurante el mismo día que se tenía noticia de un esfuerzo encaminado a organizarlo. Preparó muy bien a esos administradores sobre la manera de tratar con los empleados y con los representantes sindicales. Trabajó con los equipos de operaciones de terreno de McDonald's para ver que las quejas de los empleados fueran atendidas rápidamente. Cuando los piquetes de sindicalistas bloqueaban el acceso de suministros de comida a un restaurante, como lo hicieron en San Francisco, el grupo de Cooke disponía entregas alternas.

En suma, Cooke no les dio cuartel a los sindicatos, y éstos al fin llegaron a la conclusión de que un restaurante McDonald's no era terreno propicio para un esfuerzo de organización sindical. De los cuatrocientos esfuerzos serios que hicieron durante los primeros años 70, ni uno solo tuvo éxito. Hoy los restaurantes de la cadena McDonald's son estrictamente talleres no sindicales.

El cargo de ombudsman exigía la misma dureza de parte de Cooke. En muchos de los cincuenta casos que revisa anualmente debe tratar quejas de los operadores relativas al impacto de nuevos restaurantes, o a la concesión de nuevos puestos a otros operadores. Estas son cuestiones en que los interesados tienen mucho que perder o que ganar, y con frecuencia los malquistan entre sí. Una decisión a favor de un operador significa una decisión en contra de otro si ambos pretenden la misma cosa. Cooke no puede quedar bien con todos, pero sus fallos, aunque sólo tienen carácter consultivo, rara vez son desechados por el tribunal de última instancia — el presidente de McDonald's.

Esto es así porque Cooke desempeña su papel con una imparcialidad tal que no parece que fuera empleado de McDonald's. Sólo da un fallo después de una metódica investigación de dos semanas, que siempre incluye una visita personal al mercado local, y siempre invita a un concesionario de otro mercado para que lo acompañe a hacer la investigación. Sus opiniones, que a veces llenan cuarenta hojas, parecen sentencias judiciales.

Se muestra tan independiente de la gerencia de McDonald's como del concesionario quejoso. Se niega a comentar con los gerentes de la compañía sus investigaciones, y a nadie le revela el porcentaje de sus decisiones en favor de los concesionarios o en favor de los gerentes regionales cuyas decisiones suelen ser las que suscitan las quejas de aquéllos. "Ni Fred Turner ni Ed Schmitt me han preguntado nunca acerca de un caso", observa Cooke. "Se lo agradezco, porque desde hace diez años he estado preparado para contestarles: «Eso no les importa a ustedes»".

No todas las respuestas de la MOA tuvieron su origen en las entrevistas de Turner y Schmitt con sus dirigentes. Mientras Schmitt efectuaba los cambios organizacionales encaminados a conferirles más poder a los concesionarios, otros gerentes atendían a las cuestiones económicas que estaban causando la inquietud generalizada que explotó la Asociación de Operadores de McDonald's. Algunos de los trabajos más eficaces fueron los que realizó Gerry Newman, quien en 1975 se dedicó a viajar para conocer a los operadores en cada una de las oficinas regionales de McDonald's. Las sesiones empezaban a las 7 de la mañana, incluían el almuerzo, y rara vez terminaban antes de las 11 de la noche. Uno por uno, todos los concesionarios de la región que tenían alguna queja eran atendidos en audiencia privada por Newman.

La queja más común era a propósito del impacto perjudicial que las nuevas unidades McDonald's construidas en un vecindario ejercían sobre las ya existentes. En más de dos terceras partes de los casos Newman ofrecía una solución. A veces esta consistía nada más que en rebajarles el arrendamiento a los operadores que estaban perdiendo dinero. La compañía había empezado a hacer esto como medida temporal para ayudar a los operadores que se encontraban en dificultades a mediados de los años 60, pero a mediados de los años 70 eran muchos más los concesionarios de McDonald's cuyas operaciones eran marginales o daban pérdidas, principalmente en restaurantes nuevos que no habían alcanzado aún su máximo potencial de ventas. Respondiendo a esta situación, McDonald's les rebajó más de US $5 000 000 en alquileres a unos 300 operadores en 1975, el año en que se creó la MOA.

Pero el alivio en arrendamientos no mejoraba las ventas de un operador que estaba en dificultades, de modo que Newman ideó un plan para financiar mejoras encaminadas a aumentar el potencial de mercadeo de un restaurante débil, incluyendo adiciones tales como ventanillas de paso y patios de recreación con Ronald McDonald.

El plan no tenía pérdida para los concesionarios. Estos son normalmente responsables del financiamiento de mejoras en sus locales, pero Newman les dijo que McDonald's les prestaría US$50 000 para pagarlas, y que si en el término de dos años su volumen anual no había subido US$150 000, el operador no estaba obligado a reembolsar el préstamo.

Durante el primer año, unos 225 operadores aceptaron el plan, que se llamó Newman-Texas 150 porque muchos de los préstamos para mejorar las instalaciones se hicieron en Texas, mercado en el cual McDonald's se tardó en entrar. A finales de los años 50, una unidad McDonald's fracasó en Dallas, y entonces Harry Sonneborn, que era el presidente de la compañía, dijo que ese territorio era naturalmente hostil a los drive-ins de la compañía, y ésta se abstuvo durante muchos años de entrar en Texas. Cuando al fin volvió a entrar, a finales de los 60, encontró otros problemas, inclusive una orden judicial que le prohibía usar el nombre McDonald's en Houston mientras no le comprara el derecho a usarlo a una cadena local de drive-ins que usaba el apellido de su propietario, George McDonald. En los años 70, cuando McDonald's empezó a extenderse en Texas, el mercado estaba dominado por Burger King, y si no hubiera sido por el vigoroso programa de Newman, muchos concesionarios de McDonald's no habrían podido sobrevivir a la ruda lucha del comienzo.

El programa de Newman se aplicaba a todos los operadores que estuvieran en dificultades, no solamente a los miembros de la MOA; y se debió exclusivamente a la iniciativa de Newman, no a una estrategia corporativa. Esto estaba de acuerdo con la tradición administrativa de Kroc y Turner, que rechaza los diagramas organizacionales y estimula a los ejecutivos de un área para actuar en terreno de otros si tienen un interés muy especial en determinado asunto. Es curioso que estas intromisiones rara vez produzcan conflictos administrativos, lo cual se debe a que los gerentes entienden la regla básica del poder que se observa en la compañía: La autoridad es del que se la toma. En el caso de Newman, al llenar lo que él veía como un vacío, el jefe de contabilidad de la compañía se hizo especialista en relaciones con los concesionarios, defensor de los patios de diversiones, y financiador de mejoras de capital en las unidades marginales.

El Newman-Texas 150 no fue un programa elaborado rápidamente para atender a una situación de emergencia, que luego se abandonara cuando pasó la presión de la MOA. Por el contrario, funcionó tan bien que pasó a ser parte permanente de la política de concesiones de McDonald's. Newman ha conversado casi con dos mil concesionarios que buscaban ayuda para financiar mejoras en sus locales, y a la mitad de ellos les ha hecho préstamos garantizados, la mayor parte para financiar patios de recreación Ronald McDonald. En todos los casos, con excepción de unos pocos, esos patios aumentaron las ventas en US $150 000 en dos años, produciéndole al operador utilidades suficientes para pagar el préstamo.

Las inversiones de Newman resultaron muy rentables. A unos 400 restaurantes perdedores los convirtió el programa en ganadores, lo cual disminuyó dramáticamente el número de unidades que necesitaban alivio de arrendamiento. Era la fórmula de interdependencia de Kroc llevada a la práctica. Aumentando las ventas de los restaurantes débiles, McDonald's ganaba más dinero en virtud del 11.5 por ciento de ventas que les cobra a los operadores por derechos de concesión y arrendamientos. Y cuando Newman comprobó que los patios de recreo financiados por él habían aumentado las ventas de los restaurantes débiles desde el 15 hasta el 35 por ciento en cuestión de pocos meses, resolvió ampliar ese programa también a los puestos prósperos. A él más que a ninguna otra persona le corresponde el mérito de haber instalado los novedosos patios de diversiones en 2 300 de los 9 300 restaurantes McDonald's de todo el mundo.

Intervenir más directamente para ayudar a los operadores que estaban en dificultades no fue sino parte de los cambios que realizó McDonald's para responder a las quejas económicas de sus concesionarios. Lo mismo que había ocurrido con los préstamos de reinversión de Newman, McDonald's misma se benefició al establecer un nuevo equilibrio con los operadores. Por ejemplo, cuando trató de frente el problema del impacto —la más seria preocupación de los concesionarios— desarrolló una política de expansión mejor fundamentada que dio por resultado locales mejor situados para McDonald's y mejor tratamiento para los operadores al eliminar la subjetividad y el aparente favoritismo que influían en la toma de decisiones sobre nuevos restaurantes.

Por primera vez, McDonald's definió y expuso claramente normas que los concesionarios debían satisfacer para tener derecho a nuevos restaurantes. Un concesionario "expansible" era aquél cuyas actuales unidades merecían continuamente una calificación por lo menos de B en calidad, servicio y aseo. Debía poseer igualmente suficientes recursos financieros y gerenciales para sostener la expansión, además de una historia satisfactoria de participación en las actividades comunales y una actitud de cooperación con la compañía y con otros concesionarios. Con una política más claramente definida, los operadores se reunían con los gerentes regionales una vez al año para hacer una evaluación completa de sus unidades existentes y sus posibilidades de obtener otras. Cuando se encontraban deficiencias, se les decía a los concesionarios exactamente qué remedios se necesitaban para que pudieran considerarse "expansibles".

Para contrarrestar las acusaciones de que los gerentes regionales estaban faltando a sus promesas de conceder nuevos restaurantes, Schmitt exigió que tales ofrecimientos se pusieran por escrito o que no se hicieran. Y de ahí en adelante los concesionarios recibirían un análisis anual del plan de la región para nuevos restaurantes en los tres años siguientes. Se solicitaba la opinión de los operadores sobre dichos nuevos restaurantes, y se les garantizaba que en la adjudicación de éstos se tendrían seriamente en consideración los concesionarios elegibles cuyas unidades serían las más afectadas por las proyectadas.

Esta política, como es natural, exigía que McDonald's refinara su análisis de las perspectivas de mercadeo de un nuevo restaurante, incluso su potencial de quitarles ventas a las unidades ya existentes. Hasta mediados de los años 70, McDonald's había escogido los sitios para sus restaurantes sobre la base de la información contenida en los censos zonales sobre número de habitantes cerca del sitio, y con ayuda de estudios hechos por el departamento de carreteras del Estado sobre la densidad del tránsito automotor en aquel lugar.

Estos estudios, empero, producían a veces estimaciones equivocadas del potencial de ventas de un sitio. Por ejemplo, al principio se creía que debían ser muy buenos los locales situados sobre las vías que conducen a los aeropuertos, dado el alto número de vehículos que transitan por ellas; pero los puestos allí ubicados generalmente mostraban ventas bajas porque el que va de prisa a tomar un avión no quiere parar por una hamburguesa. Por el contrario, la elección basada únicamente en el número de habitantes del área, no tenía en cuenta áreas que a pesar de tener una baja densidad de población atraen a compradores y trabajadores.

Lo peor era que los análisis tradicionales de un mercado no indicaban el potencial de un nuevo restaurante en las áreas más saturadas de McDonald's. En los primeros años del decenio de los 70, McDonald's había demostrado que era posible tener restaurantes prósperos en áreas de 50 000 residentes, y entonces la ubicación de nuevos restaurantes vino a ser principalmente cuestión de construir en áreas con una población superior a dicha cifra, que se suponía el nivel de saturación. El problema aquí era obvio: ¿Qué ocurriría si el nivel de saturación resultaba ser muy inferior a 50 000?

El trabajo de mejorar la selección de sitios empezó calladamente unos dos años antes de que la MOA planteara la cuestión del impacto; y, curiosamente, la iniciativa no provino de la fuente más obvia, el departamento de bienes raíces de la compañía, sino del jefe de mercadeo Paul Schrage. Así como el contador Newman llenó un vacío promoviendo los patios de diversiones, así también Schrage entró en el campo de la propiedad raíz llenando un vacío para resolver una cuestión preocupante: ¿Estaba llegando McDonald's al punto de saturación del mercado?

Muchos analistas de valores de Wall Street contestaban afirmativamente, pero no tenían hechos específicos en qué basarse, de modo que Schrage creó un nuevo grupo, dentro del departamento de mercadeo, y le confió el encargo de analizar más científicamente el área que constituía el mercado de cada nuevo restaurante. En el negocio de comidas rápidas no se conocían análisis estadísticos de sitios, y el nuevo grupo empezó por aplicar encuestas de áreas comerciales como las que usan comúnmente las grandes cadenas de supermercados. Realizaron entrevistas con centenares de clientes en cada puesto para determinar dónde vivían, y se usaron las zonas censales que constituían la mayor parte de la base de clientes del restaurante, para definir su área de mercado. Esa información se podía usar para identificar mercados en los cuales se podían construir nuevos locales sin producir impacto en las ventas de las unidades existentes. Pero los gerentes regionales, acostumbrados a confiar en su instinto en la elección de nuevos sitios, se resistieron a usar la nueva técnica. Pero esa resistencia desapareció cuando la MOA sacó a la luz el problema del impacto, en 1975, y las encuestas en áreas comerciales se hicieron cosa común y corriente. Dieron el resultado sorprendente de que los mercados donde más había penetrado McDonald's podían sostener fácilmente muchos restaurantes más. Sin embargo, cuando el personal local de bienes raíces empezó a hacer demasiadas preguntas sin respuesta sobre la medición del impacto de determinados restaurantes nuevos, Jim Rand, el director de servicios de mercadeo de McDonald's, comprendió que necesitaba un instrumento más poderoso para predecir el potencial de ventas de cada nuevo restaurante. Lo malo era que las encuestas de área comercial eran la última palabra en la materia.

Si McDonald's quería seguir creciendo mediante penetración en los mercados con muchos más nuevos restaurantes, tenía que idear nuevos métodos de analizar los sitios. Para ello Rand inventó nuevas encuestas en que se les pedía una información mucho más detallada a los parroquianos de los restaurantes existentes. Además de determinar dónde vivían, se les pedía que dijeran precisamente dónde habían estado antes de su visita a McDonald's y a dónde se proponían ir en seguida. Rand agrupó los datos en segmentos más pequeños y mejor definidos que las zonas censales, e incluso aisló el número de viajes a un McDonald's específico que provenían de generadores de tránsito vecinos, tales como escuelas, oficinas y centros de compras.

La encuesta, que él denominó "de pautas de movilización", era sin duda un instrumento más refinado que lo conocido hasta entonces para identificar las fuentes del comercio al por menor. Trasladando la información a un plano, con distintos colores para indicar las diversas fuentes del negocio, se tenía un cuadro gráfico de las ventas anuales del restaurante. Por lo menos desde el punto de vista de la ubicación, contenía el secreto de cada puesto McDonald's: cuántos de sus dólares de ventas provenían de personas que viven a tres minutos del restaurante, cuántos de un centro comercial situado a dos kilómetros de distancia, y cuántos de los tres edificios de oficinas que había en la misma cuadra.

Lo más importante era que la encuesta de patrones de movilización permitía predecir las rentas que un nuevo restaurante derivaría de los generadores de ventas de restaurantes ya existentes en el área. Rand y su equipo podían calcular, por ejemplo, que un nuevo restaurante construido en el sitio A le quitaría anualmente US $150 000 a un restaurante existente en el sitio B, y tal vez de US $75 000 a US $100 000 a otros situados en C y D. En los últimos años del decenio de los 70, previsiones detalladas de este tipo les servían a los gerentes regionales de McDonald's para concederles nuevos puestos a operadores cuyos restaurantes se verían más afectados por las nuevas unidades.

La nueva investigación no sólo contribuyó a desactivar la bomba del impacto sino que ayudó a descubrir centenares de nuevos locales. McDonald's se estaba convirtiendo en uno de los más expertos analistas de sitios de menudeó del país, y al mismo tiempo estaba demostrando que la cuestión de saturación, que tanto interesaba a Wall Street, era un fantasma. Gracias en parte a las nuevas técnicas de investigación de mercados, el mínimo de población por restaurante McDonald's en los mercados de máxima penetración bajó de 50 000 a comienzos de los años 70, a 25 000 al final del decenio, y a menos de 20 000 hoy. En Chicago, por ejemplo, McDonald's descubrió que podía situar un restaurante en el quinto piso de Water Tower Place (un centro comercial de muchos pisos en Michigan Avenue), otro en un edificio de apartamentos a seis cuadras de distancia, y otros tres entre los dos anteriores.

¿Cuándo llega McDonald's a la saturación? Ed Schmitt goza con el asombro de la gente cuando le dice que hay más agentes de General Motors en los Estados Unidos que restaurantes McDonald's (nueve mil contra siete mil). Lo que quiere destacar es que McDonald's no se acerca al punto de saturación cuando la primera marca de automóviles tiene más puestos de venta que la primera cadena de hamburguesas. Y el éxito de ésta en sus mercados más saturados parece confirmarlo. Si la compañía construyera tantos puestos por habitante en todos los Estados Unidos como tiene en Milwaukee (Wisconsin) o en Witchita Falls (Texas), donde hay uno por cada 20 000 residentes, el mercado norteamericano tendría 12 000 McDonald's, casi el doble de los que tiene.

El programa del ombudsman, la Junta Nacional Asesora de Operadores y las demás reformas hechas a mediados del decenio de los 70 convirtieron a McDonald's en un sistema de concesiones más eficiente aún creando instrumentos que permitieron una mejor administración del impresionante tamaño y extensión de la cadena. Los gerentes quedaron en mejor posición para tratar equitativamente con los concesionarios, y éstos, a su vez, dispusieron de los medios de invalidar decisiones injustas, sobre todo en materia de nuevas unidades. Los conceptos de equidad de Ray Kroc para con sus concesionarios se hicieron más evidentes que nunca dentro de McDonald's.

Por eso no ha de sorprender que en 1977 — sólo dos años después de su organización — la Asociación de Operadores de McDonald's hubiera perdido todo su poder. Pero aún eliminada la MOA, siguieron las demandas de los concesionarios, que ella había estimulado. Hasta mediados de los años 70 McDonald's había logrado mantenerse lejos de los tribunales, prefiriendo la lucha en el mercado a los pleitos judiciales. En sus primeros veinte años la única demanda importante de la compañía fue la que entabló contra Sandy's, una cadena de comidas rápidas iniciada por cuatro comerciantes de Peoria que eran socios en una concesión McDonald's. Animados por el éxito del restaurante, organizaron una cadena por su cuenta, pero no era sino una copia de McDonald's y además violaban una cláusula de su contrato que le prohíbe a un concesionario operar restaurantes parecidos y usar en otras partes los secretos aprendidos en McDonald's. Esta ganó el pleito y se sentó nueva jurisprudencia que extendió la protección de los secretos comerciales al área un poco nebulosa de derechos de explotación para comidas rápidas.

Si las acciones judiciales fueron raras en los años 60, abundaron, en cambio, durante los turbulentos años de la MOA. Muchas eran derivaciones individuales del ataque colectivo de la Asociación de Operadores, y el abogado de ésta, W. Yale Mathieson, representó a varios de los concesionarios en los pleitos. Además, el éxito fenomenal de McDonald's la hacía muy visible y blanco potencialmente muy lucrativo para abogados con experiencia en la representación de concesionarios.

Al presentarse en los tribunales, McDonald's no encontraba un ambiente muy tranquilizador. Uno tras otro, los operadores de puestos de gasolina, amparados por la legislación existente sobre concesiones, ganaban pleitos contra las compañías petroleras que pretendían obligarlos a comprarles a ellas los neumáticos, acumuladores y accesorios. Los tribunales declararon que esos acuerdos "con amarre", como los llamaban, eran violatorios de las leyes federales que prohíben restringir el comercio porque colocaban al concesionario en situación de esclavitud económica. A mediados de los años 60 este principio se hizo extensivo a las concesiones de comidas rápidas. El fallo realmente definitorio se produjo en 1970, en un pleito contra Chicken Delight. En este fallo el juez declaró que era ilegal la exigencia de Chicken Delight de que sus concesionarios le compraran a ella cocinas, aparatos de freír y muchas otras cosas. Como esto era lo que le producía a la cadena sus mayores ingresos, el golpe fue mortal y poco después Chicken Delight se liquidó.

Los fallos contra los contratos con amarre sólo afectaban a suministros que McDonald's, gracias a la previsión de Ray Kroc, no les vendía a sus concesionarios. Sin embargo, fomentaron un ambiente de incertidumbre sobre la ética del sistema de otorgar concesiones. La Comisión Federal de Comercio criticaba el poder de las compañías concesionistas. Las legislaturas de varios Estados aprobaron leyes que limitaban la facultad del concesionista para suspender a los concesionarios existentes o negarles la renovación de sus contratos. Incluso en el Congreso Federal se presentó un proyecto de ese tenor, que, sin embargo, nunca se aprobó. "El público veía las concesiones como un sistema coercitivo en que los gigantes obligaban a los concesionarios a actuar en contra de sus intereses y únicamente en beneficio del concesionista", observa Allen Silberman, socio de Sonnenschein, Carlin, Nath and Rosenthal, abogados de McDonald's.

En este ambiente, no le habría sido difícil a McDonald's evadir los pleitos jurídicos. Casi todos éstos los incoaban operadores que no cumplían las normas de calidad, servicio y aseo, y esperaban por ese medio impedir que McDonald's les cancelara la concesión. Para evitar pleitos, le bastaba a McDonald's dejar que los operadores marginales continuaran dentro del sistema. Al optar más bien por pelear se exponía a incontables imputaciones de monopolio que le harían seguramente los concesionarios expulsados del sistema.

El hecho de que no retrocediera indica que su respuesta a la MOA se inspiraba en consideraciones de conveniencia para el sistema, y no de simple comodidad para la compañía. Hacía una diferencia bien clara entre los concesionarios desilusionados por su pérdida de influencia en cuestiones de política, y los que se aprovechaban de la MOA para encubrir bajo su escudo operaciones notoriamente inadecuadas. Su actitud conciliadora con los primeros y su resistencia combativa frente a los segundos eran perfectamente compatibles. Conferirles a todos los operadores más poder para frenar a una compañía concesionista que se había hecho demasiado poderosa, tenía el mismo efecto positivo que eliminar a un puñado de operadores que le estaban dando mala fama a McDonald's.

McDonald's actuó en dos formas contra los operadores indeseables. En casos de patente violación de las normas de la compañía sobre calidad, servicio y aseo, demandó a los concesionarios por violación del contrato de concesión, y algunos de ellos a su vez demandaron a McDonald's alegando de todo, desde fijación arbitraria de precios hasta pactos ilegales con amarre. La segunda forma de acción originaria de pleitos fue la decisión de la compañía de no renovarle la concesión a un operador marginal al término de los veinte años de la licencia original.

En 1975, cuando vencieron las primeras licencias, la compañía anunció una política especial para las renovaciones. Para que una concesión se pudiera renovar, el concesionario tenía que mantener sus restaurantes con una calificación mínima de C en calidad, servicio y aseo, y su organización administrativa tenía que ser suficientemente fuerte para continuar en ese nivel operativo durante los veinte años siguientes. También debía el concesionario mostrarse dispuesto a reinvertir en mejoras locativas y a cooperar con otros concesionarios contribuyendo al sostenimiento de su cooperativa regional. Esto quería decir que los operadores marginales, aunque técnicamente no hubieran faltado a sus compromisos, no podían obtener la renovación de sus licencias. Como muchos esperaban una renovación automática, la nueva política produjo tanta consternación entre los operadores marginales como la que produjeron los avisos de cancelación entre los que eran eliminados por grave violación de las normas de calidad, servicio y aseo.

Esta política era inusitada en el negocio de concesiones, pues lo corriente era que las cadenas de comidas rápidas se desvivieran por retener incluso a los concesionarios mediocres, pues todos son fuente de ingresos. McDonald's, por el contrario, se valía de las renovaciones para mejorar la calidad de sus concesionarios. "Esto tenía que producirles miedo a los operadores", dice Donald Horwitz, vicepresidente de asuntos legales. "¿Cómo podíamos hacer eso y al mismo tiempo lograr que apoyaran el sistema? Fue el problema más grave que se le presentó a la compañía en su trato con los concesionarios".

Pero McDonald's procedió con sumo cuidado para poner en práctica su política. Daba tres años de aviso previo cuando iba a cancelar una concesión, y hasta conseguía quién la comprara. McOpCo tenía prohibición de comprar concesiones no renovadas. Se estableció un comité de altos ejecutivos para resolver en cada caso por mayoría de votos si habría o no habría renovación, para evitar perjuicios personales que afectaran a la decisión. Hubo casos de concesiones renovadas contra la voluntad expresa de Ray Kroc. Las solas cifras revelan que el proceso se utilizaba únicamente para sacar del sistema a los operadores más débiles: en total, al 93 por ciento de los concesionarios que buscaron renovación se les otorgaron nuevas concesiones por otros veinte años.

A pesar de la equidad con que McDonald's ejecutaba esta política, era inevitable que suscitara demandas judiciales. Y, habida cuenta de la tendencia de la legislación sobre la materia, podía sorprender que la compañía ganara pleito alguno con sus concesionarios. El resultado es lo que más se aproxima a un milagro jurídico: los ganó todos.

En efecto, estos casos sentaron precedentes legales importantes. Anteriormente, en las decisiones judiciales se describían prácticas tan injustas para los concesionarios que, tomadas en su conjunto, le habían dado mala reputación al sistema de concesiones. Los casos en que actuó McDonald's tuvieron el efecto contrario. Los tribunales los utilizaron para definir prácticas equitativas que colectivamente crearon un cuerpo de doctrina jurídica consuetudinaria y le dieron al otorgamiento de concesiones una legitimidad de que hasta entonces carecía.

En el curso de estas acciones, McDonald's puso un escudo jurídico en torno de los principios de otorgamiento de concesiones que constituían la base de su sistema. Por ejemplo, convenció a los jueces de que su exigencia de que los concesionarios le tomaran en arrendamiento a la compañía los locales de sus restaurantes no constituía un amarre ilegal con su contrato de concesión. Argumentó victoriosamente que, a diferencia de los compromisos relativos a la compra de suministros, la propiedad que se les "suministraba" a los concesionarios era parte integrante de la operación de los restaurantes. Sostuvo que su éxito como cadena de comidas rápidas dependía de su capacidad de controlar la elección de localidades y de conservar el control del restaurante aunque el concesionario se retirara del negocio. Además, los tribunales declararon que McDonald's les arrendaba la propiedad a los operadores cobrándoles cánones competitivos.

La compañía convenció también a los jueces en cuanto a la equidad de su política de renovaciones. En repetidas ocasiones los tribunales reconocieron que el contrato con el concesionario especificaba claramente un compromiso sólo por veinte años, y que los concesionarios no podían interpretar eso como una garantía vitalicia. McDonald's defendió su derecho de suspender a un concesionario que no cumpliera con sus normas de calidad, servicio y aseo. Hizo ver que nunca los suspendía sin ofrecerles antes, o bien conseguir quien comprara el restaurante, o comprarlo ella misma por su valor en el mercado para revendérselo a otro concesionario. Sin embargo, se habían presentado casos de concesionarios suspendidos que, aconsejados por sus abogados, rechazaron ofertas hasta de US $550 000 por un solo restaurante. Optaron en cambio por demandar a la compañía por daños y perjuicios, y todos los pleitos los perdieron. Una concesión que podrían haber vendido por centenares de miles de dólares en vísperas de su vencimiento, no valía absolutamente nada después de vencida, y ni uno solo de los demandantes salió del juzgado con cinco centavos de compensación.

McDonald's no tuvo compasión con los operadores que violaron sus normas y despreciaron su benevolencia. Blanco notable de su venganza fue Bob Ahern, concesionario de un suburbio de Chicago, que rechazó una oferta de adquisición y prefirió demandar a la compañía que había resuelto no renovarle su concesión. McDonald's ganó el pleito pero no podía desalojar a Ahern del local, pues él era uno de los pocos concesionarios originales que eran dueños de sus locales. Sin embargo, no tardó en privarlo de su más valiosa posesión: el nombre de McDonald's.

A las 5 de la mañana del día siguiente al del fallo del juzgado,

Shelby Yastrow, abogado de McDonald's, se presentó en el restaurante de Ahern con una cuadrilla para retirar los arcos dorados y la muestra de McDonald's. Yastrow acomodó un juego de pequeños arcos en su automóvil y los llevó a la oficina para mostrarles a sus colegas que había cumplido su cometido. Ahern rebautizó su restaurante de hamburguesas con el nombre de Berney's, pero pronto comprendió el poder del nombre de McDonald's y la furia de sus gerentes contra los que consideraban sus enemigos. McDonald's abrió una ostentosa unidad nueva —hasta con patio de diversiones cubierto— a cuadra y media del puesto de Ahern. En menos de un año Berney's tuvo que cerrar.

El fallo más sonado con base en un pleito sobre calidad, servicio y aseo, fue el que recayó sobre Raymond Dayan, concesionario de McDonald's en París, Francia, quien en 1982 demandó a la compañía ante los tribunales de Illinois para impedirle que le quitara su licencia exclusiva en la capital francesa. Como Dayan sostenía que él no había violado las normas de calidad, servicio y aseo, y McDonald's sostenía lo contrario para sacarlo, este caso fue el único basado exclusivamente en tales normas que llegó a la justicia.

Con doce restaurantes funcionando ya en París y una licencia para desarrollar todo el mercado, Dayan tenía mucho que arriesgar; pero también McDonald's tenía mucho que perder, pues consideraba que las unidades de Dayan eran un adefesio y una vergüenza internacional. Con esta apreciación estaba de acuerdo todo el mundo dentro del sistema. Las estrictas especificaciones de la compañía sobre productos alimenticios se habían violado descaradamente. Las hamburguesas se preparaban sin todos los ingredientes normales. La comida se guardaba tanto tiempo y se servía tan fría que los inspectores de McDonald's, al visitar esos puestos, no habían podido comerla. El equipo de cocina, o faltaba o estaba mal mantenido, y las parrillas no estaban bien calibradas. Se guardaba comida al lado de compuestos de limpieza.

Gerentes veteranos aseguran no haber visto jamás unidades McDonald's mantenidas en mayor estado de suciedad: aceites de cocinar rancios y negros, capas de grasa en pisos y paredes, basura por todo el restaurante, pringue chorreando desde los respiraderos para caer en recipientes colgados del techo. Los restaurantes eran tan desaseados que otros concesionarios de McDonald's en otras partes oían quejarse a clientes suyos que habían estado de visita en París y habían visto las unidades de Dayan.

No sorprende, pues, que creciera dentro del sistema la agitación para sacar a Dayan. George Cohon, el presidente de McDonald's del Canadá, le escribió a Turner diciéndole que ya era hora "de acabar con el cáncer". Turner le contestó que actuara él mismo, y entonces Cohon trató de comprar los restaurantes de Dayan en París y su concesión por US $12 000 000, oferta que Dayan se arrepentiría de no haber aceptado. Meses después, McDonald's le retiró la licencia y Dayan respondió demandando a la compañía.

Se había podido prever que prefiriera apelar a la justicia en lugar de aceptar un arreglo, pues su socio en París era Mathieson, el abogado de la MOA. Pero el fallo de la Corte del Circuito de Illinois sorprendió a todo el mundo: fue favorable a McDonald's y se vio en él la influencia de distintos juegos de fotografías de los restaurantes de París: unas presentadas por McDonald's, que mostraban los puestos desaseados y deteriorados; y otras que mostró Dayan, en las que esas unidades aparecían limpias. Pero entre unas y otras había otra diferencia crítica, que los abogados de la defensa se apresuraron a indicarle al juez: las de McDonald's se habían tomado en el verano, cuando la compañía le retiró la licencia a Dayan, y se veían los árboles de las calles llenos de follaje. En las fotos de Dayan los árboles aparecían desnudos de hojas. Se habían tomado en el otoño siguiente, después de notificada la cancelación, pues sólo entonces Dayan se había tomado el trabajo de asear los restaurantes.

Naturalmente esta tentativa de truco no le gustó al tribunal, pero menos aún le gustó lo que consideró abuso del sistema McDonald's por parte de Dayan. Pocas sentencias de un tribunal — y mucho menos en el terreno de las concesiones — han apoyado tan firmemente a una corporación contra un individuo. Para justificar haberle retirado la licencia a Dayan, McDonald's evidentemente convenció al juez Richard L. Curry, de la Corte del Circuito de Illinois, de que ella consideraba sagradas sus normas de calidad, servicio y aseo. Un veterano de McDonald's, cuando leyó la sentencia de Curry, comentó: "Tiene que tener salsa de tomate en las venas".

En su sentencia, el juez Curry rechazó de plano el argumento de

Dayan, de que McDonald's quería recuperar la concesión parisiense para quedarse con las buenas utilidades que estaba produciendo. La sentencia decía: "Mucho más realista es la conclusión de que el hercúleo esfuerzo de McDonald's en este caso está motivado por su afán de librarse de un cáncer dentro de su sistema antes de que crezca e infecte más su organización de 6 900 restaurantes... Si Dayan, el operador de calificación F en París, se puede burlar del sistema y de sus normas, entonces también pueden hacerlo todos los demás operadores".

Pero Curry reservó su más dura crítica para el resumen de su fallo en favor de McDonald's: "Como si quisiera escribir su propio capítulo en la infame historia de *El americano feo*, Dayan lleva a París esta concesión inmensamente atractiva y genuinamente americana, la disfraza como el producto real pero ofrece un producto grandemente inferior al que ha tenido éxito en este país, empequeñece las normas y expectativas de su ciudad adoptiva, engaña a los clientes atraídos por el nombre de McDonald's, defrauda al hombre a quien llama su amigo [Steve Barnes, presidente de la junta directiva de McDonald's International], hace caso omiso de las normas operativas críticas que se ha comprometido a cumplir, esquilma las operaciones a fin de aumentar su ganancia, le solicita al juez que no haga caso de los hechos sino de fantasías, y para concluir su argumentación afirma que es su benefactor financiero el que está practicando una fullería. Dentro del contexto de este caso, no tengo intención de hacer un juego de palabras si observo que el demandante no comparece ante esta Corte con manos limpias".

Cuando se conoció la sentencia del juez Curry en 1982, ésta puso punto final al alboroto que se había armado en torno de las concesiones desde mediados del decenio anterior. McDonald's le había hecho frente resueltamente a la nueva crisis, y de ella salió más fuerte, más inteligente y más experta. Cuando necesitó adaptar los principios de equidad de Ray Kroc a un sistema más grande y complicado, estuvo dispuesta y fue capaz de ceder; cuando tuvo que proteger esos principios contra el ataque de quienes los despreciaban, estuvo preparada para la guerra.

En una época de turbulencia y de confusión, de encono y de oportunismo, McDonald's mostró a la vez comprensión y furia, en el momento oportuno para cada caso. Aplicó la habilidad de Ray Kroc para combinar un profundo sentido de equidad y honradez con la devoción a la disciplina y el trabajo duro. Como un maestro de escuela, Kroc les había inculcado esos principios a sus jóvenes gerentes y concesionarios. Más que otra cosa, fue la solidez de la filosofía de Kroc con respecto a las concesiones lo que le permitió a McDonald's capear los temporales externos e internos de los años 70.

Los principios de Kroc habían resistido la prueba del tiempo... y de la ley. Donald Lubin, el socio del bufete de Sonnenschein que ha sido miembro de la junta directiva de McDonald's desde 1966, cree que la clave del éxito impecable de la compañía en los casos de concesiones debe atribuirse básicamente "al genio de Ray Kroc", y en particular a su decisión instintiva de no obtener sus utilidades vendiendo concesiones caras o abasteciendo a los concesionarios con utilidad para sí mismo. "A veces el derecho hay que basarlo en arenas movedizas", dice Lubin, "y es mucho más difícil establecer buena doctrina cuando los hechos son desfavorables. Nosotros siempre teníamos bases sólidas porque Ray no escogió la manera fácil de ganar dinero. En todo lo que hacía, sus intereses coincidían con los intereses de los concesionarios".

Ray Kroc trabajó en su oficina en San Diego hasta pocos meses antes de su muerte, ocurrida en enero de 1984 a los 81 años de edad. Hasta el último decenio de su vida ostentó el título de fundador y presidente más antiguo de la junta directiva, pero nunca dejó de trabajar tiempo completo para McDonald's. Le encantaba llamar al chef René para conspirar a espaldas de Turner sobre algún nuevo producto. Vigilaba como un gavilán el restaurante de la compañía que estaba situado frente a la ventana de su oficina, y cuando empezaba a oscurecer, llamaba por teléfono al administrador para recordarle que encendiera las luces. Estudiaba con qué velocidad desfilaban los coches frente a la ventanilla de paso y se preguntaba cómo podía su resgistradora única atender al 40 por ciento de las ventas mientras seis registradoras en el interior atendían al resto. (Esta observación llevó a instalar en muchos puestos otra ventanilla de paso, una para servir y otra para recibir el dinero.)

Cuando las complicaciones de dos ataques cardíacos lo llevaron finalmente a una clínica, pocos meses antes de su muerte, Kroc comprendió que ya no podría volver a trabajar. Le molestaba estar en la nómina de McDonald's hallándose físicamente incapacitado para ganarse su sueldo de US$175 000 anuales, y cuando Fred Turner —su amigo, su protegido y casi su hijo — fue a visitarlo al hospital, le pidió que lo quitara de la nómina de la compañía.

Durante el vuelo a San Diego, Turner había estado oyendo unas cintas grabadas de dictáfono, recién encontradas, intercambiadas entre Kroc y los hermanos McDonalds en los años 50, cuando Kroc estaba organizando el sistema. En ellas exponía sus conceptos básicos organizacionales y operativos; y tal vez entonces Turner apreció más que nunca cuánto debía la fortaleza del sistema a la filosofía empresarial sencilla pero honrada de Ray Kroc. Turner respondió sin vacilar a la solicitud que Kroc le hacía sobre la nómina: "De ninguna manera, Ray, de ninguna manera. Tú ya te has ganado tu sueldo para los próximos cien años".

Capítulo 17
McDonald's internacional

Es una fiebre que tarde o temprano ataca a todos los ejecutivos que han triunfado. Llámese deseo de forjar un imperio, o ejercicio del poder, o egotismo ejecutivo... llámese como se llame, en algún momento una compañía que tiene un toque mágico en determinado negocio cree que puede trasladar su destreza a otro.

La fiebre de diversificación alcanzó una temperatura particularmente alta a finales del decenio de los 60 y comienzos de los 70, y, por supuesto, afectó a Ray Kroc. Desde 1962 Harry Sonneborn lo había convencido de que comprara un restaurante en el Sector Sur de Chicago, llamado Hottinger's, que tenía todo un jardín de cerveza a la alemana con kiosco al aire libre para la banda de música y prados que parecían campos de golf. Sonneborn consideró que era extraordinario para instalar allí un restaurante de gran categoría y taberna, cuyo plato principal sería una hamburguesa de tamaño extra grande servida en pan de centeno.

Esta fue la primera diversificación de McDonald's. El cuerpo ejecutivo pronto se vio involucrado en un gran esfuerzo por hacer de Hottinger's una vitrina para impresionar a posibles concesionarios. Al Bernardin, gerente de nuevos productos, se encargó de las operaciones del restaurante; Gerry Newman, jefe de contabilidad, tomó por su cuenta los libros; June Martino hizo de todo, hasta asear los baños a fin de preparar el local para una recepción de bodas. Y el mismo Harry Sonneborn hizo de jefe de comedor cuando había mucha gente los fines de semana.

Pero el concepto era errado. Una parte demasiado grande de los gastos generales estaba vinculada con la comida al aire libre, cosa bastante peligrosa en Chicago, donde incluso en verano un cambio en la dirección del viento puede llevar aire frío del lago Michigan y vaciar de parroquianos el jardín, dejando a tres docenas de empleadas, cantineros y músicos sin nada que hacer sino esperar que termine su turno para cobrar su paga. Ello fue que después de dieciocho meses de comprado, el Hottinger's fracasó, y con él la esperanza de iniciar una segunda cadena de concesionarios de comidas rápidas. Fue para todos una buena lección sobre los peligros de la diversificación. Kroc, Sonneborn y June Martino, los tres socios que invirtieron dinero en el restaurante, perdieron US $1 300 000. Algunos veteranos de McDonald's creen que en el fiasco del Hottinger's tuvo su origen la desavenencia entre Kroc y Sonneborn.

Pero el fracaso del Hottinger's no enfrió el entusiasmo de Kroc por duplicar el éxito de McDonald's en algún otro sitio. Siguió coqueteando con otros negocios de comidas rápidas. Estuvo a punto de comprar a Taco Bell y Baskin Robbins, que posteriormente fueron adquiridos por otros. También quiso comprar a Marie Callendar's, cadena californiana de pastelerías, pero como no le aceptaron el precio que ofreció, resolvió crear una cadena propia que llamó Jane Dobbins Pie Shops en honor de su segunda esposa. Construyó dos pastelerías en el área de Los Angeles en 1968, con la intención de desarrollar un concepto de comida rápida que pudiera otorgar a concesionarios. No ahorró gastos. Ambas eran bellas, con comedores alrededor de grandes hornos en forma de ruedas de Chicago que llenaban el establecimiento del grato aroma de pasteles recién cocidos. Hasta contrató a un técnico en pasteles con US $50 000 anuales de sueldo. Pero después de dos años, las dos pastelerías seguían dando pérdidas considerables y Kroc, que mientras tanto se había divorciado de Jane y se había casado con Joan, perdió interés y las cerró.

No tuvo mejor suerte con Ramon's, opulentos restaurantes de hamburguesas que organizó a finales de los años 60, en su afán de encontrar otro negocio para concesión. Estos restaurantes ofrecían una carta de emparedados más amplia que el limitado menú de hamburguesas de los McDonald's, y buscaban una clientela urbana de clase más alta. La decoración de los establecimientos era ostentosa, y las dos primeras unidades se abrieron en mercados donde por el momento no había un McDonald's: una cerca de Rodeo Drive en Beverly Hills y la otra cerca de North Michigan Avenue en Chicago. Pero sin una hamburguesa para gastrónomos que correspondiera a su elegante presentación, los restaurantes Ramon's estaban sentenciados a muerte desde su concepción. Ambos se cerraron a los dos años, y el historial de Kroc en el desarrollo de nuevos restaurantes — lo mismo que de nuevos productos — continuó sin contaminarse de éxito.

Pero sus devaneos con otras modalidades de comidas rápidas fueron nada en comparación con el paso que estuvo a punto de dar en el negocio de parques de diversiones, en abierta competencia con su camarada de la primera guerra mundial, Walt Disney. Kroc conoció a un promotor de la costa del Pacífico, llamado Henry Steele, quien le metió en la cabeza la idea de que McDonald's debía abrir un parque por el estilo de Disneylandia, al norte de Los Angeles. Basado en un tema del Oeste, el proyecto se conoció dentro de la compañía como Western World [El Mundo del Oeste].

Cuando Kroc les habló a los funcionarios de la compañía y a los miembros de la junta directiva sobre su grandiosa idea de un parque de diversiones en un terreno de unas 800 hectáreas vírgenes en California, se quedaron de una pieza, y todos, sin excepción, se opusieron. Después de inspeccionar el terreno, que era quebrado e inaccesible y lo habían usado para rodar episodios de *El llanero solitario* para la televisión, David Wallerstein trató de disuadir a Kroc de su plan.

Nadie comprendía mejor que Wallerstein la magnitud del proyecto. Quince años antes, siendo ejecutivo de la cadena ABC, le había ayudado a su amigo Walt Disney a financiar su parque en Anaheim, California, y estaba convencido de que la idea de Kroc era descabellada y privaría a McDonald's de un capital que necesitaba urgentemente para apoyar la expansión masiva de Turner.

Pero la oposición de Wallerstein y otros miembros de la junta directiva no bastó para disuadir al terco Kroc, que estaba encantado con su proyecto. Sin embargo, accedió a que inicialmente él conseguiría opciones sobre 600 hectáreas de terreno con dinero de su bolsillo. McDonald's contrató asesores a fin de realizar estudios de factibilidad sobre

El Mundo del Oeste; y esos estudios indicaron que la sola primera fase del parque costaría más de US $30 000 000.

A medida que McDonald's se iba inclinando en favor del proyecto, los miembros de la junta directiva que no eran funcionarios de la compañía se oponían más a él. Y cuando Kroc anunció su divorcio de Jane y su matrimonio con Joan, creyeron llegado el momento de disuadir a Kroc de su costoso y arriesgado plan. "Cuando Fred asumió la presidencia", dice Don Lubin, "Ray estaba muy desorientado en su vida y buscaba otras cosas; pero cuando se casó con Joan, ya no necesitó más diversiones". Lubin, que era al mismo tiempo abogado externo de McDonald's y abogado personal de Kroc, le indicó a éste que en vista de los cambios ocurridos en su vida personal, le convenía abandonar el proyecto de El Mundo del Oeste. Y esta vez Kroc aceptó el consejo. En la compañía casi todos estuvieron de acuerdo en que McDonald's se había escapado por un pelo.

Turner, pese a que el proyecto del Mundo del Oeste lo desconcertó, también sufrió su ataque de la fiebre diversificadora cuando tomó el timón de la compañía. En los últimos años del decenio de los 60, anduvo en busca de otros negocios en crecimiento, sobre todo alguno en que McDonald's pudiera aplicar sus impresionantes destrezas en materia de concesiones y de bienes raíces. Los banqueros inversionistas le presentaron muchas posibilidades de adquisición, y Turner las estudió todas. Pensó en comprar hoteles, restaurantes especializados en carnes, cadenas de comidas asadas a la brasa, y floristerías. Hasta estudió la compra de una concesión de fútbol profesional.

También se contagió del microbio de los parques de diversiones, como Kroc, y pensó en adquirir el parque Astro World, en Houston, que estaba en dificultades, y otro que se proponía construir Tom Klutznick y que nunca llegó a construir.

Dos años tardó Turner en sacarse de la cabeza esas fantasías de adquisiciones, y cuando se las sacó, apreció mejor lo que tenía en McDonald's. "Perdí mucho tiempo examinando cada oportunidad", recuerda ahora, "pero siempre me decía: «Esto no es un negocio tan bueno como el que tenemos»".

Viéndolo bien, fue una suerte que los coqueteos de McDonald's con la diversificación nunca fueran muy serios, pues no es probable que hubiera encontrado otro negocio que le diera utilidades comparables al 20 por ciento, o más, sobre patrimonio que ha producido McDonald's todos los años desde que Turner asumió la presidencia; y finalmente escogió el crecimiento interno en lugar de la diversificación como estrategia a largo plazo. Los errores cometidos en diversificación por lo menos sirvieron para que McDonald's estudiara los dos caminos; y "la elección mejor era obvia", anota Turner. "El negocio de hamburguesas era un negocio que nosotros conocíamos, y era maravilloso. De ahí en adelante nuestra orientación fue: Zapatero a tus zapatos".

Pero al comenzar el decenio de los 70 también era obvio que a finales de ese decenio McDonald's sería una máquina de hacer dinero y produciría mucho más de lo que prudentemente se podía gastar en un negocio nacional de hamburguesas. Si se descartaba la diversificación, la única alternativa era hacer lo que nunca había hecho ningún minorista norteamericano: extender su servicio al resto del mundo. "La justificación de volvernos internacionales fue tan sencilla como determinar que allí estaba el mercado", dice Turner.

Esto subestima la importancia de la decisión. Allí estaba el mercado para muchos otros servicios norteamericanos que nunca lo aprovecharon. Allí estaba para Neiman-Marcus, Saks Fifth Avenue y otras tiendas elegantes que siguen siendo operaciones locales. Allí estaba para J. C. Penney and Company y Sears, Roebuck and Company y otras cadenas de comercialización masiva que se han limitado principalmente a su base doméstica. Y allí estaba para muchísimas cadenas de especialidades que revolucionaron el comercio al por menor en los Estados Unidos en los años 70, pero que no exportaron el concepto.

En 1970, cuando McDonald's hizo su primera incursión en el extranjero, estaba realmente pisando terreno desconocido. Fuera de las compañías petroleras internacionales, que controlaban la materia prima del producto que vendían, el comercio minorista era principalmente un negocio nativo. A veces comerciantes de los Estados Unidos se aventuraban hasta el Canadá, pero era raro que salieran de la América del Norte. Incluso una empresa tan grande como Sears, la más internacional de las minoristas con sede en los Estados Unidos antes de McDonald's, obtiene sólo el 11 por ciento de sus ingresos por ventas en sus operaciones extranjeras, todas en el Canadá y México. A mediados de los años 60 unas pocas cadenas de comidas rápidas comenzaron a experimentar en el campo internacional, pero no se distinguieron ni por su tamaño ni por su éxito.

Así es que cuando McDonald's empezó a extenderse internacionalmente, no encontró las docenas de competidores con hamburguesas con quienes hubo de luchar en los Estados Unidos. No sólo eso, sino que en la mayoría de los países no existían tampoco puestos locales de comidas rápidas. Comer por fuera, que para los norteamericanos es ya una rutina, era una experiencia no común en la mayoría de los mercados extranjeros. En Europa, sobre todo, los restaurantes seguían la tradición de servicio completo con manteles, sirvientes de corbata negra, un sumiller encargado de los vinos, y comidas de muchos platos. No había casi restaurantes de familias, de manera que para la clase media comer por fuera era siempre una ocasión especial.

Para triunfar en el extranjero, McDonald's tenía que introducir un gran cambio cultural. En menor escala, desde luego, también en los Estados Unidos había afrontado ese problema veinte años antes. "Para los veteranos, lo único realmente estimulante de entrar en el campo internacional era que volvíamos al trabajo de pioneros", dice Turner.

McDonald's en el exterior era más que una pionera de un servicio cotidiano de comida para las clases medias. Trataba de exportar algo que era ya consubstancial a la manera de vivir de los norteamericanos, pero totalmente extraño para los demás. El servicio de comidas rápidas era exclusivamente americano, tanto como los drive-ins y los restaurantes de autoservicio. Y la comida que exportaba era tan distinta como sus métodos de venderla. Hamburguesas, papas fritas y leche malteada formaban parte de la cultura norteamericana, pero no se comercializaban masivamente en otros países. En el Japón y otras naciones del Extremo Oriente McDonald's se vio ante el problema no sólo de introducir la hamburguesa, sino ante la cuestión más fundamental de imponer la carne como alimento corriente. Teniendo todo esto en cuenta, la tarea de entrar en el mercado internacional parecía más complicada aún que la diversificación.

El éxito de McDonald's en tan difícil campo no ha recibido publicidad. En la prensa profesional de negocios esa historia se ha enterrado bajo diarios recordatorios del déficit de la balanza comercial de los Estados Unidos y de la inundación de sus mercados con artículos importados más baratos y mejor hechos. Y sin embargo, en los últimos quince años, mientras los fabricantes norteamericanos perdían terreno en los mercados mundiales, McDonald's establecía su presencia en todas partes. Mientras los productores japoneses y alemanes de automóviles devoraban el mercado norteamericano, McDonald's silenciosamente conquistaba el primer puesto como cadena de servicio de comidas en el Japón y en Alemania, para no hablar de Inglaterra, el Canadá y Australia.

La americanización de la industria global de servicio de comidas hecha por McDonald's es uno de los hechos más prometedores en las relaciones comerciales de los Estados Unidos. En efecto, McDonald's está exportando lo que ha venido a constituir el corazón de la industria norteamericana: el sector de servicios. Encabeza la exportación de su bien desarrollado sistema de satisfacer cómodamente las necesidades del consumidor. A juzgar por el éxito que ha obtenido hasta ahora, el sector de servicios puede llegar a equipararse con la industria de alta tecnología y con la agricultura como uno de los principales renglones de exportación del país.

McDonald's International, que había sido antes la huerfanita del sistema, es ahora el segmento que más rápidamente crece y la mejor esperanza para el futuro. En 1985 las ventas de la compañía fuera de los Estados Unidos ascendieron a US $2 100 millones, que representan no menos del 20 por ciento de los US $11 000 millones de sus ventas globales. Diez años antes, solamente el 8 por ciento de sus ventas totales provenía del exterior. Ahora las operaciones internacionales se están acelerando. De los 500 puestos agregados al sistema en 1986, 200 debían construirse fuera de los Estados Unidos. En los dos últimos años McDonald's ha entrado en ocho mercados extranjeros nuevos. En consecuencia, a finales de 1985 cerca de 2 000 de los 9 000 restaurantes McDonald's — casi la cuarta parte — estaban ubicados en 44 países extranjeros donde la compañía opera.

En muchos de ellos McDonald's es ya la principal cadena de servicio de comidas. Tal es el caso en el Japón, donde a mediados de 1986 había 549 McDonald's; en el Canadá, donde había 503; en Alemania, 229; en Inglaterra, 204; y en Australia, 174. A finales de 1985 las ventas de McDonald's International se acercaban a los ingresos domésticos de los más grandes competidores norteamericanos de McDonald's, y el 21 por ciento de las ganancias de la compañía antes de impuestos provenían de fuera de los Estados Unidos.

Más sorprendente que la magnitud de su éxito en el exterior es el hecho de que McDonald's haya penetrado en los mercados internacionales más o menos con la misma fórmula que perfeccionó en los Estados Unidos. En vista de la enorme diferencia de costumbres, era de esperar que hubiera modificado grandemente su sistema para adaptarlo a otras culturas; pero lo que hizo fue ceñirse a su sistema básico y adaptar esas culturas a él. "Nos decían que jamás podríamos otorgar concesiones en el extranjero ni comprar propiedades ni vender hamburguesas", observa el ex vicepresidente ejecutivo Brent Cameron. "Pero nosotros seguimos adelante con el mismo sistema que teníamos en los Estados Unidos. Era como revivir la historia".

En las ocasiones en que la compañía se apartó de sus métodos ya bien probados de otorgamiento de concesiones, tuvo tropiezos. Por ejemplo, al conceder su primera licencia en el exterior, en 1965, les vendió a John Gibson y Oscar Goldstein, sus viejos concesionarios de Washington, el derecho de desarrollar el Caribe bajo una llamada concesión de desarrollo. Esto significaba que McDonald's no suministraba supervisión en el terreno, ni se entendía con la propiedad inmueble, ni contrataba con proveedores. Todo esto debían hacerlo Gibson y Goldstein; y en lugar de cobrarles el típico 3 por ciento como derechos de servicio y el 8.5 por ciento de arrendamiento, McDonald's apenas percibía el 0.5 por ciento sobre las ventas de los restaurantes en el Caribe, y US $10 000 por la concesión de cada restaurante. Se establecieron unos veinticinco en Puerto Rico, Panamá, Nicaragua, Honduras y El Salvador; pero la destreza operativa se perdió porque Goldstein se retiró. La concesión quedó en manos de Gibson, de mentalidad financiera, quien la llevó al fracaso. McDonald's, que sólo recibía el 0.5 por ciento de los ingresos, no tenía interés en evitar la caída.

Era claro que las concesiones de desarrollo no habían sido la clave del éxito de McDonald's en los Estados Unidos, donde la cadena vigilaba de cerca las operaciones de todas las unidades dadas en concesión, había forjado un eficaz sistema de abastecimientos, había desarrollado todas las propiedades en que funcionaban los restaurantes, y obtenía sus utilidades de una importante participación en las ventas de éstos. La concesión para el Caribe la había otorgado Sonneborn y reflejaba la poca confianza que él tenía en McDonald's. A principios de 1967, meses antes de su retiro, puede decirse que Sonneborn "regaló" el valioso mercado del Canadá mediante concesiones de desarrollo vendidas a George Tidball, quien obtuvo los derechos para el oeste del país, y a George Cohon, que obtuvo el este. Pagaron apenas entre US$7 500 y US$10 000 por unidad, y pagaban el 1 por ciento de las ventas; y cuando Turner les volvió a comprar, en 1970, ambos estaban perdiendo dinero. Tidball se había enredado en confusos acuerdos con subconcesionarios, y Cohon, que era un operador concienzudo, no tenía capital para desarrollar una presencia dominante en el mercado canadiense.

Turner llegó a la conclusión de que McDonald's Corporation tenía que intervenir tanto en la supervisión de las operaciones internacionales como en las nacionales, pero esa intervención no se justificaba mientras sólo estuviera en juego el 1 por ciento de las ventas en el exterior. Así, pues, no impulsó la política de concesiones de desarrollo cuando lanzó en serio su esfuerzo internacional en 1970; pero también erró al separarse de la fórmula de McDonald's para otorgar concesiones. Escogió a Holanda para empezar, y negoció un acuerdo de mitad y mitad con la principal cadena de supermercados del país, Albert Heijn. Ya tenía McDonald's una participación importante, pero tenía por socia a una sociedad anónima en vez de un individuo propietario-administrador — único tipo de socio concesionario que aceptaba en los Estados Unidos. La idea era aprovechar la experiencia de Heijn en el suministro de abastecimientos en Europa, pero lo que ganó por ese lado lo perdió por no tener un empresario local al frente de los restaurantes.

Turner también olvidó la principal lección de administración que McDonald's había aprendido en los Estados Unidos: que las cadenas de hamburguesas orientadas hacia las operaciones son mejor manejadas por administradores entendidos en operaciones y que han ido ascendiendo en la empresa. Estaba colocando especialistas en operaciones en todas las demás posiciones de línea, y sin embargo contrató a un individuo de fuera para dirigir el plan corporativo de desarrollo de los mercados extranjeros. Era éste un veterano consultor de administración y muy conocedor de los mercados internacionales, pero infortunadamente muchos de los primeros errores que cometió McDonald's se pueden atribuir a que su consultor no tenía experiencia en las operaciones de la empresa y, por tanto, poco apreciaba las sutilezas de su sistema de comidas rápidas.

Cualesquiera fueran las causas, lo cierto es que en el experimento holandés se cometieron una serie de pequeños errores que sumados llevaron al desastre. Siguiendo la experiencia americana, los restaurantes se construyeron en los suburbios, pero toda la actividad del comercio minorista era urbana porque las ciudades centrales de Europa no se habían deteriorado como en los Estados Unidos, y en los suburbios no había desarrollo comercial. Y en lugar de introducir el menú corriente de McDonald's, los socios prescindieron de la popular hamburguesa de un cuarto de libra y añadieron un par de platos holandeses — salsa de manzana y croquetas de pollo fritas en cazuela. "Nos dejamos convencer de que necesitábamos comidas del país", dice Turner.

Se necesitaron años para que los restaurantes holandeses se sobrepusieran a estos primeros errores, incluso después de haber comprado McDonald's la parte de Heijn, en 1975. Con gran perseverancia, McDonald's resistió las constantes pérdidas de la operación holandesa, la cual, por lo demás, le dejó valiosas enseñanzas.

Lejos de hacerla cejar en su plan de desarrollar los mercados extranjeros, los tropiezos iniciales la hicieron redoblar sus esfuerzos. Se vio claramente que McDonald's, a pesar de haber tenido tanto éxito en los Estados Unidos, no podía improvisar en el exterior. Pero cuando empezó a aplicar las lecciones aprendidas en los descalabros iniciales, se hizo también evidente que la visión de una cadena internacional no era un espejismo.

En ninguna parte fueron más valiosos que en el Canadá los frutos de la experiencia. No bien hubo vendido Sonneborn las concesiones casi regaladas, Kroc empezó a arrepentirse. En 1968 fue a inaugurar el primer McDonald's de la nueva concesión en London (Ontario), e inmediatamente les ofreció a George Cohon y a Ted Tannebaum volver a comprarles los derechos exclusivos para el territorio del Este por US$1 000 000.

Los socios, que todavía no habían vendido la primera hamburguesa, no aceptaron. Dos años después, Turner, que quería acabar con las concesiones de desarrollo e invertir más en el Canadá, volvió a ofrecerles compra. Para entonces los socios tenían 14 restaurantes, pero estaban perdiendo US$1 000 000 al año. Esta vez Cohon aceptó y vendió por un total de US$6 000 000. Sabía que el Canadá era tan buen mercado para comidas rápidas como los Estados Unidos, pero era preciso elevar la visibilidad de McDonald's construyendo muchos puestos más, y para ello se necesitaba una inyección de capital de Chicago.

A algunos miembros de la junta directiva les pareció que Turner estaba pagando demasiado por un negocio que daba pérdidas, y las críticas de esa "locura" arreciaron al año siguiente, cuando Turner compró la concesión de Tidball en el oeste del Canadá, que tenía 19 restaurantes y también estaba perdiendo dinero. En total, McDonald's pagó US$15 000 000 por adquirir 43 unidades que daban pérdida, y el hecho de que al mismo tiempo Turner recuperaba el derecho de fundar nuevos restaurantes en todo el Canadá no impresionó a los críticos. "Los que no entendían mi deseo de negociar esos derechos", explica Turner, "creían que el Canadá no es más que un país de nieve y de alces; pero los que sí conocen el dinamismo de las ciudades canadienses... ésos sí entendían".

También sabía Turner que Cohon había formado un fuerte equipo de operaciones y que continuaría actuando como presidente de McDonald's del Canadá para dirigir un ataque general al mercado. Turner le dio a Cohon toda la libertad de que dispone un concesionario exclusivo, más lo que le hacía falta: capital suficiente.

Cohon aprovechó esa oportunidad para hacer su operación McDonald's tan canadiense como cualquier empresa nativa. A pesar de que los principales proveedores norteamericanos del sistema estaban cerca, insistió en formar proveedores nuevos, todos canadienses, y en realizar sus negocios bancarios exclusivamente con instituciones del país. Por otra parte, más de la mitad de los restaurantes McDonald's en el Canadá están en manos de concesionarios, y éstos son todos canadienses. "Les vendemos a los canadienses, derivamos de ellos nuestras utilidades y apoyamos la economía nacional comprándoles a los canadienses", razona Cohon.

Cohon fue todavía más allá. Toma parte personalmente en las actividades cívicas y de beneficencia del país, interviene activamente en política y hasta habla como canadiense. En 1975 hizo su esfuerzo más dramático por proyectar una imagen nacionalista: se hizo ciudadano del Canadá. "McDonald's es parte integrante de la economía canadiense", dice, "y es importante que se extienda internacionalmente con ciudadanos de los respectivos países".

Asegura que su cambio de ciudadanía obedece a su intención de seguir viviendo en el Canadá y quiere tener el derecho de votar en las elecciones. Sin embargo, es obvio que ese cambio mejoró su capacidad para colocar a McDonald's en el Canadá como una operación manejada por canadienses, y eso ha traído beneficios de comercialización.

Su operación enteramente canadiense y su habilidad para conseguir publicidad favorable en la prensa hicieron milagros para contrarrestar la resistencia que McDonald's podría haber esperado, sobre todo en las provincias del Este, a todo lo que aumente la "americanización" de la cultura canadiense. Sin embargo, una buena imagen local no bastaba por sí sola para penetrar en el mercado canadiense.

Frustrados por una serie de años de pérdidas y por no haber podido aumentar el promedio de ventas de los restaurantes a un nivel parecido al alcanzado en los Estados Unidos, Cohon y Turner estuvieron de acuerdo en que se necesitaban medidas mucho más osadas, y en 1971 Cohon dio un paso que nunca había dado McDonald's en los Estados Unidos, y que seguramente no se habría dado tampoco en el Canadá si la operación la hubiera dirigido la oficina de Chicago: rebajó el 20 por ciento todos los precios. "Teníamos que hacer algo dramático para que los canadienses entraran a probar el producto", dice Cohon.

La medida dio buen resultado. Las ventas por restaurante subieron el 25 por ciento en un año, y cuando los precios volvieron dos años después a su nivel normal, siguieron mejorando. Con la fuerte financiación de la casa matriz, McDonald's del Canadá fue la única cadena de comidas rápidas que construyó activamente nuevos restaurantes en el Canadá en los primeros años del decenio de los 70. Al final del decenio casi tenía el monopolio del mercado en ese país, justificando ampliamente la adquisición hecha por Turner durante el decenio anterior. En 1985 sus 500 restaurantes del Canadá arrojaron promedios de ventas de US $1 500 000, casi el 20 por ciento por encima del promedio mundial del sistema y más altos que el de cualquier operación McDonald's. En ese año McDonald's del Canadá produjo ingresos de US $74 000 000 antes de impuestos, o sea cinco veces lo que Turner pagó por las concesiones.

El éxito obtenido en el Canadá demostró el acierto de hacer extensivos a las operaciones internacionales los mismos principios de otorgamiento de concesiones y de control local que habían constituido el secreto de McDonald's en los Estados Unidos. Pero no estaba probado que un minorista norteamericano de comidas rápidas pudiera triunfar en un medio enteramente distinto, con un plan americano de concesiones, un menú americano y un concepto americano de un empresario en el local. Eso lo demostró McDonald's del Japón.

De estos tres ingredientes, el empresario que escogió McDonald's fue el más importante para el éxito en el Japón. Se llamaba Den Fujita, fundador y propietario de una compañía importadora especializada en carteras, zapatos y ropa. Muchos piensan en los japoneses como exportadores, no importadores, y se imaginan que los hombres de negocios de aquel país actúan como jugadores de un equipo, toman decisiones por consenso, son tradicionalistas, y son miembros vitalicios de alguna de las corporaciones gigantescas del Japón. Fujita no se ajustaba a ese molde.

Fujita era, en efecto, un empresario con visión para las oportunidades, lo mismo que Ray Kroc. Había fundado su propia compañía a los 25 años, para importar palos de golf y zapatos Florsheim. Pero vio que las mujeres eran mejores consumidoras de importaciones occidentales, puesto que repiten sus compras en cuanto cambia el viento de la moda. Y cuando los nombres de los grandes diseñadores europeos se volvieron marcas de fábrica internacionales para ropa y accesorios de producción en serie, comprendió que habría un gran mercado para el que aprovechara la fascinación que ejercían en las mujeres japonesas las marcas de célebres modistos. Su compañía llegó a ser la mayor importadora de especialidades de moda provenientes de diseñadores como Christian Dior, e incluso en la actualidad Fujita es el mayor comprador mundial de carteras Dior.

Por su agente comercial en Chicago se enteró del interés que tenía McDonald's en la expansión internacional, y en sus muchos viajes de negocios a los Estados Unidos se familiarizó con la popularidad de las comidas rápidas. También pensó que había llegado el momento oportuno para que el Japón absorbiera un concepto occidental más.

Pero él quería manejar a McDonald's en el Japón como una entidad japonesa autónoma, independiente de la sede de Chicago, porque estaba seguro de que los consumidores de su país se abstendrían de satisfacer su deseo de productos norteamericanos si tenían que comprárselos a una compañía norteamericana. "Todos los japoneses sufren de un complejo de inferioridad con respecto a todo lo extranjero", dice Fujita, "porque en nuestra cultura todo nos ha venido de fuera. Nuestra escritura nos vino de la China, nuestro budismo de Corea, y después de la guerra todas las cosas nuevas, desde Coca-Cola hasta IBM, nos ha venido de los Estados Unidos. Los japoneses somos básicamente anti-extranjeros. No nos gustan los chinos, no nos gustan los coreanos, y, sobre todo, no nos gustan los norteamericanos porque perdimos la guerra con ellos".

Fujita llegó a esta conclusión: La comida rápida norteamericana podría tener un gran éxito entre la sociedad japonesa que quería identificarse con los éxitos de Occidente, pero la compañía que lo intentara tendría que parecer ciento por ciento japonesa, desde el principal ejecutivo hasta el personal de los restaurantes. En suma: Los japoneses comprarían la hamburguesa americana siempre y cuando que no se les presentara como una importación de los Estados Unidos.

Fujita reunía las condiciones empresariales que buscaba McDonald's, así que en 1971 firmaron un contrato de asociación en que McDonald's controlaba el 50 por ciento, y el resto se distribuía entre Fujita y Daiichiya Baking Company. Fujita fue nombrado presidente y jefe ejecutivo de McDonald's del Japón, y pronto le compró a Daiichiya su parte. Seguro de que podía introducir un concepto tan extraño como la hamburguesa en una sociedad cuyo régimen alimentario se basaba en pescado y arroz, sostuvo que no había necesidad de adaptar el menú de McDonald's al gusto local, como se quiso hacer, sin éxito, en Holanda. Más bien resolvió venderles a sus compatriotas la hamburguesa como un producto "revolucionario". Dictó conferencias en las universidades y obtuvo mucha publicidad en la prensa haciendo afirmaciones extravagantes sobre las supuestas propiedades de la hamburguesa y revelando sus planes de establecer restaurantes en todo el Japón. A los reporteros les decía: "La razón por la cual los japoneses son tan cortos de estatura y de piel amarilla es que no han comido otra cosa que pescado y arroz durante dos mil años. Si comemos hamburguesas McDonald's y papas durante mil años, seremos más altos, nuestra piel se volverá blanca y nuestro cabello rubio".

No quiso Fujita seguir la recomendación de McDonald's, de que empezara con restaurantes en los suburbios, como se había empezado en los Estados Unidos. Por el contrario, sostuvo que la primera unidad en el Japón tenía que ubicarse en el Ginza, el distrito internacional de compras en pleno centro de Tokio. Allí es donde se exponen todos los nuevos productos importados. Por allí desfilan a diario un millón de personas, incluyendo millares de norteamericanos. "Pensé que los turistas americanos comiendo hamburguesas en el Ginza llamarían la atención", dice Fujita. "Los japoneses al verlos pensarían: Debe ser bueno puesto que los americanos lo comen".

Pero en el congestionado Ginza se presentaban otros problemas. El espacio disponible era escaso y los arrendamientos prohibitivos. Gracias a sus amistades en Mitsukoshi, la más grande y antigua de las tiendas de departamentos, Fujita logró conseguir 46.50 metros cuadrados en lo que había sido el departamento de bolsos que él mismo suministraba. Aunque daba a la calle, era como la quinta parte del espacio que normalmente ocupa un McDonald's, pero Fujita lo hizo servir diseñando una cocina reducida y mostradores para que los parroquianos comieran de pie en lugar de mesas y asientos.

Las condiciones del arrendamiento eran más restrictivas aún. Mitsukoshi no quería que McDonald's le perturbara su negocio corriente y sólo le concedió un día, que era de fiesta, para la preparación del local. Fujita disponía de tiempo desde las 6 de la tarde de un domingo hasta las 9 de la mañana del martes siguiente para construir el pequeño McDonald's — 39 horas para hacer una construcción que normalmente tarda tres meses.

Fujita aceptó estas condiciones porque la situación era tan buena que no la podía desperdiciar, y para prepararse tomó en alquiler una bodega en las afueras de Tokio, donde sus ingenieros y cuadrillas de construcción empezaron a practicar cómo erigir un McDonald's en tan poco tiempo. Se fijaron procedimientos y programas detallados para cada uno de los setenta obreros que tomarían parte y se realizaron tres ensayos generales armando el restaurante, desbaratándolo otra vez y volviéndolo a armar. A la tercera vez la cuadrilla pudo realizar la tarea en 36 horas.

Fujita telegrafió a Chicago que la inauguración del primer McDonald's japonés sería el martes, 20 de julio de 1971, y Ray Kroc, acompañado de otros funcionarios, se presentó en Tokio el sábado 17. A la mañana siguiente un miembro de la comitiva, Ken Strong, quiso ver el restaurante. Fujita lo llevó muy contento a inspeccionar las vidrieras de Mitsukoshi tras las cuales los obreros empezarían esa noche el trabajo. "Aquí es", le dijo mostrándole el mejor escaparate de Tokio. "Pero ¿dónde está el restaurante?" preguntó Strong.

Strong no podía darles crédito a las explicaciones del japonés. "Señor Fujita", le dijo, "la inauguración es pasado mañana. ¿Qué va a hacer usted?" Fujita le contestó muy tranquilo: "Ah, señor Strong, ya verá usted". De regreso en el hotel, Strong le contó a Kroc lo que había visto, y le dijo: "Esto es muy grave. La inauguración es dentro de dos días y allí no hay nada".

La cuadrilla de construcción ejecutó impecablemente su bien ensayada maniobra, y cuando los directivos de McDonald's se presentaron para la ceremonia, el restaurante estaba listo. Pero la verdadera magia se vio cuando empezó a recibir comensales. El primer día vendió US$3 000, y a los pocos meses fijó una nueva marca con un volumen de US$6 000 diarios. La internacionalización de la hamburguesa McDonald's había comenzado.

El programa de expansión que siguió a esto fue tan frenético como la construcción de la primera unidad. Fujita gozaba recordándole a Kroc que ambos habían nacido en el año del tigre, y no perdió tiempo para demostrar que él era capaz de realizar la expansión de McDonald's en el Japón tan audazmente como Kroc la había realizado en los Estados Unidos. Incluso antes de inaugurar la primera unidad, había fundado en el Japón otra Universidad de la Hamburguesa para preparar administradores de restaurantes, y reunió un equipo de veinte funcionarios encargados de supervisar un programa de expansión que no había sido nunca igualado por ningún concesionario de McDonald's. Tres días después de la inauguración de la primera unidad, Fujita abrió otra en Shinjuku, cerca de una de las terminales del ferrocarril interurbano de Tokio.

Al día siguiente inauguró una tercera unidad. A los dieciocho meses tenía en funcionamiento 19 McDonald's en todo el país, casi todas en centros urbanos. Y todas tuvieron éxito vendiendo exclusivamente comida McDonald's. "El Japón fue la prueba definitiva", dice Turner. "Entonces comprendimos que el menú americano sí podía salir al extranjero y que no se necesitaban modificaciones, o que cuando mucho éstas serían mínimas".

Pero Fujita sí hizo modificaciones de mercadeo que se necesitaban para que un concepto norteamericano de negocio al por menor tuviera éxito en el Japón. Dejó en claro que McDonald's del Japón sería manejada por japoneses. Anunció en la televisión teniendo buen cuidado de que los comerciales tuvieran sabor japonés. Convencido de que tendría más éxito vendiéndole el nuevo producto a la gente joven, dirigió casi todos sus anuncios a los niños y a los matrimonios jóvenes. "Los hábitos de comida de los japoneses viejos son muy conservadores", explica Fujita. "Pero a los niños les podíamos enseñar que la hamburguesa es una cosa buena". Hasta cambió la pronunciación de la palabra McDonald's, que es muy difícil para los japoneses, convirtiéndola en Makudonaldo. Por la misma razón Ronald McDonald se convirtió en Donald McDonald en el Japón.

Las adaptaciones de Fujita no siempre eran fáciles de aceptar para sus socios norteamericanos. En una visita al Japón, Turner se molestó mucho al ver el interior de un restaurante en una zona universitaria. Las paredes estaban decoradas con fotos del tamaño de carteles, de motociclistas con chaquetas de cuero, muy parecidos a los "Angeles del Infierno". Fujita trató de tranquilizarlo diciéndole:

—Esto es muy del Oeste y a los jóvenes japoneses les gusta todo lo del Oeste.

—Pero esto parece una guarida de pandillas de motociclistas y nosotros no somos eso—objetó Turner.

—No hay problema, Turner-san. En el Japón la gente no entiende esos distingos.

A pesar de la gran libertad que tenía Fujita en cuanto a comercialización, McDonald's no permitió ninguna desviación de sus probados principios operativos. Pero en algunos aspectos el estilo de administración japonesa resultó demasiado disciplinado. Es cierto que los puestos McDonald's necesitan el trabajo en equipo y la uniformidad de operación en que los japoneses sobresalen, pero Turner sabía que también necesitan las diferencias que la compañía estimula entre los administradores de unos y otros restaurantes y la manera original en que aprovechan sus mercados. Esa era la clave de la creatividad de McDonald's.

Duplicar esa creatividad no era fácil en el sistema administrativo japonés, en el cual los ascensos se determinan por la antigüedad, las decisiones se toman colectivamente, y el empleado "bueno" es el que hace exactamente lo que se le manda. Desde su primera visita al Japón, Turner observó que los empleados seguían las instrucciones del manual al pie de la letra. Los parrilleros eran buen ejemplo de ello. "Hemos venido luchando por lograr que veintiocho mil empleados coloquen la primera hilera de albóndigas a cuatro pulgadas del borde izquierdo de la parrilla, más cerca del elemento calefactor. Pero en los Estados Unidos, con nuestra mentalidad yanqui, si uno los ve trabajar, observa que no les importa un bledo lo que diga la compañía porque cada uno tiene su propia manera de hacer las cosas. En cambio en el Japón no hay que decirle sino una vez al parrillero cómo colocar las albóndigas, y así las coloca siempre. Durante treinta años yo había venido buscando esa obediencia absoluta, y cuando al fin la encontré en el Japón, me asusté".

Cuando comprendió que el sistema estaba más amenazado por la regimentación japonesa que ayudado por ella, Turner pensó que McDonald's tenía que llevar al Japón algo más que una hamburguesa americana. Tenía que influir en la forma de administración japonesa.

Todos los mil quinientos gerentes de Fujita son sus compatriotas, pero eso no significa que la compañía se maneje en forma típicamente japonesa. Esto obedece en parte a que Turner colocó a uno de sus propios gerentes en la operación de Fujita. John Asahara, japonésamericano, ha trabajado con la compañía de Fujita desde el principio y tiene el encargo de introducir las técnicas administrativas norteamericanas que McDonald's ha encontrado necesarias para el éxito del negocio.

Con la aprobación de Fujita, Asahara organizó un equipo joven y eficiente de operaciones, al cual ha protegido de la influencia potencialmente paralizante del estilo administrativo japonés que reserva el poder para los ejecutivos más antiguos. Cuando las decisiones del equipo operativo chocan con los deseos de la alta gerencia, Asahara es el que pone la cara. Continuamente busca gerentes jóvenes y dinámicos y los hace ascender por encima de los más viejos, violando así la tradición de ascensos por antigüedad. Convenció a la compañía japonesa de que convenía emplear gerentes auxiliares de tiempo parcial. Esto es muy importante para el manejo eficiente de las fluctuaciones de la demanda en el negocio de comidas rápidas, que tiene grandes alzas y bajas, pero es una idea extraña para los japoneses, que consideran la gerencia como ocupación de tiempo completo y vitalicia.

Asahara lo ha logrado todo, no transmitiendo órdenes del socio norteamericano, sino enseñando pacientemente que sus conceptos operativos, por lo menos en el ramo de comidas rápidas, dan por resultado la eficiencia que los japoneses respetan. Aun cuando es figura influyente en McDonald's, no tiene ningún título oficial, y mantiene una posición muy discreta, actuando con tacto para hacer ceder las tradiciones sin contradecirlas abiertamente. El dice: "Yo no abro la boca y no me diferencio de cualquier otro japonés. Fuera de McDonald's, nadie sabe siquiera que yo existo".

El matrimonio del menú y el sistema operativo americanos con conceptos japoneses de comercialización ha producido el ejemplo más notable de éxito de un minorista de los Estados Unidos que ha echado raíces en el exterior. Si bien las operaciones en el Canadá son las más rentables de McDonald's fuera del país, su éxito en el Japón demostró que la hamburguesa sí se podía exportar a un país de cultura completamente distinta. En 1983 los ingresos de McDonald's en el Japón sobrepasaron los de la mayor cadena de restaurantes de aquel país, la compañía Sushi que tiene 2 000 restaurantes. La compañía de Fujita sigue adelante. A mediados de 1986 tenía 550 restaurantes y ventas anuales de casi US $600 000 000. Fujita se está acercando a su meta de sobrepasar al Canadá y colocarse a la cabeza de McDonald's International.

El éxito de Fujita le hizo ver claramente a McDonald's que para triunfar en el exterior necesitaba socios capaces de darle en cada mercado un sabor local sin desviarse de los principios fundamentales que le dieron su éxito en los Estados Unidos. En realidad, su socio japonés le dio un modelo que podía seguir en otras partes del mundo: fiarse de un empresario local con participación importante como propietario en un contrato de asociación, y con más autonomía que los concesionarios en los Estados Unidos. En suma: el Japón demostró que la clave del éxito en el mercado internacional era la misma que en el interior: control local por propietarios-administradores locales.

Esta política llevó a una diversidad tan grande de socios en los contratos de asociación que McDonald's, hoy la más internacional de todas las organizaciones minoristas, está muy lejos de ser una típica corporación multinacional. Es más bien una libre federación de minoristas locales independientes que venden una misma cosa — un bien definido menú de comida rápida y un sistema operativo — pero que adaptan su modo de comercialización a las culturas de sus respectivos países. Aunque las asociaciones extranjeras de McDonald's varían de un país a otro, en la mayoría de los países extranjeros entró en virtud de un contrato de asociación con un interés de un 50 por ciento para sí y el otro 50 por ciento para el empresario local que maneja la operación como una mini-McDonald's. En algunos casos los restaurantes en esos países son administrados por una compañía propietaria, pero en otros casos se les otorgan en concesión a operadores locales, los cuales tienen con la compañía McDonald's local la misma relación que tienen los concesionarios en los Estados Unidos con McDonald's de Chicago.

Fuera de su temperamento empresarial, no hay dos socios extranjeros que tengan antecedentes iguales, ni siquiera acuerdos iguales con McDonald's. Paul Lederhausen, el primer concesionario en Suecia, donde hay 20 restaurantes, era vendedor al por mayor de equipos para restaurantes de fabricación norteamericana, que descubrió a McDonald's en uno de sus viajes a los Estados Unidos; Daniel Ng, socio y propietario de un 25 por ciento de McDonald's en Hong Kong, donde hay 28 restaurantes, era ingeniero químico; durante siete años realizó investigaciones en el famoso Instituto de Tecnología del Gas, de Chicago, antes de regresar a Hong Kong, de donde es oriundo, y se convirtió en inversionista; Robert Kwan, el socio inversionista en Singapur con 16 restaurantes, tenía un pequeño negocio de juguetes al por mayor antes de adquirir una parte de McDonald's de Singapur; Peter Rodenbeck, socio en Río de Janeiro, era banquero inversionista en esa ciudad; George Yang, el socio de Filipinas, tenía tres joyerías en aquel país; Saul Kahan, que entró con un 50 por ciento en la operación en México, era gerente de ventas de automóviles nuevos en Ciudad de México; y Lorenzo

Bustillo, el socio de Venezuela, gerenciaba un negocio de importación y exportación de la familia. Obviamente, en la elección de propietarios-administradores en el extranjero McDonald's aplicó una de las lecciones más importantes que había aprendido en los Estados Unidos: Los empresarios de otros campos lo hacen bien en McDonald's, mientras que los hosteleros profesionales a menudo fracasan.

En los países de habla inglesa McDonald's aprovechó la oportunidad de hacer contratos de asociación con empresarios que conocían muy bien el sistema: Sus concesionarios norteamericanos. Bob Rhea, viejo amigo de Turner y concesionario de cinco restaurantes en Cleveland, se hizo socio para explotar el negocio en Inglaterra; y Donn Wilson, operador de seis unidades en Dayton, se convirtió en director gerente de McDonald's en Australia. Pero en ambos casos la compañía tuvo buen cuidado de incluir una influencia nativa. Geoffrey Wade, inversionista inglés, experto en bienes raíces, adquirió un interés minoritario en la compañía inglesa; y en Australia, Wilson escogió a un australiano, Peter Ritchie, también especialista en bienes raíces, como su segundo. Cuando Wilson renunció al cargo de director gerente en 1974, Ritchie le sucedió.

Aun en los casos en que McDonald's entró en un mercado extranjero con una filial totalmente de su propiedad, implantó el control local y la autonomía. Para manejar su filial alemana escogió a un experimentado ejecutivo holandés de servicio de comidas, llamado Tony Klaus. Este y varios altos gerentes internacionales perecieron en un accidente aéreo en los Alpes suizos, y entonces McDonald's, en lugar de mandar un reemplazo veterano de los Estados Unidos, ascendió al cargo de director gerente a un joven alemán, gerente de operaciones, que todavía no tenía experiencia: Walter Rettenwender. Este, a los 27 años de edad, empuñó el timón de la filial alemana que era ya la tercera en importancia de las operaciones de McDonald's en el exterior, con 42 restaurantes y ventas anuales superiores a US $40 000 000.

A pesar de la diversidad de sus antecedentes, los directores gerentes de McDonald's en el exterior siempre tienen algunas características en común que arrojan luz sobre el éxito de la compañía en otros países. Por ejemplo, la mayor parte de los socios internacionales son extranjeros de nacimiento pero no son tradicionalistas en sus países de origen. Por el contrario, tienen afinidad con las prácticas comerciales norteamericanas y con los empresarios de los Estados Unidos, y casi todos han vivido bastante tiempo en este país.

Dice el concesionario sueco Lederhausen, que conoció un McDonald's en Greenville, Carolina del Sur, donde se fabricaba el equipo de asado que él vendía en Suecia: "Visitar a los Estados Unidos fue como recibir una inyección de vitaminas. Los norteamericanos me parecieron más despiertos, más dinámicos, más dispuestos a ensayar cosas nuevas". Y Ritchie, el presidente de la compañía australiana, fue a trabajar con McDonald's porque quería vincularse con un negocio norteamericano. "Siempre he admirado a los Estados Unidos por la manera en que hacen las cosas" dice. "Las compañías norteamericanas me parecen más eficientes y más emprendedoras que las australianas".

McDonald's logró atraer en el exterior el mismo tipo de empresarios independientes que Kroc reclutó en los primeros años de la cadena: personas dispuestas a correr un gran riesgo para introducir comidas y sistemas desconocidos en su país. Ng recuerda que cuando les dijo a sus amigos de Hong Kong que iba a abandonar el negocio de inversiones para pasarse al de comidas rápidas, "el pesimismo era general. Todos decían que los chinos comen arroz y no hamburguesas. Pero como yo soy chino, sabía que mis compatriotas por lo menos no detestan la carne, y llegué a la conclusión de que suministrando un producto de la mejor calidad, en un ambiente aseado y a precio razonable, podría tener éxito". Cuando Lederhausen abandonó su lucrativo negocio de equipos para restaurantes e invirtió todas sus economías en desarrollar a McDonald's en Suecia, encontró el mismo escepticismo... y tampoco hizo caso. Sus antiguos clientes le decían que los suecos no comerían hamburguesas, y los periódicos preguntaban para qué quería introducir en el país "comida plástica". El contestaba: "Las hamburguesas son comida sana, lo mismo que las albóndigas suecas, sólo que son planas".

Asociándose en el exterior con empresarios locales, McDonald's se colocó en una espléndida posición para operar como minorista local, evitando la desagradable imagen de una multinacional americana que quería acaparar los mercados mundiales. Eso era vital porque el comercio al por menor es por naturaleza una actividad local, y McDonald's era especialmente vulnerable porque pretendía cambiar un aspecto de la cultura nativa: lo que la gente come. Brent Cameron, ex vicepresidente ejecutivo y segundo presidente de McDonald's International, dice: "No presentamos nuestra operación internacional como una compañía norteamericana porque en el exterior el público se resiente de que los norteamericanos se apoderen de sus negocios locales. Nosotros mismos no habíamos experimentado lo que es esta sensibilidad hasta que los árabes vinieron y comenzaron a comprarnos nuestros propios negocios".

Pero la expansión con socios locales es sólo la mitad del secreto. La otra mitad es darles a esos socios libertad casi completa para manejar su mercado como mejor les parezca. "Otros individuos que manejan filiales americanas en Australia no pueden creer que yo tenga tanta autonomía", dice Ritchie, "y yo mismo me sorprendo".

A veces Ritchie ha vacilado en ejercer todo el poder que tiene. Aunque está facultado para negociar bienes raíces sin intervención de Chicago, hace poco se creyó obligado a obtener la aprobación personal de Turner para comprar un local en el centro de Sydney porque se trataba de un negocio muy grande, aun para McDonald's: valía US $4 500 000. Eso era el doble o el triple de lo que costaban los sitios más caros en Europa. Así que cuando Turner estuvo de visita en Australia, Ritchie lo llevó varias veces a mostrarle el local. Después de tanta inspección, Turner al fin rompió el silencio que había guardado hasta entonces y le dijo: "¿Para qué me muestra esto? En diez años usted no ha pedido aprobación para ninguna compra de propiedades. ¿Por qué empezar ahora?"

Al concederles tanta libertad a sus socios extranjeros, McDonald's estaba eligiendo la acción en vez de la revisión burocrática, y les estaba permitiendo a los jóvenes ejecutivos extranjeros aprender de sus propios errores. Rettenwender dice que en Alemania los gerentes de otras cadenas de comidas rápidas de propiedad norteamericana invariablemente tienen que obtener aprobación de sus decisiones por intermedio de varios niveles de funcionarios de la casa matriz. El, en cambio, a los 27 años recibió completa autonomía para resolver por sí mismo cómo gastar el presupuesto de publicidad, qué productos promover, cuántos nuevos restaurantes debía inaugurar, y qué propiedades comprar. "Me dieron la responsabilidad antes de estar realmente preparado para ella", dice, "pero así uno se adapta pronto al puesto. Es como enseñarle a uno a nadar empujándolo al agua. Al principio casi se ahoga, pero luego nada libremente —*Freischwimmen*".

Incluso cuando las decisiones de sus socios extranjeros son contrarias al parecer de los gerentes de Chicago, McDonald's generalmente cede, sobre todo en las áreas de mercadeo. Claro que para McDonald's no era cosa nueva darles bastante libertad a sus concesionarios en este campo, pero los administradores extranjeros la necesitaban más aún, debido a las diferencias culturales en esos mercados.

Den Fujita utilizó esa libertad para dar la impresión de que McDonald's era poco menos que un invento japonés. La casa matriz podía hacerle sugerencias, pero la decisión final se la reservaba él. Por ejemplo, la oficina de Chicago quiso que la filial japonesa tomara parte en la promoción internacional de un juego de fútbol. Fujita se negó terminantemente, alegando que en el Japón el fútbol no es un deporte popular, pero sin embargo envió a la sede un télex que decía: "En cuanto al fútbol, lo pensaremos seriamente". Los gerentes de McDonald's ya habían aprendido hacía tiempo cómo es la fraseología japonesa, y entendieron perfectamente lo que les quería decir. "Nosotros no acostumbramos decir que no", explica Fujita; "de manera que cuando yo comunico a Chicago que lo pensaremos seriamente, eso quiere decir: Váyanse a la porra".

Fujita mantuvo intacto el sistema McDonald's, pero algunos de los directores gerentes en el extranjero no siguieron su ejemplo al principio sino que aprovecharon su autonomía para introducir en el menú y en el diseño de los restaurantes cambios que ningún concesionario podía hacer en los Estados Unidos. En Australia, para adaptar la carta a los gustos locales, Ritchie ofreció inicialmente pescado y papas fritas, el *fish and chips* de los ingleses, en lugar del emparedado corriente de filete de pescado que se sirve en McDonald's. El producto de mayor venta no era una hamburguesa sino un plato de pollo desconocido en McDonald's de los Estados Unidos, pero que en un momento dado llegó a constituir el 30 por ciento de las ventas en Australia. Y la hamburguesa más popular llevaba lechuga, tomate y mayonesa, como la prefieren los australianos. En cambio, la hamburguesa corriente de McDonald's, adornada con pepinillos, cebolla, salsa de tomate y mostaza, representaba apenas el 1 por ciento de las ventas.

Pero poco a poco los gerentes australianos aprendieron lo que ya había aprendido antes Fujita: que McDonald's tenía mejor suerte modificando los hábitos locales de alimentación que adaptando su menú a ellos. Hoy las unidades McDonald's en Australia venden la misma clase de hamburguesas que vende la cadena en los Estados Unidos. El pollo frito ha sido reemplazado por los Chicken McNuggets, y la hamburguesa con lechuga y tomate y el pescado con papas fritas a la inglesa se sacaron del menú. Ritchie calcula que ya menos del 5 por ciento de sus parroquianos retiran el pepinillo de la hamburguesa como hacían antes. Este cambio lo atribuye a la influencia que McDonald's ejerce en los niños, cuyo paladar no tiene aún prejuicios contra el menú norteamericano. A medida que los niños crecían, ese menú iba ganando adeptos, y cuando finalmente McDonald's de Australia suprimió las modificaciones que había hecho inicialmente, empezó a realizar utilidades después de ocho años consecutivos de sufrir pérdidas.

McDonald's de Alemania siguió el mismo proceso de aprendizaje, sólo que en mayor escala. Como el mercado estaba tan apegado a las tradiciones, la compañía se sintió obligada al principio a modificar el menú y el aspecto de los restaurantes para ponerlos más a tono con los gustos germanos. En Alemania un *Hamburger* no es una cosa de comer sino un residente en Hamburgo. Panecillos duros hay en todas partes, pero los blandos y esponjosos en que se sirven las hamburguesas no se conocían. Los batidos de leche eran con algún sabor agregado, y cuando McDonald's presentó su famosa malteada, los consumidores alemanes se quejaron... porque estaba helada.

Para adaptarse a esa diferencia de costumbres, McDonald's entró en el mercado alemán en 1971 con un menú modificado, en el cual figuraban pechugas de pollo fritas para reducir el choque cultural. La bebida nacional, la cerveza, se agregó en todas las unidades, y los gerentes hasta pensaron en ofrecer *Bratwurst*.* A los restaurantes se les dio aspecto alemán por temor de que el diseño típico americano de un puesto de comida rápida fuera criticado como artificial. Así, pues, los interiores se hicieron de colores oscuros, mucha madera, e iluminación de baja intensidad. Como los arrendamientos eran tres o cuatro veces superio-

---

* Salchicha asada (*N. del Ed.*).

res a los de los inmuebles de los Estados Unidos, se escogieron locales pequeños, con cabida para unas cuarenta personas en vez de cien, que es lo corriente. Incluso en los más amplios, el espacio de comedor se dividió con tabiques de madera para conservar el ambiente oscuro y confortable que los bávaros llaman *gemütlich*.* En Munich había una unidad que parecía una copia de una cervecería alemana.

Estos cambios, por más que les dieran a los restaurantes un aspecto alemán, no armonizaban con lo que es McDonald's. Como el pollo no entraba entonces en el menú norteamericano, la empresa no había automatizado su preparación, y el que se servía en los McDonald's alemanes no era de una calidad uniforme. La cerveza, que se expendía con un precio inferior al de las tabernas, atrajo a muchos jóvenes, inclusive pandillas de motociclistas, pero los interiores oscuros y el ambiente de intimidad no atraían al sector del mercado que más buscaba McDonald's: las familias. En Baviera, donde McDonald's echó raíces, existían muchísimos restaurantes, pero no para familias. "El público alemán no ama a los niños", observa Rettenwender. "Hay restaurantes donde se recibe mejor a un perro que a un niño. Por desgracia nuestros primeros restaurantes tampoco estaban orientados a la infancia".

Sólo cuando las unidades McDonald's en Alemania se empezaron a parecer más a las norteamericanas, subió el volumen de ventas. En una visita a Alemania, a Ray Kroc lo impresionaron los interiores tan oscuros, y entonces se modificaron para darles más luz. Se prescindió de tanta madera, se retiraron los tabiques, las paredes se pintaron de colores alegres y se mejoró la iluminación. Después se construyeron también restaurantes más grandes. Para atraer más a las familias se colocaron a la vista sillas altas para niños y se adoptaron también todos los medios clásicos de McDonald's para llamar la atención de la gente menuda, desde patios de diversiones de Ronald McDonald hasta clubs de cumpleaños.

El menú también volvió a ser el normal de McDonald's, con la eliminación del pollo y la introducción de la hamburguesa de un cuarto de libra. En dos terceras partes de los 230 puestos McDonald's que

---

* Agradable, confortable, íntimo, familiar (*N. del Ed.*).

hay en Alemania se sigue sirviendo cerveza, pero sólo porque los locales de muchas de las unidades iniciales son de propiedad de compañías cerveceras, y éstas para arrendarlos insisten en que se venda su producto. Con todo, el precio de la cerveza es más alto que el que se cobra en las cervecerías con objeto de evitar el aspecto de guaridas de adolescentes; la cerveza sólo representa un 2 por ciento de las ventas, y en los restaurantes nuevos no se expende en absoluto. Con estas medidas, las unidades alemanas que antes mostraban bajos volúmenes de ventas empezaron a alcanzar los promedios de los norteamericanos. Y McDonald's de Alemania, que no dio utilidades durante sus primeros seis años, obtuvo en 1985 utilidades, antes de impuestos, de US$15 000 000, más del doble de las que obtuvo en 1980. "Parece que no resultaba ninguna desviación que hiciéramos de las normas de McDonald's", explica Rettenwender. "Comprendimos que era mejor ceñirnos al sistema y, si era preciso, esperar a que el consumidor alemán lo aceptara".

No fueron las experiencias de Australia y Alemania únicas por este aspecto. McDonald's aprendió que *únicamente* podía tener éxito en el extranjero conservando el mismo menú y el mismo diseño de sus restaurantes que habían tenido éxito en los Estados Unidos. Dice Steve Barnes, presidente de la junta directiva de McDonald's International: "McDonald's es un sistema norteamericano de comidas. Si vamos a otro país e incorporamos sus productos alimenticios en nuestro menú, perdemos nuestra identidad. No somos ni chicha ni limonada".

En lugar de cambiar el menú de sus restaurantes, los socios extranjeros de McDonald's hicieron cambios importantes en la comercialización para imponer el sistema norteamericano. Entre otras cosas, la publicidad volvió a lo básico, a lo que se hacía en los años 50, cuando incluso en los Estados Unidos McDonald's tenía que explicar qué cosa es un sistema de comidas rápidas y cómo funciona.

Se fue más lejos aún. En Alemania, por ejemplo, la hamburguesa se introdujo con carteles y anuncios en los periódicos que la proclamaban "la idea más revolucionaria desde el bistec", y grandes diagramas con flechas que indicaban los diversos ingredientes. Se hicieron innovaciones que después se adoptaron también en los Estados Unidos. Hoy es común que McDonald's utilice fotografías de sus productos en el menú que se fija en una cartelera a la entrada del restaurante, y en las carpetas que se ponen en las bandejas de servir, pero ambas cosas tuvieron su origen en los McDonald's alemanes. Jurgen Knauss, director gerente de la agencia de publicidad de McDonald's en Alemania, dice: "En los Estados Unidos los anuncios tenían que distinguir entre McDonald's y sus competidores, pero en Alemania no había competidores. Todo nuestro concepto promocional tenía que basarse en explicar una serie desconocida de productos alimenticios".

Se produjeron anuncios enteramente nuevos para el mercado alemán, no simples adaptaciones de los anuncios americanos. La compañía alemana hace el 60 por ciento de su publicidad en medios impresos y carteles, que la cadena usa poco en los Estados Unidos. Pero como la televisión alemana sólo permite anuncios en cuatro segmentos de cinco minutos al día, es obvio que este medio no puede ser el dominante, y McDonald's utiliza los cinematógrafos casi tanto como la televisión.

Lo más importante es que el estilo de la publicidad se hizo característicamente europeo, prefiriendo ideas que rayan con la fantasía a dosis de puro realismo, y el humorismo al tono serio o jactancioso. "En los Estados Unidos todo se pone por las nubes como *lo mejor*", dice Knauss. "Nosotros tratamos de darle a McDonald's una personalidad europea haciéndole entender al consumidor que no nos tomamos demasiado en serio". Por ejemplo, al presentar en la televisión los Chicken McNuggets, salía un actor de vestido blanco cantando en alemán la canción temática de McDonald's, pero no como la debe cantar un hombre sino como la cantaría un pollo.

En un anuncio de página entera, que forma parte de una serie que recuerda la del "escarabajo" de la Volkswagen de los años 60, McDonald's abiertamente rectifica errores alemanes de apreciación acerca de la cadena, sosteniendo, entre otras cosas, que ésta no es una típica multinacional americana sino más bien el producto de concesionarios alemanes, trabajadores alemanes, y comida producida en el país. En uno de los anuncios se presenta a uno de los 150 concesionarios alemanes acompañado de su esposa y su hija y el perrito de la familia, con la satírica leyenda: "El típico gran negocio americano". En otro, aparece un ejecutivo en un elegante restaurante alemán con la corbata metida dentro de la sopa, y esta leyenda: "Todos los hábitos de comida tienen sus problemas". Knauss explica: "Queríamos darles un golpe en el plexo solar a nuestros opositores".

En Inglaterra se le presentaba al gerente de McDonald's, Bob Rhea, una situación de mercadeo enteramente distinta. La hamburguesa era bien conocida, demasiado conocida, como un producto de mala calidad. "Las que se servían aquí eran tan malas que cualquier cosa tenía que ser mejor", dice Rhea. "Sin embargo, una hamburguesa de origen norteamericano se podía considerar un producto superior porque los norteamericanos eran expertos en prepararla". Y así la presentó.

Comidas de bajo precio se conseguían en incontables puestos de pescado y papas y en centenares de restaurantes Wimpy de hamburguesas y tabernas en toda Inglaterra, pero la calidad era tan mala que algunos expertos locales le dijeron a Rhea que los consumidores ingleses obviamente no exigían (ni merecían) nada mejor. Rhea no pensaba así. "Me parecía que al pueblo inglés lo estaban defraudando con la mala calidad de la alimentación en los comederos baratos", dice. "Y absolutamente nadie se había preocupado por ofrecerle servicio de comida al mercado de las familias. Había un gran vacío que nosotros podíamos llenar".

Antes de celebrar con McDonald's su contrato de asociación para Inglaterra, en 1974, Rhea y su mujer, Ida, visitaron los McDonald's de Alemania, y él vio que duplicar en su país aquellos pequeños locales no daría la imagen de calidad que buscaba. Ida estuvo de acuerdo y le dijo a su marido: "Construyamos algo de que podamos enorgullecernos. Si hemos de quebrar, empecemos de una vez".

Rhea tuvo que hacerle frente al mismo problema de los elevados costos de los inmuebles que McDonald's tenía que pagar en Alemania, pero en lugar de construir restaurantes pequeños, su solución fue construirlos tan grandes como los norteamericanos, y a veces hasta más grandes. También los hizo más vistosos de lo que se hubiera creído posible, muchos con fachadas de mármol y, siguiendo una sugerencia de Ray Kroc, rodeados de arriates con flores vivas. Pero los toques finales estaban reservados al interior. Por todas partes se instalaron barandillas de bronce y paredes de espejos. Muebles de roble y caoba reemplazaron a los de plástico, y los cojines de los asientos se hicieron de telas plastificadas en lugar de puro vinilo. Pinturas murales, paneles de tapicería y otros adornos de pared fueron cosa corriente, y en algunas de las unidades mayores se vieron hasta arañas y colgaduras. Cuando abrió su décimo McDonald's, Rhea estaba tan dedicado a mejorar los interiores que contrató un diseñador de tiempo completo.

A pesar de todo esto, y a diferencia de los primeros McDonald's de Alemania, los de Inglaterra sí parecían McDonald's auténticos — los mejores que se hubieran construido jamás. También resultaron los más caros: su costo de construcción y equipamiento era de US $2 000 000 o más — tres o cuatro veces lo que McDonald's pagaba en los Estados Unidos a mediados de los años 70. Tan caros eran que en todo el sistema los bautizaron "los monumentos de Rhea". Pero desde el principio Rhea había llegado a la conclusión de que la única manera de establecer a McDonald's en Inglaterra era construir restaurantes mejores y pagar su costo generando un gran volumen de ventas. "Quise entrar en el mercado causando sensación para contrarrestar la mala reputación de la hamburguesa local", explica Rhea.

Al principio esa misma sensación casi lo ahoga. Los super restaurantes no conquistaron inmediatamente al conservador público británico. Las porciones que las tabernas servían de aquella comida que tan mala le parecía a Rhea, eran grandes en comparación con lo que servía McDonald's. "La gente nos preguntaba: ¿Cuánto me dan con mi pedido?" recuerda Paul Preston, un norteamericano que había trabajado con Rhea en Cleveland y gerenció el primer restaurante inglés, en Woolich, a 16 kilómetros del centro de Londres. Preston, hoy director gerente de McDonald's de Inglaterra, dice que a los ingleses les interesaba obtener determinado valor por su dinero, "pero la idea de cantidad entraba por mucho en el tradicional concepto de valor, y el consumidor no recibía tanta cantidad en McDonald's como en las tabernas".

El restaurante de Woolich parecía un desastre. El primer año sus ventas brutas apenas llegaron a US $300 000 — la mitad de lo que vendían en promedio los restaurantes norteamericanos con una inversión mucho menor — y sus pérdidas pasaron de US $150 000. No fue mejor el resultado del segundo restaurante, así que Rhea, desesperado, se dedicó a hacer promociones regalando las cosas. Esto atraía mucha gente que iba una vez y no volvía. A veces resultó contraproducente. Cuando McDonald's les ofreció malteadas gratis a los niños que asistían a una matinée en un cinematógrafo cercano, el restaurante se vio inundado por más de 300 chiquillos. "Nuestros clientes adultos quedaron atrapados adentro", recuerda Rhea. "No podíamos hacer las malteadas con suficiente rapidez, y les dimos a los chicos cuanto quisieron con tal que se salieran".

En total, la compañía inglesa perdió US$10 000 000 en los primeros cinco años, pero Rhea no quiso suspender sus extravagantes construcciones. Por el contrario, en 1976 empezó a construir nuevos restaurantes en locales más costosos todavía, en el West End de Londres, que es el centro de compras, de teatros y de turismo. Allí aprendió lo que Fujita había aprendido cinco años antes: que cualquiera sea el costo, a McDonald's le iba mejor entrando en un país nuevo por los sectores más visibles y comerciales del centro de las ciudades.

Los restaurantes del West End resultaron rentables desde el principio, y esto a su vez justificó que Rhea utilizara la televisión. Ya sabía exactamente cuál era el vacío que McDonald's tenía que llenar, y los comerciales de 30 segundos estaban repletos de mensajes que iban directamente al grano. Todos recomendaban las malteadas de McDonald's que causaron sensación desde el principio en Inglaterra, en parte porque satisfacían el gusto inglés por lo dulce y en parte porque parecían superiores a los batidos de leche que antes tomaban los ingleses. Los comerciales también elogiaban las "papas fritas tostadas", que eran muy distintas de las papas fofas que servían en los puestos de pescado. Y siempre estimulaban la práctica de comprar para llevar fuera, pues la única manera de generar ventas superiores al promedio era aprovechar la ventaja que obtenían los clientes con los pedidos de llevar, sobre los cuales no se pagaba el impuesto de 15 por ciento que grava las comidas que se consumen en el restaurante. Pero ante todo, los anuncios por televisión colocaban a McDonald's en todo el centro del gran vacío del mercado: el segmento de las familias.

Esta propaganda — con música original y un tema orientado a la calidad ("Hay una diferencia en McDonald's") — ejerció un impacto inmediato. Hasta en los puestos iniciales de bajas ventas, éstas subieron el 10 por ciento de la noche a la mañana. De ahí en adelante Rhea le dedicó a la TV casi todos sus fondos de mercadeo, y las ventas siguieron creciendo. Estimulada por esta tendencia, la compañía McDonald's de Inglaterra construyó en 1977 quince restaurantes, más del doble de los que existían, y posteriormente en ningún año ha construido menos. A mediados de 1986 tenía 200 unidades, y Rhea cosechó ampliamente el fruto de su atrevimiento, pues McDonald's Corporation le compró su 45 por ciento de participación en US $38 000 000. Sin duda las afirmaciones que hacían los operadores de servicios de comidas, en el sentido de que en Inglaterra los consumidores no le guardaban lealtad a un comercio resultaron tan infundadas como las predicciones de que un inglés que se respete no come sino con tenedor y cuchillo. "Resultó que los consumidores ingleses no se diferencian de los del resto del mundo", dice Rhea. "Y la universalidad del gusto por las hamburguesas de McDonald's es sorprendente".

Sin embargo, resolver los problemas locales de mercadeo en el extranjero no fue tan difícil y complicado como encontrar una solución para los que planteaba el sistema de abastecimiento de alimentos en otros países. Cuando McDonald's llevó al exterior su concepto de comidas rápidas, se encontró con una industria de procesamiento de alimentos que estaba a una distancia de años luz de la red que ella había organizado con tanto cuidado en los Estados Unidos.

Los procesadores extranjeros carecían hasta de las habilidades elementales que en los Estados Unidos eran comunes y corrientes, pues allí, aun antes de McDonald's, los elaboradores tenían capacidad para efectuar una producción automatizada y de gran volumen. En Europa los panaderos no estaban acostumbrados a hacer pan en las grandes cantidades que McDonald's necesitaba, y su idea de calidad era enteramente distinta. Durante centenares de años habían producido panecillos tostados por encima, de forma irregular y con grandes bolsas de aire — resultado de una mezcla de menor costo con mayor contenido de agua. McDonald's exigía algo que ellos nunca habían visto: panecillos blandos, uniformes, con más sabor.

La situación era igual con los demás alimentos. Las plantas de carne no sabían nada de producción de hamburguesas en gran volumen, para no hablar de métodos criogénicos de congelación. Las plantas lecheras no tenían el mismo nivel de sanidad. Y, desde luego, no existía nada que se pareciera a una línea de producción de papas fritas congeladas. Steve Barnes observa: "Los Estados Unidos les llevaban veinticinco años de adelanto a muchos de nuestros mercados extranjeros en todos los aspectos de producción de alimentos — cultivo, procesamiento, distribución".

También había grandes diferencias en cuanto a materias primas. La mayor parte del ganado europeo era alimentado con pasto, mientras que en los Estados Unidos McDonald's disponía de una mezcla de animales alimentados con granos y con pasto. Las papas Russet — las mejores para freír — no se daban sino en Norteamérica. Pero la diferencia más grande estaba en la actitud que encontró McDonald's entre los productores extranjeros de víveres. La mayor parte de ellos consideraban las normas de calidad de McDonald's "demasiado buenas para los consumidores", recuerda Barnes, y agrega: "Nos preguntaban por qué queríamos *malenseñar* a la gente. Esto lo oí en boca de alemanes, ingleses y franceses, a quienes yo creía devotos de la buena calidad".

Fue una experiencia interesante. En otras industrias, los productores europeos tenían la reputación de "calidad del viejo mundo", pero cuando McDonald's entró en el mercado europeo, se vio ante la alternativa de, o bien importar la mayor parte de los artículos alimenticios, o bien de reconstruir la red de abastecimiento en Europa.

Algunos de sus socios extranjeros optaron por lo primero. Luchando por mejorar la imagen de la hamburguesa en Inglaterra, Rhea no quiso rebajar las normas de calidad que había observado en sus restaurantes de Ohio. Tampoco estaba dispuesto a retrasar el desarrollo del mercado inglés por darles tiempo a los proveedores locales de modernizarse, de manera que al principio importó de los Estados Unidos parte de los artículos alimenticios y los equipos de cocina. Una huelga en los muelles interrumpió una vez el abastecimiento marítimo, pero entonces llevó por vía aérea papas congeladas del proveedor canadiense de McDonald's, para no tener que echar mano del producto local que consideraba inferior. "Nos convertimos en grandes importadores", dice. "Estábamos resueltos a duplicar el sistema McDonald's tal como era en los Estados Unidos, o morir en la demanda".

Sin embargo, la estrategia de importación no podía sostenerse porque hacía subir algunos costos en un 35 por ciento. Con el tiempo, tanto Rhea como los demás socios de McDonald's adoptaron la política de mejorar la calidad de los víveres y los equipos producidos localmente en lugar de importarlos. Ingenieros diseñadores de McDonald's y de sus proveedores norteamericanos de equipos empezaron a reunirse con fabricantes de todo el mundo para ayudarles a producir equipos de cocina según las especificaciones de la cadena. Los proveedores de alimentos del sistema en los Estados Unidos les prestaron análoga asistencia técnica a procesadores extranjeros escogidos para abastecer a McDonald's en el exterior. Como incentivo para que los abastecedores extranjeros mejoraran sus operaciones, McDonald's cubrió el costo de capital del nuevo equipo de producción, permitiéndoles a los proveedores pagar las mejoras a largo plazo con las mismas ganancias generadas por el negocio con McDonald's.

Cuando no se encontraban proveedores locales, o los que había se negaban a seguir las indicaciones de McDonald's para mejorar sus instalaciones y productos, la cadena apeló a sus proveedores en los Estados Unidos para que construyeran instalaciones en otros países. A veces la misma McDonald's se hizo socia de tales operaciones. Cuando Jack Simplot estableció en Alemania una línea de producción de papas fritas para abastecer a los restaurantes europeos, McDonald's invirtió US$2 000 000 para construir las instalaciones de almacenamiento de papas más grandes y modernas de Europa. Y después de gastar meses tratando inútilmente de convencer a la panadería que la abastecía en Inglaterra de que modernizara su planta para producir un panecillo más uniforme para las hamburguesas, McDonald's de Inglaterra se metió en el negocio de panadería y construyó una planta mediante un contrato de asociación con un socio inglés y con Dick West, que tiene dos panaderías que abastecen a McDonald's en los Estados Unidos. Rhea construyó también una fábrica de extractos al lado de la panadería porque su proveedor local de ese artículo no cumplió los requerimientos de control de calidad que se le hicieron. Hasta en el negocio de distribución entró McDonald's en Inglaterra para remediar el incumplimiento de sus distribuidores locales. "La integración vertical de McDonald's en Inglaterra fue consecuencia directa de la negativa de la industria alimentaria británica a darnos lo que le pedíamos", asegura Rhea. "Podrían haber contado con todos nuestros negocios, pero les faltó la voluntad de correr el riesgo de invertir".

Mientras los especialistas en compras de McDonald's buscaban en todo el mundo procesadores de alimentos que estuvieran dispuestos a mejorar sus plantas, otros de sus investigadores trabajaban en colaboración con cultivadores y criadores extranjeros a fin de desarrollar materias primas más parecidas a las norteamericanas. Por ejemplo, la compañía logró que se dieran en España y en Australia las famosas papas Russet de Idaho, y las está ensayando en Polonia y en Holanda. Experimentó con diversas combinaciones de pastos en Europa tratando de obtener carne parecida a la de reses alimentadas con granos que emplea en los Estados Unidos. En Australia construyó establos de engorde con grano. Y hasta ha tratado — sin éxito — de promover la fijación libre de precios en el Japón eliminando las restricciones gubernamentales que hacen que la carne japonesa sea una de las más caras del mundo.

Si valerse de socios y proveedores extranjeros implica mucho tiempo y trabajo y grandes riesgos, también ofrecía algunas recompensas significativas. En países menos desarrollados y con posiciones comerciales débiles, McDonald's sólo podía tener acceso al mercado valiéndose de proveedores locales protegidos por aranceles prohibitivos contra los productos agrícolas de importación. También le convenía promover su menú como producido localmente. "Para ser aceptados en un país extranjero", dice Barnes "tenemos que ser reconocidos como una entidad que no está explotando la economía nacional. Todo lo que queremos exportar es nuestra tecnología".

De su conexión con operadores locales en los países extranjeros McDonald's obtuvo otras ventajas, fuera de las de mercadeo. Ellos la defendieron del antiamericanismo que se desató en todas partes a raíz de la guerra de Vietnam. Su gran crecimiento internacional la había convertido en símbolo destacado del comercio norteamericano, y si no hubiera sido por sus socios extranjeros, acaso no habría podido capear el temporal.

Los ataques más fuertes fueron los que sufrió en Suecia. A mediados del decenio de los 70, dos unidades de Lederhausen fueron golpeadas por bombas de humo y él mismo fue objeto de cartas amenazantes. Los periódicos criticaban a McDonald's por explotar a Suecia y corromper a la juventud con la introducción de costumbres americanas que se percibían como claramente dañinas para las "sanas" tradiciones suecas. Un periodista decía: "¿Necesitamos comida a granel en ambientes plásticos?"

Lederhausen se defendió vigorosamente escribiendo personalmente cartas a los periódicos para rectificar todos los comentarios perjudiciales sobre McDonald's. Pronunció discursos ante diversos grupos para justificar su posición. Hasta se presentó en los noticieros de televisión. Su mensaje era siempre el mismo: "Nuestro negocio es de propiedad nacional. Nos abastecen una panadería sueca, una compañía sueca de carnes, y nuestros distribuidores son suecos. Les damos empleo a 600 jóvenes suecos y pagamos jornales normales aprobados por los sindicatos. No tenemos nada que ocultar".

El prejuicio antiamericano lo explotaron también poderosos sindicatos, sobre todo en Irlanda y Australia, que querían reclutar a los trabajadores de McDonald's, no convenciéndolos a ellos sino presionando a los gerentes. Amenazaron con desatar una campaña de ataques antiamericanos contra la cadena si los gerentes no inscribían a sus trabajadores en los sindicatos. Pero los operadores locales dijeron que eso era chantaje y se negaron a cooperar.

Les sorprendió, sin embargo, la fuerza de la oposición sindicalista. En Australia el Sindicato de Asistentes de Taller combatió a McDonald's durante tres años. Se alió con otros sindicatos para interrumpir la entrega de víveres y suspender el flujo de energía eléctrica en los nuevos restaurantes. Demandó a la compañía ante la Corte Industrial para obligarla a abandonar su política de contratar jóvenes adolescentes. En sus periódicos y en la prensa general los sindicatos australianos lanzaron también una feroz campaña contra McDonald's combatiéndola por su aspecto más vulnerable, o sea su conexión con una compañía norteamericana. "Decían que estaba explotando a la juventud del país", recuerda Peter Ritchie, "y les pedían a los australianos «no dejar que estos americanos nos hagan tragar cochina comida plástica»". A tal punto llegó el antiamericanismo que cuando Ritchie ofreció patrocinar una Casa Ronald McDonald en el Real Hospital Infantil de Melbourne, la oferta fue rechazada como "puro comercialismo".

Cuando los sindicatos apelaron a tácticas parecidas en Irlanda, McDonald's los derrotó con un lema que reflejaba la propiedad y control local de sus restaurantes de Dublín: "Nuestro nombre será americano, pero somos todos irlandeses". (La verdad es que el nombre era irlandés: Los padres de Dick y Mac McDonald emigraron de Irlanda a los Estados Unidos.) En Australia Ritchie resolvió esgrimir el mismo argumento del control local ante un ataque sindical mucho más fuerte, pero empleando una táctica eficaz que nadie había empleado antes: Demandó a los dirigentes sindicales y a dos parlamentarios por difamación, y personalmente presentó el caso ante el público valiéndose de la prensa, la radio y la televisión. Sus argumentos en contra del sindicalismo obligatorio en Australia fueron eficaces porque los presentó como un australiano, no como gerente de una compañía norteamericana.

A finales del decenio de los 70, las presentaciones que hizo en público Ritchie y su descripción de McDonald's como una empresa minorista nacional habían vencido el desafío sindical. Los comentarios negativos de la prensa terminaron. Las teleaudiencias se mostraron abiertamente en favor de los argumentos de Ritchie. McDonald's siguió empleando principalmente adolescentes no sindicalizados. Y en 1981 se inauguró una Casa Ronald McDonald en el Hospital Infantil Alexandria, en Sydney. Ese año fue apoyada la compañía tan fervorosamente por el público, que al año siguiente los directores del Real Hospital Infantil de Melbourne fueron a buscar a Ritchie. Ahora sí querían, ellos también, una Casa Ronald McDonald.

La respuesta de Ritchie al desafío sindical contribuyó a mejorar las ventas, pues difundió la idea de que McDonald's en Australia era esencialmente una experiencia australiana, no una simple importación de un producto americano de comida rápida. En efecto, mientras se desarrollaba la batalla, la empresa por primera vez empezó a dar utilidades. Y sin embargo, al mismo tiempo que proyectaba una imagen nacionalista, Ritchie silenciosamente iba abandonando su menú australianizado. Sus clientes no sólo habían adquirido el gusto por el menú americano sino que lo habían adoptado como propio. Ritchie recuerda una carta que recibió de una señora australiana que acababa de regresar después de un viaje de tres semanas por la Unión Soviética. Le decía: "Me costó mucho trabajo tratar de acostumbrarme a la comida rusa; pero cuando llegamos a Francfort en el viaje de regreso, vimos un McDonald's. Aquello fue como estar otra vez en casa".

Es posible que futuros visitantes a la Unión Soviética también se sientan allá como en su casa, gracias a McDonald's. En 1980 la compañía canadiense estuvo negociando con los Soviets para poner un McDonald's en Moscú con ocasión de las Olimpiadas. Por entonces no se logró nada, pero el gerente canadiense George Cohon no ha abandonado la idea. Quizá tarde años en desarrollarla; a McDonald's nunca le ha faltado paciencia en sus esfuerzos por exportar su sistema. Otros competidores se han retirado de los mercados extranjeros después de las pérdidas iniciales, pero ella no se ha retirado nunca de ninguno. En Holanda, donde empezó su mercadeo internacional, tardó doce años en producir utilidades. En promedio, la cadena ha esperado nueve años a que cada aventura internacional salga al otro lado. Se ha aferrado a sus mercados a pesar de contratiempos desastrosos. Después del fracaso de la sociedad Gibson-Goldstein en el Caribe, McDonald's volvió a esos mercados trabajando con los concesionarios existentes y con otros nuevos, que ahora manejan unidades rentables en Puerto Rico, Costa Rica y Panamá. Hasta sus tres puestos en El Salvador siguen funcionando a pesar de la guerra civil.

La suprema confianza que tiene McDonald's en que los mercados extranjeros aceptarán a la larga su menú americano ha sorprendido a sus mismos socios internacionales. Cuando McDonald's sufrió en Inglaterra grandes pérdidas al comienzo, Bob Rhea se vio expuesto a perder US $1 700 000 que había ganado en la venta de sus cinco restaurantes de Ohio. Si él moría, su familia quedaría en la miseria. Le contó estas preocupaciones a Ed Schmitt, vicepresidente de la junta directiva, y obtuvo un apoyo inmediato: una póliza de seguro de vida por US $2 000 000 pagada por McDonald's. Parecido fue el caso de Ritchie, quien después de construir cuarenta restaurantes en Australia no tenía otra cosa que mostrar que pérdidas por valor de US $6 000 000. El porvenir de la asociación le inspiraba serias dudas, y hasta llegó a sugerir que McDonald's vendiera la mitad para repartir el riesgo con otros inversionistas, pero Turner no quiso. Lo que hizo fue llevar a los altos ejecutivos australianos al Canadá para que hablaran con los de Cohon y se enteraran de lo que había perdido McDonald's del Canadá en sus primeros años. Turner les daba a entender que McDonald's está en el mercado para largo tiempo, y que si los operadores australianos observaban las normas básicas de calidad, servicio, aseo y valor, las ventas subirían con el tiempo. "No se asustaron", dice Ritchie. "Sólo me dijeron que yo tenía que tener el valor de seguir adelante".

Esa paciencia está dando ahora grandes dividendos. En 1985 McDonald's de Australia produjo utilidades de operación de US $6 000 000, provenientes de sus 164 restaurantes. En general, el sistema obtiene hoy ganancias en la mayoría de los 41 países donde opera. En cada mercado nuevo, la resistencia inicial al menú de McDonald's es menor, tal vez porque su sistema de comidas rápidas se reconoce ya como un fenómeno internacional más bien que como una creación americana. Cualquiera que sea la razón, las utilidades de nuevos mercados extranjeros se están recibiendo más pronto, a veces con el primer restaurante. Después de cinco años de buscar un socio idóneo y la aprobación oficial, McDonald's entró con gran despliegue en Taiwán en 1984. En el primer año las ventas de su primer restaurante en la isla llegaron a US $3 700 000, o sea que se colocó entre los diez de mayores ventas del sistema en todo el mundo. Hoy Taiwán es uno de sus mercados de mayor crecimiento. Dos años después de abrir su primer restaurante, David Sun, antiguo vendedor de programas de computador y hoy socio de McDonald's en Taiwán, tiene 12 restaurantes.

Pero McDonald's apenas ha raspado la superficie del mercado internacional. Parece que en la actualidad está entrando en una segunda fase de desarrollo, parecida a la etapa de expansión que se inició en los Estados Unidos cuando Turner asumió la presidencia. Después de agregar unos pocos mercados extranjeros en los primeros años del decenio de los 80, McDonald's se está extendiendo prodigiosamente a partir de su base inicial. En sólo 1985 se abrieron nuevos restaurantes en México, Tailandia, Italia, Venezuela, Luxemburgo y Bermuda. Y en 1986 estaban en lista Corea del Sur, Turquía, Argentina y Yugoslavia.

Este nuevo esfuerzo lleva a McDonald's más allá de los mayores y mejor establecidos mercados de clase media, e incluye la primera tentativa de una cadena de comidas rápidas de establecerse en un país comunista. Es probable que el primer restaurante se abra en el mercado comunista más hospitalario (Belgrado, Yugoslavia), pero de todas maneras esto sugiere que la extraordinaria flexibilidad de McDonald's es capaz de vencer no sólo las diferencias culturales sino también las políticas y económicas. Puesto que en Yugoslavia toda la propiedad pertenece al Estado y todos los negocios pertenecen a los trabajadores, la economía del país es diametralmente opuesta al sistema en el cual McDonald's echó sus raíces.

Sin embargo, la compañía encontró la manera de salvar la diferencia. Su primera unidad yugoslava será manejada mediante un contrato de asociación entre McDonald's y Prokupac, compañía procesadora de alimentos de propiedad de los trabajadores. Técnicamente McDonald's no tiene un derecho patrimonial en la sociedad, pero sí el derecho de recibir el 50 por ciento de los dividendos que declaren los gerentes y trabajadores del restaurante McDonald's. En el fondo, la compañía está participando en una empresa socialista.

Al mismo tiempo está introduciendo su propio estilo empresarial en un país que tiene una de las formas más liberales de marxismo en el mundo. Los dos primeros restaurantes en Yugoslavia serán manejados por la asociación McDonald's — Prokupac, pero en unidades adicionales se incluirá a un tercero, un empresario-administrador local. "Yugoslavia ha aceptado el concepto de que ese tercero recibirá una tercera parte de lo que quede después de deducir de las ventas todos los gastos", dice Turner. "Eso no se puede llamar utilidades en un país comunista, pero mientras nosotros sepamos lo que es, no me importa cómo lo llamen".

El éxito de este primer ensayo de asociación comunista-capitalista es crítico para McDonald's, pues tiene puesta la mira en el desarrollo de todos los países del bloque oriental y a la larga, también de la Unión Soviética. Ya está trabajando con la República Popular China para mejorar su cambio exterior, que es clave para el éxito de cualquier esfuerzo por abrir el mercado chino. Empezando en 1983 se escogieron las manzanas chinas para los pasteles de manzana que McDonald's vende en el Japón; y en la actualidad la compañía está ayudando a la República Popular a establecer instalaciones centralizadas de distribución de alimentos lo mismo que una moderna planta de procesamiento de papas, de manera que la China pueda suministrarles papas fritas a las unidades McDonald's en el Pacífico.

Cuándo podrá entrar McDonald's en la China dependerá, sin embargo, de la rapidez con que se forme en ese país una clase media. Turner cree que para el año 2000 McDonald's llegará a una encrucijada más significativa que sus 50 000 millones de hamburguesas, o sus 8 000 restaurantes, o sus US $10 000 millones de ventas anuales, hitos que alcanzó en 1984, justamente a los treinta años de haber visto Ray Kroc la primera unidad McDonald's en San Bernardino. El nuevo hito que prevé Turner para finales del siglo es el día en que las ventas internacionales de McDonald's sobrepasen a sus ventas nacionales — el día en que el sueño de Ray Kroc de crear una cadena nacional de comidas rápidas se convierta en una realidad mundial.

Pero seguramente para llegar allá será necesario en los próximos quince años el mismo celo misionero del negocio de comidas rápidas y la misma devoción a los principios que ha caracterizado a McDonald's en los últimos treinta años. En ciertos aspectos, la tarea va a ser más difícil. ¿Cómo puede McDonald's mantener el mismo entusiasmo? Tal vez una cuarta parte de sus 2 100 concesionarios son millonarios. Los proveedores de la empresa ya no son principiantes hambrientos sino grandes y poderosas sociedades anónimas. Los altos ejecutivos de la compañía también pertenecen al club de los millonarios; y aunque todavía son jóvenes (el promedio de edad de los 26 ejecutivos *senior* de McDonald's es de 46 años), casi todos han trabajado ya veinte años o más para la cadena. La práctica de ascender a la gente desde las parrillas para arriba es consecuencia de su fascinación con la perfección operativa, y ha producido lo que es tal vez la mayor corporación autogenerada de los Estados Unidos.

Por otra parte, el aumento anual de ventas y utilidades de McDonald's es una información que ya se vuelve monótona. Todos los años, a partir de 1960, la compañía ha arrojado aumento de utilidades. Los porcentajes son ahora menores debido a que la base de ingresos es mayor (la ganancia más pequeña fue 13.6 por ciento en 1982), pero de todos modos McDonald's es una de las principales máquinas de hacer dinero del país. Hoy sus utilidades parecen casi automáticas, cuestión de aplicar la misma vieja fórmula. ¿Cómo evitan sus administradores el aburrimiento de las oficinas ejecutivas? ¿Cómo pueden seguir siendo innovadores sus inmensos proveedores? En suma: ¿Cómo pueden los empresarios que hicieron a McDonald's evitar volverse los burócratas que la conservan?

Estos son interrogantes que naturalmente preocupan al presidente de la compañía, Michael Quinlan, de 41 años de edad. Si McDonald's se limita a seguir el rumbo que trae desde hace treinta años, Quinlan cree que casi con seguridad se contentará con sus utilidades y empezará a estancarse. "No hay una fecha mágica", dice él, "pero yo veo lo que podría ocurrir. Nuestro crecimiento dinámico, nuestra voluntad de correr riesgos, de innovar, de saltar por encima de la organización y hacer las cosas, podrían cambiar a todo lo contrario. Pasaríamos a ser gerentes que quieren proteger su posición, que siempre actúan por el conducto regular, que todo lo hacen de acuerdo con determinadas políticas y rechazan las ideas nuevas".

Ya Quinlan está pensando en la manera de evitar que tales cosas sucedan. Habla de adaptar el sistema de otorgar concesiones a la realidad de que durante la segunda mitad de este decenio se construirán menos McDonald's nuevos en los Estados Unidos. Estimula a los concesionarios fuertes atrapados en mercados pequeños para que les compren a los concesionarios débiles que no están aprovechando bien los mercados grandes. Quinlan y Turner insisten en que para poder ampliarse, los concesionarios tienen que cumplir ahora normas de rendimiento más rígidas puesto que el crecimiento de McDonald's en los Estados Unidos se realizará a expensas de los competidores y no por expansión del mercado de comidas rápidas.

Quinlan ve también la necesidad de estimular a los concesionarios para que sigan experimentando con nuevos productos, a pesar de que ahora los nuevos productos que se introduzcan en el menú tendrán que desplazar alguna otra cosa. Pero cree que se necesita algo más para preservar el espíritu innovador de McDonald's. Ciertamente la internacionalización de sus operaciones representa un riesgo, pero más para los socios extranjeros de la cadena que para los gerentes que están en Chicago y que no toman parte en las operaciones internacionales. ¿Cómo pueden seguir siendo dinámicos cuando McDonald's estará agregando 250 restaurantes nuevos al año para 1990, cien menos que en 1980? "Si queremos conservar el carácter de esta compañía, tenemos que hacer algo distinto", dice Quinlan.

Hace unos años su solución era la diversificación — aplicar las habilidades de McDonald's en otros campos de servicios al consumidor en que es crítica la experiencia en bienes inmuebles y en concesiones. Hasta tuvo la idea de organizar una cadena de hospederías Golden Arches para ofrecer alojamiento a bajo costo a un mercado masivo. Pero es difícil imaginar cómo una diversificación, cualquiera que ella hubiera sido, podría haber superado al negocio de hamburguesas. Desde 1970, cuando Kroc y Turner pensaron en diversificarse y muchos analistas decían que ya estaban llegando a la saturación, el ingreso anual de McDonald's, proveniente de su negocio único, ha crecido de US $17 700 000 a US $433 000 000 en 1985.

En vista de esa experiencia, ¿puede sorprender que a Fred Turner le cueste trabajo ver la necesidad de diversificación fuera del único negocio que conoce la compañía? Si bien él permite e incluso estimula la discusión sobre el tema, está muy lejos de aceptarla. El mismo Quinlan, después de tres años de ejercer su cargo de presidente, reconoce que el entusiasmo por la diversificación se ha enfriado un poco, debido a que hoy ve más caminos que hace tres años para la expansión de McDonald's. "La discusión sobre este tema es buena", dice Turner; "pero la cuestión de diversificación es teórica al menos para los próximos diez años, porque si nos concentramos en nuestro negocio único y atendemos a manejarlo como se debe, tendremos todo el crecimiento que necesitamos".

Hablar así, por supuesto, no resuelve el problema de evitar que McDonald's se duerma sobre sus laureles. Ese peligro es real, pero Turner no cree que la solución esté en descubrir un negocio nuevo sino en reafirmar la esencia del existente, que es su espíritu de empresa. Ya McDonald's ha dado algunos pasos en esa dirección. Dada su formidable magnitud, se ha visto en el caso de introducir cierta medida de burocracia, pero lo ha hecho a regañadientes. Los formularios para informes corporativos se usan lo menos posible, y los gerentes todavía reciben estímulo para que crucen las fronteras de otros territorios donde se toman decisiones. Al ejecutivo de personal Jim Kuhn la compañía le dio un cargo que tal vez es único en los Estados Unidos: vicepresidente de individualidad, para que desarrolle incentivos y otros programas destinados a fomentar la iniciativa individual y desestimular cuanto la estorbe.

McDonald's también ha tenido el cuidado de proteger su fuente de espíritu empresarial, o sea su comunidad de concesionarios. Debido a la inflación y a la transformación de los locales de McDonald's en verdaderos restaurantes, el costo inicial para un operador que ingrese en el sistema subió de unos US $50 000 en los primeros años del decenio de los 60, a US $400 000 hoy. Puesto que el valor de la concesión durante dicho lapso ha subido de apenas US $1 500 que valía a US $10 000, prácticamente todo ese aumento se debe al alza de los costos de todas las cosas que el concesionario debe comprar para iniciarse en el negocio: muestras, muebles, equipos y existencias para empezar.

Cuando empezaron a subir los costos, en 1969, Turner tomó las medidas del caso para mantener abiertas las puertas a los empresarios pequeños y evitar que sus valiosas concesiones se convirtieran en sinecuras de millonarios. Le ordenó al departamento de adjudicación de concesiones que ampliara los llamados contratos de arrendamiento de instalaciones. Este fue un sistema que inventó Sonneborn, y que utilizó mucho el director de adjudicación de concesiones, Ken Props, durante los años 60, como medio de encontrar propietarios-administradores para las unidades McDonald's que estaban en dificultades y que él tenía la responsabilidad de vender. Con un contrato de este tipo, un nuevo operador puede hacerse cargo de una unidad McDonald's pagando apenas unos US $45 000 (para depósito de garantía, inventario y capital de trabajo), y tomarle en alquiler a la compañía todo el mobiliario y los equipos. Luego, con las mismas utilidades que el negocio le produzca, podrá comprarle a McDonald's la concesión en unos tres años, aunque pagando más de lo que habría tenido que pagar si hubiera tenido capital para ello.

Estos contratos se usaban antes únicamente para vender unidades que estaban en dificultades, pero se han vuelto tan importantes para McDonald's como la concesión corriente, y hoy no menos de la mitad de los nuevos concesionarios en todo el mundo entran a formar parte de McDonald's mediante un contrato de arrendamiento de instalaciones. Como así se facilita el ingreso de concesionarios jóvenes que no tienen capital, cada año la compañía recibe una inyección de refuerzo empresarial al contratar con un centenar de nuevos concesionarios.

De manera análoga, la expansión en el extranjero estimula el sistema no sólo con el influjo de un variado grupo de nuevos concesionarios, sino también con una tentadora lista de nuevos mercados por conquistar. Su penetración en esos mercados ya ha producido innovaciones que McDonald's puede aplicar en todo el mundo. Durante los primeros quince años de desarrollo internacional, sus socios extranjeros tomaban ideas de los Estados Unidos, pero ahora muchos gerentes norteamericanos se están beneficiando de una inversión del flujo de innovaciones. Muchas nuevas unidades construidas en ciudades centrales de los Estados Unidos (mercado al cual McDonald's llegó tarde) pueden hoy tomar ideas de los restaurantes construidos en Europa, la mayoría de los cuales son "interiores", es decir, construidos en un edificio comercial ya existente, a diferencia de los que se construyen como unidades sueltas o aisladas. Algunos McDonald's norteamericanos también han empezado a copiar la ostentación de los ingleses, y hasta es posible que en el futuro la imagen típica de McDonald's se encuentre en París, donde el director gerente Tom Allin ha tomado algunos conceptos del diseño inglés pero refinándolos más aún, con el propósito de recuperar el mercado francés después del fiasco de Raymond Dayan. Esa estrategia parece que está dando buenos resultados. Los restaurantes obtienen utilidades anuales del 25 por ciento sobre las ventas, y a Allin le están concediendo licencias de construcción las autoridades locales que, como es muy natural, no querían permitir que volviera McDonald's después de la experiencia de Dayan. Por otra parte, el presidente de McDonald's de Alemania, que también dio unos cuantos pasos en falso por seguir las instrucciones de Chicago, depende ahora de McDonald's del Canadá, la más madura y próspera de las empresas asociadas con McDonald's en el extranjero.

Pese a todo lo anterior, Turner reconoce que para evitar el aburrimiento, McDonald's tendrá que buscar más profundamente en su interior el poder regenerador que necesita para mantener su dinamismo en el campo de las comidas rápidas en lo que resta del siglo y más allá.

Su solución es audaz, y al mismo tiempo sencilla: convertir a McDonald's en una compañía de propiedad de todos los que participan en el sistema: gerentes, concesionarios y proveedores. Cree que la única manera de preservar su espíritu empresarial es asegurarse de que los empresarios de McDonald's sean dueños de McDonald's. Esto sería una tarea de vastas proporciones. Las acciones de la compañía se cuentan entre las más activas y más solicitadas en Wall Street. Son 88 000 000 de acciones, y a principios de 1986 tenían un valor de mercado más o menos de US $9 000 millones.

No es un plan; es apenas una idea, ni más ni menos realizable que la idea que tuvo Ray Kroc de formar la cadena de hamburguesas más grande del mundo. Pero está enteramente de acuerdo con los principios de Kroc de compartir las recompensas del éxito con *todas* las personas que hicieron posible ese éxito. Hace mucho tiempo esa filosofía convirtió a los propietarios-administradores de McDonald's en los concesionarios más ricos conocidos en la industria. Hace mucho tiempo el mismo principio transformó a proveedores, que eran diminutos procesadores y vendedores de equipos, en los mayores y más ricos proveedores del servicio de comidas.

Desde que tomó las riendas de la compañía, Fred Turner ha seguido el mismo principio para que los administradores de McDonald's — aun los que ocupan los peldaños intermedios y bajos de la escala jerárquica — figuren entre los mejor remunerados de los Estados Unidos. El plan de participación de utilidades de McDonald's es de los más generosos de cualquier compañía del mundo. La mayor parte de los empleados de tiempo completo y algunos de tiempo parcial — más de 16 000 personas — reciben un pago anual de McDonald's (en realidad, de la compañía y de fondos de participación de utilidades a los cuales han perdido el derecho los que se han retirado de la compañía) en sus cuentas de participación de utilidades, equivalente al 14 por ciento de su sueldo. En sólo el año de 1985 esa cantidad llegó a US $28 600 000. El programa de opción de acciones es también el más grande en la historia de la industria norteamericana. En la actualidad, unos 5 000 empleados (hasta los administradores de restaurantes con sueldo anual de US $26 000) tienen derecho a optar por comprar acciones, desde 50 hasta 500.

Esta opción, naturalmente, sólo da el derecho de comprar las acciones al precio que tengan en el mercado el día que se da la opción; pero como el precio queda congelado durante los siete años de vigencia de la opción, y como las acciones de McDonald's han sido siempre de las más firmes en Wall Street, los gerentes de la compañía se han enriquecido con el programa. Hasta los mandos medios han recibido recompensas superiores a las que otras compañías les dan a sus gerentes de mayor antigüedad.

Véase el ejemplo de un gerente regional de 36 años, responsable de un mercado en el cual hay 200 restaurantes McDonald's. Su remuneración actual es US $175 000 al año. Hace diez años era supervisor de área, ganaba US $25 000 anuales, e ingresó por primera vez en el programa de participación de utilidades y opción de acciones. Durante esos diez años el aporte de McDonald's a su programa de participación de utilidades llegó en total a cerca de US $200 000. El valor presente de sus opciones de acciones —el precio actual en el mercado menos el precio que debería pagar al ejercer la opción — es de US $1 000 000. A la edad de 36 años, este gerente de nivel medio, con un puesto relativamente humilde de gerente regional de McDonald's Corporation, se volvió millonario.

Esa generosidad y justicia de la compañía para con sus administradores, proveedores y concesionarios es lo que hace que el sueño de Turner de volver propietarios a los empresarios no sea una mera fantasía. Turner cree que dentro del sistema hay suficiente riqueza potencial para que los socios puedan comprar por lo menos la mitad de las acciones antes de terminar el siglo, suficiente para ejercer el control. En la Convención de Operadores que se celebró en Los Angeles en 1986 con asistencia de más de seis mil concesionarios, proveedores y administradores, Turner puso en marcha la primera fase del proceso. Su meta es que los tres mayores participantes del sistema aumenten su propiedad en McDonald's entre el 10 y el 20 por ciento en pocos años. "Yo soy propietario de una parte del establecimiento de ustedes", les dijo a los convencionistas. "Ahora quiero que ustedes sean propietarios de una parte del mío".

Es prematuro hacer conjeturas sobre la posible realización de las metas de Turner, pero lo que lo ha llevado a él a plantearlas es claro. El sabe que con la propiedad de McDonald's en manos de los mismos que la han hecho triunfar, la compañía permanecerá fiel al negocio del servicio de comidas que transformó las costumbres de los Estados Unidos. Comprende también que el hecho de pertenecer a empresarios es la única forma de garantizar que conserve a la larga el espíritu de empresa, el entusiasmo por correr riesgos, y la energía creadora que ha impulsado el sistema hasta ahora. Y finalmente, sabe que su ideal de ser propietarios es la única manera de asegurar permanentemente la asociación entre concesionarios independientes, proveedores y administradores que forjó Ray Kroc para crear el más próspero sistema de concesiones del mundo.

"Es mi sueño, mi ambición", dice Turner: "¿Qué mejor para los concesionarios, proveedores y empleados del sistema que hacerse propietarios de él? Eso me parece la esencia del espíritu empresarial, de la administración personal, del propietario en el local. Eso es lo que significa McDonald's. Si lo logramos, será la perfección".

Indice

acciones al público, venta de, 241-259, 262, 305
Agate, Betty, 74-82, 93
Agate, Sandy, 74-82, 93
Alemania, 468, 469, 471
americanización de la industria de comidas, 449, 481
antiamericanismo, 477-478
arcos dorados, 14-15, 137, 150, 298
Arend, René, 361-362
Arthur Young and Company, 248
Asahara, John, 460
Asociación de Operadores de McDonald's (MOA), 413-433
atracciones para los niños, 8
Australia, 463, 479, 480
automóvil y servicio de comidas rápidas, 44-45, 64

Ballard, E. E., 184-185
Bama Pie, 375-376
Barnes, Steve, 132-133, 244, 440, 474
bebidas gaseosas, consumo de, X
Beer, David, 386-387
Bernardin, Al, 233, 235-236, 443
bienes raíces, 156-164
Big Boy, 311
Big Mac, 311-312, 314, 322, 328, 338
Bohr, Clem, 182-183

Bolsa de Valores de Nueva York, 251, 262
Boylan, Richard, 94, 176-179, 204, 246, 247, 262, 270, 279, 299-302
Bressler Ice Cream Company, 115
Burger Chef, 43, 58-59, 271, 290, 292, 294-295, 305, 316
Burger King, 43, 54, 155, 249, 271, 290, 292, 293, 305, 316, 335, 339
Burger Queen, 43
burocratización, 263, 485

calidad en McDonald's, 112, 128-131, 146
Canadá, 451-455
Caribe, concesiones en el, 450
carne, 128-131, 355-360, 474
Central Ice Cream Company, 347-348
Club Campestre Rolling Green, 68-70, 72-73, 147, 275
Cochran, Litton, 312, 363
Cohen, Burt, 396
Cohon, George, 439, 451, 452-454
Collins, James, 19-20
comerciales por radio y televisión, 221-223, 226-227, 255, 325-326
comidas rápidas, cuna del negocio de, 18
comportamiento financiero, XI

compra a los hermanos McDonalds, 193-208
compra de derechos a los concesionarios, 304-308
compra de víveres, 132
concesionarios, 68-73, 77, 81, 155, 210, 217-239, 245, 259, 306-317, 319, 326, 333-340, 371, 395-400, 409-424, 428, 484
concesiones, carrera de las, 43-62, 153, 158-161
Conley, Don, 96, 99-100, 101, 211, 413
consultor visitador, 146
contabilidad novedosa, 176-179
contratos de arrendamiento de instalaciones, 486
control sobre los restaurantes, 209, 244
Conway, compañía, 373
Cooke, John, 424-425
cooperativas de publicidad, 230-232, 253, 258-259, 327-340
cooperativas regionales, 371-372
Cooper, Max, 253, 328
creatividad de socios, concesionarios y proveedores, 210-239
Crow, Peter, 262
Cummings, Nate, 291-292

Chapman y Cutler, firma de abogados, 248, 266, 279
Chicken Delight, 43, 48, 434
Chicken McNuggets, X, 233, 337, 363-364
Christian, Tom, 308-309

Dairy Queen, 30, 33, 46-48, 53-55, 114
D'Arcy, Agencia de Publicidad, 255, 322
Dayan, Raymond, 438-440
Delligatti, James, 310-315
derechos de explotación, 15-18, 43, 433
derechos territoriales exclusivos, 53-56
desafío público, el, 379-407
desayunos en McDonald's, 314-316

Des Plaines, 67, 97, 116, 175, 180
dinero, cómo hacer, 153-192
dinero fácil, 53
diseños para los equipos de la cadena, 136-139
diseño y construcción, nuevos conceptos de, 268-269
diversificación, 484-485
división en la filas, 262
Dixie, 366, 368
donación política de Kroc, 382-383
Dondanville, Robert, 68, 70-71
Doty and Doty, 248
drive-in, 2-13, 33, 67

Edgerton, David, 49-50
Egg McMuffin, 316
encuesta "de pautas de movilización", 431-432
English Muffins, X
equipo de cocina, 9-10, 137-138
Equity Meat Company, 356
escasez de fondos, 179-181
espíritu de familia en McDonald's, 104-106, 262
excéntricos en administración de McDonald's 84-89, 102
expansión de McDonald's, 263, 266, 272-276, 285-317, 410-412, 443-490
experimento holandés, 451-452

Fedelli, Fred, 188-190
financiación institucional, 175, 184-192
Fisher, Harry, 248, 251
Franchise Realty Corporation, 156-157, 246
Frejlich, 65-66
Fujita, Den, 455-459, 466

GAAP, Principios de Contabilidad Generalmente Aceptados, 176-177
Garb, Mel, 271-273
gerentes prácticos, 63, 83-89
gerentes regionales, 296

Golden State Foods, 133, 135, 369, 372-373
Goldstandt, Milton, 186-187
Goldstein, Oscar, 225-229, 305-306
Golin, Al, 254, 256-257
Gosnell, John, 201
grado académico en McDonald's, 89-90
Green, Jane Dobbins, 243, 261, 286
Groen, Lou, 234-235

hamburguesas, IX-X, 7, 8, 12, 111-152, 215, 258, 310-311, 357-358, 461, 475
Heinz, 342-343
Henry's, 115

imitadores de los hermanos McDonald's, 18-19
Inglaterra, 471-473, 476
internacional, McDonald's, 443-490
Interstate Foods, 61, 133
invierno, cerrar durante el, 256
isla de felicidad, 324

Jack-In-The-Box, 291, 294
Japón, 455-459
Johnson, Howard, 45, 51
Junta Nacional Asesora de Operadores (NOAB), 422-433
Jursich, John, 172-174
Justin, Al, 354

Karos, Nick, 116, 120-121, 128-129, 147-149, 230-232, 244, 312
Katz, Jack, 354-358
Keating, Richard, 122
Kentucky Fried Chicken, 19, 43, 48-49, 115, 249, 365
Keystone Foods, 342, 360-361, 363-364
Kraft, 342
Kroc, Ray, XII-XIV, 20-42, 55-62, 64, 72, 83-88, 94-96, 102, 107-109, 125-128, 133, 142, 144-145, 153-192, 193-208, 213-217, 241-252, 261-283, 351-356, 381-383, 440-442, 443-444
Kuhn, James, XIII, 87, 89, 94, 244, 485

laboratorio McDonald's, 124-125
Lanphar, Ralph, 111
"latrocinios", 52
lealtad entre McDonald's y proveedores, 347
lecherías, 127-128
Lederhausen, Paul, 462, 464, 477
Lily Cup Company, 25-26
Lily-Tulip, 26-28
lotería instantánea, 331
Lotman, Herb, 354, 356-359, 360, 364, 370, 377-378
Lubin, Donald, 279-281, 286, 441, 446

Macy's, desfile de, 254, 256-257
malteadas, 125-127
manuales de operaciones, 140-143
Marshall, Paul, 375-376
Martin-Brower, 342, 366, 368, 374
Martino, June, 74-75, 87, 90-94, 106-107, 180, 250, 264-265, 279, 443
Martino, Louis, 32, 123
McDonald's Corporation, 246
McDonalds, hermanos, XII, 22, 193-208
McDonald's, sociedad abierta, 247-259, 262
McDonald's System, Inc., 36, 66, 246
McLamore, James, 49-50
McOpCo, 305-307
medios publicitarios, 319-340
mercadeo creativo, 220-221, 229, 319-340
misión, sentido de, 105
modernización de locales, 298-299
Moore, Bill, 369
Moranz, Leo, 114
mujeres, discriminación contra las, 142, 309-310
Multimixer, multimezcladora, 20-22, 27-29

Needham, agencia de publicidad, 335
Newman, Gerry, 243, 278, 313, 426-428, 443
niños, 222, 229
normas de operaciones, 116, 128-129
nuevos productos, 211, 233-238, 312, 365

ombudsman, 423, 433
OPNAD, Fondo Nacional de Publicidad de los Operadores, 320, 328, 329, 332-336

Paine Webber, 248-250, 303-304
papas fritas, 117, 119-123, 124-125, 348, 350-354
Papp, Robert, 244, 269-270
París, restaurantes de, 439
patios de recreo, 327, 420
patios grandes, adición de, 268
pelea con la alta sociedad de Nueva York, 386-390
Perlman, Lou, 366-369
Perlman Paper Company, 132-133
Peterson, Herb, 315
Picchietti, Richard, 68, 72
Pizza Hut, 249
política de adquisiciones de terrenos, 297
pollo frito, 360-365
precedentes legales, 436-437
Prince Castle, 139
procesadores europeos, 474-475
procesamiento de alimentos, modernización del, 117
prohibiciones en los restaurantes McDonald's, 142-143
promoción "Happy Meal", 330
propiedad raíz, XI, 103-104
propietario-administrador, el, 63-82, 220, 451
proveedores, la mcdonalización de los, 341-378
publicidad de McDonald's, VIII-IX, 8, 150, 211-223, 230-233, 253-259, 319-340, 401-403, 470, 472
pugna racial en Cleveland, 384-386, 394-395

QSC, símbolo universal de desempeño, 146
Quinlan, Michael, 93, 406, 421, 423, 484

rapidez del servicio, 6
receptividad al cambio, 63
recursos humanos, XI, XII
Red Barn, 293
Reinhard, Keith, 323-326, 328
relaciones gubernamentales, departamento de, 392, 393
Rensi, Ed, 402, 406, 418, 419
restaurantes con aspecto alemán, 467-468
restaurantes con servicio al automóvil, 33
Rettenwender, Walter, 463, 465
Rhea, Robert, 463, 471, 475-476
Rice, George, X
Ritchie, Peter, 463, 465
Rockefeller, David, 386
Rockefeller, Margaret, 390
Rolling Green, Club Campestre, 68-70, 71-72, 148, 275
Root, Lynal A., 343, 356, 360, 377
Roshman, Jack, 111-112
Rubenstein, Howard, 387, 389, 393-394
rumores amenazantes, 379-380, 403-404
Ryan, Robert, 94, 270

San Bernardino, 22, 200, 206-207
Sanders, Harlan, 48-49
San Ysidro, masacre en, 405-407
Schindler, James, 96, 101-102, 136-139
Schmitt, Ed, 88, 421-422, 426
Schrage, Paul, 255, 321, 420
Schubot, Richard, 168-170, 247
Sears, Roebuck and Company, 162, 447
Sheraton, Mimi, 387-389

Simon Marketing, 331
Simplot Company, 345
Simplot, Jack, 342, 348-354, 360, 375, 476
sindicatos, 424, 478
sistema de distribución, 345, 365-366, 370
Smargon, Harry, 61, 122-123, 359
Smargon, Kenneth, 134
Smith, Joan, 241-243, 285
Smith, Rawley, 241
socios de McDonald's (concesionarios y proveedores), 209-239, 461-463, 487-490
Sonneborn, Harry, 75, 90, 94-96, 103-104, 155-167, 201-202, 204-206, 212, 245-255, 261-283, 350, 443
Sonnenschein, Carlin, Nath y Rosenthal, 279
Stack, Lee, 187-188, 248
Starmann, Richard, 401-402, 405, 406
Strong, Ken, 351
Stults, Allen, 274-275, 279, 280, 281
Sweeney, Bud, 235-237, 348, 362-363
Sweeney, Joe, 68, 72

Tastee Freeze, 30, 33, 55, 114
Taylor, Reuben, 79, 224-225
técnicas de producción de los hermanos McDonalds, 10-12
televisión, 212, 223, 226-229, 230-233, 253-259, 320

transformación de McDonald's, 316
Tulip Cup, 26
Turner, Fred, VII, 64-65, 83, 96-101, 116, 128-129, 131, 140-141, 146, 147-148, 152, 244-245, 263, 270-273, 282-283, 287-292, 299-301, 307-308, 316-317, 320-321, 361-362, 368, 441-442, 446-447, 451-482, 490

uniformidad en McDonald's, 63, 82, 111-113, 151-152
Universidad de la Hamburguesa (Hamburger University), 111, 149-152, 244, 458
utilidades de McDonald's, 153-192

ventanilla "de paso", 420
Vineyard, Phil y Vern, 68, 73, 306

Walgreen, 26
Wallerstein, David, 313, 445
Waukegan, 75, 78, 80
Weissmuller, Tony, 68-69, 71, 148
Wendy's, 316, 335, 339
Wenzell, Tom, 303-304
Wian, Robert, 47
Williams, James, 135, 369
Woloshin, Sid, 324-325

Yugoslavia, 481

Zien, James, 221-223, 241, 306, 420